EL CONQUISTADOR ALEMÁN PEDRO LÍSPERGUER WITTEMBERG

DE CORTESANO DE CARLOS V Y FELIPE II A CÉLEBRE PRECURSOR DE CHILE

Daniel Piedrabuena Ruiz-Tagle

Booksideals

ASTURIAS, ESPAÑA

Daniel Piedrabuena Ruiz-Tagle/Booksideals
Asturias, Spain/33560
https://booksideals.wordpress.com/
booksideals@gmail.com

Foto de portada: Estatua de Rolando en Bremen. © Andrea Izzotti/Fotolia textura #84569558 © gmstockstudio/Fotolia.
Logo: Composición a partir de la imagen Look in the telescope
© adrenalinapura/Fotolia.

Otros libros por el autor: Los Lísperguer Wittemberg: una familia alemana en el corazón de la cultura chilena; Impresiones de Lucía Richard.

Serie: Los protegidos del César, Vol. I

El conquistador alemán Pedro Lísperguer Wittemberg/Daniel Piedrabuena Ruiz-Tagle. – 1ª ed.
ISBN: 978-84-946713-3-3
Depósito Legal: M-010285/2009

Con cariño a mi hijos herederos de esta gran
historia y a mi mujer por su paciencia y dedicación.
A mi hermano y a mi tío por todo su afecto

*"No dejes apagar el entusiasmo, virtud tan valiosa como
necesaria; trabaja, aspira, tiende siempre hacia la altura"*
Ruben Darío (Impresiones y sensaciones, 1925)

Índice

PREFACIO

Cuando el Dr. Isidoro Vázquez de Acuña, miembro destacado de la Academia Chilena de la Historia, erudito de prestigiosa trayectoria reconocida internacionalmente, comentaba esta obra en el n° 55 de la *Revista de Estudios Históricos*, se refería al:

"enjundioso ejemplar, la magna obra, el sincero y apasionado cariño de su autor por sus raíces es el amor que le impulsó a construir su obra hispanoamericana y europea..., a los elegidos en la historia de sí mismos..." (2013).

Y no le faltaba razón, ya que a mi interés personal por comprender la idiosincrasia de esta familia, se unía el enorme interés mediático que ha despertado, producto de una respuesta cultural insólita, capaz de movilizar a todo un ávido imaginario colectivo.

Desde que a finales del siglo XIX, el célebre historiador don Benjamín Vicuña Mackenna, prohombre de Chile, desempolvara de los viejos archivos coloniales la figura de doña Catalina de los Ríos Lísperguer, apodada "la Quintrala", el mito no ha parado de crecer, convirtiéndose con el tiempo en uno de los tópicos literarios más importantes de Chile, su particular Quijote, con amplísimas repercusiones en todas las vertientes de su cultura.

Centenares de artículos, tesis doctorales, conferencias, monografías, novelas, emisiones radiofónicas, películas, obras de teatro, óperas y toda suerte de manifestaciones culturales, han sembrado de expresiones emotivas y propuestas originales, la dramaturgia, la literatura y el academicismo, de raigambre tanto nacional como internacional,

i

constituyendo todo ello un *"totum revolutum"* muy difícil de clasificar.

Signo semiótico indiscutible, la perversa historia de "la Quintrala" ha canalizado las energías de numerosos estudiosos interesados en la historia de Chile, en los fenómenos sociales de Latinoamérica, e incluso de aquellos interesados en la vida del emperador Carlos V, constituyendo un apéndice importante y de enorme significación, para comprender al coloso y su glorioso Imperio español.

Evidenciada la enorme importancia de la familia, y habiendo yo emigrado a España, pronto quedé bajo el poder de su hechizo, dedicando mi vida a ampliar lo que se sabía sobre ella, pero no para reiterar lo que ya existía sino para transformar completamente —como así ha sido— el presente, pasado y futuro del clan, aportando numerosos documentos e informaciones inéditas, que suponían un avance exponencial para su comprensión.

Tras crecer maravillado por los relatos de la familia Lisperguer, y no menos aturdido por sus muchos antagonismos, me licencié en Derecho y otras carreras, y un día me dirigí hacia la Biblioteca Nacional de España con el afán de adentrarme en uno de los grandes misterios narrativos e historiográficos del siglo XX. Fueron momentos apasionantes, en los que cayeron en mis manos las principales obras históricas de Chile.

Aquella leyenda surgida en el calor del hogar, ahora se desplegaba ante mí con una amplitud desconocida. Durante años, me sumergí como un poseso en una actividad febril de estudio. Mi necesidad de saber era casi infinita y así devoraba toda clase de bibliografías, manuales, diccionarios biográficos, artículos, etc. Comencé a estudiar la historia colonial de Chile. Todo para mí era nuevo y sorprendente.

En un ambiente erudito y plagado de posibilidades me vi confrontado con la familia Lisperguer. Era ésta una familia muy importante. No sólo por sus blasones o sus títulos nobiliarios, sino también por haber sido una de las familias más poderosas y controvertidas de la época colonial. Durante años seguí investigando en la Biblioteca Nacional, que se convirtió en una verdadera cátedra para mí. Poco a poco mi pericia fue aumentando. Empecé a investigar en la Real Academia de la Historia, en el Archivo Histórico Nacional y continué en la Real Academia Española, así como en un sinfín de archivos y bibliotecas. Hice varios viajes por España y aprendí mucho.

Por fin, después de diecisiete años de enormes esfuerzos surgió la obra, que representaba por su contenido un hito en el campo de la investigación, ya que no sólo conseguía aumentar las fuentes documentales de esta importantísima familia alemana, sino que ofrecía varias informaciones inéditas que permitían avanzar respecto a su origen, así como informaba de una importante rama establecida en España, suponiendo todo ello un giro copernicano y una revolución científica frente a cualquier planteamiento precedente de la temática.

En junio del 2011 tuve la satisfacción de ver como tras haber sido la obra enviada a la Academia Chilena de la Historia, ésta fue repartida entre sus académicos, estudiada con deleitación y conservada en su biblioteca. Poco después, el secretario de la institución me agradecía en una carta de archivo el envío de la obra, reconociendo su valía y el importante avance que ésta constituía en una temática tan sensible e importante de la intelectualidad chilena. A continuación la obra fue conocida por el Instituto Chileno de Investigaciones Genealógicas donde también se conserva.

Poco después –incluso antes de ser publicada– la obra ingresó en el archivo Emilio Held, en el Archivo Municipal de Worms, así como en la Biblioteca del Congreso Nacional de Chile (incorporándose a su "Colección de Raros y Valiosos"). En España tuvo buena acogida en la Real Academia de la Historia y en la Biblioteca Hispánica, perteneciente a la Agencia de Cooperación Internacional y Desarrollo, donde también ser conserva. Asimismo, fue en su día aprobada por el Comité de expertos del Cervantes Virtual.

Igualmente la obra fue comentada en diversas publicaciones. El Dr. Isidoro Vázquez de Acuña, marqués de García de Postigo, señaló su novedad y amenidad en la *Revista de Estudios Históricos*, publicación científica perteneciente a la Sociedad Chilena de Historia y Geografía (2013). Asimismo, hizo hincapié en el hecho de que esta obra aportaba nueva documentación y aumentaba las fuentes en una temática especialmente importante en la cultura nacional.

Reynaldo Lacámara, presidente de la Sociedad de Escritores de Chile la elogió en su artículo *La memoria como origen y tarea*. También la obra se anunció en la publicación alemana *Cóndor*. Asimismo, la *Revista Atenea*, publicación científica de la Universidad de Concepción, se interesó por la materia publicando un artículo mío sobre el origen de los Lísperguer que apareció en diciembre del 2015 (Piedrabuena Ruiz-Tagle, 2015).

Quisiera resaltar que esta obra trasciende el ámbito de la cultura chilena, por cuanto los Lísperguer constituyeron una poderosa familia alemana que también se estableció en Perú e incluso algunas ramas en Argentina. Asimismo, esta familia alemana protegida de Carlos V, tuvo también un floreciente desarrollo en España, descendiendo de esta rama el marqués de Valdeflores, figura capital de la Ilustración Española estudiada internacionalmente por multitud de hispanistas y dieciochistas. Por otra parte, la vinculación de esta familia con el relevante tópico literario de "la Quintrala", que es estudiado incluso en las universidades americanas, le confiere una vocación de universalidad muy apropiada a los tiempos modernos en que vivimos.

Para concluir decir que para mí en lo personal este proyecto ha sido un viaje de emociones, un renacimiento interior, un despertar de la conciencia; en definitiva, un puente que me ha permitido hermanar mis dos nacionalidades, bajo el manto de la familia Lísperguer en Chile y la familia Wittemberg en España. Espero haberles podido transmitir con estas líneas el entusiasmo que yo he sentido al abordar esta temática, así como también la cientificidad que esta importante materia merece.

Daniel Piedrabuena Ruiz-Tagle

Madrid, julio 2015

INTRODUCCIÓN

Muy pocos han sido los alemanes que en la Edad Moderna hayan participado en campañas de conquista. Bien conocidos son los destacados caballeros alemanes al servicio de los Welser: Ambrousius Dalfinger, Nikolaus Federmann, Philipp von Hutten y Jorge Hohermuth, que comisionados por los célebres banqueros de Carlos V, partieron a la conquista de Venezuela. Muchos fueron en busca de El Dorado, ostentaron cargos de gobernadores, pero acabaron encontrando una pronta muerte, ya sea por enfermedades del lugar, por las flechas emponzoñadas de los indígenas, o ejecutados por sus rivales, los españoles.

También está el caso de Ulrico Schmidl, procedente de Baviera, que acudió a la riesgosa aventura de la conquista del territorio de la Plata y que fue uno de los pocos que volvió a su tierra natal, donde murió por causas naturales. Ninguno de estos caballeros dejó descendencia, ni consiguió integrarse con la población local. Como excepción estarían 64 de los 106 compañeros de Federmann, que obtuvieron encomiendas en varias localidades de la actual Colombia, consiguiendo integrarse de forma ventajosa en la sociedad colonial, formando familias con mujeres europeas e indias.

Un caso muy especial y que sin embargo, hasta ahora ha trascendido menos en la historia universal, es el de Bartolomé Blumen procedente de Nüremberg, el cual en 1528 estaba en Santo Domingo y en 1540 formaba parte del grupo de conquistadores de Chile y sobre todo el de Pedro Lísperguer, natural de Worms, donde había nacido alrededor de 1530, el cual en 1554 obtenía permiso de salida, llegando a Chile en 1557, donde luego más tarde se casaría con la hija de su compatriota.

Sin embargo, la aproximación de Pedro Lísperguer al Imperio español, había comenzado mucho antes y en muy distintas circunstancias. Corría el año 1545 y un Emperador cansado de cismas y herejías luteranas llegaba a Worms, siendo recibido por las máximas autoridades de la urbe. Allí en Worms, Carlos V pasa la primavera y el verano, mientras se van despejando las complejas incógnitas políticas del momento. Fue un periodo de entreguerras, en el que el Emperador trabó amistad con los habitantes de la ciudad. Acompañando al César venía un gran número de cortesanos, entre ellos Pedro Fernández de Córdova, IV conde de Feria.

Pronto para partir y presumiblemente merced a la colaboración y el buen trato que recibió en la ciudad, el Emperador se aviene a llevarse consigo a Peter Lisperg, por entonces un muchacho de apenas 15 ó 16 años, hijo de Peter Birling, consejero municipal de Worms, miembro del Consejo de los Trece (Dreizehner Rat) y de Catalina Lisperg. El joven –que había tomado el nombre de la madre– parte de la ciudad el 7 de agosto, junto al Emperador y todo su séquito en dirección hacia los Países Bajos.

Tras navegar por el Rin y atravesar algunas ciudades del sur de Alemania, Lísperguer pasa por las ciudades de Maastricht, Lovaina, Bruselas, Brujas y Amberes, llegando finalmente el 1 de febrero a Utrecht. Allí el Emperador celebra un capítulo de la Orden del Toisón de Oro, concediendo el preciado collar a don Pedro Fernández de Córdoba. Ya desde muy joven, Lísperguer participa en los clásicos viajes de la nobleza, parangonable al que hizo Ercilla en su primera juventud, educándose en los grandes centros culturales del momento, al tiempo que conoce a destacadas personalidades del imperio.

A mediados de mes, el grupo se separa, Lísperguer continúa con el conde de Feria, el cual tras despedirse del Emperador, parte con todo su cortejo en dirección a España. Tras llegar a Andalucía en marzo de 1546, Lísperguer permanece durante una década en los señoríos del

Conde, estando sometido a dos tipos de influencia. Una la que concierne a los ascendientes maternos del conde de Feria. Esto es, la marquesa de Priego, con su centro en Montilla, provincia de Córdoba. La otra, los ancestros paternos del Conde, es decir, los Suárez de Figueroa, con su centro natural en Zafra, perteneciente a la provincia de Badajoz.

Tras la muerte del IV conde de Feria, don Pedro Fernández de Córdoba el 27 de agosto de 1552, le sucede en la representación de la casa su hermano don Gómez Suárez de Figueroa, V conde de Feria, grande de España, con el que Lísperguer continúa como caballerizo muchos años más. El 13 de julio de 1554, Lísperguer se adhiere al séquito del príncipe Felipe, (futuro Felipe II), embarcando en el Puerto de La Coruña, integrándose en una flota de 130 naves en dirección a Inglaterra, acudiendo el 25 de julio de 1554 con lo más granado de la nobleza española al matrimonio del príncipe Felipe con María Tudor.

En la isla permanece Lísperguer por espacio de siete meses, junto al príncipe Felipe y su mentor, el conde de Feria, que era por entonces su embajador en Inglaterra, luego miembro de su Consejo de Estado y uno de los hombres de mayor confianza en el entorno filipino. A mediados de enero de 1555 Jerónimo de Alderete, lugarteniente del conquistador Pedro de Valdivia, llega a Londres, para hacer llegar al Príncipe varias peticiones de su jefe.

En el ínterin de sus gestiones palaciegas se desborda en relatos sobre la conquista austral y uno a uno los cortesanos de Felipe caen embobados bajo su embrujo, pidiendo permisos de salida hacia la nueva empresa. Pedro Lísperguer obtiene cédula para viajar a la conquista de Chile y Perú, la cual es cursada directamente por el Emperador desde Bruselas el 14 de enero de 1554. Posteriormente, está fue secundada por el príncipe Felipe en Londres, el 5 de noviembre de 1554. Tras las correspondientes licencias, Jerónimo de Alderete, Alonso de Ercilla –célebre autor de la Araucana–, Francisco de Irarrázaval, Pedro Lísperguer y otros cortesanos abandonan Inglaterra con dirección a España.

Tras realizar algunas probanzas en España, el grupo se integra en el convoy del recién designado virrey del Perú, don Andrés Hurtado de Mendoza, partiendo de Sanlúcar de Barrameda, Cádiz, el 15 de octubre de 1555, llegando a Panamá el 4 de marzo de 1556 y haciendo posteriormente una entrada triunfal en Lima el 29 de julio de 1556.

Tras permanecer durante seis meses en Lima empleándose como maestresala del Virrey, se une al séquito de su hijo, don García Hurtado de Mendoza, designado por su padre por nuevo gobernador de Chile tras la muerte de Alderete, siendo uno de los cuatro consejeros que don García se llevaría a la guerra austral. Junto a un buen número de capitanes y soldados, embarca en el Callao el 2 de febrero de 1557, participando en las principales operaciones militares de su tiempo.

Resulta interesante destacar, que a diferencia de las concesiones de derechos para la explotación de Venezuela, que Carlos V tuvo que hacer agobiado por las deudas de sus banqueros alemanes –los célebres Welser– Pedro Lísperguer obtenía un permiso directo del Emperador, como favor personal, permitiendo su entrada en Perú y Chile: *"no embargante que es alemán y cualquier provisión que haya en contrario"*, siguiendo las propias palabras del César (De Hoyo, 1555).

Por lo tanto, Lísperguer entró en América con feudo imperial, con el prestigio de haber convivido durante diez años con las personalidades de mayor rango en el imperio. Por si fuera poco, un miembro del cortejo del conde de Feria, que estuvo en Worms en 1545, aseguró que había tenido noticia certificada de que Pedro Lísperguer era deudo del duque de Sajonia. Como también lo aseguraron después muchos de sus descendientes.

Naturalmente, esto creó una fuerte conmoción entre sus descendientes y fue la génesis de una potente idea motriz, que heredada por su progenie, constituyó el pórtico para la posterior expansión social de la familia. En el siglo XVII la familia Lísperguer, gracias a la notoriedad de su linaje, de su fortuna, sus tierras, sus prosperas relaciones, llegó a convertirse en la familia más poderosa e influyente de Chile.

Los Lísperguer se habían convertido en la primera estirpe del reino y sus conexiones les habían hecho dueños de la justicia, de los claustros y del prestigio militar.

Siguiendo las ideas de Vicuña Mackenna en su obra *Los Lísperguer y la Quintrala* (1944), en el siglo XVII, la familia Lísperguer había llegado a constituir uno de los cinco pilares aristocráticos más destacados de la sociedad chilena –quizás el más importante– junto a los Machado Torres, los Irarrázaval, los Bravo de Saravia y los Hurtado de Mendoza. Por lo tanto, de esta familia alemana descienden las grandes familias de Chile, que han ostentado numerosos títulos nobiliarios, de los que provienen varios presidentes de la nación y en definitiva, lo más acrecentado y pulido de la colonia.

Por otra parte, sería demasiado simple venerar a los Lísperguer solamente por su alcurnia y su encumbramiento. Hay también otros elementos que sitúan a los Lísperguer en el centro de la polémica, como una de las familias más controvertidas de Hispanoamérica. Alrededor de 1570, Pedro Lísperguer contrajo matrimonio con una heredera inmensamente rica: Águeda Flores. La novia era hija de Bartolomé Blumen o Blumenthal y de Elvira, la cacica de Talagante.

El eco de esta unión hasta el día de hoy ha dejado perplejos a historiadores y sociólogos. ¿Cómo es posible que Lísperguer, que se presupone descendiente de los duques de Sajonia, haya podido entregar su principesca mano al dulce aunque exótico fruto de la tierra americana? Entre sonrisas socarronas algunos genealogistas e historiadores se han burlado abiertamente de la estirpe lispergueriana, posicionándose peyorativamente frente al indigenismo de Águeda y aún peor, aludiendo al origen hebreo del padre, Bartolomé Blumen.

En el siglo XVII, los descendientes del primer Lísperguer, mantuvieron una feroz pugna por controlar los resortes del poder en la capital santiaguina. Mientras unos alababan y reconocían el estatus alcanzado por la familia, un sólido núcleo castellano les profesaba una profunda animadversión, calificándolos –en palabras de Mackenna– como:

*"una casta tan avasalladora como insolente, que no era caste-
llana, ni cristiana vieja, sino mixtura de bárbaros, gentiles y de
alemanes excomulgados" (1944).*

Las hembras de esta rama, probablemente desdeñadas por su mes-
tizaje, fueron especialmente tortuosas, tildadas de verdaderas
"mesalinas". María Lísperguer es tenida por bruja y practicante de
toda suerte de supercherías idolátricas, la cual junto a su hermana
Catalina, fue acusada por el obispo Salcedo de haber intentado asesinar al gobernador Alonso de Rivera. Pero la que peor fama se ha
llevado ha sido la nieta de Pedro Lísperguer, doña Catalina de los Ríos
Lísperguer, llamada comúnmente "la Quintrala", apodada por Mackenna como la Lucrecia Borgia americana.

Según las acusaciones del respetable prelado, "la Quintrala" habría
comenzado su siniestra carrera con la negra tacha de parricida, para
continuar con la de haber asesinado a un hombre pío, a un amante y a
la hija natural de su marido. Después, en la soledad de su Encomienda
de La Ligua, cometió los más atroces asesinatos, arrebatando la vida a
más de cuarenta indígenas, de las maneras más sádicas que se puedan
imaginar, en una verdadera hecatombe humana. Por si fuera poco, la
mácula se ha vertido por el obispo Salcedo sobre María de Encío,
madre de Gonzalo de los Ríos, marido de Catalina, acusada de haber
matado a su marido.

La leyenda negra de "la Quintrala", aún resuena entre el pueblo
chileno, que vocea su nombre con estupor, como un icono emblemático de la lucha racial y social en Chile. Así pues, el mito de los
Lísperguer está jalonado por innumerables paradojas, claroscuros de
un enigma inescrutable, que aún sigue sujeto a infinitas interpretaciones. De un lado está el prestigio de su abolengo milenario, de su casta
blasonada, de otro su soberbia, su indigenismo, su mezcla con razas
sujetas a tribulación, según los cánones estamentales de la época.

Este es el escozor de una estirpe maldita, amada y odiada, centro
neurálgico de una llaga muy profunda en la sociedad chilena: la de su

ancestral clasismo. Por ello, la figura de "la Quintrala" ha sido instrumentalizada por multitud de dramaturgos hispanoamericanos, que han visto en su perfil el adalid de sus reivindicaciones de clase, de sus denuncias a los desmanes de la sociedad colonial, trasladadas en expresiones plagadas de metáforas, a nuestro mundo contemporáneo.

La Quintrala, una mujer perversa que no podía ser bella por mucho que haya sido descrita como una esbelta pelirroja de ojos verdes, se ha erigido en el segundo tópico literario de Chile, después de *La Araucana* de Ercilla, el gran hito nacional. Si en palabras de Neruda, *"Ercilla inventó Chile"*, don Benjamín Vicuña Mackenna, prohombre de Chile, inventó a "la Quintrala". Otros autores como Ivonne Cuadra, en su libro *La Quintrala en la literatura chilena* (1999), han juzgado que la construcción de don Benjamín se asienta bajo un andamiaje arribista, que alimenta bajo el velo de la ironía, profundos prejuicios de clase, estigmatizando al pueblo mapuche, que languidece en su eterna condena a la opresión.

Bajo esta perspectiva, la connotación negativa de la Quintrala habría que buscarla en su indigenismo, lo que se apareja en don Benjamín a lo diabólico, lo esotérico. Lo que indigna a Ivonne, es que se insinúe que es la sangre indígena, la mixtura de razas, lo que lleva a la Quintrala a cometer sus crímenes. Estos son los retruécanos de la historia, las anfibologías de la razón, utilizados por quienes han querido descifrar las más hondas contradicciones de la idiosincrasia chilena. Cientos de artículos en revistas especializadas, novelas, libros históricos, obras de teatro, series televisivas, incluso óperas... han explotado hasta la saciedad el tópico, sin conseguir decodificar por completo el enigma.

No cabe duda de que la atracción fatal hacia la familia Lísperguer, está plenamente justificada como una realidad poliédrica, que atrapa en todas sus vertientes a sus muchos admiradores. Ahora bien, dejando disquisiciones ideológicas aparte, si bien la leyenda lispergueriana es un episodio eminentemente chileno, también pertenece en cierto grado a Perú donde se han encontrado muchos de sus miembros, como nos ha ilustrado Zevallos Quiñones, miembro del Instituto Peruano de Investigaciones Genealógicas, que en su obra *Los Lísperguer en el Perú* (1954) nos ha mostrado los destacados linajes esparcidos en esta nación; e incluso pertenece a Argentina, donde se han hallado escasas, pero importantes ramas de sus miembros. Pero además es una historia alemana, por el origen de Pedro Lísperguer, es una historia española, como muy pronto veremos, es decir, es una historia universal.

Esta seducción irresistible hacia la familia Lísperguer ha generado un deseo irrefrenable en multitud de historiadores, genealogistas y público en general, por conocer su origen. ¿De dónde proviene semejante éxito? ¿Si el poderío de la familia es tan evidente, por qué no se ha podido concretar su origen? Esta es la pregunta pendular que de manera incesante golpeaba las sienes de muchos eruditos. Pedro Lísperguer apenas trajo a la Conquista las transcripciones de las cédulas de entrada y otras probanzas realizadas en Andalucía. Apenas existen algunas escuetas declaraciones efectuadas ante los escribanos chilenos. El desfase temporal, las barreras geográficas, las dificultades lingüísticas, un inmenso océano cortando el desplazamiento entre América y Europa, han hecho de esa labor una misión casi imposible de acometer.

Esta situación comenzó a cambiar cuando el distinguido investigador y genealogista, don Juan Mújica de la Fuente, miembro de honor del Instituto Peruano de Investigaciones Genealógicas, encontró en la Biblioteca Nacional de España una certificación nobiliaria realizada alrededor de 1740, por el rey de armas don Juan Alfonso Guerra y Sandoval, a petición de don Jorge Carlos de Wittemberg, destacado miembro de la oligarquía malagueña.

En ese documento se afirmaba la vinculación de Pedro Lísperguer con la familia Wittemberg y su descendencia del duque de Sajonia. Ahora se podía entender porqué la familia en Hispanoamérica a finales del siglo XVII había vuelto a utilizar el apellido Wittemberg. Inmediatamente, quien subscribe estas líneas cayó hipnotizado bajo estas nuevas informaciones y se propuso un objetivo: dedicaría el tiempo que fuese necesario para resolver el misterio del origen de los Lísperguer.

Durante más de una década esta obsesión ilusionante ha sido la causa de una ingente labor investigadora. Merced a esa curiosidad pude pronto descubrir que los Lísperguer no eran una familia autóctona de Hispanoamérica, sino que en España sus primos los Wittemberg, habían formado una importantísima familia. En un primer proyecto, tuve la intención de aunar en un manual a los Lísperguer de Chile, a los de Perú, a los de Argentina, a los alemanes y a los españoles. Pronto comprendí lo quijotesco de tal pretensión.

En primer lugar, ya había abundante bibliografía que se había encargado de divulgar las proezas de estas familias criollas. En segundo término las fuentes documentales se encontraban en Sudamérica, fuera de mi alcance y nunca podría competir en iguales condiciones con los investigadores locales. En otro orden de cosas, yo era chileno de origen, lo que me abría la puerta para la comprensión de la temática. De otro lado, yo era también español y llevaba residiendo en España durante más de treinta años, lo que me situaba en una posición geográfica ideal para poder realizar esta difícil investigación. En conclusión, la cuestión estaba clara, aunque la investigación iba a prevalerse de elementos americanos, se centraría en mi orbe de influencia, en Europa y sobre todo, España.

Por lo tanto, es pos de esta noble causa he realizado un inmenso esfuerzo, investigando en múltiples jornadas en la Biblioteca Nacional de España, en la Real Academia de la Historia, en el Archivo Histórico Nacional, en los archivos del Ejército, los de la Marina, en la Biblioteca Hispánica, en la Fundación Tavera, en la Fundación alemana Göerres y otros muchos archivos y bibliotecas. He realizado seis viajes por España: tres a Málaga, donde he investigado en el Archivo Histórico Provincial, en el Archivo Municipal y en el Archivo Catedralicio; dos a Sevilla, donde he investigado en el Archivo General de Indias y en la Casa de Pilatos; uno a Granada, donde he investigado en la Real Chancillería.

Además he mantenido comunicación epistolar con toda clase de instituciones culturales a lo largo y ancho del mundo, que me han proporcionado multitud de documentos. Cientos de catálogos han pasado ante mis ojos, manuales biográficos, bases de datos, artículos, instrumentos de descripción, bibliografías de todo tipo, manuscritos, códices, libros maravillosos con mucha antigüedad. Si mi incursión en la historia fue la de un diletante, casi sin darme cuenta me convertí en un gran conocedor de la archivística, de la bibliofilia, del documentalismo y otras muchas ciencias afines.

Junto al título *Los protegidos del César*, el contenido del libro describe la idea de "escalada" o "encumbramiento", de una familia foránea que injertada en una monarquía extranjera, no sólo consigue adaptarse, sino que en una carrera llena de obstáculos, logra merced a su pujanza y destreza, alcanzar los primeros puestos de la nación. Además se da a conocer, *ab initio*, como un proyecto transnacional.

En primer lugar, su importancia radica en que revela nuevos aspectos del mundo carolino y filipino, por tanto despliega su fuerza en la edad de oro de nuestra cultura, su glorioso Imperio español. En segundo término, el libro abarca el siglo XVIII, mostrando nuevas realidades de la Ilustración Española. Así pues mi trabajo como un trípode se ha basado en tres áreas. En la primera, he tratado de reconstruir el pasado de Pedro Lísperguer en Alemania y su posterior aprendizaje y vivencias en España, Países Bajos e Inglaterra, bajo el influjo de los Austrias y los condes de Feria (1545-1555). La segunda, es un bien documentado estudio sobre el origen de la familia Lísperguer Wittemberg. La tercera, es la exposición del desarrollo de la familia Wittemberg en España.

Respecto a la primera área o capítulo, es un hecho que Pedro Lísperguer al llegar a América, sólo portaba las licencias y demás probanzas y documentos efectuados ante la Casa de Contratación de Sevilla. Gracias a estos documentos se ha podido establecer una cronología y un itinerario del conquistador, algo que nunca se había hecho antes con precisión. Merced a estas informaciones se sabe que

Lísperguer fue paje de Pedro Fernández de Córdova, IV conde de Feria, hasta su muerte en 1552 y luego caballerizo de su hermano Gómez Suárez, V conde de Feria, con el que marchó a Inglaterra el año siguiente.

También se sabe que viajó con el Emperador por los Países Bajos. Pero aparte de estas informaciones y otros ejes cronológicos que se desprenden de sus probanzas andaluzas, no se saben cuáles fueron las realizaciones concretas del personaje durante la década que pasó en España e Inglaterra. Por eso me ha parecido más prudente concebir a este primer capítulo como un "ensayo", aunque en realidad es un género híbrido, donde se da el relato histórico documentado, la biografía, el ensayo y en lo emotivo, podría tener alguna similitud con la novela.

Partiendo de esta premisa, ha sido necesario recrear el contexto del personaje para llegar a su personalidad, la de un hombre del Renacimiento. Dentro de este contexto se ha expuesto hasta donde las fuentes permiten su pasado en Alemania. Además se han mostrado las declaraciones efectuadas por los miembros del séquito del conde de Feria, los cuales estuvieron en Worms en 1545 y conocieron al padre de Lísperguer, su casa y su forma de vivir. Asimismo, se ahonda en el momento fulgurante en el que el Emperador hace su entrada en Worms y cuáles eran los acontecimientos más relevantes que en ese momento estaban ocurriendo en el imperio.

También se ha tratado de penetrar en la psicología y personalidad del César y como ésta pudo afectar a nuestro personaje. A continuación se ha recreado el viaje del Emperador a través de los Países Bajos, en el que se sabe que iba Lísperguer y el conde de Feria y se han descrito las maravillas y bellezas de sus principales ciudades. Para establecer este itinerario han sido fundamentales obras como las de Manuel Foronda y Aguilera, *Estancias y viajes del emperador Carlos V* (1914).

Otro aspecto vertebral de esta primera parte ha sido profundizar en la identidad de don Pedro Fernández de Córdova, IV conde de Feria, grande de España y conocer cuáles eran sus orígenes familiares, su carácter, su posición en el imperio y como todo ello debió dejar una honda huella en la personalidad del adolescente Lísperguer. Otro eje importante será la llegada del Conde a Andalucía, donde nos adentramos en otras figuras femeninas del clan, como la marquesa de Priego, doña Catalina Fernández de Córdova y doña Ana Ponce de León, madre y mujer respectivamente de don Pedro Fernández.

Conoceremos a los hermanos del Conde, muchos de ellos debió conocer Lísperguer, así como a los grandes místicos de su tiempo: Juan de Ávila y fray Luis de Granada, ambos asiduos en la casa de la Marquesa. Además se dará vida a la villa cordobesa de Montilla, centro geopolítico del marquesado de Priego, y a su otrora poderoso castillo, del que Lísperguer sólo conocerá sus restos, así como se darán retazos sobre pasajes costumbristas de la vida en el Quinientos.

Otras cuestiones de gran trascendencia será conocer los orígenes y principales hazañas de la casa Córdova [sic], antepasados inmediatos de los marqueses de Priego. Aquí aflorarán vívidos relatos de historias que sin duda escuchó Lísperguer, otorgando especial relevancia al "el Gran Capitán", el mito legendario de los Fernández de Córdova. También en este episodio tendremos rendida noticia de la gran tragedia que se cernió sobre el marquesado de Priego, del derrumbamiento del castillo de Montilla por orden del Rey Católico, de la caída en desgracia del marqués don Pedro (padre de doña Catalina) y del ostracismo de su tío, don Gonzalo Fernández de Córdova.

También nos retrotraeremos hacia el origen del condado de Feria, los Suárez de Figueroa y todos los antecedentes históricos de la casa. Especial relevancia se dará al enclave de Zafra, plagado de curiosidades y noticias pintorescas. A continuación se hará una reseña de sus principales héroes militares, de sus embajadores, pero también se dará un interesante viraje para realizar una sugerente introspección hacia sus principales poetas: El marqués de Santillana, Jorge Manrique, y el príncipe de los poetas españoles, Garcilaso de la Vega.

Tras este placentero baño intelectual y ya en época coetánea a Pedro Lísperguer, nos sumergiremos en el difícil trance de la muerte del conde don Pedro en el verano de 1552 y el impacto que todo ello causará en sus familiares, un lance que a Lísperguer le tocó vivir muy de cerca, según está constatado en los documentos que portó a su arribó a Perú.

Tras la muerte del conde don Pedro, su hermano don Gómez Suárez de Figueroa, V conde de Feria, le sucederá en la dirección del condado. Tras permanecer durante dos años más en el condado bajo la protección de don Gómez, Lísperguer acude en julio de 1554 a la gran aventura inglesa. Seremos testigos del inmenso esfuerzo de Estado que se hizo es pos de esa empresa, en definitiva de la parafernalia y gran despliegue de medios realizado para impresionar al pueblo inglés.

Se describirá la magnificencia y el esplendor de esa gran opereta de Estado que fue la boda de Felipe II y María Tudor en 1554, en la que estará presente Lísperguer y toda la corte imperial; pero también conoceremos la angustia de los cortesanos españoles en la corte inglesa, los problemas de hospedaje, sus dificultades de comunicación, los robos y tropelías a los que eran sometidos constantemente y sobre todo, una tensión política permanente que convertía la estancia en la isla en una experiencia insoportable.

Pero las tensiones no sólo provenían del exterior sino que algunas procedían del propio entorno filipino. Así analizaremos con detalle a los grandes personajes del equipo de gobierno de Felipe: Ruy Gómez, el conde de Feria, el duque de Alba. Asistiremos al antagonismo entre sus miembros y comprobaremos el talante afable y tolerante del Conde frente a la soberbia y rudeza del Duque y de cómo en definitiva don Gómez militaba en el partido ganador en la corte y cómo pudo todo esto influir en Lísperguer.

Asimismo, estaremos al tanto del retrato físico y moral de don Gómez, realizado por los embajadores venecianos. En otro orden de cosas, nos adentraremos en el gran cosmopolitismo de Londres, sintiendo a flor de piel, como si fuéramos el mismo Lísperguer, sus principales grandezas y miserias. Acto seguido, exploraremos la personalidad de los principales compañeros de Lísperguer en la corte inglesa; entre ellos: Francisco de Irarrázaval, vástago de un legendario linaje de Guipúzcoa, don Alonso de Ercilla, célebre autor de *La Araucana* y el intrépido don García Hurtado de Mendoza, futuro gobernador de Chile.

Para finalizar, se relatará el epílogo del laberinto político inglés. Dentro del tedio de los días que se suceden sin solución de continuidad en un callejón sin salida, tendremos noticia del enamoramiento del conde de Feria y Jane Dormer, que se nos presentará como un bálsamo en un clima de convivencia insostenible. Junto a este suceso seremos partícipes de la llegada de Jerónimo de Alderete a la corte inglesa, del gran optimismo de los jóvenes españoles frente a la perspectiva de la nueva aventura americana, del trepidante frenesí de los acontecimientos que se agolpan, de las peticiones de licencias para acudir a la campaña de conquista.

Todo este entusiasmo volcado en cientos de páginas, se verá colmado con la partida del grupo con el nuevo virrey del Perú, don Andrés Hurtado de Mendoza, los cuales embarcarán desde Sanlúcar de Barrameda, Cádiz, el 15 de octubre de 1555 con destino a las Indias. En el ínterin hacia su nuevo destino, el grupo se verá confrontado con las difíciles navegaciones transoceánicas de la época y la experiencia casi irreal de cruzar el Istmo, todo ello compensado con la entrada triunfal que hace el séquito del Virrey en Lima el 29 de julio de 1556. Por otra parte, aunque esta parte acaba aquí, si el lector curioso queda intrigado por las hazañas de Pedro Lísperguer en América, puede consultar los apéndices, donde se ha insertado una bien elaborada cronología del conquistador.

El segundo capítulo, siendo menor en extensión, tiene una importancia inmensa, ya que en un estudio bien consensuado, se tratará de dar respuesta de una forma científica al origen de la familia Lísperguer. Este será un cuerpo medular, no sólo porque constituye la bisagra que aúna a dos familias alemanas, los Lísperguer y los Wittemberg (y por tanto a dos continentes Europa y América) sino que además representa el anhelo cumplido de multitud de eruditos y admiradores del mundo lispergueriano, que han permanecido durante décadas sumidos en la ansiedad del oscurantismo, o dicho de otro modo, postrados ante el dolor que supone la pérdida de un valioso legado, que a la postre constituye uno de los cimientos más acrisolados del cono sur.

En persecución de ese objetivo casi imposible de acometer, ha resultado prioritario analizar en profundidad todo lo que la literatura docta había producido sobre la materia. Se ha escrutado con meticulosidad tanto las obras de historiadores latinoamericanos decimonónicos, como otros del siglo XX. Se han estudiado las principales obras de genealogía, heráldica e historia publicadas hasta la fecha. Se han verificado lo que sobre la temática existía en los boletines de las Academias de la Historia. He realizado cotejos exhaustivos de los asientos de la Casa de Contratación, así como de los documentos y licencias que portaba Pedro Lísperguer y que se conservan en la Biblioteca Nacional del Perú.

He leído cientos de artículos en revistas especializadas, que me han aportado una visión de la importancia global de la materia. He entrado en contacto con numerosos archivos, bibliotecas e instituciones culturales en Hispanoamérica, que me han aportado muchas noticias y material documental. He consultado toda clase de catálogos y obras que recogen informaciones sobre cuestiones Iberoamericanas, permaneciendo muchas horas en las bien acondicionadas salas de la Biblioteca Hispánica de Madrid, órgano perteneciente a la Agencia de Cooperación Internacional.

Por supuesto, de todo este material documental han aflorado noticias muy interesantes sobre la familia Lísperguer. Sin embargo, son tantas las contradicciones entre las fuentes, las omisiones, los errores, los desajustes cronológicos, que uno llega a plantearse si realmente alguna vez existió esta familia. Así pues, una de las primeras tareas ha sido recoger una serie de noticias que estaban dispersas en multitud de obras, luego corregir y ordenar las informaciones que emanan de dichas fuentes y ajustar aquellas que por improbables no tenían demasiado sentido.

Asimismo, se ha estudiado la etimología del apellido y cuál es el cognomen que se ajusta en mayor medida al primitivo idioma. También se ha analizado la procedencia regional del nombre y la descripción del escudo de armas de la familia Lisperg, según las fuentes alemanas. Igualmente, se han confrontado los testimonios que sobre esta familia han dejado grandes genealogistas e historiadores, especialmente, don Juan Luis del Espejo y don Luis de Roa y Ursúa, mejorando sus versiones y eliminando los grandes equívocos que ambos ofrecían en obras tan célebres como, el *Nobiliario de la antigua capitanía general de Chile* (Espejo, 1967) y el *Reyno de Chile* (Roa & Instituto de Historia Jerónimo Zurita, 1945).

Hasta ahora, artículos como el de Wunder Gerd, "Peter Lisperguer, ein deutscher Konquistador" (1991), o su libro *Die Familie Lisperguer in Chile* (1934), o también el artículo de Hans Reuss, "Don Pedro Lisperguer aus Worms" (1936), o por supuesto el trascendental libro de Benjamín Vicuña Mackenna, *Los Lísperguer y la Quintrala* (1944), habían evidenciado con gran luminosidad y profusión de datos sobre el éxito de Lísperguer y su descendencia en Chile, pero apenas habían sido capaces de ofrecer un atisbo respecto del origen del conquistador en Alemania.

Por tanto, queriendo superar ese vacío, este ha sido un trabajo de campo, empírico, de clasificación y recogida de datos, en el que ha tratado de eliminar toda subjetividad en la percepción que tradicionalmente se ha tenido de esta familia, suprimiendo o minusvalorando informaciones sesgadas de personas que abrumadas por su éxito posterior, habían abultado el verdadero origen de la misma. En esta labor, la acreditación de noticias mediante una estricta constatación de fuentes, ha sido un elemento esencial.

Asimismo, ha sido fundamental el contacto reiterado con los responsables del Archivo Municipal de Worms, en Alemania, los cuales me han proporcionado valiosos documentos, que junto a otros trabajos, me han permitido corregir los grandes errores que Roa y Ursúa publicó en *El reyno de Chile*, pudiendo ampliar considerablemente las informaciones sobre el pasado de Pedro Lísperguer en Alemania.

Por otra parte, uno de los grandes retos de esta parte ha sido dar respuestas coherentes a las muchas dicotomías e inconsistencias que se han vertido en las fuentes estudiadas. Entre ellas el hecho de que según los asientos de la Casa de Contratación, el padre de Pedro Lísperguer se llamara Pedro Bilinger (por lo que se entiende que el conquistador antepuso el apellido de la madre frente al del padre) frente al documento encontrado por Juan Mújica en la Biblioteca Nacional de España, en el que se afirma que el padre de Lísperguer, se llamaba Pedro Wittemberg.

Este documento, es de suma importancia, ya que por primera vez se evidencia la vinculación de los Lísperguer con los Wittemberg españoles y se constata que el hecho de que la rama hispanoamericana portara el apellido Lísperguer en lugar del de Wittemberg fue un hecho meramente accidental. Por supuesto, se señala además el origen común de la familia Lísperguer y Wittemberg en Alemania, los cuales tuvieron entronques reiterados en varias de sus ramas.

Gracias a este documento se han podido encontrar otros de incluso mayor antigüedad, que han aportado informaciones de gran valor, para poder acercarnos al origen de la familia. Especialmente relevante es el hecho de que se afirme la descendencia de Pedro Lísperguer del duque de Sajonia, lo cual junto con otras informaciones periféricas, han sido estudiadas con gran escrupulosidad.

También en este trabajo se ofrecerá una reseña sobre el rey de armas, don Juan Alfonso Guerra y Sandoval, autor de la certificación nobiliaria sobre la familia Wittemberg, para poder conocer cuál era el reconocimiento y prestigio de este nobilarista y por tanto saber qué grado de credibilidad pueden ofrecernos esta clase de documentos. En consecución de ese objetivo, se han examinado según el juicio de expertos, cuál es el valor que se puede otorgar a esas certificaciones y cuánto puede haber de fantasía o de exageración. Para poder despejar esas dudas se ha verificado exhaustivamente la genealogía de los duques de Sajonia en su línea Sachsen-Wittenberg, como también se ha escrito a los archivos regionales de Sajonia, donde se ha elevado consulta sobre el particular y se han recogido sugerentes opiniones.

También se ha dedicado un espacio preferente a averiguar el posible origen sefardí de la familia y tras un estudio pormenorizado de su forma de vida, su origen, sus conexiones, sus asentamientos, se han aportado pruebas categóricas que permiten con fundamento descartar completamente esta idea. En adición a lo anterior, se ha intentado penetrar en la idiosincrasia de la rama americana, entender su evolución en el tiempo, el porqué de su pujanza, las consecuencias de su indigenismo. Todo ello me ha permitido comprender el orbe mental y social de estas familias singulares y su paralelismo a otros grandes linajes americanos, que no obstante su hibridismo han ocupado los primeros puestos de aquellas sociedades.

Si todo ello ha sido una aventura apasionante, nada puede compararse con el revolucionario aporte que supone el estudio de la familia Wittemberg en España. Aquí interesará tan sólo el aspecto nobiliario de la familia, como una vía para llegar al origen de la misma. En consecuencia, se ha realizado un seguimiento de todos los protocolos nobiliarios que sobre esta familia se han encontrado en España (especialmente en Andalucía), ofreciendo al público por primera vez en cuatro siglos, numerosos documentos inéditos que serán de suma importancia y que sin duda serán estudiados con deleitación por toda suerte de eruditos y universidades.

En pos de esa labor de recogida de documentos nobiliarios, se han rastreado expedientes en archivos eclesiásticos, ejecutorias de hidalguía en Reales Chancillerías, nuevas certificaciones armeras, declaraciones efectuadas por la familia ante autoridades castrenses. Merced a estas informaciones se ha podido ahondar en los contactos que la familia tenía en Hamburgo, que es el enclave primigenio del que procede la rama española, también se ha podido reconocer a todos los personajes implicados en esas probanzas y calibrar su estatus y aún más importante, saber de qué ducados y condados procedía la familia en Alemania.

Tras el cotejo minucioso de los ducados, se ha podido comprobar como éstos coincidían con las representaciones heráldicas efectuadas por los reyes de armas españoles en el siglo XVII y XVIII y por tanto, ha permitido ubicar regionalmente a la familia en el territorio de Württemberg, de cuyos duques señalan las fuentes que procede. Por otra parte los nuevos descubrimientos han abierto una brecha sobre la concepción tradicional de que la familia descendía del ducado de Sajonia. Esta disparidad de elementos probatorios nos mantiene en una situación de vértigo hasta el último momento, en el que se intentará dar respuesta a cuestiones de muy difícil intelección.

Pero como la fiabilidad de un teoría depende de la veracidad de las informaciones sobre las que se sustenta, también ha sido imprescindible dedicar algunos párrafos a examinar las contradicciones en las declaraciones de los Wittemberg, las inconsistencias de algunas fuentes, el cotejo de la genealogía de los duques de Württemberg, intentando llegar a la verdadera naturaleza de esta importantísima familia, eliminando por tanto toda suposición espuria que nos aparte de ese propósito. No obstante algunos contratiempos en ese camino hacia la absoluta certeza, la investigación culmina con la enumeración de los numerosos títulos nobiliarios con los que ha enlazado esta familia, tanto en América, como en España, y que en última instancia, la nobleza y grandeza de la casa ha quedado evidenciada como una realidad fáctica incuestionable.

El tercer capítulo trata sobre el desarrollo de la familia Wittemberg en España, especialmente en Málaga. El relato comienza con la llegada de Johannes Wittemberg Dreyers en 1668 a las costas malacitanas, el primer alemán de este apellido que llega a aquella tierra andaluza. Veremos cómo se establece como un factor de sus socios comerciales en Hamburgo, fundando poco después su propia compañía marítima, una compañía de comercio al por mayor, que resultará una de las más prósperas de la ciudad, manteniéndose operativa durante ciento treinta años a través de sus hijos y nietos. A continuación analizaremos su primer matrimonio con María Arizón, del que provendrá la primera generación de esta familia nacidos en Málaga.

Siguiendo el consagrado tópico de que el recién llegado se establece, la segunda generación se integra y la tercera se consolida, asistiremos a la evolución de un clan inteligente, que consigue ser capaz de establecer buenas relaciones con su entorno, logra casar a sus hijas con los regidores de la ciudad, siendo aceptado en el exclusivo grupo de la nobleza local. Todo ello le llevará a asimilar sin dificultad las costumbres foráneas, definiéndose como una familia católica, no obstante que sigue manteniendo buenas relaciones con sus compatriotas protestantes y que sigue cultivando contactos con su enclave primigenio en Hamburgo.

Por lo tanto, durante varias páginas se examinarán las operaciones comerciales de la familia Wittemberg, cuáles eran las rutas que seguían sus barcos, qué clase de negocios y transacciones jurídicas realizaban en la ciudad y quiénes eran sus socios comerciales. Asimismo, entre estos socios, será interesante conocer quiénes eran los cónsules extranjeros que formaban parte de su compañía, a qué comunidad estaban vinculados en Málaga, en definitiva saber a qué grupos e intereses estaban adheridos.

Igualmente cautivante resultará recrearnos con su lujoso estilo de vida, que conoceremos a través de alguno de sus inventarios, lo que nos permitirá adentrarnos en los objetos suntuosos que tenían en sus casas, su forma de vivir, el número de calesas que poseían, y otros objetos tales como instrumentos musicales, lo que denota el gran grado de refinamiento alcanzado por esta familia.

Asimismo, los Wittemberg serán grandes hacendistas de Málaga. Verificando el Catastro del marqués de la Ensenada, particiones de bienes, otros protocolos notariales y numerosos testamentos, conoceremos cuáles eran sus cuantiosas propiedades y cuál era su medio de vida y cómo emulando las virtudes de la nobleza crearon también mayorazgos o bienes vinculados.

También comprobaremos como en tercera generación la integración de la familia será completa. Uno de sus miembros consigue llegar a ser deán de la Catedral de Málaga y otros ingresan sin dificultad en diversas congregaciones religiosas. Muchos hacen próspera carrera dentro del Ejército, optando muchos otros por la Marina. Especialmente diestras serán las mujeres del clan, que contraerán en esta etapa, sustanciosos matrimonios, permitiendo a la familia Wittemberg enlazarse con la nobleza y aún incluso con varios títulos nobiliarios.

Descendiente de esta familia por parte de madre será don Luis José Velázquez de Velasco, marqués de Valdeflores (1722-1772), uno de los personajes más representativos de la primera Ilustración Española, personaje que se encuentra en la base fundacional de la Real Academia de la Historia, que participó en sus primeros proyectos, donde se conserva un gran acopio documental, que ha sido estudiado por quien subscribe estas líneas.

A través del entramado de relaciones de esta familia extranjera en Málaga, podremos ahora comprender el porqué del cosmopolitismo de Valdeflores, de sus inquietudes, de su espíritu, lo que sin duda será de gran interés para multitud de dieciochistas e hispanistas de todos los países, que tendrán un nuevo motivo para asomarse a su figura. Al final de su evolución la familia Wittemberg consigue enlazarse con grandes de España, lo que representa la culminación de un esfuerzo continuado para aunar riqueza y consideración social, integrándose en los grandes estamentos de la época.

En síntesis, este es un libro que trata sobre la evolución de una familia alemana, que consigue integrarse sin dificultad dentro de la monarquía española y en tan sólo tres siglos alcanza el pináculo de una sociedad profundamente estamental. Es por otra parte una obra innovadora, puesto que a través de numerosos documentos inéditos, aporta valiosas informaciones sobre el pasado de esta importante familia en Alemania, así como informa sobre establecimiento de una próspera rama en España, desconocida hasta ahora.

Esta obra además ofrece una serie de apéndices, que engloban la genealogía extensa de los Wittemberg en España, los goces de hidalguía del clan, una cronología completa de Pedro Lísperguer, la exposición de sus numerosos pases y licencias para embarcar hacia América y una genealogía de la familia Lísperguer en Hispanoamérica, comprendiendo los linajes chilenos, peruanos y argentinos. Soy consciente que estas nuevas noticias sobre la familia Lísperguer Wittemberg serán la génesis de una revolución cultural, que estremecerá los cimientos de la historiografía española e hispanoamericana, dando pábulo a un sinfín de interpretaciones.

Dada la extensión de la obra cuya serie lleva el título *Los protegidos del César,* se ha dividido en dos volúmenes: el primero titulado *El conquistador alemán Pedro Lísperguer Wittemberg*, donde se describen sus vivencias europeas; y el segundo titulado *Los Lísperguer Wittemberg: una familia alemana en el corazón de la cultura chilena*, donde se analiza su polémico origen en Alemania (con muchos referentes americanistas) y su posterior florecimiento en España.

No cabe duda que para realizar esta compleja investigación que se ha prolongado durante más de una década, los nuevos avances tecnológicos han sido fundamentales. Aquí consigno mi respeto para todos aquellos historiadores que a principios de siglo no disponían de estos avances. A pesar del increíble esfuerzo y del giro copernicano que implican sus noticias, dista mucho de ser una obra perfecta. Aún faltan muchas cosas por estudiar y mi mayor deseo es que algún día una nueva generación de investigadores alemanes, chilenos y españoles, se involucren en esta apasionante investigación aún perfectible.

Queda mucho por hacer en los archivos malagueños, donde existen todavía documentos de la familia Wittemberg que no han sido investigados. También falta por hacer una exploración profunda en los archivos, religiosos o civiles, de Worms, Hesse-Darmstadt, Württemberg, donde existen indicios de la existencia de muchos parientes de los Lísperguer. Asimismo, es necesario explorar en profundidad las operaciones comerciales de los Wittemberg, especialmente en Hamburgo, así como por ejemplo, en Ámsterdam, donde también existen indicios de su presencia. No hay que olvidar que Juan Wittemberg Dreyers, menciona en sus protocolos a un sobrino, Alberto Rucke y también a las tías de sus hijos que vivían en Hamburgo, lo que indica que allí existían conexiones familiares que aún no han sido exploradas.

Con todas sus posibles limitaciones, esta obra representa el mayor esfuerzo hecho hasta la fecha para esclarecer el origen y desarrollo de esta ilustre familia alemana. Sin embargo, no será completa mientras no se consiga una plena implicación de los historiadores alemanes. A todos estos nuevos investigadores y amantes del mundo lisperguerano, les lego esta apasionante historia, como un referente de ilusión y optimismo, que como la buena semilla brotará nuevamente en el futuro.

Daniel Piedrabuena Ruiz-Tagle

Madrid, 1 de octubre 2009

PRIMERA PARTE

ALEMANIA Y LOS PAÍSES BAJOS

Pedro Lísperguer: un hombre del Renacimiento

Siglo XVI. Cosas extraordinarias están ocurriendo en el mundo. Dentro de él un emperador: Carlos V, que está ejerciendo uno de los poderes más grandes que han existido sobre la tierra. Muy pronto, este gran coloso de la historia se encontrará con un personaje que se convertirá más adelante en un mito de la historia de Chile. Ese personaje oriundo de la antigua y altiva ciudad de Worms, en Alemania, era Pedro Lísperguer Wittemberg. El 25 de octubre de 1555, en un lóbrego y sombrío día otoñal, un hombre cansado y envejecido cruzaba a las cuatro de la tarde los jardines de su palacio de Bruselas.

Aquel hombre abatido pero con una gran dignidad y firmeza era el emperador Carlos V. La misión que le llevaba a aquel palacio era la abdicación de todos sus títulos imperiales. No iba sólo. Le acompañaban su hijo Felipe, cuyo futuro era aún incierto y frente al cual ya comenzaba a crearse un fuerte partido de oposición; su querida hermana María, que tan bien y leal había ejercido el gobierno de los Países Bajos y su no menos amada hermana Leonor, la mayor de la

1

familia. En aquella sala del palacio de Bruselas aquel acto solemne desprendía una intensa grandeza.

Ante la familia una gran ausencia, Fernando, Rey de los Romanos, hermano del Emperador. No faltaron, sin embargo, los sobrinos de éste, la duquesa de Lorena y el duque Manuel Filiberto de Saboya. Allí se encontraban todos sus consejeros y ministros. Sus cardenales. Los gobernadores de diecisiete provincias, la nobleza, el alto clero, los representantes de las principales ciudades de aquellos estados de los Países Bajos.

Abriéndose paso entre los cortesanos que murmuran agolpados en los pasillos, Carlos V, vestido de negro, finalmente se asienta en su trono imperial. Hablando en francés a una audiencia absorta y expectante, les va exponiendo los diversos eventos que habían discurrido a lo largo de su vida. Hablará de la defensa de la cristiandad, de la lucha contra el Turco, de la pugna con el rey de Francia, Francisco I. Luego les dice:

> "Nueve veces fui a Alemania la Alta, seis he pasado en España, siete en Italia, diez he venido aquí a Flandes, cuatro, en tiempo de paz y de guerra, he entrado en Francia, dos en Inglaterra, otras dos fui contra África, las cuales todas son cuarenta..." (Fernández Álvarez, 1999, pág. 780).

A continuación sigue hablando:

> "...ocho veces el mar Mediterráneo y tres el océano de España y agora será la cuarta... La mitad del tiempo tuve grandes y peligrosas guerras, de las cuales puedo decir con verdad que las hice más por fuerza y contra mi voluntad que buscándolas ni dando ocasión para ellas..." (Sandoval & Seco, 1956, pág. 478).

Después aludiendo a la falta de fuerzas para continuar en el ejercicio del poder, anuncia su definitivo abandono del imperio. En un ambiente electrizante y de gran congoja, la sala apesadumbrada rompía en estentóreos sollozos, gemidos y caras de incredulidad. Un gran

2

pesar se apoderaba de aquel recinto. Frente a la emoción de la despedida sólo quedaba ya el vacío de la ausencia. ¡Dios mío que será de nosotros! Exclamaría alguno...

Diez días antes de la abdicación de Carlos V, el 15 de octubre de 1555, zarpaba de Sanlúcar de Barrameda, Cádiz, un convoy de varios barcos hacia el Perú. En ellos iba la flor y nata de la corte. Iba el joven Ercilla, antiguo paje de Felipe II en Italia, Flandes e Inglaterra. Iba también Francisco Yrarrázaval, asimismo cortesano de Felipe. Junto a ellos Pedro Lísperguer Wittemberg, noble alemán, que se dirigía a las Indias con un ascenso notable en su carrera: ahora sería maestresala del virrey don Andrés Hurtado de Mendoza.

Con aquella legación, solos en la inmensidad del océano Atlántico, partía hacia el Nuevo Mundo, velámenes henchidos al viento, inmersos en la infinitud del horizonte, el último reducto de la majestad imperial. Atrás quedaba casi una década de aprendizaje en España, en la que el joven Lísperguer se había impregnado de toda la ciencia y la gracia del orgulloso mundo español.

Cuántas veces se acordaría Lísperguer de los tiempos pasados en la corte del Emperador, de sus viajes por Flandes siguiendo su cortejo, del boato de las grandes dignidades, la diplomacia, los grandes banquetes, las justas caballerescas, los grandes ideales de aquellos caballeros. Con la mirada perdida en la estela de su nave ve pasar una a una las escenas de su vida. Cuánto había aprendido en aquella corte española, cuánto le debía al conde de Feria. Cuán emocionante había sido la experiencia en la corte inglesa. Cuán lejos quedaba ya el sol de Andalucía, Montilla, Zafra, la marquesa de Priego...

Delante de sí sólo había un incierto porvenir. ¿Cómo serían aquellas Indias? Inmerso en una inquietud que le oprime el corazón le asaltan las dudas. ¿No hubiera sido mejor regresar a Alemania, ver a sus hermanos, a sus padres, volver al candor del recuerdo de la tierna infancia? ¿No sería más acertado reencontrarse con su tierra natal, Worms, volver a ver a los viejos amigos, hablar en su idioma natal –el alemán–, que tan desusado tenía, y compartir charlas y experiencias del pasado? ¿No hubiese sido mejor caminar una vez más por el casco antiguo, adentrarse otra vez más en su imponente catedral y sentir la tenue fugacidad de la ínfima existencia?

Cuán lejos estaría en aquel momento de imaginar el magnífico futuro que le esperaría en aquella conquista. Cómo imaginar que sería el origen de una de las estirpes más encumbradas de la historia de Chile y Perú. Cómo imaginar aquel mundo nuevo, aquellas épicas campañas, aquellos maravillosos parajes y sus indómitos naturales.

Para entender lo que Lísperguer aportó a Chile, lo que transportó a aquella ruda conquista, hay que analizar su aprendizaje en Europa. Para ello, hay que comprender el ambiente que rodeaba a Lísperguer en aquel mundo antiguo. ¿Cómo era ese siglo XVI en el que Lísperguer vivió? ¿Qué estaba ocurriendo en ese momento en el mundo? Pues, ocurrían ciertamente cosas increíbles. El siglo XVI como sabemos, es la continuación de ese magnífico Renacimiento que se había originado unos siglos antes.

¡Ah el Renacimiento! Jamás las ciencias, el arte, el pensamiento... habían tenido una explosión de creatividad tan inmensa como en este periodo febril y fecundo. El Renacimiento supuso un retorno a los modelos greco-latinos, se cultiva el humanismo y se dignifican las lenguas vulgares, se anhela el canon de la perfección. Superando el ensimismado escepticismo medieval, ahora aflora una contagiosa alegría de vivir, una esperanza en el devenir. Ya no es Dios el centro del universo sino el hombre.

Este antropocentrismo es el que lleva al hombre a deleitarse con filosofías como el epicureísmo, vivir la vida con placer; el estoicismo, que aboga por la vida contemplativa, por la serenidad ante la adversidad, la universalidad; el neoplatonismo, todas las cosas son un reflejo de la belleza, el hombre es un ser imperfecto que gusta de elevarse mediante la contemplación de la naturaleza, el arte, la mujer...

En lo político, frente al conglomerado multipolar que existía en el Medievo, empieza a surgir los primeros modelos de estados-nación y se empieza a perfilar un concepto de soberanía. El principio *"cuius regio eius religió"* significa que la religión del reino y la de los súbditos era la que profesaba el rey. El brocardo *"rex in regno suo imperator"* significaba que los reyes no reconocían al emperador como superior, por lo que va surgiendo una hostilidad hacia el poder absoluto y una necesidad de justificación ética y moral en el ejercicio del poder.

Las leyes por tanto también obligaran a los reyes que las promulgan. A pesar de ello se consolidan las monarquías absolutas y se extiende la doctrina del origen divino del poder de los reyes. El emperador ha de ser consagrado por el papa, legitimado ante la divinidad. Surge la diplomacia como un medio idóneo para superar las diferencias, proliferan las embajadas. Frente a ello se expande el uso de la pólvora, que impulsa una mayor tecnificación de la guerra.

Maquiavelo romperá con los moldes medievales del rey caballero que busca los ideales de la justicia. La conquista del poder, la supremacía de las naciones, no puede verse comprometida por idearios éticos o morales. En su famosa obra *El príncipe* nos revela la fuerza psicológica que tiene la estrategia en la política. Será la obra más leída, exaltada, vituperada, amada y odiada de su tiempo. Maquiavelo se convertirá en el gran polemista de las cortes europeas. Al irónico florentino le fascina desenmascarar la verdad.

Así nos transmitirá una visión del gobernante en la cual será mejor que sea: *"Cruel a tiempo que no inútilmente misericordioso"*. ¡Es mejor ser temido y respetado que amado y no lo bastante respetado! La vida de Carlos V, el gran Caballero del Toisón de Oro, será un continuo vaivén entre la doctrina de Erasmo de Rótterdam, amante de la paz y la conciliación, que había sido su preceptor en Gante, su tierra natal y la doctrina de Maquiavelo: es mejor la guerra a tiempo si ésta es necesaria. Paz o guerra esa era la cuestión, perpetuarse en el poder.

En lo social va emergiendo una creciente burguesía que va debilitando a la nobleza. Crecen las ciudades. Se crea una economía dineraria y se expande el comercio. Se consolida la banca, los negocios. ¡Cuántas veces tendría Carlos V que recurrir a sus banqueros para sufragar sus campañas militares, en especial los Fugger y los Welser! La posesión del dinero va desplazando el culto hacia el linaje y la sociedad estamental. Va emergiendo el valor del hombre por su virtud y no por su origen o procedencia.

Tras la invención de la imprenta por Guttenberg, se producirá una verdadera revolución de la impresión en el siglo XVI. Es de tal magnitud la importancia de este avance tecnológico que se ha dicho que sin ella no habría existido, ni la Reforma, ni la difusión de la literatura, ni los descubrimientos científicos, ni las exploraciones transoceánicas, etc... Tras la primera reproducción de la Biblia por Guttenberg, se producirá la rápida difusión de la técnica de la imprenta en Holanda, Francia y especialmente Italia, que será una importante fuente de difusión de la cultura greco-latina.

Los nuevos métodos de impresión, la agilización de la fabricación de libros y su consecuente abaratamiento, llevará el saber hasta límites hasta entonces desconocidos provocando una verdadera explosión de intercambios intelectuales. Tras su aparición se producirán una serie de hechos concatenados que irán transformando completamente la fisonomía de su tiempo. La astronomía florece como nunca antes lo había hecho. El modelo Ptolemaico del universo, con la tierra en su centro, comúnmente aceptado hasta entonces comienza a ser abandonado. Copérnico publica su teoría heliocéntrica como una hipótesis matemática. Ahora será el sol el centro del universo girando los demás planetas alrededor suyo.

Utilizando el recién inventado telescopio, a Galileo, amante de la música, la medicina, la filosofía natural, fascinado por el estudio del movimiento y la mecánica, le fue posible probar su veracidad por la observación, aunque todavía creerá que los planetas se movían en órbitas circulares. En 1610 publicará *Mensaje de las estrellas* que causará un gran impacto en la comunidad científica. Sin embargo, sus teorías suscitarán el recelo de la Iglesia Católica que lo interpretará como un quebrantamiento del dogma establecido por las Sagradas Escrituras.

Galileo será llamado a Roma, hostigado por la Inquisición, condenado como sospechoso de herejía y sometido a arresto domiciliario. Debilitado pero no vencido escribirá un nuevo libro, *Discurso de las dos nuevas ciencias* que pasará clandestinamente a Holanda. Kepler usando gran cantidad de datos compilados por el astrónomo danés Tycho Brahe, mostró en el siglo XVII que eran órbitas elípticas. En su *Astronomía nova* pudo demostrar por primera vez como un científico a partir de varias premisas erróneas era capaz de llegar a una ley fundamental de la naturaleza.

La alquimia y la astrología también tendrán un gran desarrollo. El Renacimiento será una época pre-científica. Hasta el siglo XVI las ideas serán más poderosas que la observación o la experimentación. Algunas de esas ideas eran afirmadas por los antiguos y no negadas por la Iglesia. Nos hallamos en un mundo de fuertes símbolos, de alegorías, de lectura de signos. En este mundo misterioso se ansía la comprensión de los significados y su correspondencia con otras categorías. Así por ejemplo se hablará de cuatro elementos, cuatro direcciones, cuatro Evangelios, siete planetas, siete notas en la escala, siete pecados capitales, siete días de la creación.

Estas correspondencias no eran un accidente y el dominio de todo el sistema cósmico de armonías será la llave para la obtención del poder. Así el poder absoluto será providencial, un *summum* aquiescente con la autoridad divina. Como símbolo de todos los símbolos se alzará el imperio, que será el centro de todos los centros, el círculo que engloba todos los círculos. Los planetas y los signos del zodiaco a través de los que pasan, cada uno con su propia esfera de influencia, presidirán las actividades y pasiones.

Proliferarán las fusiones de elementos químicos. Así como el espíritu puede ser purificado del pecado, los metales podrán purificarse, como la perfección culmina en el oro. Surge el mito de la búsqueda de la piedra filosofal y la panacea universal que todo lo resuelve. Con todo ello el mundo físico y moral, la superstición y la mística se confunden dando lugar a una vivencia espiritual intermedia entre la realidad y la ficción.

También el Renacimiento acarreará una revolución en el campo de las matemáticas. Se redescubrirá a matemáticos griegos como Euclides, Arquímedes, Apolonio, que otros conducirán hacia un desarrollo de la matemática pura y aplicada. Se estudia la geometría, las proporciones, la aritmética, la mecánica, las áreas y volúmenes, los teoremas... Los numerales arábigos usando el cero como signo expresando fracciones y decimales reemplaza a los numerales romanos. Una primera edición de la obra de Euclides, *Elementos de la geometría* se publica en Venecia en 1482. Otra edición se publicará en Londres en 1570 con un prefacio de Jhon Dee.

Se inventa el compás. Asimismo, se produce una identificación entre las matemáticas y la mística. Platón había encontrado en los números la imagen de la eterna verdad. Los sistemas de números eran un elemento central dentro del pensamiento neoplatónico, exaltando el oculto poder de los números, incluso para liderar a los espíritus. Todo se podrá descubrir, todo se podrá demostrar, a todo se puede llegar a través de la comprensión de los números.

A la música se la considera como uno de los grandes pilares del conocimiento y es asociada con las antiguas teorías de la armonía y proporción que gobierna el universo. Comienza su mesura y se generaliza su notación. Es en esta época cuando comienzan a agruparse varios instrumentos y voces dando lugar a las estructuras polifónicas. Tras el recogimiento y la mortificación frente al pecado propios del Medievo, en este periodo se exalta la alegría, la sublime belleza, el candor y la luminiscencia espiritual. En los Países Bajos surgirán compositores ingeniosos e imaginativos, tales como Josquin, Dufay, Willaert, Arcadelt y Lassus.

Surge el "madrigal" como canción a varias voces sin acompañamiento, donde se produce un diálogo de melodías sensuales, de carácter profano y a veces con grandes matices eróticos. Será igualmente un tiempo en que la música plasmará la reminiscencia de los sonidos animales, las aves, los ruidos del trabajo y las inclemencias del tiempo. En Inglaterra surgen autores como Morley, Dowland, Bull y Phillips, que frecuentemente se vieron comprometidos por sospechas de espionaje.

Cantores y laudistas frecuentan una y otra corte, indagando en las cuestiones que acontecen en el extranjero. En Italia Palestrina fue uno de los gigantes del Renacimiento, cuya música representa el fluir de la polifonía coral. Se diseñan nuevos instrumentos, como el teclado, el violín y los instrumentos de cuerda, que van logrando una gran agudeza y perfección.

Igualmente la medicina estará gobernada por evocaciones mágico-religiosas. La teoría de la medicina provenía de la filosofía aristotélica sacralizada en libros de enseñanza y enseñada en las universidades. El cuerpo pues, estaba compuesto de cuatro elementos: el fuego, el aire, el agua y la tierra. Se manifestaba en cuatro grados: el calor, el frío, lo húmedo y lo seco, y estaba determinado por una serie de fluidos, que a su vez producían una serie de cuatro temperamentos: sanguinario, colérico, flemático y melancólico. Por lo tanto, dentro de esta concepción la salud era una cuestión de mantener el equilibrio de estos elementos.

La enfermedad hacía su aparición cuando uno de estos elementos dominaba al resto. El equilibrio se lograba acudiendo a las inútiles sangrías. De hecho los médicos actuaban en una constante experimentación y guiados por el error. Uno de los diagnósticos habituales eran el examen de orina. Un vasto repertorio de pócimas y remedios naturales venían a aliviar los síntomas. Poco a poco, esta concepción de la medicina comienza a ser abandonada, pero enfermedades como la peste, la sífilis, etc., diezmarán gravemente las comunidades del siglo XVI. El famoso científico y filósofo Paracelso (1493-1541) será un innovador de la medicina que iniciará la senda que conducirá a la superación de los prejuicios mágicos medievales.

Paralelamente, se produce una profusión de estudios de anatomía. Ya no se trataba de cómo funcionaba el cuerpo sino de averiguar de qué estaba conformado. Gradualmente el viejo prejuicio que reduce la disección de cuerpos en las universidades va remitiendo. Primero en Italia y luego en el resto de Europa la anatomía deviene esencial como parte del aprendizaje médico. Con Leonardo empiezan no sólo los dibujos de huesos y músculos sino también se esboza el cuerpo como un ideal estético.

El mayor anatomista de la época será el renombrado Andrés Vesalio. Estudiante de Medicina en la Universidad de Padua y tras acabar la carrera, publica a los veintiocho años de edad, en 1543, *De humani corporis fabrica* con gran veneración de sus contemporáneos. Los elegantes cuerpos de Vesalio posibilitarán franquear la férrea obstinación de la Iglesia al avance científico, la cual combatía con la hoguera toda luz que emanará de la realidad y no de las Sagradas Escrituras.

La Botánica, a medio camino entre la medicina y el arte, tendrá un magnífico auge en esta época. Los artistas renacentistas estudiarán las plantas y las flores con particular intensidad. Entre ellos Leonardo da Vinci, que las estudiará con genuino rigor científico. Botticelli examinará docenas de especies de plantas, que aflorarán en gran diversidad de sus pinturas, y que en su *Primavera* surgirá como una figura mitológica en la forma de Flora, portadora de la fertilidad. En el norte, artistas como Durero, alcanzarán la cima de la exploración natural, siendo un maestro de la técnica paisajística. Con propósitos más prácticos, catálogos sistemáticos de plantas y hierbas serán recopilados con fines medicinales.

La mesura del tiempo también se torna importante. Como un medio de redefinir la vida y nuestra propia posición en ella, prolifera la creación de relojes, especialmente para las familias adineradas. Durante el Renacimiento los relojes tendrán una fuerte presencia en los edificios oficiales. Algunos relojes de este período no sólo marcarán la hora, sino también el día, las fases de la luna y hasta los signos del zodiaco.

Se crearán verdaderas maravillas tanto mecánicas como artísticas, que representarán auténticas ocasiones para ensalzar el poderío y la grandeza de los acaudalados. Progresivamente se producen avances en la medición de las distancias, con sus paralelos, meridianos y sus grados, que tendrán correspondencias con la mesura del tiempo mecánico y equivalencias con la observación astronómica de las estrellas. Todo ello cobrará grandísima importancia para eliminar la incertidumbre en la navegación.

Hijos predilectos del siglo XVI fueron Leonardo, Miguel Ángel y Rafael, los tres grandes genios de la historia del arte. ¡Leonardo!, sólo la mención de su nombre nos produce una enorme conmoción, un ansia por saber, por descubrir, una personalidad tan interesante. Leonardo (1442-1519) representa al hombre renacentista por excelencia, un humanista consumado dotado con una de las inteligencias más penetrantes que nos ha legado la historia de la humanidad. Leonardo representa al hombre multidisciplinar, al ser de una sensibilidad extraordinaria, al erudito de una curiosidad insaciable, dotado de un ansia por explorar inagotable.

¿Fue quizás el desarraigo de haber sido el hijo ilegitimo de una granjera lo que impulsó la mente de este ser prodigioso? No lo sabemos. Sea como fuere, sabemos que en sus primeros años entra en el taller de Andrea Verrochio y que allí aprende su arte pictórico. Fue tal la eclosión de su mente, la proyección de su personalidad en tantísimos intereses, que fueron pocos los trabajos que consiguió acabar. Leonardo reúne en su persona la rara habilidad del científico y del artista. Fue un naturalista, un observador atento de la naturaleza, de la que tomaba periódicamente apuntes del objeto o fenómeno al que dedicaba su estudio.

Nos legó alrededor de seis mil folios con sus proyectos, sus invenciones, sus creaciones, sus dibujos, etc... Es impresionante como en una edad tan oscura como en la que vivió pudo concebir tal suerte de ingenios y dedicarse a tal cantidad de industrias tales como la física, los principios de la mecánica, las fuerzas, la geología, la astronomía, la geometría; construyó diversas maquinas, inventó la bicicleta, el submarino, el tanque, el paracaídas, el helicóptero, algo parecido a una

11

escafandra, una máquina para volar; proyectó castillos, fortificaciones, ciudades ideales, relojes, infinitos mecanismos.

Escribió un tratado de pintura, nos aportó cuadros inefables como *La Gioconda, La última cena, La adoración de los magos, La anunciación* y tantos otros. Resulta asimismo asombroso contemplar al Leonardo científico, ensimismado en sus estudios de anatomía, atento examinador de fluidos, zoólogo, enamorado de la botánica, embelesado con la óptica, prendado de la hidráulica, de la cual nos ha legado un sinfín de proyectos de riego e ingeniería, en fin, un poseso de la aerodinámica...

Como artista, aprendió en el taller de Verrocchio la perspectiva, que consiguió elevar a su máxima expresión. También como observador atento de la naturaleza, de las formas, de la luz, de los colores, desarrolló técnicas como el claro-oscuro, se interesó por las proporciones de los cuerpos humanos, inventó la técnica del "esfumato", y así se habla de que la pintura de Leonardo yace en el misterio de la penumbra, de lo oculto, de lo enigmático, como si fuera la vida misma, una paradoja que hay que descifrar.

Ante nuestros ojos se desvelan paisajes que se difuminan en la lejanía. Las luces difusas y las sombras sin contornos se funden en una atmósfera crepuscular que emerge de un mundo de ensueño. Es el "numen" leonardino, su halo poético, la incuestionable marca divina que identifica al genio, haciendo su aparición como una presencia desbordante, rebosante de grandeza, solemnidad y misterio.

En sus bocetos, nadie como él ha sabido expresar los matices de la personalidad humana. Resulta cautivador contemplar la risueña jovialidad de los niños pintados por Leonardo, la *"aeternitas"* que fluye en la serena mirada de la senectud..., la adusta templanza que emana del embajador veneciano... Nadie como él expresó la dialéctica del poder, la grandeza del césar, el mediocre bufón, el receloso desleal, el adulador, el personificador de lo grotesco, el horror... Nadie como él fue capaz de percibir la dulzura, el candor, la sensibilidad, la grácil fragilidad que subyace en la factura femenina.

Leonardo fue el hombre inescrutable que dedicó su vida a escrutar la vida, el hombre que se quitaba horas de sueño porque no tenía ni un minuto que perder; había tanto que aprender, tantas cosas por explorar... Leonardo fue un admirador de los clásicos griegos y latinos que leía con avidez y creía que el conocimiento no podía reducirse a lo contenido en los textos bíblicos. Quizás fueron estos escrúpulos o el temor a la Inquisición lo que le hacía escribir todos sus miles de manuscritos de derecha a izquierda, sólo legibles mediante un espejo que invirtiera la imagen, quizás como un medio de proteger la privacidad de sus investigaciones.

Leonardo, el pintor, el escultor, el arquitecto, el urbanista, el pacifista de corazón, se vio abocado por su propia subsistencia al diseño de siniestros ingenios bélicos, a la creación de sofisticadas armas, a adentrarse en la ingeniería militar, a la construcción de canales... Exploró la principal fuente energética de la época: el agua. Investigó el poderoso líquido en todas sus aplicaciones mecánicas: como agua, como hielo y como vapor, creando una gran cantidad de ingenios que utilizaban dicho elemento como potencia motora.

Finalmente, en 1516 se puso al servicio de Francisco I en Amboise, Francia, donde según la leyenda murió en 1519 en los brazos del célebre monarca. La investigación posterior ha constatado por datos fidedignos que dicha escena, representada en una pintura elaborada por Cesare Mussini y que en la actualidad se encuentra en la Galería de la Academia en Florencia, nunca pudo acontecer, ya que Francisco I se encontraba distante de Amboise en el momento que ocurrió la muerte del genio.

Por fin, Leonardo vuela alto y con él se ha llevado su misterio. Representó mejor que nadie el ideal renacentista de renovación, de perfección, de transformación... Quizás en su último halo de existencia, en esa última transmutación, pudo experimentar el gran misterio de los misterios, el regocijo ante la cálida omnipotencia, la divina luz... Quizás su último acto cognoscitivo fue comprender precisamente que ya no necesitaba pensar en nada. Fue el mayor *"polymath"* de todos los tiempos y había conquistado su estado de omnisciencia.

Forjador de colosales y gigantescos sueños fue Miguel Ángel Buenarroti (1475-1564) o simplemente ¡Miguel Ángel! como lo veneraron sus contemporáneos. Nació en Capresse, Toscana, aunque él se sintió toda su vida un auténtico florentino, vinculado a su arte, a su cultura, asombrado ante el poder difusor de las nuevas formas, de las nuevas corrientes estilísticas que se estaban generando en la ciudad de los Médicis. Miguel Ángel destacó como escultor, pintor, arquitecto y poeta, y en estas facetas brilló con una intensidad como hasta entonces no se había contemplado.

Pero Miguel Ángel no es una personalidad fácil de entender. Si hay una nota en el carácter de este titán del arte es haber sido un alma torturada. Perdió su madre con apenas seis años, lo que le produjo un enorme quebranto, creciendo en la tenebrosa oscuridad de aquel que carece del valor más preciado en la infancia: el afecto. La relación atormentada con su padre le condujo a una perenne sublevación para arrebatar de su progenitor su propia identidad. Esta enconada confrontación le transformó en un ser complejo, huidizo, solitario, de mala disposición hacia la gente, taciturno y profundamente introvertido.

Miguel Ángel desconfía profundamente de sus congéneres, pero no hay que confundir "introversión" con "debilidad". Al contrario, no escatima furibundas palabras cuando estalla el fuego de su genio, o cuando sus colaboradores se oponen a sus designios. Así se habla de la "terribilidad" de Miguel Ángel, del ser que no es tímido, sino que para él el mundo sólo se puede concebir confinado dentro de los parámetros oníricos del arte. Así fue, como paulatinamente, este ser orgulloso y huraño desarrollo una mitomanía hacia el culto de su propia personalidad, extravagante, contradictoria y genial. Quizá sea cierta la creencia de que las grandes inteligencias tienen una difícil comunicación con el común de los mortales...

En su primera etapa florentina, su padre desea que su hijo sea convierta en un perpetuador de la decadente posición social de los

Buenarroti y continúe con los negocios de la familia. Miguel Ángel, de apenas trece años, demostrando un alarde de fuerza arrolladora logra imponer su voluntad y entrar en el taller del pintor Doménico Guirlandaio, donde aprende durante un año el arte del fresco. Posteriormente entra en la escuela de escultura de los jardines de los Médicis, donde estudia durante otros dos años escultura, recogiendo la herencia de escultores como Donatello y entrando poco tiempo después al servicio de Lorenzo de Médicis, "El Magnífico", patrocinador de artistas, proyectos y en general protector e impulsor del arte.

Prestó Lorenzo su apoyo a la Academia Neoplatónica haciendo resurgir el pensamiento de Platón en la ciudad florentina. Revolucionó la Biblioteca de los Médicis adquiriendo nuevos manuscritos y reuniendo una importante colección de obras antiguas y modernas. Es allí donde el joven Miguel Ángel va descubriendo su vocación y tiene la oportunidad de desenvolverse en la atmósfera de la cultura greco-latina. Tiene igualmente ocasión de hablar con los jóvenes Médicis, algunos de los cuales llegaron a ser papas y compartir pensamientos y experiencias con multitud de humanistas como Marcilo Ficino y poetas como Angelo Poliziano.

Posteriormente desarrolla sus estudios de anatomía, siendo de esta época sus obras *La batalla de los centauros y La virgen de la escalera*. Respecto a la primera, el mismo la define como "la batalla de las salvajes fuerzas de la vida que se debaten intrincadas en heroico combate". Así surge la polaridad, la confrontación personal de Miguel Ángel, que de un lado, siente admiración ante la sublime belleza pagana, y los esbeltos cuerpos desnudos embrollados en infinidad de poses, formas y temas, y de otro, mantiene una pugna por conciliarse con su fe religiosa.

En cuanto al segundo tema, es interesante esta cíclica regresión hacia la identidad de Cristo. Así se describe a la Virgen, madre de Dios, sentada en la escalera de la iglesia, que presagia la muerte de su hijo que acoge entre sus brazos y su retorno al cielo por la escalera.

Tras la muerte de Lorenzo el Magnífico la ciudad de Florencia se torna ingobernable. Surgen varias facciones. Una de ellas, será el grupo que pretende implantar una república oligárquica bajo el soporte de una poderosa burguesía y al amparo de la tradicional aristocracia, pero sin los Médicis. Otra facción, la constituían los fanáticos de Savonarola que aspiran a crear un estado, asceta y puritano, libre de las ataduras con Roma y el gran capital de la nobleza. Una tercera, pretende la reinstauración de los Médicis y en fin, preservar el *"status quo"*. La ciudad del arte, fecunda, creativa y precursora de pensadores y artistas, pasa por un mal momento ante los vaivenes de la política.

Piero Medici carece del talento organizador de su padre Lorenzo, para gobernar un Estado tan sofisticado y complejo, siendo finalmente forzado a abandonar la ciudad. Carlos VIII de Francia protagoniza una breve ocupación de la ciudad que no se prolongará por mucho tiempo. Pronto la urbe sucumbirá al perder el poderoso influjo de los Médicis, la fantástica fuerza centrífuga que había caracterizado el gran dinamismo del periodo precedente. Es en esta situación en la que Savonarola se hará con el poder en Florencia, el cual promoverá importantes innovaciones en la política y el gobierno de la ciudad.

Los ardientes sermones de Savonarola conducen a la urbe hacia el fanatismo, la intolerancia y un repliegue hacia sí misma. Los ejércitos de monjes de Savonarola, ataviados con hábitos blancos y portando ramas de olivo y crucifijos rojos, rastrean la ciudad en persecución de la pureza de Florencia. Van de casa en casa, de palacio en palacio, a la captura de obras que fueran incompatibles con la fe y que tendrían que ser quemadas. A Savonarola se le considera responsable de la destrucción masiva de un buen número de obras de arte, incunables y manuscritos.

Ante esta situación Miguel Ángel marcha a Roma donde surgen nuevas obras como su *Baco*, considerada unas de las pocas obras paganas del autor y su *Piedad*, que instalada en la Basílica de San Pedro en Roma es una de sus obras culminantes y una de las que mayor admiración ha causado en la historia del arte. La expresión resignada de

María, el cuerpo yacente y sin vida de Cristo, han sido alabados como máximo exponente de la perfeccionada técnica de Miguel Ángel.

En cuanto al estilo de Miguel Ángel, se ha dicho que representa una dramática lucha, una proyección de su propia personalidad atormentada que busca en la conformación de la obra su propia liberación. Así comienza el proceso de la contienda del hombre con el bloque de mármol. De la masa informe, de la pétrea e inerte materia, poco a poco va perfilándose la vida. A golpe de cincel van surgiendo los contornos, las nervaduras, la musculatura, los gestos, la fisonomía y ¡de pronto!, "el alma", la personalidad del modelo imaginado.

Es en esta dialéctica artista-obra, donde paulatinamente la obra se va convirtiendo en un organismo vivo, que dialoga con su interlocutor, logrando así la transformación del propio hombre. Así pues de la lucha y el esfuerzo surge la liberación. Esta obsesión de Miguel Ángel por llegar a la perfección, a la cumbre de su ideal estético, le tornará iracundo y destructivo, cuando la obra no logra el canon de perfección que el artista se ha prefijado "in mente". Ello será la razón por la que Miguel Ángel no vacilará en arremeter a machetazos aquellas obras que no se ajustaban al perfil ideado por su genio.

En 1501, Miguel Ángel retorna a Florencia famoso y aclamado por sus conciudadanos. Ya no es la misma ciudad que había abandonado unos años antes, ahora se ha proclamado una nueva república a la que Miguel Ángel le brindará todo su apoyo. Otra vez resurge el arte, el optimismo, la efervescencia intelectual. Al poco tiempo de llegar es comisionado por el Gremio de la Lana, que es el encargado de la ornamentación de la catedral, para esculpir una de sus obras más emblemáticas, su *David*. Miguel Ángel trabaja apasionado durante tres años en la formación de la obra.

La recién creada república se enfrenta a constantes amenazas, así la estatua de David, deviene un símbolo de fuerza, de coraje, para los habitantes de Florencia. Resulta sorprendente imaginar esta colosal escultura de 4.24 metros de altura, que requirió a cuarenta personas y cinco días de trabajos para moverla a su emplazamiento definitivo enfrente del *Palazzo Vechio*. Ahora David es el héroe de la ciudad que viene a hacer resurgir la fe en los habitantes de Florencia. Resulta fascinante contemplar el espíritu de este héroe bíblico, que tan sólo con su audacia, con su astucia, con su coraje e inteligencia es capaz de vencer al gigante Goliat.

Se alza corpulento, esbelto y atlético, *"en contraposto"*, en un momento anterior al comienzo de la acción, distendido pero lleno de energía, preparado para arremeter a sus atacantes. Así se busca el símil con Florencia lista para acometer a sus enemigos. Causa asombró la profunda inquietud moral en la pavorosa mirada de David, como si albergara aún un temor mucho más denso, su preocupación por el propio destino del hombre, que asimismo nos revela su pelo revuelto, ensortijado en un mar de dudas. David, además de representar la fuerza, la corpulencia física, la potencia, el dinamismo, también encarna al ser pletórico de fe, capaz de enfrentarse al devenir.

Frente a ello parece adivinarse una serenidad, una confianza en el porvenir, un ser liberado, desinhibido, desalienado, que se nos muestra despojado de todo atributo humano, desnudo, grande y eterno; impetuoso y altivo, soberbiamente abierto a la contemplación del mundo. Ya no es –en nuestro ejemplo– la Diosa Atenea la que encabeza la identidad de la ciudad griega, Atenas. Ni tampoco se trata del culto y veneración a algún santo, como nos tenía acostumbrados la tradición eclesiástica del Medievo. Ahora es David, el hombre como medida de todas las cosas, el que firme se impone a la caprichosa imprevisibilidad del destino.

Después de multitud de comisiones, arduos trabajos, idas y venidas, Miguel Ángel es llamado en 1508 una vez más a Roma por el papa Julio II. En esta ocasión se le encarga pintar los frescos de la Capilla Sixtina. Inicialmente se trata de ejecutar unos cuantos frescos, pero la buena relación que mantiene con el Papa y la libertad que deja a su poder creador acaba produciendo más de cuatrocientos personajes después de cuatro años de trabajos. Frente a esa buena química se enfrenta a la quimera de una desenfrenada lucha contra críticas que le asedian desde todos los frentes, lo que le llevó a deshacerse brusca y rudamente de todos sus colaboradores.

Dispuestos en una proporcionada geometría asistimos a la irrupción de un arte sin parangón en la cultura occidental. La bóveda surge en un momento en que la cristiandad sufre una escisión y quebranto de magnitud inimaginable. Es entonces cuando se somete a revisión toda la andadura del hombre y su ulterior posición en el mundo. El lenguaje de la bóveda es de una gran complejidad, pero no cabe la menor duda que encierra múltiples significados en las más ínfimas de sus insignificancias.

En los brillantes frescos se exponen metáforas extraídas de los textos bíblicos que hacen alusiones, en un complicado juego de correlaciones, al sentimiento más puro que se haya concebido sobre el destino final del hombre, los múltiples avatares espirituales de la humanidad, la bicefalia del ser humano atrapado entre el bien y el mal, la mortificación frente al pecado y el premio ante la vida ultraterrena, en una parafernalia de simbolismos alegóricos y significados esotéricos. Asistimos una vez más en la contemplación del arte miguelangelesco, a un arte monumental que pareciera haber sido esculpido en la contorneante pincelada del fresco.

Exhala el arte del genio todo el poder y el brío de una representación vigorosa, de una pujanza abrumadora, de temas graves y magnos, una poesía viril, musculosa, que evoca firmeza, solemnidad... Cautiva ver a los patriarcas de la Iglesia, desprendiendo esa penetrante sabiduría, esa resolución, esa fuerza que emana de su comprensión para guiar el camino a la humanidad... Nos sorprenden los cuerpos esplendorosos pintados por Miguel Ángel, sus brazos extendidos, sus poses marciales, su talante severo y expeditivo, su profunda lucha entre lo apolíneo y lo dionisíaco, para finalmente en exultante armonía desembocar en ejecuciones comedidas, en un equilibro inestable, en un estilo que anticipa el movimiento y a su vez se adormece en la fatua serenidad de lo perfecto.

Baldías y torpes son las palabras para expresar el prodigio de un genio que propagó su buen hacer por el espacio de casi noventa años. Después de tantas obras como su *Moisés*, la Librería Laureana, sus trabajos en el Campidoglio –precisamente como antesala de una visita de Carlos V a Roma– el fresco del *Juicio Final*, los frescos de la Capilla Paulina... en las postrimerías de su vida aún se atreve a llevar a cabo la erección de la cúpula de la Basílica de San Pedro en Roma según los planes de Donato Bramante, pero dándole su toque final al conjunto del proyecto.

A diferencia de la cúpula florentina de Brunellesqui en la iglesia de Santa María del Fiore, que se muestra de forma poligonal de amplios y firmes planos, en la cúpula de Miguel Ángel los planos y aristas desaparecen en la deslizante superficie esférica y la forma se disuelve en la luz. Un poderoso aliento parece hinchar desde el interior su grandiosa cúpula. Una vez más asistimos a la contemplación del ímpetu del genio que desde más allá de la distancia y el tiempo viene a estremecer nuestras conciencias.

Otro prodigio del siglo XVI, que da sentido a esta espléndida trilogía del arte, lo fue Rafael Sanzio, nacido en Urbino en 1483 y muerto en Roma en 1520. Pese a su juventud –pues sólo vivió treinta y siete años– nos ha legado innumerables obras de una originalidad inimitable. El primer rasgo del carácter de Rafael, que le diferencia completamente de Leonardo y especialmente de Miguel Ángel, es su afabilidad.

La sociabilidad de Rafael, le hará granjearse la amistad de dignatarios, papas, pensadores y poetas. Es esta misma dulzura, esta receptividad de Rafael, la que le permite absorber con gran rapidez las técnicas e influencias estilísticas de su tiempo. Su primer maestro fue su propio padre pasando a su muerte al taller de Perugino. De éste comúnmente se afirma que aprendió su límpida concepción del arte, como una emanación sublime liberada de las tensiones de la vida.

Sin embargo, si el aprendizaje de su maestro fue fecundo –de él aprendió el amor por los colores delicados, las composiciones rítmicas y serenas y los amplios espacios abiertos– la maestría lograda por su pupilo alcanzó cotas inimaginables. Por ejemplo, en su serie de célebres Madonas podemos contemplar esa ensoñación de Rafael para captar la suave expresión de la Virgen con el niño, la dulce ternura, el encanto de unos personajes que se desenvuelven en una plácida y sentimental feminidad.

En palabras de Vasari, de la obra de Rafael se desprenden seres vivos, donde la carne palpita, la respiración va y viene, cada órgano vibra y la vida marca su pulso, por todas partes... Obras sobresalientes de su primera juventud son los cuadros pintados sobre el tema de San Jorge y el Dragón. Resulta increíble contemplar el coraje pueril y estilizado de San Jorge, como inmerso en una especie de irreductible convicción idealizada, firme en su caballo poderoso, sutil e inteligente, que gobierna el centro de la escena. Es un arte sedoso, de una nobleza aterciopelada, justa y evanescente...

En 1508 abandona Florencia marchando a la ciudad papal. En Roma es reconocido como artista excepcional. Papas, pensadores y banqueros se disputan sus servicios y es como retratista donde también destaca con extraordinaria habilidad. Formó parte del "Círculo Vaticano", agrupación de intelectuales y artistas y es allí donde retrató a figuras como Baltasar de Castiglione, gran humanista y autor de *El cortesano;* Thomaso Inghirami, llamado Fedra, reorganizador de la Biblioteca Vaticana; sus amigos poetas, Andrea Navagero y Agostino Bozzano.

La esbeltez estilística de Rafael le lleva a no copiar directamente al retratado sino que sus obras se hallan impregnadas de una versión subjetiva del modelo, donde les da cuerpo a su fisonomía, pero más aún, les dota de un sentido más excelso de la existencia; un *leit motiv,* un alma, una personalidad, que pareciera desvelar una dignidad resignada, un mundo ideal que desarma a sus personajes de sus ropajes, los ambages de la existencia, para mostrar la otra parte de la faceta humana, esa digna e insegura juventud, que cautiva, lucha vigorosa por comprender la maliciosa madurez y gravedad del destino.

En otra línea muy distinta se mueve su obra el *Papa León X con dos cardenales,* donde sabe manifestar muy bien el entorno del poder de la corte papal y magnificar la autoridad y excelencia de este Papa Médici. En esta época Vaticana el papa Julio II le brinda todo su apoyo y comienza su serie de Estancias Vaticanas, las llamadas *"Stanze".*

Aquí nos encontramos con un Rafael que quiere destacar y que recibe las influencias del heroísmo de Miguel Ángel, cuyos trabajos se hallan en estancias contiguas. Es entonces cuando Rafael, sin perder la dulzura que siempre le caracterizó, acentúa su dramatismo y monumentalidad, incluso en algunas ocasiones su patetismo, circunscribiendo sus obras en bellos triángulos, pirámides u óvalos. Es imposible no rememorar la *Escuela de Atenas*, en la que confluyen todos los ideales de la cultura clásica y los filósofos y eruditos griegos.

Trabaja en *la Stanza de la senatura*, donde el Papa presidía el Tribunal de la Segnatura, que entendía de casos de Derecho Canónico y Civil. También en la *Stanza* denominada de *Heliodoro*, donde sus frescos ilustran situaciones históricas, donde muestra la providencial protección divina interviniendo para salvar a la Iglesia amenazada. Posteriormente trabaja en la *Stanza dell'Incendio*. Obras como *Galatea* de la Villa Farnesina o *las Sibilas* de la Capilla de Chigi, presentan todo el esplendor físico del mundo antiguo.

También hay que destacar que en 1514 fue nombrado arquitecto de San Pedro y en 1515 conservador de los antiguos monumentos de Roma. Sólo la desgracia de la muerte en la juventud, pudo arrebatar una trayectoria artística brillante y fecunda. No en vano, han sido numerosos los artistas que en generaciones posteriores han recibido el cándido influjo de la obra de Rafael.

Tras el precedente de Dante, Petrarca y Boccacio, en Italia la literatura fluye como un río desbordante. Los escritores estudian a los clásicos y escriben la mayor parte de sus obras en latín. Ludovico Ariosto (1474-1533) será una de las grandes figuras literarias de su tiempo. Plasma toda la elegancia y el sentimiento de lo bello, toda la alegría renacentista. Publica *Orlando furioso*, obra en la que funde las fábulas del rey Arturo con las leyendas de Carlomagno. Ludovico será poeta de resplandores y jubilosas y fantásticas invenciones.

Escribe sin cesar ingeniosas comedias y rimas, muchas elegías, multitud de sonetos y canciones. Baltasare de Castiglione (1478-1529) cuya vivencia acontece en el ambiente cortesano escribe *Il Cortegiano* donde describe al flamante caballero de corte y sus obligaciones sociales. En la corte de Urbino estrena su drama *Tircis,* donde escenifica lo fingido del ambiente idílico y pastoril, con acciones entretenidas llevadas a cabo por un mundo de personajes ficticios, pastores, ninfas, faunos y dioses.

Torcuato Tasso (1544-1595), tras una infancia bastante desgraciada y acuciada por el fantasma de la pobreza, consigue sin embargo, educarse en la corte de Urbino y emprender estudios de Leyes en la Universidad de Padua y Bolonia. Pronto abandonaría dichos estudios para dedicarse a su gran pasión, la literatura. Publica su poema *Rinaldo*, triunfando en salones y causando la admiración de damas y caballeros. Saca a la luz su obra cumbre *Gerusalemme Liberata* de carácter épico, que toma su argumento de la conquista del Santo Sepulcro por los cruzados. La posterior demencia de Tasso no eclipsará la grandeza de su fama literaria.

En Francia, la corte de Francisco I, protectora de artistas y escritores, será un rebosante hormiguero de nuevas ideas, audaces inventos, proyectos y construcciones, en un entorno donde prima el lujo y placer de vivir. En ella, sobresalen autores como Francois Rabelais (1490-1553), viajero incansable que se nutrirá de multitud de experiencias de todo género. Su pluma romperá con las normas literarias al uso y en obras como *Gargantúa y Pantagruel* nos sorprenderá con su ironía y sarcasmo aderezados con gran carga de humorismo.

El siglo XVI será el siglo de la retórica en Francia. Surge la Escuela Poética de Lyon. Se revalorizan las formas y se crea la llamada *Pléyade*; se pretende la renovación del lenguaje y el encumbramiento de la lengua francesa a la categoría del latín y la gran poesía clásica.

Otro autor famoso será Pierre Ronsard (1524-1585) considerado como el mayor poeta del siglo, siendo sus timbres melancólicos admirados en todas las cortes europeas. También destaca Michel Eyquem de Montaigne (1533-1592) escritor de vigoroso temperamento, diplomático, gran viajero y asiduo cortesano. Hombre de despreocupados prejuicios reflejará en sus ensayos todas sus ideas sobre la vida, la moral, el modo de obrar del ser humano.

En Alemania, el humanismo tendrá un fuerte influjo de la Reforma. Erasmo de Rótterdam (1467-1536) propagará la idea de un cristianismo más abierto y tolerante. El gran Erasmo será la personalidad más controvertida y extraordinaria de su tiempo. Viajó por todo Occidente conociendo a príncipes, papas y pensadores. En su juventud ingresó en la Orden Agustina para abandonarla posteriormente. Se interesó por las cuestiones religiosas y mantuvo una larga correspondencia con Martín Lutero. Erasmo percibió la decadencia de la Iglesia, su desmedida politización, su actitud espuria frente al cristianismo primitivo.

Desde una perspectiva humanista contribuyó a la Reforma mediante una exhortación a la depuración de las costumbres, aunque no de la fe. Señalará por tanto una nueva teología, el estudio libre de la Biblia, propagando la doctrina de una nueva libertad cristiana. Durante su estancia en Inglaterra en un arrebato de febril creatividad escribe en una semana y sin consultar ningún libro su célebre obra *Elogio de la locura*, sátira contra la ciencia escolástica medieval. Su ambigüedad política al no querer adherirse ni a las doctrinas de Lutero ni dejar de criticar las costumbres religiosas, le granjeará la airada enemistad de ambos frentes.

Posteriormente publicará *Diatriba sobre el libre albedrío*, obra en la que criticará a Lutero. Exultantemente alabado por unos y mordazmente aguijoneado por otros, Erasmo será un sucedáneo de las contradicciones de su tiempo. A pesar de ello jamás comprometió su insobornable libertad de pensador humanista haciendo proselitismo con ninguna facción. Destacan asimismo los escritos sociales de Heinrich Bebel; los escritos de Ulrich von Hutten enfrentándose al papado, así como los de Felipe Melanchthon amigo y colaborador de Lutero. Se desarrolla el llamado "libro popular", género en el que se cultivan las novelas de aventuras, las leyendas, las vidas de santos, etc...

También despunta Hans Sachs (1494-1576) autor de innumerables poemas y canciones, imágenes religiosas, sátira y moralismo. Por supuesto, clave del pensamiento intelectual de la época será Martín Lutero (1483-1545), hijo de un minero, estudiante de Teología, fraile agustino, profesor en la Universidad de Wittenberg. Gran amante de la música, en cuestiones dogmáticas se opone enconadamente al pensamiento de la Iglesia, provocando un quebrantamiento político-moral como hasta entonces el mundo no había conocido.

Ataca a las indulgencias con sus famosas 95 tesis, donde expone una nueva concepción de la salvación del alma. Excomulgado y desterrado en 1521, se refugia en Wartburg de Turingia, donde se dedica a traducir la Biblia al alemán en un tono puro, transparente y popular. La estela dejada por Lutero en la conciencia del siglo y la impronta que dejará en ambientes políticos, filosóficos y eclesiásticos, repercutirá de forma penetrante en las propias bases ideológicas de la Iglesia Católica provocando la depuración de la misma con la Contrarreforma. La obra de Lutero y la afamada Reforma Protestante será el más grande barril de pólvora que jamás se ha lanzado contra el mundo.

En la corte de Enrique Octavo florecerán pensadores de la talla de Tomás Moro (1478-1535), amigo de Erasmo y apasionado de los problemas sociales y religiosos de su tiempo. Publicará en 1516 su obra maestra *Utopía*, que ambientada en un país imaginario representará una afilada crítica a la sociedad de su tiempo. Moro se revelará como un hombre de una gran fuerza intelectual. Se mostrará contrario a la pena de muerte, a los excesos de la propiedad privada y contra las guerras y violencias. Amante de los placeres naturales y del bienestar físico, construirá y ensalzará la figura de un hombre ideal que se opone diametralmente al hombre medieval.

Habiendo sido nombrado Lord Canciller, se negará a reconocer la autoridad espiritual de Enrique Octavo en materia religiosa, que tenía la pretensión de desdeñar a Catalina de Aragón, tía de Carlos V. Moro será acusado de alta traición y decapitado. La resonancia que tuvo la ausencia de la personalidad de Moro en la sociedad y la política de la época fue sin duda inmensa. Cuando el hacha del verdugo seccionó la cabeza de Moro, no sólo se sesgaba el órgano rector de un eminente ideólogo, sino que se abría una profunda brecha en la cristiandad, desvaneciéndose así una de sus últimas oportunidades de reconciliación.

También hay otros hombres que se destacan como Thomas Wyatt (1503-1542), admirador de la poesía petrarquista italiana; Henry Howard (1517-1574) autor de sonetos y decapitado por Enrique VIII; John Lyly (1554-1606) que adquiere gran prestigio tras su publicación de *Euphes o la anatomía del ingenio* en la que la acción de su héroe transcurre en los tiempos de Atenas, obra que desprende un elixir lleno de retratos pintorescos, metáforas y bellas imágenes retorcidas.

Edmund Spenser (1552-1599) forjado en la arena política, admirador de Maquiavelo, será autor de un ensayo sobre Irlanda, y un poeta de gran erudición, embelesado por los mitos clásicos, enamorado de la metáfora y del verso bien cincelado. Philip Sidney (1554-1586) encarna al cortesano de elevados ideales e involucrado en las luchas religiosas por el protestantismo, el cual pagará con su vida su íntegra y sincera adhesión, muriendo en los campos de los Países Bajos mientras combatía a los implacables españoles.

Con la llegada de Shakespeare (1564-1616) se anuncia al gran fisonomista de la condición humana. Su pluma se desenvuelve en el esplendor convulso del período isabelino, período caracterizado por el interés por las investigaciones científicas y filosóficas y por la fastuosidad y la ostentación. También se abandona el problema moral del bien y del mal desde una perspectiva religiosa tan enraizado en la Edad Media. Nace así el espíritu crítico. El tema shakespeariano será un viaje insondable hacía el centro de la conciencia del hombre.

En sus obras se trasluce el remordimiento del ser humano ante el trasfondo de sus propias pasiones. En sus tragedias aparecerá el estupor ante el arrepentimiento y la profunda inquietud moral. En Shakespeare se produce la magistral singularidad de una personalidad excepcional. Sus lecturas de doble signo, el debatir moral del hombre, bascula entre el límpido y sublime amor y la deslealtad más execrable; entre la grandeza ideal y el magnicidio más abominable; entre el vicio y la virtud; entre la euforia y la tristeza que subyace en las luchas de la conciencia, que no logra dominar las pasiones ni los instintos violentos, salvajes e irreprimibles.

Shakespeare proyecta sobre el público de una forma inigualable la figura del genio o del héroe, que arruina su vida víctima del exceso, la culpa, el crimen, la ambición, la locura, los celos, la traición, la soberbia, la perfidia. Tras la solemne gravedad y el misterio en que se desenvuelven sus personajes, trasciende una profunda inquietud existencial. ¿Por qué? ¿Cuál es el fin último del hombre? ¿Podrá triunfar el corazón? Subsiste en su agnosticismo no sólo la duda, la honda preocupación moral por el devenir del ser humano, ¡vivir o morir!, la existencia de Dios, la creencia, la fe, el premio de la vida ultraterrena, sino el horror ante la muerte espiritual del hombre: "el país de donde ningún viajero regresa". Con él comienza la edad de oro del teatro inglés. Walter Raleigh (1552-1618) relata sus descubrimientos de ultramar y en la cárcel escribe *Una historia del mundo* (Aston, 1996).

En España se aprecian dos tendencias. De un lado será el humanismo y especialmente el erasmismo, cuyos máximos representantes serán los hermanos Alfonso y Juan Valdés. De otro lado, será la mística y el ascetismo, que suponen el repliegue de España frente al exterior y una consecuencia de la austeridad ideológica y el hermetismo, producto de la Reforma. Para unos, el erasmismo será el resultado de formas intelectuales más liberales que se están generando en Europa. Para otros, la mística será una expresión de lo bello como hasta entonces la producción literaria no había logrado crear.

En un primer momento, gran influencia en España tendrá la obra de Erasmo *Elogio de la locura*, por la extraordinaria sátira moral y política que contiene. Alfonso de Valdés, secretario de cartas latinas del Emperador, intelectual insertado dentro del poder, le tocará la difícil tarea de defender a su señor ante el Saco de Roma. Suceso que había dañado enormemente la imagen imperial. Así, Valdés, en sus *Diálogo de las cosas ocurridas en Roma* nos relatará lo allí aconteció. Pero su obra cumbre será *Diálogo de Mercurio y Carón* en la que saldrá en amparo del Emperador, revelándose como una importante fuente de la propaganda imperial para hacer revertir las consecuencias de dicho acontecimiento.

Para él todo estaba claro, su señor no tenía ninguna culpa, había sido la beligerancia de sus enemigos la que le había empujado a cometer un acto de tan abierta hostilidad hacia la curia romana. Su hermano Juan de Valdés, será continuador de la tradición erasmista y luterana. Su principal obra será el *Diálogo de la lengua*, primer manual de filosofía comparada, donde se ensalza la riqueza y elegancia de la lengua castellana frente a la toscana. También será de gran relevancia la figura de Juan Luis Vives (1492-1540) notable humanista español, que difundirá su erudición en las cátedras de Brujas, Lovaina, Oxford y París y ejercerá un poderoso influjo sobre los humanistas de la época.

Tuvo al igual que Erasmo el apoyo del Emperador y propugnó una separación entre la metafísica y la lógica. En su pensamiento se aprecia el eclecticismo como una vía intermedia para no ofender los ideales del imperio ni comprometer su propia posición en él. Escribió varios tratados filosóficos en latín que suponían una peculiar y abierta interpretación del cristianismo. Por lo tanto, Vives permaneció dentro de la ortodoxia y sus obras no fueron prohibidas como las de Erasmo después de su muerte.

La primera etapa de la lírica del Renacimiento comprenderá a los grandes poetas Juan Boscán (1495-1542) y Garcilaso de la Vega (1503-1536). Boscán será un catalán que escribe en castellano. Humanista, conocedor de los clásicos, se entusiasma con la métrica italiana.

Nutrido de sus formas y su cultura se convertirá en un gran innovador de la lírica española. El tierno, dulce e ideal Garcilaso de la Vega, concentrará en su persona la intrépida destreza del soldado y la cándida sensibilidad del poeta.

Noble toledano, miembro de la corte, formó parte del séquito del Emperador e intervino activamente en las luchas comuneras y en las campañas de Navarra, Rodas, Túnez y Provenza, donde cayó heroicamente en el asalto de la fortaleza de Muey, muriendo a los pocos días en Niza. Junto a él cayó el mítico Antonio de Leiva, celebre vencedor de la batalla de Pavía, en la que se había apresado al mismísimo Francisco I con asombro de toda Europa. Se dice que Carlos V lloró desconsoladamente ante la noticia de la pérdida de su cortesano al que tanto apreciaba.

Su obra de reducido tamaño pero colosal en significación y belleza, nos transmitirá la delicada elegancia del verso italiano, del petrarquismo, en creaciones llenas de sensualidad, dulce expresión y agraciada musicalidad. Garcilaso tuvo su primera relación con Guiomar del Carrillo, con la que procreó un hijo fuera del matrimonio. Posteriormente se casó con Isabel de Zúñiga, dama de compañía de la hermana del Emperador, prendándose a continuación platónicamente de la portuguesa Isabel de Freyre que no le corresponderá.

El verso de Garcilaso será un verso enamorado, donde los diálogos de los agradables conceptos, los cortejos de las sutiles metáforas y las transigentes paradojas, nos transportarán a una atmósfera nostálgica y evanescente, un mundo de ensueño, donde sin atributos nos mostrará su jovial y juvenil sentimiento en un suave tono de sincera confesión. Garcilaso es autor de sonetos, odas, églogas y elegías. También el paganismo impregnará la obra del célebre toledano. Una idea que se evoca en su obra es la de aprovecha el día, usa del tiempo que tienes ahora antes de que venga la muerte, sírvete de la primavera antes de que venga el invierno...

La España que cruzará Pedro Lísperguer –aunque eso sería adelantar acontecimientos– será una España profundamente mística. ¿En qué momento surge la mística y el ascetismo en España? Es el momento en que los ejércitos del Emperador combaten al irreductible sarraceno, es el momento en que la unidad de la fe se fragmenta en mil pedazos en el mosaico de Europa, es cuando las ideas erasmistas ejercen un poderoso influjo y se propagan a gran celeridad por las ciudades del viejo continente como una peste intelectual que hay que sofocar. Esas son las ideas de aquel Estado confesional que instrumentaliza la fe como un soporte importante de aquella compleja estructura del imperio.

Para proteger dicha unidad no dudará el imperio en apoderar a instituciones como la Inquisición, que hogueras encendidas perseguirán la herejía y propugnarán la ortodoxia. Es en este momento cuando surge este nuevo arte sublime de ensalzar la comunión mística, el amor a Dios, la serenidad cristiana... En este periodo destaca fray Luis de León (1527-1591), vicario-general y provincial de la Orden de los Agustinos, profesor de teología y filosofía en la Universidad de Salamanca, prestigioso hebraísta y traductor. Sus versos estarán impregnados de devoción cristiana, de culto a la belleza, de amor a la naturaleza y la búsqueda de la serenidad clásica.

Resulta paradójico de que en medio de la conmoción de la ruptura espiritual y de la persecución inquisitorial pudiera nacer un arte que ensalza la sensualidad hasta extremos que podríamos escribir como de "encarnado erotismo". Así en el *Cantar de los cantares* de Salomón se utilizan expresiones estremecedoras como *"bésame con besos de su boca... son tus amores más deliciosos que el vino... arrástranos tras de ti, corramos. Introdúcenos, rey, en tus cámaras y nos gozaremos y regocijaremos contigo, y celebraremos tus amores más que el vino... Es mi amado, para mí, bolsita de mirra que descansa entre mis pechos... Su vientre es una masa de marfil cuajada de zafiros. Sus piernas son columnas de alabastro, asentadas sobre brasas de oro puro"*.

En la familia franciscana destaca fray Diego de Estella que en su *Tratado de la vanidad del mundo y Cien meditaciones del amor de*

Dios, supo ver la grandeza del Creador en las cosas más insignificantes. Dominicos fueron Francisco de Vitoria, Melchor Cano, Bartolomé de Medina, Domingo de Báñez y León de Castro, el contrincante de fray Luis de León en las lides teológicas de Salamanca. Entre todos ellos destaca fray Luis de Granada (1504-1588), gran orador, biógrafo y maestro de espíritu, escribe obras ascéticas de contenido sólido y hondo, como la *Guía de pecadores*, *Libro de la oración y meditación*, *Introducción del símbolo de la fe*, coronando su producción con *Memorial de la vida cristiana*.

En la familia carmelita brillan Santa Teresa de Jesús y San Juan de la Cruz. Santa Teresa de Jesús (1515-1582) pletórica de fervor religioso y reformista, ingresa en el Carmelo y promueve la gran renovación de sus conventos. Fruto de dicho impulso reformador escribirá obras como *El libro de las fundaciones*, *Libro de las constituciones*, *Libro de las relaciones y Camino de la perfección*, además de un denso epistolario.

Su obra maestra será *El Libro de las misericordias de Dios*, de carácter autobiográfico, en el que nos narrará su vida llena de detalles humanos, apegos a la tierra, visiones místicas y arrobos celestiales. Otra obra cumbre de la santa será *Las moradas o Castillo interior*, donde analiza toda su vida mística, sirviéndose del simbolismo de un castillo todo de diamantes y muy claro cristal, en el que sitúa siete moradas o aposentos que representan siete peldaños de oración y perfección.

San Juan de la Cruz (1542-1591) será otro gran místico carmelita. Paralelamente a la acción de Santa Teresa él también promoverá la reforma de los monasterios masculinos. Se dice de él que es un poeta sublime, lleno de simbolismo alegórico, en íntima comunión mística. Nos hará partícipes de ese ¡silencio ensordecedor!, de esa serenidad, de esa placidez espiritual que nos revela la mística. Será un poeta de lectura compleja, de sofisticadas cosmogonías..., donde nos transmitirá esa luminotecnia que irradia el Creador; es la fuerza de la fe que se esconde tras las impresiones imprecisas... las presunciones de presencias... Obras claves del carmelita serán *Subida al Monte Carmelo, Noche oscura del alma, Cántico espiritual y Llama de amor viva.*

Asimismo, producto de ese cúmulo de energías que es el siglo XVI, proliferarán los historiadores. El historiador, como intelectual que es, captará el diapasón político, será un intérprete de la realidad, que intervendrá en el devenir social del mundo que le rodea. En los días del Emperador cobran protagonismo historiadores como Florián de Ocampo, Pedro Mexía y Alonso de Santa Cruz con sus crónicas sobre la época imperial de Carlos V. Hasta el propio Emperador escribirá sus memorias que serán fundamentales para escudriñar en los móviles y en los designios políticos y sociales de esta época cenital y fecunda.

El descubrimiento del Nuevo Mundo abrirá posibilidades ilimitadas para la crónica de viajes, relaciones de conquistas y confrontaciones. El primer historiador será el propio Colón, luego Hernán Cortés, después Francisco Jerez, secretario de Pizarro. También destacan Francisco Gómara y Gonzalo Fernández de Oviedo, cada uno con su respectiva *Historia general de las Indias* y Bernal Díaz del Castillo que ilustra la historia de México en su *Historia verdadera de los sucesos de la conquista de la Nueva España*. Fruto del enfrentamiento dialéctico ante los rasgos que estaba cobrando tan devastadora conquista −en especial hacia el menoscabo de la identidad indígena− se alzarán voces como la de Juan Ginés de Sepúlveda y fray Bartolomé de las Casas.

Otro género que florecerá en esta época será la épica y dentro del mismo despunta Alonso de Ercilla y Zúñiga (1533-1594), Caballero de la Orden de Santiago, gentil hombre de su majestad Carlos V, quien renunciando a la comodidad de un puesto brillante en la corte marcha voluntario a la guerra de Chile. Con García Hurtado de Mendoza se dirige al sur a combatir a las huestes de iracundos araucanos. Allí escribirá su célebre obra *La Araucana*, en la que describirá en forma de verso los enfrentamientos con los indómitos indios de Chile.

En su relato afloran descripciones sobre los primeros tiempos de aquella conquista, con referencias al aguerrido Caupolicán, líder de los caciques chilenos; de la muerte de Valdivia, de cómo los indios en un primer momento al ver a esos españoles montando a esos monstruos y con esas deslumbrantes corazas y esas armas diabólicas que mataban sin tocar, creyeron ver en dichos hombres a los mismísimos dioses que llegaban a invadirles desde no se sabe qué mundo. Pronto comprendieron que aquellos caballos no eran sino animales y aquellos hombres eran mortales como ellos.

Hay que resaltar que Alonso de Ercilla y Pedro Lísperguer estuvieron los dos en Flandes, aquel con Felipe II y éste al servicio del Emperador, aunque en periodos diferentes. Fueron compañeros de edad parecida que estuvieron juntos en la corte inglesa por un tiempo aproximado de siete meses. Juntos embarcaron desde Inglaterra a España. Juntos también, además de otros cortesanos, embarcaron con el futuro virrey Andrés Hurtado de Mendoza hacia el Perú.

Hay pasajes en *La Araucana* en los que se relata la tempestad que sufría su barco cuando se aproximaba a las costas de Valparaíso en una comisión posterior. Resulta fascinante pensar que en aquella nave, testigos de los mismos acontecimientos fueron ambos personajes. Por último, juntos combatieron en Chile contra los araucanos en multitud de ocasiones. Es muy posible que Lísperguer haya sido incluso testigo de la formación de este épico verso legendario que forma ya parte de las grandes epopeyas de Chile.

Si en el siglo XVI hay un hito cuya trascendencia y su significado es sin duda inconmensurable ese es el "Descubrimiento" –acaecido en el siglo anterior– y la posterior "Conquista". El paraíso terrenal que describía Colón cuando avistaba estas nuevas tierras, venía a deslumbrar con creces las más elucubradas expectativas que pudiera haber hecho el más brillante de los visionarios. El descubrimiento de América abría la puerta a un universo inescrutable, fecundo y exuberante de riquezas, culturas, ecosistemas, pueblos, productos de la tierra. Es tal la importancia de semejante hallazgo que es difícil dilucidar quien ha ejercido mayor influjo sobre quien, si España sobre América o América sobre España.

Más allá de los precedentes normandos o vikingos en América, es en el siglo XVI cuando el clima intelectual está preparado para aventurarse en las grandes exploraciones transoceánicas. Será en esta época cuando ávidamente se ansía conocer las relaciones de los viajes de Marco Polo. Existe una gran ensoñación popular con los rumores fabulosos de los diamantes de Golconda, las perlas de la India, las especias, los perfumes de China y Siam, los tejidos de Damasco, los rubíes de Ceilán. Empieza a surgir una incipiente navegación, se buscan rutas más cortas y riquezas fáciles.

Pero aún los navegantes no se atreven a pasar más allá del paralelo 27 en África y del 60 en Europa sin instrumentos de precisión. Aún latentes en la conciencia popular subsiste el miedo al "*Mare Tenebrarum*" más allá del cual se extiende la oscuridad o lo que es peor la superstición ante sirenas y tritones, los monstruos, el abismo, la perdición. Paulatinamente se van superando los prejuicios, nuevos inventos y nuevos proyectos se van afianzando en el horizonte. Se inventa la brújula, el astrolabio –antecesor del sextante–, los italianos comienzan a emplear una serie de tablas astronómicas y cronómetros, se producen avances en geografía. Se abandonan los viejos conceptos de Pomponio Mela y Ptolomeo, se cree en la redondez de la tierra.

Con el Descubrimiento la corte castellana pasa a ser una de las más prestigiosas de Europa. En todas las cortes del viejo continente se hablará con admiración y asombro, de la fascinación ante el hecho inaudito y expectante que transmitían las nuevas noticias sobre nuevos mundos, tierras y culturas. Con ello Carlos V se convertía en el monarca más ensalzado, respetado y envidiado de Europa. Cuántas veces la Corona se nutrirá del oro de América para sufragar sus guerras europeas. Campañas como las de Italia, Francia y hasta la misma toma de Túnez no hubieran sido posibles sin las constantes remesas de oro que venían de los nuevos territorios conquistados y que tanto desconcierto vendría a ejercer sobre las economías europeas.

En 1493 España y Portugal trazaron una línea divisoria sobre los territorios conquistados. Esta línea fue ideada por el papa Alejandro VI, pero no halló la complacencia de Juan II de Portugal, por lo que ambas partes acordaron una nueva línea que surgió tras el Tratado de Tordesillas, en el año 1494. La línea divisoria seguía el meridiano que pasa 370 leguas a poniente de las islas de Cabo Verde. Con ello los portugueses navegaban en los contornos del continente africano y en América conquistaban tierras como Brasil. España se lanzaba de lleno a la aventura americana.

Más allá de disquisiciones acerca de las glorias y miserias del Descubrimiento, que porqué América y no Colombia, que porqué la fama de Colón menguaba relegada frente a la de Américo Vespucio, que recorrió el continente americano después del descubrimiento de éste. De cómo el talento más original del siglo XVI, cuya perseverancia le había llevado a reinventar la historia con el acontecimiento más revolucionario del momento, volvía de su tercer viaje a la corte castellana encadenado de grilletes.

Más allá del frío recibimiento que Fernando confiere a Colón tras llegar de su cuarto viaje y que aquel que hubiera de ser almirante de la Mar Océana y virrey de todas las tierras a descubrir muriese en la más triste desolación y miseria, no cabe duda que la importancia de la proeza de Colón trasciende la obra del propio hombre abriendo el pórtico a la leyenda y un pasaporte a la inmortalidad. Surge así la denominada *"Terra incognita"*, un universo insondable de contrastes inimaginables. También este tesoro lleno de riquezas fue razón de recelos, de codicia, de lujuria y de muerte.

Surge el mito de El Dorado, la riqueza fácil, el oro, las fábulas de las siete ciudades, imaginarios y deslumbrantes reinos como los de Paytiti, Catay y Xauza, un porvenir engalanado de dádivas con que colmar la existencia del hombre. Ello produce profundos enfrentamientos entre conquistadores como las guerras civiles del Perú; en la cual se combaten enconadamente almagristas y pizarristas, o la vehemente actitud del tirano Lope de Aguirre, por no mencionar sino unos pocos hechos. Atrás por tanto quedan las luchas de los conquistadores por el poder y el dominio de la nueva tierra, la distribución de los repartimientos, las disputas morales sobre la explotación del indio.

En la arena reposan los nombres de brillantes héroes como Ojeda, Vasco Núñez de Balboa –célebre descubridor del Pacífico–, Magallanes, que fue el primero que logró atravesar el estrecho que lleva su nombre, pero que no logró coronar su obra ya que pereció en las Islas Filipinas ante una hueste de indómitos naturales, logrando su lugarteniente Sebastián Elcano llegar hasta España y por tanto completar la primera circunnavegación de la tierra; Hernán Cortés, que con su astucia y sagacidad y aleccionado con dos años de estudios en la Universidad de Salamanca emprende la conquista del Imperio maya.

Francisco Pizarro, el cual conquista el Perú quedándose asombrado con la red de caminos empedrados que contempla y el elevado grado de organización del Imperio incaico; Jiménez de Quesada, conquista la Nueva Granada y Santa Fe de Bogota; Caboto y García, el Río de la Plata; Valdivia, celebérrimo conquistador de Chile, que de sus huesos –cuentan las fábulas– los naturales hicieron flautas; Alvar Núñez Cabeza de Vaca, Francisco de Orellana, Pedro Mendoza y tantos otros.

Hasta ahora he esbozado, he dado pinceladas, a los principales hechos que han caracterizado el siglo XVI. Así hemos hablado de política, de filosofía, de arte, de literatura, de humanismo, de religión, de medicina, de anatomía, etc... Y todo ello para poder ilustrar el ambiente en que vivió nuestro personaje. Pero ¿Quién fue Pedro Lísperguer Wittemberg? Poco sabemos de él. Ni siquiera ha quedado de éste célebre conquistador alemán una imagen, una litografía, que nos permita adivinar su carácter.

Sólo sabemos por los datos de la Casa de Contratación de Sevilla que cuando llegó al Perú en 1556 era: *"de unos veinticinco años, de buen cuerpo, de ojos zarcos* (o sea de color azul claro), *el rostro blanco y de barba rubia..."*. Es decir, que tenía los típicos rasgos germánicos, alto, atlético, rubio, etc... Tampoco fue Lísperguer propiamente un político, ni tampoco un ideólogo, ni un artista, no escribió ningún tratado que nos permita adivinar su personalidad.

Pero todo ello no es obstáculo para darnos cuenta que Lísperguer no fue un hombre sin conciencia y en este sentido todas esas cosas que aprendió en su tiempo, algunas de las cuales he relatado, nos sirven para comprender todo lo que Pedro Lísperguer transportó a la conquista de Chile. Por lo tanto, hemos de hablar del gran cosmopolitismo que rodeó la vivencia de Pedro Lísperguer Wittemberg. Efectivamente, nació en Worms, en Alemania, en una ciudad entrecruce de civilizaciones, en una familia vinculada al poder, que se la asocia a dignatarios próximos a la corte imperial. Se cree que fue descendiente de los duques de Sajonia, emparentados con la nobleza de toda Europa.

En el tiempo que vivió en Alemania tuvo que estar al tanto de los principales acontecimientos de la época y por supuesto de los problemas de la Reforma Protestante. Fue paje de Pedro Fernández de Córdoba, IV conde de Feria, grande de España y en esta calidad siguió la corte del Emperador por Flandes. Estuvo por lo tanto, alrededor de seis meses en Flandes dónde debió de tener conocimiento de los entresijos de la alta política, en la mismísima cancillería imperial, así como las principales corrientes intelectuales de su tiempo.

Luego marchó con Pedro Fernández de Córdoba a España, permaneciendo durante diez años en tierras del condado de Feria, en Andalucía, donde se nutrió formidablemente de la graciosa cultura española, un mundo muy distinto al suyo. Finalmente, tras la muerte de Pedro Fernández de Córdoba en 1552, permaneció en Andalucía con su hermano Gómez Suárez de Figueroa y Córdoba, V conde de Feria y luego hecho duque de Feria por Felipe II, con el que viajó a Inglaterra con motivo del casamiento de éste con María Tudor.

Vivió en Londres nada menos que siete meses, de lo cual se desprende que tuvo que tener un gran conocimiento de la política de la época, así como de las diversas corrientes de pensamiento que se desenvolvían en la corte inglesa. Por tanto, la palabra clave es la de cosmopolitismo para comprender que cuando Pedro Lísperguer llegó a Chile no llegaba un personaje anónimo, sino una persona cuyas referencias tuvieron sin duda que ser calibradas para poder ser aceptado en la mismísima cancillería imperial y en los altos estamentos europeos.

Tras el caos y el desgobierno que acontecía en Chile en los primeros años de la ruda y polvorienta conquista, con Pedro Lísperguer Wittemberg llegaba la urbanidad, de un personaje formado e imbuido en las altas instancias de la política. Un personaje que había estado en contacto con los altos dignatarios, con los diplomáticos, los altos pensadores e intelectuales y en innumerables ocasiones debió de estar muy próximo a Carlos V que sin duda lo conocía muy bien.

Así se confirma en los asientos de la Casa de Contratación donde se expresa:

> *"yo os mando que dejéis y consintáis pasar a las provincias del Perú y Chile a Pedro Lísperguer, no embargante que es alemán y cualquier provisión que haya en contrario...".*

Por si esto fuera poco, el Dr. Bravo de Saravia, presidente de la Audiencia Real y gobernador y capitán general del Reino de Chile, en una cédula en la que conminaba a Pedro Lísperguer para que subviniese a las necesidades de las guerras de Chile −lo que cumplió espléndidamente− en dicho escrito y dirigido a sus lugartenientes y justicias (encargados de ejecutar la orden) escribe: ¡Atentos que tiene feudo de Su Majestad! Esta Majestad no era otra que el magno, poderoso e invicto emperador Carlos V (De Hoyo, 1555).

Su origen de la antigua ciudad alemana de Worms

Por lo tanto, la vida de Pedro Lísperguer Wittemberg se haya profundamente entrelazada con la del emperador Carlos V. Pero, ¿dónde y cuándo se encontraron ambos personajes? Nuestra historia comienza en el año 1545, Carlos V de Alemania y I de España se aproxima con su séquito a la ciudad de Worms. No se trata de cualquier rey, sino de Carlos de Gante, el Borgoñón, heredero de su abuelo Maximiliano del Sacro Imperio Romano Germánico, coronado emperador por el papa León X en la Catedral de Aquisgrán, en la Capilla Palatina ante los pies de la tumba de Carlomagno. Allí se le hizo entrega con la solemnidad y grandeza inherente al momento histórico, de los símbolos del imperio: la corona imperial, el cetro, la espada, en fin, el mundo...

Son tantos los títulos que aglutinaba el César que nos imaginamos el asombro que tuvo que causar en la mente del adolescente Pedro Lísperguer la presencia del Emperador. Efectivamente, Carlos era el heredero de setenta títulos principescos que englobaban posesiones en Austria, Tirol, partes del sur de Alemania, Los Países Bajos, el Franco Condado, el sur de los Alpes, España con las nuevas colonias americanas, las Islas Canarias, las Baleares e islas del Mar Océano, Italia, Sicilia, Cerdeña, Nápoles, más tarde poseedor de Milán, posesiones en África, etc...

El Emperador se aproxima a Worms, ciudad mítica a orillas del Rin. Es el que cuando nació Isabel de Castilla exclamó: "*éste será el de las suertes*". Es el monarca providencial que ha sido instituido en el gobierno del mundo por autoridad divina. Es el que en su última bocanada antes de morir dijo: "*ah Jesús...*". Carlos será el heredero del ideal de los Reyes Católicos: un reino, un pueblo, una religión. Eterno perpetuador de la unidad de la fe, del dogma, persecutor de la herejía. Es el último cruzado como tantas veces nos demostró en sus campañas contra los turcos, como la de Túnez, Argel, la toma de la Goleta, organizador de concilios...

Son los ideales recogidos en el lema del imperio: *"plus ultra"*, o en su versión alemana, *"noch weiter"*, que simboliza el hecho de ir más allá en la consecución de los intereses del imperio. Carlos es el Caballero del Toisón de Oro, con un elevado sentido de la justicia y ético de la existencia, así como de todos aquellos ideales presentes en el "Espejo de príncipes" tan en boga en la época; Carlos es el *"Rex Christianorum"*, el defensor de la cristiandad.

Nos encontramos en el mes de mayo de 1545 y ante la vista de Carlos V se alza la hermosa y milenaria ciudad de Worms o Wormes como escribían los antiguos. Entrecruce de civilizaciones la historia de Worms se hunde en el tiempo de las tradiciones ancestrales. Worms estuvo ocupada por la principal aldea de la tribu germánica de los vangiones, hasta que fueron expulsados por los romanos que la bautizaron con el nombre de *"Borbetomagus"*.

En dicho lugar los romanos construyeron un fuerte en el año 14 a. de C. En el 412 d.C. los romanos transfirieron el control de la ciudad conocida entonces como "Augusta Vangiorum" a los burgundios, otra tribu germánica, quienes la convirtieron en la capital de su reino. En el año 436 tanto el reino como la capital fueron destruidos por los hunos de Atila. Existen numerosas leyendas heroicas que se basan en la defensa de sus posesiones por los burgundios y que se recopilaron para formar en el siglo XIII *El cantar de los Nibelungos*, la mayor narración épica alemana.

En el año 486, Clodoveo I, gobernador de los francos salios, construyó una nueva ciudad en el asentamiento de la capital burgundia y le dio el nombre de Wormatia. Worms nombre con el que se comenzó a designar la ciudad, se convirtió pronto en sede episcopal. En los siglos X y XI, los obispos de Worms fueron adquiriendo cada vez más poder político.

El descontento popular con respecto a este estado de cosas llevó a que la ciudad se aliara con los emperadores del Sacro Imperio Romano Germánico en su lucha contra el poder del papado y en el siglo XII, Worms se convirtió en una ciudad imperial libre. En el año 1122 el papa Calixto II y el emperador Enrique V firmaron el famoso Concordato de Worms, por el que la investidura de los obispos y de los abades, un derecho reivindicado desde tiempo atrás por los emperadores, se adjudicó finalmente al papado.

Por tanto, Carlos tiene ante sí una de las ciudades más antiguas de Alemania. Ciudad situada en el Palatinado, en la que en su tiempo aún son visibles las ruinas de las fortificaciones y la muralla medieval. Asimismo, se alza imponente la catedral románica construida en los siglos XII y XIII con un pórtico ornamentado en el siglo XV. En Worms, además, radicó una de las comunidades judías más importantes de Alemania. Destaca la Sinagoga de los Hombres construida en al año 1174. El cementerio judío (Juden Kirchhof) rico en inscripciones antiquísimas.

Worms es célebre por sus dietas imperiales. Una de las más famosas fue la que se celebró en 1495, en el reinado de Maximiliano I, en la que se anunció la paz perpetua y fue instituido el Tribunal Supremo del imperio. La otra fue la de 1521, en la que Carlos V, en el famoso Palacio Episcopal escuchó a Lutero. Según Carlos se aproxima a Worms le asaltan los pensamientos sobre aquellos tiempos, cuando aún era un emperador recién electo, inexperto, vigilado bajo la atenta mirada de los príncipes electores.

El Emperador entonces había dado un salvoconducto a Lutero para que se expresara en los asuntos de religión. Proclamada abierta la Dieta de Worms en abril de 1521, Lutero hacía aparición en sus calles el día 17, abriéndose paso a través de una curiosa muchedumbre que seguía su cortejo. El peligro que corría acudiendo a ese encuentro era enorme, no había más que recordar que Juan Huss había sido convocado a un acontecimiento semejante el siglo pasado y había sido finalmente apresado y quemado en la hoguera.

Pero todo había comenzado unos años antes, cuando el monje había abandonado la aspiración paterna por los estudios jurídicos y se había doctorado en Teología ingresando en la Orden Agustina. Lutero, de origen humilde, a quien se le atribuye una infancia desgraciada, entra en sus años de formación en una profunda crisis de conciencia que le llevará a negar la autoridad y la supremacía de la Curia Romana e incluso la autoridad secular e imperial protectora de dicho *status quo*. Lutero, al que se le califica de "genio literario", escribe por aquellos años sus trascendentales obras: *A la nobleza cristiana de la nación alemana*, *De la cautividad babilónica de la Iglesia*, y *De la libertad cristiana*.

En todos estos escritos se desprende la gran decepción que atormentaba a Lutero ante la mundanidad y los abusos, el nepotismo y la politización en la que había caído la Iglesia Romana. Ello le llevaría a abogar por un nuevo cristianismo, con la base doctrinal de la justificación por la fe, con una lectura directa de la Biblia, negando la mediación de la Iglesia en la salvación del alma, creyendo en una Iglesia desvinculada de Roma, bajo la protección del príncipe y en los únicos sacramentos que él considera válidos: el Bautismo, la Penitencia y la Eucaristía.

Por lo tanto, en la visión de Lutero, el perdón de los pecados y la paz de conciencia, sólo podía encontrarse en la justificación del pecador a través de la fe en Jesucristo. Ello significaba que las prácticas sostenidas por la Iglesia eran inútiles y dañinas para las almas que buscaban el perdón, afanándose en alcanzar cosas que no podían redimirlas. La Iglesia se había apartado del Evangelio de la gracia de Dios, sustituyéndolo por un sistema sacramental, en el que el sacerdote suplantaba la mediación única de Cristo.

Pero lo que más irrita a Lucero es el sistema de las "Indulgencias", mediante el cual por el pago de una cierta cantidad se liberaba a las almas recluidas en el purgatorio de los tormentos del mismo. Con todo ello se contribuía al lucro y la corrupción de la Iglesia. Es entonces cuando Lutero escribió y clavó en la puerta de la Iglesia del Castillo de Wittenberg sus famosas noventa y cinco tesis.

Pero el problema no era solamente una cuestión doctrinal sino que tenía profundas implicaciones políticas. Efectivamente, una de ellas era el nacionalismo alemán que veía en Lutero la personificación del independentismo alemán frente a la corrupta curia romana. Pero además germinaba un malestar espiritual, que se plasmaba en la necesidad de abrazar una vida religiosa más sincera. A todo ello se le unía el descontento económico por las grandes sumas de dinero que por los conductos eclesiásticos se dirigían hacia la capital de la cristiandad.

Esta fuerte exacción fiscal provocará por tanto un potente sentimiento de hostilidad hacia Roma. El luteranismo provocó una revolución social, con un profundo quebrantamiento cultural y político. Emerge un humanismo laico enfrentado a una cultura clerical, las ambiciones de los príncipes contra el imperio, el malestar de una clase social en extinción: los caballeros. Probablemente, Lutero no podría haber sobrevivido a tan enorme presión sino hubiese sido apoyado por los príncipes alemanes y especialmente por el príncipe elector de Sajonia, Federico el Sabio.

Es imaginable la profunda conmoción que se produjo en la cristiandad, lo que provocó que en 1520 León X mediante la bula Exsurge Domine, proclamara que Lutero quedaba excomulgado de la Iglesia Romana y que sería a partir de entonces un proscrito y el mayor de los heresiarcas a los ojos de la cristiandad. Lutero al recibir la excomunión la arrojó a las llamas junto a un manual de Derecho Canónico. León X alarmado ante la rápida propagación del luteranismo en Alemania presionará fuertemente a Carlos V para que utilizara la violencia contra Lutero.

Pero por una parte Carlos V era entonces un recién emperador electo que estaba vigilado en sus actuaciones por los poderosos príncipes alemanes. ¿Iba Carlos a comprometer la situación política del imperio dando un paso precipitado? Hay que pensar que por entonces Francisco I se hallaba descontento ya que él también anhelaba la corona imperial. Por otro lado estaba la sempiterna amenaza del Turco a las posesiones de la casa de Austria, las profundas convulsiones a que estaban sometidos los estados italianos, la presión hegemónica del papado, el descontento de la nobleza castellana que veía a Carlos como un monarca extranjero, en cierta medida usurpador de la verdadera identidad de la dinastía castellana, más preocupado en la situación internacional que en los problemas que acuciaban a Castilla.

No olvidemos los problemas de los levantamientos de las Comunidades, en fin, la difícil situación diplomática con Inglaterra, los Países Bajos, etc... Por lo que, Carlos, ante todos estos razonamientos políticos, unida a su propia impericia en los asuntos del imperio, más su elevado sentido ético de la existencia, harían que le diera la oportunidad a Lutero de ser oído en Worms. Por lo menos le escucharía antes de condenarlo.

Así tras la llegada de Lutero a Worms aquel 16 de abril de 1521, comparece la tarde siguiente ante una asamblea abarrotada de gente. Nos encontramos ante un Lutero que se haya desconcertado sin saber muy bien que es lo que va a acontecer. Ulrich von Papeenheim, maestro de los caballeros imperiales, le ordena mantenerse en silencio hasta que se le indique que puede hablar. Apilados en la mesa yacen los volúmenes escritos por el Dr. Martín Lutero.

Se le preguntan dos simples cuestiones: ¿Reconoce Ud. que estas obras son suyas? ¿Está dispuesto a revocarlas? En ese momento Lutero percibió la sensación de peligro. En ese instante quizás todo el drama de la historia se pudo haber evitado, dando por clausurada la Dieta. Lutero un tanto amedrentado por el boato imperial, un tanto indeciso y con una voz difusa, solicita tiempo para considerar y se le concede un aplazamiento.

En la tarde del día siguiente se produjo la escena que iba a permanecer en la memoria de la vieja Europa. En una larga y aún más concurrida sala, con un público fatigado después de haber permanecido muchas horas esperando en una atmósfera viciada, estaba de pie Lutero en medio de centelleantes antorchas. Frente a él se encontraba la majestad del imperio personificada en la pálida, severa e impávida semblanza del joven emperador Carlos V. Cara a cara se hallaba también Lutero frente a la nobleza cristiana del Imperio alemán.

Tras un intercambio de argumentos entre Lutero y el oficial imperial John von Eck, Lutero dio su respuesta. Él debía distinguir entre sus escritos. Respecto a aquellos escritos de edificación él no debía, ni necesitaba retractarse. Respecto a los escritos contra la tiranía papal él tajante y categóricamente no los revocaba. Sus controvertidos escritos contra ciertos sujetos, que pudieran contener cosas sobrepasadas en temperamento o en expresión, respecto a éstos él pedía disculpas. Pero incluso en éstos, había también un cuerpo de doctrina cristiana del que él no se retractaba.

Pero el giro más inteligente de dicha audiencia tuvo lugar cuando Lutero lanzó la carga del caso sobre sus oponentes, al permitirles que le convencieran de su error basándose en las Sagradas Escrituras. En tal caso no tendría ningún inconveniente en retractarse e incluso quemar sus libros. Esa era su gran ironía. Irritado el oficial imperial le demanda una respuesta directa. Lutero contesta que no es seguro, ni justo actuar en contra de la propia conciencia. *¡Dios me ayuda, amén!* En la versión alemana diría *"Schluss"*, es decir *"ya está"*, lo que significaba que Lutero había triunfado (Fernández Álvarez, 1999).

Carlos que también se hallaba abrumado por el momento, pasó la noche en vela intentando conciliar su educación, las tradiciones ancestrales de las cuales era heredero, preocupado y reflexivo ante la enorme responsabilidad que pesaba sobre él y las consecuencias que de dicha herejía podrían derivarse. A la mañana siguiente, el 19 de abril, Carlos pronunciaría su célebre discurso en francés:

"Vous savez que je suis descendú des Empereurs trés crestiens de la noble natión germanique, des Rois Catholique d'Espaigne, des Archeducs d'Austrie et des Ducs de Borboigne, lesquels tous ont etés jusques à la mort fils fidèles de l'Eglise romaine..."

Es decir, que él era el sucesor de los emperadores del Sacro Imperio Romano Germánico, de los reyes de la católica España, de los señores de las Casas de Austria y de Borgoña, todos siempre fieles a la Iglesia Romana. En conclusión, en defensa de la cristiandad, él pondría todo lo que tenía: reinos, dinero, amigos, cuerpo y alma.

> *"...porquoy je suis determiné toutelment y employer mes royaumes et segnouries, mes amis, mon corp, mon sang, ma vie et mon âme..." (Wrede, 1896).*

Pero el Emperador era ante todo un hombre de honor, un caballero, que respetaría el salvoconducto otorgado a Lutero. El monje agustino, sólo con sus razonamientos se había enfrentado al Papa y al Emperador y había vivido para contarlo en medio de la perplejidad de toda Europa. Por si fuera poco a tanta calamidad se desata una epidemia en Worms y mueren varios consejeros de Carlos V. Entre ellos Guillermo de Croy, señor de Chièvres, lo que supuso el ascenso de Mercurino de Gattinara como nuevo Canciller.

A Lutero le dijeron que se marchara antes de que expiraran los veinte días de límite que tenía. Así se marchó discreto con sus compañeros hacia sus tierras nativas. En el camino fue secuestrado por los agentes de Federico el Sabio, que para protegerlo lo recluyeron en el Castillo de Wartburg, donde éste se dedicó a la traducción de la Biblia al alemán. Cuantas veces se arrepentiría Carlos en los días de su retiro en Yuste de no haber matado a Lutero entonces...

Pero en 1545 era el César un hombre muy distinto. Un hombre construido a base de batallar y negociar con media Europa. Un hombre que siempre había estado viajando de un lugar a otro −con las dificultades y la lentitud de la época− buscando la paz o arremetiendo en la guerra, o persiguiendo la concertación a través de su política dinástica o mediando en asuntos religiosos. Así se le ha llamado "el rey viajero", como también "el rey soldado" y en su ánimo de estar en todas partes no estuvo plenamente en ninguna y así se le ha denominado también "el gran ausente".

Cuatro guerras con Francia habían minado el ánimo del Emperador. Atrás quedaban la campaña de Provenza, así como la gloriosa batalla de Pavía, en la cual el 24 de febrero de 1525 se habían enfrentado 28.000 franceses y suizos contra un número parecido de españoles y alemanes. La caballería francesa había sido detenida por las largas picas de la infantería y luego destrozada por los arcabuceros españoles. Era la debacle. Se había conseguido una resonante victoria imperial y para más añadidura se había apresado al mismísimo rey de Francia, Francisco I, que permaneció dos años recluido en Madrid.

El Emperador le exigía para su liberación la entrega del ducado de Borgoña, pero Francisco se resistía tenazmente a dar su brazo a torcer. Fue tan persistente su actitud que incluso llegó a enfermar. Atemorizado Carlos de que las monarquías europeas le culpabilizasen de la muerte del Rey, se apresuró a visitarle y a darle ánimos. Hablando en su mismo idioma acudió a su mismo lecho de enfermo, diciéndole que no tenía que preocuparse, que todo se iba a arreglar. De pronto Francisco I comenzó a mejorar. Tras el Tratado de Madrid Francisco I se comprometía a entregar el ducado de Borgoña. Pero Carlos no se fiaba en absoluto de la palabra del francés y creó una serie de condiciones paralelas.

En primer lugar, quedaban como rehenes en Madrid los dos hijos varones del Rey. Además la alianza de los reinos quedaba asegurada con la boda de Leonor de Austria –hermana mayor del Emperador– con Francisco I. Asimismo se obligaba a Francisco a jurar lo pactado sobre los Evangelios y la palabra de honor de caballero que de no cumplir con la entrega de Borgoña, porque a ello se lo impidiesen sus Estados Generales, entonces se restituiría como prisionero. Pero Francisco I, que desde el principio no estaba dispuesto a ceder frente al Emperador realizó un protocolo notarial secreto, en el cual exponía su protesta y argumentaba que había sido obligado a firmar dada su condición de prisionero.

Al poco tiempo de ser liberado, no sólo no cumplió Francisco I con nada de lo que había pactado, sino que el hecho de que sus hijos se hallaren presos en Madrid no fue impedimento para la formidable coalición que lanzó contra el Emperador. Mediante la Liga Clementina o de Cognac, creada el 2 de mayo de 1526 se habían aliado contra España: Francia, Florencia, Venecia, Francisco Sforza y el papa Clemente VII, junto con el apoyo de Enrique VIII cuyas relaciones con Carlos V se habían enfriado.

Por toda Italia se expandía el grito de "muerte a los españoles". El cambio de signo de la política internacional era impulsado por varios factores. Tras la victoria de Pavía eran muchos ojos los que veían con recelo el formidable poder alcanzado por el Emperador. Venecia percibía con recelo la pujanza hispana. Clemente VII veía amenazadas sus posesiones en Italia. Había que expulsar a las tropas imperiales de Milán y reponer en su lugar a Francisco Sforza. También había que liberar a Nápoles del yugo español.

En el mar las galeras de Francia, las pontificias, las venecianas y las de Andrea Doria se oponían al Emperador. Pero si había algo que indignaba y repugnaba profundamente al César eran las negociaciones de los diplomáticos franceses para conseguir la intervención del Turco, Solimán el Magnífico. Con ello, directa o indirectamente, el Papa –la máxima autoridad de la jerarquía eclesiástica sobre la tierra– se convertía en aliado del Turco, del sacrílego, del hereje; algo que no entraba en la mente del Emperador.

En la primavera de 1526 una horda de turcos abandona Constantinopla con una idea fija en la mente, la conquista de Budapest. Establecidos en Belgrado (ya en posesión turca al principio del reinado), alrededor de 100.000 hombres y 300 piezas de artillería arrasan Peterwarden y la ciudad fortificada de Esseg, prosiguiendo su penetración Danubio arriba. El riesgo era la caída de Budapest. Si ésta caía Viena estaba a un paso. Es decir, los territorios nativos de la Casa de Austria. El peligro y la deshonra para el imperio carolino no era poca, ya que a Fernando –su hermano– se le había cedido el Imperio austriaco, siendo coronado con el título de "Rey de los Romanos".

Por si fuera poco tanto Fernando como su hermana María se habían casado con Ana y Luis II de Hungría. En la llanura de Mohacs la caballería húngara en un intento desesperado de desbaratar a su enemigo, se lanzaba al asalto del ejército turco con el fin de apresar al mismísimo Solimán. En un sangriento infierno, la caballería húngara fue abrasada por el fuego de la artillería turca. Entonces los jenízaros se abalanzaron sobre lo que quedaba, matando aquí y allá sin piedad. Luis II moría en la batalla junto con 20.000 húngaros. Arrasado el ejército Húngaro la amenaza sobre Viena era latente. Fernando envía un correo a España pidiendo desesperadamente ayuda al Emperador.

Carlos está indignado, Francisco ha faltado a su palabra de caballero, ya sólo quedaba el duelo. Más adelante, el mismo Emperador, como si fuera el último monarca medieval, lanzará un reto personal al ruin monarca francés. Pero ahora, se reunía en Madrid con urgencia el Consejo de Estado que autorizaba 30.000 ducados para socorrer a Fernando. El alto clero contribuyó con 30.000, el obispo de Cuenca con 5.000. Sobre los hombros de Carlos V no podía pesar una carga más grande.

Buda tomada, la tierra asolada, Austria amenazada. Pero lo que escandalizaba a los cristianos era lo despiadado de la acción turca. Se daba muerte a los hombres y mujeres mayores de trece años, cautiverio a los niños llevándolos a Constantinopla, la tierra quemada, los templos profanados, las mujeres forzadas y descabezadas .Y lo peor, detrás de todo aquello subyacía la alianza franco-turca, la palabra faltada por el francés, la liga clementina con el propio Papa a la cabeza: todo ello era monstruoso, un aberrante escándalo para las conciencias de los habitantes del mundo carolino.

En enero de 1527 el ejército imperial acudía a marchas forzadas al socorro del frente húngaro. Sin embargo, el frente turco se había estabilizado y la siguiente ofensiva de 1527 no se puso en marcha. De pronto, se produce un giro en la táctica imperial y el duque de Borbón

–un feudal traidor a su rey– al mando de los lansquenetes alemanes recupera Milán y Lombardía. Carlos de Lannoy virrey de Nápoles, con un pequeño ejército ataca a Roma por el sur.

El duque de Borbón al frente de un contingente de 25.000 soldados entra por el norte. El Duque muere en el asalto. La tropa a falta de paga, indisciplinada y sin jefe entra a saco en Roma. Una horda de bandidos asola la ciudad. Se producen profanaciones de templos, violaciones de mujeres, matanzas, incendios, pillajes... El Papa horrorizado es confinado en el Castillo de Sant Angelo. Aquel escándalo deterioraba enormemente la imagen imperial. Una imagen que en los *Diálogos* de Alfonso de Valdés se intentaría reparar.

Pero nuevamente en 1528 la situación internacional se incardina. Se produce una declaración formal de guerra de Francia, Inglaterra y Venecia, exigiendo la inmediata liberación del Papa y de los hijos de Francisco I, recluidos en Pedraza de la Sierra. Enrique VIII comienza con sus negociaciones para desembarazarse de Catalina, tía de Carlos V y por tanto hermana de su madre "Juana la Loca". Un poderoso ejército francés penetra por el norte de Italia por Génova donde Francisco I contaba con el apoyo de Andrea Doria, poniendo en apuros a Leyva que se encontraba con un reducido ejército en Milán. El ejército imperial se encuentra disperso por Italia. Por fortuna de Leyva, el ejército francés se dirige hacia Nápoles.

La situación era desesperada. Los barones del Reino de Nápoles se habían sublevado deseosos de desembarazarse del dominio español. La capital era cercada por el ejército francés y el dominio del mar se hallaba bajo el poder de la armada de Andrea Doria. Se produce un combate naval en aguas napolitanas donde la marina imperial es derrotada. Muere Hugo de Moncada y el marqués de Vasto es hecho prisionero. Pero por esas ironías del destino que han hecho de Carlos V el gran monarca providencial del que se hace alarde al principio de su reinado, el marqués de Vasto entra en negociaciones con Andrea Doria.

Descontento éste con Francisco I cambia de bando y se pasa al lado imperial. Para mayor fortuna de Carlos, se desata una mortífera peste en el ejército francés que a gran celeridad levanta el asedio que tenía sobre Nápoles. Por si fuera poco, la actitud de Enrique VIII al querer anular su matrimonio pasando por encima de la autoridad del Papa le alejaba cada vez más de Roma. Todo ello suponía un cambio de signo en el escenario europeo y un nuevo clima que favorecía el entendimiento. El papa Clemente VII es liberado después de siete meses de prisión, a cambio de un pago de 300.000 ducados y el mantenimiento de algunas plazas en Roma.

Con la "Paz de las Damas", Margarita de Saboya, tía de Carlos, y Luisa de Saboya, madre de Francisco I, firmaron en Cambray en el verano de 1529 la paz. Como resultado, Carlos V renunciaba a sus pretensiones sobre el ducado de Borgoña y Francisco I renunciaba a sus derechos sobre Milán, Génova y Nápoles e incluso sobre el señorío de Flandes. Se liberaba a los príncipes franceses a cambio de un fuerte rescate de dos millones de ducados. El orden europeo había sido una vez más restablecido.

Es increíble cuán voluble y efímera es la amistad humana. Sobre todo cuando de esa amistad dependen los altos intereses de la política o la laureada "razón de estado". En 1529 el Emperador entra en Italia. Ya no sería el odioso usurpador y conquistador, sojuzgador del pueblo italiano, sino que sería el pacificador de Italia: su libertador. El 5 de noviembre entraba en Bolonia donde había concertado un encuentro con el papa Clemente VII. Al son de trompetas hacía Carlos su entrada triunfal en Bolonia.

Le acompañaban 200 hombres de armas con sus caballos bien engalanados. Al jubiloso desfile le seguían un tren artillero de 16 cañones, la infantería de 4.000 soldados y en su centro el legendario Antonio de Leyva. A todo ello le seguía el séquito imperial con magnates de todas partes del imperio, cerrando el desfile la guarda imperial y 3000 veteranos de los terribles Tercios Viejos españoles. En la plaza de San Petronio le esperaba Clemente VII, rodeado de su

Colegio Cardenalicio ante el cual Carlos V pronunciaría su discurso en español.

Asombran estos giros de la política. No sólo el Emperador lograba un acuerdo con Clemente VII, además lograba un entendimiento con Venecia, lograba zanjar de unas vez las pretensiones sobre Milán y creaba la Liga defensiva de Italia, que englobaba al Papa, el Emperador, Venecia, Fernando (Rey de los Romanos), las Repúblicas de Génova, Siena y Lucca, el duque de Saboya y el marqués de Mantua y Monferrato.

Tras haber recibido la corona imperial en Aquisgrán, ahora recibiría dos más: la corona de Lombardía y la definitiva corona imperial, que le convertía en emperador de pleno derecho. El 24 de febrero de 1530 tenía lugar el deslumbrante acontecimiento. El primero en salir fue el cortejo pontificio, después Clemente VII, rodeado del Colegio Cardenalicio y numerosos obispos. A continuación el cortejo imperial, yendo Carlos V entre dos cardenales y seguido por lo más florido de la nobleza española y flamenca.

Antes de entrar en la Iglesia de San Petronio hizo juramento solemne de constituirse en el defensor de la fe católica y de la Iglesia de Roma. Ungido con el óleo consagrado por el cardenal Farnesio, recibía los símbolos del poder en medio de un gran estruendo, en el que se podía escuchar el clamor del pueblo, que al unísono gritaba eufórico: ¡imperio, imperio!, y los españoles replicaban: ¡España, España! Un ambiente de hermandad aunaba a los presentes, sonaban las trompetas, redoblaban los tambores y los cañones hacían su salva.

En esta aureola de triunfo el marcador de la historia señalaba una pronta operación de castigo contra Barbarroja, que tenía desde hace largo tiempo amenazado el mediodía español, desde Cádiz a Cartagena, Almería, Gibraltar, las posesiones del Reino de Aragón, las Islas Baleares, las posesiones itálicas como Sicilia, Nápoles, etc. Buenos años de remesas de oro y plata de las Indias hacían que la idea se tornara realizable. Carlos V tenía gran interés en doblegar a Barbarroja –almirante del Turco– pues una resonante victoria supondría reforzar las razones morales de su predominio sobre Italia.

Así se alzaba Carlos V como el gran cruzado, en una lucha que se urdía bajo los buenos auspicios de ser una guerra santa que se desataba para destruir al enemigo de la cristiandad. Enarbolando el baluarte de la fe, lanzó a sus hombres a la gloriosa empresa de la toma de la Goleta. Precedido de un fuerte ataque artillero los cañones de tierra unidos a los de la armada imperial golpearon implacablemente los muros de la Goleta durante seis horas.

Tras ello el ejército del Emperador se abalanzó con una furia demoledora sobre la plaza, salvando el foso y colocando escalas para penetrar en la muralla. No sin vencer una tenaz resistencia e inmersos en un infierno artillero, Pedro Gaitán ponía la bandera imperial en lo alto del castillo de la Goleta, tras esquivar una persistente arcabucería, el horroroso aceite hirviendo, los escopeteros turcos y los flecheros berberiscos. Todo ello ocurría el 14 de julio de 1535 y una vez más la victoria era para el Emperador.

Todo eran buenas nuevas, le llegaba la noticia del nacimiento de su hija Juana. Había vencido a su enemigo en la Goleta. ¿Por qué no? Ahora era el momento de arrasar Túnez, otro bastión de Barbarroja. Así sus hombres se lanzaron a la nueva lucha y en medio de un sofocante verano, cuando luchaban contra el corsario por apoderarse de los pozos de agua, ocurrió lo inesperado, los cautivos cristianos que se hallaban en Túnez aprovechando el desconcierto de sus captores, lograron desasirse de sus cadenas y apoderarse de la fortaleza. Se entraba a saco en Túnez haciendo multitud de esclavos. Eran momentos de júbilo, de alegría, una fulgurante victoria para Carlos V, para España, para el imperio, para la cristiandad.

Sin embargo, en 1545 cuando el Emperador se aproxima a la ciudad de Worms es un hombre transformado. Es un hombre fatigado de llevar el peso del imperio. Un hombre cansado de buscar la concertación entre la malicia de los hombres. Hastiado de sofocar un problema allí, para abrir un nuevo conflicto allá. Empieza a tener conciencia de su propio fin. Se encuentra preocupado por la herencia política que transmitirá a su hijo. En su último viaje por los Países Bajos –de donde procede– tuvo uno de sus últimos ataques de gota, que paralizaron sus jornadas. La enfermedad le está cercando y le asedia cada vez con más rigor. El Emperador, amante de la buena mesa, de las buenas viandas, se veía forzado a moderarse en el comer y seguir una rigurosa dieta.

El hombre que antaño le gustaba el contacto con la gente, rodearse de cortesanos, día a día se va volviendo más huraño, malhumorado, busca la soledad, encuentra la paz en sus pensamientos. Se haya nostálgico, melancólico... le asaltan las dudas y los remordimientos... Si no hubiere abandonado a la emperatriz Isabel..., tantos años de ausencia de España, haberla dejado sola con una responsabilidad tan grande como la de soportar los graves asuntos de Castilla..., tantos años de espera, entre dolorosos partos y desgarradores abortos, que la subsumían en un estado de lúgubre tristeza; era el lóbrego fantasma de la muerte que se cernía sobre la vida de Isabel.

Cuantas veces se quedó Isabel llorando amargamente, sola en Castilla, aguardando con los nervios a flor de piel, por el resultado de campañas militares tan peligrosas como la defensa de Viena, las empresas de Túnez o Provenza... En la primavera de 1539 moría Isabel de Portugal, nieta como él de los Reyes Católicos, la que el mismo Carlos había calificado: *"...de excelentes virtudes, prudencia y grandes calidades..."*.Todos los cronistas coinciden en resaltar el amor enamorado, puro y auténtico de Carlos e Isabel.

Sería la única vez que Carlos se casaría. Con su muerte había perdido a la esposa amante, a la confidente, a la madre de sus hijos, la guardiana de su hogar, una eficaz colaboradora de las tareas de Estado. No había podido Carlos desvincularse de los graves asuntos del imperio. También era patente como Carlos amaba la guerra, bajo el brazo siempre contaba con una edición de los *Comentarios de las guerras de las Galias* de Julio Cesar. Sus contemporáneos lo relatan como el ¡hombre más feliz del mundo!, cuando se preparaba para una campaña.

Pero ahora, en el momento en que se encuentra con el deber de hacer balance sobre su vida, se encuentra perdido, atormentado, con la cuestión luterana aún sin resolver, hostigado por las miles de voces que desde todos los rincones de la cristiandad claman por la erradicación de la herejía, la reparación del mal, con la unión del dogma y de la fe. Pero quizás ya nada importaba, Isabel había muerto y una negra nube ensombrecía su vida.

Pero si hubo algo que hirió profundamente al Emperador fue la rebelión de Gante, su ciudad natal, acto que el consideraría como un crimen de lesa majestad. En 1539 los habitantes de Gante se lanzaban a las calles en abierta insurrección, entregados al pillaje, a la quema de iglesias, creando un desorden de magnitud inigualable. Mostraban así su irritación por los excesivos impuestos que tenían que pagar para sostener las guerras que el Emperador tenía con Francia y solicitaban ayuda a Francisco I, ayuda que éste les negó.

No sólo les negó esta ayuda sino que debido a la reciente paz con España, permitió que las tropas Españolas pasaran por Francia y recibió al Emperador en París agasajándole con grandes festejos. La venganza y la represión imperial fueron terribles. El 14 de febrero de 1540 entraba el Emperador en Gante al frente de 5.000 mercenarios alemanes. Se procesó a los culpables del gravísimo delito de rebelión armada contra su señor natural, se practicaron tormentos, se ejecutaron a los condenados por traidores. Rodaron numerosas cabezas que se exhibieron en picas.

Una zona de Gante quedaba arrasada por alzar en ella un Castillo. Gante quedaba despojada de sus bienes y armas, perdía todos sus privilegios y libertades, denigrada con la supresión de su propio escudo. Por si fuera poca humillación, el César obligo a la nobleza, burgueses y artesanos a pedir perdón, vestidos de negro, los pies descalzos y algunos con la soga al cuello. Fue una escena terrorífica. Por dentro le carcomía la aflicción ante la deslealtad de sus súbditos más queridos, aquellos de la tierra en que había nacido, algo que no podría olvidar tan fácilmente.

Por si fuera poco, otra vez se proyecta sobre el Emperador la pesadilla de Barbarroja. Ahora en el nombre de Argel, nido de corsarios que devastan el Levante español y desafían la autoridad imperial. Otra vez la sombra del abominable y sanguinario Barbarroja, almirante de la poderosísima armada turca, recalando sus navíos en los puertos franceses... El fantasma de Isabel aflora una vez más golpeando la conciencia de Carlos, implorándole que venga a socorrer las costas hispanas, recriminándole que empleara los hombres y dineros de España en aliviar a otros pueblos como los austriacos o los italianos. Cuántas veces le había escrito la Emperatriz instándole a volver y ocuparse de los asuntos de España.

En aquel año de 1541 Carlos se encuentra asediado. No logra entenderse con los Protestantes alemanes, que con un notable desprecio a la dignidad imperial no se habían acercado a la Dieta de Ratisbona (unos años antes habían constituido La Liga de Schmalkalden en que ocho príncipes y once ciudades establecían una potente coalición contra el imperio y sus aliados). Paulo III se muestra reacio a convocar el Concilio tantas veces reclamado por el Emperador. Francisco I da muestras de quebrantar la paz. Es en este ambiente cuando torna los ojos hacia España. Trayéndose unos 40.000 hombres entre alemanes, españoles e italianos planea el asalto de Argel. A ellos le acompañaban la pequeña y alta nobleza y un personaje de gran protagonismo y celebridad: Hernán Cortés.

Con el recuerdo del éxito de Túnez se planeó una operación semejante en Argel, pero aquella empresa tuvo lugar en julio, en pleno verano y esta tenía lugar en octubre, por tanto en otoño y pasada la estación propicia para tales campañas. Tras el desembarco inicial, se produjo un repentino cambio de tiempo, tornando el mar tempestivo, peligrando la navegación y el aprovisionamiento de las tropas. En una lucha desesperada de los que se encontraban en tierra, los arcabuceros sin nada que hacer con sus mechas empapadas por la tormenta, fueron saeteados por las implacables flechas de los ballesteros argelinos.

Ante la penosa retirada y el naufragio de tantos barcos, el Consejo de Guerra, declara la imposibilidad del asalto a la plaza y opta por el pronto reembarco de las tropas, lo que se consigue no sin grandes dificultades, regresando de inmediato a España, ya que la propia vida del Emperador se hallaba en peligro. En definitiva un fracaso para el Emperador, que abandonaba la cruzada, dejando a África como un problema sin solución.

Aprovechando la coyuntura del descalabro imperial en Argel, el 12 de julio de 1542 Francisco I declara nuevamente la guerra a Carlos V. Otra vez la pesadilla de la guerra. Una contienda en la que el Emperador no quiere entrar pero es forzado a ello. Se le achaca no haber restituido al francés el ducado de Milán, así como no haber castigado el asesinato de los embajadores Rincón y Fregoso. Francisco I despliega una triple ofensiva sobre Flandes, el ducado de Milán y Cataluña.

El delfín Enrique asedia Perpiñán con un ejército de 40.000 infantes y 4.000 caballos, pero la buena defensa del duque de Alba le hará fracasar en su intento. En el Milanesado los franceses conquistaron la plaza de Cherasco, pero no lograron continuar en su avance siendo detenidos por el dispositivo de defensa del marqués de Vasto, gobernador de Milán. Pero en los Países Bajos, las tierras natales del Emperador, se estaban mostrando muy vulnerables al francés. La situación era desesperada. Había caído Bravante, Lovaina se hallaba amenazada siendo defendida por los estudiantes de la universidad.

Nuevamente funciona en el Mediterráneo la alianza franco-turca, Venecia había llegado una vez más a una avenencia con el Sultán, no hay dinero en Castilla, que se encuentra endeudada y empobrecida después de tantos años de guerra. Carlos abandonaba España y saldría en ruta hacia Bruselas el 1 de marzo de 1543. Es en estos momentos de desolación cuando creyendo todo perdido Carlos escribe a su hijo

Felipe, dándole sus instrucciones, aconsejándole en materias de religión y Justicia, de Gobierno, etc...

Dejando atrás Cadaqués zarpa para Italia. El 25 de mayo llega a Génova, República amiga, bajo el señorío de los Doria, los aliados de Carlos V en Italia. En ese momento le llega una embajada especial del papa Paulo III, la cual le ofrece dos millones de ducados a cambio del ducado de Milán. La oferta es tentadora ante el grave momento económico en que se encuentra Castilla. Además la negociación se veía reforzada por el hecho de que el duque Camerino, era nieto de Paulo III y estaba casado con Margarita de Parma, hija natural de Carlos V.

Carlos se muestra indeciso. Decide consultar primero a sus hermanos, Fernando, Rey de los Romanos, y a María de Hungría, sin olvidar a su hijo Felipe, por entonces de 16 años que se le empezaba a tener en consideración en los asuntos de Estado. En un primer momento existe un clima favorable a la venta del ducado. En consultación al Príncipe éste vuelve a incidir en la pobreza de Castilla, aludiendo:

"cuán gastadas, consumidas y exhaustas se hallan sus rentas y patrimonio real y cómo ya no se hallan expedientes ni formas para haberse dineros..." (Fernández Álvarez, 2003).

La negociación se enfría, el tiempo urge, el verano ha comenzado y es preciso que Carlos abandone cuanto antes Italia para dirigirse al frente de guerra. Esta vez no cometería el error de Argel, no atacaría estando la estación gastada. Eso sí, salía de Italia con una decepción, ya no podría contar con el apoyo del Papa en su contienda contra el francés. Así pues franquea los Alpes, reposa unos días en Innsbruck donde conoce a las archiduquesas de Austria, sus sobrinas, hijas de su hermano Fernando. Tras esta agradable reunión familiar, va ganando confianza pero sin olvidar las graves amenazas que se ciernen sobre el imperio.

El Papa se le muestra hostil e inclinado hacia el francés, el Turco se muestra aún más poderoso. Pocos creen que Carlos sea capaz de lograr la reconciliación de la cristiandad, su fama de invencible ha sido gravemente cuestionada tras el desastre de Argel. El 20 de agosto se encuentra en Bonn a 50 Km. de Duren donde el enemigo el duque de Cleves se encontraba fuertemente armado. El 24 comienza el terrible asedio sobre la plaza que es tomada a saco en pocas horas, resultando una fulgurante victoria para el Emperador.

El duque de Cleves se entrega, Carlos lo perdona y establece una vinculación familiar casándolo con una hija de su hermano Fernando. La aproximación del prestigioso ejército imperial, con los temibles Tercios Viejos españoles, es como un ciclón que va venciendo rápidamente la resistencia de sus enemigos. Una tras otras se van rindiendo las otras plazas fuertes del ducado. Por si fuera poco, desde España llegan buenas noticias, donde se han rechazado varias incursiones marítimas del francés. En dicho mes de agosto la marina turca fondeaba en Tolón, donde invernaría, ante el asombro y la indignación de la Europa cristiana.

Carlos V busca una rotunda acción mediante la cual pudiera doblegar definitivamente a su eterno enemigo y lo encuentra en el avance sobre París. Carlos sigue escribiendo a su hijo desesperadamente relatándole la grave coyuntura en la que se encuentra: *"Esforzaos por hallar de ayudarnos y no os descuidéis ni dexéis de enviarme el dinero y soldados que os he escrito y escribo..."* (Fernández Álvarez, 2003), no deja de requerirle una y otra vez.

Felipe, asistido por el Consejo de Estado, le envía algún dinero y 5.000 españoles, pero sin dejar de clamar por la paz ante la paupérrima situación en la que se encuentra España. Sin embargo, pese a lo delicado de la situación, gracias a las inoportunas maniobras políticas en las que se desenvolvía el francés, Carlos lograba los apoyos que necesitaba para llevar a cabo su marcha sobre la capital de Francia. Así Carlos se aproximó a Enrique VIII, concertando un ataque común contra Francia.

Por otro lado la repugnancia que sentían no sólo la cristiandad, sino también los príncipes alemanes, ante la anuencia del francés con el Turco, posibilitó que Carlos V, mediante la Dieta imperial reunida en Espira consiguiera una ayuda de 24.000 infantes y 4.000 caballos durante seis meses. En Metz concentraba Carlos una fuerza multinacional de más de 40.000 soldados con los que emprender su definitiva ofensiva sobre París. Tras algunas escaramuzas y reveses en la campaña el 3 de septiembre de 1544 Carlos llegaba a Éperney y a los pocos días después entraba en Château-Tierry.

La caballería imperial llegaba hasta las cercanías de Meaux quedando muy próxima a París. Los parisienses horrorizados ante la posibilidad de la toma y saco de París, trataban de huir aterrorizados, taponando las vías de acceso y produciendo un colapso de las medidas defensivas ordenadas por Francisco I. La alianza con Inglaterra obligaba a una acción conjunta sobre París, pero lo único que se pudo ver fue la pasividad de éste, quizás motivada por el recelo ante los éxitos imperiales, conformándose con la conquista de la plaza costera de Boulogne.

Ante esta circunstancia, los continuos ruegos de Felipe implorando la paz y describiéndole el penoso estado en que se encontraba la economía del reino, unido al verdadero pavor que sentía Francisco I ante los graves peligros y la humillación de un asalto, que se cernían sobre la mismísima capital de Francia, posibilitaron que el 18 de septiembre de 1544 se firmara la paz de Crépy. Francisco I devolvía sus conquistas de Saboya y del Piamonte y renunciaba nuevamente a sus derechos sobre Flandes y Artois. Asimismo se obligaba a cooperar en la política imperial frente al Turco y a coadyuvar en la contienda de Carlos contra el protestantismo alemán.

Planteada la disyuntiva de ceder los Países Bajos y el Franco Condado mediante la boda del duque de Orleáns, segundo hijo de Francisco I, con María, hija de Carlos V o la cesión del Milanesado mediante la boda de una hija del Rey de los Romanos con el Duque, con gran incertidumbre y tras consultar con el Consejo de Estado, Carlos se decide por la cesión de Milán. Nueve días antes del plazo acordado en la paz de Crépy muere el duque de Orleans, contagiado al ir a visitar un campo de peste, por lo que ya no sería necesario cumplir con lo acordado con el francés, lo que apelando a la providencia divina, será un gran motivo de satisfacción para Carlos.

Tras pasar el invierno con su hermana en los Países Bajos soportando un fortísimo ataque de gota, por fin Carlos recobraba la confianza, había logrado la anhelada paz. Aún podía vencer, aún podía hacer retumbar su puño sobre el tablero de Europa. Por fin lograba deshacerse de sus ancestrales enemigos. Enrique VIII se encontraba en el fin de sus días ya que moriría el 27 de enero de 1547 y Francisco I envejecido y acabado moriría dos meses después. Francisco, avejentado y mermado en su poder ya no sería un rival para Carlos V. Por lo menos hasta que Enrique II, su hijo mayor, fuese rey tendría una tregua.

Por fin lograba que Paulo III convocara el Concilio el 19 de noviembre de 1544, fijándose su fecha para 15 de mayo de 1545 en Trento, que posteriores complicaciones retrasarían hasta el 13 de diciembre de 1545. Al fin podría dedicarse a solucionar el problema del protestantismo alemán, una espina que tenía clavada desde que había escuchado en 1521 a Lutero en Worms. El Turco ya no era un problema. Carlos abandonaba sus ideales de cruzado y se centraba en la política. Se encuentra a tan sólo dos años de la brillante victoria de Mühlberg, célebremente representada por Tiziano en su lienzo *"Retrato ecuestre de Carlos V tras la batalla de Mühlberg"*.

Cuadro que se encuentra en el Museo del Prado de Madrid, en el se nos muestra a un Emperador radiante, lanza en ristre, campeando por los campos de Europa. Con estas premisas y estos buenos augurios se encuentra el 15 de mayo de 1545 con su hermano en Alzey, en casa del conde Palatino, donde pernocta. Al día siguiente, el 16 de mayo, en pleno estallido de la primavera, el Emperador entraba junto a su hermano Fernando, Rey de los Romanos y todo su séquito en Worms (Foronda, 1914, pág. p.321).

Worms, Alemania, año 1690

A partir de aquí tiene lugar una escena fascinante. Pedro Birlinguer o según otras fuentes Pedro Wittemberg, padre del futuro conquistador de Chile, cónsul de Worms, burgomaestre (Bürgomeister), uno de los trece que gobiernan la ciudad, acude con su séquito a encontrarse a las puertas de la urbe con el Emperador. Entonces tiene lugar el solemne e imponente recibimiento y la entrega de llaves, en una escena comparable a la *"Rendición de Breda"* pintada por Velázquez un siglo después. No hay que olvidar que Worms, ciudad libre imperial, había adoptado el luteranismo en 1525, por lo que este acto, con la emblemática entrega de llaves de la ciudad, venía a significar la total sumisión de las máximas autoridades de Worms a los designios del Emperador.

Este hecho absolutamente capital en la historia de Chile ha sido, sin embargo, silenciado por los historiadores contemporáneos a Carlos V como Prudencio Sandoval y otros grandes especialistas en su obra. ¿Por qué? Hay que tener en cuenta que para los cronistas de la época Worms no es más que una ciudad de tránsito entre otros hechos de mayor relevancia, como la paz pactada con Francisco I, la convocatoria del Concilio, las Dietas imperiales, Mühlberg, etc... No relatan este encuentro como tampoco entran en profundidad a comentar su arribo a otras ciudades que se encuentran en su itinerario. Sin embargo, en Chile este acontecimiento goza de una gran tradición oral entre los más afamados historiadores que han relatado dicho encuentro. La constatación de dicho encuentro se haya además corroborado por múltiples "relaciones de méritos y servicios" en las que los descendientes de Lísperguer evidenciaron el singular momento.

Es sin duda, interesante la visión de Benjamín Vicuña Mackenna, célebre historiador chileno, que con gran entusiasmo nos revela en su libro *Los Lísperguer y la Quintrala* una escena algo idealizada, pero no carente de veracidad. Así nos transmitirá lo siguiente:

> "Sobre lo que no cabe duda sobre el linaje de los Lísperguer es que el padre del paje de Carlos V, era cónsul de la mística y rebelde ciudad de Worms, a orillas del Rin, en el Palatinado, cuando ocupola aquel soberano en 1546, después de la batalla de Albis, y aquel magnate cúpole el honor triste, pero insigne de poner en sus manos las llaves de la ciudad vencida. En cambio de este rendimiento Carlos V dio servicio en su antesala al hijo mayor del preboste, que tenía su propio nombre Pedro Lísperguer, mancebo a la sazón de quince años o en sus cercanías" (1944).

Es cautivante esta narración del encuentro con el Emperador, la plegación ante la autoridad imperial y la gratitud del César que en reconocimiento a la fidelidad del Cónsul se llevaría más adelante a su hijo como su paje personal.

Enorme importancia, aunque escasa en los datos, es la mención hecha por Pedro de Azcarraga, rey de armas de Navarra desde el 1 de febrero de 1577 hasta 1593 y Cronista de Felipe II. Para los profanos en la materia decir que un "rey de armas" era aquel caballero que en las Cortes de la Edad Media tenía el cargo de transmitir mensajes de importancia, ordenar las grandes ceremonias y llevar los registros de la nobleza de la nación. También es el sujeto que tiene el cargo y oficio de conocer y ordenar los blasones de las familias nobles. Pues bien, Pedro de Azcárraga en 1579 publica su *Recopilación general de linajes de España*, donde nos expone lo siguiente:

"...Pedro Wittemberg Lísperguer, cónsul de Worms, que sus hijos al tiempo de la prisión de Juan Federico duque de Sajonia, en la batalla de Albis, por conservarse en la religión católica, les ampararon ellos y todos sus parientes, sus legítimas casas y haciendas y pasaron a servir al emperador Carlos V, que los amparó y honró. Hubo por hijo a otro Pedro que el Emperador envío a la conquista de Chile..." (Azcárraga, 1579).

Sin duda, esta relación inédita hasta ahora es de grandísimo valor por ser uno de los testimonios más antiguos que existen sobre el hecho.

Un relato muy parecido, que parece haber sido extraído del anterior, nos lo da Juan Alfonso Guerra y Sandoval, rey de armas y cronista de Felipe V, que en 1740 haciendo una probanza manuscrita de nobleza sobre la familia Wittemberg (colaterales de los Lísperguer como más adelante en este libro tendremos ocasión de ver) nos dice lo siguiente:

"...Pedro Lísperguer Witemberg, y a éste hallamos que fue cónsul en Bormes (actual Worms) por los años de 1540 y que antes de la prisión de Juan Federico, duque de Sajonia en la batalla de Alvis y que por conservar la religión católica, se vino a servir al emperador Carlos Quinto con su hijo Pedro Lísperguer Witemberg, a quien el Emperador envió a la conquista de Chile..." (ca.1740).

De gran valor es asimismo el relato transmitido por José Manuel Trelles Villademoros en su *Asturias ilustrada* publicada en 1760, el cual en notas marginales asegura haberse basado en relaciones de méritos y servicios. Es el siguiente:

"Pedro Lísperguer natural de la ciudad de Bormes, en Alemania y descendiente de los duques de Sajonia, era cónsul de Sajonia en Bormes cuando su duque Juan Federico fue preso por el emperador don Carlos V el año de 1546 de resulta de la batalla del río Alvis, en cuya ocasión Pedro Lísperguer entregó al Emperador las llaves de la ciudad de Bormes y teniendo un hijo llamado también Pedro Lísperguer de Wittemberg le dio al Emperador para su servicio, retirándole con maduro acuerdo y sano consejo de la pestilencial secta de Lutero, que iba infectando la Alemania. Siguió Pedro Lísperguer el mozo la corte y servicio del emperador Carlos V y habiendo éste monarca renunciado los reinos a favor de su hijo el prudente Felipe II, nombró a Pedro Lísperguer Wittemberg por capitán de uno de los navíos del cargo de don García de Mendoza, para pasar a la conquista de las Indias, dónde sirvió con gran valor en la pacificación de Chile y Arauco..." (1980).

Una vez más se incide en los mismos hechos: el encuentro del Emperador con el Cónsul de Worms, la entrega de llaves, el mantenimiento de los Lísperguer en la religión católica, el acogimiento de Pedro Lísperguer al servicio del Emperador y su posterior envío a la guerra de Chile.

También es destacable el relato que se hace en otro expediente, como es el de la confirmación de la encomienda en Santiago de Chile, que se hacía a finales del siglo XVII a doña Catalina Lorenza Lísperguer Irarrázaval, dama chilena de elevadísima prosapia y posición social, hija del maestre de campo don Juan Rudolfo Lísperguer, nieto éste de Pedro Lísperguer y por parte de madre fue hija de Catalina Lorenza Irarrázaval y Andía, nieta ésta del general don Fernando de Irarrázaval y Andía, Caballero del Hábito de Alcántara, hermano de Francisco González de Andía Irarrázaval, marqués de Valparaíso, Caballero de la Orden de Santiago, comendador de Viloria, miembro del Consejo Supremo de Estado y Guerra de S.M., virrey de Tremejón, Navarra y Galicia. Como se ve Catalina se hallaba enlazada a familia de virreyes y en esta petición de encomienda –que por cierto obtuvo– en uno de sus pasajes se expresa lo siguiente:

"...Pedro Lísperguer de Vitanbergue natural de la ciudad de Bormes en el Imperio de Alemania que desde sus primeros años siguió la corte del señor emperador Carlos Quinto en la guerra de aquel imperio y habiendo pasado a Inglaterra en servicio de S.M. católica el rey nuestro señor Felipe II cuando fue a casarse con la reina nuestra señora doña María hija, del señor rey Enrique Octavo en cuya ocasión llegó a la corte de Londres el adelantado don Jerónimo de Alderete a dar cuenta de la conquista de este reino, enviado por el gobernador don Pedro de Valdivia y a pedir socorro para proseguir la dicha conquista y población de esas provincias y el dicho Pedro Lísperguer por mas servir a S.M. se ofreció y obtuvo licencia para pasar a ellas..." (Morales Melgarejo, 1691).

También es importante destacar que los más renombrados historiadores de Worms subrayan el hecho, de que el solemne e imponente recibimiento, así como la entrega de llaves al Emperador, es historia documentada y constatada en la crónica aunque lamentablemente sin mención de nombres. Asimismo, piensan que las descripciones hechas en las relaciones de méritos y servicios de la familia Lísperguer y en definitiva la historia de Pedro Lísperguer es perfectamente imaginable, toda vez que se haya probada la vinculación de Pedro Lísperguer –el conquistador de Chile– con la influyente familia del Burgomaestre de Worms.

¿Pero qué se sabe del pasado de Pedro Lísperguer? Es poco lo que se sabe pero no poco concluyente, lo que ha hecho avivar más si cabe el interés por desentramar el origen del prestigioso conquistador de Chile. Pedro Lísperguer nació en Worms, a orillas del Rin, Alemania, alrededor de 1530, muerto según se cree en Panamá hacia 1604 ó 1605, conquistador de Chile, maestresala del virrey del Perú, Andrés Hurtado de Mendoza en 1556, casado con Águeda Flores en 1570, con sucesión en Chile. Hijo de Peter Birling, nacido alrededor de 1500, muerto el 24 de julio 1567, consejero municipal de Worms en 1533, miembro del Consejo de los Trece el 12 de mayo de 1541, luego stattmeister y de Catalina Lissperg, casados antes de 1530.

Nieto de Padre de Peter Birling, consejero municipal de Worms en 1503 y 1513. Posibles bisabuelos por la parte paterna serían Hans Birling, consejero en 1468 ó Jacob Birling, consejero en 1475. Nieto de madre de Hans Lisperg, nacido alrededor de 1475, educado en la Universidad de Heidelberg en 1493, consejero municipal de Worms en 1504. Bisnieto de madre de Rudolph Liesperg, nacido alrededor de 1446, matriculado en la Universidad de Heidelberg en 1464, consejero municipal de Worms en 1511.

Hermano de Pedro Lísperguer es Hans Birling, nacido en 1540, muerto 29 de diciembre de 1597, miembro del Consejo Municipal de Worms en 1570 y del Consejo de los Trece el 18 de abril de 1588. Su primo sería Stephan Birling, procedente de Germersheim, el cual ingresa en el Consejo Municipal de Worms en 1588 y luego en el de los Trece el 2 de febrero de 1598, el cual muere en 1618. Otros miembros de esta familia serían Peter Bayer nombrado como Lissperg, burgomaestre en 1473; Johann Lissperg, ciudadano de Worms en 1483.

Hamman Rebstock nombrado como Lissperg, es consejero municipal en 1474, burgomaestre de Worms, diputado de Worms para asuntos políticos, dirigente de la ciudad libre en periodos importantes de su historia, representante varias veces cerca de la corte imperial por los años 1483 a 1509; Johannes Rebstock alias Lissperg, burgomaestre de la ciudad de Worms en 1425, 1426, 1439. Este junto a su mujer Elizabeth fueron nombrados como bienhechores del monasterio de Kirschgarten de Worms en 1415[1].

Por otra parte, resulta igualmente necesario despejar un equívoco en el que han caído diversos historiadores a la hora de establecer la cronología del encuentro entre el conquistador Pedro Lísperguer y Carlos V. Efectivamente, según las manifestaciones vertidas más arriba hemos tenido conocimiento de informaciones como las que expresa Benjamín Vicuña Mackenna: *"...cuando ocúpola aquel soberano en 1546 (la ciudad de Worms), después de la batalla de Albis..."* (1944). Pedro de Azcárraga nos dice: *"...que al tiempo de la prisión de Juan Federico, en la batalla de Alvis..."* (1579).

Alfonso de Guerra y Sandoval nos relata: *"...Pedro Lísperguer Witemberg, y a éste hallamos que fue cónsul en Bormes por los años*

---

[1] *En estas informaciones que corrigen y amplían lo publicado por Luis Roa y Ursúa en el Reyno de Chile se afirma que el padre del conquistador se llamaba Peter Birling, lo cual entra en contradicción con lo que se afirma en multitud de documentos respecto a que se llamaba Pedro Lísperguer Wittemberg, cuestión que se tratará en el segundo volumen de esta obra relativa al origen.*

de 1540 y que antes de la prisión de Juan Federico, duque de Sajonia en la batalla de Alvis..." (ca.1740). José Manuel Trelles Villademoros nos narra lo siguiente: "*Pedro Lísperguer natural de la ciudad de Bormes en Alemania y descendiente de los duques de Sajonia, era cónsul de Sajonia en Bormes cuando su duque Juan Federico fue preso por el Emperador don Carlos V el año de 1546 de resulta de la batalla del río Alvis...*" (1980).

En el expediente de confirmación de encomienda a Catalina de Irarrázaval se menciona lo siguiente: "*...Pedro Lísperguer de Vitanbergue natural de la ciudad de Bormes en el Imperio de Alemania que desde sus primeros años siguió la corte del señor emperador Carlos Quinto en la guerra de aquel* imperio...*" (Morales Melgarejo, 1691).

Pues bien, como podemos evidenciar hay una mención constante al año 1546, a la batalla del río Alvis, a la prisión del duque Juan Federico, a la guerra de aquel imperio... ¿Qué significa todo esto? ¿Significa que estuvo Pedro Lísperguer –el conquistador– en las guerras de Alemania? Muy a pesar de la aureola legendaria y épica que pudiera conllevar todo ello, en honor a la verdad hay que manifestar categóricamente que Pedro Lísperguer Wittemberg nunca estuvo, ni en la batalla de Alvis (en latín) o del Elba, ni en la batalla del Danubio, ni mucho menos en Mühlberg.

¿Entonces por qué esa constante de los historiadores en hablar de ese momento histórico y asociarlo a Lísperguer? En mi opinión, que se hallará plenamente fundamentada según lo que expondré a continuación, estos prestigiosos historiadores y cronistas han utilizado la mención al año 1546, la batalla de Alvis, la Prisión de Juan Federico..., como un referente histórico para situar la vinculación de Pedro Lísperguer a Carlos V en un momento profundamente emblemático y de densa resonancia en la vida del Emperador. Pero como veremos, esos referentes quedaran ampliamente refutados según lo que seguidamente pasaremos a analizar.

Efectivamente, en primer lugar está ampliamente evidenciado que el Emperador entró en Worms el día 16 de mayo de 1545 y que pasó allí la primavera y el verano, hasta el 7 de agosto del mismo año, en un periodo de *"impasse"* político, un tiempo distendido mientras se dilucidaban las complejas cuestiones del imperio. No volvió a Worms hasta 1548 cuando Pedro Lísperguer se encontraba ya desde alrededor de dos años en España. Lo más cerca que el Emperador estuvo de Worms fue en marzo de 1546 cuando pasó por Espira (la actual Speyer), donde sólo estuvo unos pocos días.

Dado que esta ciudad se encuentra a unos 50 Km de Worms, que se movía con un enorme séquito y su acostumbrado ejército multinacional de camino al encuentro del contingente enemigo y dada la lentitud y lo embarazoso de las comunicaciones de la época, la dificultad de transitar por esos antiguos caminos, hace imposible que en tan breve tiempo el Emperador se hubiese dirigido hacia Worms y hubiese podido entablar una afectiva y placentera relación con los habitantes de esa ciudad.

Llegado a este punto el lector tiene que tener muy claro los siguientes aspectos que son de trascendental importancia para poder establecer una cronología de Pedro Lísperguer:

1) Es un hecho constatado documentalmente (De Hoyo, 1555) que Pedro Lísperguer fue Paje de Pedro Fernández de Córdova, IV conde de Feria, hasta su muerte en España el 27 de agosto de 1552, momento en el que le sucedió su hermano, Gómez Suárez de Figueroa y Córdova, en el título de V conde de Feria, con el que posteriormente viajaría Inglaterra como caballerizo, con motivo del casamiento del príncipe Felipe con María Tudor.

2) Asimismo se haya corroborado por multitud de documentos, cartas, libros y por tanto, cuya evidencia es patente y notoria, como Pedro Fernández de Córdova, IV conde de Feria, siguió el cortejo del Emperador en dirección hacia los Países Bajos cuando éste abandono Worms el 7 de agosto de 1545. Igualmente es seguro que le acompañó

hasta Utrecht, donde el Emperador celebró un Capítulo del Toisón de Oro, distinguiéndole con dicha condecoración, tras lo cual solicitó el permiso del César para regresar a España y consumar su matrimonio. Permiso que obtuvo, separándose de Carlos V a mediados de febrero y haciendo su entrada en Montilla (Córdoba) el 12 de marzo de 1546.

Por lo tanto, dos hechos simples y concatenados que nos ilustran claramente cuál fue el itinerario y la cronología de Pedro Lísperguer en Europa. Pedro acompañaría al Emperador y al conde de Feria en su itinerario por los Países Bajos hasta que a mediados de febrero del año 1546 regresaría a España con su patrocinador, mientras Carlos V se dirigía hacia Mühlberg. Por lo que como he reiterado Pedro Lísperguer nunca estuvo en las guerras de Alemania.

Por otro lado es interesante resaltar que la relación del Burgomaestre de Worms con el Emperador tuvo que ser fluida. Se puede presumir que colaboró activamente con éste allanándole el camino para que pudiera desplegar su equipo diplomático. Consecuentemente asistimos a un periodo distendido, en el que el Emperador pasa tranquilamente –dentro de lo complejo del momento– la primavera y el verano. Es un periodo de entreguerras en el que aún no se sabe con certidumbre hacia donde se dirigirá la acción del imperio.

Es en este tiempo cuando el hijo del Burgomaestre de Worms, debió de haber entablado amistad con los nobles que integraban el séquito del César. En este sentido hay multitud de manifestaciones que afirman como Pedro Lísperguer (hijo) fue paje de Carlos V. Ya he comentado como el Emperador personalmente permitía el paso de Lísperguer a las Indias mediante una real cédula emitida en Flandes donde se expresa:

"...no embargante que es alemán y cualquier provisión que haya en contrario, porque así lo manda S.M..." (De Hoyo, 1555, pág. 576).

Por lo tanto, el César conocía muy bien a Lísperguer. No se trata de un conocimiento pasajero, sino de una amistad que se obtiene después de una convivencia continuada. Hemos de destacar que en el *Neue Deutsche Biographie* se afirma que Pedro Lísperguer estuvo al servicio de Carlos V en Holanda y que desde allí se marchó con el conde de Feria a España (Andreas & Von Scholtz, W., 1943). Jorge Zevallos Quiñones, autor de un estudio intitulado *Los Lísperguer en el Perú* declara que Pedro Lísperguer sirvió como adolescente de paje de Carlos V (1954, pág. 99).Ya hemos visto como el historiador chileno Benjamín Vicuña Mackenna incidía en esta idea, como también lo hace otro compatriota, Claudio Gay.

Es seguro que la amistad de Lísperguer con el conde de Feria se entabló en Worms. Aunque es difícil delimitar en que preciso momento dejó de ser paje de Carlos V para serlo del Conde. Se sabe que mediante la permisión del César, Pedro se adhirió al cortejo imperial y normalmente se atribuye que estuvo al servicio del Emperador, aunque en sus declaraciones dice que vino a España como paje del conde Feria. ¿Fue paje del Conde desde su salida de Worms o a partir de Utrecht? Sea como fuere se puede entrever que el influjo y el orbe del Emperador sobre todo su séquito debió de ser, sin duda, muy grande.

En un testimonio sobre el capitán Pedro Lísperguer que se custodia en los manuscritos de la Biblioteca Nacional del Perú, se reiteran estas ideas aunque con unas variantes que son dignas de mención:

"...el capitán Pedro Lísperguer era natural del Reino de Alemania y que pasa a España con el conde de Feria, el cual solicitó licencia de Su Majestad para que el dicho Pedro Lísperguer pase a los Reinos del Perú y este de Chile, la cual dio Su Majestad sin embargo que tenía prohibido no pasasen a Indias personas de dicha nación por ser el dicho Pedro Lísperguer hijo de persona muy principal del dicho Reino..." (Cabezón, 1807).

Cuando Lísperguer se encontraba en España, tras regresar de su viaje a Inglaterra tuvo necesidad de hacer una "probanza de limpieza de sangre", tan común en la época, para poder pasar a las Indias. En el condado de Feria, en España, se encontraban tres nobles que formaron parte del séquito del Conde y que testificaron a favor de Lísperguer, dando conocimiento de él y de su pasado en Worms. Estos nobles se llamaban: Juan de Vera de Mendoza y Monroy, Garci Méndez de Sotomayor y Gonzalo de Santiesteban. Veremos aquí sólo un extracto de aquellos aspectos más interesantes ya que más adelante tendremos ocasión de ver este valioso documento completo.

Aunque los tres declaran cosas muy parecidas, en la probanza realizada en Mérida el 4 de febrero de 1555, en la que declaró Juan de Vera de Mendoza y Monroy, se dice en su parte introductoria algo muy interesante:

> "... y ahora ha sido su voluntad (de Pedro Lísperguer) de pasar en Indias para lo cual Su Alteza le dio su cédula firmada de su real nombre la cual tiene en su poder de certificación de la calidad de su persona y porque aunque la dicha certificación que Su Alteza da, basta para que por ella se dé crédito de su persona donde quiera que parecido..." (De Hoyo, 1555, pág. 576 vuelta).

Su Alteza, es decir el príncipe Felipe (por mandato de su padre el emperador Carlos V), le había dado una cédula para pasar a Indias y ésta era suficiente para dar crédito de su persona en todas partes. Una vez más asistimos al apoyo tantas veces comentado que tanto el príncipe Felipe como el Emperador otorgan a Lísperguer.

Garcí Méndez de Sotomayor, en la villa de Montilla, ciudad de Córdoba, el 19 de abril de 1555, en un testimonio muy elaborado del que sólo extractamos una parte, dice lo siguiente:

> "...que habrá más de diez años que este testigo pasó en el Reino de Alemania con el señor conde de Feria que sea en gloria, y estuvo en la ciudad de Bormes que es en el dicho Reino donde vivía su padre del dicho Pedro de Lísperguer, el cual dicho Pedro de Lísperguer tuvo voluntad de pasar en este Reino y venirse con el dicho señor Conde y estando en esta voluntad de venirse a este Reino de España el dicho Pedro Lísperguer rogó a este testigo y a Gonzalo Santiesteban y a Juan de Vera criados de su señoría del señor Conde que viesen y entrasen en la casa de su padre para que viesen su apariencia y servicio,

para que viesen que no le compelía salir de su casa y reino necesidad
ni otra causa, sino deseo de venir a España y saber la lengua de ella y
este testigo y los susodichos que tiene nombrados fueron a casa del dicho Pedro Lísperguer y entraron dentro y vieron al dicho su padre el
cual y su servicio y apariencia de su casa demostraba ser caballero y
persona noble por que oyó decir, que tenía sus armas y escudos pintados en su casa que es cosa que en aquel Reino no las pueden tener sino
las personas calificadas caballeros hijosdalgo..." (De Hoyo, 1555, pág.
578 vuelta).

Un documento fascinante, que sin duda es explícito en sí mismo.
Pero, escuchemos el testimonio de Gonzalo de Santiesteban, dado en
la ciudad de Antequera el 30 de marzo de 1555, protocolo notarial
que se realizó en segundo lugar, pero que aquí se coloca en tercer
lugar dada la trascendental importancia de su contenido:

"...dijo que lo que de ello sabe es que había diez años poco más o
menos que el conde Feria, don Pedro Hernández de Córdoba y Figueroa, que sea en gloria, paso de España en el Reino de Alemania en
servicio del Emperador nuestro señor y este testigo fue con él con otros
caballeros que con el dicho Conde vivían y estando en el dicho Reino
de Alemania el dicho conde de Feria vino a la dicha ciudad de Bormes
y estando en ella el dicho Pedro de Lispergue, le dio voluntad de pasar
en España con el dicho conde de Feria y así el dicho Conde lo recibió
en su casa por paje, como a hijo de caballero y después al dicho Pedro
de Lispergue comunicándose con este testigo y otros de la casa del dicho conde de Feria les dijo: señores quiero que pues he de pasar en
reino extraño sepan quién soy y de que parte es mi generación y que
vais a casa de mi padre y sepáis su casa y como es caballero y así este
testigo y García Méndez vecino de la ciudad de Córdoba y Juan de Vera
criado del dicho conde de Feria fueron a casa de su padre del dicho Pedro de Lispergue y anduvieron mirándola y holgándose allí en que
conoció y vio este testigo que la casa de su padre del dicho Pedro de
Lispergue era casa principal de caballero y así parecía por el trato que
en casa del dicho su padre había que se trataba como caballero principal
Alemán, a uso de Alemania y tenía sus escudos, armas y criados conforme a la costumbre de caballero de Alemania y de las personas
principales de la ciudad de Bormes y este testigo supo de personas, vecinos de la dicha ciudad de Bormes como su padre del dicho Pedro de
Lísperguer era caballero principal y uno de los trece que gobiernan la
dicha ciudad de Bormes y asimismo supo que los deudos del dicho Pedro de Lispergue eran asimismo caballeros y personas principales y
tenidos y reputados por tales y nunca este testigo supo ni oyó otra cosa

en contrario y que según el fuero y orden de aquella tierra ninguno que no fuere de noble sangre caballero y de limpia generación no puede traer armas, ni escudo, sino son aquellos que son caballeros y de limpia y noble sangre y generación y que así por lo que este testigo vio, supo y entendió en la dicha ciudad de Bormes ha tenido y tiene al dicho Pedro de Lispergue por caballero y a su padre y deudos y este testigo supo y se informó certificadamente que el dicho Pedro de Lispergue era y es deudo del duque de Sajonia y que no tiene raza de villano ni confeso, porque si otra cosa fuera de lo que tiene dicho este testigo, cree que lo supiera y no pudiera ser menos porque estuvo muchas veces en la dicha ciudad de Bormes y siempre procuró de saber y entender la calidad y generación de los padres del dicho Pedro de Lispergue y supo que tal como dicho tiene y asimismo sabe este testigo que después que el dicho conde de Feria se vino de Alemania, trajo consigo al dicho Pedro de Lísperguer y que lo tuvo en su casa en lugar de caballero y como a tal le trataba como a otros caballeros que en su casa tenía y que después de muerto el dicho conde de Feria el dicho Pedro de Lispergue se quedó en casa de don Gómez de Figueroa, conde de Feria que al presente es que sucedió en el dicho estado, que capitán de la guardia del real Príncipe nuestro señor y así el dicho Pedro de Lispergue ha estado hasta ahora en servicio del dicho conde de Feria en lugar de caballero y como tal caballero ha tenido oficios que en su casa suelen tener los caballeros y que en todo este tiempo que este testigo tiene dicho que ha conocido al dicho Pedro Lispergue y tratado y comunicado con él ha conocido del que es persona noble, caballero y por tal lo ha tenido y tiene este testigo y nunca ha conocido ni sabido ni oído ni entendido otra cosa de él..." [Sic] (De Hoyo, 1555, pág. 580).

Verdaderamente impresionante. En estos relatos llegan hasta nosotros noticias de un pasado muy remoto cuyo valor es sin duda incalculable. Nótese como los escribanos andaluces escriben "Lispergue" omitiendo la "r" final del apellido, probablemente como una consecuencia de la pronunciación y el seseo que hay en Andalucía. También escriben Hernández en lugar de Fernández de Córdoba, evidentemente se trata del conde de Feria. Especialmente importante es la afirmación de que se informó certificadamente, de que Pedro Lísperguer era y es deudo –es decir descendiente o pariente– de los duques de Sajonia[2].

---

[2] *Existe una gran polémica sobre la procedencia de Lísperguer de la Casa*

Asimismo resulta evocador el hecho de que Lísperguer fuera paje del IV conde de Feria, para luego ser caballerizo del V Conde, lo que demuestra la gran aceptación y evolución que tuvo al servicio de esta importante Casa.

¿Y qué podemos decir del conde de Feria, el gran mentor de la carrera de Pedro Lísperguer? ¿En qué momento se adhirió al cortejo del Emperador? ¿Qué concepto tenía Carlos V de él? ¿Cuál era su temperamento? En primer lugar, decir que el conde de Feria no era cualquier conde, sino un grande de España, primo de reyes, uno de los más encumbrados linajes y cabeza visible de la Monarquía, poseedor de importantes territorios en Andalucía que administraba con justicia y magnanimidad.

Don Pedro Fernández de Córdova [*Sic*] y Figueroa fue IV del nombre entre los varones de la línea mayor de la casa de Córdova, hijo primogénito del tercer conde de Feria, don Lorenzo Suárez de Figueroa y de la segunda marquesa de Priego, doña Catalina Fernández de Córdova, llamada así en honor y honra del primer marqués de Priego, su abuelo materno. Nació don Pedro por los años de 1518, sucediendo a su padre siendo muy niño y fue cuarto conde de Feria, señor de los Estados de Zafra y Villalba y de la Casa de Figueroa, quinto señor de la Casa de los Manueles y de las Villas de Montealegre y de Meneses... (Fernández Bethencourt, 1897).

En 1541 se desposó el Conde en Osuna con doña Ana Ponce de León y apenas acabada la ceremonia de los desposorios, sin consumar su matrimonio, corrió a embarcarse con sus hermanos don Gómez Suárez de Figueroa y don Alfonso de Aguilar para servir al Emperador en la aciaga jornada de Argel. Una nube de aventureros acudió de

---

de los duques de Sajonia, que a pesar de multitud de afirmaciones en este sentido, aún no se ha encontrado una prueba categórica que permita hallar el eslabón –ni a favor ni en contra– que supuestamente le une a esta ilustre Casa. Sobre esta interesante controversia hablaremos extensamente en el volumen II de esta obra cuando tratemos la cuestión del origen y que lleva el título de "Los Lísperguer Wittemberg: una familia alemana en el corazón de la cultura chilena".

toda España a la llamada del Emperador. La pequeña nobleza, los hidalgos y escuderos y un buen número de representantes de la alta nobleza. Entre ellos estaban el duque de Alba, los condes de Feria y de Luna, don Pedro de la Cueva que tenía a su mando la artillería, don Martín de Córdoba, experimentado soldado de África y el legendario Hernán Cortés.

En esta ocasión don Pedro Fernández de Córdova, sirvió valerosamente, disponiendo a la vuelta de un navío cargado de vituallas, con que dio mesa franca y espléndido refresco a toda la gente de la Armada. Del buen concepto que tenía Carlos V del Conde ha quedado memoria en una carta que le envío con ocasión de la cuarta guerra con Francia, la cual reza:

> "...os ruego y encargo que estéis apercibido y a punto de guerra, para venir en persona a donde quiera que yo estuviere, cuando os tornare a escribir, porque demás de cumplir lo que debéis y sois obligado a defensión del reino, en esto me tendré de vos por muy servido" (Santa Cruz, 1920).

Y así con tan buenas razones, como el celo que tenía el Conde en servir al Emperador, no vaciló ni un momento en seguirle en sus viajes y campañas por Flandes y Alemania. Por lo tanto, con ocasión de esta guerra, por el año de 1543, el duque de Cleves, aliado de Francisco I, que había osado hacerle la guerra al Emperador en Flandes, se había atrincherado en la plaza fuerte de Düren a 50 Km de Bonn. Tenía fama de ser una de las principales fortalezas de Europa, a lo que se añadía que el cauto Duque la había protegido tenazmente, con abundante guarnición y bien abastecida de víveres y municiones.

Era una plaza que tenía fama de inexpugnable, que podía soportar un fuerte asedio, incluso durante toda una campaña a lo largo de todo el verano, un verano que ya se encontraba bien avanzado. Carlos V sólo disponía de un mes antes de que se agotara la estación, así que el Duque dormitando en su ingenuidad podía estar tranquilo. El 22 de agosto Carlos V se establece frente a Düren con un ejército de 45.000

infantes y 6.500 caballos, con un poderoso tren de artillería. Era un ejército compuesto de españoles e italianos, alemanes reclutados en el imperio y los flamencos y valones que le aportó desde los Países Bajos el príncipe de Orange.

Dos días después, a las primeras luces del alba, la artillería de asedio comienza un demoledor bombardeo de las murallas. A las dos de la tarde se da la orden de asalto. En este memorable y épico momento consiguió el conde de Feria una de las jornadas de mayor gloria de su Casa, que aún pregonan los heraldos que escritos en piedra parecieran desafiar el voraz paso del tiempo. En este esplendoroso momento fue cuando el Conde se abalanzó sobre los enemigos con toda fiereza, siendo uno de los primeros que escalaron las murallas, no sin que tuviera que vencer la resistencia de algunos grandes y cabos del ejército que enérgicamente se lo impedían. Así Prudencio Sandoval en su *Historia de Carlos V,* escribe:

"Señaláronse mucho en la batería y asalto de este día algunos caballeros cortesanos y el que más fue el conde de Feria, que con su valor puso grandísimo calor y esfuerzo a los españoles y fueron pocos los que subieron primero que él en el muro, sino que al arremeter, ciertos caballeros le tuvieron de las piernas y le estorbaron que no se pusiese en tanto peligro, pues no era aquel su oficio. El Conde se enojó tanto, pues veíase en él la sangre que tenía del Gran Capitán, su abuelo" (Sandoval & Seco, 1956, pág. 150).

Así la valentía, el ardor que tenía el Conde en la guerra lo había heredado del legendario Gonzalo Fernández de Córdoba, apodado "el Gran Capitán", célebre conquistador de Italia, y unos de los hombres que más sobresalieron y llevaron a cabo las ambiciones de Fernando de Aragón, el Rey Católico. Pero Prudencio Sandoval se equivocaba en una cosa, ya que "el Gran Capitán" no era su abuelo sino su tío bisabuelo; es decir, era hermano de su bisabuelo, el famoso don Alfonso, señor de Aguilar, llamado "El Grande".

Otra anécdota curiosa de este legendario asalto es que según los más reputados especialistas en la obra de Carlos V, fue éste quien dio la orden de que se salvasen las mujeres y los niños, a los que da comisión concreta de respetar. Sin embargo, según el Padre Martín de Roa habiendo Carlos V lanzado un bando de que pasasen a cuchillo todos los enemigos, de cualquier estado y condición que fuesen, hombres y mujeres, el Conde mandó pregonar el día del último asalto, otro contrabando, de que ningún soldado fuese osado hacer agravio a las mujeres, o niños, so pena de perder la vida.

Así que los Tercios Viejos asaltaron, penetraron, derribaron y mataron sin piedad. Grande fue la consternación de Carlos V al acordarse de la severidad y crueldad de su bando, pensando que se había depositado una horrenda mácula a su fama, al creer que por su soberbia y su cegador furor hacia el enemigo que le desafiaba por cuarta vez, habían muerto criaturas inocentes. Fue inmensa la dicha de Carlos V cuando se enteró que el conde de Feria había dado un contrabando y que las mujeres y los niños se habían recogido a ciertas iglesias y allí se habían salvado. Alabo mucho la prudencia del Conde, que había tenido más respeto a la piedad y a la clemencia tan propia de Su Majestad, que no a la ira del pregón (Roa M., 1604, pág. 72).

¿Y qué podemos decir del carácter del conde de Feria, el gran protector de Lísperguer? El padre Martín de Roa lo describe como de gran cortesía y liberalidad, de honestidad en sus costumbres, con mucha piedad, poseedor de un espíritu clemente, con gran amor hacia la justicia y resignación hacia la muerte. Garibay dice de él que fue dadivoso, espléndido y liberal, que sus criados y familiares le tenían que hacer frecuentes observaciones sobre sus liberalidades. Por tanto, nos encontramos con una persona comedida, afable, modesta dentro del grandioso poder y la grandeza que posee y de la que es acreedor.

Hay otra anécdota según la cual cuando otros grandes entraban en la recámara del Emperador a solicitar sus pretensiones a título de entretenerle, se quedaba el Conde en la antecámara, hasta que reparando en ello un día el Emperador salió fuera y viéndolo le dijo:

¿Cómo no entráis dentro con los demás Conde? Porque ellos – respondió él– tienen que suplicar a vuestra Majestad, yo aguardo que me mande para ocuparme en el servicio de la Corona.

Desde luego que Carlos V contaba con el parecer del Conde tanto cuando se reunía el Consejo, como cuando había que deliberar sobre algún asunto.

Otra estampa de su carácter nos la brinda otra escena en la que el Conde casi llego a las manos con don Fernando de Gonzaga, capitán general del Emperador, por un asunto de cortesanos con damas de palacio. Interviniendo el Emperador asombrado y descontento por el alboroto, preguntole: *¿Qué es esto Conde?* A lo que respondió: *¡veintiún años de edad Señor!* De lo que se deduce que el afable Conde también sabía hacerse temer y respetar de poderosos cuando la ocasión lo requería.

Pero si hay un hecho mayúsculo cuya trascendencia nos sirve para ilustrar cuanto apreciaba Carlos V al Conde, es que le ofreció a él, antes que a ninguna persona en el imperio, el relevante cargo de mayordomo mayor de su amadísimo hijo el príncipe don Felipe, cuyas implicaciones podemos imaginar cuan inmensas e importantes eran. A pesar de los ruegos y de las insistentes importunaciones de parientes y amigos no lograron de ninguna manera que éste lo aceptase. Esta fue la única razón por la cual fue designado para tal puesto el duque de Alba (Roa M., 1604, pág. 74).

Fray Luis de Granada –de glorioso nombre en nuestras letras– en su libro *La vida del Maestro de Ávila* impresa en Madrid en 1588, interpreta el rechazo del Conde como una faceta de la gran piedad de éste. Así nos dice:

"...vivía este Señor (el conde don Pedro) tan cuidadoso de su salvación, que ofreciéndole el cargo de mayordomo mayor del Príncipe, que después fue y es el Rey nuestro Señor, no lo aceptó aunque fue muy importunado de amigos y deudos. Lo que hizo no sólo por sus indisposiciones, sino por los recelos de los peligros del ánima, que hay en la vida cortesana y más en dichos cargos" (Granada, 1873, pág. 478).

El Padre Martín de Roa nos ofrece otra versión de por qué el Emperador se había fijado en el Conde:

> "Puso en el Conde los ojos el Emperador, porque le tenía por hombre de mucho peso y caudal, de entendimiento sosegado y de más templado y claro ingenio, que demasiadamente agudo y fogoso y por tanto más a propósito para encargarle la casa del Príncipe que los más sutiles y trascendidos, que de ordinario son los que menos aciertan en el gobierno y se hallan más a propósito de innovar cosas que de hacerlas" (Roa M., 1604, pág. 75).

Parece ser que otro factor que influyó en su decisión fue la corta edad del Conde y la propia conciencia que éste tenía de no estar suficientemente preparado para un cargo de tan grave responsabilidad. En cualquier caso, todo ello es sin duda revelador de cuanto pesaba la figura del Conde en España y en el imperio. Resulta muy revelador que Lísperguer, el conquistador alemán, el gran ignorado de la historiografía de su país de nacimiento, se codeara con las más encumbradas personalidades del imperio. ¿Cuánto tuvo que aprender viviendo en medio de estos magnates? No podemos dejar de pensar que las validaciones y acreditaciones familiares de Lísperguer tuvieron que ser muy grandes para haber sido acogido por una figura de tal preeminencia.

Aunque se sabe que el conde de Feria estuvo junto a Carlos V desde 1543 hasta mediados de febrero de 1546, no se sabe con entera precisión en que acontecimientos se halló o de qué modo se desenvolvió en ellos. Es presumible que el Conde se hallara en todos o casi todos los acontecimientos que se hayan registrados de la vida de Carlos V en dicho periodo. En todo caso, sí está constatado como el conde de Feria estuvo en una acogedora velada el 23 de octubre de 1544. Efectivamente en dicha ocasión el Conde se halló junto a S.M. el Emperador en Bruselas donde comió con las Reinas sus hermanas.

En dicho acontecimiento los de la ciudad dieron un gran banquete al Emperador, al que acudieron –además del conde de Feria– la duquesa de Estampes, la princesa de Gavre, marquesa de Bergres, condesas de Aigmont, de Vertu, de Rochefort y de Mansfelt, señoritas de Gernac, de Pontienne, de Narcy, la condesa de Autremont, los archiduques, el duque de Orleans, los cardenales de Lorena, Medón, arzobispo de Reims, príncipes de la Roche Sur Yon, de Salerno y de Molpheta, de Arschot, señores de Laval y Meurs de Hannebaut, el hermano del duque de Ferrara y el duque de Camerin. Todos ellos se encontraban en la misma mesa. En otra mesa se hallaban muchos caballeros y señoras francesas. Se sabe que después del festín, hubo máscaras y baile toda la noche.

En todos los acontecimientos de estos días es más que probable que estuviera el conde de Feria y en cualquier caso el cronista ha constatado como el día 2 de noviembre del año 1544, el Conde se hallaba junto al Emperador, la Reina de Francia y demás señores en la Casa Ayuntamiento de Bruselas, donde se deleitaron con el juego de cañas sostenido, precisamente, por el conde de Feria.

Se sabe cómo a las seis de la tarde el Emperador y todos los antedichos comieron juntos en el gran salón, como el día anterior. Después de comer hubo máscaras muy divertidas y bailes durante mucho tiempo. Por si fuera poco, entraron después catorce caballeros a caballo en silla rasa, armados y en lanza en ristre, los cuales corrieron, cada uno, un golpe de lanza y cinco de espada uno contra otro y después siete en conjunto. Fue cosa digna de verse –añade el cronista– un combate a caballo en un salón, como cosa extraordinaria (Foronda, 1914).

¿Cuántas a veces habrá estado Pedro Lísperguer en acontecimientos semejantes desde el verano de 1545 hasta octubre de 1555 en que se embarcó a las Indias? Sin duda, muchas veces, tanto en los Países Bajos, como en España, así como en Inglaterra. ¿Y qué puede desprenderse de todo ello? Igualmente, se pueden deducir muchas cosas, algunas de ellas iremos analizando en las próximas líneas y que son un

referente claro sobre el estatus y la posición del personaje al que paulatinamente vamos conociendo.

Volviendo a nuestro relato sobre Worms, allí como hemos visto,
había llegado el Emperador el día 16 de mayo, con su hermano Fernando, Rey de los Romanos y todo su séquito. Al siguiente día,
domingo, S.M. oyó misa en la Cate-
dral acompañado de su hermano. Ese
mismo día de pentecostés se fue a los
oficios de la Iglesia Mayor también
con su hermano, los archiduques, el
cardenal Farnesio, diputados y estados del imperio, en los cuales ofició
el cardenal de Augsburgo. En este
periodo tenemos noticia de un Emperador optimista, el cual se haya
notablemente mejorado de sus dolencias anteriores.

Fernando, Rey de los Romanos,
hermano del emperador
(1503-1564)

Así se nos revela un hombre entusiasmado que se va frecuentemente de
caza –su esparcimiento favorito– como hiciera el 28 de mayo y el 15
de junio en la localidad vecina de Newschloss, a la que acude por el
día y regresa al día siguiente tras haber visitado al elector el conde
Palatino. Pero tras la aparente simpleza y lo distendido que se encontraba el Emperador con las temperaturas más agradables propias de la
estación primaveral, asistimos a la irrupción de un tiempo tornadizo,
en el cual se vislumbra una terrible tormenta política. Efectivamente,
Carlos V está empecinado en solucionar de una vez por todas el problema del protestantismo alemán. En la Dieta de Augsburgo de 1530
ya había enfocado el problema desde tres perspectivas: un arreglo
pacífico a través de las negociaciones, la convocatoria del Concilio
General y por último, el empleo de la fuerza contra los herejes.

La convocatoria del Concilio no estaba ciertamente en su mano
sino en la del Papa y en cuanto al empleo de la fuerza, era sin duda

muy arriesgado dado el formidable poderío militar del pueblo alemán. Por lo tanto, sólo le quedaba la vía de la negociación, en la que Carlos V había volcado todas sus esperanzas. Esta era la llamada vía media frente a la cuestión luterana; es decir, las tesis conciliadoras erasmistas a las que se había adherido el Emperador y no pocas personalidades de la vida religiosa y política del momento.

El problema al que se enfrentaba Carlos V era un terremoto de colosales proporciones que amenazaba con derivar hacia una peligrosa guerra civil en Alemania. Sus temores no eran poco fundados. No hay que olvidar los desórdenes de Wittenberg de los años veinte, la guerra de los caballeros, con Franz von Sickingen luchando contra el arzobispo de Tréveris y la no menos cruenta guerra de los campesinos por los años de 1524-1525, que puso en evidencia como la revolución social que iba asociada a la Reforma, podía sacar de su letargo a la masa campesina disconforme y explotada.

Por ello, en aquellos momentos los príncipes territoriales, el alto clero y el patriciado urbano confiaban y apoyaban el acuerdo en materia de religión como una vía para lograr la estabilidad y el orden social de sus respectivos territorios. En aquella ocasión como representantes del sector católico en dichas negociaciones sobresalía la figura de Juan Eck y del sector luterano Melanchthon. Como sincero intento del sector disidente de conciliarse con la antigua fe podemos considerar lo que se ha denominado "la Confesión de Augsburgo".

Esta propuesta fue presentada por Melanchthon a la Dieta el 25 de junio de 1530 y la cual estaba apoyada por Juan, príncipe elector de Sajonia, Jorge de Brandemburgo y Felipe Hesse y algunas ciudades como Nüremberg. En un primer momento, se creyó que el entendimiento era posible y tímidas aproximaciones se lograron, consiguiendo la avenencia en las cuestiones más sencillas de armonizar, como la comunión de los fieles bajo las dos especies. Pero la cuestión no era tan fácil de resolver.

Pronto se revelan serias discrepancias que resultan inviables para ambas facciones. Viendo la dificultad del momento, Carlos V convoca a su Consejo de Estado. Ya sólo cabía que ambas partes aceptasen el arbitraje imperial, esperando hasta la celebración del ansiado Concilio o emplear la fuerza contra los recalcitrantes. Carlos V inclinado hacia la primera opción ordena la formación de una Comisión integrada por cuatro príncipes con sus consejeros respectivos, así como seis teólogos, tres católicos y tres luteranos.

Llegado a este punto, tras los intentos de mediación desplegados por Melanchthon, se alzó el muro de la postura más radical, que provenía tanto de Lutero como de Roma, que no estaban dispuestos a ceder en los aspectos más fundamentales de sus respectivas doctrinas religiosas. Rechazado el arbitraje imperial por los heresiarcas, Carlos V se afana en la esperanza del Concilio pidiendo su convocatoria al Papa una y otra vez. Pero Clemente VII le responde con evasivas y no se compromete a convocar el Concilio tan anhelado por Carlos V.

Decepcionado y atrapado en la telaraña política, Carlos escribirá a los príncipes católicos alemanes y consternado les hará partícipes de cómo los príncipes protestantes se negaban a ceder aduciendo razones de conciencia. Pues bien esas mismas razones abogaba él, dada su responsabilidad como Emperador. Volviendo a la declamación expresada ante la Dieta de Worms en 1521 volvía sobre la misma fórmula: que para cumplir con sus deberes imperiales en defensa de la antigua fe, estaba dispuesto a empeñar su vida y todo lo que poseía.

Y dada la coyuntura creada, ¿Qué podía hacer Carlos V? El Papa le negaba su apoyo desestimando la convocatoria del Concilio. Por otra parte, para emplear la fuerza contra los disidentes necesitaba reunir un ejército y dinero para financiar la campaña. Asimismo, se encuentra latente la temible ofensiva turca contra la cristiandad. Ya con el invierno encima nada podía hacerse por la vía de la fuerza, a Carlos no le quedaba otra opción que dejar el problema abierto para su resolución posterior.

Tras los vaivenes de la política y de la guerra, Carlos atraviesa valientemente Francia en 1539. Tras sofocar el conflicto de Gante, sus consejeros iban preparando el terreno en Alemania, mediante una serie de entrevistas y conversaciones entre destacados teólogos y políticos católicos y luteranos. Carlos sustituye al radical Held por el contemporizador Naves al frente de la vicecancillería del imperio. Los miembros de la Liga de Esmalcalda se reunían en Francfort y discutían sobre las posibilidades de una guerra preventiva.

Los enviados de Enrique VIII hacían lo posible para evitar una avenencia entre católicos y protestantes. Los protestantes exigían al Emperador una paz permanente y licencia para aumentar la Liga de Esmalcalda, oponiéndose al incremento de la católica de Nüremberg; sobreseimiento de los procesos incoados por la Reichskammergericht o Tribunal de Justicia por dieciocho meses; libertad religiosa de los Estados y que los particulares que disintiesen en materia de religión con su príncipe pudieran emigrar. Sin duda, no eran pocas peticiones.

Así las cosas las negociaciones para una avenencia en cuestiones de conciencia se iniciaron en Hagenau, prosiguiendo las conversaciones religiosas que se habían mantenido en Francfort el 19 de abril de 1539. Había entonces un esperanzado clima de que el milagro de la conquista de la unidad en materia religiosa pudiera alcanzarse. Al frente del grupo de teólogos protestantes se hallaban Butzer y Calvino. Por el lado católico los teólogos Eck, Faber y Cochlaeus. Pronto las negociaciones continuaron en Worms en noviembre de 1540, incorporándose Melanchthon, Guillermo de Cleves, los príncipes electores Luis V del Palatinado y Joaquín de Brandemburgo.

El Emperador se hallaba representado por Fernando y Nicolás Perrenot de Granvela. El papa paulo III enviaba al cardenal veneciano Contarini. En dichas conferencias de Worms iniciadas oficialmente el 14 de enero de 1541 se debatía sobre el posible matrimonio de los sacerdotes, junto con la comunión bajo las dos especies; cuestiones que solicitaban los protestantes y que el propio Rey de los Romanos apoyaba e incluso en un tiempo había pensado en conceder Clemente VII.

Luego estaba las espinosas cuestiones de la primacía pontificia y de los bienes eclesiásticos secularizados por los príncipes protestantes que al afectar al poder y a la economía resultaban muy difíciles de conciliar. Melanchthon se mostró en esta ocasión mucho más radical viéndose en ello el influjo de Calvino. Así pues, las reuniones de Worms sólo lograron un aplazamiento hasta la Dieta de Ratisbona. Al menos Granvela, logró unas provechosas relaciones con el Landgrave de Hesse, que producirían andando el tiempo una fisura en la temible Liga de Esmalcalda.

El 5 de abril de 1541 se inauguraba la Dieta de Ratisbona, convocada por el Emperador para solucionar de una vez por todas los asuntos de religión. El Emperador al poco tiempo de entrar en Alemania procederá a la suspensión de todos los procesos que tenía incoados la Reichskammergericht contra los protestantes. Era una verdadera llamada a la paz y al espíritu de concordia. Entre los príncipes que acudieron al llamamiento del Emperador estaban los duques de Baviera, Enrique de Brunswick, el conde Federico del Palatinado, Joaquin de Brandemburgo y Felipe, landgrave de Hesse.

El príncipe elector de Sajonia, se hizo representar por su canciller. También acudió una representación de la ciudad de Estrasburgo dirigida por Sturm, en la que iba el propio Calvino. Abierta la Dieta, se prosiguió según lo acordado por ambas partes en las reuniones previas de Hagenau y Worms. Fue nombrada una comisión con teólogos católicos y protestantes, cuyas sesiones eran presididas por el conde Federico del Palatinado. En dichas sesiones ejercían grande influjo Contarini el legado enviado por el Papa, Granvela y el propio Emperador.

El partido imperial logró que empezaran las sesiones teniendo como punto de partida el que se conoce como "Libro de Ratisbona" en sustitución de la "Confesión de Augsburgo" redactada por Melanchthon unos años antes. Se trataba de fijar unos posibles principios de avenencia, mostrando aquellos puntos que podían darse por comunes y aquellos otros en los que el acuerdo era necesario. Del sincero espíritu de concordia que animaba al cardenal Contarini se hacían eco los mismos protestantes. Butzer, miembro del partido protestante, llegó a reconocer que ambas facciones habían pecado: unos por desorbitar las cosas y los otros por no corregir los abusos.

La comisión logró la concertación en base al libro presentado por Granvela en varios puntos como: el matrimonio de los clérigos, la comunión bajo las dos especies. Incluso se logró lo que parecía imposible, que se aceptara una fórmula aceptable para ambas partes en la cuestión de la doctrina luterana de la justificación por la fe. Sin embargo, cuando le llegó el turno al tema de la transubstanciación el choque fue enconado y frontal. Ambas facciones se aferraban empecinadamente a sus posiciones, mientras Carlos V, desesperado, tenía que abandonar nuevamente sus vivas esperanzas. ¿Pero no existía un verdadero espíritu de concordia en ambos sectores? ¿Y no tenían acaso, todos ellos el mismo Evangelio?

Así pues, el espejismo ilusorio de la concordia bajo la base erasmiana venía a desvanecerse ante la ventisca de los nuevos tiempos, que en realidad traía un endurecimiento de la cuestión religiosa que iba a caracterizar el periodo posterior. Todos los éxitos preliminares conseguidos por la comisión fueron rechazados tanto por los estados católicos como por los protestantes. Sería el punto final a todo serio y sincero intento de acuerdo entre dos partes, que ante un fundado programa de concertación sólo podían interpretar un galimatías indescifrable.

Este es el clima en el que se encuentra Carlos V cuando llega a Worms en mayo de 1545. En este momento tiene el firme convencimiento de que la vía pacífica se ha agotado. Aun así los buenos sentimientos del César y su excelso sentido del honor y la justicia le hacen pedir el Concilio General una y otra vez a Paulo III, accediendo esta vez como vimos líneas atrás. Es el momento en que el Emperador ha quedado exhausto frente a la soberbia y obstinación de los protestantes. En sus propias memorias nos dice:

"...como no pudiendo por buenos medios y modos reducir pacíficamente la Alemania, entonces se vendría forzado a las armas

y a la fuerza, según el tiempo y la oportunidad que se ofrecie-se" (Fernández Álvarez, 1966, pág. 115).

Es en este tiempo de ajetreo político, de estremecimiento y conmoción sin límites, en este momento cardinal en el que el ciclón de la historia vendría a transformar todo el mundo político y social conocido, en el que el joven Lísperguer y su padre el Burgomaestre de Worms entran en contacto con la rauda dinámica de la diplomacia imperial, cuya honda resonancia haría que sus personajes permanecieran largo tiempo en la retina del Emperador. En la ya aludida paz de Crépy con Francisco I se habían establecido una serie de pactos de gran importancia para el periodo que estamos evaluando.

El rey francés se comprometía a cooperar con 10.000 infantes y 600 jinetes en la guerra contra el Turco. Pero aún más audaces eran las cláusulas secretas, entre las que se encontraban: la elaboración de un plan coordinado para exigir a Paulo III la pronta y verdadera iniciación del Concilio, así como el auxilio a Carlos V en su empresa de reducir a los protestantes alemanes, incluso por la fuerza. Estas eran las cláusulas que suscitaban un mayor interés para Carlos V, el Concilio y la reducción de la herejía en Alemania.

Por fin Paulo III se avenía a la convocatoria del Concilio, su lugar Trento y su fecha el 15 de marzo de 1545, que posteriores complicaciones aplazarían hasta el 13 de diciembre del mismo año. Por fin, se veía cumplido un profundo anhelo esperado por el Emperador. Como primera medida para poder contener la rebeldía social y política que suponía el protestantismo alemán, Carlos V había perseguido durante años la paz con Francia y la convocatoria del Concilio, ambos objetivos que por fin se lograban materializar.

Hemos visto cuantas veces el francés faltaba a su palabra, cuantos momentos de consternación en el imperio, ante la burla reiterada que su eterno rival hacía de toda plática, tratado o acuerdo de paz. ¿Por qué cree Carlos que la paz de Crépy será diferente? Ello fue debido a que Francisco seguía en abierta confrontación con Enrique VIII a causa de Escocia. Eso suponía un respiro para el Emperador, se abandonaba la fricción, dirigiendo sus energías en direcciones opuestas. Su máquina militar se encuentra a punto, tan sólo le resta establecer treguas con el Turco y hacerse con el apoyo de Paulo III.

La historiografía alemana acusa a Carlos V de haber desplegado un doble juego, en el que por un lado disimulaba sus preparativos bélicos y por otro respaldaba la creencia de que la concordia aún era posible mediante el diálogo en el Concilio. Hay quien cree que era sincera la propuesta imperial, pero que el Emperador se hallaba hastiado después de décadas de negociaciones estériles, que le habían enseñado cuán inútiles eran los medios pacíficos. El poderío alcanzado a través de la Liga de Esmalcalda les había vuelto demasiado soberbios.

La Dieta de Worms se abrió el 15 de diciembre de 1544, pero sus sesiones no tuvieron lugar hasta marzo del siguiente año, prolongándose hasta el 4 de agosto. La cuestión que se hallaba en el centro de toda discusión era el Concilio de Trento, ya convocado por bula de Paulo III. Por aquellos días en que el Emperador se encuentra en Worms, se halla la ciudad invadida de libelos compuestos por Lutero y Calvino, que con la adhesión de Juan Federico, desplegaban unos encarnizados ataques contra el Papa y el Concilio. Escritos mordaces y atrabiliarios cuyas injurias llegaban a términos increíbles, fueron impresos y distribuidos profusamente por los protestantes en la mismísima Dieta de Worms.

Y en dicha Dieta se encontraba junto al Emperador su hermano Fernando, Rey de los Romanos, defendiendo sus intereses que sin duda le afectaban grandemente. Se sabe que por aquellos días habían pocos príncipes del imperio en Worms y sí muchos procuradores o comisarios. Nos encontramos con un Emperador escéptico y desinteresado en las negociaciones. En sus memorias nos dice:

"que se seguía tan floja y fría negociación que se veía claramente con qué intención y ánimo se trataba de tales negocios".

Es en este momento cuando el César comienza a considerar en su mente, la seria posibilidad de emplear la fuerza contra los protestantes. El 19 de mayo recibe en Worms al cardenal Farnesio, nieto y legado del papa Paulo III. Es entonces cuando Carlos V comienza, con el sigilo que tan grave empresa requería, unas negociaciones secretas, con juramento y condición de que si éste no se guardase, ellos no estarían obligados a nada de lo que dijesen y ofreciesen.

El enviado especial de Paulo III llevaba una embajada de buena amistad, con la oferta de 100.000 ducados para que fueran destinados en la guerra contra el Turco y la creación de un buen clima dado los problemas que podrían surgir en torno al Concilio. Paulo III quería ganarse la voluntad del Emperador para que mostrara su beneplácito con los proyectos nepotísticos a favor de su hijo Pedro Luis. Todo muy simple y muy bien trazado por la corte papal. Con gran asombro y espanto se quedó el cardenal Farnesio cuando Carlos V y su hermano Fernando le declararon sus propósitos bélicos:

"en vista de que los modos y medios suaves y de concordia no tenían lugar y la obstinación e insolencia de los protestantes iba creciendo cada día, de suerte que ya no se podía sufrir..." *(Fernández Álvarez, 1960).*

Por todo ello para dominar la situación por las armas y doblegar a los herejes pedían la ayuda del pontífice. El cardenal Farnesio se quedó estupefacto sin saber cómo actuar y a pesar de tener plenos poderes de su abuelo, no quiso pasar más adelante en la conclusión de dicho negocio. En Roma se tenía por imposible que el Emperador tuviera la temeridad de enfrentarse con la poderosa Liga de Esmalcalda.

Así las cosas el cardenal Farnesio decide volver urgentemente a Roma, siendo el mismo el mensajero ya que necesitaba recabar directamente del Papa, nuevos poderes para poder seguir tratando sobre tan importante misión. El día 20 de mayo de 1545 S.M. recibió a los Diputados de los electores, prelados y estados del imperio. Siguen pasando los días. El día 27 de mayo se despide del cardenal Farnesio. Por lo que como dijimos más atrás el César continúa en Worms en un compás de espera pasando la primavera y parte del verano.

En algunas jornadas se traslada a localidades vecinas donde se dedica a su distracción favorita: la caza. El día 7 de julio recibe la nefasta noticia de la muerte de su sobrina, que era la hija primogénita de su hermano, el Rey de los Romanos, que como padre lo sintió muy hondamente. El día 19 S.M., reyes y príncipes electores asistieron a los funerales de la princesa de Polonia, en la catedral. Es de imaginar que a tan singular acto es más que probable que hubiera acudido el Burgomaestre de Worms con toda la plana política de la ciudad.

Tras la consternación y el dolor por la muerte de su sobrina, el día 21 de julio S.M., estando de visita en casa de la princesa de Dinamarca le llegó el correo de España (de Rui Gómez) con la buena nueva de que su nuera, princesa de España había dado a luz un hijo, que posteriormente se llamaría el infante don Carlos. Nos podemos imaginar la alegría del Emperador, un nuevo retoño continuador de la saga de los Augsburgo, una renovada esperanza que daba sentido a toda una vida de azarosa y compleja lucha.

Por fin el camino se esclarecía, surgía un sucesor, un nieto que propagara la memoria y las hazañas del Emperador. Al fin surgía la oportunidad de doblegar al destino, revirtiendo los agravios pasados que había recibido en 1521 en esta misma ciudad de Worms. Debió de ser grande la excitación y la resonancia de la noticia del alumbramiento del que sería el infante don Carlos. Un vástago que como ha constatado la historia posterior sería nefasto para la monarquía española.

Pero aquel retoño aún era un recién nacido y la dicha inmensa. Así contemplamos a un Emperador lleno de fe y gratitud, asistiendo el día 22 de julio a un Te Deum por el nacimiento de su nieto. Al día siguiente continúa el regocijo y el júbilo con un grandioso banquete que ofreció el Conde Palatino al que acudieron S.M., el Rey de los Romanos, los archiduques, el príncipe de Piamonte, el marqués de Gasto, el duque de Fernandina y otros muchos señores.

Pero la vida está plagada de luces y de sombras, pronto la dicha se tornó en desencanto al recibir el César el día 30 de julio la noticia del fallecimiento de la princesa de España, María Manuela de Portugal, su nuera, acaecida a los cuatro días después del nacimiento de don Carlos. Un nuevo motivo de dolor, de desestabilización en el imperio. Pero el sagaz estadista no podía conmoverse mucho tiempo cuando se hallaba comprometida la lógica racionalidad del Estado. ¿Motivo de preocupación? ¿Nuevas oportunidades dinásticas? Sin duda, todas estas consideraciones jalonaban la mente del Emperador.

El día 4 de agosto de 1545 se clausuraba la Dieta de Worms y con ello ya poco le quedaba por hacer a S.M. en la urbe. El día 7 del mismo mes abandonaba Carlos V con todo su cortejo la ciudad para dirigirse a Alzey. Al Emperador le sigue el conde de Feria y un joven muchacho de apenas unos quince años, Pedro Lísperguer Wittemberg, que andando el tiempo se convertiría en uno de los más célebres conquistadores de Chile.

En síntesis, podemos observar que cuando se estaba fraguando la relación de la familia Lísperguer con el César estaban ocurriendo cosas de trascendental importancia para la historia universal. Por fin fue testigo el joven Lísperguer de la euforia por la convocatoria del Concilio de Trento para que pusiera fin a los males de la cristiandad. Estando en su ciudad es cuando el Emperador se convenció de que ante la irreductibilidad de la herejía ya sólo quedaba el empleo de la fuerza, que como sabemos acabaría produciendo la resonante victoria del César en Mühlberg. En Worms se enteró S.M. de noticias tan importantes como el nacimiento de su nieto, el infante don Carlos y de otras tan aciagas como la muerte de su sobrina, hija de su hermano Fernando y el fallecimiento de su nuera, princesa de España y esposa de su caro hijo, el entonces príncipe Felipe.

Viajando junto al Emperador por el sur de Alemania y los Países Bajos

Finalizadas las negociaciones, como veíamos, el 4 de agosto se clausuró la Dieta de Worms. El 7 del mismo mes partieron el Emperador y todo su séquito, en el que se encontraba Lísperguer, llegando la comitiva ese mismo día a Alzey donde comieron y pernoctaron. Iban acompañados del archiduque de Austria, del príncipe de Piamonte y otros señores. El 8 de agosto, sábado, el grupo llega a Bingen. El día 9 de agosto, domingo, el Emperador y todo su cortejo, con el conde de Feria y Lísperguer se embarcan por el Rin en dirección a Colonia.

Imaginamos a Lísperguer, embarcado junto al Emperador. Inmerso en la privacidad de un confinamiento transitorio que invitaba a la intimidad, a la confidencia. En el lugar más noble de aquella embarcación, un salón, podemos recrear la visión de un Lísperguer adolescente observando a cierta distancia la magna y admirada figura del Emperador. Empezando por su fisonomía. ¿Qué habrá observado Lísperguer? Habrá tenido ante sí a un hombre de mediana estatura, de frente espaciosa, ojos azules e inquietos, a veces inquisitoriales, nariz aguileña, de color más bien pálido, cuerpo bien proporcionado, buen brazo, barba corta y apuntada.

¿Cuántas veces habrá estado Lísperguer próximo a su mesa? Sabemos que al César le gustaba al despertarse tomar una escudilla de jugo de capón con leche, azúcar y especias. A mediodía comía una gran variedad de platos, merendando poco después. Luego a la una de la noche cenaba, tomando diversas comidas. Sabemos que le encantaban los venados, los puercos monteses, las avutardas y las grullas. ¡Cómo le encantaban los asados y cocidos! ¿Cuándo de todo ello habrá visto Lísperguer? No cabe la menor duda de que Lísperguer se habrá sentido impresionado ante esa protuberancia maxilar que tenía Carlos V, con esa mandíbula inferior larga y ancha, que le impedía juntar los dientes, le dificultaba la ingestión de alimentos y le hacía balbucear algunas palabras, malogrando su entendimiento y comunicación.

Y respecto a la personalidad de Carlos V, ¿qué habrá percibido Lísperguer? Es muy probable que Lísperguer se haya sentido desbordado ante esa proyección del caballero renacentista, imbuido de esa ensoñación en glorificar a los héroes antiguos, en ensalzar hasta la sublimación las virtudes caballerescas que presidían la Orden del Toisón de Oro: el valor, la lealtad, el honor, la piedad, la sencillez... Esa febril pasión del Emperador por las armas, la guerra, en ocasiones su despiadada severidad, su espíritu justiciero frente a las afrentas, su gravedad, su sequedad en el trato con las gentes, su parquedad de palabras, su tendencia a recluirse y a desconfiar de sus próximos colaboradores y a no recompensar debidamente a quienes le servían.

¿Habrá contemplado Lísperguer perdido y absorto esa otra esfera de la personalidad del César, la de aquel ser tímido, de complexión melancólica, que entornaba los ojos ensimismado; ese joven soñador de semblante huidizo, que bajo la piedad caía postrado ante el poder inmanente de la mística; de aquel príncipe que se afanaba en alcanzar la paz pero que las maquinaciones insidiosas de la política se lo impedían; del hombre que anteponía su excelso sentido ético de la existencia al poder del que había sido investido; su carácter moderado, sus buenas costumbres y virtudes, su culto a la verdad, a la templanza, su control frente a todo exceso o desorden, su justicia, su clemencia para sus súbditos culpados y para con los enemigos?

Es seguro que nuestro protagonista cayó bajo el influjo del Emperador, de su talante como estadista, de su grandeza, del gobernante que se esmeraba en alcanzar la monarquía universal; que exaltaba la resonancia y fama de sus victorias, aquella monarquía admirada donde no se ponía el sol, que incluía entre sus muchas posesiones aquellas exuberantes tierras recién descubiertas de ultramar. Aquel estadista que proclamaba su sentido providencialista, que había sido investido en el mundo por autoridad divina, para cumplir una misión histórica que le granjeaba la aprobación del creador y la admiración de los hombres.

El del mandatario que se esforzaba en cumplir con sus deberes regios, que carecía de cualquier vicio, que no se hallaba nada inclinado a los placeres, ni se deleitaba en pasatiempo alguno. El hombre de carácter moderado que no se regocijaba en demasía ante las cosas prósperas ni se deprimía ante las adversidades. Es el ser que una vez alcanzada la victoria no se ensañaba con sus enemigos. Su sentido arbitral, su conocimiento de las pasiones y desmesuras del corazón del hombre, le hacían saber moderar su ira y perdonar a sus vencidos.

Sus obligaciones de Estado no le impidieron hacer suyo ese lema renacentista: "soy hombre y nada humano me es ajeno". Así pudo Lísperguer contemplar a un cesar políglota, modulador perfecto de la lengua francesa y flamenca que aprendió en su infancia. De un interlocutor excelente que supo aprender la belleza de la lengua italiana; de un agudo mediador que comprendió enseguida la importancia del dominio de la lengua española, que si bien no ocultó su veneración por los modos y costumbres borgoñesas, ni su conocida preferencia por sus colaboradores extranjeros, enseguida supo comprender la trascendencia de su hispanización, la importancia de congraciarse con el legado histórico recibido de sus abuelos los Reyes Católicos, la clave que lideraba y daba sentido a su cosmopolitismo.

Sin duda, también pudo Lísperguer divisar en el talante del César su compromiso ante los electores germanos, que hicieron del él el emperador del Sacro Imperio Romano Germánico, viendo a un César que se aplicaba en conocer y practicar al menos los rudimentos del alemán. Quizás pudo inferir en su personalidad su amor por los globos terráqueos, por los mapas, por las ciencias, por la filosofía y la astronomía, por las buenas historias y las buenas doctrinas y sobre todo un Emperador que amaba grandemente la música y que incluso había aprendido en su juventud a tocar el clavicordio.

Es muy probable que Lísperguer se haya sorprendido contemplando a un César embelesado con sus relojes, a un hombre que tiene conciencia de su propio fin, que comprende que él también es una marioneta del destino, que se afana en administrar el tiempo y el espacio, el eterno viajero que cultiva, pero también respeta a su propia inmortalidad (Fernández Álvarez, 1999, pág. 161).

Tras la travesía a través del Rin el Emperador y todo su séquito llega el lunes 16 de agosto de 1545 a Colonia, permaneciendo en dicha ciudad hasta el domingo 16. El sábado 15 S.M. oyó misa en la catedral y después de comer recibió al obispo. El 17 de agosto el grupo se encuentra en Elsdort y Juliers. S.M. acude a comer a Hissendurs pernoctando en Juilliers. El 18 martes están en Herzogenrath y Maastricht, S.M. comió en Herffogeraest y pernoctó en Maastrich. El día 19 el cortejo imperial se haya en Tongres donde S.M. come, pernoctando luego en Saint –Trond.

Emperador Carlos V, por Rubens (1500-1558)

El 20 se hayan en Tirlemont donde comen, pernoctando en Lovaina. El día viernes 21 de agosto de 1545 el séquito imperial permanece en Lovaina donde estarán un par de días. Aquí en Lovaina S.M. se encuentra con la reina regente de los Países Bajos; es decir, su hermana María, acompañada de los duques de Arschot, príncipe de Orange, de Cimai, condes de Roeux y Lalaing, almirante de Flandes, marqués de Berghes, princesa de Orange y muchas señoras (Foronda, 1914, pág. 573).

En Lovaina el joven Lísperguer se encontró con una urbe que destacaba por sus numerosos campanarios y torres. Ciudad que se encuentra a 24 km de Bruselas y que mediante un canal se pone en comunicación con Amberes. Es probable que haya estado en la Iglesia de San Pedro construida en 1425, basílica de estilo plateresco en cuyo interior se albergaban magníficos bajo relieves y estatuas renacentistas. Sin duda, debe haber visitado la Casa Consistorial conocida como uno de los edificios más bellos de la ciudad.

De estilo plateresco se componía de tres pisos con diez ventanas ojivales en la fachada principal. Rodeaba el techo una balaustrada y remataba en seis torres que terminaban en esbeltas flechas. Una profusión de bajos relieves y estatuas decoraban la fachada representando distintos personajes de la historia de la ciudad. Por supuesto debió haber tenido conocimiento de la mítica Universidad Católica, detrás de la Casa Consistorial, bello edificio gótico cuya construcción databa de 1317 y que disponía de una de las bibliotecas más nutridas de los Países Bajos.

La Universidad fue erigida por la acción de la Santa Sede. Martín V la fundó por bula de 9 de diciembre de 1425 con el título de *Studium Generale*. En uno de sus colegios se hospedó en una ocasión Carlos V. Aparte de la Facultad de Teología que fue la que más sobresalió en su historia, tenía la Universidad de Artes, la de Derecho y la de Medicina. Recibió la Universidad de Lovaina una decidida protección de Carlos V así como de los archiduques de Austria. Es el primer centro docente que publicó una refutación a las opiniones de Lutero, a la que contestó éste llamando escotistas a los teólogos de Lovaina.

Es interesante señalar a propósito de la estancia de Lísperguer en los Países Bajos y en concreto en Lovaina, como en las tierras natales de Carlos V, se estaban generando formas intelectuales diferentes a las que acabaría produciendo España. Así se habla del progresismo del Emperador frente al confesionalismo o contra reformismo de Felipe II. No hay que olvidar que Lovaina era uno de esos focos que albergaba un buen número de intelectuales que practicaban el erasmismo.

Es importante destacar que Carlos V, guiado por su tía Margarita, recibió una educación erasmista bajo el brazo de personajes como

Alberto Durero, Lorenzo Gorrevod y Mercurio Gatinara, así como Adriano de Utrecht, deán de San Pedro en Lovaina y representante del rector de la universidad, entre otros. Por lo que es patente la influencia del foco de erasmistas hispano-flamencos sobre las bases ideológicas de la monarquía española. Frente al humanismo hermético y religioso de Nebrija, se generaba un humanismo cosmopolita y paganizante que proyectaba su mirada sobre la Italia renacentista, haciendo resurgir el gusto por las tradiciones greco-latinas y cuestionando el farragoso escolasticismo medieval en el que se había sumido España.

Como ya hemos tenido ocasión de comentar en otra parte, en el erasmismo aflora una tradición aliada con la modernidad, la retórica al servicio de la paz, el Evangelio en su pureza, la reforma de la sociedad consciente de sus miserias. Así el humanismo pretendió restituir el mensaje cristiano en toda su pureza, elogiar el culto al espíritu, rechazando las devociones rutinarias y ceremoniosas, el evangelismo que tiene como contrapartida la desvalorización de la teología escolástica, la popularización del Evangelio en la lengua vernácula, la crítica textual de Biblia, etc...

Esta corriente erasmista en la corte española se identifica con el periodo que corre desde el matrimonio de los Reyes Católicos hasta la abdicación de Carlos V en Bruselas. Pero ello no quiere decir que Carlos V no fuera anti-protestante. En absoluto. No tenemos más que constatar las airadas injurias que profería en Yuste contra los protestantes para aseverar esto. Ni tampoco significa que Felipe II recibiera una educación anti-erasmista. Al contrario, Felipe II también recibió el influjo erasmista.

Así contemplamos a un joven Felipe lector de la *Moria* erasmiana y aprendiz de griego y hebreo, gobernador de Castilla o rey de Inglaterra, preocupado por la paz con Francia y por la conversión pacífica de los herejes. Es muy señalado el viaje de Felipe II a los Países Bajos en el año 1548, en el cual se encuentra con el cenáculo erasmista hispano-belga de Lovaina, Amberes y Bruselas. Sin embargo, España como consecuencia de la presión del luteranismo se va replegando cada vez más hacía el interior, se va alejando del cosmopolitismo del Cesar para conformar su propia identidad. Se cuestiona la idea europea frente al impacto de la Conquista y la colonización americana.

Dos conceptos contrapuestos luchan por imponerse. De un lado la idea de Maquiavelo de un mundo dividido en Estados en el que el príncipe trata de amplificarlos a costa de otros reinos. De otro lado el gran sueño medieval que gobernaría el pensamiento de Dante, esto es; revivir la unidad antigua, reconstruir un mundo en que todos están unidos. Por lo que después de la caída de Granada paulatinamente se irá arraigando en España la idea del cuerpo místico, como conjunto de lo que todo depende y que da sentido a la unidad.

En 1504 muere la reina Isabel y con su desaparición los erasmistas españoles huyen a la corte del Emperador en los Países bajos. Los que se quedan en España se aglutinan en torno al cardenal Cisneros, que luchan contra el partido fernandino, mucho más rígido y conservador. Se producen tensiones entre humanistas como Vives y Erasmo. Del Renacimiento italiano, que se lo ha vislumbrado como luminoso, se llega al concepto del Renacimiento negro español que andando el tiempo daría fama a la leyenda negra anti-española.

Poco a poco las obras de Erasmo se consideran sospechosas de herejía. La brecha que supone el triunfo de la Reforma, provoca en España recelos anti-erasmistas y anti-humanistas. El erasmismo comienza a contemplarse como heterodoxo y sus seguidores comienzan a ser perseguidos. La Inquisición empieza a funcionar cada vez con más eficacia, propugnando un modelo de sociedad represora. Todo ello se implantó en la sociedad como consecuencia de las síntesis y observaciones que se obtuvieron tras el Concilio de Trento.

Así se llega en el reinado de Felipe II a un anti-intelectualismo, con la ansiedad de la práctica metódica de las virtudes y el desarraigo de los vicios, por la práctica de la oración mental y por una ascesis subordinada a la mortificación. Es decir, se propugna un Estado confesional, en el que se practica el recogimiento, siendo su máximo exponente el misticismo del Siglo de Oro español. Con ello el progreso se convirtió en regreso. Mientras Europa avanzaba hacía formas más progresistas, España retornaba a la austeridad del escolasticismo medieval en su más arcaica representación.

Pero en el tiempo en que Lísperguer está en Lovaina aún es fuerte el influjo de los humanistas como una coyuntura socio-política que sirve a los monarcas. Un sector de la nobleza empezó a intuir el agotamiento del modelo militar de la caballería y se comienza a declinar el arquetipo de caballero hacia el espacio del gobierno político. Los nuevos cortesanos serán formados en las letras, en las buenas costumbres, en la prudencia política y en la discreción.

Es decir, serán buenos diplomáticos. Es en este ambiente culto en el que se mueve Lísperguer mientras viaja por los Países Bajos. Es un ambiente refinado que venera el papel del lenguaje y el arte de la retórica en la diplomacia y que eleva el rol del cortesano hacia una dignidad cada vez más manifiesta y apreciada (García Cárcel, 1999).

Continuando con el periplo de nuestro grupo, el Emperador se encuentra el sábado 22 de agosto hasta el lunes 24 en Tervuren, de donde pasaron a Vure donde estuvieron hasta el 25. El día 25 de agosto el Emperador, el conde de Feria, Pedro Lísperguer Wittemberg y todo el resto del séquito llegan a Bruselas dónde permanecen hasta el 14 de octubre. Bruselas era otro importante eje geopolítico desde el que se gobernaba el imperio. Además Bruselas tenía para el César importantes connotaciones sentimentales.

El nueve de enero de 1497 tras su boda, entraban en Bruselas Felipe el hermoso y Juana, hija de Fernando de Aragón y de Isabel de Castilla. Con motivo de tan señalada ocasión, los padres de Carlos V fueron agasajados con magníficas fiestas en la ciudad. Además, si bien Fernando y Catalina nacieron en España y el propio Carlos nació en Gante, varios de sus hermanos nacieron en Bruselas. Efectivamente, así lo hicieron: Eleonora, la mayor, en el mes de noviembre de 1498; Elisabeth el 17 de julio de 1502, y María el 15 de septiembre de 1505.

Palacio de Coudenberg, residencia del emperador Carlos V

Bajo Felipe el Hermoso, Bruselas fue la capital de los Países Bajos, dónde se fijó el Consejo de Brabante y la corte feudal que antes siempre había seguido al soberano. Con gran esplendor tuvo lugar el bautismo de la hija mayor del archiduque Felipe el Hermoso en la Iglesia de Santa Gelude. La iglesia fue ornada para la ocasión con ricas tapicerías de oro representando escenas de la pasión de Cristo. Las calles que van desde al Palacio hasta la iglesia fueron engalanadas con lujo y coros de muchachos cantaban como ángeles al paso del cortejo.

Ochocientos burgueses vestidos de rojo portando antorchas recorrieron el pasaje partiendo del Palacio aquella tarde del 30 de noviembre de 1499. La marcha también estaba compuesta por magistrados y miembros del Consejo de la ciudad así como los cancilleres de Borgoña y de Brabante, y los prelados y señores de la corte. En aquella memorable ocasión Margarita de York esposa de Carlos el Temerario, portaba a la niña, teniendo a su derecha al marqués de

Bade, representante del Emperador y a su izquierda al embajador de España.

El obispo de Cambrai bautiza a la pequeña que recibe del Emperador el nombre de Eleonor. El 13 de mayo de 1500 Juana hizo una entrada solemne en Bruselas con su hijo Carlos. Llamado a España Felipe el Hermoso convocó a los Estados en Bruselas para anunciarles su viaje, dejando la gobernación de los Países Bajos al conde de Nassau y otros señores. Partido para España el 4 de noviembre de 1502, no se adapta a las formas de la corte española que le resulta grave e insoportable y retorna a Bruselas con Juana el 22 de diciembre de 1503, que sufre de terribles celos por el comportamiento de su marido. También en dicho año, Maximiliano vino a Bruselas donde fue recibido con gran ceremonia, ofreciéndole un torneo que duró seis días.

El 14 de enero de 1505 con gran aparato fueron celebrados en la Iglesia de Santa Gudula, los funerales por la muerte de la madre de la archiduquesa, Isabel de Castilla, acaecida el 26 de noviembre de 1504. Después de varias manifestaciones simbólicas en las que se expresaron bonitas palabras en recuerdo de la reina Isabel y tras un momento de silencio en la ceremonia se exclama: ¡Viva Felipe y Juana, por la gracia de Dios, rey y reina de Castilla, León y Granada! Después de los funerales se sucedieron las fiestas que jamás se habían visto tan espléndidas y animadas.

También María otra hermana de Carlos V fue bautizada en Bruselas el 20 de septiembre de 1505 en la iglesia de Sablón, para cuya velada también se llevaron a cabo magníficas representaciones festivas que fueron acogidas con gran regocijo popular. Felipe y Juana abandonarían Bruselas para no regresar jamás en 1506.Tras la muerte de Felipe el Hermoso, la hija de Maximiliano, Margarita, se hace con el Gobierno de los Países Bajos. El Emperador –entonces Carlos de Austria– hizo su entrada en Bruselas el 28 de enero de 1515, siendo muy agasajado por parte de sus habitantes.

Los Estados Generales fueron convocados en Bruselas en el mes de enero de 1516 para recibir diferentes comunicaciones del archiduque. La noticia de la muerte de Fernando, rey de Aragón, abuelo materno de Carlos, llegó a Bruselas el 2 de marzo y antes de que la sesión fuera cerrada, Carlos solicitó a los diputados de las provincias una ayuda para realizar su viaje a España. Los funerales por la muerte de Fernando fueron celebrados en la Iglesia de Santa Gudula y Carlos fue proclamado rey de Castilla y de León.

El 26 de octubre Carlos celebra en Bruselas el décimo octavo capítulo de la Orden de la Toisón de Oro. El joven Rey con grande magnificencia nombró caballeros a su hermano Fernando, a Francisco I, al elector de Baviera, al marqués de Brandenburgo y doce otros príncipes y señores. Antes de partir para España, Carlos confía la gobernación de los Países Bajos a su tía Margarita de Austria, por un decreto de 23 de julio de 1517. El 30 de junio de 1519 llegan a Bruselas las noticias de la elevación de Carlos a la dignidad imperial. Sobre la gran plaza se celebran magníficas fiestas, celebraciones y manifestaciones del júbilo popular.

Carlos V se encuentra nuevamente en Bruselas el 20 de mayo de 1520, donde tras convocar nuevamente a los Estados Generales les explica lo acaecido en sus reinos de España y solicita una nueva ayuda económica. Así sucesivamente fueron muchos los acontecimientos que tuvieron lugar en la ciudad de Bruselas que explican la gran adhesión de la ciudad al Emperador. Sin duda Bruselas tenía una importante connotación política y sentimental para el César y era el centro de un destacado eje geopolítico del imperio, lo que explica su prolongada estancia en esta ciudad durante mes y medio (Henne & Wauters, 1968).

El día 26 de agosto de 1545, estando en Bruselas, S.M. de luto asistió a la vigilia y el 27 a los funerales por el alma de la princesa de España en Santa Gudula. El 3 de septiembre el Emperador ratifica el Tratado de Crepy. El día 8 de septiembre recibió la noticia de que la duquesa de Camerín había dado a luz a dos hijos. Uno de ellos murió pero el otro andando el tiempo se convertiría en el célebre Alejandro

Farnesio. El día 9 S.M. comió con la Reina Regente en l'Estaquette viniendo a pernoctar a Bruselas.

El día 11 supo el César de la muerte de peste del duque de Orleáns acaecida el día 9. Aquello sería un gran motivo de satisfacción para Carlos V que ya no le obligaba a cumplir con el Rey de Francia lo pactado tras la paz de Crépy. El día 16 de septiembre llega a Bruselas el celebérrimo Fernando Álvarez de Toledo, duque de Alba, que a partir de entonces se adhiere al cortejo imperial. Por lo que sería en este momento cuando Lísperguer viera por primera vez al famoso duque, volviéndose a encontrar con él en muchas ocasiones con motivo del cortejo que fue a Inglaterra alrededor de una década más tarde, con ocasión del matrimonio del príncipe Felipe con María Tudor.

Ya he comentado como el Emperador había preferido al conde de Feria antes que al duque de Alba para la mayordomía de su hijo Felipe. Sólo la declinación de la oferta por parte del Conde obligó al César a otorgar su confianza –con reservas– al duque de Alba. Aquí Lísperguer pudo conocer a un duque de Alba que aún no había desplegado en toda su extensión la verdadera naturaleza de su personalidad. Huérfano de madre a los tres años, el duque de Alba abrazó la carrera militar a los diecisiete años. A las órdenes del condestable de Castilla participó en el sitio de Fuenterrabía (1524) y en la defensa de Cataluña contra los franceses.

Participó en diversas campañas del Emperador siendo la más destacada la de Túnez. Más tarde también se destacaría brillantemente en la batalla de Mühlberg. Quizás en este primer encuentro con el Duque pudo tener Lísperguer un primer atisbo de lo que con el tiempo se convertiría en el siniestro perfil del célebre militar. Si destacó con Carlos V, llegó al cenit de su carrera con Felipe II. Alba y su esposa fueron en 1554 padrinos de Felipe II en su matrimonio con María Tudor. Por su experiencia militar se le designó virrey de Nápoles, donde tuvo audaces actuaciones que le permitieron llevar a cabo la expulsión de los franceses de Italia.

Pero si hay algo que le ha hecho famoso al Duque es su nombramiento como gobernador general de los Países Bajos en 1567, tras la renuncia de la regente María de Parma, tras lo cual explayó su personalidad de fanático religioso y despiadado absolutista, aplastando con una brutalidad sin límites cualquier afloramiento de tolerancia religiosa en los Países Bajos. Creó en Bruselas la llamada Corte de la Sangre que extendió el terror a través de las provincias. Más de 18.000 personas fueron ejecutadas, entre ellas el conde de Egmont y Hoorn.

El día 25 de septiembre de 1545 S.M. y toda la corte –por lo tanto también debió acudir Lísperguer– asistieron a la vigilia y el 26 al funeral en Sta.Gúdula por el duque de Orleans. El día 30 del mismo mes llega a S.M. la noticia de la muerte del cardenal Mayence elector de Brandemburgo. El 1 de octubre firma el César en el Campo de la Caperuza el concierto con el rey de Túnez. El 3 de octubre llega a Bruselas Jerónimo de Dandino, obispo de Cassano, para concluir las negociaciones entre Pablo III y Carlos V. El séquito continúa en Bruselas hasta el 14 de octubre.

El jueves 15 y el viernes 16 el cortejo se encuentra en Tervuren. Del 17 al 21 en Malinas. Del 22 al 27 en Dendermonde. El 28 el Emperador pernocta en Gante, su ciudad natal. Del 29 de octubre hasta el 1 de noviembre Carlos V se encuentra en Gante. El día 2 S.M. se halla en Eccloo. El 3 el Emperador y su séquito llegan a Brujas adonde llegó el obispo de Vinchester de parte de su soberano, a tratar con los franceses en lo que S.M. era mediador. El día 7 el Emperador recibió al almirante y canciller de Francia, para el tratado (Foronda, 1914, pág. 324).

También en esta permanencia de casi quince días en Brujas pudo haber tomado Pedro Lísperguer multitud de referentes y observaciones. Así se encontró Lísperguer con una ciudad muy vinculada al comercio marítimo, con la presencia de importantes compañías extranjeras y una dinámica y floreciente industria textil. En esta época y como consecuencia del descubrimiento y explotación del Nuevo Mundo, el foco del comercio internacional estaba virando del Mediterráneo al Atlántico. Los comerciantes de Brujas desarrollaron en este periodo un incipiente comercio de especias y otros productos coloniales, así como productos textiles procedentes de Inglaterra. Todo ello contribuyó al brillante desarrollo de la metrópolis vecina de Amberes.

Es más que probable que el joven Lísperguer haya observado en Brujas a la importante comunidad de comerciantes españoles que vivían en la ciudad, que se concentraban en torno al comercio del algodón. La explotación de este producto empleó a miles de trabajadores holandeses en la manufactura de ropas, telas y paños. Muchos comerciantes españoles adoptaron los gustos y estilos de la arquitectura renacentista italiana, dando magníficos ejemplos en la famosa *"Spanjaardstraat"*, plagada de construcciones inspiradas en la antigüedad clásica.

Miembros de la élite española residente en Brujas, como los Pardos, los de la Torre y los Arandas, se integraron completamente en la vida de la ciudad. Muchos de ellos ocuparon puestos administrativos importantes y les fueron concedidas prestigiosos estados en las tierras circundantes. Muchas de sus hijas se casaron con prominentes hombres del lugar, acompañadas de importantes dotes. Otros fueron recibidos en los conventos holandeses.

En torno a este periodo empezó a desarrollarse en Brujas un importante comercio de libros y manuscritos, en el que participaron acaudalados aristócratas y comerciantes. Muchos pintores florecieron en este periodo como Gerard David, Jan Provoost, Adriann Isenbrant, Ambrosius Benson y Pieter Pourbus. Especialmente este último fue una personalidad de gran prestigio en Brujas. Produjo grandes piezas de altar, fantásticos retratos de la élite de la ciudad; fue cartógrafo, arquitecto, diseñador de decoraciones para ceremonias, monumentos funerarios, etc...

Erasmo de Róterdam solía llamar a Brujas "La Nueva Atenas", ciudad que visitaba asiduamente para encontrarse e intercambiar impresiones con multitud de eruditos y humanistas. Eminentes sabios como Erasmo, Juan Luis Vives y Tomás Moro frecuentaron a menudo la casa de otro prestigioso humanista de Brujas: Mark Laurin. Al igual que en Lovaina en 1517 se creó en Brujas un *"Collegium Trilingüe"* en el que se enseñaba latín, griego y hebreo. Muchas de las ideas de Juan Luis Vives en materia de educación o alivio para los necesitados pudieron ejecutarse gracias a emprendedoras iniciativas (Geirtnaert & Vandamme, L., 1966).

Justo en el momento en que Lísperguer pasa por Brujas se está produciendo un importante viraje en el campo de las ideas. Empieza a brotar con cada vez mayor fuerza el protestantismo, se cuestiona la unidad de la cristiandad, se intercambian libros prohibidos, se reúnen en secreto pequeños grupos para realizar una lectura crítica de la Biblia y en definitiva, muchos de estos tópicos se discuten y polemizan dentro de los círculos humanistas.

No cabe duda de que cuando Lísperguer pasó por allí era sólo un muchacho de unos quince años y además firmemente adherido al partido imperial y dentro de la comitiva del Emperador, que como sabemos propugnaba la ortodoxia, la represión de la herejía, etc... Pero no cabe duda que cuanto menos Lísperguer debió de tener algún referente de este clima de tolerancia que se respiraba en estas lejanas tierras septentrionales del imperio.

El 16 de noviembre de 1545 la comitiva imperial abandona Brujas, pernoctando en Eccloo. El martes 17 se encuentran en la Abadía de Baudeloo. El 18 llegan Amberes permaneciendo hasta el 30.En dicho periodo S.M. recibió a los embajadores de Francia para autorizar las negociaciones. El día 24 S.M. recibió nuevamente a los embajadores de Francia en audiencia de despedida, sin haber concluido nada. Aquí la comitiva imperial pudo contemplar una ciudad que presentaba grandes analogías con Brujas.

Amberes fue un importante centro del comercio europeo y colonial durante el siglo XVI, así como de gran relevancia artística. La ciudad está situada sobre el Estuario de Escalda, una de las principales vías fluviales del continente a 88 kilómetros del Mar del Norte. Durante el siglo XV Amberes entró a formar parte de la Liga Hanseática y comenzó a convertirse en el centro mercantil más importante de la Europa Occidental, sustituyendo a Brujas como motor económico de la región.

Desde la incorporación de los Países Bajos a los Habsburgo en 1477, Amberes se había convertido en la terminal del importante eje económico de la lana castellana y los metales preciosos americanos. La ciudad creció en tamaño y su Bolsa de Cambios pasó a ser el mayor centro financiero de Europa entre 1520 y 1560. Durante el siglo XVI tuvo gran auge la escuela pictórica de Amberes. Al igual que otras muchas ciudades flamencas fue un gran foco de irradiación y propagación de las ideas humanistas.

El séquito imperial partió de Amberes el 1 de diciembre de 1545 pernoctando en Maste. El 2 en Turnhout y la Reina con él. El 3 pernoctó en Weld. Del 4 al 27 de diciembre el séquito imperial se encuentra en Bois le Duc, donde S.M. tuvo un ataque de gota. El 13 de diciembre se produce la apertura del Concilio de Trento, pudiéndonos imaginar la resonancia que debió tener dicho evento. El día 15 el Emperador tuvo noticia de la tregua de un año pactada con el Turco y siempre que S.M. la aprobara sería por 7 años.

El día 28 el César y su cortejo abandona Bois le Duc y llega hasta Bommel, primera ciudad del ducado de Gheldres donde pernocta. Al día siguiente martes, el séquito llega hasta Bureny Wyk-bi-Duurstede, lugar en el que S.M. pasó el río Wahal, comió en Buren y vino a pernoctar en Vit, pasando luego el Rin, que está en tierra de Utrecht. Del 30 de diciembre hasta el 1 de febrero el Emperador, el conde de Feria, el duque de Alba, todos los grandes señores y cortesanos entre los que se encontraba Pedro Lísperguer Wittemberg se encuentran en Utrecht donde permanecen hasta el 1 de febrero (Foronda, 1914, págs. 342-347).

El día 31 S.M. anuló el Capítulo del Toisón de Oro para el 2 de enero de 1546. Es muy importante señalar la trascendencia de este evento, ya que en el mismo fue distinguido con tal condecoración el conde de Feria lo que es altamente significativo de la relevancia que tenía el Conde dentro del imperio. Las fuentes señalan que todo el séquito del Emperador se reunió en la catedral para celebrar tan solemne evento, por lo que se puede dar por seguro de que Lísperguer estuvo allí. Otra cosa habría sido un enorme desaire a su señor y mentor don Pedro Fernández de Córdoba, conde de Feria.

Es interesante explicar el hondo significado de esta Orden para poder comprender la trascendencia, la solemnidad, la gravedad y las profundas implicaciones que suponía el pertenecer a esta especie de hermandad moral, ética y política. La Orden del Toisón de Oro nació en una época en que la Casa de Borgoña se alzaba con gran fausto, orgullosa de su poder y pretendía convertirse en el árbitro de Europa. Tuvo su origen cuando Felipe II, "El Atrevido", duque de Borgoña, fue asesinado vilmente en una emboscada planeada por el delfín de Francia.

Desde entonces Felipe III, "El Bueno", que sucedió a su padre como duque de Borgoña en 1519 y que tenía fama de ser orgulloso como él, así como bien parecido, inteligente y talentoso, dedicó su vida a vengar la afrenta recibida por la Corona de Francia. Después de un tercer matrimonio con Isabel, hija de Juan I de Portugal, Felipe III "El Bueno", en el cenit de su poder creó la Orden del Toisón de Oro el 10 de enero de 1429, rompiendo los lazos de vasallaje que unían Borgoña a Francia, representando la Orden un símbolo de vanidad satisfecha al colocarse como monarca independiente de Francia y obligando al rey de Francia, Carlos VII, a retractarse públicamente de cuantas ofensas le había inferido.

Parece ser –y el propio emblema de la Orden contribuye a tal suposición– que estuvo inspirada en la mitológica leyenda de Jasón y el vellocino de oro. Creada en la iglesia de San Beltrán de Brujas, bajo la advocación de San Andrés, cuyas aspas también habían sido adoptadas como emblema por la dinastía borgoñesa, fue instituida en un principio como Orden y Confraternidad o Amigable Compañía, destinada —como era normal en tantas otras corporaciones de caballería de la época— a servir a la Iglesia y a la fe cristiana. Su epígrafe es: *"Ante ferit quam flamma micet"* (Hiere antes de que se vea la llama).

El duque Felipe III el Bueno gestionó y obtuvo del Pontífice Eugenio IV un Breve de 7 de septiembre de 1433 aprobándola. Aprobación que fue ratificada por otro Breve de León X de 8 de diciembre de 1516, fecha en la que la Orden no pertenecía ya al ducado de Borgoña, sino por herencia y como vínculo familiar, a la casa de Habsburgo. La Orden del Toisón de Oro, al ser instituida sólo contaba con veinticuatro miembros, que el propio fundador, Felipe III el Bueno, aumentó hasta treinta y uno, modificando los estatutos en el año 1433, con ocasión de la aprobación por el Pontífice. En tales Estatutos se establece que el Maestrazgo de la Orden queda vinculado a la familia de Borgoña y no al ducado o territorio de Borgoña, con sus bienes propios.

La Orden del Toisón de Oro se fue concediendo a algunos príncipes y reyes extranjeros: en los Países Bajos, en Alemania y a los reyes de Aragón y Navarra a la par que crecían los dominios de Borgoña, bien por alianzas, bien por medio de conquistas. Aprovechando las convulsiones que estremecían a Francia, que se debatía entre una crisis dinástica y las invasiones inglesas, se fueron agregando al ducado de Borgoña: el Franco Condado, Flandes, Brabante, Luxemburgo, Picardía, Holanda y Gheldria. Ídolo de pueblos, murió Felipe sin que pudiera llevar a cabo el último ideal de su vida: organizar una gran cruzada contra el Turco.

Muerto Felipe II el Bueno, heredó el título de gran maestre y jefe soberano del Toisón de Oro, su hijo Carlos que pasaría a la historia con el sobrenombre de "El Temerario", duque de Borgoña. Su nombre le viene dado como resultado de su muerte en el año 1477 ante las murallas de Nancy, plaza a la que había puesto sitio. Durante su vida puso todo su empeño en potenciar la Orden del Toisón de Oro revistiéndola de gran pompa y aparato, concediendo los collares a aquellos monarcas extranjeros en los que buscaba alianzas.

Tras su muerte, el ducado de Borgoña pasó a poder de Francia, pero no así los Países Bajos donde el emperador germano, Federico III, impuso su dominio, reservándose la potestad de ser el supremo jefe de la Orden del Toisón de Oro. Federico fue aquel soberano orgulloso de su poder que se asignó a modo de divisa un enigmático anagrama "AEIOU", cuya locución significa *Austriae Est Imperare Orbi Universo* (Es el destino de la Casa de Austria gobernar en todo el mundo) o en su versión alemana, *Alles Erdreich Ist Österreich Unterthan.*

Carlos el Temerario casó a su hija María con el hijo de Federico III, Maximiliano, archiduque de Austria, después emperador. María única heredera, aportó en dote a la familia la herencia de los duques de Borgoña. Maximiliano, preparó la sucesión del imperio en la persona de su nieto, el más tarde emperador Carlos V de Alemania y rey de dicho nombre, I de España. Así es como la Orden del Toisón de Oro, nacida en Borgoña vino a parar a un rey español que se constituyó por la herencia paterna, en gran maestre de la Orden. Siempre el emperador Carlos V tuvo mucho cariño a la Orden del Toisón de Oro, por proceder de Flandes, donde nació y fue educado.

Maximiliano (1459-1519) celebró el decimotercero capítulo de la Orden en Brujas en 1478. Posteriormente en 1481 en Bois le Duc celebró el decimocuarto capítulo de la Orden en cuya ocasión le concedió el afamado y prestigioso collar a su propio hijo Felipe el Hermoso de Austria y de Borgoña, conde de Charolais (1479-1506), entre otros poderosos príncipes y personalidades europeas.

Felipe el Hermoso (1478-1506) celebró el décimo quinto capítulo de la Orden en 1491 en Malinas. El Décimo sexto en Bruselas en 1501 donde le fue otorgado el prestigioso collar a su propio hijo, Carlos, archiduque de Austria, duque de Borgoña, futuro Carlos V (1500-1558) entre muchos otros poderosos señores. El décimo séptimo capítulo lo celebró Felipe el Hermoso en 1505 en Middelbourg.

En 1515 Carlos, sucesor de la Casa de Austria celebra el primer capítulo de su reinado que sería el décimo octavo y que tuvo lugar en Bruselas. Simplificándolo a unas pocas personalidades para no recargar esta exposición, en aquella ocasión se concedió el dorado collar a Francisco I rey de Francia (1494-1547), Fernando I, Emperador de los

Romanos (1503-1564), Emmanuel I, rey de Portugal (1469-1521),
Luis II rey de Hungría y de Bohemia (1506-1526), entre otros. A su
vez con ocasión de dicha celebración, reforma los estatutos para aumentar hasta cincuenta y uno el número de caballeros, regulando,
además, los requisitos indispensables que debían reunir los caballeros
para ser admitidos en la Orden.

En 1519 habiendo tomado ya el Emperador plena posesión de la
Monarquía Española, como asociado al trono de su madre Juana I,
celebró el primer capítulo en España, que sería el décimo noveno de la
Orden, que tuvo lugar en la catedral de Barcelona, cuya sillería del
coro ostenta desde entonces las armas de los cincuenta y un caballeros
que integraban el capítulo. En esta ocasión se ve un gran incremento
de españoles, donde por mencionar sólo unos pocos nombres se destacan los siguientes: Fadrique Álvarez de Toledo, II duque de Alba,
Diego López de Pacheco, II duque de Escalona (1456-1529), Diego
Hurtado de Mendoza, II duque del Infantado (1461-1531), Cristián II,
rey de Dinamarca (1481-1519), Segismundo I rey de Polonia (1467-
1584), entre muchos otros.

En 1531 Carlos V celebra el duodécimo capítulo en Tournai, donde
concede el preciado collar a personalidades tan afamadas como Juan
III, rey de Portugal (1502-1557), Jacobo V rey de Escocia (1512-
1542), Jorge , duque de Sajonia (1471-1539), el célebre Andrea Doria,
primer príncipe de Melfi (1466-1560), Felipe de Austria, después Felipe II (1527-1598), etc...

En 1546 como sabemos el emperador Carlos V se encontraba en
Utrecht y fue allí donde le concedió el prestigioso collar al conde de
Feria, don Pedro Fernández de Córdoba, el gran mentor y patrocinador
de la carrera de nuestro protagonista, Pedro Lísperguer Wittemberg.
En esta memorable velada ocurrida en los primeros días del mes de
enero de 1546, que se correspondería con el duodécimo primer Capítulo de la Orden, se concedió el collar de la Orden del Toisón de Oro a
las siguientes personalidades: Maximiliano de Austria, Emperador de
los Romanos (1527-1576), Iñigo López de Mendoza, IV duque del

Infantado (1403-1566), Fernando Álvarez de Toledo, III duque de Alba (1508-1582), Cosme I de Médicis, duque de Florencia, I gran duque de Toscana (1519-1574) y entre otros muchos señores a **Pedro Fernández de Córdova, IV conde de Feria (1518-1552).**

Los sucesos de tan venerable momento ocurrieron de la siguiente forma. El día 1 de enero de 1546 S.M. acordó que las primeras vísperas de la fiesta del Toisón de Oro se celebraran el día 2. Al día siguiente, sábado, reunidos a las 3 de la tarde, los caballeros del Toisón fueron a la cámara de S.M. y de allí toda la comitiva a la catedral. Con toda la pompa, el boato y la solemnidad del momento, el domingo 3 a las nueve de la mañana, S.M. y su séquito fueron a la catedral a la fiesta del Toisón, donde S.M. hizo la ofrenda.

Predicó el canciller de la Orden. Posteriormente S.M. concedió un banquete a los caballeros. Por la tarde, vestidos de luto, fueron a la vigilia por los caballeros difuntos. El día 4, lunes, S.M. con los caballeros asistió a la misa de réquiem. Después fue la comida y más tarde el Consejo de la Orden. El día 5 martes a las nueve, S.M. fue con los caballeros a la catedral a la fiesta del Toisón y nombró a varios caballeros. El miércoles 6 de enero de 1546, día de Reyes, S.M. no pudo ir a la misa a causa de la gota.

Por la tarde tuvo Consejo de la Orden. El día 7 y 8 jueves y viernes respectivamente, le aumentó el ataque de gota, por lo que S.M. no pudo hacer la elección y publicación de los caballeros de la Orden, que dejó para más adelante. El día 17 de enero celebrado el capítulo de la Orden del Toisón, S.M. proveyó las 22 vacantes habidas desde el último capítulo celebrado en Tournai en 1531.Tomaron el Collar 10 Caballeros que estaban presentes y se envió a 4 que estaban enfermos o ausentes y se publicaron los nombres de los ocho restantes (Foronda, 1914, pág. 327).

Este fue el último momento en que las fuentes documentales asocian la vida de Pedro Fernández de Córdova a la del Emperador. Aunque no se sabe con precisión cuando el Conde se separó del Emperador se puede entrever que fue en la primera quincena del mes de febrero de 1546, ya que a mediados de marzo fue cuando el séquito del conde de Feria en el que iba Lísperguer llegó a Osuna, Andalucía. Parece que en torno a este momento fue cuando el Emperador le ofreció al Conde la mayordomía de su hijo el príncipe don Felipe, cuya aceptación excusó por su corta edad y natural modestia.

Esta fue la única razón por la que fue designado para tal cargo el célebre duque de Alba. Entonces el Conde solicitó licencia al Emperador para venir a España a consumar su matrimonio, licencia que le fue concedida. Asimismo, obtuvo del propio Carlos V cuatro reales cédulas para enajenar las villas de Montealegre y de Meneses, del antiguo Estado de los Manueles y adquirir a cambio la de Castro del Río, trueque que al final no se hizo en su tiempo, viniendo más tarde a realizarlo su hija con su marido, que sería el hermano menor del propio conde don Pedro.

Todo lo que hemos venido analizando cuando he descrito la formación y evolución de la Orden del Toisón de Oro, así como su concesión al conde de Feria, sirve muy bien para ilustrar con mayor concreción de que personaje estamos hablando, y nos sirve para calibrar cuanto contaba el Conde en el imperio. Todos estos referentes evidencian de forma notable que el hecho de que Pedro Lísperguer Wittemberg estuviera entre esta constelación de magnates y potentados no fue una circunstancia accidental, ni casual.

En sus propias declaraciones manifestó claramente como vino a España con el conde de Feria, por lo que es claro que Lísperguer debió de haber estado en todos estos acontecimientos. Todo ello resulta de gran utilidad para evaluar el estatus social, el reconocimiento, el porte, el rango, en definitiva el grado estamental del personaje que es objeto de nuestro estudio. La formación y aprendizaje de Lísperguer habiendo estado por espacio de siete meses en la corte de Carlos V y por igual periodo en la corte de Felipe II en Inglaterra, nos muestra el grado de magnificencia, de prestigio, de aceptación alcanzado por Lísperguer.

La sociedad chilena puede estar orgullosa de tener en la génesis de sus cimientos, en la formación de su nacionalidad, en el origen de su cultura a un personaje como Lísperguer. No podemos sino sobredimensionar esta relación y pensar que el trato que Lísperguer tuvo con Carlos V, Felipe II y las diversas personalidades internacionales de la época, conforman una potente idea, que sin duda transmitió a su descendencia, propagándose por toda la clase alta chilena, como un concepto, una manera de ser, que enaltece su idiosincrasia y eleva el prestigio de su ciudadanía.

Se ha dicho de Colón, que al fin y al cabo, fue un sujeto sin procedencia que navegaba de espaldas al futuro. Que su finalidad era meramente especulativa y comercial y que nunca pretendió toparse con un continente. Su descubrimiento, sin pretender restar mérito a su colosal hallazgo no deja de ser un hecho fortuito y accidental, quizás generado por las propias fuerzas motrices de su tiempo.

Por el contrario, en Lísperguer se sintetizan esas cualidades del buen cortesano, cuyo reconocimiento fue evidenciado como un hecho antecedente y asimismo los denodados esfuerzos de Lísperguer en pro de la Conquista no hacen sino magnificar su papel ante la historia. Toda esta argumentación nos conduce a la conclusión de que si bien Lísperguer pudo haber elegido un destino más cómodo en la corte o simplemente pudo a haber regresado a sus tierras natales, sin embargo, optó por emprender una conquista altruista, a costa de su hacienda y su peculio, en defensa de su rey, de su fe y de su nación, que como extranjero bien pudo haber sido el mundo.

Pero no nos confundamos, ni caigamos en falsos triunfalismos. Aunque pueda parecer contradictorio –y de hecho lo es– Colón fue un hombre extraordinario que forjó su destino literalmente: "con sus propias manos". De otro modo, Lísperguer fue un hombre con abolengo pero sin fortuna conocida, que también como Colón forjó su destino con su propio esfuerzo, pero ello no fue óbice para que su estirpe fuera el origen de escabrosos escándalos que aún dejan perplejos a los más avezados historiadores. Lísperguer o su familia se convirtieron así en cierta manera en un contrapoder, en una familia exótica, inmersa en la paradoja de haber sido impulsada por el poder real, para convertirse en transgresores de los comportamientos de su clase, lo que le acarreará la condena de su medio social.

A lo largo de este libro trataremos de sopesar el prestigio y desprestigio de los Lísperguer. Trataremos de calibrar la fascinación de una familia excepcional que nos arrastra a una seducción fatal y por otro la detestable conmoción que nos producen algunos de sus escándalos y aberraciones, de las que nuestro personaje fue más una víctima que su actor. La familia Lísperguer, sin duda, es una de las más interesantes y enigmáticas que ha producido la Edad Moderna.

Finalizado el capítulo del Toisón de Oro, el cortejo del conde de Feria y Lísperguer abandonan Utrecht, separándose del Emperador, que ahora se dirigiría hacía Mühlberg. Esto ocurría en la primera semana de febrero de 1546. No se sabe con exactitud que medio empleo el Conde para regresar a España. Existe la posibilidad de que la comitiva del Conde haya embarcado en algún puerto holandés y así haya llegado a España. También puede haber cruzado Francia y los Pirineos hasta llegar a la península. Se tiene constancia documental de que el grupo se encuentra en Andalucía a mediados de marzo de 1546, por lo que tal vez, debido a las difíciles navegaciones en esa época del año, haya cruzado el continente por tierra.

Sea como fuere, habiendo obtenido el Conde licencia del Emperador para consumar su matrimonio, hacía entrada con su séquito en Osuna (localidad entre Córdoba y Sevilla) y allí se veló con la Condesa su mujer, donde estuvieron en compañía del conde y la condesa de Ureña, sus tíos (don Pedro Girón II, hermano de su madre y doña Mencia de Guzmán).

La Condesa, con quien el conde de Feria se había casado en 1541, se llamaba doña Ana de la Cruz Ponce de León, hija de Rodrigo Ponce de León, segundo marqués de Zahara, conde de Casares, cuarto conde y primer duque de Arcos, octavo señor de Marchena, grande de España y de los de primera clase y antigüedad y de la duquesa doña María

Téllez Girón y Velasco, llamada doña María Girón de Archidona, su tercera mujer, hija sexta de don Juan Téllez Girón, I del nombre, II conde de Ureña, rico hombre y grande de Castilla, señor de Osuna y otros grandes estados, camarero mayor del Rey, notario mayor de los Reinos de Castilla, etc... y de la condesa Leonor de la Vega y de Velasco, su mujer, hermana del condestable de Castilla, primer duque de Frías (Fernández Bethencourt, 1897, págs. 189-190).

Así pues, fue en Osuna donde conoció por primera vez Pedro Lísperguer a la condesa Ana de la Cruz Ponce de León. Nos imaginamos lo festivo de la velada. Después de tres años de ausencia por fin llegaba el conde don Pedro a su querida España, donde al fin se encontraba con los suyos y podía abrazar una vez más a su amada mujer. Atrás quedaban los graves asuntos de Estado, ahora podía deleitarse con el aroma de la tierra, dejándose acariciar por el cálido sol de Andalucía, en compañía de sus gentes y de sus viejos recuerdos.

Debe haber sido grande el asombro de Pedro Lísperguer cuando conoció por primera vez a la Condesa, entonces una joven de apenas diecinueve años. Según el padre Martín de Roa, jesuita que escribió sobre su vida y virtudes, la Condesa fue una purísima doncella y concertada madre de familia. Según este mismo autor la Condesa era:

> "...de lindo talle, grandemente hermosa, bien proporcionada, de cuerpo alto y delgado. El rostro más bien redondo que largo, la tez blanca, colorada y como bruñida. La frente, ancha, serena y lisa. Los ojos de color cielo oscuro, que tiraban al negro, medianos y agraciados. Rojas las cejas, blandamente arqueadas. Nariz mediana, derecha. Boca pequeña, y labios colorados. Voz clara y suave; manos largas, delgadas y blancas. Semblante agradable y modesto; mirar apacible y grave; ademanes honestos y puros..." (Fernández Bethencourt, 1897, pág. 195).

La Condesa había nacido el viernes 3 de mayo de 1527 en Marchena, en otro tiempo obispado, señorío y lugar donde se encontraba el palacio de los duques de Arcos, de cuya ilustrísima familia ella descendía. Tuvo la desgracia de quedarse huérfana a los tres años de edad, por lo que su educación fue confiada a su tía, la duquesa doña

Mencia, hermana del duque de Medina Sidonia, don Enrique y mujer de don Pedro Girón , conde de Ureña. Así fue criada la condesa en la villa de Arahal, grande y principal villa del ducado de Osuna.

Allí hizo amistad con la hija de doña Mencia de la misma edad que ella, con la que creció. Todos refieren a la blandura natural y la suavidad de su carácter, así como la gran serenidad de su semblante y el maravilloso sosiego de su alma. Fue una gran estudiante, de gran memoria y entendimiento. A los doce años de edad y con gran aprovechamiento dominaba la lengua latina, en la que había sido instruida por el Maestro Juan de Ávila, el gran místico del siglo.

Fue en este periodo de su niñez cuando comenzó a formarse su espíritu piadoso, virtuoso y místico. Cumplidos los doce años de edad, el emperador Carlos V quiso entregarla en casamiento a un hijo de un gran privado suyo, pero encontró la oposición de sus deudos en especial de don Pedro Ponce, su tío, que con el sigilo y recato que juzgó conveniente la trasladó a la villa de Osuna. Allí se entregó a la fe al amparo de su tío, el conde de Ureña.

Dice el padre Martín de Roa, que la Condesa en su niñez se destacó por sus liberalidades, sus limosnas, obras, ocupaciones y virtud. Pasaba grandes momentos en el oratorio, practicaba ayunos e irradiaba una gran honestidad en el rostro, adornada de la hermosura y gentileza de un ángel. Poseía una dulce gravedad en el semblante que turbaba a quien la contemplaba. De gran humildad obtenía de todos reverencia y estima.

Siendo ya adolescente, la marquesa de Priego, doña Catalina Fernández de Córdova, madre de don Pedro Fernández de Córdova, se fijó en ella y concertó su matrimonio con su hijo primogénito. Parece ser que la Condesa era en extremo piadosa y que trató de evitar este matrimonio, pero finalmente cedió bajo la presión de sus parientes. Ya referimos que el conde don Pedro, apenas celebrado el desposorio, sin poner el pie en el lecho conyugal, se fue a Flandes con el Emperador para acompañarlo en sus guerras. El conde rehusó entonces el derecho que como esposo tenía a consumar su matrimonio, ya que como gran caballero, pensó que en caso de que perdiera la vida en la guerra, la Condesa podría conservar su estado virginal y emprender así un nuevo matrimonio (Roa M. , 1604, págs. 9-16).

Tras pasar por Osuna –dónde se veló el Conde y tuvo ocasión de saludar a la familia de su mujer– se dirigieron a Montilla, en tierras de Córdoba, capital del marquesado de Priego, entrando con gran regocijo en la ciudad el día de San Gregorio Papa, 12 de marzo de 1546 (nuevo estilo). Podemos imaginar que la pareja fue recibida con gran alegría por la madre del conde de Feria, la II marquesa de Priego, doña Catalina Fernández de Córdova, señora de las casas de Córdova y Aguilar, en su palacio de Montilla, el cual aún hoy existe en perfecto estado.

La madre del conde de Feria, era hija de don Pedro Fernández de Córdova, I marqués de Priego y de la marquesa doña Elvira Enríquez, nada menos que prima hermana de Fernando de Aragón, segunda hija de don Enrique Enríquez, señor de Orce y Galera, almirante de Sicilia, alcalde mayor y alférez mayor de Baza, comendador mayor de León, de la Orden de Santiago, mayordomo mayor y tío carnal del Rey Católico, que siempre se llamó y firmó tío y mayordomo mayor del Rey, como que era hermano entero de doña Juana Enríquez su madre, Reina que fue de Aragón, de Navarra y Sicilia.

En aquellos momentos la marquesa de Priego, madre del conde de Feria, se hallaba viuda, ya que su marido don Lorenzo Suárez de Figueroa había muerto unos años antes. Por lo que su hijo don Pedro heredó de su padre el condado de Feria y también sería heredero algún día del marquesado de Priego, que de momento gobernaba su madre Catalina.

La madre de don Pedro Fernández de Córdova, doña Catalina Fernández de Córdova, fue I en el nombre y IX señora de la Casa Córdova, octava señora de la villa de Aguilar de la Frontera, de las de Priego, Montilla, Duernas, Santa Cruz, Puente de don Gonzalo, Castillo-Anzur, Monturque y Carcabuey, segunda señora de Montalbán, segunda marquesa de Priego, una entre los grandes de Castilla de la primera clase y antigüedad, etc... (Fernández Bethencourt, 1897, pág. 175).

Así Lísperguer en los diez años que estuvo al lado de los condes de Feria, recibió dos influencias. De un lado, las del marquesado de Priego, que gobernaba la madre del Conde, cuyas villas castillos y ciudades debió de recorrer en muchas ocasiones, territorios que se localizaban en la provincia de Córdoba. Por otro lado recibió la influencia del condado de Feria, a cuya posesión había entrado don Pedro Fernández de Córdova, tras la muerte de su padre don Lorenzo Suárez de Figueroa, como primogénito de su casa, territorios y villas que se localizaban en Extremadura, en la provincia de Badajoz.

SEGUNDA PARTE

ESPAÑA

El marquesado de Priego: principales hechos y personajes destacados

Así pues, Pedro Lísperguer Wittemberg, estuvo con el conde de Feria, don Pedro Fernández de Córdova y su mujer doña Ana Ponce de León, en Montilla, por entonces tierras de la marquesa de Priego, madre del Conde, por espacio de un año. En este tiempo Lísperguer tuvo ocasión de aprender sobre la legendaria memoria de la casa y de sus hechos más sobresalientes. ¿Qué pudo aprender allí Lísperguer? Veámoslo. La genealogía del Conde por parte de madre era la siguiente:

Don Alfonso Fernández de Córdova, llamado de Aguilar y el Grande, rico hombre, sexto señor de Aguilar, casado con Catalina Pacheco, muerta en 1501 (hermano del famoso don Gonzalo Fernández de Córdoba, conquistador de Italia, apodado "el Gran Capitán", I duque de Sessa). Padres de don Pedro III Fernández de Córdova, Rico Hombre, séptimo señor de Aguilar, primer marqués de Priego, último varón de su línea, muerto en 1517. Padre de doña Catalina Fernández de Córdova, segunda marquesa de Priego, octava señora de Aguilar, casó con Don Lorenzo Suárez de Figueroa, tercer conde de Feria. Pa-

123

dres de don Pedro Fernández de Córdova y Figueroa, IV conde de Feria, casado con doña Ana Ponce de León, muerto en 1552 (Fernández Bethencourt, 1897, pág. 11 y 169) (protector de Lísperguer).

Aunque don Pedro Fernández de Córdova, no descendía de Gonzalo Fernández de Córdova, lo he incluido en esta genealogía ya que el peso de la figura del "Gran Capitán" sobre toda la casa Córdova fue inmenso, abrumador. ¿Cuántas veces habrá deambulado Pedro Lísperguer por Montilla, capital desde donde gobernaba sus estados la marquesa de Priego, y se habrá encontrado con la leyenda, el mito, del Gran Capitán?

Gonzalo Fernández de Córdoba, El Gran Capitán (1453-1515)

Quizás paseando por el Palacio de Montilla, se haya encontrado con sus efectos personales, o frecuentando algún mesón de la villa haya encontrado a un nieto de algún lugareño al que don Gonzalo favoreció con sus liberalidades. La tradición de este personaje en las glorias de la casa era sin duda colosal. No cabe la menor duda de que a Lísperguer, un joven de unos dieciséis años, debieron de narrarle con todo el asombro y la expectación del mundo quién fue y qué representaba la figura h-umana y moral del Gran Capitán.

Pero si importante fue Gonzalo Fernández de Córdova, no menos destacado fue su hermano Alonso o Alfonso de Aguilar, que pasó a la historia con el nombre de "El Grande". Las vidas de estos célebres personajes se entrecruzan en el contexto de la guerra de Granada y las múltiples guerras transfronterizas.

Don Alfonso Fernández de Córdova conocido generalmente por don Alonso de Aguilar, fue rico-hombre de Castilla, noveno señor de la casa de Córdova, octavo señor de Cañete de las Torrres, de Lueches y Paterna, sexto señor de Aguilar de la Frontera, de Priego, Montilla, Monturque, la Puente de don Gonzalo y Castillo-Anzur, de los Heredamientos de Carchena, Santa Cruz y Duernas y de la Villa de Carcabuey, alcalde mayor y alguacil mayor de Córdova, alcaide de sus reales alcázares, vasallo del Rey y de la Reina, de su Consejo, alcaide de Alcalá la Real, de Antequera, Montefrío y la Calahorra, virrey de Andalucía, etc... (Fernández Bethencourt, 1897, pág. 82).

Alfonso era el primogénito, el sucesor en el mayorazgo, en las tierras, en el poder y la representación de la Casa. Gonzalo era el segundón, el que nada heredaba, el que tenía que demostrar su valía, abrirse un porvenir en la guerra, darse a conocer. Los dos niños nacieron en el que era por entonces, poderoso castillo de Montilla, símbolo de fuerza y orgullo, puesto avanzado en la frontera, mole esbelta e imponente que protegía la villa, a la vez que infundía respeto a los belicosos moros que asolaban continuamente los campos cristianos. Allí nació Gonzalo el 1 de septiembre de 1453, en pleno siglo XV, habiendo su hermano Alfonso nacido unos años antes. El Castillo de Montilla se encontraba en la frontera cordobesa con el Reino moro de Granada, centro principal de las operaciones militares andaluzas.

Gonzalo y Alfonso, siendo muy niños quedaron huérfanos de padre, siendo criados por su madre, Elvira de Herrera, "señora de nobilísima sangre y de gran hermosura", al abrigo del calor de la tierra, en la campiña cordobesa, las tierras llanas que se abren al sur del Guadalquivir, entre campos ligeramente ondulados, llenos de argentados olivares, áureos cereales, recortados y verdes viñedos, limitados al fondo por las majestuosas montañas de la sierra granadina. Aquí la tierra es fértil, el paisaje delicioso, el horizonte abierto y dilatado, incluso la atmósfera se hace tenue y espiritual por la proximidad de las grandes montañas del Sistema Penibético.

Desde muy niños los hermanos crecieron en medio de los mitos legendarios de los Fernández de Córdova, los conquistadores y colonizadores de la zona, muchos de ellos perecieron heroicamente, espada en mano luchando en campos ensangrentados contra los moros. Allí estaban sus tierras, sus señoríos, sus títulos y heredamientos. Allí se alzaba altivo el señorío de la casa de Aguilar, por concesión que el rey don Enrique II hizo a este feudo antiguo.

Como símbolo del poderío de la casa se alzaba un águila, majestuosa, poderosa y deslumbrante; un emblema inconfundible que mostrara a todos cual era el linaje y el porte de los Fernández de Córdova. Pronto los hermanos aprendieron el oficio típico de la estirpe; esto es, la guerra contra los moros, las luchas transfronterizas, tan común a las familias hidalgas de la época, relatadas en las crónicas, magnificadas en la epopeya y pregonadas en el romance al clamor de las tradiciones populares.

Los dos hermanos siendo muy jóvenes realizan sus primeras incursiones en tierra de moros. Las crónicas relatan cómo los dos hermanos huérfanos de padre, aún siendo muy mozos, en las batallas los llevaban delante, teniendo por cierto que con tales capitanes no podrían ser vencidos de sus enemigos. Así esta tierra de la frontera se hallaba inmersa en el vehemente frenesí de las incursiones recíprocas. Allí estaban los moros con sus *razzias* y los cristianos con sus *talas,* golpe y contragolpe de un mismo escenario, el teatro de la guerra, la pasión por las armas y la ruda polvareda.

Así don Alfonso y don Gonzalo aprendieron el arte de la guerra sangrienta, del asalto rápido, de la emboscada, de la sorpresa. Era esta una época de inesperadas cabalgatas, de raudas escaramuzas, aprendiendo a vivir en constante alerta, bajo la protección de expectantes centinelas, inmersos en una ansiedad constante y angustiosa. Pero siempre algún renegado abría la puerta, se combatía en las callejuelas y el pueblo huía despavorido a refugiarse en el castillo (Lojendio, 1965, págs. 59 y 61-65).

En este ambiente de amor por las armas, de ardor guerrero, de brío jubiloso y extenuante, en este mundo fabuloso y radiante, se forjaron las conciencias de unos jóvenes que iban a permanecer de forma indeleble en otra conciencia, la popular, que jamás podría olvidar las épicas jornadas de estos caballeros exaltados y que especialmente en el caso de Gonzalo, sintetiza hasta nuestros días el ideal caballeresco de su tiempo, el genio militar, el primer "gran capitán" que tuvo España.

Pero no eran aquellas correrías las únicas convulsiones que en aquellos tiempos se cernían sobre España. Por entonces reinaba en España Enrique IV, llamado "El Impotente". El drama físico y moral que arrostraba este hombre incapaz de ofrecer un destino a la Monarquía, había dividido y faccionalizado a la nobleza, en nuevos intereses y renovadas esperanzas. Andalucía no fue en absoluto ajena a este proceso y estas disensiones intestinas encajaron perfectamente en la rivalidad ancestral que dividía a los Fernández de Córdova, que formaban varias ramas, todos ellos primos entre sí. Así se formaron las banderías cordobesas, los de Aguilar y Alcaide de los Donceles, se alinearon con el infante don Alonso, hermano del rey desgraciado y por tanto en el partido hostil al monarca. Los de Cabra y de Alcaudete apoyaron al monarca vigente.

Y así fue como Gonzalo fue enviado a la corte hostil, como paje de don Alonso. Alfonso quedaría siguiendo la tradición de la casa, en el puesto fronterizo, cabalgando en tierras de moros, en los turbulentos incidentes de la vida cordobesa. Gonzalo fue muy bien recibido en la corte, ya que los que allí se encontraban habían sido grandes amigos de su padre. Allí fue instruido, en su primera lección de juventud, enseñándole costumbres muy excelentes.

Entusiasta y con ánimo encendido, Gonzalo se desenvolvía en aquella corte efímera, soñando en ser caballero, un mozo que ya entonces confiaba en su estrella y con la disposición de su fortísimo cuerpo, aspiraba a hacerse valeroso y esforzado. Pero pronto toda esta ansiedad vital se vería cortada radicalmente cuando el infante don Alonso moría en Cardeñosa, aldea de Ávila, el 5 de julio de 1468 en sospechosas circunstancias. Es así como Gonzalo veía truncado su porvenir después de haber jurado fidelidad al infante malogrado.

Pronto el partido hostil a Enrique IV encontró una nueva heroína para su causa en la hermana de don Alonso, la infanta Isabel, futura

Reina Católica. Por lo que al poco tiempo fue llamado Gonzalo a la corte de Segovia. Allí convivieron Gonzalo e Isabel, ésta apenas dos años mayor que Gonzalo y entre risas y primeras experiencias de juventud se fue gestando una amistad sincera y palpitante. Así dicen sus biógrafos que Isabel siempre mostró predilección por Gonzalo. También se habla de veneración, admiración, respeto de Gonzalo hacia Isabel. Algunos historiadores se atreven a sugerir la idea del sentimiento oculto, mutua adhesión, complicidad e incluso amor platónico...

Sea como fuere, más allá de la cáustica racionalidad de Estado, Isabel siempre apoyó a Gonzalo confiriéndole empresas de gran importancia y defendiéndole en la corte cuando los envidiosos y engendradores de intrigas intentaron desprestigiarlo y cuestionaron su trayectoria militar y política. Aquí en Segovia los cronistas hablan de: "la grandeza de la fuerza de Gonzalo, así como de la alta y gentil disposición y hermosura de rostro y su buena conversación". Otros resaltan su magnificencia y liberalidad, su locuacidad y oportunidad en el decir, su talante rumboso y espléndido.

Hacia sus veinte años, Gonzalo retornó a las tierras cordobesas juntándose nuevamente con su hermano Alfonso. Sus biógrafos lo relatan en esta etapa como mal avenido con su hermano, incluso que abandonó su casa y aunque pronto renovaron su amistad no volvió a ella. En una ocasión, ante la impaciencia por acudir a un acontecimiento, mando don Alfonso importunar a su hermano, el cual respondió:

"Decidle a don Alfonso, mi hermano, que me espere, que esta noche he estado soñando había de ser mucho más señor que él" (Orti Belmonte, 1915).

A pesar de los sueños, Gonzalo continuaba siendo el segundón de los Aguilar y siguiendo las tradiciones de la casa, su hermano le confirió la Alcaldía de Santaella, villa que se encuentra a medio camino entre Montilla y Écija. Producto de las rencillas y rivalidades entre señoríos, se presentó allí un día el conde de Cabra con su tropa, primo de Gonzalo y rival de los de Aguilar. En un rápido golpe de mano se apoderó de la villa y recluyó a su alcaide en el Castillo de Cabra, donde permanecería Gonzalo preso hasta 1476.

Pero no quedaría Gonzalo allí mucho tiempo. Enrique IV había muerto, dos nuevos jóvenes habían ascendido a la Corona de Castilla; Isabel y Fernando, que con el tiempo se convertirían en los famosos Reyes Católicos. Nunca olvidaron como Gonzalo les había jurado fidelidad allí en Segovia, a unos príncipes que aún no tenían reino, y mediaron con el conde de Cabra para que procediera a su liberación. En 1476 Gonzalo era liberado.

En 1477 los Reyes Católicos entraban en Andalucía, con el objetivo de pacificar la región. El 31 de octubre llegan a Córdoba en medio de un gran regocijo popular. Allí les recibe con gran pompa y acatamiento don Alfonso, que se prestará a las nuevas directrices e instrucciones que recibirá de los monarcas. En el próximo decenio vemos a Alfonso como comandante de importantes fuerzas, como destacado jefe de la Guerra de Granada. Alfonso como el primogénito y jefe de la casa tenía la responsabilidad y el honor de aquellas fuerzas. Gonzalo, el segundón, le acompañó en muchas de estas empresas, viendo en él a un gran maestro, un émulo a quien seguir, en definitiva, un gran estímulo.

Se suceden así un sinfín de batallas memorables que como estampas parecieran envolver la vida de estos esforzados y valerosos hombres. Gonzalo lucha con denodado ardor en batalla de Albuera en la que los castellanos ganaron a los portugueses el día 23 de febrero de 1479. Cercado Cañete por el rey de Granada Aben-Hacen con 7.000 de a caballo y muchos peones salió don Alfonso con su hermano Gonzalo en su persecución, destruyendo Alhama y sus términos, liberando a muchos cristianos cautivos y volviendo luego triunfante a Córdoba.

En 1483 los dos hermanos partieron nuevamente con sus deudos y gente de su casa, acompañando al Rey Católico a la tala de la Vega de Granada y al primer cerco de Loja, donde tuvo don Alfonso en aquel ejército sitiador puesto de importancia. Aquí con inusitada maestría desplegó Gonzalo toda su sagacidad, su astucia, su capacidad para la improvisación, su ardor entusiasta e incombustible para acometer al enemigo. Pronto don Fernando se dio cuenta:

> "...del recaudo que se daba y como los casos de esfuerzo hacía y la diligencia que ponía en cosas tocante a la guerra, en la cual, comenzada la pelea era el primero que entraba en ella y el más tardío que se partía de la lid, y la afección que aquellos que le seguían le tenían..." (Rodríguez Villa, 1908, pág. 560).

Gonzalo empezaba a sobresalir, a brillar con luz propia en aquella carrera fulgurante de éxitos y heroísmos que le deparaba el futuro. En su paso por los campamentos empezaba a gustar del halago y la admiración fervorosa de sus propios soldados, a quienes a todos envolvía en una especie de vitalidad, ansiedad contagiosa, ilusión y confianza en el porvenir.

Gonzalo ya a los treinta y un años era un capitán destacado. Continuando con estas campañas previas a la definitiva toma de Granada, Alfonso salva de milagro su vida en la desgraciada expedición de la Axarquía de Málaga. Poco después lo vemos en la vanguardia acompañando al rey don Fernando en la tala de los campos de Illora, Montefrío y Vega de Granada al frente de 400 peones y 270 lanzas. También tomó parte en la toma de Tájar.

Allí Gonzalo peleo con valentía, coraje e ingenio. El 21 de abril de 1483, junto al arroyo de Martín González, se enfrentaron moros y cristianos en la memorable batalla de Lucena, en la que fue apresado el Rey Chico de Granada, el mítico Boabdil. Ausente don Alfonso en la batalla y cuando se dirigía hacia ella con la caballería, alcanzó en su retirada al ejército infiel, haciendo en sus filas grandes estragos, muchos muertos y cautivos y peleando cuerpo a cuerpo con el famoso Ali-Halar, el caudillo de Loja, terrible y temido en toda la frontera, a quien don Alfonso laceró con sus propias manos en singular combate.

A propósito de la prisión de Boabdil en el castillo de Lopera, se destaca la amistad de Gonzalo con el Rey Moro, relación difícil de entender desde un punto de vista confesional y que nacía como producto del complejo fronterizo. Los cronistas han dejado constancia de la gran humanidad de Gonzalo, de sus frecuentes liberalidades y clemencia con los vencidos. Gonzalo de mirada penetrante y serena, se alzaba ante sus semejantes con una fuerza, una autoridad moral, que infundía admiración entre aquellos que le conocieron. Sus habilidades personales le permitieron no sólo ser un gran soldado, sino también comenzar a comprender la mentalidad de los moros y a adentrarse en los ardides de la guerra.

Se suceden otras épicas batallas como la toma de Alora y Setenil y la gran tala de la Vega granadina en las que Alfonso va a la vanguardia con sus fuerzas. Caen asolados pueblos como Malá, Gavia, Otura, Gojar, los Ojijares, la Zubia y Armilla y hasta los molinos de Jaraguí, llegando algunos cristianos hasta la puerta de la ciudad. En mayo de 1485 salió el Rey Católico de Córdoba, al frente de uno de los ejércitos más impresionantes y numerosos que se vieron por entonces: 9.000 caballos y 20.000 infantes. Se pone cerco a Cartama, se marcha sobre Ronda, se toma Illora cuya tenencia dio Fernando –hábil político y buen escogedor de sus servidores– a Gonzalo Fernández de Córdova (Fernández Bethencourt, 1897, pág. 93).

Asistió Alfonso con su hermano Gonzalo al segundo cerco de Loja en compañía de los Reyes. Allí Gonzalo no sólo destacó sobremanera, por su audacia y valor en la lucha sino también por sus dotes como diplomático. La Loja se encontraba sitiada. Boabdil esperaba refuerzos de su tío El Zagal que no llegaban nunca. Boabdil en su angustiosa espera temía la ira de los Reyes Católicos por pasadas afrentas y deslealtades. Así Fernando envío a Gonzalo a parlamentar con Boabdil su viejo amigo. Si bien Gonzalo no fue el agente decisivo de la negociación, sí pasó a ser su verdadero artífice. Fue y volvió del campamento real a la plaza sitiada. Su relación personal con Boabdil fue el fundamento de la rendición. Cuando el Rey Moro salió de la ciudad para presentarse a don Fernando, lo hizo acompañado de Gonzalo (Lojendio, 1965, pág. 80).

La España musulmana se encontraba agonizante pero aún lo suficientemente fuerte para resistir. Don Fernando, astuto político comienza a diseñar el plan final para la destrucción definitiva del Reino nazarí. La toma de Granada se vislumbraba como el último eslabón de una genial campaña. Pero aún la capital aparecía demasiado fuerte y poderosa para ser quebrantada mediante la embestida y el asalto. Don Fernando comprende que mientras Granada tuviera el apoyo de los puertos de Málaga y Almería, poseía una vía para el abastecimiento, el refuerzo militar desde África, e incluso un apoyo moral en caso de retirada.

Había que aislar a Granada. Así se perfila un agudo plan concebido en tres vertientes, que bien ejecutadas, iban a culminar en la toma de la ciudad. En primer lugar, fomentar la guerra de desgaste, cuya misión se encarga a Gonzalo como alcaide del Castillo de Illora y a Martín de Alarcón, alcaide de Moclin. En segundo lugar, apoyar las disensiones en el interior de la ciudad para mermar su poder y debilitarla. Por último atenazar la ciudad destruyendo sus bases marítimas que la conectaban con África.

En la guerra de desgaste, Gonzalo demostró una vez más su osadía, su valor, su porte como militar talentoso que atraía todas las voluntades, siempre el primero en liderar la batalla, rayano en la euforia incombustible, ciego de fe en la misión encomendada. Así asolaba los campos y menguaba la capacidad de las Alpujarras para suministrar víveres y abastecimientos a la ciudad granadina. Una noche llega en su audacia a prender fuego la puerta de Bibataubin, en las mismas murallas de Granada.

Tenaz y sutil, Gonzalo comprende que la ciudad carece de elementos de primera necesidad para su subsistencia. No duda en abrir su castillo de Illora donde se acercan enemigos y amigos buscando refugio y sustento. Ello le sirvió para ejercitar sus grandes dotes como hábil negociador, proporcionándole una importante red de espías e información para trazar sus planes de ataque.

En aquel momento la ciudad de Granada se hallaba en poder del Zagal, que tenía su palacio y corte en la Alhambra. Su sobrino, Boabdil, hasta entonces había vagado de un lugar a otro sospechoso de connivencia con los cristianos y malquisto por su tío. Pero un día llega a los muros de Granada, se le abren las puertas y al poco alza el barrio del Albaicín contra su tío. Se crea una guerra civil en el interior de la ciudad, se lucha calle a calle y entre reyertas y escaramuzas la confusión es total.

Una vez más se acordó Boabdil de su amigo y así vemos a Gonzalo en el interior de la ciudad como aliado del Rey Chico, en contra de su tío, en los combates que se llevaron a cabo entre el Albaicín y la Alhambra. La estratagema castellana consistía en un doble juego, se mantenía la división interna, al tiempo que se fomentaban los ataques e incursiones por los campos de la Vega, con el objetivo de forzar así la salida del Rey viejo.

Don Fernando el Rey Católico inicia en 1487 el cerco de Vélez-Málaga siendo asistido por Alfonso Fernández de Córdova, a quien acompañaban 250 caballeros a su costa. Comenzaba así la operación de aislar a Granada. El Zagal marchó a socorrer la ciudad asediada con todas las tropas que pudo reunir. Pensaba que un rápido triunfo sobre el Rey Católico, arrastraría el ánimo de las multitudes hacía su causa, regresando así a Granada como dueño y señor absoluto. No más lejos de la realidad. Cometió la imprudencia de desguarecer Granada. Al ser derrotado lo perdió todo. Tuvo que huir y guarecerse en Guadix, quedando Boabdil, el aliado de los Reyes de Castilla, como Rey de Granada.

La guerra era larga y tediosa. Don Fernando, prosiguiendo con sus operaciones militares, traslada su aparato guerrero al flanco oriental. Allí capitaneó Gonzalo las fuerzas conducidas por el Monarca, teniendo encuentros diarios con los moros, hallándose en los lugares de mayor peligro. Caen Baza, Almería, Guadix y nuevamente vemos a

Gonzalo luchando en la Vega granadina, obteniendo éxitos tan brillantes como los de Mondujar, alhedín, Padul y Malá. En 1491 llegaban a la Vega dos poderosos y nutridos ejércitos de don Fernando procedentes de sus bases de Loja y Alcalá Real. El 20 de abril comienza el cerco de Granada que duraría siete meses.

Allí se encontraban los dos hermanos Alfonso y Gonzalo siempre apoyando a sus monarcas. Granada languidecía extasiada. Era el principio del fin. Ante sus murallas se encontraba un formidable y majestuoso ejército que esperaba ansioso y jadeante, como un lobo hambriento para abalanzarse sobre su presa. Un drama hondo se escenificaba en la etapa final de los nazaríes en España. No se trataba sólo de la rendición de una ciudad. Aquel momento significaba el ocaso de una civilización floreciente que había transformado completamente la fisonomía y el espíritu de nuestro pueblo. Para los Reyes Católicos, era la culminación de más de setecientos años de reconquista, la unidad de España y de la fe. El momento era trascendente y simbólico, más para quien lo escenificaba, el desdichado Boabdil.

La situación era desesperada. Comenzaron así las negociaciones para la capitulación y entrega de Granada. Una vez más se acuerda Boabdil de su amigo Gonzalo, el soldado esforzado, el hombre hábil de la frontera, el negociador sutil, amigo de moros y cristianos, generoso y espléndido, gentil y caballero. Gonzalo nunca fue traidor a esa amistad. Complejo como lo era el momento era la personalidad de Gonzalo, al que su nobleza y gallardía en el combate, le había convertido en el más terrible adversario y el mejor amigo de los moros.

Don Fernando que siempre había sido muy hábil en la designación de sus emisarios, comisiona a dos hombres: a don Fernando de Zafra, su secretario y al alcaide de Illora, Gonzalo de Córdoba. Vuelve Gonzalo al juego apasionante del ir y venir del campamento a la ciudad que se rendía. Nuevamente recurre a sus amigos y espías, evalúa informes y proyecta su magnético influjo sobre las autoridades de Granada. La negociación es ardua y se porfía en los detalles. Fernando de Zafra no acaba de forzar la voluntad del Rey y de los alfaquíes

Chorrud y Pequeni. Se discute aún sobre las garantías y certidumbre que daban los Reyes a Boabdil sobre el dominio de las Alpujarras. Una noche se presenta Gonzalo en la Alhambra y le dice:

"El dominio de las tierras señor alcaide, durará cuanto durare su señoría en el servicio de sus altezas" (Rodríguez Villa, 1908, pág. 577).

Se ultimaban así las postreras estipulaciones de la capitulación de Granada en la que la personalidad de Gonzalo había sido determinante. El 2 de enero de 1492 caía la ciudad de Granada, fecha emblemática en la historia de España, en la que el crucifijo de plata de los Reyes Católicos brillaba radiante en lo alto de una de las torres de la Alhambra. Artífice de dicha realización sería un Fernández de Córdoba, Gonzalo, que de segundón de la casa de Aguilar había pasado a labrarse una personalidad definida y respetada, el genio maduro del gran capitán que llevaba dentro.

Gracias a la hábil política de los Reyes Católicos, se había conseguido contener una guerra civil, se habían unificado dos reinos: el de Castilla y Aragón. Con la toma de Granada en enero de 1492 se hacía realidad un sueño ancestral en los monarcas hispanos desde los tiempos del sanguíneo don Pelayo: la conquista del Reino nazarí. Culminaba la Reconquista, se expulsaba de España a los judíos y moros que no habían optado por la conversión. Por fin se alcanzaba la unidad de la fe, la centralización del poder de la Monarquía con la aparejada unidad de los reinos hispanos. En la primavera de 1493 llegan a Barcelona noticias de los descubrimientos de nuevas tierras allende los mares. España comenzaba a ser una potencia internacional.

Pero si España se centralizaba también lo hacía Francia. Quizás un gobernante cualquiera podría haberse relajado con una coyuntura política como esa, pero no don Fernando de Aragón. Fernando demostró ser uno de los monarcas más inteligentes y astutos de su tiempo. No es que Fernando de Aragón fuese maquiaveliano; esto es, fiel seguidor y admirador de las doctrinas de Maquiavelo, sino que Fernando fue el prototipo o uno de los prototipos de príncipe renacentista en el que Nícolo se basó para escribir su célebre obra: *El príncipe*. Era un experto jugador de ajedrez real, como que era él el rey de dicho tablero.

Fernando era por naturaleza desconfiado, poco compasivo, receloso de cualquier menoscabo a su autoridad, calculador. Isabel era la contrafigura, el contrapeso a la personalidad de Fernando. Poseía mayor transigencia, mejor inclinación y disposición hacía sus cortesanos aunque no era una ingenua. Entre los dos formaban un tándem perfecto. La genial pareja se ha dicho. Normalmente se ha creído que Isabel tenía una propensión a dedicarse a las cuestiones de política interior, mientras Fernando se dedicaba a la política exterior. Dentro de esa visión internacional de la política existía para Fernando la eterna amenaza de Francia. Así clave fundamental de su política sería el cerco de Francia, la contención y el aislamiento de su poderoso rival.

Italia, como conjunto de reinos, se mostraba entonces orgullosa de su Renacimiento, su vuelta a la antigüedad clásica, su ansia febril y alocada por retornar a la cultura greco-romana. El hombre se libera de la constricción moral a que se veía sometido en el Medievo. Se huye de los absurdos prejuicios de la edad oscura, de la obsesión por el más allá, de la superstición desmedida e inmensurable. Se produce una paganización de la sociedad. Se anhela llegar al *uomo universale*, a la deificación del hombre, al antropocentrismo, al cenit del superhombre.

Por este raudo arroyo de conceptos discurría una contradicción intrínseca en la que sucumbía la propia inercia del renacer. Como en tantas épocas de la historia colisionaban la idea de persona e individuo. Así se debatían aquellos colosos de humo, dioses Eolos que pugnaban por comprender las antinomias fundamentales de la vida, el sentido bifronte de la esencia humana, el bien y el mal... Y en este *maremagnum* de contrarios la realidad se mostraba caótica y confusa, hacían aparición los tiranos del Renacimiento, la inmoralidad sin freno de las clases dirigentes (Arnold, 1936, pág. 111).

Espectáculo tétrico y excitante éste que nos ofrecía la vieja Italia. Producto de esta complejidad psicológica manaban figuras extraordinarias y pavorosos déspotas. Curiosa mezcolanza en la que se ambiciona el esplendor de la vida, el refinamiento intelectual y se practica la impasible intriga, el desenfreno moral, la desaprensión de los medios empleados. Así pareciera que el símbolo de aquellos hombres fuera el centauro: mitad hombre y mitad bestia.

Ya que al tiempo que se protegían las artes, los trovadores conjuraban a sus musas, los poetas cortesanos declamaban extasiados o los filósofos enseñaban en sus academias, con la misma serenidad daban estos hombres rienda suelta a sus bajos instintos, a sus aberraciones y a sus crímenes. El mundo se disculpaba de su pérfida insidia y artistas como Andrés Verrocchio o Donatello, alzaban maravillosas y magnas estatuas ecuestres de célebres tiranos, que como recuerdo imperecedero, aún hoy ornan las plazas italianas ante el entendimiento disipado de quienes las contemplan.

Este era el principio del fin del laberinto italiano. Hasta entonces los dueños de Florencia, los Médicis, habían logrado el equilibrio del suelo itálico mediante el apego a las recíprocas ambiciones. Cosme y Lorenzo, más que políticos, soldados o aristócratas, eran sencillamente banqueros. Los hombres más ricos de Italia habían quitado al pueblo su libertad pero habían también alzado altiva y soberbia a la bella Florencia, con obras de arte insuperables y construcciones magníficas. Cuando Inocencio VIII sellaba en 1487 su alianza matrimonial con los Médicis, la influencia florentina llegaba a su cúspide, el eje Florencia-Roma se consolidaba constituyendo un potente basamento del equilibrio italiano.

Pero en los albores de esta plácida armonía, los inextricables subterfugios de la política, iban a generar nuevas tramas, nuevas rencillas, sofisticadas argucias que veían la luz en la mente de estos hombres tan apasionados como corruptos e inquietos. A la paz sucedía la guerra. En sus intrigas egoístas hubo príncipes que operaron con el apoyo de elementos extranjeros. Un difícil y complicado pleito se cruzaba en las relaciones de los dos más poderosos Estados del norte y del sur de Italia: entre Milán y Nápoles, entre los Sforza y Aragón. Siempre la alianza entre ambas casas, llevada a cabo mediante matrimonios concertados entre sus vástagos había sido un importante factor de la estabilidad italiana. Pero pronto todo este *status quo* se venía a derrumbar al paso de los nuevos acontecimientos.

En 1476 el duque de Milán, Galeazzo-María era asesinado. Su hermano Ludovico decide hacerse con el poder pasando por encima de los derechos del niño Juan-Galeazzo, hijo de aquél. Ludovico había usurpado a su sobrino sus funciones soberanas. Pero el asunto se iba a complicar aún mucho más produciendo un enredo entre los Sforza y los Aragón. El niño había crecido y Ludovico se negaba a entregarle el trono.

Ludovico se casaba con Beatriz del Este, hija de Hércules, duque de Ferrara y de Leonor de Aragón, hija del rey Ferrante. El error del tirano Ludovico fue compadecerse del hijo de su hermano, Juan-Galeazzo, casándolo con Isabel de Aragón, nieta de un hombre tan astuto, intrigante y peligroso como era el viejo Ferrante de Nápoles. Así Beatriz del Este e Isabel de Aragón, se enfrentaban no en una simple escaramuza de coqueteos sino en una peligrosísima rivalidad de madres, intentando hasta la vehemencia colocar a sus respectivas progenies en el trono de Milán.

El 9 de abril de 1492 moría de unas fiebres perniciosas, en la casa solariega de los Médicis, Lorenzo el Magnífico. El 25 de julio lo hacía Inocencio VIII. Reunido el Cónclave y tras ardua deliberación, el pueblo agolpado en el exterior del Vaticano escuchaba entusiasmado el nombre del nuevo papa. El elegido era Rodrigo de Borja, hasta entonces cardenal vicecanciller. Un español nacido en Játiva, subía a la Cátedra de San Pedro, gobernando la Iglesia con el nombre de Alejandro VI.

Los cronistas lo describen como un hombre de majestuosa presencia, de vitalidad exuberante, de inteligencia excepcional y de una tenacidad inagotable. Activo, desbordante y acometedor, la figura de un toro aparecía en el escudo de los Borja. Sin embargo, el gran defecto de Alejandro fue su desmedida codicia en la promoción exaltada de sus hijos. Confundiendo el poder espiritual con el temporal, pontificado e imperio, se prestaba al juego de la mundanización de la Iglesia, al lúdico juego de la conquista terrenal.

Ludovico el Moro, usurpador del trono de Milán, veía en estos afanes, alianzas y matrimonios de los Borgia la gran debilidad de Alejandro. En sus maquinaciones ideó la boda de la célebre Lucrecia Borgia con Juan Sforza. En su lucha contra Ferrante le interesaba afianzar la amistad del pontífice. Venecia firmaba una alianza con Milán y la Iglesia, a la que luego se le unió Mantua, Ferrara y Siena. Nápoles y Florencia quedaban al margen del acuerdo.

Por aquellos días llegaba a Roma Diego López de Haro, embajador de los Reyes Católicos, que intentaría atraerse la voluntad del Papa hacía su causa. El viejo Ferrante, sólo y aislado dirigió su mirada a España y a su primo don Fernando buscando un soporte a su desesperada situación. Fernando se aproximaba al partido del Rey de Nápoles, pero no por consideraciones sentimentales, ni por su parentesco con el monarca, sino con el mero objeto de aislar y contener a Francia. Ludovico había ido demasiado lejos en su odio contra Ferrante. En sus intrigas intentaba que el Papa le desposeyese del Reino de Nápoles, concediendo su investidura al rey Carlos VIII de Francia.

Esto no lo podía tolerar don Fernando. En el astuto engranaje político de Ludovico se había interpuesto el obstáculo español. Alejandro se sentía atraído hacía España. Le llamaban los vínculos de familia y nacimiento. Además era un viejo conocido de don Fernando. Don Diego de Haro para rematar la difícil negociación que se mantenía con el Papa le traía un ofrecimiento, la boda de Juan de Borgia, duque de Gandía, con doña María Enríquez, prima del rey don Fernando.

Alejandro no pudo resistirse a esta tentación de parentesco con los Reyes de España. El acuerdo se firmó el 1 de agosto de 1493. Acuerdo al que se le uniría el enlace de Jofre de Borgia con doña Sancha de Aragón. El nudo contra Francia se cerraba con un importante viraje de la política italiana. Unos días más tarde llegaba a Roma Perron de Baschi, embajador de Carlos VIII de Francia para pedir al Papa la investidura del Reino de Nápoles. Dado los acuerdos que ya había entablado con el embajador de los Reyes Católicos, ya nada había que hacer. Le responderá con buenas palabras, suaves evasivas y promesas vagas.

Ludovico siempre contemplaba con recelo a su poderoso vecino francés. En cualquier momento le podía apetecer engullirse el ducado de Milán. Por otra parte estaba el eterno odio hacia Ferrante. Al ver Ludovico que la balanza de la política italiana oscilaba en contra de sus intereses se vio el mismo vulnerable y no dudo en llamar a Carlos VIII, abriéndole las puertas de Italia. No escatimaba Ludovico encomios al Rey Francés, que para enardecerle entre adulaciones y fabulosas alabanzas, le incitaba haciéndole creer que él era el nuevo Carlomagno, destinado a unificar la vieja Europa.

Nada más lejos de la realidad. Carlos VIII era la contrafigura de su padre. Luis XI era duro, severo, tenaz, perseverante. Anexionó tierras a Francia. Sin embargo, su hijo no tuvo inconveniente en devolver a España el Rosellón y la Cerdeña y al emperador Maximiliano, el Artois y el Franco Condado. Carlos VIII poseía una figura noble, simpática e incluso quijotesca. Hombre contrahecho y cabezón, fue ingenuo, romántico y enamoradizo. Estaba impregnado de un espíritu medieval, con sus cruzadas, sus torneos y sus libros de caballerías.

El doble juego de Ludovico es que dejaba pasar al poderoso ejército Francés, ya que tenía la convicción de poder contenerlo después con el apoyo germánico. Para afianzar esta idea promovió el matrimonio de su sobrina Blanca-María Sforza con el emperador Maximiliano, Rey de los Romanos. Al final todo se resolvía como un exacto teorema matemático. El día 3 de septiembre de 1494 avanzaba por la frontera de Saboya una tropa nunca vista, conducida por un hombre joven, esmirriado y con una cabeza muy grande, toda ella llena de fantasías e insensatas aventuras.

Se encontrará con Ludovico en Asti. Poco después verá en su castillo de Pavía al desdichado Juan-Galeazzo. El 17 de noviembre entraba
en Florencia. Un mes más tarde entraba en Roma, con desfiles fastuosos por las calles de la ciudad. El pueblo asombrado contempla el paso
de un poderoso ejército. Al poco tiempo llegaba el ejército francés a
Nápoles para echar de Italia a los bastardos de Aragón. Pero tras la
aureola del triunfo, la visión fantástica del paso de espléndidos y deslumbrantes soldados portando elaborados estandartes, el resonar de
cascos de caballos, el rodar de cañones y lombardas, el clamor de los
festines, comenzaban ya ciertas conversaciones y cuchicheos. Se con-
certaban nuevas alianzas.

Unos años antes Carlos VIII había firmado con don Fernando el
Convenio de Barcelona, por el cual el Rey francés devolvía a los Reyes de España el Rosellón y la Cerdeña, que había sido cedida en
garantía a Luis XI por don Juan II de Aragón. Quería el francés asegu-
rarse la calma en la frontera pirenaica para dedicarse a sus asuntos
italianos. Pero el astuto español se había reservado una cláusula. Según la fórmula de la época se declaraban amigos de amigos y
enemigos de enemigos, pero con una salvedad. La defensa de la Santa
Sede formaba en todo momento parte del programa español.

Ahora el sagaz don Fernando rompía el acuerdo basándose en que
según dicha cláusula el francés había llevado la guerra al Reino de
Nápoles y este era feudo de la Iglesia. Por tanto, Fernando rompía
definitivamente con el francés. Don Fernando no hacía más que seguir
la política tradicional de la Corona de Aragón en su orientación anti-
francesa. Franceses y aragoneses contaban en tierra italiana con una
vieja rivalidad y pretendidos derechos. Los dos países modernos, poderosos y centralizados, pugnaban por la expansión europea, yendo a
chocar las maniobras de cada uno con su ambición recíproca.

Así los Reyes Católicos erigieron ese muro de contención contra
Francia uniendo sus energías a sus pueblos rivales: Inglaterra y el
Imperio germánico. Don Juan, el príncipe malogrado casaba con Mar-
garita de Austria, hija del Emperador Maximiliano. Don Felipe,

heredero del imperio con doña Juana de Castilla, la desolada "Juana la Loca". La desgraciada Catalina lo hacía con el príncipe de Gales, heredero de Inglaterra. Se unía a este cuadro las bodas portuguesas, con el que se completaba el esquema fundamental de la política de los Reyes Católicos.

Con una vitalidad y rapidez admirables supieron doña Isabel y don Fernando reaccionar a lo que se estaba gestando en Italia. Como si fuera una premonición, aquel emblema del yugo y las flechas que utilizaran los Reyes en la guerra de Granada, nos sirve para ilustrar como los monarcas, en una prolongación de su poder habían lanzado a sus embajadores, hombres hábiles, eficaces y patriotas, cual si fueran flechas, sobre los puntos neurálgicos de la política italiana. La última pieza del rompecabezas lo constituía Venecia.

Hacia la Serenísima se dirigieron los embajadores de todos los litigantes. La gran destreza de diplomáticos como don Lorenzo Suárez de Figueroa y de Mendoza, muy honesto caballero de España, bien acompañado y magníficamente vestido, embajador de los Reyes Católicos en Venecia, había conseguido sacar de su aislamiento a la República, al ver ésta con preocupación los rápidos progresos del francés, coronados con la veloz conquista de Nápoles. El Dux de Venecia comunicaba al embajador francés Commynes que:

"en honor de la Santísima Trinidad, habían concluido liga con nuestro Santo Padre el Papa, los Reyes de Romanos y de Castilla, ellos y el duque de Milán, con tres finalidades: la primera, para defender la cristiandad contra el Turco; la segunda, la defensa de Italia; la tercera, la preservación de sus Estados y que lo hiciera saber al Rey" (Zurita, 1989).

Debido a la ocupación de Nápoles por el ejército francés liderados por su rey Carlos VIII, había que reaccionar con la presteza que requería la situación. Por entonces Gonzalo de Córdova ya era un personaje a tener en consideración. Todo lo había conseguido con su esfuerzo, mirando el porvenir con optimismo y acrecentada ambición. Los Reyes le habían hecho concesión de mercedes y beneficios por su participación en la guerra de Granada. Conservaba la Alcaldía y Tenencia de Illora y la encomienda de Valencia del Ventoso por la Orden de Santiago. También recibió la merced de la Taha de Orgiva. Pero aún le faltaban tierras y estados propios.

En 1494, doña Isabel propuso a don Fernando a Gonzalo como jefe de la expedición que iría a Italia. El suceso era anómalo y extraordinario. Efectivamente, un capitán de ciento veinte jinetes pasaba a ser general en jefe de todo un ejército. Imaginamos el escándalo y el recelo de todos los envidiosos de la corte que se creían preteridos, así como aquellos otros que apelaban a la jerarquía y a la antigüedad. Por aquellos días capitanes de ciento veinte lanzas los había a centenares. A ello se unía la presencia los capitanes mayores, veteranos como el conde de Tendilla o el mismo don Alonso de Aguilar, experimentados en el mando de las tropas.

Sin embargo, los sucesos que acontecerían en el futuro vendrían a confirmar que la intuición –digamos femenina– de Isabel, vendría a ser genial y plenamente acertada. Gonzalo venía ser el hombre perfecto para aquel complejo y delicado proyecto. En la primavera de 1495 se hacía a la mar una flamante armada al mando del almirante Garcerán de Requesens. Marchaba con sus tropas Gonzalo de Córdova. Tras pasar por Mallorca y Cerdeña, el día 24 llegaba en Sicilia al puerto de Mesina. A su llegada Gonzalo se encuentra con una corte de reyes en exilio.

Desterrados de Nápoles por la incursión francesa, se habían refugiado en la Sicilia española. Gonzalo decide pasar de inmediato al otro lado del estrecho y el día 26 iniciaba su campaña militar. Allí pudo contemplar Gonzalo la visión desoladora del derrumbamiento de aquella dinastía, la gran quiebra de la Casa de Aragón napolitana, o los llamados bastardos de Aragón. Lo perdieron todo: el honor, el reino, riquezas y muebles de todas clases y hasta la vida, ya que murieron tres de sus reyes en poco más de un año.

El viejo Ferrante había muerto, su hijo Alfonso de Nápoles tan cruel, despiadado y soberbio como el anterior, aterrorizado de pánico ante la llegada del ejército francés había abdicado en su hijo Fernando. Aquel rey Alfonso, tiránico, falto de escrúpulo y odiado en el reino huía cobarde a agazaparse en Sicilia. Allí se recluía del mundo y ante la perplejidad general, se entregaba a la piedad y a una profunda religiosidad, inmerso entre penitencias y ayunos, rodeado de religiosos, como si su vida fuera una gran expiación.

El sur de Italia era por entonces un polvorín. Fernando, joven e inexperto se hacía cargo del reino en trágicas circunstancias. Se avecinaba el poderoso ejército francés. El pueblo de Nápoles aprovechando el desconcierto y la confusión se amotina. Fernando intenta sujetarlo con una noble arenga, pero el tumulto ya se expande desorbitado. El pueblo asaltaba las caballerizas, llegaba el rey de Francia. Los grandes barones iban a recibirlo y mostrarle acatamiento, mientras Fernando huía a la Isla de Ischia y luego a Sicilia, preparando la reconquista de Nápoles con el refuerzo que esperaba de España.

Con Gonzalo llegaba un ejército regular de soldados al servicio de la Corona de España. Según unas fuentes, Gonzalo llegaba con un cuerpo expedicionario de cinco mil infantes españoles y seiscientos jinetes. Según otras, con dos mil infantes y trescientos caballos ligeros. Sea como fuere, lo que sí está claro es que las tropas de Gonzalo – aunque destacables– eran insuficientes para desplomar de un golpe a su temible adversario francés. El ejército francés había distribuido sus hombres en pequeños retenes y lugares estratégicos por todo el territorio. Gonzalo a su vez tenía que atender a la guarnición de castillos y fortalezas.

Allí se encontraba Gonzalo con una situación tremendamente complicada. Una monarquía acéfala, un rey destronado, un pueblo exaltado. Un territorio ocupado por un enemigo hostil, numeroso y bien pertrechado. La bandera de Aragón apenas se izaba en la isla de Ischía, en las proximidades de Nápoles. El pueblo se hallaba en el caos y confusión más absoluta. Según el ánimo voluble de sus habitantes pasaban de una orientación política a otra. Otros habían sido despojados de sus tierras y de sus haciendas vagando despechados por los campos convertidos en bandoleros. Además se encontraba Gonzalo con importantes problemas de organización y disciplina militar.

Los soldados a sus órdenes carecían de cohesión. Los sueldos de los expedicionarios españoles eran inferiores a los pagados en el ejército de don Fernando. Ante estos sueldos desiguales los ánimos estaban levantiscos y encendidos. Gonzalo se encontraba con el perenne problema de los sueldos insuficientes y el retraso con que llegaban desde España. Había un problema de unidad de mando ya que tropezaba con el criterio del joven Fernando de Nápoles, que como era lógico se hallaba ansioso y apresurado en recuperar su reino. Cundía el temor y la incertidumbre en la tropa, el calor en el sur de Italia era sofocante, empezaban a aparecer las enfermedades.

Para suerte de Gonzalo los franceses, conquistadores del país, exaltados y triunfantes, cometieron un error muy común en todos los ejércitos victoriosos de todos los tiempos, que es no saber aprovechar ni administrar su triunfo. El ejército francés había penetrado como una avalancha imparable. La lucha y oposición fue ridícula, no habiendo batalla de importancia. Ante el rápido triunfo los franceses se abandonaban plácidamente al culto de Baco y Venus. Embriagados por el vino, acariciados por el sol de Italia y sus bellas mujeres, no era precisamente la frugalidad la nota dominante de aquella masa indisciplinada de soldados. En su laxitud crecía su avidez insaciable, sus desmanes, su codicia lujuriosa, su entrega desenfrenada a los placeres de la tierra.

Poco a poco iba cambiando el clima psicológico en el que se encontraba la región. Los franceses comenzaban a hacerse odiosos y despreciables a los napolitanos. Su gobierno era déspota y arbitrario. Carlos VIII, sin razón ni fundamento desposeía a unos de sus tierras y repartía las villas de la Corona entre sus capitanes y favoritos. Los desaires, la insolencia, la soberbia de los franceses ante el rápido triunfo venía a culminar con los malos tratos a la población civil. El pueblo voluble y tornadizo que había acogido al Rey de Francia como una reacción contra la casa aragonesa, ahora sentía nostalgia y compasión por el monarca desterrado. Pero un súbito suceso iba a cambiar completamente este estado de cosas, cambiando radicalmente los acontecimientos y oportunidades de los contendientes.

A Carlos VIII le llega la noticia del acuerdo de la Liga. Ahora Venecia, el duque de Milán, el Papa, el Emperador y el Rey de España, unían sus fuerzas contra Francia. Carlos VIII despertaba violentamente de su sueño. Teme que algún ejército le corte la retirada y comienza a emprender el regreso. El grueso del ejército francés retorna hacia Francia, quedando Nápoles a cargo de un ejército de ocupación. En Nápoles queda Gilberto de Borbón, señor de Montpensier, con unos quinientos hombres de armas, dos mil quinientos suizos y algo de gentes de a pie. Otro célebre jefe francés que quedaría en Calabria, sería el mítico gran condestable Everardo Stuart, señor de Aubigny, sempiterno rival de Gonzalo Fernández de Córdova en Italia.

En la Basilicata el ejército francés recibe el refuerzo de Francisco, señor de Precy y de Ives, barón d'Alegre. Reagrupado así el ejército y seguro de su potencia militar, va a buscar a los españoles en Seminara. Allí estaba Fernando de Nápoles ante el escenario de la guerra con sus tropas italianas. Gonzalo le dice que evite la batalla. Que los franceses querían llevarlo a una confrontación en un terreno desfavorable. La tozudez y orgullo del Rey le impedían rehusar esta invitación a la pelea. Mal posicionados y tras varios tira y afloja, e incluso con el apoyo de algunas unidades de Gonzalo, el ejército italiano se mostraría altamente impresionable siendo roto y desbaratado.

Gonzalo tenía que afrontar las agrias consecuencias de su primera derrota cuya culpa no podía sino recriminar al mal planteamiento del impetuoso y joven rey. Don Fernando huía a Mesina, dejando el mando a Gonzalo. Tras este primer descalabro vemos la talla del hombre que emerge entre las brumas de la derrota. Sentía sobre sí, las miradas de doña Isabel y don Fernando. De ninguna manera podía volver a la corte vencido y derrotado. Sería largo relatar aquí los pormenores en detalle de la primera campaña de Gonzalo en Italia.

Baste decir que aquí empieza Gonzalo a desarrollar una actividad frenética e ingeniosa para cambiar el tono de aquella contienda. Comienza la ardua tarea de alentar a sus soldados. Les arenga, les da ánimo, les estimula con su ejemplo. El hombre a la vez recto y venerable, también sabe compartir su bondad, adentrarse en los sentimientos de cada uno de sus soldados. Acrecienta en su campo la ilusión, a la par que mantiene la disciplina. Colma de halagos, gratifica el buen hacer de su gente, así como da reprimendas cuando es necesario.

Así nos encontramos con un genial organizador militar, un buen administrador, un agudo psicólogo, que sabía captar el estado de ánimo de sus hombres. Hábil hombre este Gonzalo, que no sólo se las había de tener con soldados sino con factores tan diversos como el abastecimiento de las tropas, el pago de sus soldados, la peste, el estado insalubre de sus campamentos, la moral de sus hombres... Al insuperable genio militar se unen las cualidades del estadista, siendo capaz de llevar a cabo la titánica tarea de adherirse las voluntades de cada uno de los jefes de los pueblos y localidades por la que iba pasando, creando un clima favorable a la dominación española.

El ejército francés se ha agrupado y se halla pletórico de confianza ante el triunfo de Seminara. Busca ansiosamente al ejército español para en un definitivo embate echarlos de Italia. Aquí asistimos a la sagacidad, la astucia, la tenacidad de Gonzalo que comprende que no tiene fuerzas suficientes para enfrentarse a los franceses en campo abierto. Hasta entonces la mentalidad medieval sólo concebía la lucha como una confrontación de fuerzas que medían su potencia en el campo de batalla. El honor, la dignidad, de aquellos hombres no podía concebir una lucha en la que se evitara al enemigo.

Con sus nuevos métodos, Gonzalo venía a revolucionar los conceptos que se tenía sobre la técnica de la guerra. Esos parajes ásperos y fragosos, circundados de montañas y sierras, ríos que hay que vadear, valles que cruzar, le recuerdan a la guerra de Granada. Otra vez retorna Gonzalo a la guerra de guerrillas. Proyecta pequeñas celadas, conquista leves ventajas, practica movimientos concretos, ágiles y vigorosos. En esta guerra de desgaste, aprovecha una pequeña debilidad, un falso movimiento para lanzarse a una ofensiva brusca, inesperada e irresistible. Conquista puntos estratégicos, fortalezas y castillos.

Irrita al francés que deseoso de aplastar a su rival se ve a diario humillado, por las sutiles tácticas del español. Este era el juego en la Baja Calabria. Desviaciones, marchas y contramarchas en las que el ejército español iba ganando en confianza y experiencia, mientras que el francés, mareado con las hábiles maniobras de Gonzalo, empezaba a dudar del sentido de aquella desesperante conquista. Desde su abandono de Sicilia y su paso a Reggio, al fondo de la bota italiana, Gonzalo había estado inmerso en pequeñas operaciones en la Baja Calabria.

Ahora se encontraba con sus tropas apostado en Nicastro, un pueblo más al norte. Se había visto en la necesidad de repartir sus tropas en diversos retenes y fortalezas. A ello se unía el contratiempo de que debido a la diferencia de clima algunos hombres habían enfermado. Sin embargo, las cosas habían mejorado ostensiblemente. El rey Carlos VIII de Francia huía estrepitosa e indecorosamente de Italia, teniendo que eludir a las tropas de los príncipes italianos de la Liga de Venecia, que en las inmediaciones de Fornovo le intentaban cerrar el paso.

Por aquel mes de febrero de 1496 llegaban desde España algunos refuerzos y las ansiadas pagas. Fernando de Nápoles después del descalabro de Seminara y su posterior huida a Sicilia, vuelve a organizar una nueva ofensiva con el objeto de reconquistar Nápoles. Con una armada se presenta en las proximidades de Nápoles buscando un punto para desembarcar sus tropas, procurando el apoyo de algunos contingentes dispuestos para la sublevación. Montpensier el jefe del ejército francés afincado en Nápoles sale de la ciudad para estorbar el desembarco. Al así hacerlo deja desguarnecida la ciudad, permitiendo que se rebelen algunos elementos en su interior, que acaban por hacerse con el poder de la villa.

Hallándose Montpensier atrapado entre dos fuegos, de los que desembarcaban y el de los napolitanos, corre a refugiarse en Castelnuovo. Fernando entraba sin ninguna oposición victorioso en la ciudad de Nápoles, siendo aclamado con entusiasmo por su pueblo. En esta calurosa ola de fervorosa adhesión, las fortalezas de Capua, Aversa, Aquila, se sumaban a la causa de don Fernando. Próspero y Fabricio Colonna, el conde de Popoli y otros señores napolitanos se volvían por su Rey, traicionando a los franceses. En la costa de Bari, por el sector del Adriático, Mola, Polignano, Conversano y otros lugares se habían alzado con el apoyo de la escuadra veneciana.

Gonzalo continuando con sus escaramuzas, sube por las tierras altas de la Calabria. Comenzaba la primavera y había establecido su cuartel y campamento en el pueblo de Castrovillari. Allí recibe a un emisario del rey don Fernando que había agrupado a su ejército en Nápoles y que le pedía que uniera sus fuerzas a las suyas para dar una batalla definitiva a los franceses. Compartiendo criterio con sus capitanes decide ir en socorro del Rey de Nápoles, no sin considerar el grave peligro que implicaba dejar ejércitos a la espalda.

En su ascensión al norte sus espías le habían informado de que concentraciones del enemigo le aguardaban ocupando posiciones estratégicas en el sendero angosto y estrecho que conducía a Morano. Otra vez vemos resurgir el genio de Gonzalo que reparte a sus tropas, orientándolas para que dieran amplios rodeos por la montaña, acometiendo a aquellos infelices por tres puntos, siendo desbaratadas las avanzadillas preparadas para sorprenderle. Continuando con la política de dirigir a sus tropas por los vericuetos de la montaña para evitar a los espías que había puesto en el camino el enemigo, llegó hasta Laino.

Allí se encontraba la mayor parte del ejército anjevino. Gonzalo con gran rapidez y habilidad reparte a sus hombres. Unos toman el puente, otros el castillo y los demás se apostaron a la entrada del burgo para entrar al asalto. A las pocas luces del alba, entraron enardecidos y eufóricos al grito de ¡Santiago! ¡España!, pillando a los que se encontraban en el interior con gran sorpresa y sobresalto, siendo la derrota adversaria completa. La fama del Gran Capitán se extendía entre las tropas enemigas, en las que cundía el pánico por temor a ser juguete de sus ágiles maniobras.

Aún más al norte en el pueblo de Atella se hallaban las fuerzas de don Fernando, a las que se unían las tropas de la Liga de Venecia mandadas por el marqués de Mantua, sumando en total mil doscientos hombres de armas, mil quinientos caballos ligeros y cuatro mil infantes, a los que se incorporaron más tarde unos cien hombres de armas de la compañía del duque de Gandía y la tropa de Gonzalo de Córdoba. La situación del ejército francés se hacía por momentos desesperada. Carlos VIII se encontraba en Tours donde se relajaba con el coqueteo de alguna dama de la servidumbre de la Reina.

Montpensier abandonado con sus hombres en Italia empezaba a perder toda la esperanza en aquella empresa. Con la idea de esperar refuerzos con que hacer frente al enemigo se encierra en el pueblo de Atella. En sus inmediaciones se vuelven a encontrar Gonzalo de Córdova y Fernando de Nápoles. Allí también se hallan el marqués de Mantua, Juan Francisco Gonzaga, el legado del Papa, Cesar Borgia, cardenal de Valencia. En un brillante homenaje hacia Gonzalo, Fernando le muestra su agradecimiento con estas palabras:

"De vuestra mano recibo este reino, siendo todo él para vos, tomaré de él lo que me queráis dar" (Rodríguez Villa, 1908, pág. 291).

Condescendiente Gonzalo y conociendo el valor de la jerarquía responde:

"que él era allí venido por mandato de los Reyes Católicos a le servir, y que Dios, en cuya mano están los reinos y señoríos, viendo su mucha justicia, se lo había devuelto" (Rodríguez Villa, 1908).

Allí en Atella, frente a la antesala de lo que sería el punto culminante de su carrera, la batalla definitiva, pudo comprobar la admiración fervorosa de los soldados, propios y extraños, que compartían llenos de respeto y maravilla, el relato fabuloso, el honor y el riesgo de sus batallas. Sin duda eran aquellos momentos dichosos en los que se acuñaba de forma inmemorial en los heraldos de la historia, la figura legendaria del Gran Capitán. Tras los muros de Atella se encontraba Montpensier soportando el asedio. Una avanzadilla de suizos y gascones al servicio de los franceses se hallaban fuera de las murallas encargados de la defensa de los molinos de la vega.

Comprendiendo Gonzalo que aquellos molinos eran fundamentales para el abastecimiento de agua y harina a la villa, planea el asalto final con el primer objetivo de la destrucción de aquellos molinos para cortar el suministro al francés. Como si fuera un espectáculo circense, los españoles pasaron a ser los actores de aquel escenario y los italianos quedaron pasmados como espectadores contemplando esta nueva manera de guerrear. Con un plan bien esbozado lanzó Gonzalo a sus infantes, su caballería, sus escuadrones de hombres de armas. Ante la violencia y la astucia del asalto huyeron despavoridos los gascones y suizos a buscar refugio tras los muros.

En este momento la oportuna disposición de la caballería de Gonzalo envolvió a los fugitivos en su retirada infligiéndoles una espantosa derrota. Sin los molinos, Atella no podía sostener al ejército encerrado. El 14 de julio de 1496 Montpensier capitula aviniéndose a firmar los términos de la rendición. Así concluyó el flamante ejército que Carlos VIII había enviado en su pueril expedición por tierras de Italia. Aquel otoño aparecía cruel y despiadada la peste en el golfo de Nápoles. De unos cinco mil soldados que se rindieron en Atella, apenas llegaban a Francia, maltrechos y quebrantados, unos quinientos. Entre aquellos infelices moría Montpensier que no quiso abandonar a sus soldados en la humillación de la derrota.

Desandando lo andado, tuvo Gonzalo que pelear nuevamente por Morano, Castrovillari, Cosenza y Monteleone. D'Aubigny que aún resistía con parte del ejército más al sur, viéndolo todo perdido se adhería a la paz firmada en Atella. Tras derrotar a los principales brazos del ejército francés, Gonzalo dedica lo que queda del verano de 1496 a reducir los últimos focos de resistencia. Así es como Gonzalo Fernández de Córdova salía victorioso de aquella primera campaña italiana. Las claves de su éxito fueron que supo armonizar la seguridad y la audacia en el mando, la iniciativa individual y la disciplina en la tropa.

Fue un jefe exigente con sus soldados y admirado por ellos. Realizó una guerra rápida y desconcertante, revolucionando los viejos sistemas de lucha. Como una terrible ironía del destino, aquel Fernando de Nápoles que tanto había luchado por reconquistar el trono de Nápoles, moría en aquel otoño de 1496 de peste, a los veintiocho años de edad. Su tío Federico o Fadrique, príncipe de Altamura, hijo del viejo Ferrante ascendía al trono. Complicaba la situación el hecho de que Federico tenía propensión hacia el francés.

En esta coyuntura llegaba a Roma Garcilaso de la Vega, embajador de Su Majestad Católica, para pedir la investidura del Reino de Nápoles para su Rey. Nuevamente se enrarece el ambiente, se crean nuevas suspicacias. Ahora Alejandro VI, Ludovico, Venecia y los demás príncipes italianos ven con recelo el creciente progreso y prestigio de la tropa española. En esta compleja atmósfera más mortífera que la propia guerra tuvo que desenvolverse Gonzalo con sutileza e inteligencia hasta el verano de 1498 en que regresaría a España.

Llamado por el Papa en febrero de 1497, se dirigió Gonzalo con su ejército hacia Roma para mediar en los asuntos italianos. Por petición del Papa se apoderó del castillo de Ostia, donde se encontraba el fiero corsario vizcaíno al servicio de Francia, Menaldo Guerri, que con todo rigor estaba manteniendo un estrechísimo bloqueo marítimo sobre Roma, impidiendo la navegación por el Tíber. Obteniendo un fulgurante triunfo sobre el soberbio vizcaíno desfilaba exultante la tropa española en Roma, llevando consigo los prisioneros de Ostia.

Eclesiásticos y seglares, mujeres y niños, salían a las puertas entusiasmados por conocer a aquel Gran Capitán, cuya fama había alcanzado tan fantástico renombre. Gonzalo, sereno y magnífico, con su ademán atrayente, sobriamente vestido, se dirigía como inmerso en un sueño cumplido, con paso recio, a encontrarse con el Papa. Allí en San Pedro le esperaba Alejandro sentado bajo riquísimo dosel, más que nunca satisfecho y opulento. Arrodillado Gonzalo para besar la sandalia del Pontífice, se levantó a su vez Alejandro besándole en el rostro.

En fina y elocuente alocución el Papa ponía de manifiesto frente a todos, las valerosas hazañas de Gonzalo a la par que le daba las gracias por haber liberado Roma del tirano que tenía bloqueada la ciudad. No podía ser más grande la satisfacción de Gonzalo. Ahora las alabanzas y halagos no provenían de un corrillo de soldados, ni de una corte cualquiera, sino de Roma, centro del mundo y del Papa, que le concedía nada menos que la Rosa de Oro. Por muy ambiciosos que fueran sus sueños de juventud, o la seguridad que tuviera en su estrella, ¿Pudo el segundón de la casa de Aguilar imaginar tan deslumbrante escena?

Tras este momento cenital en la vida de Gonzalo, la primera campaña italiana, que tantos memorables recuerdos le había brindado, tocaba a su fin. Desde Burgos el día 7 de mayo de 1497 Isabel y Fernando le escribían comunicándole la orden de regreso. No escatimaron palabras de elogio y satisfacción por la empresa llevada a cabo por el "Gran Capitán", pero el objeto de aquella campaña ya se había conseguido, por lo que ya no se vislumbraba necesaria la prolongación de la presencia de Gonzalo en aquellas tierras. A pesar de la terminante orden de los Reyes Católicos algunos asuntos complican a Gonzalo por más en un año en Italia, no regresando a España hasta el mes de julio de 1498.

El Gran Capitán frente al papa Alejandro VI, febrero de 1497

Acabada la conquista de Ostia y los sucesos posteriores de Roca Guillermina, Gonzalo Fernández de Córdova entraba en Nápoles, para presentarse al rey don Fadrique. Nuevamente fue recibido con entusiasmo y veneración por los habitantes de la ciudad que se congregaron en cada esquina, casa y ventana para ver al héroe. El rey don Fadrique, en agradecimiento a las enormes gestas realizadas por Gonzalo, se mostró espléndido y generoso en las mercedes que le concedió. El 10 de marzo le confirió el título de duque de la ciudad y Monte de Sant Angelo, con la fortaleza marina, la tierra de San Juan Rotondo, la ciudad de Campo-Marzano, la tierra de Rocadevalle, Marzone, Montenegro, Pinello y Torremayor.

Al año siguiente, a 1 de julio, cuando se disponía a regresar a España, añadió a dichas posesiones la ciudad de Beste, las tierras y feudos de Castellucio, Gli Schiavi, Carcabutaccio, Luchito, Trahonara y la ciudad de Conza, con sus casares de San Andrés y San Menaro.

Un estatus muy diferente atesoraba Gonzalo. Ya no era aquel segundón desdeñado de la casa de Córdova. Ahora era duque, señor de bienes patrimoniales, con su jurisdicción propia, sus rentas y sus vasallos.

En los primeros días del verano Gonzalo se hacía a la mar rumbo a España. Sin embargo, en triste momento llegó a la corte. Los Reyes habían pasado aquel verano en Zaragoza, negociando con las cortes aragonesas la jura, como heredera del trono, de su hija la princesa doña Isabel, reina de Portugal. A pesar del gran forcejeo en vano fueron todos los esfuerzos. El 23 de agosto de 1498 moría en Zaragoza la princesa española y reina portuguesa al dar a luz a su hijo el príncipe don Miguel. Volvía Gonzalo de Córdova a una corte triste y enlutada.

En consonancia con los graves acontecimientos el recibimiento de Gonzalo fue sobrio y apagado. Pero la atmósfera angustiante que se respiraba en la corte, no fue obstáculo para las especiales muestras de afecto y deferencia que para con él tuvieron doña Isabel y don Fernando. Se aposentaban éstos en el palacio de la Aljarería de Zaragoza. En la ciudad salieron a recibir a Gonzalo los prelados, los grandes, los caballeros de la corte y la multitud del pueblo zaragozano. La comitiva llego a palacio. Don Fernando bajó por la escalera principal para darle la bienvenida. Le abrazó y le besó, al tiempo que le decía:

"Duque, debemos os tanto que jamás lo podremos pagar por la grande honra que a nosotros y a nuestros reinos habéis dado" (Rodríguez Villa, 1908, pág. 288).

Gonzalo como buen cortesano, le mostraba acatamiento yendo a besarle la mano al Rey, pero éste se lo impidió diciéndole:

"Vamos a la Reina que os está esperando con gran deseo de os ver y se le hace muy tarde" (Rodríguez Villa, 1908).

Doña Isabel estaba ansiosa y presurosa por ver a Gonzalo. Bajando el estrado con sus damas acudía al rellano de la escalera para recibirle.

Hincada en tierra la rodilla, Gonzalo le besó la mano, pero ella, alzándole del suelo, le abrazó, al tiempo que le decía:

"Vos seáis muy bien venido, Gran Capitán" (Rodríguez Villa, 1908).

Acompañó durante algún tiempo Gonzalo a la corte, agasajándoles nuevamente con su lustre, su dignidad, su apostura, su actitud caballeresca. Allí aprovechó para informar pormenorizadamente a los Reyes de los negocios italianos. Mientras recorría las villas y aldeas de su añorada tierra pudo comprobar cuán sincero y apasionado era el homenaje que las gentes le brindaban como un tributo a sus gloriosas hazañas. El renombre que había adquirido Gonzalo en España era enorme. Le salían al paso en cada pueblo multitudes ansiosas por conocer al hombre vencedor de tan legendarias y heroicas batallas.

También aprovechó Gonzalo para visitar a su familia en Granada, ordenar algunos asuntos personales y visitar a numerosos parientes en tierras andaluzas. Incluso haciendo un alto en su reposo tuvo algunas escaramuzas con los moros, llegando a luchar contra los sublevados de las Alpujarras e interviniendo en las negociaciones para lograr su definitiva rendición. Pero poco iba a durar el reposo del magno hombre. Nuevas tribulaciones turbulentas se cernían sobre el suelo itálico, y allí se enviaría para entender de ellas al que mejor conocía sus entresijos: Gonzalo de Córdoba.

El nuevo contrapunto en la política venía dado por la muerte del rey de Francia, Carlos VII, en un accidente tan trágico como inesperado. Aquel Carlos VII tan enamoradizo, como cabezón, que en su imaginación ya se veía como el nuevo Carlomagno, conquistador de Italia, dio con su cabeza en una viga de su castillo de Amboise, provocándole la muerte. El duque de Orleáns, su cuñado, le sucedía en el trono de Francia con el nombre de Luis XII.

Luis XII se reveló como un estratega mucho más astuto e inteligente que el anterior, haciendo que Fernando de Aragón fuese mucho más prudente a la hora de considerar las cuestiones de la política italiana. Y esa preocupación no era en absoluto trivial. Pronto pudo comprobar Fernando como se rompía la Liga de Venecia, el Papa se aliaba con el francés. Como consecuencia el 6 de octubre de 1499 entraba Luis XII en Milán al frente de un poderoso ejército. Junto a él cabalgaba Cesar Borgia.

Estando Italia apenas guarnecida, ¿cuánto tiempo tardaría el francés en invadirla? Este era el interrogante que rondaba por la mente de Fernando. Y prestos a contener la ambición de su vecino, los Reyes escriben a Gonzalo el 10 de enero de 1500 dándole instrucciones precisas para la lucha contra el Turco, así como la defensa de las plazas y fortalezas que poseían en la Calabria. El 4 de junio del año 1500, zarpaba de Málaga una portentosa escuadra cuyo mando supremo ostentaba Gonzalo Fernández de Córdoba, capitán general de hombres y barcos. Esta armada no podía ser más deslumbrante.

Estaba compuesta de cuatro carracas genovesas profusamente pertrechadas, así como treinta y cinco naos de carga, siete bergantines armados, ocho caleras y cuatro fustas. Junto a Gonzalo iba lo más granado del ejército español. La imponente escuadra transportaba 4000 peones, 1200 caballos, 30 piezas de artillería y toda clase de equipamiento de guerra. Tras pasar la flota por lugares como Mallorca, Cerdeña, Sicilia..., en septiembre se dirige hacia el Jónico, con objeto de cumplir la primera directriz marcada por los Reyes Católicos, que era socorrer a Venecia frente a los turcos, impidiendo con ello que se lanzasen a la invasión de Italia.

La Sublime Puerta extendió su poder fanático y arrollador por los Balcanes, la cuenca del Danubio, y el Mediterráneo Oriental, a costa de los reinos centroeuropeos y las repúblicas marítimas italianas. En cuanto a la Península Ibérica, el peligro turco y la piratería berberisca fueron una constante amenaza durante los siglos XV y XVI. Después de la toma de Granada y la derrota de los franceses en Italia, con el *Mare Nostrum* bajo su control, España era la única que podía hacer frente a tan formidable potencia. Al encuentro del enemigo se dirigió la flota española, alcanzando su oportunidad en la isla de Cefalonia.

Ésta cerraba el golfo de Corinto, y vigilaba la entrada del Adriático, el Mar de Venecia. Posesión veneciana desde muy antiguo ahora era un verdadero avispero turco. Aquí libró Gonzalo una de las batallas más enconadas y memorables que haya registrado la historia. El litoral de la isla estaba plagado de blancas playas e imponentes acantilados nutridos de multitud de aves marinas. El interior era rocoso y abrupto. En las zonas altas bosques de pinos y cipreses perfumaban el aire con su olor. En la parte baja crecían las viñas y olivos, que junto con las cabras y ovejas era la única riqueza que poseían sus habitantes.

La Fortaleza de San Jorge, erigida sobre un promontorio señoreaba toda la isla. En ella se habían atrincherado 700 jenízaros con su fama de sanguinarios y feroces guerreros. Éste cuerpo estaba formado por una tropa instruida en una férrea disciplina, con una obediencia ciega hacia el sultán, jefe político, militar y religioso a la vez. A ello se unían sus profundas creencias religiosas, que les daban una increíble fuerza moral en la batalla, rayana al fanatismo. Eran verdaderos monjes guerreros con una disciplina y una fe inquebrantables.

Como primera estrategia el Gran Capitán intentó lograr la rendición por medio de la negociación. Pero no había mucha elección. Entre morir a manos del sultán o hacerlo en manos del español, preferían morir como valerosos combatientes al servicio de su Dios Alah, que ser luego despedazados por la furia del Turco. Los españoles se encontraron con un enclave alzado en una atalaya de pura roca, cuyas paredes eran la continuación de afilados precipicios. Los artilleros encontraron gran dificultad para posicionar sus ingenios, dado lo pedregoso y escarpado del terreno. A pesar de todas las pelotas de acero y fuego lanzadas por los basiliscos venecianos, más las bombardas españolas, no se logró en el primer embate la conquista de la plaza.

A la tenacidad de los defensores, se le unía lo empinado y abrupto del terreno que imposibilitaba una apropiada colocación de los cañones. Así las cosas se recurrió a las minas. Así transcurrieron los días en refriegas continuas. Terrenos socavados, murallas derrumbadas, soldados que penetran en la fortaleza luchando cuerpo a cuerpo y los jenízaros defendiéndola a sangre, sudor y fuego. Recurrieron a todas las técnicas imaginables para desgastar al enemigo. Consumados arqueros disparaban una lluvia de flechas, algunas de ellas incendiarias y otras venenosas. Arrojaban piedras que aplastaban cascos y escudos. Derramaban aceite hirviendo que provocaba horrorosas quemaduras, empleaban garfios con los que pescaban a los desprevenidos.

A la mañana siguiente Gonzalo estaba decidido a penetrar definitivamente en aquella mole inexpugnable. Arenga con entusiasmo a la tropa, diciéndoles que no habían vencido con bravura a los franceses en Italia para dejarse ahora derrotar por aquella soldadesca. Se inicia un frenético ataque desde dos puntos, se colocan escalas y los hombres de Gonzalo suben como felinos. Habiendo conseguido dividir las fuerzas del enemigo, logran entrar en la fortaleza no sin antes tener que eludir una lluvia de saetas. Detrás de los hombres que conseguían subir quedaba un reguero de cadáveres y heridos ensangrentados. Ya en el interior del castillo se pelea cuerpo a cuerpo, los chasquidos de las espadas envuelven el ambiente en un espectáculo caótico de ruido y confusión.

El Gran Capitán lucha con gran ardor como uno más en primera fila. Los demás soldados envalentonados y no queriendo ser menos que su capitán, se entregan a la refriega con pasión y denuedo. El castillo de San Jorge retumba hasta sus cimientos como sacudido por un terremoto. Era la perdición. Gisdar acorralado con unos pocos hombres aún resistía en desesperada lucha intentando salvar la vida. Fue inútil. De los setecientos jenízaros que custodiaban la plaza ni uno sólo quedó en pie. Era aquel un escenario dantesco. Aquel día se les abría a esos pobres diablos las puertas del paraíso.

En el partido español todo era entusiasmo y euforia, alegría y hermandad. Habían vencido no sin grandes penalidades, habiendo llegado la hora de cosechar tan anhelado triunfo. En la fortaleza de San Jorge, se alzaba la bandera de los Reyes de España, la del león de San Marcos por Venecia, y otra portando una cruz para que quedara bien claro a la vista de todos quien poseía ahora el control sobre la isla. La Serenísima muy agradecida le otorgó a Gonzalo el título de Gentilhombre, con un sueldo vitalicio, e innumerables regalos en prendas, joyas, tejidos, pieles, perfumes, caballos… y dinero. Tras la conquista de Cefalonia, a Gonzalo se le ordena retornar a Sicilia.

Por lo que después de ceder la fortaleza a los venecianos el Gran Capitán se embarcó con su gente dirigiéndose a Sicilia el 7 de enero de 1501. Tras llegar a Sicilia, un penoso deber se le impone. Debe cumplir los mandatos que imperativamente le exigen los Reyes. Él que había ayudado en el pasado a encumbrar al rey don Fadrique, debía negarle su apoyo. El rey don Fernando mediante el Tratado de Granada, destrona a su pariente y se reparte el sur de Italia con el francés. Un tratado que muchos pensaban que era un desatino, después de tanto batallar para conseguir la Calabria, Nápoles… y ahora se entregaba al francés las plazas arduamente conseguidas como si fueran bagatelas.

A Gonzalo hombre de tan elevada rectitud moral, le invaden los remordimientos de conciencia. Él sentía un compromiso sincero hacia don Fadrique y ahora sin embargo debía acatar las órdenes de sus soberanos y abandonarlo a su suerte. Estando en Palermo sumido en extrañezas enigmáticas y oscuros presentimientos recibe dos correos de suma importancia. Por el primero se le informaba de su nombramiento como lugarteniente general de la Calabria y la Abulia, con mando de todas las tropas allí destinadas. Por el segundo se le informaba de la triste y penosa muerte de su hermano Alfonso en manos de los moros en Sierra Bermeja.

Sublevados los moros de las Alpujarras por segunda vez, los Reyes ordenaron que los señores y Concejos de Andalucía reunieran cuanto antes sus tropas y fueran a sofocar dicha rebelión. A ella acudieron con presteza don Alfonso de Aguilar y el conde de Ureña en busca de los moros de Sierra Bermeja. Una vez en el escenario de la guerra surgieron diferencias de criterio entre los dos grandes. Don Alonso era partidario de un ataque al amanecer. El conde de Ureña se inclinaba por un ataque nocturno. Cuestionado el honor y la valentía del de Aguilar, este prosiguió monte arriba a encuentro del moro. En aquel momento y un tanto irritado le dijo al Conde:

"Señor Conde, si después le pareciese a vuestra merced volver atrás, yo no lo tengo de hacer, porque la seña de la casa de Aguilar jamás ha vuelto atrás un solo paso, e así lo hará agora" (Rodríguez Villa, 1908, pág. 317).

Por fin subieron y viendo el conde de Ureña que la noche se tornaba muy oscura y peligrosa intentó persuadir a don Alfonso para que volvieran. Entonces contestó:

"Ya le dije a vuesa merced mi parecer" (Algaba & Jiménez Martín, J.A., 1995, pág. 34).

Así quedó sólo don Alfonso con la gente de su Casa. Puesta su gente a la vanguardia, enardecida con la idea de dar un pronto castigo al moro, pasó una partida el Río Verde sin orden de su General y él por salvarla lo pasó también con el resto de la tropa. Allí se abalanzaron sobre ellos un grandísimo número de moros que los rodeaban por todas partes. Golpes y contragolpes se sucedían. Las cuchilladas abundaban por doquier. En Aquel espectáculo caótico sus criados cerraban filas en torno a su Señor para intentar salvarlo.

Su hijo don Pedro Fernández de Córdoba que también se encontraba en la refriega recibe una fuerte pedrada en la boca que le rompía varios dientes, estando además gravemente herido con la pierna atravesada por un venablo y con un golpe de honda en la cabeza. Entonces don Alfonso en un gesto desesperado ordena a sus hombres que saquen de inmediato a su hijo de la lucha y lo lleven a lugar seguro. Don Pedro se resiste a abandonar a su padre y en una despedida breve y trágica es sacado por la fuerza de la patética escena. A don Alfonso lo van cercando cada vez más. Sus hombres dispuestos en círculo en torno a su Señor van cayendo uno a uno.

Muerto su caballo queda detrás de él. Recibe entonces siete estocadas, manándole la sangre a borbotones. Acto seguido, se le acerca un gigantesco moro, ataviado ricamente, asiendo del brazo al cuerpo que se derrumbaba. Sacando fuerzas de flaquezas, en un último aliento el cristiano le dijo: *¡Sabed que yo soy don Alonso de Aguilar!* y con gesto cruel y sanguinario, el moro contestó: *¡Y yo el Feri de Benestepar!* asestándole la última puñalada (Fernández Bethencourt, 1897, pág. 95). Dando con sus rodillas en tierra caía muerto el 16 de marzo de 1501, don Alfonso de Aguilar, apodado "El Grande", por sus grandes proezas y hazañas, al servicio de su fe y sus reyes.

Zurita comentó respecto a la pérdida del gran Alfonso:

> "Puso en gran rebato y turbación toda la tierra, por haberse perdido tan desastrosamente un señor tan principal y tan ilustre como era don Alonso, señor de la casa de Aguilar, que fue muy estimado por su persona entre los mayores y más señalados que hubo en aquellos tiempos".

Con no menor elocuencia el Padre Mariana ensalzará la memoria del gran hombre:

> "De esta manera pereció uno de los más valerosos caballeros que tuvo España en su tiempo. Los enemigos le quitaron la vida, pero la fama de su valor nunca perecerá" (Fernández Bethencourt, 1897, pág. 97).

No fue menor la desolación y el dolor que provocó en Gonzalo la muerte de su hermano. Pero tras el desgarrado sufrimiento surgía su espíritu caballeresco, que le hacía sentir la pérdida con orgullo de estirpe por el noble final que había tenido, cumpliendo como era menester con las tradiciones de su casa. Al saber de la noticias hincó las rodillas en el suelo y alzando las manos al cielo en plegaria bendijo al Señor exclamando:

"Que tuviste por bien que don Alonso, mi hermano, acabase sus días en servicio de nuestra santa ley y de los Reyes nuestros señores y de sus reinos, haciendo lo que caballero cristiano debe hacer" (Lojendio, 1965, pág. 164).

Gonzalo se retiró unos días al convento de San Francisco donde pasó unos días de retiro y oración. Los funerales fueron muy solemnes. Los capitanes y soldados del ejército y de la escuadra, los nobles y el pueblo siciliano, todos ellos sintieron muy hondamente, llenos de sincera emoción el dolor del Gran Capitán. Gonzalo había perdido a su querido hermano, aquel del que todo lo había aprendido. No podía menos que rememorar los tiempos pasados cuando aún era un muchacho, el segundón, cabalgando erguido junto a su hermano, en pos de los ideales ilustres de la casa.

Don Alonso había sido su modelo, su mentor, su fundamento, su *alter ego,* su maestro indiscutible en el arte de la guerra. Don Alonso era un vínculo ineludible, un referente obligado para Gonzalo, una puerta de entrada hacia sus orígenes; el castillo de Montilla, la guerra de Granada, y en el plano humano el recuerdo del compañero, del apoyo incuestionable, un líder en quien reconocer la identidad propia, tras la prematura muerte de su padre.

Tras el periodo de sobrecogimiento por la pérdida de su hermano, Gonzalo tiene que reaccionar rápidamente ante el curso por el que estaban discurriendo los asuntos italianos. El ejército francés entraba en Roma. El ánimo de la tropa estaba levantisco ante la falta de pagas, la peste y otros problemas de abastecimiento. Tras el Tratado de Granada España y Francia se repartían el sur de Italia. Pero la división no podía ser tan pacífica como las líneas que se ejecutaban en los mapas. Había zonas que no habían sido bien definidas y las chispas y altercados surgían por doquier.

Este era el equilibrio inestable en el que tenía que moverse Gonzalo, que debía de cumplir las órdenes de los Reyes de proceder al reparto, posicionar destacamentos en las plazas españolas pero sin intervenir a las abiertas provocaciones francesas por ningún motivo.

El ejército francés conquistó Cápua y el rey don Fadrique abandonó Nápoles para unirse al francés. En Tarento se encontraba Fernando de Aragón, duque de Calabria, hijo primogénito del rey don Fadrique. Allí desplegó Gonzalo el asedio, cerco que duró cinco meses. La lentitud de la espera y la inactividad era para los soldados agobiante.

La plaza parecía inabordable ya que estaba construida sobre un dique que separaba dos mares. Uno de ellos era el Jónico por donde se orientaban todas las defensas. El otro era el llamado Mare Piccolo que era aparentemente inaccesible y por la misma razón carecía de defensas. Lo épico de la anécdota es que Gonzalo no dudo en ordenar a sus hombres que pasaran veinte navíos empujados por brazos de soldados, con unos rodillos elementales. Después de todo el esfuerzo finalmente la rendición se obtuvo por la vía de la negociación. Tarento caía bajo el poder español.

En cuanto al duque de Calabria, en teoría se le permitía ir a donde quisiere, así se lo prometió Gonzalo, sin embargo, en la práctica el rey don Fernando no podía consentir que se adhiriese al partido francés. Así pues, con gran pesar de Gonzalo por faltar a la palabra dada, le invitó forzosamente a marcharse a España donde vivió con honor, no como rey como estaba destinado, pero sí como consorte de Germana de Foix, viuda del Rey Católico y siendo asimismo lugarteniente y gobernador general del Reino de Valencia.

No vamos a extendernos en profundidad en los extensos vericuetos de la política italiana. Pero sí se hace necesario y enaltece la memoria de nuestro conspicuo biografiado, el recordar lo que significó en el entramado de sucesos que tuvieron lugar en el estallido de la segunda campaña, batallas tan memorables como Barletta, Ceriñola y Garellano. En el fragor de aquella lucha, plagada de acontecimientos, llena de múltiples incidentes, de avances y retrocesos, de conquistas y repliegues, se había concentrado el ejército de Gonzalo en la ciudad de Atella, en la región de la Basilicata.

Toda la guerra se hallaba comprometida, había que cubrir con tropas un extenso territorio y eso sólo podía hacerse a costa de desproteger otros. Gonzalo convocó a sus capitanes a parlamento, ya que había importantes decisiones que tomar respecto a la marcha de la contienda. Había capitanes que eran partidarios de retirarse a la Calabria, al abrigo de Reggio, por tanto concentrar sus fuerzas en una zona más segura. Gonzalo en cambio, optó por replegarse a la villa fortificada de Barletta, una decisión más audaz, más arriesgada y es ésta la que finalmente se siguió.

En cualquier caso no se dejó desamparada a la Calabria, ya que éste era un interés prioritario del Rey Católico, por lo que de la Basilicata partieron tropas para reforzar los castillos calabreses. Los soldados que marcharon al sur redujeron considerablemente los efectivos del pequeño ejército. En torno al 10 de julio de 1502 el Gran Capitán partía escoltado de 300 jinetes hacia la ciudad de Barletta. No faltaron críticas en la corte de España. Muchos consideraron que esa había sido una decisión errónea, que en definitiva al de Aguilar se le había acabado su buena estrella.

Como siempre la reina Isabel salió al amparo de Gonzalo, acallando las quejas de sus detractores, los sembradores de intrigas, recordándoles que aún no había oído que hubiese sido vencido. Así pues el Gran Capitán estableció su cuartel general en la villa de Barletta, donde fue preparando los efectivos defensivos. Barletta se encontraba pegada al Adriático, donde se encontraban las naves de Lezcano, protegiendo la costa, constituyendo una posible vía de retirada y además una fuente de suministro de víveres y abastecimientos.

Desde el epicentro de Barletta se extendía un amplio territorio en la región de la Apulia, donde Gonzalo tenía dispuestas sus defensas en un área de 200 kilómetros de montes, campos y marismas, en el que se repartían numerosas guarniciones protegiendo enclaves de diferente valor estratégico, muchas veces intercaladas por retenes franceses de características similares. Así envió tropas a Bitonto, Manfredonia, Tarento…, constituyendo un fuerte anillo defensivo de castillos y puestos fortificados en torno a la ciudad de Barletta y obstaculizando el libre avance de los franceses.

La situación de Gonzalo era desesperada. En Foggia se encontraba el duque de Nemours al frente de un poderoso ejército. Lo que separaba al francés del Gran Capitán eran un conjunto de destacamentos situados estratégicamente. Uno de ellos era Canosa. Allí se hallaba un contingente español de 400 hombres. Hacia dicha villa se dirigió el grueso del ejército francés dispuestos a arrasar al enemigo. La tropa asaltante era muy numerosa. En la noche llegó la artillería que desde la mañana siguiente comenzó a batir sin piedad los muros.

Hacia las cuatro de la tarde habían logrado abrir una brecha en el muro. Para proporcionar más coraje a los franceses les dieron a beber vino antes de la contienda. Encendidos los ánimos de esta manera, eufóricos como leones enrabietados, ciegos de furor, se abalanzaron a tropel por la brecha abierta. Allí les esperaban los españoles no dispuestos a ceder un palmo de terreno. En un primer embate algunos retrocedieron ante el potente empuje. Detrás se encontraba el capitán Peralta golpeando espada en mano a los que reculaban.

Una y otra vez volvían los franceses a la brecha enardecidos y reiteradamente retornaban los españoles a bloquear el paso. Los españoles se defendían con ardor. Les vertían continuamente fuego, azufre, cal viva. Así duró la lucha durante tres horas, hasta que al fin consiguieron que se replegaran los atacantes. Tres días duro la batalla de esta manera. El Gran Capitán intentó enviar una partida para socorrer a los sitiados pero no pudieron lograr su objetivo, por lo que finalmente aprobó la rendición de la plaza.

Victoria pírrica para el francés, que había perdido muchos hombres ante la tenaz resistencia de los cercados. La rendición consistía en poder salir de la plaza, sanos y salvos con los estandartes extendidos. Y así lo hicieron un grupo de 150 orgullosos combatientes españoles. Una vez que hubieron salido todos, fueron a preguntar a su jefe por los que aún permanecían dentro. Pedro Navarro les contestó que nada tenían que temer de los de dentro pues todos estaban enterrados. No podían creer que un grupo de apenas 150 soldados hubieran logrado parar el avance de un numeroso y bien pertrechado ejército.

Nuevamente se agrupan los soldados del duque de Nemours, asentando su campo en el puente sobre el río Ofanto, que estaba a cinco millas de Barletta. Esta vez estaba decidido el francés en asestar un golpe definitivo al español, como queriéndole sesgar la cabeza, doblegar la férrea voluntad de Gonzalo, de ese cuerpo que era su ejército, tan tenaz e indómito. Un trompeta avanzó hacía Barletta para retar a los españoles. Gonzalo respondió que él no combatía a gusto del enemigo, sino cuando era su voluntad.

Transcurridos varios días por fin Gonzalo se avino a plantar batalla a su contendiente, que tan ansioso se mostraba en derribarle. Ello ocurrió en las viñas de Barletta. El campo se encontraba cubierto de deleitantes y apetitosas viñas. Era un cálido y apacible día de esos de los últimos de agosto. En un primer encuentro los jinetes españoles envolvieron, persiguieron y destrozaron la retaguardia del ejército francés que acosado se replegó a la línea de Ofanto. Al día siguiente el ejército del duque de Nemours recibió el refuerzo de mil quinientos piqueros suizos.

Estos suizos recién llegados al escenario de la guerra, cayeron bajo la seducción fatal de unos hermosos racimos ya maduros. Entonces no dudaron en colgar sus picas y entregarse sin frugalidad alguna a saciar su deseo irrefrenable de comer uvas. Mala hora escogieron los suizos para dejarse atrapar por esa dulce ambrosía. Viendo los españoles que se encontraban desprevenidos no dudaron ni un momento en arrojarse sobre ellos como fieras y hallándose éstos desarmados dieron muerte a 150, llevándose consigo a numerosos prisioneros y heridos.

La situación de Gonzalo continuaba siendo muy difícil. Como siempre tenía las arcas vacías sin dinero con que pagar a sus hombres. El problema del suministro, y en concreto de cómo abastecer de víveres a todo un ejército era cada vez más acuciante. Se piden subsistencias a Sicilia que no acaban de llegar nunca. Las naves de Lezcano encuentran dificultades para proveer alimentos desde Venecia. Debilitados los cuerpos ante una nutrición insuficiente, la peste se torna endémica entre la tropa. Gonzalo ya alarmado pide refuerzos urgentes a España.

Sin embargo, ésta se encuentra en una grave crisis económica por lo que de momento no podrá socorrer al Gran Capitán. Los soldados carecían de todo lo elemental. Además por si fuera poco estaban diseminados en un enorme territorio. Luego surge el problema de cómo hacer frente a un ejército que es mucho más numeroso y además se considera a los hombres de armas como tácticamente superiores. Para solventar esta situación se negocia con la corte de Maximiliano de Austria para el envío de 2000 lansquenetes alemanes.

Entonces vemos una vez más resurgir el genio militar de Gonzalo. Comienza a infundir con ardor esperanza a sus hombres, encendiéndoles la moral y transmitiéndoles su confianza en la victoria. Era el Gonzalo de siempre, el gran líder de magnética mirada, que no sólo se hacía respetar sino que creaba un espíritu de hermandad entre sus soldados. Con aquel rostro límpido y solemne, con aquel porte de hombre superior, era capaz de arrastrar a multitudes con la majestad de sus palabras.

Gonzalo rezumaba una intensa grandeza, que le permitía por los designios inescrutables de su naturaleza, vislumbrar por encima de las adversidades, siendo capaz –de alguna manera– de domeñar a las veleidades del destino. Y es en este contexto donde nacen dos conceptos contrapuestos en la forma de interpretar el arte de la guerra. El ejército de Francia se hallaba engrandecido, dormitando en una nebulosa de confianza, crecido en la creencia de la superioridad numérica y táctica de sus tropas.

A ello había que sumar sus ideas desfasadas que le hacía guerrear según la vieja teoría de la batalla campal, aplicando fórmulas de desafío a la manera medieval y caballeresca. Concebían la guerra de un modo rígido, imbuidos en una alta moral, plagada de vanidades y fastuosos ideales que le hacían contemplar a su caballería como si fuera la vanagloria de Francia. Frente a ello, Gonzalo que sabe que no se encuentra en disposición de hacer frente a su enemigo en un choque frontal, practica la guerra irregular, llena de hábiles emboscadas, rápidas escaramuzas, astutos asaltos y correrías.

La supuesta superioridad francesa quedaba totalmente en entredicho a lo hora de compararla con las tropas ligeras españolas, dotadas de una gran libertad de movimientos. La calidad de sus jinetes, arcabuceros y rodeleros era inmejorable. Así y todo, Gonzalo sabía que con esta guerra se distrae, se desgasta, se atemoriza al enemigo pero difícilmente se le vence. Aún eran las dificultades titánicas y el resultado de la contienda incierto, por lo que la tensión y el arrojo del ejército iban menguando.

El 19 de octubre de 1502 llegaba por fin desde Sicilia el primer auxilio. La primera armada que llegó de España, mandada por Manuel de Benavides, llegó a Reggio el 15 de noviembre. La de Portocarrero llegó a tierras italianas el 5 de marzo de 1503. Estas frescas tropas que se desplegaban por la Calabria suponían un apoyo indirecto para Gonzalo, pero de gran alivio. Abierto el Puerto de Otranto arribaron a Barletta siete navíos cargados de trigo. Por aquellos días embarcaban desde Trieste para Manfredonia los 2000 Tudescos tan largamente esperados. Nueve meses resistió en Barletta acosado y hambriento. Su inmensa tenacidad, su fuerza moral, su constancia, su habilidad para burlar al enemigo le habían salvado.

En España la situación iba cobrando un cariz muy distinto. Felipe "el Hermoso", archiduque del imperio y príncipe heredero consorte del trono hispano, llegaba junto a su esposa Juana a tierras españolas a comienzos del año 1502. El 22 de mayo las Cortes de Castilla y León, reunidas en Toledo, juraban a doña Juana y don Felipe por príncipes herederos. Sin embargo, pronto Felipe se encontró agobiado en el ambiente castellano, demasiado rígido en comparación de aquella corte de Flandes. Añoraba a sus paisanos, su tierra, su gente. Luego estaban los terribles celos de doña Juana que lo tenían asfixiado.

Por otra parte, en el séquito que acompañaba al archiduque, habían muchos caballeros flamencos que tenían una gran inclinación hacia el francés. Así las cosas Felipe se empeñó en retornar cuanto antes a

Flandes atravesando Francia. Dado que tenía que atravesar Francia, ¿quién mejor que él para concluir un tratado de paz con Francia? Don Fernando, el Rey Católico, se opuso frontalmente a esta idea y así lo manifestó públicamente. Finalmente Felipe empecinado en su proyecto de arreglar las diferencias que separaban a la corte de España de la de Luis XII, dejo a su esposa embarazada y atormentada por los celos en España y marchó a Francia con el pliego de instrucciones que le había dado Fernando.

Penosa fue la impresión que Felipe el Hermoso causó en sus suegros. Pero Fernando era un hombre de una sagacidad política admirable. Su gran talento como estadista le dotaba de una gran perspicacia y reserva a la hora de valorar las iniciativas a seguir. Otra vez vemos a Fernando practicando el doble juego. De un lado se prevalía de la impericia y la altanería impetuosa de su yerno enviándolo a una comisión de muy dudoso éxito, sabiendo de antemano que no podía prosperar. Por otro, enviaba a Nápoles una armada al mando de Portocarrero, para apoyar al Gran Capitán en su avance.

El día 4 de enero escribía a Gonzalo poniéndole en conocimiento la marcha de Felipe a Francia con objeto de lograr un convenio con los franceses y advirtiéndole que oyese lo que oyese, no hiciera caso de ello, aunque le escribiese el mismo Príncipe, ya que sólo debía acatar las directrices que directamente recibiera de sus Reyes. Así pues España y Francia conseguían en apariencia su concordia mientras el Gran Capitán se preparaba para librar una gran batalla.

Habían transcurrido nueve meses de penalidades sitiados en Barletta. Ahora se unía a su ejército los 2000 alemanes enviados por Maximiliano. La concentración de fuerzas en torno al cuartel general de Gonzalo generaba problemas de abastecimiento. A ello había que unir las infecciones que azotaban las fuerzas de los hombres. Sitiados no podían prosperar. Era la desesperanza. Había que romper con el cerco cuanto antes y salir a buscar las ricas tierras del interior, el aprovisionamiento.

Con gran emoción abandonó el ejército de Gonzalo la villa de Barletta el 27 de abril de 1503 asentándose sobre las riberas del río Ofando. Los franceses al tener noticia de la salida del enemigo abandonaron a su vez Canosa y se alinearon también en el curso del Ofanto. Gonzalo convoca al Consejo de Guerra. Todos fueron partidarios de iniciar una inminente salida en busca de los franceses. Gonzalo que era el que más lo deseaba se opone a esta idea. El ejército debería continuar su marcha y situarlo en una posición que le fuera favorable para decidir el resultado de la contienda.

El lugar escogido serían las lomas de Ceriñola. En el campo francés las opiniones estaban divididas. El duque de Nemours se oponía al combate, aduciendo que los españoles estaban muy ganosos de pelear y muy desesperados. Sin embargo, los grandes caballeros franceses exacerbaban las ansias guerreras, a la par que herían al Duque en su orgullo y amor propio, arguyendo que evitaba el combate porque era muy mozo y sin experiencia en el arte de la guerra.

La hábil estrategia de Gonzalo estaba dando su fruto. Que mayor satisfacción en un jefe que ver como su adversario le sigue en sus maniobras, quedando enredado en su diestra estratagema. Así pues, Gonzalo iniciaba su marcha a Ceriñola siendo perseguido a pocos kilómetros por el ejército galo. Sin embargo, la andadura comenzaba a ser desesperante. El campo era raso, desolado, sin vegetación. El sol implacable, quemando sin piedad aquellos hombres sudorosos y jadeantes. Bajo sus pesadas armaduras se cocían como langostas. Los alemanes acostumbrados a los campos verdes y húmedos del norte no lo podían resistir. Cuarenta y siete hombres y una mujer de esa nación murieron de sed.

Otros caían en los flancos del camino exhaustos. Gonzalo intentaba por todos los medios infundir moral en el ánimo abatido de sus soldados. Era inútil. ¿Sería esta una ocasión perdida para alcanzar la victoria? Uno de sus hombres le señala que traía cuatro carretas cargadas de buen vino y bizcochos. Era la salvación. Los alemanes al borde de la muerte por extenuación se dieron a beber el vino y comer los bizcochos. Así de esta manera, reponiendo las fuerzas consiguieron llegar hasta el pueblo de Ceriñola, donde había un arroyo próximo en el que todos pudieron beber.

Ahora estaba a la vista de todos el ingenioso dispositivo bélico de Gonzalo. El pueblo se encontraba sobre un promontorio. Así dejando el pueblo detrás del ejército, se situaba éste en unas lomas pronunciadas, cuya pendiente le daba una ventaja estratégica incuestionable. El terreno estaba cubierto de viñas y olivares que descendían hacía el sur y sudeste. El campo se hallaba acuartelado de cercas y vallados, que con las cepas y vides formaba algo parecido a un moderno campo de alambradas. Allí se quedaría enredada la caballería gala con sus pesadas corazas.

Aunque los hombres estaban cansados Gonzalo les ordenó que cavaran un foso en un arroyo seco que discurría por mitad del campo. Allí se colocó después un parapeto o barricada con unas picas muy afiladas con el objeto de reventar allí a la caballería francesa. El ambiente comenzaba a cargarse con el nerviosismo de la batalla. Los franceses también habían llegado al campo. El Virrey pide consejo nuevamente. La primera impresión que se obtiene es que el lugar escogido por Gonzalo era tan fuerte que en el colocaba la gente del pueblo el ganado cuando querían protegerlo en tiempos de guerra.

El enfoque de la situación provocaba fuertes desavenencias y bruscas discusiones en el campo francés. Los caballos estaban agotados y los hombres cansados. Por si fuera poco estaba comenzando a anochecer. Muchos juzgaban prudente el aplazamiento de la batalla. Otros juzgaban que al día siguiente sería peor. El rey de armas intimidaba al Duque, amenazándole con informar al Rey en caso de que no se dispusiese a plantar batalla. El Duque herido en su amor propio dispone cargar contra el enemigo.

Y es así como comienza una brillante página para ser rememorada con toda la aureola legendaria de la historia. Una contienda comparable a las grandes batallas de la *Grand Armée* de Napoleón y que forma parte imperecedera de los anales de la antología militar. Otrora campesinos y ahora rudos y esforzados soldados, 7600 españoles iban a chocar estrepitosamente con 7650 franceses. El ejército español estaba compuesto en su vanguardia de 500 hombres entre arcabuceros y espingarderos.

En el centro en el flanco izquierdo la infantería española de Pedro Navarro con 2000 peones, en la parte frontal la alemana de Hans von Ravennstein con 2000 lansquenetes, y en el centro en el flanco derecho otros 2000 infantes españoles al mando de García de Paredes. Así quedaban los poderosos piqueros alemanes protegidos en ambos flancos por la infantería española. O sea una larga y ancha hilera de picas dispuestas para masacrar al enemigo. En la derecha la caballería pesada española al mando de Diego de Mendoza conformada por 400 hombres de armas.

A la izquierda, la caballería auxiliar italiana liderada por Prospero Colonna con 400 hombres de armas, la caballería ligera española con Pedro de la Paz a la cabeza de 400 jinetes y la también caballería auxiliar de Fabrizio Colonna con 400 caballos ligeros. Completaba este cuadro 13 piezas de artillerías convenientemente dispuestas en las lomas. Este era el astuto dispositivo envolvente creado por Gonzalo. El despliegue francés era más sencillo. En la vanguardia la caballería pesada francesa capitaneada por Luis D'Ars al frente de 250 lanzas. En el centro la infantería suiza y gascona al mando del coronel Chandieu con 7000 piqueros. En la retaguardia la caballería auxiliar italiana de Ivo D`Alegre con 400 caballos ligeros. Por último la artillería estaba compuesta por 26 piezas.

En el campo español no había desavenencias. El mando era único e incuestionable en la figura del Gran Capitán. Gonzalo infundía entusiasmo, disciplina y confianza entre sus hombres. Iba montando a la estradiota un brioso caballo que llamaban Santiago. Vestía unas corazas españolas de carmesí y un peto que le cubría el pecho. Su tío le indica que se cubra la cara. Gonzalo responde que quiere ser bien visto por todos sus hombres. Los franceses traían el grito de guerra de

"Saint Jacques", por lo que enterado Gonzalo ordenó a sus hombres que clamasen el de "Santiago".

Se realizaban augurios por el resultado de la batalla. El Astrólogo Agostino Bimfo le predijo a Gonzalo la victoria. Recorrió el Gran Capitán todo el campo, mirando uno a uno a sus hombres, llamándolos por sus nombres, diciéndoles palabras que se les metían en los corazones. Aquellos hombres que unos momentos antes habían llegado a las viñas de Ceriñola desechos y agotados por la fatiga de la marcha, ahora estaban llenos de fe, electrizados por el fuego de la mirada y la seguridad ciega del Gran Capitán.

El duque de Nemours dio orden de ataque. Luis D'Ars comenzaba a mover a sus hombres de armas lanzándolos a la carga sobre las posiciones de la infantería española. Anochecía. Los cañones bramaban como un trueno expeliendo su fuego destructor. Se levantó una gran oscuridad de polvo y humo de artillería. El espectáculo era fantasmagórico y confuso. La pesada *gendarmerie* de Luis D'Ars que en aquel trance conducía el propio duque de Nemours chocaba enconadamente contra la infantería española de Paredes, que en un escalón inmediato protegía la batería. Este iba a ser el sector crítico. Los cañones franceses disparaban sus pelotas de hierro contra la infantería española.

Sin embargo, debido al rasante existente, los proyectiles pasaban un codo por encima de los hombres. Por el contrario Pedro Navarro en su emplazamiento ventajoso arriba de la pendiente, acertaba de lleno sobre las masa negra y confusa de las formaciones enemigas. Un soldado italiano nervioso en el fragor de la batalla, deja un reguero de pólvora entre una carreta que sirve de depósito de explosivo y el cañón que estaba a su cargo. Al ir a encender la mecha se encendió el fuego por todo el campo. Se sucedieron explosiones y luminarias de gran estruendo y vistosidad.

La carreta entera ardía. Algunos artilleros se alejaban despavoridos del escenario, al tiempo que se repartían palabras gruesas, maldiciones... Las grandes llamaradas alumbraban en la noche, extendiendo sus sombras espectrales por todo el campo. Los franceses redoblaban sus esfuerzos al ver a los españoles en apuros. Veían la victoria al alcance de la mano. Pero el espectáculo era más aparatoso que el daño efectivo y real. Gonzalo se impuso con toda la fuerza de su personalidad remontando la moral de los suyos. Entonces pronunció sus célebres palabras:

> "¡Oh que buenas nuevas! Ninguna cosa pudiera oír en esta sazón con que más me alegrara, porque el día se acaba y nos ha de alumbrar la pólvora. Sabed que son lumbreras de nuestra victoria, la cual tengo ahora por más cierta, porque habéis de saber que Dios, sabidor de todas las cosas, muestra muchas de ellas antes que vengan y con fuego muestra cuando han de ser prósperas. El fuego siempre significa victoria" (Rodríguez Villa, 1908, pág. 368).

Nemours con sus hombres de armas topaba ya las líneas españolas. Sus caballos tenían que enfrentarse con el parapeto hábilmente dispuesto por Gonzalo momentos antes. No pudiendo sortear el obstáculo tropezaban con la tierra recién levantada yendo a desplomarse sobre las puntiagudas estacas clavadas en su borde. Caían caballos y caballeros, atravesados por las picas, apelotonados en confusión. Los que lograban pasar por encima del parapeto acababan rodando por el foso. Los arcabuceros alemanes de Gonzalo disparaban a placer sobre aquella masa confusa y amontonada. Era un panorama caótico y desolador. Nemours no podía replegarse.

Se encuentra atrapado. Sus hombres de armas le tienen aprisionado. Intenta un movimiento lateral buscando una vía hacía las posiciones españolas. Un arcabuzazo le hacía caer del caballo. Presuroso Francisco d'Urfée intenta socorrer al Duque. Pero ya es tarde. Los españoles eufóricos saltan por encima de la barricada. García de Paredes y Pedro Navarro avanzan con quinientos infantes exaltados por encima del parapeto. Se entabló un combate directo, vigoroso y atroz. El duque de Nemours estaba herido y perdía mucha sangre. Pero su espíritu altivo no admitía la derrota. Momentos después caía en tierra espada en mano en medio de sus adversarios.

Para ese momento toda la línea se enzarzaba en una espantosa lucha cuerpo a cuerpo. Chandee con sus gascones y suizos ya topaba con los tudescos. Gonzalo se movía de un lado a otro, presente en todas partes, atacando en primera línea con furia al enemigo, dando ánimos a todos con su ejemplo. Inmerso en lo febril y alocado del momento atraviesa sin temor un escuadrón de picardos y borgoñones, y entró por ellos como un león gritando extasiado ¡España! ¡Victoria! ¡Santiago! de forma que todos lo oyeran y no paró hasta llegar al alférez que portaba la bandera del enemigo, blandiendo su espada sobre el brazo de aquel infeliz, cortándole la extremidad y la propia asta, arrebatándole la bandera mostrándosela a todos.

En el sector izquierdo de la infantería española Pedro Navarro y Diego García de Paredes, sacando de sus posiciones a mil quinientos infantes, atacaban con impulso irresistible a los hombres de armas del adversario. En ese momento se decidió la batalla. La caballería francesa hubo de replegarse y al hacerlo, deshizo los cuadros de su infantería cerrada. Pizarro, Villalba y Zamudio salían también de sus posiciones. Y en las dos alas, Próspero Colonna y Diego de Mendoza atacaban asimismo con sus hombres de armas. Se veía ahora cuán hábil era el dispositivo de Gonzalo.

Su movimiento de líneas exteriores ahogaba por todas partes el esfuerzo francés. Esa era la aterradora tenaza astutamente proyectada por Gonzalo para sus enemigos. Una vez más Gonzalo había ganado la contienda. Mientras los franceses mostraban desavenencias, caos, un sinfín de duelos individuales, Gonzalo daba un sentido de unidad a su ejército. Veía en cada momento el cuadro global de la batalla. Había conseguido dar cohesión a su gente, espíritu de equipo. Aquel anochecer sangriento del 18 de abril de 1503 significó el ocaso de la caballería pesada francesa ante la dinámica infantería española.

Jornada épica en la que los soldados españoles descollaban ante el mundo como ejemplo de virtud guerrera. En los campos de Ceriñola nacía una nueva fuerza que dominaría durante dos siglos los campos de Europa: los afamados y legendarios Tercios Viejos. Esa era la inercia arrolladora del ímpetu español, que una vez que ponía en marcha su maquinaria de guerra era imparable.

El enemigo perdía la batalla. Chandiu moría en la primera fila de sus soldados. D'Alegre y Luis D'Ars huían en estampida con lo que quedaba de la debacle. Varios capitanes españoles salían tras de ellos en su persecución. Lo que quedaba en el campo era ya una espeluznante carnicería. Aquel día murieron en la refriega cien españoles frente tres mil franceses. Además los franceses perdían toda su valiosa artillería, siendo luego su propio campamento capturado. A ello hay que añadir los numerosos galos que fueron hechos prisioneros.

Como último gesto que plasma la extraordinaria grandeza que poseía aquel miembro de la Casa de Aguilar hay que señalar el honor, la elevada actitud moral que mostraba por la memoria de los menos agraciados, los fenecidos. Efectivamente, después de la encarnizada lucha se dio un banquete en el bando vencedor al que acudieron los principales capitanes de su ejército y los más destacados caballeros prisioneros del bando contrario. Con ellos se hallaba Gaspar de Coligny, señor de Fremente. Este hizo saber al Gran Capitán que unos de sus mozos llamado Vargas vestía unas ropas de extremo lujo que habían pertenecido al duque de Nemours. Turbado Gonzalo interpeló inmediatamente al paje.

Entonces Vargas contó cómo había derribado al duque del caballo, que le había acabado de matar, quitándole después sus ostentosas ropas. Al saberlo Gonzalo paró la cena y se fue en mitad de la noche con su paje y otros hombres portando antorchas al campo donde yacían miles de cadáveres. Finalmente después de una tediosa búsqueda dieron con el cuerpo del duque de Nemours. El cadáver del último Armagnac, el vástago de tan gloriosa casa francesa, estaba tendido en tierra. Después de orar de rodillas por el alma del difunto, el Gran Capitán ordenó cubrirlo y llevarlo a hombros al campamento con mucho cuidado y respeto, para que fuese lavado y preparado antes de recibir digna sepultura.

El Gran Capitán frente al cadáver del duque de Nemours

Envolvieron los restos del Virrey con un lienzo fino y blanco, a modo de sudario y lo introdujeron en una caja de madera forrada de terciopelo. Luego cubrieron el féretro con un paño negro ricamente bordado. Posteriormente, ordenó Gonzalo que se le enterrase con todo honor en la Iglesia de San Francisco de Barletta. Pero la historia no se forja con timbres lastimeros. Gonzalo de Córdoba haciendo gala de una esforzada tenacidad había cumplido un notable desafío, conquistando de nuevo el sur de Italia. Esta campaña unía por varios siglos el Reino de Nápoles a la Corona de España.

La batalla en los fangos cenagosos del Garellano fue el broche de oro en la carrera de Gonzalo que se convertiría en el colofón definitivo para la íntegra conquista del sur de Italia. Pero no vamos a entrar en el detalle de este épico encuentro con los franceses. Más allá de las rugosidades de la historia, de los reinos que se conquistan en uno u otro tiempo, bajo intereses loables y sinceros, o pasiones perversas, emerge la personalidad del hombre.

Del hombre inmortal, imperecedero, de fama señera e incontenible que se extiende por los campos de Italia, como una *"vox populi"* que subyace en el subconsciente de las gentes corrientes y se escribe en magnos libros de ribetes dorados para los grandes señores de los diversos reinos del mundo. No pretendamos cartografiar la historia. Sabemos cómo se desdibujan las fronteras con el paso del tiempo. Quizás los móviles que llevaron a esos ilustres hombres a conquistar grandes señoríos escapen completamente a nuestra comprensión. Allí yacen sepultados bajo la descompostura del tiempo aquellos esforzados protagonistas.

Pero más allá de pretender enredarnos en las descripciones de estrategias y marchas militares, o de adentrarnos en sus razones, el oropel, o la vanidad de aquellos personajes, emerge en nuestro ánimo la admiración y el culto de una personalidad excepcional. Es difícil descifrar el código moral de una época. Los vaivenes de la historia nos ilustran el camino, pero nuestra sincera adhesión nace de un sentimiento más profundo, del reconocimiento incondicional a una figura, un carácter, que aparece ante nosotros irradiándonos con toda la fuerza de su personalidad, libre de cualquier desfase, exonerado del más ínfimo anacronismo.

Las proezas de Gonzalo en Italia, su fisonomía moral, no son parangonables a la de cualquier otro personaje que haya preservado la tradición. En Gonzalo reconocemos al genio militar, que supo combatir en multitud de ocasiones con fuerzas numéricas inferiores a las de sus adversarios. En un siglo como el XV, en el que la contienda era un simple choque de fuerzas armadas, en el que no se consideraban los accidentes geográficos y en el que el resultado del encuentro dependía del mero número de soldados y hombres de armas, de piezas artilleras, del esfuerzo, del tesón, del valor combativo; a lo más, de la habilidad táctica que hacían gala uno y otro grupo, Gonzalo revolucionó el concepto de la guerra, e introdujo el elemento intelectual, la noción estratégica global.

Su astucia le hizo ser capaz de superar a hombres bravos, pero formados en la vieja escuela de los protocolarios encuentros al estilo medieval y en los combates más políticos que militares. Gonzalo con sus escaramuzas, sus asaltos en descubierta y sus rápidos repliegues, practicaba la táctica de la guerrilla, la guerra guerreada, que tanto irritaba a los franceses y les sumía en la intranquilidad, desorientando a sus jefes y haciéndoles dudar de sus objetivos.

También supo Gonzalo lidiar con muchas otras dificultades que no hacen sino magnificar la grandeza del hombre. Se valió como en las viejas batallas de Granada, de una valiosa red de espías, de servicios de información, que le informaban del estado en que se encontraba el enemigo, la división de sus jefes, la penuria de medios... También de su capacidad para forjar la valentía en el soldado español, en animar e infundir esperanza en sus hombres. Todos estos factores permitieron a Gonzalo en el pináculo de su existencia, llevar a cabo aquella victoria tan titánica, como laboriosa.

Gonzalo había conquistado un gran reino. Su tesón, su constancia, su tenacidad, le habían permitido conseguir el sueño de sus Reyes, más poderío para España, con aquellas formidables tierras que se adherían en ultramar, como un baluarte del dominio español allende los mares. Pero una vez acometido el desafío, el reto, la lucha perdía su sentido. Gonzalo llegaba a los cincuenta años y con ellos iniciaba una crisis personal, el declive de su existencia, entraba en una barrena psicológica. ¡Si hubiera muerto en la tensión suprema de su vida en un combate como Garellano coronado de victoria! Pero el destino no le iba a deparar esa dicha.

Al fin se lograba la paz. Gonzalo llegaba a Nápoles. Los regidores napolitanos habían preparado un magnífico carro triunfal para su entrada en la ciudad. Pero Gonzalo no lo consintió, no quería tanta pompa, tanta fastuosidad. Entró como había triunfado, montado a caballo, portando sus armas. Abría la comitiva la poderosa artillería ganada a los franceses, los estandartes arrebatados al enemigo. Luego seguía la infantería, los escuadrones de caballos ligeros y entre ellos el

Gran Capitán, inmerso en una aureola solemne y legendaria, rodeado de la plana mayor de sus jefes más afamados.

Tras el agolpamiento de las gentes, los vítores, las aclamaciones, el júbilo del triunfo, el anhelo tan esperado de conocer a aquel hombre tan extraordinario acreedor de tantas victorias, Gonzalo se retiraba a la catedral para dar gracias por la victoria. Tras el caos y la anarquía ahora sucedía el gobierno sensato. Convergían en Nápoles todas las miradas de los pueblos de Italia. La derrota tan decisiva y demoledora del ejército francés en Garellano, provocaba el desmoronamiento absoluto del poder de Luis XII en la península. Hay quien especulaba que Gonzalo llevaría la guerra hasta la Lombardía. Pero lejos de ello el sagaz Rey Católico consolidaría lo conquistado, renunciando a ulteriores y vagas empresas.

El trance personal de Gonzalo hacía mella en su robusta constitución física. Mientras España alcanzaba una tregua general con Francia, en el que se respetaban las fronteras actuales, Gonzalo caía enfermo. El Gran Capitán con grandes calenturas se debatía entre la vida y la muerte. Mientras la fiebre le devoraba, confinado en el delirio, veía una a una pasar las estampas de su vida. Las mujeres y doncellas rogaban en las iglesias por su pronta recuperación.

La fe inamovible de Gonzalo, su honda convicción ante la vida y las fuerzas titánicas del hombre recuperaban al héroe de las garras de la muerte. Gonzalo sanaba pero el aviso metabólico mellaba su estado anímico, haciéndole considerar cuestiones de índole personal de aún más vastos alcances. No se olvidó de sus hombres. Repartió tierras y dominios entre los principales capitanes, distribuyó los beneficios y tenencias de Nápoles. Era la enseña de una despedida.

Doña Isabel y don Fernando supieron reconocer los extraordinarios méritos de Gonzalo en su gran campaña italiana y le recompensaron con generosidad y largueza. El día 11 de abril de 1502 le hacían donación de la ciudad de Terranova en Calabria, con título y dignidad de duque de la misma, asignándole tierras, rentas y feudos de San Gregorio de Losa. Así pues el modesto segundón de la casa de Aguilar era ahora nada menos que duque de Terranova, señor de amplios estados, innumerables vasallos y rentas.

Pero la penetrante mirada de Gonzalo, como si fuera una evocación de aquella águila, de aquella portentosa divisa que portara en los escudos heráldicos de su casa paterna, le hacían contemplar nuevos horizontes en su porvenir. El día 20 de julio de 1504, pidió a los Reyes que le relevasen de su cargo no obstante ser el virrey de Nápoles. Eran grandes los móviles que llevaban a Gonzalo a tomar esa decisión. Estaba su malograda salud, la disminución de sus fuerzas. Quería además atender a sus asuntos personales, recogerse a la intimidad del hogar, ver nuevamente a su mujer e hijas, visitar a sus parientes, en definitiva dejarse arropar por el calor de su tierra.

Pero un hecho capital iba a dar un giro radical en la existencia de Gonzalo y por ende, a modificar completamente la política castellana. Desde el año 1502 comienzan en Castilla una serie de enfermedades y pestes que iban a causar gran calamidad entre las gentes. Los Reyes Católicos no serían inmunes a esta pandemia. En el verano de 1504 caían ambos enfermos. Don Fernando consiguió recuperar su salud. Sin embargo, Isabel de Castilla, después de cien días de penosa enfermedad, moría en el Castillo de Medina, el 26 de noviembre de 1504.

La noticia se extendió al momento por todos los caminos del mundo. Enterado Gonzalo cayó en un estado de íntimo dolor y recogimiento. No podía apartar de su mente esos lazos de fidelidad, el cariz de sus recíprocos sentimientos. Le venían al recuerdo las justas y torneos de la corte segoviana en las que él era el adalid indiscutible. A su lado siempre sonriente y radiante Isabel le profesaba dentro de su real decoro, sincera adhesión, amistad y apoyo.

El mismo día 26 de noviembre, Fernando de Aragón, en una solemne ceremonia ante los grandes, prelados y caballeros, después de treinta años de grandes servicios al reino, renunciaba públicamente a la Corona de Castilla. Ahora sólo sería gobernador. Entonces comenzó una profunda crisis en Castilla. Los nobles se hallaban revueltos y levantiscos. Don Felipe, reclamaba el trono de Castilla y a su vez formaba un bloque con Maximiliano de Austria y el rey de Francia.

Fernando se siente acosado por poderosas fuerzas que le asedian por todos los frentes. La habilidad de Fernando le hacía tomar una difícil decisión que parecía destruir todo el trabajo ciclópeo con el que se había construido la obra de los Católicos Reyes. Buscó la alianza de Francia casándose con la sobrina de Luis XII, Germana de Foix. En la balanza del reino se había depositado un contrapeso que modificaría para siempre todo lo que había constituido el *idearium* político de Fernando.

Dos caracteres, dos formas de ser, iban a chocar irreductiblemente en el transcurso de sus vidas. La serenidad, magnanimidad y generosidad de Gonzalo iban a estrellarse contra la hermética cerrazón del monarca. Surgían chispas, recelos y resentimientos de orden sentimental. Aquellos recuerdos, del buen trato que mantenía con la reina Isabel, constituían un obstáculo ante la nueva situación. La grandísima lealtad que sentía hacia la reina Isabel, y su tan pronta sustitución, le hería en sus emociones más profundas. Veía en ello, casi un desacato, una deshonra para la memoria de tan pródiga Reina. Fernando había sido expulsado del Reino de Castilla.

El disfavor que le dispensaban los nobles castellanos hacía germinar en él sentimientos ruines y mezquinos. Fernando fue ingrato con los más fieles colaboradores de la Reina y Gonzalo no escapó a este proceso. Gonzalo aún continuaba en Nápoles. Pero ya no era el valeroso soldado vencedor de tan aclamadas victorias como Barletta, Ceriñola, o Garellano. Ahora era una rutinaria pieza del engranaje burocrático. Era sólo el virrey de Nápoles. Pero lo que más le molestaba era la desconfianza que Fernando le mostraba, sus recelos e insidias, sus continuas suspicacias.

Había colaboradores de Gonzalo que iban a informar a la corte y alimentaban en el monarca esas ideas generadoras de resentimiento y rivalidad. Quizás el mismo Fernando las provocaba. Ahora que Gonzalo era dueño de un reino, ¿no albergaría para sí la aspiración al trono de Nápoles? ¿Para qué guardar fidelidad a un monarca que se encontraba en una posición difícil, debilitado y rodeado de adversarios? Estas eran las ideas que el malévolo Fernando recreaba en su imaginación. Se equivocaba. El que otrora fuera unos de los más grandes estadistas de la cristiandad, desconocía por completo la naturaleza de Gonzalo.

Por si fuera poco se acusaba a Gonzalo de liberalidad, de despilfarro, de arbitrariedad en su gobierno. A Fernando le obsesionaba la alianza de su yerno Felipe con Francia. Así, como solución a la difícil coyuntura que atravesaba buscó la aproximación con Luis XII, casándose con su sobrina. La maniobra de Fernando fue muy hábil, pero no hubo en Castilla medida más impolítica. Si con dicha actuación conseguía enmendar algunas vicisitudes, también generaba nuevos rencores y ulteriores desavenencias. El Rey hería a su pueblo en la fibra más sentimental y afectiva, quebrando la línea de contención con Francia que tantos años había practicado.

 Para Gonzalo la confusión de ideas y conceptos era patente. Para él significaba la ruptura de los valores de la autoridad monárquica a los que había sido fiel desde niño. El Rey entregado a sus adversarios franceses no hacía sino manchar el recuerdo emocionado que Gonzalo sentía hacia su Reina y lo que era más grave suponía un desprecio a la gran empresa de su vida. Fernando reconocía a Luis XII un derecho a la mitad del Reino de Nápoles, derecho que el monarca francés cedía a su sobrina.

Eso implicaba desconocer toda la azarosa obra de Gonzalo. El Rey Católico daba por no hecha aquella campaña militar. Aquello era una grave ofensa a los hombres que lidiaron con grandes penalidades en Barletta, un ultraje para aquellos esforzados soldados que perdieron la vida en las ciénagas de Garellano. Gonzalo contemplaba incrédulo el regreso como vencedores de sus peores enemigos. Los barones angevinos eran repuestos en sus tierras y estados, quitándoselas a los hombres de Gonzalo, a los verdaderos héroes de Italia. No cabía ya mayor injusticia.

Gonzalo se sentía miserablemente utilizado. El que había sido gran conquistador de Italia, el genio militar, el hábil administrador, ahora era un estorbo en los maquiavélicos planes de Fernando. Así es como comienza la tragedia de la casa Córdova-Figueroa, aquella estirpe ilustre que tantos héroes había dado a la Corona, próceres del reino, que con su firme temple y apostura, habían expulsado tantas veces a los moros de tierras andaluzas, ahora veían sus descendientes como se iniciaba una miserable campaña de descrédito que iba a mancillar durante generaciones el nombre tan peliagudamente atesorado.

Es cierto que las razones del rey no son las razones del cortesano. La sobriedad de ejecución de Fernando no le hacía contemplar los accidentes aislados, sino el escenario global de la política. Gonzalo había alcanzado demasiado poder y había llegado la hora de erosionarlo, menoscabarlo. Fernando en sus males artes e inclinaciones retorcidas piensa que hay que arrebatar cuanto antes a Gonzalo el Reino de Nápoles. Había que sacarlo de allí y llevarlo a España. Fernando planea en relevarlo de su cargo y poner en su lugar a su hijo natural el arzobispo de Zaragoza.

Gonzalo ponía excusas y Fernando se desesperaba. Nuevamente emergía el recelo. ¿Y si el Gran Capitán se alzase en aquel reino? La idea comenzaba a convertirse en obsesión en la mente de Fernando. El tormento de la duda sobre las intenciones de Gonzalo descomponía a Fernando. Entonces intentó una nueva estrategia. Ahora le invitaba a salir de aquel reino a cambio de una recompensa que juraba solemnemente ante todos.

Le ofrecía el Maestrazgo de la Orden de Santiago. Pero en el transcurso del tiempo se iba a constatar como Fernando no estaba dispuesto a cumplir su palabra. No podía haber una maniobra más ruin, para con aquel que todo lo había dado. Pero aquellas maniobras, que incluso llegaban a contemplar el uso de la fuerza y la detención de Gonzalo, no hubo necesidad de llevarlas a cabo. El 1 de julio de 1505 Fernando firmaba la Concordia de Villafáfila. Concluía la crisis en Castilla. Derrotado renunciaba a todo.

Don Felipe, era como rey consorte, administrador y gobernador de Castilla. El Rey Católico anunciaba desde Tordesillas su propósito de trasladarse a Nápoles. Así las cosas, Fernando se dirigía con una armada de veinte naves hacia Nápoles, a la que se le había unido una galera en la que viajaba María Manrique, esposa del Gran Capitán con sus hijas. ¿Cómo reaccionaría Gonzalo ante la llegada del monarca? Otra vez se sucedían las desconfianzas y recelos. Hay quien pensaba que el Gran Capitán no se dejaría atrapar cayendo en las manos de Fernando. Todos se equivocaban.

A la llegada de la escuadra real a Nápoles, Gonzalo fue directo con toda naturalidad y acatamiento a encontrarse con don Fernando. Allí hincó sus rodillas en el suelo, postrado ante el monarca como una señal inequívoca de su renovada fidelidad. Viendo el de Aragón la actitud de Gonzalo, se disiparon como por arte de magia todas las dudas que durante tanto tiempo habían enturbiado sus relaciones. Don Fernando profería públicos elogios y alabanzas a los méritos de Gonzalo. Parecía que de una vez por todas resurgía el entendimiento y la confianza.

El 25 de septiembre le comunicaban al monarca la inesperada muerte de su yerno don Felipe. Sentía don Fernando, tras la máscara del dolor, un escondido regocijo. Muerto Felipe y siendo su hija Juana notoriamente incapaz, el volvía a ser el hombre indispensable en Castilla. Tras algunos días de luto oficial, los soberanos son recibidos con gran apoteosis en Nápoles. Se suceden los homenajes, las jornadas de júbilo, las acogidas fervorosas de las gentes. Todo había sido preparado de antemano por Gonzalo con todo el boato, la perfección, el aparato y el protocolo necesario para recibir al gran estadista.

El entusiasmo en este primer momento es contagioso y desbordante. Pasado el estrépito y el clamor de multitudes y con el objeto de dejar definitivamente el país agregado a la Corona, Fernando se entrega a una labor frenética de administración para dejar las cosas en orden antes de su partida. Tras el entendimiento inicial, una vez más se sucede el desencuentro. Surgen problemas de apreciación cuando se entra en la revisión del régimen instaurado en los días de lucha, con el telón de fondo del espinoso asunto del restablecimiento de los barones rebeldes.

Aquellos tejemanejes eran a la vez repulsivos y denigrantes. Surge el problema del reparto de tierras y Gonzalo contempla impertérrito como sus hombres perdían sus posesiones tan valerosamente ganadas y las recibían sin esfuerzo alguno aquellos barones arrogantes y vanidosos. La autoridad real se imponía. A Fernando le interesaba dejar tras su partida un reino sólido, sin disensiones ni discordias interiores. Para Gonzalo aquella forma de proceder calculadora y fría venía a hacer mella en su virtud más excelente: la generosidad.

Y así prosigue una continua decepción en Gonzalo, una amargura agónica ante el proceder del monarca. Nuevamente afloran los reproches. Esta vez se pone en tela de juicio la gestión económica del Capitán, se le acusa de despilfarro. La indignación no podía ser mayor al contemplar como el monarca toleraba estos ataques y ofensas. Gonzalo se defiende con mucho ingenio de la rendición de cuentas, con toda clase de ironías, que hacen ver en Fernando cuán ruin y ridículo era todo aquel forcejeo.

Había que arrojar el lastre, la tensión por el momento se relajaba, pero la ingratitud y la desconfianza creaban una línea divisoria cada vez más insuperable entre los dos hombres. Fernando decepcionó en Nápoles. Toda la esperanza que las gentes habían depositado en él venía a zozobrar en la más cruda realidad. Era el momento del regreso. Gonzalo se resistía. Algo tenía que ofrecerle el monarca a cambio. Tenía que sacarlo de Nápoles. Que mejor medio de doblegar su voluntad que colmarlo de dádivas. El 1 de enero de 1507 Fernando otorga al Gran Capitán nuevas mercedes.

Le concede la ciudad de Sessa y el feudo de Montalto, con título y honor de duque; la ciudad de Terni, la de Caleni, el lugar de Fromidisi y gran número de tierras, casas y rentas. Asimismo se le reitera el ofrecimiento del maestrazgo de Santiago. Gonzalo ya no era el virrey de Nápoles. Ahora le sustituía don Juan de Aragón, sobrino del Rey y conde de Ribagorza. El 4 de junio embarcaban los Reyes rumbo a España. Unos días más tarde partió Gonzalo, dejando en Nápoles el amor sincero de todos y una fama inmensa.

La multitud, emocionada, se apiñaba en el puerto. Veían partir ya la nave de Gonzalo. Apesadumbrados quedaban en el muelle con una mezcla de añoranza y estremecimiento interior. Apenas quedaba ya un bosquejo de la nave en el horizonte, pero tras su estela permanecían indelebles los recuerdos imperecederos de aquéllas épicas victorias y sobre todo el regocijo de aquellas humildes gentes por haber tenido la fortuna de haber conocido a un hombre tan humano como excepcional. Las galeras del Rey y la de Gonzalo hacen una escala en Savona y allí se reúnen por unos días con el rey de Francia Luis XII.

Nuevamente se suceden los homenajes, los bailes y banquetes. Gonzalo se reúne con sus antiguos adversarios. No deja de ser paradójico aquel encuentro. Aquellos sus viejos enemigos, de los cuales, algunos solo tenían el referente de una personalidad abrumadora y legendaria que se hallaba más allá de la línea de batalla, tenían la oportunidad ahora de contemplar al mito frente a frente. La admiración por el genio militar era patente. Luis XII le agasajó con numerosas demostraciones de reconocimiento y deferencia. Hasta el punto que en ocasiones llegaron a quebrar el protocolo y hacer brotar el recelo en Fernando que se veía relegado ante la fama de su cortesano.

Aquellas reuniones personificaban el nuevo clima de entendimiento entre España y Francia. Ahora tenía lugar la fraternidad, la paz perdurable y la segura alianza. En aquellas recepciones Gonzalo era el gran anfitrión, el epicentro en torno al que emanaban todas las conversaciones. Tras los halos del vino, los hombres daban rienda suelta a sus emociones. Afloraba la remembranza, se comentaban con orgullo aquellas campañas. Las mentes se ponían en movimiento. Los propios enemigos de Gonzalo reconocían ante todos los extraordinarios méritos de éste. Don Fernando se sentía incómodo, interiormente desazonado, ante la fama aplastante del ilustre militar.

Él que también había sido caudillo, conductor de ejércitos en innumerables ocasiones, que asimismo anhelaba la gloria castrense, un hueco en la gran historia, no podía sentir más que recelo ante el protagonismo alcanzado por su súbdito. Gonzalo comenzaba a percibir el grave riesgo ante la mucha fama que se había labrado. Se iniciaba la tragedia que iba a presidir los últimos años de su vida, en el que el peso excesivo de sus grandes méritos iba a suponer para él una carga insoportable.

Los Reyes arribaban a Valencia el 20 de julio de 1507. Pocos días permaneció don Fernando allí. Dejando a Germana como lugarteniente General de Valencia, parte seguidamente a Castilla. En su camino se encuentra con su hija la malograda Juana y el arzobispo de Toledo en Tórtoles. Más vehemente que nunca Juana se presenta acompañada del cadáver de su esposo don Felipe. ¡Macabra visión! El Gran Capitán llegaba a Valencia unos días después de la partida del monarca. Otra vez se suceden los pleitos y homenajes. Otra vez se agolpan las personas en ventanas, calles y tejados.

Le salen las personas al encuentro deseosas de conocer al gran hombre. Los caminos, aldeas, plazas, se atiborran de gentes ávidas por conocer aunque fuere una vez en su vida al conspicuo militar. Habiendo descansado algunos días en el lugar, dispuso su pronta partida hacía Castilla para reunirse con el monarca. Antes de partir y con el dinero que había traído de Italia, se afanó en comprar lujosos atavíos a su tropa. Así marcharon hacía Castilla con un esplendor pocas veces superado, con vestimentas de seda y brocados con cabos de oro, insólitos penachos, cadenas de oro, etc.

No había parangón a tanta grandeza. No es de extrañar que tanta demostración de gloria hiciera nacer la envidia en muchos caballeros ociosos de la corte. En las afueras de Burgos se encontró don Fernando con Gonzalo. Allí estaban los grandes y prelados, los del Consejo Real, Órdenes, etc. Mandó Gonzalo que pasasen todos sus hombres a saludar al monarca y una vez que todos lo hicieron, entonces él fue el último en saludarle. Allí le abrazó don Fernando y le besó en el carrillo, dando grandes muestras de afecto y contentamiento ante todos, no escatimando resonantes palabras de encomio hacia el Gran Capitán.

En apariencia todo marchaba de maravilla, pero en la práctica el gran maestro del disimulo que era Fernando no hacía sino orear ante todos una protocolaria manifestación de buenas intenciones. Pronto se evidenciaría cuan distinto era el cariz de lo que acontecía. Por el conjunto de despropósitos y perfidias que a continuación se van a narrar, bien pudiera pensarse que hubiera querido Gonzalo ser un anti-héroe y quizás por su dechado de virtudes, de alguna manera lo fue. Es arduo encontrar la asepsia en la historia.

Tan complicada es ésta como complejo el temperamento de quienes la integran. Los móviles del alma son a veces tortuosos, como escondidos y profundos los sentimientos que los animan. ¿Pero cómo puede corresponderse a tanto aprecio con tan inmensa ingratitud? Este será el hondo socavón de la historia, el enigmático interrogante sin resolver, que envolverá la vida de tan ilustres hombres. Así es pues el binomio de dos hombres, Fernando y Gonzalo, el uno soberano de un reino, el otro que mereció serlo, ecuación maldita, que confronta dos visiones, dos maneras de ser.

Fernando será el mezquino, el ruin, desconfiado y receloso. Gonzalo el magnánimo, bondadoso, líder natural de multitudes, verdadero amigo de sus menores y mayores. La propia persistencia en la afrenta y el origen de la cual procede, nos da una idea, o es la medida de la grandeza del hombre. Esta será la moneda de cambio con la que pague Fernando a quien tan acrecentados servicios había prestado a la Corona.

En un primer momento, Gonzalo despertó enorme curiosidad. Pero tras la ansiedad por conocer al mito legendario el entusiasmo se fue apagando. Gonzalo ya estaba allí. Ahora tenía que adaptarse al monótono protocolo de la corte. Se le concede uno de los cargos de más honor en la corte, que es llevar de la brida a doña Germana. Pero los días pasaban y éste se daba cuenta como había sido relegado a una mera función de ornato. El que estaba acostumbrado a ser la figura central de todos los negocios, ahora se veía reducido a quedar al margen del primer plano de los acontecimientos nacionales.

Pedro Navarro le sustituía en el mando de las fuerzas que vinieron de Nápoles. Se le retiraban sus propios soldados. Gonzalo recordaba al monarca su promesa respecto al Maestrazgo de Santiago y Fernando eludía reiteradamente su cumplimiento. Los Reyes Católicos habían tenido como un principio fundamental de su política la unidad, la concentración del poder en su real autoridad, incorporando a la Corona los maestrazgos de las Órdenes Militares. No iba Fernando a estas alturas a variar su forma de proceder, pero cuanto le dolía esta nueva ofensa a Gonzalo.

El Rey Católico continuaba con sus suspicacias. Las antiguas dudas emergían una vez más. Cualquier alteración en el campo italiano avivaba la sospecha. Se rumorea que Gonzalo proyectaba el matrimonio de una de sus hijas con el hijo del difunto rey don Fadrique. También se decía que el Papa reiteraba la oferta de gonfaloniere de la Iglesia hecha a Gonzalo. Fernando recelaba. Pensaba que sin su ejército, ni virreinato, tenía limadas las garras de su grandeza y su poder.

A Gonzalo le hastiaba el desdén con que le trataba el monarca. Cada vez le costaba más ocultar su amargura y su disgusto. Por si fuera poco, Fernando manda detener a la esposa e hijas del Gran Capitán que se encontraban en Génova, hasta tal punto habían llegado las suspicacias sobre las actividades políticas y diplomáticas de Gonzalo. Fernando no obstante, tenía un numeroso partido que le era hostil dentro de la corte. Éstos se mostraban notoriamente irritados por el incumplimiento de la palabra dada por el monarca respecto al Maestrazgo de Santiago. Algunos estaban muy indignados.

Entre ellos el condestable de Castilla, don Bernardino de Velasco, hombre rico y principal, muy poderoso en España, que era amigo de Gonzalo. Éste había enviudado hace poco de doña Juana de Aragón, hija del Rey, aunque bastarda. Gonzalo y el Condestable iniciaban parlamento para casarle con una de las hijas de aquel. Enterado el monarca tuvo un grandísimo enojo, pues pensaba casar a la hija del

Gran Capitán con su nieto don Juan de Aragón, hijo del arzobispo de Zaragoza. Surgieron fricciones y desaires entre el Condestable y doña Germana, esposa del Rey. Los monarcas se sintieron altamente ofendidos y pronto se lo hicieron saber a Gonzalo.

Una de esas formas de mostrarle su desagrado fue privarle del privilegio de llevar las riendas del caballo a la Reina cuando esta salía, merced que pasó al duque de Alba, don Fadrique de Toledo. También se le humillaba en la corte, dejando pasar por las puertas a personas no principales, dejando al Gran Capitán el último, como si de criado se tratase. Aunque irritado y abatido Gonzalo no podía tolerar ser el centro de comidillas, prefiriendo el noble apartamiento.

En Burgos, el 14 de mayo de 1508 le reiteraba su pleito homenaje al rey don Fernando. Juraba que atajaría cualquier daño que se pretendiera inferir al monarca y que le acogería en su fortaleza de la Loja, merced que le había hecho hace poco tiempo, destierro dorado al que le confinaba el desagradecido monarca. Don Fernando pretendía que al recibir la ciudad y el gobierno de Loja hiciera expresa renuncia al derecho que tenía por su promesa sobre el Maestrazgo de Santiago. No lo pudo consentir Gonzalo.

El funesto destino de don Pedro
Fernández de Córdoba

Entonces ocurrió un pequeño incidente aparentemente carente de importancia. En Córdoba se produjo un motín y uno de sus participantes fue encarcelado. Posteriormente gente del obispo Juan de Aza salieron al paso y mano armada liberaron al detenido de la justicia real. Ante el escándalo dispuso el Rey que el Licenciado Juan de Herrera marchase a Córdoba a practicar la oportuna información de lo sucedido y que saliesen de Córdoba el marqués de Priego y don Francisco Pacheco.

Era el marqués de Priego, don Pedro Fernández de Córdoba (o Córdova, abuelo de aquel otro Pedro Fernández auspiciador de la carrera de Lísperguer), primogénito de la casa de Aguilar, como hijo de don Alonso, el que heroicamente muriera en Sierra Bermeja y por tanto sobrino de El Gran Capitán. Don Pedro tenía gran poder en Andalucía. Fue don Pedro décimo señor de la Casa Córdoba, séptimo señor de la Villa de Aguilar de la Frontera, de las de Priego, Montilla, Santa Cruz, Puente de don Gonzalo, Duerna, Castillo-Anzur, Carcabuey y Monturque, primer señor del heredamiento de Montalbán, alcalde mayor y alcaide mayor de Córdoba, alcaide de sus reales alcázares, alcalde y alcaide mayor de Antequera, alcaide de Alcalá Real.

Por si fuera poco se había casado don Pedro con la marquesa doña Elvira Enríquez, prima hermana del Rey Católico, segunda hija de don Enrique Enríquez, señor de Orce y Galera, almirante de Sicilia, alcalde mayor y alférez mayor de Baza, comendador mayor de León, Caballero de la Orden de Santiago, mayordomo mayor y tío carnal del Rey Católico, como que era hermano entero de doña Juana Enríquez, su madre, Reina que fue de Aragón, de Navarra y de Sicilia.

Pero don Pedro había estado hace poco en la corte y había tenido conocimiento de las graves ofensas que estaba recibiendo su único tío, don Gonzalo, después de tantos honores adquiridos en Nápoles para mayor gloria de la Corona de España. Más encima, muerta la reina Isabel, se crea una situación de desgobierno en el reino y los nobles de Andalucía se agitan como un panal de abejas. Se unían los nobles andaluces para hacer mayor poder frente al Rey, reclamando más poder y obediencia a sus pareceres.

Se crean ligas y se conjuran bandos contra el monarca. Uno de estos fue el formado por fray Diego de Deza, a la sazón arzobispo de Sevilla, el duque de Medina Sidonia, el conde de Cabra, el de Ureña, y el marqués de Priego, don Pedro. Con estos precedentes tenía lugar ahora ese incidente en Andalucía. El monarca profundamente molesto envía a uno de sus justicias a atajar el desacato a la autoridad real.

Así las cosas el alcalde Herrera, le notificó al Marqués la comisión que traía, invitándole a que se ausentase de Córdoba hasta que concluyera su información. El joven e inexperto Marqués lejos de hacerlo, detuvo al Alcalde en su propia casa y posteriormente le envío preso al propio Castillo de Montilla. En mala hora lo hizo. Por si fuera poco, al ponerlo en libertad le prohíbe que se acerque a Córdoba y le cierra las puertas de la ciudad.

Fernando estaba enfurecido e indignado. Aquel Marqués al que había colmado de mercedes y lo que es más, le había dado en matrimonio a su mismísima prima, era el que ahora cometía la necedad de rechazar la mano que le brindaba apoyo. Fernando había sufrido mucho en los tiempos de don Felipe, en los que había padecido innumerables desafectos y desplantes a su real autoridad. Ahora venía aquel joven impulsivo con sus irreverencias. No lo podía tolerar de ningún modo.

Debía darle un castigo ejemplar que sirviera de aviso para todos los que osasen cuestionar su real poderío. Y así lo hizo marchando a Andalucía a la cabeza de un poderoso ejército, formado por seiscientos hombres de armas, cuatrocientos jinetes, tres mil peones a la suiza, espingarderos, arqueros, artilleros, ballesteros, lanceros, máquinas y aparejos diversos de guerra. Veía Gonzalo como su desdichado sobrino se interponía en la disputa que mantenían él y el monarca. Acude a entrevistarse con el Rey al que le dice:

"La casa de Aguilar siempre fue leal, y si mi sobrino lo ha agora errado y hecho lo que no debía, mándelo V.A. castigar por justicia".

Luego escribía a su sobrino diciéndole estas palabras:

"Sobre los yerros fechos conviene que luego os vengáis a poner en poder del Rey y si esto hacéis seréis castigado y si no lo hacéis seréis perdido del todo" (Lojendio, 1965, pág. 346).

Posteriormente, el Gran Capitán con íntima repugnancia se vio obligado a interceder por su sobrino, yendo a suplicar al monarca, hincado de rodillas ante el Rey, pidiendo el perdón real por el comportamiento del mozo, que en su ánimo ardiente había caído en aquel delito. En Toledo, fue el marqués don Pedro a ponerse a merced del Rey, pero éste no le quiso ver, ordenándole que se mantuviese a cinco leguas de la corte y que entregase sus fortalezas.

Cuando Fernando llegó a Córdoba mando prender al Marqués y ponerlo en prisión en Trasierra, donde continuó el proceso contra él por los del Consejo Real. Allí fue acusado de Lesa Majestad. Don Pedro no quiso defenderse, muy al contrario imploraba al monarca que se tuviera en cuenta los servicios que sus abuelos habían hecho a la Corona Real. En Córdoba residió el monarca por dos meses, dedicándose a aplicar una rigurosa justicia. Se podía percibir una glacial frialdad en Fernando, en su forma de aplacar la infamia. Muchos de los inculpados habían huido, a éstos se les derribaron sus casas y se les confiscaron sus bienes.

Otros vecinos fueron ejecutados y descuartizados. A uno se le cortó el pie, a otro el pulgar de su mano derecha. Muchos fueron públicamente azotados. Era aquel un espectáculo atroz. El Consejo Real condenó a don Pedro a la pena de muerte y perdida de todos sus bienes, pero consultado el monarca y en atención de que se había entregado voluntariamente sin oponerse al Rey, se le conmutó la pena de muerte y confiscación de bienes, por la de destierro de la ciudad de Córdoba y de Andalucía, hasta que fuese la voluntad del Rey, quedando todas las fortalezas y castillos en posesión del soberano, reteniéndolos a costa del Marqués.

Y para mayor escarmiento y ejemplo perdurable que demostrara a todos lo peligroso de desafiar el poder real, mandó se derribase la fortaleza de Montilla. Aquello era demasiado, aquella grandiosa atalaya, símbolo de poder en la frontera, cuna del Gran Capitán y de don Alonso, que había pagado con su vida en los penachos de Sierra Bermeja sirviendo lealmente a la Corona. De nada sirvieron las súplicas de Gonzalo, la intercesión de los grandes, las gestiones del Rey de Francia.

Los embajadores del Rey galo, le recordaban a Fernando que las doscientas ciudades y setecientas villas y castillos que había ganado Gonzalo en Italia, era bastante recompensa por la ruina de un solo castillo en el cual el Gran Capitán había nacido. Inútil empeño. Fernando se mantuvo invariable. Para no aflojar la soga Fernando le puso una multa de veinte mil maravedíes, lo que equivalía a una pesada losa para ya poder levantar cabeza. Gonzalo siempre a la altura de las circunstancias, con su porte de siempre, fue indemnizando a todos aquellos que habían sido golpeados por la despiadada justicia real.

A unos les compró nuevas haciendas y a otros le edificó sus casas, así como satisfizo a los hijos de los muertos. El revuelo, la pena, el dolor, el desasosiego no podía ser mayor. Todo aquel rigor era como segar a la casa de Aguilar de sus antiguos solares y señoríos. No podía existir en el mundo una represión más brutal y cruel. Gonzalo andaba compungido, sobrecogido, era como si le hubieran hurtado sus recuerdos de juventud, quitado su identidad, su origen, su enseña paterna, su procedencia. El Marqués quedaba destrozado y maltrecho, hundido ante tanta severidad real.

La orden real se cumplió con todo acatamiento. La soldadesca, capitanes y demás cabezas de mando, tomaron las calles, plazas y torres, puertas y todo punto estratégico de la villa. Quedaron los pobladores en estado de sitio. Se pusieron en movimiento brazos, máquinas y artificios. En cuestión de dos meses aquella grandiosa fortaleza, mole esbelta y poderosa, otrora orgullo de Andalucía y de los más renombrados en España se veía reducida a polvo, y piedras sueltas.

Para mayor humillación dirigía las operaciones por mandato real, aquel Coronel Villalba que había sido capitán de Gonzalo en Italia. Es imaginable con cuanto asqueo e indignación personal hubo de ejecutar la orden. En una de esas intentonas cuando varios soldados tiraban de un lienzo para derribarlo, de repente se desplomó matando a diecisiete hombres sin que ninguno de ellos lograra escapar. Cuando se enteró Gonzalo exclamó:

"Mejor se defendiera Montilla e más valerosamente estando viva e sana, pues muerta e condenada ha muerto a tantos" (Algaba & Jiménez Martín, J.A., 1995, pág. 88).

El espectáculo no podía ser más patético y escalofriante. Allí estaban entregados con denuedo los soldados a la vil tarea de socavar torres, entre el cuerpo y los cimientos. Después, a imitación de los árboles cercaban las torres con gruesas cadenas, y poniéndose los peones en dos filas en figura de triángulo las derribaban estrepitosamente. Aquella mole, todo un ejemplo de arte, sacrificio, perfilada expresión humana, se veía ahora postrada, como pidiendo perdón por no haber aún muerto. ¡Cuánta ingratitud, que bochornoso escarnio, cuanto hostigamiento!

Ya no podía haber mayor dolor, ni sufrimiento, ni afrenta, ya sólo quedaba el helado viento de la historia sepultando bajo el manto del olvido, aquel símbolo grandioso, aquel bastión de la frontera, origen y destino de cruzados, pavor de morerías, obra de adelanto, emanación de la vanguardia intelectual de su siglo. Así pues en el ocaso de estos encumbrados vástagos de la casa de Aguilar, las vidas de Gonzalo y su sobrino don Pedro se entrecruzan. A comienzos de 1509 el marqués de Priego salía de Andalucía hacía Valencia, destino de su destierro.

Hacía allí se dirigía sumido en el resquemor, despechado, con su patrimonio desecho y fuertemente abatido. A la altura de Bailén decidió defenderse y pidió a los notarios de la Reina que le tramitaran una reclamación contra el Rey. En dicha queja, daba una relación pormenorizada de los hechos que habían acaecido en los territorios de su jurisdicción y alegaba en su defensa que tras la muerte del Rey –el archiduque Felipe– había heredado el gobierno de sus tierras la reina doña Juana, su esposa, que es a quien correspondía el ejercicio de la justicia real y que si había apresado al alcalde lo había hecho para salvarlo de las iras de los amotinados.

Pero el argumento más importante de su declaración fue que desconocía los poderes con que el Rey Católico gobernaba Castilla en nombre de la Reina su hija, puesto que no se habían declarado en Cortes, ni se había dado cuenta a él ni a otros grandes. Además añadía que no había liderado ninguna rebelión, ni desacato a la Corona Real que mereciese un castigo tan desproporcionado. También que había sido condenado sin ser defendido. Asimismo, que la fortaleza de Montilla era de su mayorazgo antiguo y por cosa que él hiciese no se podía derribar, como tampoco detraer bastión que pertenecía a la Reina substrayéndolo de la Corona Real.

Y así maltrecho y melancólico continuó camino hacia Valencia seguido de su séquito de un centenar de súbditos, acémilas, carros y muy variada carga. ¿Cuántas veces se acordaría del cielo de Andalucía, de su fortaleza de Montilla, de sus campos de Carchena y otras tierras de su señorío…? Dos años estuvo el Marqués con estos padecimientos sufriendo su inhumano destierro. Hasta que en abril de 1510, la reina doña Juana le redujo la pena, permitiéndole volver a entrar en Córdoba, devolviéndole los juros, fortalezas y posesiones. La alcaldía de Antequera no la pudo tener de momento.

Más adelante en mes de noviembre del mismo año la Reina le permitía reedificar el castillo de Montilla, aunque para entonces don Pedro se encontraba diezmado y sin fuerzas para acometer tamaña empresa. Había envejecido y su querido castillo de Montilla estaba ahora convertido en escombrera de musarañas y malas hierbas. Por carta dada en la villa de Medina del Campo, con fecha treinta de noviembre de 1510 la reina Juana le otorgaba al marqués de Priego, don Pedro Fernández de Córdoba, el perdón definitivo. Cuenta Alonso de Algaba, servidor del Marqués, que cuando éste leyó la carta, con silencio helado, se le caían las lágrimas en el suelo empedrado de la calle Costal, frente a los derruidos sillares de la entrada al castillo donde nacieran su padre y su tío (1995, pág. 111).

En cuanto a Gonzalo de Córdoba, se alejaba cada vez más de la corte en su retiro dorado de la Loja. También tuvo tiempo de cumplir una promesa que se había hecho en Italia. Ésta fue la de realizar un viaje al sepulcro del apóstol Santiago. Allí se encontraba en Santiago de Compostela el 17 de enero de 1510, compareciendo en la Sala Capitular, ante el arzobispo y el Cabildo de aquella Santa Iglesia.

Pero aparte de este alto en el camino, el Gran Capitán continúa en las sierras granadinas esperando algún asunto que le retornara al terreno de sus antiguas glorias. En abril de 1512 le sobresaltaba en su tranquilo retiro de Loja una grave noticia. Las tropas españolas habían sido derrotadas en Italia. Otra vez los mismos protagonistas, el mismo escenario, los mismos anhelos... Brotaba una vez más la esperanza en el corazón de Gonzalo. Nuevamente se veía como capitán general de una tercera expedición a Italia.

Comienza el frenesí, de los preparativos y proyectos. Pasa a Burgos para recibir las órdenes de don Fernando. Allí se despide del Rey y la corte, pasando a Córdoba para reunir la tropa y preparar su partida. El Papa y los venecianos clamaban su pronta marcha. Julio II le enviaba una hermosa galera que fondeaba en el puerto de Málaga. Sólo el anuncio de la expedición del Gran Capitán se extendía como reguero de pólvora por toda Italia. De repente se levantaba una ola de entusiasmo indescriptible, que hacía superar la depresión moral de la desastrosa derrota.

Montones de caballeros, mayorazgos, hijos de título se unían a la expedición. Paralelamente a la expedición italiana comienza la conquista de Navarra. Fernando iría al frente de aquella expedición. Así que se crean dos frentes militares y Fernando puede comprobar como todos quieres unirse a las gloriosas fuerzas de Gonzalo. Otra vez los viejos recelos. Fernando le limitaba el poder a Gonzalo permitiéndole únicamente llevar quinientos hombres de armas y dos mil infantes. Pero de pronto la situación en Italia mejora ostensiblemente.

Maximiliano había enviado un refuerzo de soldados suizos. La confianza de la tropa que allí estaba había mejorado. Fernando veía pasado el peligro. El Emperador y el Papa instaban con insistencia la pronta marcha de Gonzalo. Fernando se encontraba molesto. Otra vez las viejas suspicacias. Por entonces, Gonzalo se encontraba en Córdoba, pletórico de entusiasmo, inmerso en una febril carrera de preparativos militares. A primero de septiembre le llega la noticia de que Fernando había suspendido la expedición a Italia. Fue un mazazo.

Gonzalo que creía que otra vez se alzaban los vientos de su fortuna vio como se le cortaba la marcha de su carrera. La noticia causó en su ánimo y en el de sus soldados una impresión atroz. Todo el barco de sus ilusiones se venía a estrellar contra los escollos de la desesperanza. Gonzalo se hallaba inmerso en un interior abatimiento, desazonado, pero con su temple de siempre, mantuvo la compostura, animando a todos, despidiéndose de sus hombres. Se apagaba el postrer fulgor de su existencia…

Gonzalo se quejaba al monarca. Pero Fernando le envolvía con sus palabras blandas. Entonces Gonzalo solicitó al soberano permiso para retirarse a los estados que la Corona le había concedido en Italia. Esta vez le contestó Fernando mucho más agriamente que se fuese a Loja a pasar el invierno y a descansar. Gonzalo soportaba estoicamente todos los agravios, todas las ofensas. Más adelante por muerte de Garcilaso de la Vega vacó la Encomienda mayor de León. Gonzalo la solicitó y otra vez vio rechazada su petición.

Hasta el final Gonzalo no perseguía tanto aumentar su poder o prestigio, que de ello tenía en demasía sino lograr algún punto de armonía con el monarca. Posteriormente, pidió la Encomienda de Hornachos. Inútil intento. Una a una veía como todas sus peticiones eran rechazadas. Lejos de tender un puente, Fernando cada vez abría más y más el foso que les separaba. Loja ya no era el retiro del insigne miembro de la casa de Aguilar, sino el destierro impuesto para su sepultura.

El Gran Capitán percibe que su vida ha concluido. Pero sus últimos momentos ya no los vive con la ansiedad mundana y alocada de los tiempos juveniles. Ahora con la serena mirada del atardecer ve pasar los momentos culminantes de su existencia. Su gran talla moral, su fuerza interior, su acostumbrada disciplina en los sobrios campos italianos, le hacía conservar su entereza hasta el final. En la primavera de 1512 caía Fernando enfermo de una grave dolencia.

Estaba el Rey Católico obsesionado en tener hijos de doña Germana, con la intención de privar al príncipe Carlos de sus derechos dinásticos y dar prevalencia a su propia descendencia. En ese turbio y feo intento, bebía aquel potaje aderezado por las dueñas de la Reina. Lejos de recuperar el vigor de los años juveniles cayó gravemente enfermo. Los nobles se alteraban a su derredor ante la posible muerte del monarca. Sin embargo, Fernando superó su grave dolencia y cuando recibió el homenaje de la corte, subrayó que el Gran Capitán no había acudido a besarle las manos.

Gonzalo había decidido no volver a ser cortesano. En esa mezcolanza de sentimientos contradictorios, en el intimismo personal del que se ha encontrado muy cerca de las puertas de la muerte, por un momento olvidaba las insidias terrenales y sentía un hondo pesar por la ausencia de Gonzalo; echaba de menos el aprecio, la mirada serena, del viejo compañero, que compartía con él sus recuerdos. Gonzalo era llamado expresamente. Éste respondió al Rey que:

"tenía por cierto le sería mayor servicio que él no fuera" (Lojendio, 1965, pág. 370).

Sólo había un camino para la reconciliación, una muestra pública de afecto. Pero el espíritu agrio y tosco del monarca no daría su brazo a torcer. Fernando experimentaba el desvío de las gentes. En el declinar de su existencia se encontraba sólo confinado en su propia creación personal. Aún le quedaba tiempo para manifestar una cruel hostilidad hacia su nieto Carlos de Borgoña. En octubre de 1515 se daba por seguro de que don Carlos venía a España. El Gran Capitán acompañado de otros caballeros quería pasar a Flandes para escoltarlo en su viaje. Otra vez renace en Fernando el antiguo recelo.

Dicta orden de detención del Gran Capitán enviando a Málaga a un cortesano para embarazar su embarcación y si fuera necesario proceder a su detención. El Rey Católico estaba herido de muerte. Hasta tal punto había llegado su fijación que no soporta la idea de que el Gran Capitán le sobreviva. Gonzalo también se hallaba en sus últimos momentos en su retiro de Loja. Gonzalo cae enfermo de unas graves fiebres. Se le traslada a Granada. Fernando ruin hasta la saciedad envía sus espías para saber de la muerte de Gonzalo.

El 30 de noviembre de aquel 1515 se encontraba ya el Gran Capitán en su lecho de muerte. Cuentan como despierto oyó decir a alguno: *"De aquí a dos días morirá el Duque"*. A lo que preguntó: *¿El de Alba?* Gonzalo ya no habló más (Lojendio, 1965, pág. 374). El día 1º de diciembre otorgó testamento y el 2º moría el gran militar rodeado de la aureola increíble de la que se revisten los grandes hombres, el aura legendaria de un ser tan humano como superior.

El ambiente era triste y luctuoso. Los llantos y gemidos se sucedieron durante días por todo el pueblo y la tierra. Allí acudieron todos sus parientes de Andalucía, como también el marqués don Pedro, enlutado y conmocionado sumido en un serio llanto y sufrimiento. Su cuerpo fue trasladado a la Iglesia de San Francisco hasta que se preparase su definitivo enterramiento en el Convento de San Jerónimo. En aquel recinto estaba impregnado de toda la solemnidad que la fúnebre ocasión requería.

Allí habían doscientos estandartes y banderas, dos pendones reales, las insignias que trajo de Cefalonia, trofeos tomados al enemigo en sus batallas victoriosas... El Rey Fernando hizo demostración de mucho dolor y señaló ante todos el gran amor que le tenía y mandó que le fueran hechas solemnes honras en su capilla y corte. Tarde llegaba ese reconocimiento. No importa. La fama inmortal de Gonzalo fue capaz de superar con creces la envidia de los mediocres y el soberbio desagradecimiento de los poderosos. En su epitafio quedaba impresa esta imperecedera leyenda:

> *Gonzali Fernandez de Córdoba*
> *Qui propia virtute*
> *Magnis Ducis nomen*
> *Propium sibi fecitar*
> *Ossa*
> *Perpetuae tandem*
> *Luci restituenda*
> *Huic interea tumulo*
> *Crédita sunt*
> *Gloria minime consepulta*

El Padre Juan de Mariana tuvo bellas palabras para el ilustre militar que resumen su vida entera:

"Varón admirable, el más valeroso y venturoso caudillo que de muchos años atrás salió de España. La ingratitud que con él se usó acrecentó su gloria y aún le preservó que en lo último de su edad no tropezase, como sea cosa dificultosa y rara navegar muchas veces sin padecer alguna borrasca... El tiempo le cortó la vida; su nombre competirá con lo que el mundo durare" (Mariana, 1854, pág. 376).

En cuanto a don Fernando, Rey Católico murió a los cincuenta y dos días después de finado el Gran Capitán, el 23 de enero de 1516, *"Domini gratia"* como aseveran algunos... Apesadumbrado y maltrecho por tantas muertes y tantos pasados agravios continuó el marqués don Pedro con su existencia. Al poco tiempo recibió una carta del príncipe don Carlos anunciándole su próxima venida a España para tomar las riendas de los estados y reinos hispánicos y a su vez le decía que fuere fiel al cardenal Cisneros y al Consejo Real, que ahí estaban dispuestas las cosas de la gobernación.

En el camino de viaje a la corte en la villa de Madrid, don Pedro se sintió indispuesto, poniéndosele tan mal cuerpo que tuvo que hacer noche en la aldea de Olías, cerca de la ciudad de Toledo. Don Pedro Fernández de Córdoba, marqués de Priego, que necesitaba acudir a Madrid para hablar con el Cardenal de ciertos asuntos de gobierno, moría súbita e inesperadamente en la mañana fría del 24 de febrero de 1517.

Y así pues concluye la narración de los principales hechos de los vástagos legendarios de los Fernández de Córdoba, ilustre casa, que tuvo sus momentos sobresalientes y también sus desdichas y tragedias. En cuanto a nuestro personaje, Pedro Lísperguer Wittemberg, ya comentamos más arriba como había venido de estar con el emperador Carlos V en Flandes, acompañado por su mentor, don Pedro Fernández de Córdoba, IV conde de Feria (nieto del malogrado marqués de Priego), y se había establecido en Montilla donde el cortejo del Conde residió durante un año. Así aludíamos como Lísperguer estando en Montilla debió de haber tenido conocimiento de las principales gestas que gobernaron las vidas de los renombrados ancestros del conde de Feria.

Y es necesario mencionar nuevamente esta relación. Para los historiadores que hasta la fecha habían tratado el pasado de Lísperguer, éste simplemente había sido educado durante diez años con el conde de Feria. Esa era la nota parca y escueta. Ahora ya sabemos, ya empezamos a tener una idea mucho más elaborada de la trascendencia de esa relación. Así podemos contemplar a Pedro Lísperguer como esa figura histórica que fue instruida por una casa muy próxima al poder real. Un grande de España, nada menos. Podemos observar esos grandes valores, como la lealtad, el desprendimiento, la magnanimidad, la rectitud ante la vida…

Son los viejos valores de la caballería. Ya llegaría Cervantes con su Quijote y se encargaría de parodiar esos cánones de comportamiento, en desbaratar esos estereotipos de nobleza y fidelidad a la Corona, ese místico culto al ideal. Pero ahora estamos en el glorioso siglo XVI con sus grandes inercias y sus hondas miserias. Todo este conjunto de nociones fueron las que Lísperguer aprendería en Andalucía y llevaría consigo a la conquista de Chile. ¿Cuántas veces no se habrá encontrado en la línea de frontera combatiendo contra los indómitos araucanos y no habrán resurgido en él aquellos valores de audacia, coraje, abnegado servicio a la Corona, generosidad…? Muchas sin duda.

Lísperguer en Montilla centro
geopolítico del marquesado de Priego

Como comentábamos más arriba Lísperguer estuvo sometido a dos tipos de influencias. Una la que concierne a los ascendientes maternos del conde de Feria. Esto es, la marquesa de Priego, con su centro en Montilla, provincia de Córdoba. La otra, los ancestros paternos del Conde, es decir, los Suarez de Figueroa, con su centro natural en Zafra, perteneciente a la provincia de Badajoz. Así pues, sabemos que es arriesgado especular cuando se está historiando. Es un hecho seguro que Lísperguer se educó con el conde de Feria con todo lo que ello implica.

Parece una obviedad pensar que Lísperguer debió de recorrer durante diez años las diversas localidades que constituían este señorío y desde luego que vivió en Zafra junto al Conde. Pero no podemos aseverar con completa certeza en qué localidades y cuándo estuvo en ellas. Apenas sabemos que Lísperguer estaba al lado del Conde cuando éste murió en Priego. También conocemos que estuvo en Antequera, Montilla y Mérida cuando realizó allí una serie de probanzas de nobleza. Igualmente se sabe que estuvo en Sevilla, en la Casa de Contratación, y posteriormente en el puerto de Sanlúcar de Barrameda, en Cádiz.

Pero aparte de estos y otros apuntes o ejes cronológicos no podemos ilustrar de forma categórica el itinerario de Lísperguer por Andalucía. Por ello es necesario acudir al campo de la conjetura, pero estas presunciones nunca llegarán hasta el punto de desvirtuar la historia. Conocemos el contexto, los accidentes, pero no las realizaciones particulares del actor. Así pues, seguiremos describiendo estos referentes, como una vía para llegar a la personalidad del sujeto de nuestro interés.

Establecidas estas advertencias, está ampliamente evidenciado que Lísperguer vino con el cortejo del Conde procedente de Flandes y que es un hecho constatado que el Conde radicó durante un año en Montilla, ya recién casado, conviviendo con su madre la marquesa de Priego, que no veía hace varios años. Por lo tanto es presumible que Lísperguer estuviera en Montilla acompañando a su señor don Pedro, importante punto neurálgico del señorío al que debió de acudir en multitud de ocasiones. Tras la pronta muerte del marqués de Priego, diezmado por el excesivo rigor real y al no dejar hijos hombres, se había extinguido por varonía el marquesado, razón por la cual Catalina, su hija, vino a heredarlo.

Corría el año de 1546 y todas las situaciones que pasaremos a describir y las personas que en ellas intervinieron fueron coetáneas al tiempo en que Lísperguer allí vivió. Es seguro que a su arribo a Montilla, Lísperguer conoció y trató en innumerables ocasiones a la madre de don Pedro Fernández de Córdova. Se llamaba ésta como hemos referido en otro lugar, Catalina Fernández de Córdova, marquesa de Priego tras la muerte de su padre, don Pedro, marqués a su vez de Priego. Era Catalina la gran matrona de Montilla y una de las mayores herederas de su tiempo, sino de toda Andalucía.

Estaba emparentada con la casa de Aragón por parte de su padre, que se había casado con una prima del Rey Católico. En atención a dicho parentesco con el linaje real, siempre fue referida por Carlos V en sus cartas como "Marquesa prima", como también le dispensó ese tratamiento Isabel de Portugal (esposa de Carlos V) con quien también mantuvo una asidua correspondencia. Era tan importante esta casa de Priego que es sabido como el Emperador siempre la mantuvo en el primer rango y jerarquía.

Después de decidir entre varias opciones y tras unas laboriosas capitulaciones, doña Catalina se casaba en Aguilar de la Frontera, el 15 de agosto de 1518, con don Lorenzo Suárez de Figueroa, con toda la solemnidad y circunstancia que exigía el momento. Era don Lorenzo tercer conde de Feria, rico hombre y grande de Castilla, cabeza y pariente mayor de la casa Figueroa; cuarto señor de los estados de Villalba, Zafra y la Parra, Nogales, Oliva, Salvaleón, Salvatierra, Morera, Halconera, Almendral y la Torre; cuarto señor de la Villa de Montealegre y de Meneses y de la casa de los Manueles; alcaide de la ciudad, castillo y torres de Badajoz, alcaide y alcalde mayor de Antequera, alcalde mayor y veinticuatro de Córdoba.

Fue don Lorenzo hijo mayor de don Gómez Suárez de Figueroa, llamado "el Bueno", III del nombre, II conde de Feria, a quien sucedió en 1515 y de la condesa doña María de Toledo, dama de la Reina Católica, su mujer, hija del primer duque de Alba. Era pues don Lorenzo, por su sangre, sus estados y sus alianzas uno de los primeros grandes de la monarquía castellana destinado a perpetuar por su matrimonio con doña Catalina la vívida memoria de los Córdova, señores legendarios de la casa de Aguilar.

En las capitulaciones matrimoniales se comprometía a llamarse en adelante don Lorenzo Suárez de Córdova y de Figueroa, titulándose por éste orden, marqués de Priego, conde de Feria, señor de la casa de Aguilar. Asimismo, se comprometía a tener su asiento y casa principal en Córdoba, residiendo en esta ciudad la mayor parte del año. También que el hijo mayor que tuviesen habría de llamarse don Pedro Fernández de Córdova y Figueroa, el cual vendría destinado a suceder ambas casas. Además se comprometía entre otras puntillosas cláusulas a reedificar la fortaleza de Montilla, la cual se hallaba derribada por los disgustos del Rey Católico, por ser casa muy principal y de mucha autoridad e importancia para el estado de la Marquesa.

Mantuvo don Lorenzo, buena relación con Carlos V, al que le prestó en multitud de periodos su apoyo, consejo y rendido servicio. En 1523 colaboró con el Emperador aportando cien jinetes para acompañarle en la empresa de recobrar Fuenterrabía en poder de los franceses. En 1528 envío el César a un mediador para hablar con el conde de Feria, sobre el préstamo que solicitaba la Corona para socorrer a Nápoles contra los franceses e ingleses. Don Lorenzo recibió a su vez el tratamiento de "Marqués primo" en todas las peticiones que le realizó el Emperador, cuya casa estuvo siempre en alta estima a los ojos del monarca. Don Lorenzo moría en su palacio de Zafra el 22 de agosto de 1528, habiendo durado su matrimonio poco más de diez años.

La marquesa de Priego, sin embargo, estaba destinada a vivir una larga vida de 77 años, sobreviviendo incluso a su propio hijo, el conde don Pedro. Ya viuda permaneció en Zafra hasta noviembre de 1530 y después con toda su gente se trasladó definitivamente a su Palacio de Montilla, donde residió generalmente. Catalina fue una gran protectora de la villa a la que favoreció con constantes mercedes e importantes donativos, hasta el punto que en su momento llegó a tener 2000 vecinos, lo que era una cantidad destacable para la época. Fue una mujer muy piadosa que fundó el Colegio de los Padres Jesuitas en la que era la ermita de Nuestra Señora de los Remedios y fue luego Hospital de la Encarnación.

Llegó el Colegio a ser célebre en toda Andalucía y en España, tomando posesión del mismo con licencia de la Marquesa, el padre Bartolomé de Bustamante, compañero de san Francisco de Borja y el padre Alonso López. Fundó asimismo un convento de Religiosas de Santa Clara, trayéndose como fundadoras a sus hermanas doña Isabel y doña María, así como otras monjas de Baza y Andújar. También fundó la Marquesa un convento de Padres Franciscanos, contribuyendo al adorno de la iglesia con ricos ornamentos, plata para el altar, siendo su fundador fray Pedro Montes de Oca, que después fue provincial de la Orden.

Asimismo, autorizó y apoderó la fundación del convento de San Agustín de Montilla que levantó en la ermita de San Cristóbal, extramuros de la villa. Reedificó también la iglesia parroquial de Santa María de la Mota de su villa de Aguilar, trasladando allí los huesos de su padre así como los de otros miembros de su familia. Por lo tanto, a la marquesa doña Catalina siempre se la conoció como madre generosa para sus hermanas menores, a quienes puso en estado de religión o de matrimonio, madre solícita de sus pueblos y vasallos, amparo de pobres y religiosos (Fernández Bethencourt, 1897, págs. 174-184).

Cuando Lísperguer llega a Montilla se encuentra con un pueblo fortaleza, dominado por numerosos campos de cereales, olivos y vid. En las primeras centurias bajo medievales había pertenecido al dominio musulmán, pasando luego a la corona castellano leonesa. Lo primero que debió suscitar curiosidad al cortesano alemán fue el derruido castillo de Montilla, que a pesar de las promesas del conde don Lorenzo nunca fue reconstruido. Nos podemos imaginar cómo debieron de narrarle cuál había sido el trágico destino de aquel castillo, que en otro tiempo había sido el más importante de toda Andalucía. En él había nacido el Gran Capitán, viviendo en sus recintos hasta los catorce años.

Se cuenta como cabían en su interior hasta cuatrocientos caballos y habitualmente había en él trescientos soldados además de la servidumbre de palacio. El fornido castillo había formado parte del señorío de Aguilar. Se trataba de un extenso conjunto de disposición trapezoidal que poseía multitud de torres que se llamaban: la Dorada, la del Sol, del Centinela, de Defensa, Minerva, Antonina, Diana, Escuchela, Homenaje, Alta, Mayor, de los Escudos, del Miedo, Marte y Troyana. Además poseía multitud de estancias entre las que destacan: de Juntas, del Sueño, Secreto, Registro y Dorado. En las dependencias de la Torre de Marte se habían hospedado en una ocasión los propios Reyes Católicos, así como la reina de Nápoles.

Cuenta Alonso de Algaba, servidor del malogrado marqués de Priego, como el Castillo era pavor de moros, de donde salían multitud de correrías a la frontera, en busca del infiel. Asimismo nos narra con todo el calor del que vivió allí muchos años en una de sus torres, como el castillo en su esplendor estuvo habitualmente visitado de grandes caballeros, que acudían con séquitos de tafetán lujoso, caballerías suntuosas y armas que competían con el brillo del oro. Daba la impresión de que aquellas nobles piedras fueran una pequeña corte, donde se juntaban en invierno, al calor de la lumbre, trovadores, titiriteros, juglares y una extensa cohorte de gentes.

Contaba Alonso entusiasmado sobre las múltiples torres que poseía, sobre sus salones, jardines, cocinas, caballerizas y un sinfín de estancias. Según su testimonio el castillo tenía forma de arco para disparar saetas, tres partes de círculo y una línea seguida hacía poniente, donde caía todo el pueblo. Era la fortaleza obra antigua de cartagineses y romanos, que había sido rehecha muchas veces para mejorarla y que ya don Enrique II se la había dado en el año mil trescientos y setenta a don Gonzalo Fernández de Córdova, para que fundase su señorío en la villa de Montilla, ampliando el circuito de murallas por los lados de oeste a sur (1995, págs. 27-29).

El marqués don Pedro era hombre culto que le gustaba rodearse de hombres de letras, los más preclaros del entorno. Entre ellos cita al milanés Pedro Martín de Anglería, Ambrosio de Morales y muchos otros. En la biblioteca de Palacio había textos latinos, sacros, y obras profanas que componían más de 300 libros lo que para el siglo XVI era una cantidad considerable. Poseía libros de Séneca, Ovidio, Tito Livio, Plutarco, Cicerón y otros maestros del pensamiento de la época como Alberto Magno, Santo Tomás, Bocaccio. Es muy probable que la Marquesa haya conservado muchas de estas obras antes de la destrucción del Castillo. ¿Habrá tenido Lísperguer acceso a estos libros, ya sea en el Palacio de Montilla u en otros palacios o castillos? Esa es una cuestión que debemos considerar.

Sigue relatando Algaba como su señor don Pedro, gustaba de admirar cosas muy antiguas de romanos y otros moradores de su tierra, yendo a contemplar algunas antigüedades con inscripciones, así como estatuas que se habían descubierto en ciertas labores agrícolas. En una ocasión acudió a la villa de Montoro y Porcuna, donde compró estatuas de mármol, que fueron llevadas al castillo de Cañete. En el castillo de Montilla corría el vino exquisito, se escuchaban preciosas melodías de vihuela y había compañía de bellas damas, momentos sublimes que culminaban con chanzas y cuentecillos con las que amenizaba el ambiente un trovador llamado Cerezo.

Vestía éste una túnica verde de puntilla y encaje, para invocar a dioses paganos. Tuvo suerte –añade Algaba– de no toparse con la mirada del Santo Oficio que en la iglesia que se llamaba de Santiago tenía su residencia, al amparo de la sombra de palacio (1995, págs. 36-38). Debió de causar perplejidad a Lísperguer aquel castillo yermo, que en otro tiempo fuera álgido centro de reuniones, conversaciones, ajetreos de gentes y que ahora se encontraba en un lamentable estado como despojado de su alma.

Por otra parte, la marquesa doña Catalina, estuvo asiduamente frecuentada y apoyó notablemente a muchos místicos de su tiempo. Entre ellos destacan el gran asceta de su siglo Juan de Ávila y el no menos notorio fray Luis de Granada. Es altamente presumible que Lísperguer conociera a los dos, y asiduamente al primero que vivió en Montilla bajo la protección de la Marquesa. Juan de Ávila fue el espíritu más revelador, desprendido y honesto que tuvo la España de su tiempo.

Su ascendencia israelita no fue un obstáculo para la difusión de su impronta a las diversas personalidades eclesiásticas de su tiempo. En su juventud lo podemos ver con sus cartapacios estudiando Leyes en la Universidad de Salamanca. Más adelante vemos a este alumno aventajado estudiando Artes y Teología en Alcalá de Henares, siendo el alumno predilecto del maestro Domingo de Soto. Allí entra en contacto con las corrientes reformistas, conoce el erasmismo, entabla amistad con los que andando el tiempo serían notables reformadores como: Pedro Guerrero, futuro arzobispo de Granada, Fernando de Contreras, Francisco de Osuna y a San Ignacio de Loyola.

Hombre despegado de los placeres terrenales vivió una existencia de pobreza y ejemplo, entregado a la oración y al sacrificio, a la asistencia de los pobres y enseñanza del catecismo. Su predicación se extendía por diversas localidades de Andalucía. En Écija tiene un incidente con un comisario de bulas. El prestigio y el arrobamiento alcanzado por el santo, levantaron envidias de algunos eclesiásticos, que no dudan denunciarlo ante la Inquisición sevillana en 1531. Dos años duró su proceso, siendo las acusaciones muy graves, en tiempos de peligrosos iluminismos.

Se le acusa de llamar mártires a los quemados por herejes, de cerrar el cielo a los ricos, de no explicar correctamente el misterio de la Eucaristía, de que la virgen había tenido un pecado venial, de que era mejor dar limosna que fundar capellanías, de que la oración mental era mejor que la oración vocal... Así, al igual que san Juan de la Cruz fue encarcelado durante un año entero. Allí escribió aquel precioso tesoro del Audi Filia, aprendiendo en sus lóbregos calabozos el misterio de Cristo. La sentencia de absolución no pudo ser más humillante, aquellos sermones y proposiciones que a juicio del Tribunal fueron mal sonantes, le mandan bajo excomunión que las declare convenientemente donde las hubiere proferido.

Ya libre de ataduras viaja en 1535 a Córdoba, llamado por el obispo fray Álvarez de Toledo. Allí conoce a fray Luis de Granada, con quien entabla relaciones espirituales profundas. Organiza predicaciones por los pueblos, mantiene conversaciones con personas elevadas como el obispo de Córdoba, don Cristóbal de Rojas, a quien dirigirá las *Advertencias al concilio de Toledo.* En Córdoba crea centros de estudios, como el Colegio de San Pelagio, o el Colegio de la Asunción, al tiempo que continúa con sus predicaciones. Predica frecuentemente en Montilla, así como en Priego, morando en los señoríos de los Condes de Feria. Con él pasa largas temporadas fray Luis de Granada, que le oye al lado del púlpito, con verdadera admiración.

Afirma fray Luis que Juan no deja en sus sermones ni una piedra de la retórica sin remover. Las ideas se multiplican en la mente de Juan de Ávila, de cada uno de esos sermones saca tema para otros veinte. Aquel predicar valiente, lleno de ardor y coraje a Cristo crucificado, a lo Pablo, deja un rastro indeleble en el alma de fray Luis. También predica Juan en Baeza, Sevilla, Zafra, Frenegal de la Sierra, dónde embelesa a sus habitantes con sus audaces sermones. Por todas partes le salen prosélitos, discípulos que le siguen sincera y apasionadamente, como san Juan de Dios, o Francisco de Gandía.

Por todas las ciudades que pasaba Juan de Ávila procuraba dejar la fundación de algún colegio o centro de formación o estudio. El más célebre fue la fundación de la Universidad de Baeza en Jaén. Sigue predicando tanto en las iglesias como en las mismas calles. Su mensaje llama a la conversión, a la limpieza de corazón. Su fuerza se basa en la oración, sacrifico, estudio y ejemplo. Podía hablar claro quien había renunciado a varios obispados y al cardenalato, y quien no aceptaba limosnas ni estipendios por los sermones, ni hospedaje en la casa de los ricos o en palacios episcopales.

Juan de Ávila, por Pierre Subleyras, 1746

Hacia 1546, Juan de Ávila y sus discípulos toman contacto con la Compañía de Ignacio de Loyola. Se cruzan cartas entre Juan de Ávila y San Ignacio. Muestra el jesuita mucho interés en que Villanueva se entreviste con el maestro. Entrevistado con Juan de Ávila, el jesuita Villanueva manifiesta su admiración por la coincidencia entre el pensamiento del padre Ávila y el de la Compañía de Jesús. A partir de 1554 sus padecimientos le hicieron residir definitivamente en Montilla. La marquesa de Priego le ofreció establecerse en una habitación de su Palacio de Montilla, pero lo rehusó el santo, yéndose a una modesta casa propiedad de la Marquesa.

Se cuenta como en su retiro de Montilla cuida con esmero del alma de la marquesa doña Catalina, en el claustro sor Ana de la Cruz. Continúa predicando particularmente en las fiestas del Corpus, del Espíritu Santo y de la Virgen de Nuestra Señora. Los habitantes de la villa acuden a tropel a escuchar sus sermones. Aún la marquesa de Priego, ya mayor y sorda, va a la iglesia y la doncella doña Aldonza le repite por una caña los conceptos del maestro.

En su retiro de Montilla aún pudo disponer el maestro de quince fructíferos años que le dieron la posibilidad de escribir con calma. Escribe cartas, redacta la edición definitiva del *Audi Filia*, sus sermones y tratados, los *Memoriales al Concilio de Trento*, *las Advertencias al Concilio de Toledo* y otros escritos menores. Juan de Ávila inicia con sus escritos la mística española del Siglo de Oro. Si en otros periodos de su vida fue predicador, misionero, fundador de colegios, ahora, en Montilla, fue fundamentalmente escritor.

Respecto al *Audi Filia*, es comúnmente conocido como Felipe II lo apreciaba tanto que pidió que nunca le faltara en El Escorial. Las cartas de Juan de Ávila, de estilo vibrante, llegaban a todas partes de España, incluso a Roma. De todas partes se le pedía consejo. Obispos, santos, personas de gobierno, sacerdotes, personas humildes, enfermas, religiosas, todos escriben al santo. No hay en todo el siglo XVI ningún autor de vida espiritual que sea tan consultado como Juan de Ávila.

Examinó la vida de Santa Teresa, se relacionó con san Ignacio de Loyola, con san Francisco de Borja, san Juan de Dios, san Pedro de Alcántara, san Juan de Ribera, fray Luis de Granada. Es patente y notorio, como el santo pasó mucho tiempo en el ámbito de la marquesa de Priego, como también visitó varios pueblos andaluces. Lísperguer debió de conocerlo en Montilla o en otra localidad, en los diez años que estuvo merodeando por las diversas villas del señorío de Priego y Feria.

Otro místico destacado de su tiempo que también estuvo a menudo con la marquesa de Priego fue fray Luis de Granada. De familia humilde pudo fray Luis adquirir una sólida formación, ingresando luego en la Orden de Santo Domingo. Fue alumno de algunos de los mejores profesores de teología de su tiempo, como Melchor Cano y Bartolomé de Carranza. Destacó como predicador, confesor y consejero de la nobleza. Desempeño altos cargos y llegó a ser provincial de Portugal, llevando allí una vida asceta, renunciando a ser arzobispo.

En la producción de fray Luis de Granada se advierte a menudo la huella de la teología tomista, pero su temperamento afectivo y el tono de su obra le acercan a la tradición representada por agustinos y franciscanos; así lo vemos en sus consideraciones en torno a la idea platónica y agustiniana de la belleza de Dios o en su tendencia franciscana a ver en la naturaleza un reflejo de la divinidad. Casi toda su producción es de carácter ascético, aunque en algunos momentos se aproxima a la efusión sentimental típica de la mayoría de los místicos.

Fray Luis de Granada
(1504-1588)

Fray Luis vive en los tiempos de la Contrarreforma, en la cual el iluminismo es reprimido con vigor y la religiosidad íntima florece cuidadosamente encauzada por la Iglesia, y dentro de la ortodoxia. Bartolomé de Carranza primado de España es infatigablemente perseguido por la Inquisición. Su amistad con el ilustre eclesiástico le trae problemas con el Santo Oficio. Sus obras exhalan un sabor erasmista que le ponía bajo sospecha de herejía. Muchas obras de Granada fueron corregidas. Escribe en latín, castellano y portugués. Obras inmortales de fray Luis serán: *"El libro de la oración y meditación", "La guía de pecadores" y "La introducción al símbolo de fe".*

También escribe diversas biografías como la de su maestro el beato Juan de Ávila, una retórica en latín y varias traducciones. Se ha aludido a la gran belleza literaria de los escritos ascéticos de fray Luis de Granada. Su estilo vibrante se lo ha definido como eminentemente retórico y grandilocuente. Su prosa está construida de momentos amplios y solemnes. Es una prosa artística que contiene multitud de matices: dramatismo, entusiasmo y ternura. La obra de Granada alcanzó una gran difusión en Europa y ejerció un considerable influjo en el aspecto estilístico.

Asimismo, en la década que Lísperguer pasó a caballo entre Montilla y Zafra, resulta bastante factible pensar que debió conocer a los diversos hermanos de su señor don Pedro, cuarto conde de Feria. Por supuesto a don Gómez de Figueroa y de Córdova, que tras la muerte de su hermano Pedro en 1552, le sucedería en el condado como quinto conde de Feria y con el que, como hemos referido, viajaría a Inglaterra. Felipe II elevó el condado a ducado en 1567, con la grandeza de España. Fue embajador en Génova desde 1529 a 1549.

También gentil hombre de cámara. Caballero de la Orden de Santiago en 1545. Embajador en Inglaterra en 1554. Capitán de la Guardia Española. Destacado miembro de los Consejos de Estado y Guerra de Felipe II. En 1555 fue gobernador de Milán. Casó con Jane Doormer. Fue don Gómez un diplomático de altura, uno de los principales ministros de Felipe II, desarrollando una importante actividad como embajador en Inglaterra, tanto allegando intereses para lograr el matrimonio del monarca con María Tudor, como tras la muerte de ésta, intentando la unión del Rey con su hermanastra Isabel, luego reina de Inglaterra.

Fue un negociador de nota –como más adelante en este relato tendremos ocasión de conocer extensamente– actuando de mediador en difíciles circunstancias políticas, como eran aquellas de 1554 cuando el mundo se hallaba escindido en bloques ideológicos. En este contexto él puso todas sus buenas maneras, utilizando toda su perspicacia, para intentar lograr que Inglaterra abandonara el protestantismo y se adhiriera al catolicismo. Lamentablemente ese objetivo no se logró, pero sus enormes esfuerzos en pos de ese ideal, no han pasado inadvertidos, estudiándose incluso como un ejemplo paradigmático del buen hacer en las modernas escuelas diplomáticas.

El siguiente hijo fue don Juan Matías de Córdova y Figueroa, que se llamó después don Alfonso de Aguilar, primer marqués de Villafranca. Se casó Alfonso con la única hija de su hermano Pedro, o sea su sobrina, tercera marquesa de Priego, llamándose desde entonces don Alfonso Fernández de Córdova y Figueroa, continuando la filiación de la familia como marqués de Priego consorte.

Alfonso, el tercer hermano del conde don Pedro, fue otra de esas personalidades fascinantes que sobresalió sobremanera. En compañía de sus dos hermanos mayores estuvo en el ejército del Emperador, destacándose en la jornada de Argel y después en la de Metz y en todas las siguientes de las guerras de Alemania y los Países Bajos. Acompañó al príncipe Felipe en el importante viaje que éste realizó entre 1548 hasta 1551. Partieron desde Barcelona, pasando por Génova, Milán, Trento y Alemania. El viaje le llevó hasta los Países Bajos, donde fue recibido en flamante recepción por el emperador Carlos V y su hermana, María de Hungría.

Basta leer el famoso libro que Cristóbal Calvete de la Estrella escribió sobre aquel suceso, para comprender la honda significación que ese viaje tuvo en la política de aquel periodo. Más tarde, cuando el Emperador renuncia a su dignidad imperial en 1555, el príncipe Felipe le distingue con el cargo de gentilhombre. Asimismo sobresalió en la Batalla de San Quintín, sirviendo allí hasta 1559. También asistió a las Cortes de Córdoba en 1570, donde sirvió al Rey con una compañía de caballos a su costa para acudir a la guerra de los moriscos de Granada.

A su vez, en 1580 concurrió en persona con sus gentes a la jornada de Portugal, donde mandó como uno de sus generales la Caballería Ligera, sosteniendo a su costa 56 armas de ella. En síntesis, podemos decir que Alfonso nació en Zafra y fue señor de las villas de Villafranca y Castro del Río, Caballero profeso de la Orden de Calatrava, comendador de Manzanares, gentilhombre de cámara del emperador Carlos V y del rey Felipe II, capitán general de la Caballería Ligera, primer marqués de Villafranca, por su matrimonio III marqués de Priego, señor y pariente mayor de toda la casa Córdoba, señor de Montilla y de Aguilar y grande de Castilla.

Los dos últimos hermanos varones se dedicaron a la vida eclesiástica. El mayor de ellos fue don Antonio de Córdova y Figueroa, que fue desde 1539 canónigo y dignidad de maestre-escuela de la Santa Iglesia de Córdoba, colegial y rector del Colegio Mayor de San Bartolomé de la Universidad de Salamanca y en el desempeño de este cargo creado por la santidad de Julio III, fue cardenal de la Santa Iglesia Romana, y protector de España, a instancias del príncipe don Felipe, luego Felipe II. Sin embargo, en 1552 don Antonio daría un giro radical a su vida.

Abandonó prebendas y dignidades eclesiásticas para seguir a su primo el duque de Gandía, el cual con asombro y edificación de toda España y Europa había tomado la sotana de la Compañía de Jesús, no muy atrás instituida por Ignacio de Loyola. En su afán de lograr su conversión y abandono de este mundo, seguirá al gran místico del siglo, el venerable Juan de Ávila. Siguiendo los consejos de éste realizó un viaje desde Salamanca a Oñate, dónde visitó a su primo, el duque de Gandía, luego San Francisco de Borja.

Don Antonio estaba verdaderamente impresionado por el arrojo de su primo. Provenía Francisco de una de las más encumbras e ilustres familias de España. Era nieto del papa Alejandro VI por parte de padre, nieto del rey Fernando de Aragón por parte de madre, primo del emperador Carlos V e hijo del duque de Gandía. Casado y con ocho hijos y siendo virrey de Cataluña tiene que digerir la desagradable imagen de ver el cadáver de la otrora bella emperatriz Isabel. No lo soportó. En un arrebato tan vehemente como decidido lo dejó todo, volcándose en la vida ascética.

Antonio de Córdova conmovido y admirado por el comportamiento de su primo, viajará con él a Andalucía, visitando a su madre, la marquesa de Priego, una visita que ella misma encarecidamente había reclamado. Allí Francisco ayudo a Catalina a la fundación de la casa y colegio que para la Compañía de Jesús, instituyó ella en Montilla. Sorprendió la muerte a don Antonio estando de misión en Oropesa, siendo sepultado en el Convento de San Francisco de Montilla. Escribió fray Luis de Granada sobre él en su *"Vida del maestro Ávila"*, diciendo:

"Mi buen amigo y señor don Antonio de Córdova, hijo de la cristianísima marquesa de Priego, que entró en la Compañía de Jesús renunciando a todas las esperanzas que el mundo le ofrecía, a quien tantas partes y tanta nobleza tenía, por seguir la humildad y pobreza de Cristo, ocurriendo esto en el momento en que el papa Julio III le había nombrado cardenal. Fue gran amigo de la oración y predicador de ella" (Granada, 1873, pág. 482).

El otro hermano también eclesiástico fue don Lorenzo Suárez de Figueroa y Córdova. Nació Lorenzo póstumo. En su juventud realizó estudios en la Universidad de Salamanca y estando allí, un buen día dejó todo lo mundano y tomó el hábito de fraile dominico en el Convento de San Esteban. En 1548 dio un paso aún más audaz renunciando a su herencia ante escribano público. Por dar gusto a su madre profesó en el Real Convento de San Pablo, en manos del maestro fray Martín de Mendoza, otro ilustre varón de la casa Córdova, que andando el tiempo se convertiría en obispo de Tortosa, de Plasencia y Córdoba.

Fue luego Lorenzo maestro en Sagrada Teología y prior dos veces de aquella casa, siendo presentado por Felipe II el 9 de mayo de 1579 para el obispado de Sigüenza. Así en manos de don fray Martín de Mendoza hizo a los 32 años la nueva profesión de fe, para dar principio al despacho de sus bulas y por este señor, que era ya obispo de Córdoba, fue consagrado ya en su Convento de San Pablo, siendo asistente toda la primera nobleza. Dentro del código eclesial de su época, sus panegiristas lo describen como de mucha humildad y caridad.

Añaden asimismo que siempre vistió túnica de lana, considerándose más fraile que obispo y que en su palacio jamás se vieron tapicerías, colgaduras o adornos de plata. Destacó por su desprendimiento y liberalidad. En una ocasión vino a socorrer a la villa de Sigüenza afligida por el hambre, a la que acudió con el regalo de once mil fanegas de trigo. Se calcula que sus socorros a pobres, hospitales y cárceles, durante su pontificado, pasaron con mucho de un millón de ducados.

En 1584 vino a Madrid al juramento del Príncipe, después Felipe III y en efecto lo juró como tal el 11 de noviembre en el Real Monasterio de San Jerónimo, extramuros de la corte. Después de una labor incansable como predicador, limosnero, obispo ilustre, murió santamente en su Palacio Episcopal de Sigüenza el 20 de enero de 1605. Don Diego Sánchez Portocarrero lo calificó en su *Nuevo catálogo de los obispos de Sigüenza* como varón de admirable virtud y prelado verdaderamente apostólico.

El Padre Ruano, en su *Historia de la casa de los Cabreras de Córdoba* lo definió como Demóstenes de su siglo y prelado en quien compitieron las virtudes cristianas, religiosas, y políticas; y el Abad Rute como padre de pobres y amparo de desvalidos. Don fray Lorenzo Suárez de Figueroa, obispo y señor de la ciudad de Sigüenza, del Consejo de Su Majestad, insigne hijo de la casa de Priego, fue sepultado en su catedral el 21 de enero de 1605.

Por último la única hermana que tuvo don Pedro Fernández de Córdova fue doña María de Toledo y Figueroa, que se llamó como su abuela paterna la segunda condesa de Feria y casó con Luis Cristóbal Ponce de León, segundo duque de Arcos, tercer marqués de Zahara, conde de Casares, señor de la ciudad de Marchena, grande de España, etc... Fue doña María constante imitadora de las muchas virtudes de la Marquesa su madre, siendo a su vez fundadora del Colegio de los Jesuitas en Marchena. De ella descendió toda la casa ducal de Arcos (Fernández Bethencourt, 1897, pág. 184).

A propósito de la estancia de Lísperguer en Andalucía, se revela necesario introducir un inciso, un alto en el camino, para ilustrar la estampa costumbrista que rodeó la vida del alemán en aquel entorno tan extraño como complejo. En primer lugar, en esta España del siglo XVI no existían grandes concentraciones urbanas, sino que la población se hallaba muy diseminada habitando en sucios villorrios y otros pequeños núcleos urbanos. De población a población se iba por caminos polvorientos, cuando no cenagosos, habiendo una gran lentitud en las comunicaciones.

Eso si no te asaltaban los bandoleros, que los había y muchos, apostados en todas las vías esperando para atacar por sorpresa a los confiados viajeros. La naturaleza invadía con su frondosidad todo lo poco creado por el hombre. Los aires eran límpidos, como espaciosos los paisajes y los ambientes desolados. No había luces nocturnas y las tinieblas eran pavorosas. El hombre aislado y compungido, atrapado por una naturaleza voraz y abrumadora, tenía que hacer frente con sus escasos medios a los rigores estivales y la crudeza cortante de los fríos inviernos.

La adversa climatología, con sus periodos de sequía alternados por lluvias excesivas y heladas que causaban grandes daños a la agricultura, provocaban cosechas insuficientes que no podían ser compensadas mediante la importación debido a la gran lentitud de las comunicaciones, lo que redundaba en catastróficas hambrunas que diezmaban a la población. El atraso en la medicina conllevaba que las enfermedades causasen verdaderos estragos, sobre todo en los niños, que tenían una elevada mortalidad, de lo que no se libraban ni nobles ni campesinos.

La enfermedad sorprende siempre, porque no se conocen ni sus causas ni sus efectos y se la combate sin saber muy bien lo que se está haciendo, con remedios crueles que antes aceleran el final del enfermo que le ayudan a curarse. Las inútiles purgas o sangrías están a la orden del día con resultados desastrosos. A los médicos se les tenía por ineficaces y maltratadores del género humano. El cuerpo debía aguantarlo todo, sin que hubiera nada que aliviara el dolor. No se conocían las anestesias de ahí el terror al sacamuelas. La asistencia al enfermo pobre era deficiente y en el mejor de los casos dependía de alguna alma caritativa.

La higiene era otro de esos puntos cruciales, centro y derivación de muchas calamidades. Los baños entre los ciudadanos eran raros y sólo se daban en ocasiones muy sonadas. Excepto entre los moriscos, el baño se consideraba peligroso para la salud, pues se especulaba que la piel era permeable a las pestilencias, presuntamente transmitidas por el aire y el agua. Y todo esto ocurría en la urbe, porque en el campo la situación era mucho peor. El campesino, ensuciado tras la dura jornada agrícola, llegaba mugriento y maloliente a la mesa y de ahí pasaba a la cama y vuelta a empezar.

El ambiente rústico, con las defecaciones del ganado que abonaban los campos, expelía un hedor perpetuo, que turbaba hasta al más recio arriero. Los hombres tenían las uñas negras, como teñidas de ese color. La suciedad estaba impregnada por todas partes y convivir con ella era algo habitual. Luego estaban los dulces compañeros del lecho, aquellos molestos chinches y pulgas, como los piojos lo eran del cuerpo. La dieta alimenticia era pobre y escasa lo que provocaba la obligada frugalidad del pueblo. La base de toda la alimentación popular era el pan, ya que la patata y el maíz no llegarán a Europa hasta el siglo XVII.

Por lo tanto solo existía el mendrugo, la leche, alguna verdura y poco más. Los más afortunados podían complementar la dieta con un poco de carne y tal vez algo de pescado, seguramente rancio, pues era muy difícil tenerlo fresco en la España del interior. En cuanto a la fruta, la mayor de las veces estaba podrida. Al final todo conducía a un círculo vicioso: la deficiente alimentación, las malas cosechas, la falta de higiene, la suciedad, las enfermedades, todo llevaba a las epidemias, generando una elevada tasa de mortalidad.

La sociedad se hallaba fuertemente jerarquizada, empezando por la familia. Al frente de la misma se encontraba el varón, el *pater familiae*. En cuanto a la mujer, ejercía un papel de segundo orden, como si fuera una menor de edad. Se la consideraba como un ser inferior al que no había que darle muchas funciones pues era incapaz de acometerlas. La mujer quedaba relegada a las tareas del hogar. Sólo se le permitía realizar los trabajos más humildes: lavandera, hilandera, criada… en un servicio doméstico del que en contraprestación no recibía más que el techo y la comida.

En muchas ocasiones acababa en la mancebía seducida por el hombre de la casa. En cuanto a la doncella, era completamente ignorante en materia de sexo, convirtiéndose en el juguete de sus padres, que aceptaba las proposiciones matrimoniales que quisieran ofrecerle. El contrato matrimonial se estipulaba en términos muy precisos, constituyendo un importante negocio, ya sea adhiriendo nuevas tierras vecinas, u obteniendo un apellido nobiliario a la familia. Las transgresiones estamentales estaban fuertemente prohibidas por las costumbres sociales. Quien osara casarse con una persona de otro orden acababa pagando las consecuencias (Fernández Álvarez, 2004, pág. 235).

Existía en aquella sociedad una fuerte división social. La nobleza era el punto de partida irrecusable, del que manaban el resto de las relaciones sociales. La dignidad y la preeminencia asociada a la nobleza se heredaban de los antepasados y se acrecentaban con los buenos méritos y la virtud. Las cualidades de la nobleza eran la lealtad, la bondad, la magnanimidad, la magnificencia, la fortaleza, la justicia, la sabiduría, la osadía, la vergüenza. La persona con linaje había de tener grandeza de ánimo, emprender grandes actos, rehuir la vileza, cultivar el hábito del corazón, afanarse en allegar a los hechos heroicos, no temer a muerte por alcanzar la fama perpetua.

El caballero de noble cuna, tenía que mantener y defender a los pobres, viudas y huérfanos, aplicar ecuánimemente el derecho, poseer grande sabiduría. Hijosdalgo son aquellos que descienden del que hizo alguna virtud por lo que mereció ser premiado por el rey, él y todos sus descendientes por siempre jamás. La hidalguía trae antigüedad de los Godos de donde llega hasta sus descendientes. Hidalgo es aquel que tiene solar conocido o tiene escudo de armas, cuyo blasón señala su antigüedad.

El estoicismo es el punto de partida de la ética nobiliaria. El noble ha de dominar sus acciones: juicio, impulso, deseo y aversión. Hablando de suciedad, en la nobleza se contempla otra *inmunditia* como aquella que denota impureza, deshonestidad. El noble no puede tener cruzamientos con malas razas, de judíos, moros, o villanos. El noble ha de quedar libre de toda mácula, de todo tizón, o mancha, emparentándose con los de su clase. La nobleza era el centro al que convergía y del que partía todo el código social. Se puede hablar de una *¡noblesse au outrance ¡* y quien no la tenía quedaba recluido al mundo de los innominados, los que no cuentan. De ahí esa presión, esa tirantez para alcanzar la nobleza.

Todo un sistema de comunicación era necesario para entender, manifestar, o precisar la nobleza. El uso de la palabra fue clave como medio de reconocimiento y expresión. La heráldica y la genealogía fueron fuentes importantes para ilustrar el linaje. El escudo propio era la señal externa del rango y la posición. La exhibición de divisas denotaba un origen esclarecido y antiguo. La vinculación a antepasados reales y legendarios, constituía el mejor medio de acreditar la calidad propia. Las leyes primaban la relación sanguínea por encima de cualquier otra consideración.

Comportamiento típico era el acumular galerías de retratos ubicadas en las partes más representativas de los palacios aristocráticos. En ocasiones se apela a antepasados míticos o bíblicos, arquetipos ideales, semidioses clásicos... Todos los linajes albergaban en su imaginería alguna acción heroica protagonizada por algún antecesor. Hechos de profunda carga simbólica que por sí solos explicaban la reputación del clan. El Gran Capitán fue el gran ídolo, el baluarte inexpugnable, la divisa incontrastable de universal reconocimiento para los Fernández de Córdoba. Fueron potentes imágenes mentales que se mantuvieron vivas mediante textos e ilustraciones.

La heráldica era un saber codificado y la práctica de la ciencia genealógica exigía una cultura libresca fuera del alcance de la mayoría. Sólo podían comprender el profundo sentido de la memoria nobiliaria quienes pertenecieran al grupo de elegidos. Se trata de una cosmovisión tan rica como exclusiva de una minoría. Por ello tuvo éxito entre nobles la literatura emblemática, máximo exponente del conceptismo barroco. En esa literatura había libros para la educación de hijos nobles, consejos políticos dirigidos al aristócrata o cortesano, o simplemente colecciones de emblemas sobre moral.

Parte importante de los saberes nobiliarios fueron: la equitación, la danza, el manejo de armas, el arte de la esgrima. El dominio de las armas blancas, de fuego, la posesión de armaduras, eran símbolos para quienes conjugaban valentía y destreza. Esos eran los valores de la caballería medieval, aquellos que sólo podían poseer los de noble cuna (Carrasco Martínez, 2000). En otro orden de cosas la mentalidad nobiliaria consideraba cosa vil el ganarse la vida con el trabajo manual, así como ejercer ciertas formas de comercio, e incluso intentaban borrarlos de la memoria familiar, máxime cuando muchos de ellos eran de origen judío.

Por lo tanto se manifiesta un tratamiento despectivo hacia la población productiva de artesanos y menestrales. La baja nobleza de hidalgos y escuderos, el patético y ridículo noble pobre, a pesar de su escasez de recursos, antes prefería finar de hambre que desprestigiarse con el trabajo manual. Como contrapartida se daba la llamada traición de la burguesía, es decir, su obsesión por comprar tierras, vivir de las rentas y ennoblecerse. Sólo el mercader o el villano rico podían abandonar el estatus de pechero, cosa que realizaban comprando un título de hidalguía, de los que la Corona ponía a la venta.

En alcanzar la nobleza no había sólo un interés ideal, como si se persiguiera un estereotipo ilusorio, sino que había razones de peso que motivaban esos anhelos. El sistema de propiedad beneficiaba a nobles y terratenientes. Exentos de impuestos las inversiones nobiliarias eran una apuesta segura (no eran enajenables) frente a los problemas comerciales y la inflación. Dentro de este caos ideológico nos encontramos con el ejemplo del abuelo de Santa Teresa de Jesús, condenado en 1485 en Toledo por la Inquisición, acusado de converso judaizante. Tras sufrir condena marchó a Ávila, compró tierras y pasó por hidalgo.

A su hijo, padre de la santa, se le reconoció como noble (aunque su expediente dejaba clara su ascendencia judía), pero se las ingenió para que los encargados de la investigación pasaran por alto este detalle. Así consiguió la exención fiscal correspondiente y todos los privilegios inherentes al estamento nobiliario (Carrasco Martínez, 2000, págs. 123-136). Guicciardini, el famoso humanista y diplomático florentino, se refería al *homo hispanicus* de su tiempo con las siguientes palabras: *"todos tienen en la cabeza ciertos humos de hidalgos"* (1952, pág. 19). Quizás aquellos hidalgos remilgados en su afán por alcanzar sus sueños de grandeza se olvidaron de encontrar la grandeza en sus sueños. ¡Una utopía increíble!, convertida en paranoia nacional.

Ello conllevó una mentalidad nociva al desarrollo económico, en definitiva un estancamiento científico y tecnológico. El peso de las tradiciones y economías familiares, así como los linajes aristocráticos ligados al mayorazgo, supusieron un hermetismo frente a cualquier novedad que procediera del exterior con notable desventaja respecto al resto de la Europa Occidental. Toda esta mentalidad hostil al trabajo, con su pobreza añadida, propiciaba la aparición de multitud de pícaros y mendigos, como aquel Lazarillo de Tormes que tan bien se las ingeniaba, cuando no era descubierto por el astuto ciego, haciendo alguna de sus bellaquerías.

Como punto de cierre a todo aquel sistema de vehemencias se encontraba la Inquisición. La Contrarreforma fue la férrea respuesta con la que los soberanos hacían frente a las justificadas críticas. Había que perseguir la herejía, destruirla con saña, propugnar la ortodoxia a toda costa. Así se construyó una escenificación brutal de lo que a juicio de dogmáticos constituía la rectitud moral e ideológica. Los agentes inquisitoriales partirán raudos por los caminos a la captura de luteranos, erasmistas, alumbrados, disidentes, brujas…También se combatió la superchería, la sodomía, etc. Había un índice de libros prohibidos, se hostigaba a los escolásticos en las universidades, se producían arrestos arbitrarios, se practicaba el tormento y el método inquisitorio, sin la debida defensa de letrados o mediante testigos de dudosa procedencia.

Por último las injustas sentencias muchas veces perseguían eliminar a sujetos sospechosos de disidencia al poder, con móviles políticos más que religiosos. Se instrumentalizaba la fe para eliminar con increíble sadismo adversarios políticos, sujetos peligrosos para los oscuros fines del Estado. Los vientos erráticos de la historia fueron capaces de mostrarnos un último acto de aberración en un espectáculo grotesco y atroz. El Auto de Fe fue la cúspide delirante, donde impasibles dignatarios y eclesiásticos veían arder a herejes, apostatas y cismáticos. La seducción de la hoguera, como espectáculo monstruoso de expurgación y muerte, atraía a grandes multitudes, ávidas por contemplar el suplicio de los condenados por el Santo Oficio.

Era aquel un mundo extraño plagado de alegorías, con un entorno mágico inundado de metáforas, arrobos celestiales, recogimiento, mística. Frailecillos que montados en su mula iban de un convento a otro, predicadores declamando en los pueblos, peregrinos en viaje a sus destinos espirituales –ya fueran romeros o jacobeos– , ignorantes sin otro horizonte que una vida penosa y un cielo que se les ofrece como solución a sus males; pobres en busca de nuevos sitios donde allegar limosnas; analfabetos, trajinantes, volatineros, buhoneros; estudiantes camino de las universidades; diplomáticos y soldados; arrieros transportando mercancías.

Es un mundo lóbrego y oscuro, como el que nos ilustra Zurbarán en sus pinturas tenebristas. Ambiente compungido y mortificante, de penitencia y redención. El cuadro *El chico mendigo* de Murillo nos muestra a ese niño desnutrido, harapiento, mohíno, sumido en sus pensamientos; empezando su vida desde las lejanías, confinado en la desesperanza. Aquella España profunda, represora y ensimismada, que comenzaba ya su decadencia, por una paradoja del destino iniciaba la época fecunda de su literatura y de su arte, con su afamado Siglo de Oro.

Por tanto, cuando Lísperguer atraviesa aquellas tierras andaluzas, se encuentra con una gran fragmentación social, así como un funesto enfrentamiento ideológico. Efectivamente, nos encontramos con una sociedad constituida por los reyes y la nobleza; que son los que ostentan el poder, manejan las armas, hacen la guerra a los moros, desprecian el trabajo manual y son los dueños de las tierras.

El pueblo es el esclavo de la gleba, vasallos incultos e iletrados que dependen de su señor feudal y son los que cultivan las tierras para sus amos; el clero, depende de Roma y se agrupa en diversos conventos bajo diferentes órdenes; los monjes mendicantes, son los cristianos educados que dominan el saber, los libros y las bibliotecas y pregonan el ascetismo, la vida dedicada a la oración y dependen a su vez de Roma; por último, dos minorías altamente hostigadas: los judíos y los moros.

Tras la toma de Granada en 1492, siguiendo el dictamen de los Reyes Católicos, son expulsados los judíos de España. A partir de ese momento los que deciden seguir en territorio hispano han de convertirse a la religión cristiana. Así nace la clase de los conversos, habitantes urbanos que ejercen todos los oficios, son letrados y conocen la contabilidad y la numeración decimal. Los conversos habían aceptado los bautismos ya sea por conveniencia o por seguridad y se habían transformado en cristianos nuevos. Al contrario que los moros que pertenecían al pueblo llano, los conversos estaban adheridos al estamento alto. Se entroncaron con las familias más encumbradas del reino, llegando a mezclar su sangre con la propia nobleza.

Hasta el propio Fernando el Católico poseía una mancha en su ascendencia. Fueron mentes industriosas, que al desaparecer los obstáculos que tenían los judíos, llegaron incluso a ser consejeros de reyes. Aquellos hombres doctos e ilustrados se infiltraron en toda clase de cargos públicos, tanto en el ámbito civil como el religioso. Por su capacidad y sabiduría, pronto comienzan a escalar posiciones en las cortes de España, aventajando incluso a los cristianos viejos. Sin embargo, aunque muchos de estos conversos fueron sinceros en sus conversiones, otros continuaban practicando la ley mosaica en secreto; estos eran los llamados judaizantes o marranos.

Estos factores y la envidia de los cristianos viejos que ven la rápida ascensión de los conversos en la vida social, provocan motines populares contra ellos. Salta la voz de alarma y diversas autoridades políticas y eclesiásticas de la España de entonces deciden el hostigamiento de los conversos. Nacen los Estatutos de Limpieza de Sangre, convirtiéndose en la nervadura de la sociedad nobiliaria y eclesiástica. Por supuesto, a la cabeza de los expedientes, interrogatorios y dictámenes estaba la temida Inquisición, con sus terroríficos métodos.

España, concebida como un gran cuerpo místico, había de ser redimida de cualquier impureza, que pudiera constituir una amenaza a la unidad de la doctrina. El estatuto, se impone para poder acceder a ciertos beneficios, Órdenes Militares, Tribunal del Santo Oficio, colegios, cofradías y monasterios. Se ha de demostrar que padres y abuelos por ambos lados han sido cristianos viejos, no descendientes de moros ni judíos por línea recta, ni de persona que haya sido castigada por hereje.

Así el converso pudo contemplar su vida convertida en un eterno martirio. Periódicamente se leían edictos que todos los ciudadanos debían escuchar y en los que se enumeraban los usos, costumbres y prácticas de esas personas que, por haber sido convertidos por la fuerza, aún practicaban a escondidas sus ritos y cultos judíos. Cristianos nuevos en la calle, aún seguían siendo judíos en el corazón. Como consecuencia del establecimiento de los estatutos, se dificulta o impide que muchas buenas cabezas contribuyan al desarrollo social, político, económico y cultural del país.

En cuanto a los moros, desde la toma de Granada por los Reyes Católicos el 2 de enero de 1492, se trata de un pueblo vencido que se bate en retirada. Era el principio de la decadencia que acabaría inexorablemente en la expulsión decretada por Felipe III en 1609. Las capitulaciones granadinas habían sido muy generosas. Les permitían mantener su libertad religiosa, libertad personal, conservar sus bienes y propiedades, armas y derecho tradicional, libertades que muy pronto verían recortadas. Este clima de tolerancia inicial se vería prontamente trastocado. Se alzan voces en España para que los moros abjuraran de su fe, voces secundadas por el mismo Clemente VII, que aconsejaba se los expeliera de sus Estados a no ser que renunciaran a sus creencias.

En aquellos primeros momentos de la controversia, Carlos V escuchaba a sus teólogos que le incitaban a mandarlos bautizar o echarlos fuera de España. La ruptura de la convivencia motivo que el nuevo obispo de Granada, Jiménez de Cisneros, ordenara la quema de libros mosaicos y requiriera la actuación de la Inquisición. Asimismo, les prohibió vender oro, plata, joyas, sedas, bestias, ganado o mercaderías. Se les obligó a llevar una señal en el sombrero so pena de quedar esclavos; que no pudiesen traer armas ni trabajar en los días festivos para el cristiano; que al pasar el Santísimo Sacramento se arrodillaran y quitaran los bonetes; que suprimieran las oraciones públicas y cerrasen las mezquitas.

Las medidas de hostigamiento a los moros tuvieron como contrapartida las sublevaciones del Albaicín y la Serranía de Ronda. Con dicho pretexto, los Reyes Católicos abolieron las capitulaciones y pusieron a los vencidos en el dilema de la conversión o la expulsión. En 1502 la gran mayoría de la población mora, para no perder sus tierras ancestrales, optan por el bautismo obligatorio, naciendo una nueva clase de ciudadanos, los moriscos. Se concentraron éstos en tres áreas fundamentalmente: Aragón, Valencia y Granada. Se les tenía en principio por gente industriosa, pertenecientes al pueblo llano. Gente modesta, apegada a la tierra; mano de obra barata incorporada al vasallaje. Otros cultivaban huertas, viviendo apartados del comercio de los cristianos viejos, constituyendo un Estado dentro del Estado.

Poseían tiendas de comestibles en los mejores puestos de las ciudades y villas. Otros se empleaban en oficios mecánicos, que tanto detestaba el estamento nobiliario: caldereros, herreros, alpargateros, jaboneros, arrieros, carpinteros, trajineros, muleros, artesanos, etc...Los moriscos habían perfeccionado enormemente los cultivos que habían traído sus antepasados. Así cultivaban con gran aprovechamiento el azúcar, el algodón, la seda y el arroz. Sus sistemas de riego se reputan antiquísimos, siendo hasta hoy en día alabados por quienes los conocen. Surtían a toda Europa de riquísima fruta y hortaliza meridional. Poseían toda suerte de ingenios ya sea para tratar la azúcar, como el aceite o prensas para la vid.

Obtenían con esmero higos, granadas, nísperos, naranjas, membrillos, pasas, manzanas, bellotas, nueces, almendras y otras muchas frutas así como innumerables granos y hortalizas. Construyeron carreteras, abrieron acequias, encajonaron ríos. Sus paños y tapices eran admirados en todas partes. Los brillos de sus colores, la consistencia de los tejidos, la prolijidad de los bordados, la viveza de las flores, causaban delectación y pasmo en quienes los contemplaban. También trabajaron con gran laboriosidad y belleza techumbres, artesonados, inscripciones en estuco y piedra, cifras, cintas y calados. No faltaron trabajos en madera, en piedra y en yeso, obras de porcelana, alfarería, etc.

Sin embargo, a pesar de todas estas lisonjas a la industriosidad morisca, bajo otras miradas se les tiene por gente vilísima y descuidada, enemiga de las letras y las ciencias ilustres. Por tanto, gente ajena a todo trato urbano, cortés o político. Se les tiene por torpes en sus razones, bestiales en su discurso, bárbaros en su lenguaje, ridículos en su forma de vestir. Al menos este es el punto de vista del historiador cristiano, siempre presto a desprestigiar al morisco.

En otro orden de cosas, se les acusa de relacionarse con los piratas turcos y berberiscos, atemorizando a las poblaciones de las costas y causando inmensos daños a la agricultura y el comercio. La poligamia, ¡el vicio de la carne!, era escándalo para el cristiano. Su fecundidad era concebida como un arma contra la sociedad cristiana vieja, diezmada por el celibato religioso y las empresas del imperio. Sus hijos se casaban a muy tierna edad, crecían y se multiplicaban –según el parecer de la época– como las malas hierbas, contaminándolo todo;

"e incluso hay algunos cristianos viejos que presumiendo de hidalgos casaban con moriscas, maculando lo poco limpio de su linaje y pliegue a Dios no llegase la mancha al alma"

...añadía en 1612 el licenciado Pedro Aznar de Cardona, en su *Expulsión justificada de los moriscos españoles* (García Arenal, 1996, pág. 234).

En aquel primer cuarto del reinado de Carlos V, los visitadores eclesiásticos, que recorrieron el país pudieron comprobar cuán deplorable era el estado en que se hallaba la religión cristiana entre los nuevos conversos. Todos los esfuerzos para convertir en cristiano al morisco habían sido estériles. Todas aquellas emigraciones, desarmes, bautismos forzosos, hogueras y persecuciones no hacían otra cosa que fortalecer más y más las creencias muslímicas y les hacía albergar un profundo menosprecio hacía una religión en cuyo nombre se les tiranizaba. Después de décadas de desvelos, enseñanzas y predicaciones, eran tan moros como antes. Así fueron las últimas décadas de una cultura abocada a ser extinguida por otra más poderosa.

Así son los últimos años de un pueblo acorralado destinado a ser suprimido por un diferente concepto de vida. Se les acusa de desafueros y violencias. Verdaderamente hubo casos de asaltos, matanzas de cristianos, de mujeres y niños cautivos que fueron llevados a vender a África. Fue aquel un vandalismo cruel que tenía lugar en el Albaicín. Era el postrer arrebato de una raza desesperada por conseguir su supervivencia. Inútil intento. Nuevas pragmáticas se dictaron cada vez más rigurosas. Se argumenta que mientras los moriscos vistiesen y hablasen como moros, jamás abandonarían su secta, ni serían buenos cristianos. Así se les mandó que dejaran su idioma, sus hábitos moriscos, sus estimados baños.

Se les obliga a que tengan las puertas de sus casas abiertas los días de fiesta, los viernes y sábados; que se desposasen según ordena la Iglesia Católica, manteniendo las casas abiertas durante el día de la boda. Por tanto, han de hablar la lengua castellana, sin poder hablar, ni leer, ni escribir en arábigo, ni en público ni en secreto. Todos los contratos que se hiciesen en arábigo eran automáticamente nulos. Las mujeres debían llevar la cara descubierta. Se destruyeron sus preciados baños, el mayor deleite de los moros. Se les obligó a concurrir a escuelas para aprender la lengua y la doctrina cristiana. Las vejaciones no podían ser más humillantes (Janer, 1857, pág. 32).

Trajes, usos, religión, lengua, todo iba a ser sacrificado por los vencedores, borrándose para siempre la memoria del pueblo sarraceno. Así pues cuando Lísperguer se encuentra en Andalucía, tiene conocimiento de todos estos factores y de esos grupos minoritarios. Contempla esa sociedad fuertemente jerarquizada, con una gran impermeabilidad estamental. Sociedad intransigente que veía al morisco y al converso como una raza inferior, servil al noble caballero. Pudo comprobar ese enfrentamiento de clases y valores. Ese mundo de fronteras ideológicas que se alzaban dentro de los límites de lo propio.

Era la exclusión y segregación del pueblo vencido. Es imaginable que Lísperguer tuvo que aprender de esas lecciones habidas en España, muy útiles cuando se encontraba en Chile, en la línea de frontera, aquel indómito río Bío-bío, límite de las guerras de Arauco, allá en el confín del mundo. Ahora era el araucano el pueblo dominado. Otra vez podrá comprobar la pugna de dos culturas, el denodado esfuerzo de sacerdotes que se afanan en convertir al indio salvaje. Cuántas veces, se acordaría Lísperguer de España...

Lísperguer en Zafra capital del condado de Feria

Como decíamos anteriormente, el conde don Pedro y la condesa estuvieron por espacio de un año en el marquesado de Priego, con su centro en Montilla, provincia de Córdoba, junto a su madre, la marquesa de Priego, doña Catalina Fernández de Córdoba, yendo Lísperguer en aquel séquito y presumiblemente permaneciendo con los condes en aquel periodo. Lo que es claro es que en el año 1547 los condes se marcharon a Zafra, centro del condado de Feria, actual provincia de Badajoz. Asimismo, constatan las fuentes documentales como Lísperguer permaneció en Zafra junto al conde don Pedro, hasta la muerte de éste en 1552, según acreditan los papeles y salvoconductos que portó a su entrada al Perú en 1556:

> "...así después que el dicho conde de Feria se vino de Alemania, trajo consigo al dicho Pedro de Lísperguer y lo tuvo en su casa hasta que murió, que habrá cuatro años poco más o menos y el dicho Pedro Lísperguer se quedó en su casa y ha estado hasta ahora con el conde de Feria, que sucedía en lugar del dicho su hermano, que es capitán de la Guardia del Rey Príncipe nuestro señor..." (De Hoyo, 1555, pág. 576).

Pero antes de relatar los hechos contemporáneos a Pedro Lísperguer mientras permaneció en Zafra, así como cuestiones tan importantes como la muerte del conde don Pedro, se revela necesario destacar los méritos y antepasados de esta ilustre casa de Feria. Y como veíamos más arriba respecto del marquesado de Priego, también es aquí necesario resaltar la influencia que el condado de Feria ejerció en el joven Lísperguer. Veremos pues como se expandió el condado desde sus primeros fundadores. Tendremos noticia de sus hechos sobresalientes, ya sea en el campo de batalla o en la diplomacia. Asimismo conoceremos algunos de sus insignes personajes y sus realizaciones. Así pues, la descendencia de este ilustre linaje desde su fundación por el gran maestre de Santiago don Lorenzo Suárez de Figueroa discurre de la siguiente manera:

1) Don Lorenzo Suárez de Figueroa y Córdoba, que ejerció el maestrazgo de Santiago desde 1387 a 1409, casado con doña Isabel Messía.

2) Don Gómez Suárez de Figueroa y Messía, señor de Feria, Zafra, Villalba, La Oliva, La Parra, El Rincón, Nogales, Valencia, etc... que casó con doña Elvira Lasso de Mendoza.

3) Lorenzo Suárez de Figueroa y Lasso de Mendoza, I conde de Feria desde 1460. Casó con doña María Manuel.

4) Don Gómez Suárez de Figueroa y Manuel, II conde de Feria, que murió el 24 de agosto de 1505. Casado en primeras nupcias con doña Constancia de Osorio, hija del conde de Trastamara y de su mujer Isabel de Rojas de la que no tuvo hijos. Casó por segunda vez con doña María Álvarez de Toledo, hija del I duque de Alba.

5) Don Lorenzo Suárez de Figueroa y Álvarez de Toledo, III conde de Feria, fallecido en 1528. Casó con doña Catalina Fernández de Córdoba y Enríquez, segunda marquesa de Priego.

6) Don Pedro Suárez de Figueroa y Fernández de Córdoba, también llamado Fernández de Córdoba y Figueroa, pues el marquesado de Priego obligaba a apellidarse Córdoba. Fue IV conde de Feria y falleció en 1552. Casó con doña Ana Ponce de León, hija del I duque de Arcos. Don Pedro fue el primer patrocinador de la carrera de Lísperguer. Con él y el emperador Carlos V, salieron de Worms (Alemania) y recorrieron diversas ciudades holandesas, llegando finalmente con el Conde hasta España.

7) Don Gómez Suárez de Figueroa y Córdoba, V conde de Feria al sustituir a su hermano don Pedro tras su muerte en 1552. Felipe II elevó el condado a ducado en 1567, con la grandeza de España. Embajador en Génova desde 1529 a 1549. Gentil hombre de cámara. Fue Caballero de la Orden de Santiago en 1545. Embajador en Inglaterra en 1554. Capitán de la Guardia Española. Destacado miembro de los Consejos de Estado y Guerra de Felipe II. En 1555 fue gobernador de

Milán. Casó con Jane Doormer. Con don Gómez viajó Lísperguer a la corte inglesa con motivo del casamiento de Felipe II con María Tudor.

A la hora de establecer un retrato, de ensalzar las virtudes, de esta ilustre casa de Feria, debemos señalar que entre los Suárez de Figueroa, ha habido de todo y bueno. Han militado entre sus filas guerreros, poetas, consejeros de reyes, diplomáticos, obispos, capitanes de indias, dramaturgos, historiadores, artistas... Toda esta profusión de caracteres han surgido tanto en su línea recta como en la de algunos colaterales, que por su importancia mencionaremos también.

Ciertamente, para comenzar a establecer los contornos de este relato, hay que apuntar que propiamente hablando los orígenes del señorío se sitúan en la donación hecha por Enrique III el Doliente a Gómez Suárez de las villas de Feria, Zafra y la Parra, que junto a la adquisición por compra de las villas de Valencia, Oliva, Nogales y Villalba, formó en torno a la región de Badajoz (Extremadura), un estado, entonces de mediana importancia, convirtiéndose don Gómez en el I señor de Feria.

Pero, si bien es cierto, que el eje cronológico fundamental a la hora de fijar el origen del señorío es la donación hecha por Enrique III, la impulsión del mismo, su definitiva promoción, se debe a la perseverante labor del padre de don Gómez, don Lorenzo Suárez de Figueroa, gran maestre de la Orden de Santiago, gallego de origen, de la Torre de Figueroa, en Abedongo, torre milenaria, solar de una de las familias españolas más prolíficas y hazañosas que hubo en su tiempo.

Así pues, el punto de arranque del señorío se debe al empuje de don Lorenzo Suárez, que al ostentar el maestrazgo de la Orden de Santiago, con su potencial económico y militar, ocupará un puesto importante en la corte y el país, con su inclusión en el grupo nobiliario que rodeará a Enrique III, tanto en su minoría de edad, como sobre todo, durante su gobierno personal. Era el Gran Maestre de Santiago, según sus biógrafos, un hombre de gran cuerpo, robusto y recio, de buena complexión. Fue un gran trabajador en todas las cosas que había de hacer, nunca estaba ocioso, ni posponía lo de hoy para mañana.

Bajo su dirección la Orden estuvo muy bien regida y administrada, tanto en lo espiritual como en lo temporal. A su talento se debe el provecho de sus cultivos y el aumento de su industria. Poseía una gran cría caballar, de la que surgían muy buenos caballos que daba a los caballeros de la Orden y otros criados suyos. Ya en su juventud había servido a la Orden, que por sus grandes virtudes y merecimientos, le habían concedido la gestión de la Encomienda de Lobón, de la cual fue trasladado a la de Mérida y de ella a la Encomienda Mayor de León.

Fue hombre de buen seso natural, gran negociador tanto en la paz como en la guerra. Siempre fue fiel al servicio de la Monarquía de los Trastamaras. En su tiempo hubo grandes guerras entre Castilla y Portugal, en las cuales el Conde Alvar Núñez de Portugal hizo algunas incursiones en el territorio extremeño. Sin embargo, siempre le aguardaba en la línea de frontera don Lorenzo Suárez al frente de los caballeros de la Orden, en defensa de la tierra, y resistiendo los daños que dicho Conde hacía. Por ello, don Lorenzo, entró en el Reino de Portugal con sus caballeros talando y dañando a los contrarios todo cuanto podía en servicio del Rey.

Debido a esta continua fidelidad en servicio de sus reyes, Enrique III le hizo la donación de las villas de Feria, Zafra y la Parra a Gómez Suárez, pero dada la minoría de edad de éste, don Lorenzo administró sus bienes, constituyéndose en el primer maestre propietario. El Maestre constituyó mayorazgo en 1400, traspasando sus bienes a su hijo al año siguiente. Don Gómez constituyo su propio mayorazgo en 1404. El afán de inmortalidad, de pervivencia tan propio del Renacimiento ya está llegando a España.

Asimismo, fue don Lorenzo un hombre que mando edificar, reparar y acrecentar numerosas iglesias, torres, fortalezas, villas, edificios y casas. Fue un gran montero, que le gustaba salir al campo rodeado de ojeadores y buenos canes. Tuvo gran caudal, amasando gran fortuna. En su casa siempre hubo abundancia de plata, grandes joyas y paños, bonitas sedas, elaboradas tapicerías con bellos y exuberantes brocados, briosos caballos, buenas armas, tiendas y ganados. Como nota curiosa decir que le gustaba mucho guiarse por astrólogos (Figueroa y Melgar, 1974, pág. 12).

Del matrimonio del Maestre con Isabel Mexía, nace hacia 1383 don Gómez. Pasa el tiempo. Fallece Juan I. El Maestre mantiene frecuentes estancias en la corte. En su mente abriga la idea de encumbrar a su hijo. Consigue para don Gómez el cargo de mayordomo mayor de la reina, doña Catalina de Lancaster, en cuya compañía permanece largas temporadas, haciendo la Reina continúas manifestaciones respecto al afecto que le tenía y la buena crianza que hizo de él. Después de la tempestad entre Castilla y Portugal viene la calma. Son tiempos en que el señorío se acrecienta, ya sea por donaciones o por compras, se constituye el mayorazgo, se afirma el poder del linaje.

Pero pronto se abren nuevos frentes, está vez la Guerra contra los nazaríes, preludio de la campaña de Antequera. A la frontera acude presto y valeroso Gómez Suárez, acompañado de sus esforzados escuderos y caballeros de la Orden de Santiago, que el Maestre había mandado juntarse con su hijo. En septiembre de 1407 el ejército reunido en Sevilla por el infante don Fernando avanza hacia el interior del reino granadino. Gómez Suárez se unió a él acompañando a su padre. Estuvo presente en la toma de Zahara, se apodero de Cañete y Priego, que fortificó. Acompañó al Maestre de Santiago en la razia que saqueó varias poblaciones malagueñas, trayendo a campo cristiano cuantioso botín.

En 1408, don Lorenzo proyectó una jugada en la cumbre, un doble matrimonio de su linaje con el de los Mendoza. Íñigo López de Mendoza, futuro I marqués de Santillana, casaría con doña Catalina Suárez de Figueroa, mientras que su hermano, don Gómez, lo hacía con doña Elvira Lasso de Mendoza. A los pocos meses de celebrado el matrimonio muere el Maestre de Santiago su padre. Surgen dificultades con la herencia de don Lorenzo y como resultado de dicho litigio, pierde don Gómez el Maestrazgo de Santiago a favor del infante don Enrique. Finalmente, tras un tiempo en el que su cadáver había sido retenido, es trasladado a Sevilla, siendo sepultado en la Iglesia de Santiago de la Espada, en la Universidad Hispalense.

Poco a poco el ambiente se va enrareciendo en Castilla. Era tiempo ya de olvidar las discrepancias surgidas por la herencia de don Lorenzo y premiar la continua fidelidad de don Gómez al partido real. En torno a 1410 se le conceden a don Gómez dos mercedes otorgadas por el infante de Antequera y la reina doña Catalina de Lancaster. El primero, un juro anual de 10.000 maravedíes concedido al señor Feria como recompensa por la toma de la villa de Cañete durante la campaña de 1407.

El segundo, el nombramiento del primogénito de Gómez Suárez, don Lorenzo, como doncel del Rey, un cargo palaciego que traía aparejado la asignación de 20 maravedíes diarios de ración. Ambos fueron concedidos por los regentes, dada la minoría de edad de Juan II y posteriormente confirmados por el propio Juan II en junio de 1420. Asimismo, durante la regencia del infante y doña Catalina consiguió el Sr. Feria la tenencia y alcaldía del estratégico castillo de Villanueva de Bancarrota. Se trataba éste de un importante bastión en la frontera portuguesa que aumentaba su presencia militar en la región pacense.

Una vez fallecidos los regentes y proclamada la mayoría de edad de Juan II, se desarrolla una abierta lucha por el poder cuyos protagonistas fueron los infantes de Aragón y el valido, condestable de Castilla, don Álvaro de Luna. En un golpe de mano, el infante don Enrique, ahora maestre de Santiago, hijo del que fuera regente de Castilla, Fernando de Antequera, se apoderó a mediados de julio de 1420 de Juan II, en el llamado "Golpe de Estado de Tordesillas". Contó don Enrique con un importante respaldo de la nobleza, que acudió a su lado proporcionándole un destacado apoyo militar. Entre los nobles que apoyaron la revuelta estuvo don Gómez, que envió tropas en refuerzo de su ejército.

Al año siguiente, 1421, la situación política de Castilla cambia radicalmente. La fuga del Rey a Montalbán y la intervención armada del infante don Juan pusieron fin al régimen que el Maestre de Santiago había intentado imponer. El señor de Feria dejó el partido de don Enrique y se vinculó al de la Monarquía que en aquellos momentos capitaneaba don Álvaro de Luna y el infante don Juan. En agosto de ese mismo año, Juan II enviaba una real cédula a don Gómez por la que le nombraba miembro de su consejo, quedando alineado definitivamente al bando real, y su ancestral servicio a los Trastámaras.

Como resultado del afianzamiento en el poder del partido de Juan II y su válido Álvaro de Luna, don Enrique languidecía en prisión. Alfonso V de Aragón decidió intervenir en el reino castellano para obtener la libertad del hermano don Enrique, reactivando así el decaído partido pro aragonés. El 11 de julio de 1425 el Rey ordenaba al señor de Feria, que acudiera sin pérdida de tiempo a reunirse con él, trayendo toda la gente de guerra que pudiera. Gómez Suárez obedeció el mandato real y acudió a Palenzuela, cuando las conversaciones entre don Juan y Alfonso "el Magnánimo" habían cristalizado en el Tratado de Torre de Arciel, evitando así el enfrentamiento entre aragoneses y castellanos.

En virtud de dichos acuerdos don Enrique fue liberado y el clima político cobraba nuevamente un aire de serenidad. Sin embargo, en 1429 nuevamente se enervan los ánimos. Otra vez se desata una lucha abierta entre castellanos y aragoneses, entre don Álvaro de Luna, de nuevo encaramado en el poder y los infantes de Aragón. Gómez Suárez acudió presto con sus tropas junto al Monarca y participó en las incursiones que Juan II realizó en el territorio aragonés durante el mes de agosto.

Esta sería su última campaña al servicio de la Monarquía. El primero de septiembre, en Palazuelos, cae don Gómez gravemente enfermo. El 5 de septiembre de 1429 muere. Así se disipa la existencia de este ilustre vástago de la casa de Feria, don Gómez Suárez de Figueroa y Mexía, I señor de Feria y Zafra, alcalde de Badajoz y de

Villanueva de Barcarrota, capitán general de la frontera de Andalucía, primer rico hombre y consejero de Juan II, mayordomo mayor de la reina doña Catalina de Lancáster, el que se halló en la guerra de Portugal y en el cerco de Antequera en el año 1410, con el infante don Fernando, después Rey de Aragón.

En su testamento mandó que el mayorazgo de la casa de Feria pasase a su primogénito don Lorenzo, que a partir de entonces sería el rector de los destinos del señorío. La desaparición de don Gómez, no fue obstáculo para los acrecentados méritos que atesoraron su cuantiosa e ilustre descendencia. Gómez Suárez tuvo con Elvira Laso de Mendoza, cuatro hijos y seis hijas. Estos fueron: Lorenzo Suárez, el primogénito, que con el tiempo sería I conde de Feria y del que luego hablaremos extensamente; su hermano gemelo, Pedro de Mendoza, García Laso, Gomes Suárez, Mencia, Isabel, Leonor, Elvira, Teresa y Aldonza, esta última hija póstuma.

Pese a que don Lorenzo siempre se mostró gran defensor del mayorazgo constituido por su padre, Elvira su madre, pudo disponer de una enorme fortuna legada por su madre, Leonor de Vega, que le permitió dotar magníficamente a sus hijos. Además se encargó de relacionar a sus hijos con las influyentes amistades de que disponía entre la más acrisolada nobleza del país.

Tres de los hijos de los primeros señores de Feria optaron por la vida religiosa: Teresa e Isabel ingresaron como monjas clarisas en el monasterio de Santa María del Valle, fundado por sus padres en Zafra, llegando a ser abadesas de ese monasterio. Gomes Suárez, también se decidió por el estado eclesiástico, cursó estudios en Salamanca y posteriormente en Bolonia. La gran preparación cultural que poseía unido al gran influjo que la familia tenía en Badajoz, hizo que a su regreso a su tierra fuera nombrado arcediano, llegando años después a ocupar la sede episcopal de esta diócesis.

El hermano gemelo de don Lorenzo, Pedro de Mendoza, fue señor de Cañaveral y Santurde, doncel del Rey D. Juan II, embajador del rey Enrique IV y durante algún tiempo alcaide del castillo de Balmaceda, en Vizcaya. Casó Pedro Mendoza con Blanca de Sotomayor, señora de Arcos y Bótova.

De esta insigne unión proceden entre otros, Garci Suárez de Figueroa, también conocido como Garcilaso de la Vega, señor de Batres y de Albadiel, señor de Arcos y Cuerva, alcaide de Gibraltar, comendador mayor de León en la Orden de Santiago, miembro del Consejo de los Reyes Católicos, su maestresala y embajador en Roma. Se halló en las guerras de Granada. Casó este destacado personaje con doña Sancha de Guzmán, señora de Batres y Cuerva, de cuya unión proceden los Condes de Arcos y el celebérrimo Garcilaso de la Vega, príncipe de la poesía y Caballero de Calatrava en 1523.

Otro famoso hijo de Pedro de Mendoza –por sólo mencionar a unos pocos– fue el embajador D. Lorenzo Suárez de Figueroa y Mendoza, sobrino y homónimo de don Lorenzo, I conde de Feria. Entre 1494 y 1506, Lorenzo fue embajador en Venecia y Roma, ante la corte de Su Santidad Alejandro VI, representando a los Reyes Católicos, don Fernando y doña Isabel. Fue asimismo III señor de Arcos. Hombre elegante, diplomático y cultivador de las buenas maneras, estaba además dotado de un fino gusto artístico.

No es nada extraño que don Lorenzo tuviera estas vibrantes inquietudes intelectuales, ya que aunque fuera soldado bizarro y mejor político, fue sobrino del esforzado guerrero marqués de Santillana, hombre valeroso que destacó en la batalla de Olmedo, personaje cultísimo, poseedor de una de las mejores bibliotecas de su tiempo, uno de los primeros poetas del siglo XV, autor de obras de encanto, sencillez y estilo inimitables, como sus deliciosas serranillas, dezires o canciones. Fue tío carnal del gran poeta Garcilaso y nada menos que primo hermano de Jorge Manrique. Fue Lorenzo un gran aficionado a las letras y aunque sus deberes políticos quizás le impidieran desarrollar una de sus vocaciones más ardientes, si le quedó tiempo para expresar sus inquietudes intelectuales.

Muestras indelebles de sus elevadas pasiones artísticas han quedado en la Catedral de Badajoz, dónde fundó la Capilla de la

Encarnación en 1501, que alberga un bello retablo con el relieve de alabastro de la Virgen y el Niño, obra enviada desde Italia por don Lorenzo, perteneciente a la Escuela Florentina, que se debe a Desiderio Settignano. Don Lorenzo, digno sobrino de su tío "el Magnífico", encargó en vida un bello mausoleo donde pasar sus horas de eterno descanso, que posee la originalidad de no aparecer ni orante, ni yacente, sino de pie, luciendo con airoso porte las ricas galas de la época. Obra notable que conserva el siguiente epitafio:

> "Sepulcro de Lorenzo Suárez de Figueroa y Mendoza, con doña Isabel de Aguilar su mujer; éste en la juventud hizo según la edad, y en las armas uso como convenía; fue hecho después del Consejo de sus Altezas y enviado embajador diversas veces; así confirmó el exercicio con los años y dexa para después esta memoria; lo que del mas sucediere dígalo su sucesor" (Figueroa y Melgar, 1965, pág. 275).

Sin embargo, no quiso el porvenir que don Lorenzo ni su esposa Isabel de Aguilar reposaran en este bello mausoleo creado por su iniciativa, ya que murió éste en Venecia el 2 de mayo de 1506. Hace tiempo que don Lorenzo había pedido a los Reyes Católicos su regreso a España, pero ironías del destino, la carta de Fernando que autorizaba su vuelta, llegó apenas unas horas después de su muerte. Lorenzo fue un diplomático brillante, un hombre cuyos biógrafos lo califican de prudente en sus cometidos, sabio en sus decisiones, de gran juicio y valor en el cargo, dotado de singular autoridad, industria y prudencia.

Participó en cuestiones tan graves y complejas como las relativas a la Santa Liga, y otras importantes cuestiones de política internacional, siempre representando a los Católicos Reyes. En sus exequias y enterramiento el pueblo de Venecia, dio grandes muestras de sentimiento, siendo los actos que se desarrollaron por tan luctuoso motivo de gran pompa y aparato, siendo exaltado y alabado, como si fuera uno de los más reputados senadores de aquella república.

No tuvo don Lorenzo hijos legítimos con doña Isabel, pero sí con su bella amante, Isabel Enríquez. Estos fueron una hembra, doña Leonor de la Vega, fundadora y abadesa del convento de Santa Ana, de Badajoz, fallecida en 1558 y un varón, don Gonzalo Ruiz de Figueroa, Comendador de Lobón en la Orden de Santiago, que heredó las afinidades artísticas de su padre y fue autor de una inspirada composición poética de tema mitológico sobre el Juicio de París y la fábula *Psiques y cupido*. Gonzalo, fue un ardoroso soldado en su juventud y al igual que su padre fue embajador de Venecia, sustituyendo a su progenitor en el cargo.

Maestresala de los Reyes Católicos, hombre refinado y elegante, aprendió mucho en la fastuosa corte de Alejandro VI, el papa Borgia, donde su padre representaba a España. Sabemos cómo los Reyes Católicos ponderaban mucho las cualidades de las personas que colocaban en esos delicados puestos con derivaciones en su política internacional. Una buena prueba de cuánto contaba el embajador en el reino –entre otras muchas que se encuentran en los archivos– es la extensa carta que le envió Fernando "el Católico" dándole cuenta de su renuncia a los Reinos de España, a favor de sus hijos don Felipe y doña Juana, tras la muerte de la reina Isabel, escrita en Tordesillas el 1 de julio de 1506.

Otro famoso hermano de don Lorenzo "el Magnífico", I conde de Feria, fue Garcí Laso de la Vega, comendador de Montizón, y uno de los soldados más esforzados y valerosos de su tiempo, representante del genio caballeresco de la época, ávido de fama, de combate y acción, cuyas heroicas hazañas se cuentan en encendidos relatos de señalados cronistas. Sus gestas, a la par que despertaron la atención de historiadores, hicieron brotar el aborrecimiento de Enrique IV. El Monarca soportaba mal las flamantes victorias que el genio militar de Garcí Laso causaba en los caballeros musulmanes que le desafiaban.

El plan de campaña ideado por Enrique IV contra los musulmanes reducía a la brillante caballería castellana al papel de simples batidores, es decir, exploradores o avistadores que descubren y reconocen el campo para ver si está libre de enemigos. Por lo tanto, se trataba de una política de contención, que otros han tachado de filoislamista, que se limita a reconocer el terreno y como mucho a dar pequeñas escaramuzas y a arrasar la tierra.

Por el contrario, los integrantes de la caballería veían con simpatía y admiración las proezas de Garcí Laso, como un modelo que debía de extenderse a gran escala. Ello ponía en evidencia la estrategia seguida por el Monarca, era una crítica viviente a su parecer, que despertó en él un profundo resquemor, un amargo odio, que le impidió ver lo positivo que había en sus acciones, llevándole a cometer repetidas injusticias contra el mismo. El odio de Enrique IV hacia su súbdito llegó a términos aberrantes.

Cuando en la campaña de 1456, en Hoya de Baza, una flecha envenenada atravesó la garganta del valiente guerrero castellano, el Rey recibió con alegría la noticia y acudió presuroso a su lado, no para consolarle sino para regocijarse en su dolorosa agonía. Efectivamente, el siniestro Monarca al tener noticia de la infausta nueva, exclamó con alegre semblante:

"vamos a ver la fuerza de la ponzoña, que me dicen que le produce horribles gesticulaciones" (Figueroa y Melgar, 1974, pág. 501)

Y allí estuvo contemplando plácidamente, con ojos rebosantes de alegría aquella dolorosa agonía semejante a la rabia. Es más, cuando los parientes del difunto acudieron en súplicas al Monarca para que le concediera el hábito de Santiago y la encomienda de Montizón a su heredero respondió displicentemente y acabó otorgándola a un hermano de Miguel Lucas de Iranzo. En fin, otros cronistas pretenden suavizar la actuación de Enrique IV, diciendo que el Rey acudió a contemplar la muerte de Garcí Laso acompañado de su séquito para que éstos se dieran cuenta de la inhumanidad de la guerra.

Sea como fuere, ya por motivos políticos o por recelos personales, lo cierto es que el cuerpo del difunto e infortunado caballero fue conducido a Zafra y depositado en un bello mausoleo en el Monasterio de Santa María del Valle, donde descansaban los restos de su padre y donde con el tiempo se le uniría su hermano Lorenzo y la madre de ambos, Elvira Laso. Al valeroso militar se le muestra en su sepulcro echado, en pose que recuerda a su abuelo, el Maestre de Santiago.

Se trata de una estatua yacente en mármol, donde se le presenta con su armadura, casco, la espada en su mano y a sus pies un perro, símbolo de fidelidad. El recuerdo de sus gloriosas hazañas y su desgraciada muerte permaneció en la memoria de sus contemporáneos y fue cantado por su amigo y compañero de armas, Gomes Manrique, en su obra *Regimiento de príncipes*, en unas bellas coplas elegiacas, precedentes directo de las que inmortalizarán a Jorge Manrique.

La referencia al poeta no es en absoluto trivial, ya que dos hermanas del I conde de Feria se unieron en matrimonio con sendos miembros del linaje de los Manrique, en continua ascensión durante la primera mitad del siglo XV. Beatriz casó con Fadrique Manrique, que llegó a ostentar el alguacilazgo y la alcaldía mayor de Écija. Mencía será la primera de las tres esposas que tuvo Rodrigo Manrique, conde de Paredes. Hijo de ambos será el célebre poeta Jorge Manrique.

Otros hermanos de Lorenzo se unirán a miembros de una de las familias más influyentes de Écija, típicos representantes del patriciado urbano: los Tello de Aguilar. El ya aludido García Laso de la Vega, comendador de Montizón de la Orden de Santiago y compañero de aventuras en múltiples ocasiones de su cuñado Rodrigo Manrique, casó con doña Aldonza de Aguilar; su hermana Elvira lo hizo con Tello González de Aguilar, alguacil y alcalde mayor de Écija.

La otra hermana, Aldonza, se crió con la condesa de Castañeda, doña Mencía Enríquez, mujer celebrada por su belleza y gracia natural, así como por sus agudezas y sentido del humor. Casó Aldonza con Juan Manuel de Villena, primer señor de Cheles y Belmonte. El primogénito y heredero del señorío, Lorenzo "el Magnífico", I conde de Feria, se unió con María Manuel, hija mayor y heredera de Pedro Manuel, y de doña Juana Manrique, señores de Montealegre y Meneses.

Pero antes de continuar relatando los vívidos avatares del rector del señorío, I conde de Feria, es necesario apelar a otros influjos que también formaron decisivamente el carácter del joven Lísperguer en el tiempo que pasó en la casa de Feria. Tuvimos ocasión de ver como Lísperguer fue instruido como cortesano, aprendiendo el arte de la diplomacia en los ambientes palaciegos de Alemania y los Países Bajos. Luego en el marquesado de Priego pudimos entender como el Gran Capitán fue la gran figura arquetípica del genio castrense, que debió sin duda marcar profundamente la personalidad del cortesano alemán.

También en Montilla vimos el influjo del misticismo encarnado en las figuras del maestro de Ávila, fray Luis de Granada, y los mismos hermanos del conde de Feria, muchos de ellos fueron destacadas autoridades eclesiásticas de la época. También aquí en Zafra, en el condado de Feria, hemos podido ver el influjo caballeresco en la persona de Garci Laso o los mismos señores de Feria. Junto a esa relación se abre otra muy interesante. Ahora es la artística, la intelectual, la literaria, la que está dejando su impronta en el futuro conquistador de Chile.

Los Suárez de Figueroa, no sólo fueron místicos, guerreros, o diplomáticos, sino que además fueron excelentes poetas. El marqués de Santillana fue el tío político de don Lorenzo, I conde de Feria. Efectivamente Íñigo López, estuvo casado con Catalina Suárez de Figueroa, hermana de don Gómez Suárez y por tanto tía de don Lorenzo. Como es muy conocido, el Marqués fue un destacado militar y poeta, tuvo una enorme biblioteca y fue un hombre muy influyente en su tiempo. Jorge Manrique, celebre poeta fue el hijo de su hermana Mencía, y por tanto sobrino carnal de don Lorenzo.

El famosísimo Garcilaso de la Vega, cuya resonancia en la lírica universal es sin duda enorme, fue sobrino nieto de don Lorenzo Suárez; es decir, nieto de su hermano gemelo, Pedro de Mendoza. Es más que seguro que en los diez años que Lísperguer deambuló por las diversas villas, castillos, palacios del señorío de Feria se debió de encontrar con los libros de Garcilaso, de Jorge Manrique, del marqués de Santillana, por no apelar a otros miembros del clan que en menor grado también profesaron afinidades artísticas o tuvieron antepasados vinculados a inquietudes intelectuales.

Don Iñigo López de Mendoza, marqués de Santillana, perteneció a una de las familias más poderosas de su tiempo, familia que destacó por su interés por la literatura y la cultura. En su personalidad convergen las dos aptitudes clásicas que se exigen a los cortesanos del momento: su destreza en las armas y su amor por las letras. Era un consumado políglota ya que dominaba el italiano, francés, gallego y catalán. Fue un gran bibliófilo, poseyendo una de las bibliotecas más extensas de su tiempo.

Tenía más de cien libros, lo que suponía una gran cantidad para la época. Tenía libros en varios idiomas y sobre toda clase de materias. En sus obras se distinguen algunas en prosa y otras en verso. Su obra *Proverbio de carta al rey D. Pedro de Portugal* es una introducción a su propia poesía. El Marqués reflexiona sobre cuestiones de literatura y muestra sus preferencias. Se trata de un ensayo y crítica de la literatura castellana. Aborrece la poesía que carece de profundidad, que no posea una forma artística cuidada y que no sea difícil de entender.

La obra que más ha trascendido son sus *Serranillas*, las cuales tienen sus antecedentes en las pastorales francesas, provenzales y gallegas, que aportan edad a sus poesías. Es una escritura refinada, acompañada de un pulimiento del lenguaje, así como un esmero en la recreación de ambientes. Este aire elegante nada tiene que ver con las brutas serranas del arcipreste de Hita, sino que ilustra damas hermosas, luminosas, idealizadas en el comportamiento.

También escribió canciones y decires líricos donde se trata con gran belleza el amor cortés. Se empieza a apreciar la influencia italiana de Petrarca, que el Marqués refleja en sus cuarenta y dos sonetos.

Son sonetos hechos al itálico modo de contenidos diversos: amor cortés, político, religioso…, constituyendo el primer intento de incorporar a la literatura española la esencia del soneto italiano, tentativa que no llegaría a consumarse hasta el siglo XVI.

También descendiente de esta familia fue Jorge Manrique, unos de los nombres más resonantes de la literatura medieval. Nació hacia 1440, en Paredes de Nava, hijo de Rodrigo Manrique, conde de Paredes y de doña Mencía de Figueroa. Por parte de su abuela materna descendía de doña Leonor de Castilla, de la estirpe real de los Trastámara y por su madre, prima del marqués de Santillana, estaba emparentado con el poderoso linaje de los Mendoza.

Al igual que muchos cortesanos de su tiempo su orbe fueron las armas y las letras. Tuvo una existencia breve pero apasionada, enmarcada dentro de su formación caballeresca y las guerras civiles castellanas en las que participó junto a su padre. Creció en Sierra Segura, inmerso en el mundo castrense de los soldados y las cabalgaduras, muy comprometido con el entorno político de su padre. Sintió una enorme veneración hacia su progenitor, don Rodrigo Manrique, dotado éste de una personalidad arrolladora.

Su orfandad de madre y la admiración reverencial hacia su grandioso *alter ego*, contribuirá a que a la muerte de éste, el hijo caiga en un apabullamiento ante el fantasma del padre muerto, una mimesis de la sombra que ha perdido su imagen, emociones que alimentaran unos sentimientos aterradores y serenos, que le harán reflexionar en profundidad sobre el tema de la muerte, del que extraerá sus más oscuros misterios, inspirando sus famosas *Coplas por la muerte de su padre*.

Siguiendo el sentir de Alonso de Palencia, fue don Jorge *"un guerrero esforzado, perito en la ciencia militar y muy afortunado en los combates"* (Serrano de Haro, 1966, pág. 158), destrezas que aprendió de don Rodrigo. Su amor a las letras las heredó de su tío Gómez Manrique, también un enamorado de las liras de Apolo. Jorge Manrique llegó a ser señor de Belmontejo, comendador de Montizón, Trece de Santiago y capitán de hombres de armas de Castilla. Estuvo presente junto a sus familiares en la "Farsa de Ávila" apoyando a don Alfonso, siendo después los miembros del clan de los Manrique unos enfervorizados seguidores de Isabel, futura Reina Católica.

Participó en las principales operaciones militares de la época, cabalgando junto a su padre contra el marqués de Villena, tanto en el campo de Calatrava, como en el asedio a la fortaleza de Uclés. En esta última gesta verá morir con una mezcla de admiración y espanto a su heroico progenitor, corriendo el año de 1476. Tan turbado quedó tras la muerte de su padre, que el mismo en 1479 acabó sucumbiendo a la tiranía de la guerra, apenas tres años más tarde, durante el asalto al Castillo de Garci-Muñoz, considerado un escenario secundario de la guerra.

La poesía de Jorge Manrique se divide en amorosa, satírica y moral. La primera trae su origen en el amor cortés. El amor es el eje de la existencia. La dama es una mujer de clase superior a la que se rinde vasallaje. Así se habla de la feudalización del amor. Se produce una mistificación y mitificación de la amada. A la mujer se la contempla como revestida de una aureola de destellos, como un ente inalcanzable. El amor verdadero es el amor imposible, utópico, el amor que no se puede consumar.

Se venera a la dama hasta el punto de servirla y honrarla como un amante gemebundo y débil, el cual no puede esperar la correspondencia de la amada. Una metáfora o representación habitual es la del amante arrodillado frente a la amada, símbolo del sacrificio divino. Así pues, se construye toda una religión del amor, se exalta la idea del Dios del amor, plenitud amorosa que sólo se alcanza con la muerte, donde se superan todas las barreras mundanas.

El amante anatematizado por el Dios amor, sólo se redime de su pesar tras la muerte, donde se resuelve la contradicción radical de su mal. Es interesante resaltar como se produce un antagonismo entre el matrimonio y el verdadero amor. En una época en la que los matrimonios de la nobleza eran un negocio concertado, el verdadero amor sólo podía provenir del amor cortés. Se trata de un amor elegante, cuidado, refinado, lleno de cortesía y devoción. El amante exaltará la hermosura de la dama, se somete a sus favores, la idolatra con un fervor incombustible, lamentándose cuando es rechazado.

A la dama no se la menciona por su nombre, permanece en el anonimato. Por otra parte, la gran obsesión del momento es la guerra. Así el amor se funde con imágenes medievales castrenses. Todo buen caballero lleva una dama en su pecho, que guía sus acciones y a la que le ofrece el ansiado triunfo en la batalla. *Castillo de amor* es toda una alegoría a la vida guerrera, en la que el enamoramiento se recrea como el asalto a una fortaleza. Cosa parecida ocurre en sus poemas *Escala de amor*.

Sin embargo, a pesar de este mundo mágico del amor ideal, a Jorge Manrique se le acusa de no haber aportado originalidad en su concepción del amor. Peor aún, se le tacha de insincero en su sentimiento amoroso. Jorge Manrique no fue muy agraciado físicamente, por lo que es probable que no estuviera predispuesto a experimentar los goces del amor. Así se le recrimina el haber utilizado las viejas fórmulas del amor cortés, que traían su origen en la lírica provenzal, en la poesía de los trovadores. Así pues, parece que Manrique utilizó frases retóricas, tópicos ya existentes y difundidos, clichés fijos que subyacían en la conciencia popular, que él practica como un mero ejercicio mental.

Su poesía burlesca nunca llegó a constituir una sátira feroz y encarnizada y no ha trascendido especialmente. Pero donde sí se sinceró completamente fue en su poesía moral, en las coplas por la muerte de su padre. Allí sí que volcó toda su lucha interior, toda su pasión ante el misterio de la muerte, logrando un grado de intimidad que ha sido reconocido por la crítica. La idea de la muerte era hasta entonces un viejo tema de la literatura medievalista, que traía su mejor representación en las Danzas de la Muerte, alegoría pagana hurtada por la iconografía católica y que se relaciona a su vez con variados tipos de arte, como la pintura, la escultura, el teatro, la danza y la música.

Estas Danzas de la Muerte traen su precedente más inmediato en la *Danse macabre* francesa, en la *Wurzburg Totentanz* alemana y en la *Dança General de la Muerte* castellana. Esta consiste en que por la noche los muertos salen de sus tumbas y danzan en el cementerio. Los muertos como esqueletos danzantes portan instrumentos musicales, tales como la flauta, el laúd, el violín. Son cuerpos en descomposición que escenifican una orgiástica danza en torno a un tótem. Reyes, emperadores, mendigos, locos, jueces, juglares, ricos, pobres, bellas y viejas, todos concurren al espectáculo carnavalesco.

Las danzas evocan la fugacidad de todo lo creado, lo banal de toda construcción humana, lo superfluo en cualquier propósito mundano, la corrupción ineluctable de la materia. Contra este *reductio ad absurdum* lucha la Rueda de la Fortuna con sus malabarismos. Guerra y paz, locura y sabiduría, miseria y grandeza, vida y muerte, todo está confrontado y es a su vez, devorado por el paso inmisericorde del tiempo. En un tiempo en que la Peste Negra asolaba de forma devastadora la población de Europa, el terror a la muerte se alza como una obsesión omnipresente.

Este pánico a la proximidad constante de la muerte lleva al hombre a una profunda crisis de valores, que lanzó a muchos a una existencia desenfrenada, donde la glotonería, el placer, la holganza, las diversiones, las fiestas, el sexo, eran la mejor forma de eludir la realidad. La Iglesia trata de atajar este desorden moral expandiendo la idea de la esperanza y la justicia divina. En una era de crisis económicas, hambre y pobreza, la injusticia y la desigualdad social sumían a la población en un profundo escepticismo.

Ante esa situación, la metáfora de las danzas y su macabra representación suponían una crítica a los hombres y a su orden político y social. Por más desigualdad que haya en la tierra, tanto el rico como el pobre, el papa, el emperador y el campesino, todos serán atrapados por el poder igualador de la muerte y serán juzgados de igual manera en el Juicio Final. Este continuo ir hacia atrás se asemeja a los relojes de arena, que con su indistinto volteo, sitúan el mundo al revés como un contrario de contrarios, donde la parodia social y la inversión de jerarquías hacen su aparición irrefrenable.

El hombre se evade de la muerte y su irreductible poder, burlándose de la realidad conjugando lo cómico y lo trágico, aunando lo sublime y lo grotesco, denunciando al propio hombre defenestrado del mundo por el pecado. Las evocaciones literarias del *Triunfo della Morte* con sus ángeles y demonios se pueden rastrear ya en las poesías de Dante y de Petrarca. Las representaciones pictóricas más antiguas se deben a Hans Holbein "el Joven" que inmortalizó la temática en una serie de grabados llenos de ímpetu dramático. Asimismo, Alberto Durero también abordó la materia.

Espeluznantemente interesante es el cuadro de Peeter Brueghel "el Viejo" titulado precisamente *El Triunfo de la Muerte*. El emperador, el cardenal, el bufón, el caballero, los enamorados, todos concurren en esta fantasmagórica composición, en la que se aprecia el influjo del genial pintor holandés, el Bosco. Se trata de un cuadro crepuscular, difuso en un ambiente tenebroso, en el que se funden un cielo rojizo con un mar ensangrentado. Los campos devastados y desprovistos de toda vegetación, divulgan la masacre con sus hogueras humeantes, mientras van purgando todo lo creado.

En el puerto en ruinas se pueden divisar barcos que se están hundiendo, mientras aves agoreras en vuelos erráticos revelan la terrible destrucción que se avecina. Infundiendo un pavor indescriptible se pueden contemplar a varios grupos de ángeles de la muerte, unos tocando las campanas, otro los tambores, otros anunciando la Apocalipsis con sus trompetas… A su son ejércitos de esqueletos vivientes, sicarios del demonio montados en caballos raquíticos, transportan en rústicos carros de madera montones de huesos y calaveras.

En una horrenda pesadilla, los ángeles exterminadores armados con guadañas van segando vidas, mientras enérgicos esqueletos ataviados con túnicas blancas, van empujando a los vivos dentro del carro de la muerte con sus movimientos descompasados y arrítmicos.

Por todas partes se pueden ver hombres ahorcados, decapitados, ahogados, amortajados, desnudos, agonizantes… Absolutamente todo pierde su sentido: el poder, la riqueza, el amor, la vida…

La originalidad de Jorge Manrique es que renuncia a este esquema, se aparta de la idea de exaltación de la muerte como algo grotesco. Desiste de su tratamiento como espectáculo macabro. Manrique construye un canto reposado y sereno, una muerte plácida, donde el pensamiento discurre con naturalidad y fluidez, cuyo relato huye de toda exageración, temor, o desesperación. Este dulce morir proporciona al poeta una lograda sensación de intimidad, concibiendo a la muerte como a un personaje, una voz interior que habla con don Rodrigo. A diferencia de lo que ocurre en las Danzas de la Muerte, ya no se dan descripciones de descomposición del cuerpo humano.

Ahora se medita sosegadamente sobre la muerte y su trascendencia universal. Es tal el amor que siente por el padre muerto, que el hijo pretende erigir un monumento a la memoria de su progenitor. Como buen hijo, Jorge Manrique se duele sinceramente de la muerte de su amado padre don Rodrigo. Así pues en aras de la sinceridad de su dolor, sacrifica todo alarde de cultura con pujos de erudición, componiendo una sentida elegía de tono grave, pero llena de sencillez y sentimiento.

El marqués de Santillana al tratar el mismo tema se auxilió de los recursos de la alegoría al modo italiano, llenándolos de cultismos, haciéndolos acompañar de una galería de personajes, divinidades y eminencias grecorromanas. Jorque Manrique, en cambio, prescinde de toda pomposidad y engalanamiento, creando un diálogo calmado, de fácil entendimiento, carente de conceptos oscuros y complejos. Transforma el empleo del tópico *"Ubi Sunt"*, que ya no evoca las glorias de personajes ancestrales, no recrea leyendas muertas, ni se interna en los perfiles de figuras legendarias petrificadas en mármol. Ahora la dialéctica se cierne sobre la fugacidad de la existencia, que nos conmueve por su discurrir inmediato.

Las célebres coplas a la muerte de su padre se organizan en tres partes. En la primera, reflexiona en abstracto sobre el fenómeno de la muerte, analizando la brevedad de toda existencia. En la segunda, trata la muerte histórica, aludiendo a un reducido número de personajes. En la tercera, individualiza la muerte en el caso de su padre. Es en esta tercera parte en la que el poeta consigue una mayor densidad escatológica, una densidad que emerge como un susurro franco e íntimo, que pareciera fluir en la cándida confidencialidad de un confesionario.

Aquí hace su entrada el Maestre, ensalzando sus virtudes naturales y sus hazañas, haciendo su aparición después "La Muerte", como una presencia imprecisa, que dialoga con don Rodrigo, el cual se entrega con cristiana resignación a su tránsito final. El poeta siente una melancólica nostalgia ante el pasado que se esfuma para siempre. El texto está plagado de mutismos, que inducen al lector a interpretar lo que imperceptiblemente sugiere. Así parece desprenderse que en su concepción, el pasado y el futuro son eternos y lo único que se puede experimentar es el presente. Le obsesiona este vertiginoso discurrir del tiempo, una fracción que se reduce a un instante.

Pero entonces tropieza con una paradoja. Por un lado, si el presente es un instante, entonces la realidad es una secuencia impalpable; de otro, se infiere como en un instante se fragua la eternidad. La máxima intensidad se alcanza cuando el poeta intenta penetrar en el concepto de la muerte. No menciona la muerte directamente, sino que sólo nos muestra sus efectos, los perfiles de la sombra, que se sobreentiende. La muerte la sentimos, pero no la vemos, se acerca "tan callando", que nos atrapa como a pájaro confiado, con una enorme desproporción entre verdugo y víctima.

En su pensamiento, el verdadero horror de la muerte se debe a que no tenemos contacto con ella y sólo podemos sugerirla con metáforas. Es decir, la muerte no se puede vivir, no se puede experimentar, es un ente inaprensible. Hay una fatuidad intrínseca en el misterio de la muerte. Existe un hiato, una brecha insalvable, un abismo irreconciliable entre la vida y la muerte. Lo que media entre la vida y la muerte es un intersticio de muy difícil intelección. La mayor paradoja de la vida es la muerte. Y como toda paradoja se revela irresoluble.

Se puede percibir en sus estrofas como el precio de la muerte es su propio desprecio, o sea su carencia, su ausencia, su inexistencia. Así podemos entender como el poeta proclama una "muerte a la muerte", lo que le reconduce y reintegra a la vida. Así, Jorge Manrique nos transmite su profundo amor por la vida. Ante su imposibilidad de vivificar la nada, se aferra a la fe exponiendo la idea medieval del mundo como simple camino para el otro. A través de esta luminotecnia de la nada, supera el sentimiento de lo vano y transitorio de la vida, consiguiendo una vida perdurable en la morada eterna.

Asimismo, anuncia una "tercera vía" de supervivencia, invocando la idea renacentista de la fama como "tercera vida", distinta de la terrena y de la inmortalidad del alma. Allí se forja la gloria universal del hombre. Finalizando, la mayor recompensa de este políglota de la muerte, es que su obra se haya traducido a todos los idiomas, deviniendo así universal. Inmortalizando al héroe se inmortalizó a sí mismo, el émulo fue emulado en sus ideas.

Para concluir, que mejor que esbozar algunas de sus lapidarias sentencias expresadas en su verso titulado "*Caducidad de lo terreno*". Aquello de que:

"nuestras vidas son los ríos que van a dar en la mar que es el morir: allí van los señoríos, derechos a se acabar y consumir; allí los ríos caudales, allí los otros, medianos y más chicos, allegados son iguales, los que viven por sus manos y los ricos".

En otra famosa estrofa del mismo verso es aún más agudo:

"así que no hay cosa fuerte, que a papas y emperadores y prelados, así los trata la Muerte, como a los pobres pastores de ganados" (Sancha, 1855, pág. 256).

A diferencia de sus predecesores, el marqués de Santilla y Jorge Manrique, Garcilaso de la vega no fue un poeta que escribiera para publicar. Sus escritos apenas pretendieron agradar a unos cuantos amigos y poco más. De ahí que su poesía se nos presente como una confesión en la que el poeta desnuda su alma sin tapujos, en versos sencillos, melancólicamente tiernos, llenos de sublime elocuencia, en los que el artista nos muestra sus pesares, con la dulzura de un niño herido. Garcilaso fue un hombre afable, agraciado físicamente, que tuvo innumerables amigos y que le gustaba rodearse de mujeres.

Por eso mismo, sus versos nos llegan como la confidencia de un amigo, en un relato intimista, que parece una conversación amena, que discurre libre y fluida, asombrándonos con su juvenil frescura, arropándonos con su cálida sensualidad, que suena como una voz viva y doliente, que nos conmueve con el suave tono de su franqueza. Esa voz interior temblorosa y apasionada, que se desdobló en tantos personajes, no fue otra que la de Garcilaso, voz única que disfrazada de inocentes apariencias, nos entregó en realidad, con una familiaridad entrañable, el relato triste y sincero de su propia existencia.

El suave compás de su respiración aún nos alienta con su candor. El vibrante palpitar de sus palabras nos trasciende con su acertada combinación de efectos, su justa elocuencia, el adecuado acomodo y disposición de sensaciones, que huyen de toda afectación, de toda presunción y petulancia, que nos emocionan con su inmenso valor humano. Son palabras hermosas, enamoradas de otras palabras, de las que manan una constelación de palabras preñadas. Su canto nos embriaga con su mensaje claro y diáfano y sin embargo, su elocuencia no llega a incurrir en humildad de estilo.

En su escritura se aprecia un equilibrio entre la gravedad y la dulzura, el buen criterio en la utilización de las figuras y tropos, la armónica distribución de los valores rítmicos y fónicos. Escribió mucho en poco, y con más sentido que nunca podemos decir que en Garcilaso lo insignificante significa, quizás demasiado. La belleza siempre fue un motor en la historia y eso se aprecia con toda naturalidad en el joven Garcilaso.

A pesar de la sensual seducción a la que nos arrastra la vida y obra de Garcilaso, ni su existencia fue modesta, ni sus versos fueron simples. Garcilaso nació alrededor de 1501, en Toledo, digamos sencillamente, hijo de una familia ilustre. Fue herido en Le Muy, Francia, en septiembre de 1536, al lanzarse como un Quijote contra molinos de viento, al intentar conquistar una torre que carecía de importancia estratégica. En su interior un gigante Polifemo arrojó una piedra, recibiendo Garcilaso un peñascazo que le hizo caer, golpeándose en la cabeza, destrozando para siempre el barco de sus ilusiones. A los 25 días del suceso, moría en Niza en los brazos de su buen amigo, Francisco de Borja. Las *"prendas por él mal halladas"* que alude en sus versos, se habían conjurado definitivamente en su contra. Nacimiento y muerte, una inexistencia de dos extremos y en medio, el *intermèzzo* de su gran legado: sus sueños de amor imposible.

Garcilaso de la Vega (1498-1536)

Garcilaso fue un romántico en el siglo XVI, mucho antes de que se acuñara ese término. Su vida fue breve, excitante, llena de peripecias y requiebros. Una vida plena y gozosa, itinerante, plagada de viajes, de conocimiento del mundo, encuentro con interesantes personajes, delirante, subvertida por la fatalidad. Su parte resplandeciente, le hizo ser amado por apasionadas mujeres, mientras su parte funesta, le llevó a sufrir el desdén de las mujeres a las que realmente amó. Siguiendo el parecer de Baltasar de Castiglione en su célebre obra *El cortesano,* el hombre de la época tenía que ser diestro en la ciencia militar he instruido en las letras.

Poeta del amor, caballero de la guerra, su vida estuvo marcada por una perpetua lucha contra sí mismo. Amor versus Roma, espíritu indomable fustigado por el conformismo de la razón, horizonte áureo y constructivo, alienado por un destino perverso que lo destruye. *¡Ay esos libros que matan hombres...!*, exclamó en una ocasión. Garcilaso vivió y murió, atrapado en una dualidad antitética: el oficio de las armas y su irrenunciable carrera literaria. Idea que expresó claramente en uno de sus versos: *"tomando ora la espada ora la pluma"*.

Verdades o fábulas, cuentan los lugareños de Toledo como don Juan de Austria, cuando era un niño, antes de saber quien era, organizaba batallas, liderando ejércitos con espadas de madera. Quizás como un acto premonitorio, la naturaleza nos trajo a Garcilaso, el nuevo Mesías, el nuevo Dios del amor. Sus batallas fueron muy distintas; las luchas del espíritu, la búsqueda del sentimiento, la creación. Allí en Toledo, siendo un niño, fue dando forma a la irrealidad poética de sus ilusiones. Allí desmenuzaba pensamientos, contemplaba pacientemente como se desbandaban las nubes, sumido en una ensoñación de formas caprichosas, que le sugerían imágenes que daban vida a su imaginación.

El joven Garcilaso corría por el campo toledano, ebrio de verdor, mientras su corazón empezaba a latir por quimeras. Inmerso en sus juegos infantiles, almado y armado, destronó a emperadores y coronó a pastores, se dejó acariciar por las aves que poblaban su cielo, afanándose en atrapar las sílfides del aire. Se abrazó a robles, castaños, olmos y laureles, escuchó voces ancestrales. Dotado de una curiosidad inagotable, lo observó todo aprendiendo a amar el otro lado de las cosas. El Tajo fue su gran santuario. En sus riberas dormían su sueño eterno las criaturas del bosque.

Como halos emergentes, los sátiros tocaban alegremente su zampoña, mientras las ninfas, hijas de dioses y de mortales, engalanadas con la belleza de su juventud eterna, danzaban al son de sus tenues notas. En su fantasía, podía contemplarlas una y otra vez, con sus apariciones, sus metamorfosis, disipándose en la espesura. Podían encarnar cualquier cosa, una montaña, un prado, un árbol... y mientras tanto, nuestro joven poeta, se perdía en las entretelas de sus gráciles auras, dejándose mecer por el reino flotante de sus sensuales risas.

Allí en Toledo recibe una buena educación cortesana, según se cree, de la mano de preceptores como Pedro Martín de Anglería o quizás, Juan Gaitán. Estudia con entusiasmo el latín, lee con avidez a Virgilio y a Horacio, aprende el griego, el francés y el toscano. Desarrolla una sensibilidad especial para la música, toca la cítara, la vihuela, el arpa y el laúd. Pasa temporadas en Batres, así como en los señoríos de Cuerva y los Arcos. Así, el poeta niño fue creciendo dentro de estas experiencias, que junto a otras irían conformando la personalidad excepcional del hombre que transformaría para siempre la lírica española.

A caballo entre España e Italia, por encima del espacio y del tiempo, llegó Garcilaso de la Vega con la fuerza de un seísmo, irrumpiendo en la escena literaria española como un verdadero aldabonazo a nuestras conciencias, golpeándonos como un ariete colosal que viniera a "quebrar el aire" de una anticuada estética cancioneril, comenzando el derribo de unas formas vetustas, ambientadas en la artificialidad del trovadorismo medieval y la vulgaridad del viejo amor cortés.

Frente a estas figuras alambicadas, displicentes y castradas, Garcilaso nos descubre la elegancia y sensualidad de las formas renacentistas italianas, el dulce y apasionado petrarquismo, en unos versos llenos de laica belleza, mostrándonos toda la grandeza de la cultura greco-latina. Ahora será el hombre el centro del universo, un hombre renovado que se ha despojado de las ataduras moralizantes del pasado y que en su inercia arrastra tras de sí un culto aroma paganizante, que se aleja de una hermética superchería nacional. Ahora se rinde un sincero y espontáneo tributo a un obsesivo dios: el amor.

Pero este amor va perdiendo sus reminiscencias de ente inalcanzable, platónico, ideal, no consumado. Este nuevo amor, es un amor estrecho, humano, apasionado, donde los amantes se tocan, se comprenden, se fusionan. Aún distanciados por el desencuentro, crucificados por el despecho, humillados por los celos e incluso inmersos en el gélido abrazo de la muerte, se trata de amantes reales, sumidos en sus vicisitudes humanas, que manifiestan descortesía frente al amor protocolario, en fin, que inmolan sus corazones en un fuego inconsumible.

Siguiendo los postulados del humanismo, Garcilaso emprendió una auténtica revolución en la poesía española, preconizando un acercamiento entre la lengua poética y la coloquial, distanciándose de la cultura escolástica y su concepción demasiado elitista de la literatura. En un tiempo de arribismo literario, en el que el lenguaje era demasiado complejo, oscuro y rebuscado, plagado de cultismos semánticos y en el que el pueblo era, además, para su desgracia iletrado, Garcilaso introdujo el endecasílabo, una forma métrica que sonaba libre y fluida, acercándose al lenguaje coloquial, poniendo por tanto, con plena naturalidad, la poesía al alcance de la mayoría.

Es interesante resaltar que Garcilaso fue un hombre universalista que se adhirió a los aires de la modernidad. En un momento en el cual España estaba a punto de decantarse por la intolerancia religiosa, por el oscurantismo, por la represión de toda libertad de conciencia, él se unió al proyecto cosmopolita de Carlos V; es decir, a una España plural, europeizada, gobernada por belgas y flamencos. En Italia le gustó rodearse de amigos luteranos y erasmistas. Esta adhesión a Erasmo testimonia su sello de libre pensador, probando la posesión de una mente abierta al cambio y al progreso, un espíritu sensible que no pudo ocultar su repudio hacia la guerra, a la que considera responsable de los males de la civilización.

Cuando las hogueras inquisitoriales estaban a punto de arder y el fanatismo contra reformista comenzaba a flagelar a la sociedad con su intransigencia, Garcilaso enarboló una antorcha de luz en un momento sombrío, abogando soterradamente por un laicismo sensual y paganizante, desterrando de su poesía toda religiosidad mortificante. En su mente visiona al hombre griego, lleno de potencialidad y dinamismo. Un hombre excelso, virtualmente ilimitado, que lucha por conquistar su destino, que concibe el amor como el único poder superior a sí mismo, que combate a corazón abierto el autismo medieval.

Paradójicamente, este optimismo renacentista que pretende expiar toda superstición, todo remordimiento ante la vida, acaba transformándose en Garcilaso en pura melancolía. Saturno es el dios del tiempo, Cronos, el astro de la melancolía, la destrucción y la muerte. Saturno devora a sus hijos, engulle sus propias obras, representa el paso inexorable del tiempo, la fugacidad de la existencia, la corrupción de lo creado. Saturno también alimenta la transformación de las cosas, anhela el cambio, la evolución, evoca el sentimiento de la vanidad.

El viejo concepto de *"vanitas"* se expresa muy bien en el cuadro de Antonio Pereda, *El sueño de un caballero*. En él, un ángel contempla a un caballero sentado frente a una mesa, inmerso en un profundo sueño. En la mesa, podemos ver una serie de objetos que representan una alegoría sobre la vanidad del mundo. El hombre sumido en su placentero sueño intenta escapar de la tragedia de la muerte. Así conjuga en su mente el amor, la belleza, el dinero, el placer…

En parecidos términos, Garcilaso invoca el *"carpe diem"* de Horacio, expresándolo en su célebre soneto:

Coged de vuestra alegre primavera
el dulce fruto, antes que el tiempo airado
cubra de nieve la hermosa cumbre.
Marchitará la rosa el viento helado,
todo lo muda la edad ligera,
por no hacer mudanza en su costumbre
(Balbín & Garcilaso de la Vega, 2005, pág. 28).

Goza del día presente, disfruta de tu tiempo mientras aún dispongas de belleza, entusiasmo y salud, porque tu juventud no es imperecedera y el tiempo la arruinará. Imagina, mientras puedas, que la rosa es eterna y nunca marchitará.

En similares circunstancias, el caballero de Pereda, regresa de su sueño y se da cuenta de que todo es inútil. La vida se reduce a polvo, todo se halla vacío de contenido. Nuestra vanidad, nuestro orgullo, el deseo de poseer bienes materiales, todo se torna un absurdo. Contempla la mesa, repleta y desordenada, llena de bagatelas, caprichos intrascendentes, ilusiones fugaces. La calavera le ilustra en que devendrán sus más sutiles pensamientos. La máscara le revela que la verdadera representación, el auténtico escenario es el de este mundo. Los actores de teatro fingen la realidad, consiguiendo acercarse en su simulación a lo genuino, mientras el verdadero histrionismo opera en nuestro mundo a través de la hipocresía.

Las joyas y el dinero son en realidad las riquezas que no sobreviven a nuestro deceso, disfraces con los que engalanamos nuestra soberbia y la cubrimos de falsa vanagloria. La baraja, las armas de fuego, le muestran la caducidad de todo propósito humano, lo absurdo de toda exaltación a la guerra, de fomentar ansias de dominio. Las naciones, los reinos, los ejércitos todo será barrido por el polvo de la eternidad. El reloj le informa sobre lo perentorio de la vida, del paso inexorable del tiempo. Los relojes no son de arena, son de cenizas. Las velas se apagan, disipan la existencia en el perenne exilio de la tenebrosidad.

La vida está adornada de apariencias inservibles. Todo se revela fútil, un mísero pudridero de afanes. El culto a las personalidades ególatras, los egotismos humanos, la mitomanía hacia los dioses vivos: los césares; la fastuosidad, la arrogancia de las naciones, son superficialidades vacuas de sentido. Nuestros ídolos totémicos sucumben con el paso de la época y los hombres que los erigieron. Las grandes metas, las grandes pasiones humanas, se evaporan como nostalgias perdidas en la bruma del tiempo.

La sabiduría se manifiesta incapaz de resolver esa contradicción. Los libros duermen su sueño eterno en estanterías de piedra. Ya sólo queda el arte, como figuras impertérritas que nos visionan desde la eternidad, como jueces perennes de un mundo que ya no existe. Ahí están las estatuas de Cicerón, Ovidio, Virgilio, contemplándonos con su hierática mirada, sojuzgando nuestro mundo desde el reino de las sombras. Nombres emborronados, que divagan errabundos en la corriente undívaga del tiempo. Nada más. En consecuencia, todo se torna irreverente.

Así pues, si todo perece tras la muerte, sólo la esencia del ser humano permanece frente al mundo. Siempre es preferible ser a tener, "pensarse" a "poseerse". Llegado a este punto, podemos deconstruir el perfil de Garcilaso, fragmentándolo en mil piezas, desasiéndolo de su mundana realidad, desplegando nuestro pequeño *"geniocidio"*. Desposeído de sus ambages, desmontado sus andamiajes, despojado de sus atributos superfluos, de su ornato, llegaríamos en un viaje alucinante hasta la pieza insustituible: su corazón.

Sus imágenes desvividas, vividas con pasión pero que murieron en vida, ahora encuentran su razón. El amor es la quintaesencia, la argamasa invisible, el espíritu que anima todas sus acciones. El amor es el único poder que da sentido a su existencia. El verdadero poder no es el poder místico (dios), ni el poder terrenal (emperador), sino el amor humano. El amor es la única ciencia útil. La única forma de diseccionar el amor, de adentrarse científicamente en sus secretos, es aprender a metabolizar sus sueños.

Aparte de sus primeros amores adolescentes en Toledo y algunos esporádicos en Italia, las más modernas investigaciones señalan que fueron tres los amores fundamentales en la vida de Garcilaso. El primero es Guiomar del Carrillo, la mujer ilegitima, amor de primera juventud con la que tendrá su primer hijo fuera del matrimonio: don Lorenzo. Su único matrimonio lo contrae, por sugerencia imperial, con una dama que estaba al servicio de Leonor de Austria, llamada doña Elena de Zúñiga. Esta será la mujer legal, con la que tendrá otros tres hijos. Pero su amor más explosivo, delirante e imposible será el de

Isabel de Freire o según los indicios más recientes pudo haber sido la mujer de su hermano Pedro Laso, llamada Beatriz de Sa.

Ambas eran portuguesas, ambas murieron de parto, en aquel trance de Lucina a que se refiere Garcilaso en sus estrofas, pero sólo una fue la Elisa de sus versos. Los sonetos, canciones y églogas de Garcilaso expresan una profunda tristeza y melancolía. Siempre la disposición del poeta toledano hacia el amor fue atormentada. Sin embargo, éste último amor, le producía una gran vergüenza. Tener una amante era algo normal, pero enamorarse de la mujer de su hermano, *pecata mundi*, era una aberración. Aunque intenta librarse de ese amor que le provoca tanto sufrimiento, no puede controlar un deseo loco, imposible, vano, temeroso.

Razón y pasión libran en su mente una lucha feroz. Imagina como se revuelca fogosamente con ella y a continuación recuerda que es la mujer de su hermano, y en cualquier caso, una mujer casada. Por todo ello se siente profundamente culpable, teniendo que lidiar con un terrible conflicto moral. Pero es tan hermoso el fuego que lo consume, que decide a pesar de todo seguir adelante con aquella locura. Aquel fruto prohibido, ese amor imposible, será en definitiva el más excitante de su vida (Vaquero Serrano, 2002, págs. 174-180).

Beatriz o Isabel, la Elisa de sus versos, no le corresponde y esto le provoca unos enormes celos, que plasma irritado en sus estrofas. Garcilaso no sintió su amor como un ideal caballeresco, con tonalidades neoplatónicas, sino que lo experimentó como una irrupción visceral, como una fijación patológica. A diferencia de don Juan, él no fue un caballero burlador, depredador de indefensas mozuelas, sino muy al contrario, la presa conquistada de sus perversos amores. En contraste con la cultura antigua y medieval que consideraba que la melancolía erótica era un mal femenino, Garcilaso invierte las relaciones, él ahora es la víctima de sus amores, y sus mujeres se comportan como damas agresivas, violentas, verdaderas mujeres Diana, cazadoras, que le infligen un profundo daño.

La mujer es una dama feroz, una fiera, una tigresa. Pero a pesar de todo la quiere desesperadamente. Cuando muere Elisa, el poeta sufre un desgarro tan grande que se comporta como un enajenado. Aquella primera bocanada de recién nacido, que pretendía "hinchar el aire de dulce armonía", acabó siendo un soplido fatal que acabaría destrozando la vida de Garcilaso. La muerte de la amada, hace que su recuerdo sea aún mucho más obsesionante. La imposibilidad de toda relación con la mujer de sus sueños, le enloquece hasta el punto de intentar el suicidio. Recorre los campos de Europa descorazonado, desafiando a la muerte.

Busca la muerte como una forma de redimir el mal que le aqueja y poder reunirse así con la amada. Se siente como un apátrida de este mundo, un tránsfuga de sí mismo, un lobo estepario que aúlla su lamento de amor desesperado por las profundidades insondables de la naturaleza. Sueño, vigilia, vida o muerte, nada consigue poner fin al dilema que le atormenta. El señor del tiempo, gran arquitecto del universo, juega a los dados con sus pequeñas veleidades. El poeta se halla atrapado en el misterio de la muerte como el Minotauro en su laberinto. Aún intenta comprender su enigma, pero su tentativa siempre acaba en una obra inconclusa. La vida es para él una enorme paradoja, un error demasiado bien incalculado.

Nada es demasiado, pero no importa, todavía hay esperanza. Él morirá pero su corazón será libre. Los hijos de su futuro contemplarán con benevolencia su pasado. La inmortalidad se sustenta por sí misma, simplemente existe. El cardenal Bembo no se olvidó de su querido amigo Garcilaso, cuando en una de sus cartas lo entronizó literariamente con una corona inmarcesible de gloria. Hay muchas cosas superfluas en este mundo Garcilaso. Lo demostraste muchas veces con tus antítesis y tus aferre contraria. En tus versos, lo superfluo se volatiliza en su propio contrasentido.

Pedro, fue el primogénito de la casa de los Laso. Como primogénito heredó el mayorazgo y tenía asegurado su porvenir gracias a una serie de rentas económicas. A diferencia de su hermano, Garcilaso no heredó nada, teniendo que luchar para resolver su subsistencia. Así pues, como tantos otros en su época, marchó a la corte a buscar fortuna. Primero consiguió ser nombrado "Contino", que era una guardia personal del Rey, integrada por un centenar de jóvenes segundones de grandes familias, guardia que traía su precedente en Álvaro de Luna, que había sido su promotor.

Su buena actuación en las guerras comuneras le permitió ser nombrado en 1523 "gentil hombre de Borgoña". Eran buenos tiempos, en los que el astro ascendente de Garcilaso medraba en la corte de Leonor de Austria, participando en la vida cortesana, así como en las justas y festejos urbanos. Merced a estas relaciones conoció a Elena de Zúñiga, dama de la Reina, con la que acabó contrayendo matrimonio. La consolidación de su estatus le vino con la concesión del Hábito de Caballero de la Orden de Santiago, con el que se veía cada vez más integrado en la corte.

Sin embargo, otros hechos como la participación de su hermano en el frente hostil de las guerras comuneras, o el haber acudido como testigo a un matrimonio no autorizado por el Emperador, hizo que las relaciones con éste se tensaran, viéndose tras su destierro limitado en sus posibilidades de ascenso en la corte. Esa pudo ser la razón por la que Garcilaso no se sintiera impulsado a elogiar en verso las hazañas del César y por el contrario, desarrolló un vínculo mucho más estrecho con la casa de Alba, de la que obtuvo siempre incondicional apoyo.

Estas circunstancias hicieron que Garcilaso se viera empujado a la milicia, a pesar de su aborrecimiento por la guerra, logrando en los últimos estadios de su carrera ser nombrado maestre de campo y capitán de un tercio de 3.000 soldados españoles. Al poco tiempo de la llegada de Carlos V a España en 1519, estallaba la revuelta comunera. Los comuneros se hallaban exaltados al ver como los cortesanos flamencos de su séquito, acumulaban en beneficio propio riquezas, cargos y mercedes, gobernando de forma antojadiza y arbitraria, autorizando toda suerte de desafueros a sus compatriotas residentes en España.

Garcilaso en cambio, no percibió en esta invasión de lo foráneo una corrupción de las costumbres, a través de un comportamiento desordenado y libertino, sino una oportunidad de modernización que consideraba beneficiosa para su patria. Al contrario que los comuneros que se aferraban obcecadamente a sus privilegios y tradiciones ancestrales, en contra de una política internacional más amplia, Garcilaso en el despertar más impetuoso de su juventud, veía precisamente en esta política, la culminación de sus aspiraciones de justicia, así como un pasillo de luz que fuera capaz de renovar unas instituciones anticuadas, liberando al español del estigma de su ensimismamiento.

A diferencia de los habitantes de su patria, que mostraban un comportamiento seco, casto, místico, recriminatorio frente a los escándalos y liviandades de la corte, adoptando una actitud hosca y reservada, Garcilaso con su agraciada presencia, exhibía un exultante entusiasmo mientras cambiaba impresiones con las damas recién llegadas de Flandes. Con el estallido de la revuelta comunera, esos primeros devaneos juveniles llegaron a su fin. Mientras Garcilaso se unía a las tropas imperiales guarecidas en el castillo del Águila, su hermano Pedro era uno de los principales líderes que sobresalía en el contingente rebelde.

La calificación de lucha fratricida no pudo tener más sentido para Garcilaso, que al empezar la contienda se vio en la tesitura de tener que hostigar con sus tropas el avituallamiento de su ciudad natal, Toledo, teniendo que luchar contra sus propios compatriotas y aún peor, contra su propio hermano. Después de tres años de enfrentamientos, el poder real consolida su posición tras vencer a los comuneros en la batalla de Olías y Villalar. Esa derrota no pudo ser más trágica para la causa comunera. Allí en Villalar, Juan de Padilla, Juan Bravo y Francisco Maldonado fueron ejecutados.

Se inició por parte de la monarquía triunfadora, una feroz represión, obligando a las principales ciudades comuneras al pago de cuantiosas indemnizaciones. El tío de Garcilaso, Hernando Dávalos, fue condenado a muerte y a perdimiento de sus posesiones. Su her-

mano Pedro Laso, también fue condenado a la pena capital. Afortunadamente, ambos lograron salvar la vida huyendo a Portugal. La casa
de Garcilaso fue bestialmente saqueada. Desde aquel momento Garcilaso se esforzó en recomponer el patrimonio familiar y conseguir el
perdón de su hermano.

Así fue el violento despertar de Garcilaso a la crudeza de la guerra.
Aquellas espadas de madera, que los chicos de Toledo, batían heroicamente en sus juegos infantiles, ahora venían a desintegrarse al
contacto con la funesta realidad. Garcilaso tuvo su bautismo de sangre
en la batalla de Olías, donde sufrió cortes en el rostro. Magullada su
pantalla frente al mundo, quizás ahí empezó su penetrante mirada
interior. Su espíritu crítico le hizo contemplar con desconfianza la
atrocidad de la guerra. El poeta sensible, desprovisto de su máscara,
acentuó su displicencia ante el mundo, huyendo desde entonces de sus
fatuas apariencias.

El misterioso hombre sin rostro, retratado hasta la desesperación,
oculto y velado al ruido mundanal, aumenta la curiosidad de sus seguidores, por conocer su fisonomía humana. Des-faz-ado nunca
desfasado, Garcilaso se afanó en elevar el castellano a la cabeza de las
demás lenguas vulgares. La virulencia de la guerra hizo que su mundo
onírico floreciera con sublime elocuencia. En la cuadratura de su
círculo mágico, en su búsqueda de imposibles, ningún espejo roto
pudo herirle. Confinado en su octógono de espejos, la vida fue para él
un espejismo, donde se reflejaban las pozas de la ingenuidad del mundo, las emociones, el infinito... En su universo no había vencedores ni
vencidos. Él era ahora el extranjero que huía de sí mismo.

Tras curar sus heridas, se dejó crecer la barba como cualquier capitán del Renacimiento. Ocultando sus cicatrices, adquiría una
personalidad nueva para arremeter contra los franceses. Corría el mes
de febrero de 1524 y las tropas imperiales se encontraban ante la plaza
fuerte de Fuenterrabía, por entonces en poder de los franceses. En
pleno invierno, terribles tormentas de nieve acompañadas de vientos
glaciales dificultaban las operaciones militares. Allí fue testigo Garci-

laso de un duro asedio que iba a durar semanas. Se comenzó a destruir los muros de la plaza con un recio ataque de baterías. Durante cuatro días seguidos Fuenterrabía fue bombardeada por sesenta grandes piezas de artillería, no dejando piedra sobre piedra.

Después se procedió al vaciado de los fosos, tarea que fue dificultada por grandes lluvias torrenciales, por lo que hubo que emplear minas. Al final no fue necesario recurrir al empleo de las armas, ya que la villa se rindió gracias a las negociaciones secretas mantenidas entre el condestable don Íñigo y el jefe enemigo, el mariscal de Navarra don Pedro de Peralta. Don Fernando Álvarez de Toledo, futuro Tercer duque de Alba, por entonces un joven de dieciséis años, íntimo amigo de Garcilaso, se hizo cargo de la villa y de su fortaleza en nombre de Carlos V. Así fue como en aquel mes y año, en el más crudo invierno se recuperó Fuenterrabía (Fernández Álvarez, 1999, pág. 302).

Allí podemos imaginar a Garcilaso, con el cuerpo entumecido, calado hasta los huesos, vapuleado por vientos cortantes, aturdido por los bramidos atronadores de los cañones, que expelían sin parar sus lenguas de fuego, en un estruendo sin igual. Allí en aquel ambiente tan poco propicio, entre yelmos y corazas, nuestro poeta liberaba su corola. Haya sido o no aquel escenario la musa de sus estrofas, no cabe duda de que las cosmovisiones garcilasianas se nutren de esos elementos.

Tras el clamor monstruoso de los cañones, venía el silencio. Garcilaso podía sentir ese silencio helado, que era para él tan ensordecedor como el mismo ruido. Seguramente, en el fragor del estupor bélico, nuestro eremita, depredador de ensueños, se abandonaba a sus vaporosas ascesis, desempañando la opacidad de sus remembranzas. Saturno es el astro asociado al frío, la muerte, la esterilidad, la tristeza y las lágrimas. Saturno evoca la melancolía, la carencia, el sufrimiento y la inquietud. El que está bajo su influjo es capaz de concebir grandes y profundos pensamientos, de experimentar grandes secretos y cosas escondidas.

Es un astro funesto que reina sobre el conocimiento, las ciencias ocultas y el saber de los principios fundamentales. El saturnino está dotado de una inteligencia superior, acompañada de una memoria sutil, que le da acceso a la trascendencia. Es el astro de los poetas, los filósofos, los ermitaños, los viejos, los solitarios, los tristes, melancólicos y apocados. En el Renacimiento numerosos pensadores han desarrollado la idea de que las personas que están bajo esos trances melancólicos poseen unos poderes extraordinarios. Otros lo han considerado como una forma de alienación.

Platón hablaba de que no podía haber genio sin manía, asociando el genio a ciertas dosis de locura. La inspiración creadora, los éxtasis profundos, van acompañados de cierta vehemencia. Saturno es un astro cambiante, ambiguo, que se nutre de luz y tinieblas, un planeta de extremos, que favorece las experiencias visionarias (Orobitg, 1997, págs. 13-15). Los leves copos de nieve caían profusamente y del ambiente se apoderaba un ligero rumor amortiguado. Entre el cielo encapotado y la nieve blanquecina, confinado en esos dos mundos, Garcilaso daba rienda suelta a su imaginación, desplegando sus visiones furtivas. La cosmovisión garcilasiana no se nutre de elevaciones místicas o arrobos celestiales.

Recogiendo los ecos de la tradición medieval, en su poesía abundan los entornos grávidos. La pesadez puede ser entendida como una "grave pena, mal o sentimiento". También como *graveza* melancólica; es decir, todo un sistema de representación que nos muestra vegetales inclinados, árboles abatidos, flores marchitas, una pesadumbre que se asocia al tormento de soportar una pesada carga. No son ideas que conduzcan a la transmutación del alma, sino a la tierra, al sepulcro, a la muerte.

Hay una imaginería de la caída, como en el mito de Ícaro, que pretende llegar al sol, pero el padre le rechaza, derrite sus alas, cayendo aparatosamente sobre la tierra. Es muy posible que Garcilaso se acercara a la idea de Heráclito del *logos* como la razón que domina el universo. Los estoicos consideraron al *logos* como un principio divino que crea, domina y dirige la naturaleza y el universo entero. El *logos* es una especie de divinidad, que al igual que el alma, posee una parte corpórea y otra invisible, perfecta y sutil.

Los dos principios, *logos* o *pneuma* y materia o *hylé* están trabados siempre y en todas partes, fomentando una visión panteísta de la naturaleza. Otros lo conciben como el misterio, la esencia, el aire, el fuego, un gran principio germinador, el gran contenedor de todo, incluso como lo envolvente. Como los paisajes gélidos de Fuenterrabía, los escritos de Garcilaso se impregnan de descripciones de la tierra como fría, dura, desierta. Son entornos agrestes, que favorecen la evocación de la melancolía, donde abundan las grutas, los barrancos, los infiernos, los abismos, los reinos del espanto.

Espacios donde anidan la desolación, la ausencia, que evocan la pérdida de la mujer amada, un desierto de amor incomprendido, donde el amante vaga como un penitente. Asimismo, en su visión aparecen aires corrompidos, viciados, envenenados, en los que perece toda forma de vida. Se trata de un paisaje que ha perdido su amenidad, yermo, baldío, mortecino, en el cual las flores desaparecen siendo reemplazadas por las espinas. Su bestiario es igualmente interesante.

El ciervo herido, viejo tópico de la poesía antigua, hace aparición en sus estrofas. El pobre animal, herido y errante, rememora la imagen del amante perseguido por su conciencia. El ciervo herido implica tristeza, abatimiento, sensibilidad y delicadeza. El ciervo como el humano, es el único animal que puede llorar. En otros panoramas se ven vientos glaciales y violentos que lo invaden todo, donde rebaños huérfanos vagan sin dueño, perros errantes deambulan hambrientos, imágenes patéticas que denotan la carencia, aflicción, perdida.

A veces irrumpen jabalís furiosos, animales salvajes, portadores de la violencia y la destrucción. Igualmente aparece la siniestra corneja, como un ave agorera, que arrastra tras de sí fuerzas esotéricas y connotaciones funestas. Es un ave nefasta, que simboliza las fuerzas oscuras, la inquietud, el dolor, el invierno, que encarna las tinieblas y la muerte (Orobitg, 1997, págs. 45-47).

Otro momento cenital en la vida de Garcilaso, tiene lugar cuando el imperio dirige una gran movilización general, lanzando una definitiva cruzada contra Barbarroja. La conquista de Túnez, liberar a los cristianos cautivos, ese era el gran objetivo. En Cerdeña se reúne en junio de 1535 una impresionante flota de 300 embarcaciones, que transportan una nutrida tropa de 30.000 hombres. A ella se une también el poeta. Desde Cerdeña parten comandados por Andrea Doria rumbo a África, llegando cerca de las ruinas de la antigua Cartago. Aquello era como revivir toda la historia antigua de la gran Roma, como si Carlos V fuera el nuevo Escipión el Africano.

Todos los nobles y caballeros estaban exaltados, rememorando ese momento épico de la gran Roma, la grandeza de las glorias pasadas, la gran potencia bélica del poderoso Imperio romano. Frente aquellos visos de eternidad, en pleno verano y bajo un sol ardiente, los hombres se hallan cegados por la lujuria de la guerra, ebrios en una bacanal de destrucción y muerte. Era como si el fornido e impetuoso Marte, dios de la guerra, mercenario que no distingue amigos de enemigos, hubiera comenzado su danza diabólica. A su son, los soldados del nuevo Emperador, sedientos de sangre, entonaban arcaicas invocaciones, al tiempo que golpeaban sus lanzas contra sus escudos de bronce.

El estrepitoso enfrentamiento entre sarracenos y cristianos finalmente se produjo. La superioridad numérica de los enemigos puso en grave aprieto a los cristianos, y aun siendo apoyados por arcabuceros e infantes, el choque fue enorme. En la escaramuza Garcilaso recibió dos lanzadas, una en la boca y la otra en el brazo derecho. A punto estuvo el poeta de quedar muerto en el campo, pero para su fortuna un caballero napolitano llamado Federico Carafa se apresuró a socorrerle, lo que finalmente consiguió, con gran peligro para su propia vida, y con gran aplauso de todo el ejército.

La tórrida temperatura asfixiaba a los soldados en sus corazas, obligados a soportar un intensísimo calor estival. Ante el peligro de enfermedades como la peste o la disentería, Carlos V se decide a emprender el definitivo asalto a la fortaleza. Bajo el fuego de cañonazos, oleadas de soldados enardecidos, salvando el foso, subiendo por las escalas, esquivando disparos de arcabuces, y el terrible aceite hirviendo, lograron penetrar en la fortaleza. Un español llamado Pedro Gaitán consiguió poner la bandera imperial en lo alto del castillo. ¡La Goleta por fin había sido conquistada!

No cabe duda de que frente a estos clamorosos acontecimientos, llenos de trascendencia y simbolismo, Garcilaso tuvo que albergar sentimientos encontrados. Un espíritu tan sensible y observador como el que tenía el poeta debió cuestionarse muchas cosas. Eso se infiere analizando sus propios escritos que precisamente nos conducen a conceptos opuestos a los que se estaban viviendo frente a las ruinas de Cartago. Por ejemplo, ante la contemplación de las ruinas, construye una concepción ambivalente. De un lado, en sus sonetos exalta la figura del Emperador, estableciendo un paralelismo entre los romanos vencedores de Cartago y los españoles victoriosos en la Goleta. Pero por otro las ruinas le evocan melancolía, estableciendo una comparación entre el paisaje desolado y su propia vida, devastada por el sufrimiento.

Garcilaso, dotado de una curiosidad innata, debió sentirse muy estimulado ante la oportunidad de contemplar unas obras maestras de la historia del arte. Sin embargo, las ruinas, envueltas en su halo de misterio, encierran para él una contradicción. Frente a la perdida de una civilización, señal inequívoca del *vanitas* como fugacidad de las realizaciones humanas, también se alzan como una forma de eternidad. Hay una pugna entre la naturaleza perenne, aunque cambiante y el hombre perecedero, que tiene la capacidad de cambiar las cosas. Las ruinas poseen una connotación nostálgica, que oscila entre la potencia y la debilidad humana (Orobitg, 1997, pág. 165).

En conexión con lo anterior, es interesante destacar como Garcilaso renuncia a utilizar en sus escritos el símbolo del laurel. La falta del mismo evidencia aquello que el poeta deplora. El laurel es el símbolo de la poesía épica, mientras la hiedra lo es de la poesía lírica. El laurel evoca la inspiración profética y poética, la divinización, siendo el emblema de las musas y de la poesía. También el laurel denota el honor triunfal, la gloria militar, características típicas de la poesía épica. En cambio, Garcilaso en sus escritos utiliza la hiedra, como símbolo de una poesía más baja y rústica. La hiedra transmite melancolía, implica debilidad, rasgo natural de su carácter femenino.

Así pues la hiedra es el símbolo de una poesía menor, lírica o elegiaca, que se consagra al lamento amoroso. La poesía lírica canta los hechos privados, a diferencia del poema heroico que explota las hazañas guerreras. El poema lírico no está dedicado a los dioses ni inspirado por ellos, sino que retrata a los sujetos más ínfimos, eminentemente humanos o privados. Todo ello significa, que Garcilaso, en medio de toda esta aureola de triunfo, de exaltación de lo guerrero, de gloria militar, de apelación al heroísmo, se debió sentir manifiestamente turbado, ya que la utilización en su poesía de conceptos contrarios, aunque sea como un recurso estético, tuvo que dejar su impronta en la personalidad del poeta (Orobitg, 1997, pág. 82).

Tras haber conquistado la Goleta en el horizonte se divisaba la conquista de Túnez. Estando los soldados de Carlos V en pleno verano, el calor era sofocante, haciendo insoportables las armaduras. La sed era asimismo desesperante, razón por la cual la batalla por los pozos de agua se convirtió en la primera prioridad. Conseguida ésta, el siguiente paso era la toma de la ciudad de Túnez. A pesar de que se pensaba que allí estaría Barbarroja, esperando una fuerte resistencia, ocurrió de repente lo inesperado, los miles de cautivos cristianos, aprovechando la salida del corsario con su gente cuando el combate de los pozos de agua, en un estallido de euforia lograron romper sus cadenas y alzarse con la fortaleza.

En Túnez estuvo Garcilaso curándose de sus heridas durante dos meses. Allí escribió una elegía en la que se quejaba del exceso de guerras y peligros. ¿Qué se saca de esto? Argumentaba. ¿Alguna gloria, algún premio, algún agradecimiento? Bien es verdad, que en un primer momento se siente arrollado por el gran entusiasmo guerrero que reina en el campo. Así en una elegía compuesta en Sicilia y dirigida a Boscán, reconoce en sus primeros versos el orgullo de hallarse bajo la insigne bandera de Carlos V, a quien elogia llamándole César africano.

Sin embargo, más adelante, en otra estrofa apunta su desengaño de la vida cortesana, denunciando la hipocresía de los aduladores del Emperador, que celebran su triunfo africano como si éste fuese un nuevo Escipión. Pasado el tiempo, estando Garcilaso en Italia y habiendo quedado con una cicatriz en el rostro y un defecto en el habla, molestas secuelas de aquella terrible lucha, escribirá una segunda oda en latín, dedicada al humanista e historiador Juan Ginés de Sepúlveda.

En esta oda, famosa por su estilo ciceroniano, vierte en alguno de sus fragmentos una aguda crítica a Carlos V, al que describe como un guerrero sanguinario y sin piedad, lo que consigue a través de metáforas como las del fuego que arrasa a las mieses, o el león aterrorizando a sus presas. Todo ello patentiza, que Garcilaso no sentía una efusión especial por esta campaña africana, ni por ninguna otra y que en definitiva contemplaba con aborrecimiento la vida militar y la guerra. Es más, algunos han visto en sus descripciones de un Marte melancólico, una alegoría de la decadencia del Imperio español, cuyo icono más representativo es el del soldado errante.

En otro orden de cosas, el significado que Garcilaso otorga al desierto difiere del que podría haber tenido cualquier otro soldado. De sus escritos se extrae que los espacios desolados, privados de toda presencia, la sequedad y aspereza, el sol ardiente, son elementos que corrompen el ambiente y que denotan sufrimiento, dolor, melancolía. Así en algunos pasajes se evoca el "desierto de amor", como recurso literario que contribuye a este fin. Asimismo, el valor que le da al calor es distinto. En sus escritos expresa como las horas más altas del día, son momentos en los que el sujeto poético llega al paroxismo, alcanzando el cenit de su sufrimiento.

Las horas tórridas de un día de verano guardan un paralelismo con la enajenación, momento en el que el paisaje se pervierte, entrando en escena la melancolía. El contacto con prisioneros, pudo haber hecho aflorar en Garcilaso un sentimiento de turbación espiritual. En sus versos, no sólo renuncia a la exaltación de héroes, sino que escoge intencionadamente los sujetos más humildes, marginados y excluidos. Entre ellos se encuentran, por ejemplo, los condenados a galeras o los cautivos. Saturno es el astro de la melancolía y como tal reina sobre los seres débiles, los esclavos, los servidores, los viejos; en definitiva, los desprovistos de todo poder (Orobitg, 1997, pág. 100).

Cinco años antes de la conquista de Túnez, tuvo lugar la coronación del Emperador, momento estelar no sólo para Garcilaso, sino para toda la cristiandad. Carlos V, había recibido en octubre de 1520 en Aquisgrán la primera de las coronas imperiales. Diez años más tarde, en 1530 iba a recibir otras dos de mano del Papa, la corona de hierro de Lombardía y la definitiva corona imperial. El acontecimiento más importante fue la recepción de ésta última corona, lo cual ocurrió el 24 de febrero de 1530, haciendo coincidir el importante evento, con el trigésimo cumpleaños del Emperador.

Aquella esplendorosa mañana, toda la ciudad amaneció engalanada, sus calles lustrosas, los edificios adornados de preciosas guirnaldas, con sus puertas y ventanas plagadas de pinturas e imágenes de las victorias del Emperador, de sus reinos y señoríos, de las tierras y mares descubiertos bajo su mandato. Se había construido una pasarela que iba desde el palacio del Podestà, lugar donde se alojaban el César y el Papa, hasta la Iglesia de San Petronio. Todo su recorrido estaba recubierto de ramos de laurel y hiedra, acompañados de escudos de armas del Emperador y el Papa.

Desde el palacio hacia la iglesia partió primero el solemne cortejo pontificio, viéndose avanzar a Clemente VII, con toda pompa y aparato, rodeado del Colegio Cardenalicio y de numerosos obispos. A continuación lo hizo con gran boato el cortejo imperial, yendo Carlos V entre dos cardenales y seguido de lo más granado de la nobleza española y flamenca. Una vez llegados a la iglesia, Carlos V fue ungido con el óleo consagrado por el cardenal Farnesio, recibiendo después, de la mano del Papa, los símbolos del poder: la espada, el globo, el cetro, y finalmente la corona imperial de oro.

En el exterior el pueblo enardecido seguía la ceremonia sumido en aclamaciones, al tiempo que sonaban trompetas triunfales, mientras atronadores cañones hacían su salva. Después, orquestada con toda la fastuosidad imaginable, tuvo lugar una cabalgata gloriosa, en la que el Santo Padre y el Emperador marcharon por las calles de la urbe bajo un grande y rico palio que llevaban los príncipes y gentiles hombres boloñeses.

El desfile fue esplendoroso, con los cardenales, príncipes, caballeros y señores, todos en sus caballos hermosamente enjaezados, con gran abundancia de lacayos y servidores. Oficiales y soldados portaban banderas y estandartes de variadas figuras y colores. Al pueblo se le lanzaban monedas de oro con la efigie del César, las cuales tenían en un lado impresas en latín unas letras que decían, *"Carolus Quintus Imperator"* y en el otro la divisa de *"Plus Ultra"* junto al año de 1530.

A su paso iban asimismo multitud de trompetas, tambores y toda suerte de instrumentos que emitían triunfales y deslumbrantes sonidos. También desfilaron todos los duques, condes, marqueses, barones, gobernadores, capitanes, reyes de armas y embajadores de reyes y príncipes. Nunca Bolonia había vivido un acontecimiento de tal magnitud y resonancia, ni contemplado un espectáculo como ese gran desfile triunfal tras la coronación. Aquel día, en medio de esta constelación de potentados, estuvo el sublime poeta Garcilaso de la Vega.

Por aquellos días también él tenía alrededor de treinta años, pero sus circunstancias eran muy diferentes. El primero de sus hijos habido con Elena de Zúñiga había muerto. Enlutado y bajo una profunda melancolía, había salido el poeta toledano de Barcelona hacia Italia para acudir a la coronación. Llegado el día, con malos augurios empezó el fastuoso acontecimiento. El tablado de maderas que unía el palacio pontifical con la catedral se derrumbó, y Garcilaso y otros estuvieron a punto de sufrir un grave accidente. Allí se encontraba ausente, con un rostro sin sonrisa, con un silencio cortante, que le ahogaba.

Las fuerzas del destino se habían conjurado en su contra, la muerte de su hijo le pesaba en su pecho como una losa. Sin un continuador que diera sentido a su vida, su futuro se tornaba para él en una pendiente inalcanzable, donde resbalaban todos sus afanes. Pero hay algo más que le atormenta. En sus escritos de aquel periodo se evidencia como el poeta suspira por una mujer que no es la suya, un amor no correspondido, que le produce un gran conflicto interior, que le hace desear la muerte. Un nudo de angustia le apresaba el estómago. Frente a sí sólo contemplaba un muro de hielo, la noche, nada.

En esos momentos de gran desgarro personal, la estética conceptual de sus versos debió de aflorar en su mente de forma recurrente. Garcilaso estaba siendo ahora tragado por una gran oscuridad. Ese es el crepúsculo de los melancólicos, donde están los que habitan las moradas oscuras. Muchas estrofas garcilasianas están tiznadas por la figura del espíritu errante, el vagabundo de amor, perdido por los caminos inmateriales del pensamiento. Esa pulsión errática a veces le lleva a la locura. En ese mundo de tinieblas, en ese ambiente frugal, habita el murciélago, animal funesto y diabólico, asociado a la melancolía y al reino de las sombras.

Ajeno a todo, vehementemente contrariado, debió de contemplar ese despliegue de fastuosidad imperial con gran perplejidad. Allí estaba Carlos V inmerso en su aureola triunfal. Era el "predilecto", el favorecido por los dioses, subido en el podium del universo. Ni una palabra dedicó Garcilaso a describir el acontecimiento más resonante de toda la cristiandad. Si bien es sabido como Garcilaso consagró su vida a relatar lo amoroso y no a exaltar lo heroico, ese mutismo sugiere muchas cosas. Quizás en su imaginación coronó a un juglar, a un mendigo o a un borracho. ¿Al fin y al cabo, no está el mundo lleno de locos que quieren ser césares?

Quizás esas monedas de oro que con sus cíclicos volteos hipnotizaron a muchos, aturdieron a Garcilaso de forma muy diferente.

Seguramente, bajo el signo de una extraña correlación recreo la vida como si fuera una medalla. En su anverso, cincelados por el oro de la gloria y de la fama, iban los aguerridos vencedores de batallas, los fornidos caballeros, los que triunfaron en las pugnas del poder y del dinero. Allí estaban grabados en sus relieves orgullosos y perfectos. Para ellos eran las alabanzas del mundo, las miradas congraciadas, las sonrisas laudatorias.

En su reverso, en perfiles más escuetos, apagado su brillo bajo la herrumbre del hombre, iban las largas caravanas de oprimidos, que a la astucia del más fuerte sucumbieron. También iban los poetas, los bohemios, los tímidos, los soñadores, los buenos. En fin, la muchedumbre miserable de mil pueblos, que bajo el palio del sufrimiento, iban exhibiendo su dolor por todas las latitudes, sin que en ninguna historia, alguien dedicara siquiera un pensamiento a rememorar su desventura.

Las cosmogonías garcilasianas poseen otra clase de riqueza. Los protagonistas de su poesía bucólica, son los humildes, los oprimidos, los marginados, los pastores, los que ejercen profesiones bajas. La melancolía hace presa en los pobres, en los innominados. Su canto depaupera no eleva. La elección de sus géneros e instrumentos son considerados humildes. Sus cándidos pastores, abandonados al deleite del sosiego campestre, tocan la zampoña, que es una flauta rústica. Su mundo silvestre, es el de la aldea, el campo y sus sencillos habitantes.

En su poesía aflora el tópico clásico de menosprecio de la corte y alabanza de la aldea, que es lo que contribuye a hacer del pastor un ser superior. El pastor podrá ser humilde, pero es capaz de albergar pensamientos elevados, compartiendo sus sentimientos nobles, que departe con sublime elocuencia (Orobitg, 1997, págs. 149-151). ¿Quién es ese muchacho que viste como un pastor y habla como un césar? Ya lo dijo Garcilaso. *¿Quién te hizo filósofo elocuente, siendo pastor de ovejas y cabras?* (De Castro, 1854, pág. 9).

Otro momento de gran repercusión en la vida de Garcilaso, tendrá lugar en agosto de 1531. El poeta se encontraba por entonces preparando con el duque de Alba su viaje a Alemania para unirse al ejército que prepara Carlos V contra el Turco. Un paje le avisa para que después de comer acuda a la catedral. Allí se encuentra con que su sobrino homónimo, hijo de su hermano Pedro Laso, que se iba a casar con Isabel de la Cueva, heredera del duque de Alburquerque, poseedora de gran fortuna.

Garcilaso, mal informado, participa como testigo de la boda. Sin embargo, para la desgracia del toledano, se trataba de unos esponsales clandestinos que no contaban con la autorización de la Emperatriz. Garcilaso y el duque de Alba parten para Alemania, pero cerca de la frontera con Francia, es detenido por el corregidor de Guipúzcoa, quien le toma declaración sobre su participación en los hechos, procediendo en nombre de la Emperatriz a desterrarlo del reino y prohibiéndole la entrada en la corte del Emperador. En febrero de 1532, Garcilaso junto al duque de Alba, atraviesan la frontera con la intención de unirse a las tropas de Carlos V, que apostadas en Alemania preparaban su campaña contra el Turco.

Atravesando Francia llegan hasta París, donde el Duque cae enfermo. Recuperado, ambos prosiguen remontando el Rin creyendo que el César se encontraba en los Países Bajos, pero se acababa de marchar hacia el sur de Alemania. Enterados de su error, los dos amigos visitan Colonia descendiendo después por el río en dirección a Ratisbona. Toman luego otro mítico río, el Danubio, llegando a las vecindades de la ciudad de Ratisbona. Allí el Duque intercedió efusivamente a favor de su amigo ante el Emperador.

A pesar de las insistencias de don Fernando Álvarez de Toledo, el Emperador, siguiendo el dictamen de la Emperatriz, condena a Garcilaso a destierro en una isla del Danubio llamada Schut. En la isla de Schut estuvo desde marzo a junio de 1532. Era una isla paradisíaca, abrazada por dos ramales del río, pudiendo verse desde sus orillas claramente el campo opuesto. Allí estuvo Garcilaso en los meses más deliciosos de la primavera, tiempo en que la vegetación proliferaba, los cielos eran más límpidos, como sosegadas las aguas.

En aquel vergel se encontraba, meditabundo, sumido en la melancolía por haber caído en desgracia ante el Emperador, confinado en aquel reducido espacio, inmerso en las evocaciones de su alma. El Basilisco, ese animal fabuloso mitad gallo mitad serpiente, le había matado con su mirada. Así era de duro por entonces el disfavor real. Dicen que la única forma de acabar con el Basilisco, es cubrir a un caballero con una armadura de espejos, para así matarle con el reflejo de su propia mirada. Así paso Garcilaso esos meses gozosos y angustiosos de primavera, inmerso en su nube de ensueños y destellos, recordando tiempos mejores, mientras los soldados de una pequeña guarnición paseaban por la isla, únicos compañeros de su soledad.

Confundido en esas frondosidades, compuso Garcilaso una nostálgica canción. En ella alude al hecho de encontrarse *"preso y forzado y solo en tierra ajena"* (De Castro, 1854, pág. 29).Idea que ya había plasmado en muchas de sus poesías, donde abundan imágenes de marinos, peregrinos, exiliados, soldados errantes, que simbolizan la turbación del poeta, al encontrarse abandonado en tierra ajena, fuera de sí mismo, imbuido en un sentimiento de extranjeridad. Dos mundos se contraponen, el de la patria añorada, donde permanece la mujer amada, y el lugar del exilio, donde el poeta experimenta la carencia, el sufrimiento. Las descripciones de entornos fluviales, acuosos, aparecen a raudales en sus versos.

El agua de sus arroyos tiene vida propia, discurre borbollante, sollozando su lamento y hasta las piedras se enternecen. El poeta vaga solitario por la isla, sin propósito ni objeto, matando el tiempo con los efluvios de su pensamiento, mientras los cálidos recuerdos de Toledo afloran a su mente. Contempla ensimismado el Danubio y sus destellos le transportan al Tajo y al Tormes de su infancia. Allí yacen entre náyades, los personajes de su poesía, al borde de sus riberas, declamando sus quejidos de amor, contemplando el reflejo de sus siluetas desdibujadas en las aguas cambiantes.

En sus orillas, divagan majestuosos los cisnes, inmersos en un halo de blanquecina pureza, contorneando sus esbeltos cuellos que curvan como interrogantes. Allí se encuentran con sus poses elegantes y alas batientes, exhalando su último suspiro. La voz moribunda del cisne agonizante, ese postrer soplido de desesperanza poética, infunden en Garcilaso, ahora en Schut, un deseo irrefrenable por alcanzar la muerte. Hablando con sus ríos él les decía: *"Vivid sin mí con siglos prolongados"* (De Castro, 1854, pág. 15).Como la vida acaba en la muerte, esos ríos van a parar al mar. Pero ese mar, en sus versos, es un mar de amor, un encuentro con la amada tras la muerte.

Junto a ese maremágnum de amor se alza una sinfonía primaveral, con su cielo plagado de aves, algunas muy significativas. Presente en su poesía está la tórtola. Esta es un ave que cuando pierde a su compañero, ya no puede criar, permaneciendo el resto de su vida cantando sin parar. Se ve en la tórtola un símbolo del amor casto, que lanza su lamento ante la pérdida del amante que no volverá jamás. Tanto en la canción que compuso en la isla, como en otras églogas, Garcilaso utiliza el recurso del ruiseñor.

También es esta un ave que cuando pierde al compañero, permanece enlutada, entonando su canto sin parar día y noche. El ruiseñor es un ave frágil y femenina, que encarna la debilidad. Su canto nocturno se interpreta como la perdida de la amada, la ausencia, las tinieblas. Otra presencia destacada en su poesía son los álamos, árboles que crecen cerca de la orilla de los ríos. El álamo simboliza una atracción melancólica por el elemento líquido, así como el quejido de amor al borde de las ondas.

En una de sus églogas, el epitafio de Elisa es grabado en la corteza de un álamo. Así pues, en ese espacio natural, en ese universo sonoro, con su bacanal de imágenes poéticas, radicó el joven Garcilaso. Allí estuvo en plena primavera, en un retiro forzoso muy apropiado para meditar, abrumado por el cimbrear de los árboles, que le sugerían evocaciones, reminiscencias de otros lugares, de otros tiempos; absorto ante la claridad y la cadencia de los manantiales, divisando quizás desde sus riberas algún ciervo, esperando una nonada, la libertad.

La vida de Garcilaso estuvo jalonada por experiencias diversas, humores tornadizos, apasionados amoríos, duros destierros, guerras atroces, versos agridulces, desconcierto. Junto a esa vida excitante y atormentada, hay otra faceta que da sentido al dinámico ratio de su vida, sus viajes. Esa estimulante visión cosmopolita que siempre le caracterizó, se forjó en sus múltiples viajes, tanto por el interior de España como por el extranjero. Esas itinerancias de sus primeros años juveniles, permitieron al poeta absorber, con la naturalidad de una lengua materna, toda la grandiosa cultura del Renacimiento.

Tres años antes de su confinamiento en la isla de Schut, se hallaba junto al Emperador en Barcelona, preparado para embarcar rumbo a Italia. En el cortejo del Emperador iba lo más granado de la nobleza española, acompañándole a uno de los acontecimientos más fastuosos del momento, su coronación. Tras finalizar esa travesía llegó a Génova, donde a fines de agosto, recopilando las sensaciones de la navegación, compone una oda que sintetiza la trascendencia que concede a ese mar. Así ese piélago cambiante, en Garcilaso se transforma en un espacio rico en posibilidades metafóricas.

El mar es un lugar donde su malograda vida amorosa, con sus penas y dificultades, se asimila al peligro del trayecto náutico. El mar es una criatura viva, hostil, agresiva, inhóspita, violenta. Las estrellas titilantes son las pupilas de la dama que observan a la nave indefensa. El mar es una masa líquida, ácida, lacrimosa, un universo en furia donde se desatan los elementos. Su existencia es como una frágil embarcación, perpetuamente errante, esclava de la fortuna, expuesta a las tempestades, a los vientos pavorosos y atronadores, a las iras de las olas amenazantes y encrespadas. Es un espacio de amargura, de dolor y sufrimiento, de "inquietud" ante la ausencia o rechazo de la mujer amada.

Por fin, nuestro esteta de los mares había llegado al puerto de Génova. Allí la comitiva imperial fue recibida por todos los cardenales y embajadores de los estados italianos. De ahí continuaron por tierra hasta Bolonia, lugar de la coronación. Garcilaso emplearía unos cinco meses en su primer viaje a Italia, tiempo de gran importancia para el poeta, ya que se volcaría de lleno en la asimilación de la cultura italiana. Amigos, poetas, literatura, pintura, escultura, humanismo, arte en definitiva, nutrirán el espíritu insaciable del joven toledano.

A su regreso a Toledo en junio de 1530 es requerido por la Emperatriz Isabel para llevar una misión de espionaje en la corte de Francia. La hermana del Emperador, Leonor, se había casado recientemente con Francisco I de Francia. Sin embargo, a pesar de que las cartas que llegan de Francia señalan que el matrimonio es dichoso, Carlos V alberga dudas sobre el trato que está recibiendo la Reina en el país galo. Así pues, en carta dirigida a su esposa, designa a Garcilaso para llevar a cabo una doble misión, comprobar el estado en que se encuentra su hermana y averiguar la situación política de Francia.

Atravesando los caminos y posadas de Francia, llegó al fin Garcilaso a la corte de Francisco I, en Amboise. Allí le recibió con gran alegría la reina Leonor, ansiosa por tener noticias sobre Toledo, la corte española, y los últimos acontecimientos de su país. En Amboise conoció a muchos sabios consejeros del monarca francés, frecuentó el trato de la infanta Margarita, hermana del Rey, generosa protectora de las letras, conoció al escritor Guillermo de Saluste y a Marot, poeta festivo y visitó la imprenta del griego Juan Lascaris. Acabada aquella misión regresará a Toledo informando de todo lo sucedido a la Emperatriz.

En febrero de 1532, como veíamos, Garcilaso y Fernando Álvarez de Toledo partían hacia Alemania en búsqueda del Emperador. Atraviesan Francia, navegan por el Rin, visitan Colonia, embarcando nuevamente en el Danubio alcanzando al Emperador en Ratisbona. Siguiendo el dictamen de la Emperatriz, al haber participado Garcilaso en una boda no autorizada, lo condena a destierro indefinido en la Isla de Schut. Después de tres meses de estancia en la isla y ante los insistentes ruegos de don Fernando, el César permite que Garcilaso se marche a Nápoles con don Pedro de Toledo (marqués de Villafranca y tío del duque de Alba), que acaba de ser nombrado virrey de aquel reino.

Un horizonte de esperanza se abría para Garcilaso. Por fin, se libraba de su duro encierro en la Isla de Schut, y se iba servir a la familia Alba, antigua protectora del Toledano. Así pues, el marqués de Villafranca y Garcilaso parten hacia Nápoles, siendo recibidos estupendamente por los lugares por los que pasan. En Siena le ofrecen una comedia interpretada por mujeres. En Roma se detienen diez días, siendo recibidos por el papa Clemente VII, aprovechando la ocasión para admirar las obras de Miguel Ángel y Rafael.

El 4 de septiembre de 1532 llegan a Nápoles, después de un mes de viaje, fijando el virrey su residencia en Castelnuovo. Garcilaso es nombrado lugarteniente de la compañía de la gente de armas del virrey. Una de las primeras cosas que hace es visitar la tumba de su hermano Fernando, muerto cuatro años y medio antes de su llegada, debido a la propagación de la peste durante el ataque francés, dedicándole un soneto.

Italia se alza ante Garcilaso como la gran oportunidad que estaba esperando, constituyendo un obligado referente, como heredera directa de la antigua Roma, y por extensión también de la Grecia clásica. La tradición grecolatina se proyecta en las manifestaciones culturales y artísticas del humanismo y el Renacimiento italianos, impulsando toda una generación de poetas que brillarán con una intensidad sin parangón en Europa. Allí en Nápoles, junto al sepulcro de Virgilio, con los libros de Petrarca, escribirá sus mejores obras.

Nueve meses empleará Garcilaso en su primera estancia en Nápoles. Allí vivirá sus momentos más felices, bajo la protección del virrey de Nápoles, siendo el español más distinguido, querido y festejado, de todos los que en aquel tiempo vivieron en la ciudad. Frecuentó un círculo extraordinario de amistades, siendo acogido por un grupo de cultos humanistas, con los que aprendió y se divirtió, relacionándose con los más célebres escritores de la época.

Visita la Academia Pontiana, a cuyo cargo había estado Jacopo Sannazaro, fallecido en 1530 y autor de la *Arcadia*, la primera obra en romance de la literatura pastoril. En ese cenáculo de poesía tuvo la oportunidad de conocer a humanistas o poetas como Antonio Minturno, Girolamo Seripando, Luigi Tansillo, Bernardo Tasso, Giullio Cesare Caracciolo, o la fina poetisa María Cardona. También estaban allí otros españoles como el erasmista Juan de Valdés o el historiador Juan Ginés de Sepúlveda.

En Nápoles se estaba produciendo una verdadera revolución intelectual, junto a un intenso debate cultural y literario. La corriente predominante estará encabezada por Pietro Bembo. Petrarca será el gran modelo para la creación de una poesía en la variedad toscana del italiano, en tanto que Boccaccio será el gran modelo en prosa. Durante su estancia napolitana, Garcilaso ensayará nuevas formas en su poesía. Si bien recoge los ecos del petrarquismo bembiano, se aparta de la tónica dominante, elaborando una poesía alternativa, apoyándose en diversos dechados latinos. Por lo tanto, el toledano no es un mero adaptador de metros, formas, o temas italianos, sino un innovador, que experimenta sobre los modelos clásicos.

Un clima de agitación y entusiasmo se está produciendo en la Academia Pontiana, donde el Renacimiento italiano bulle con intensidad. El latín se exalta como la lengua culta, que es la propia de los humanistas italianos, que consideran bárbaros a españoles, franceses o alemanes. En ese ambiente, Garcilaso como extranjero intenta impresionar a sus compañeros, demostrando que él también es capaz de escribir bellos pasajes en la lengua de Horacio. Consagrándose por entero a este objetivo escribe varias odas latinas, llegando hasta nosotros sólo tres.

La primera está dedicada a Antonio Tilesio (1482- 1534), al cual agradece su amistad y acogida en Nápoles. La segunda dedicada al humanista e historiador Juan Ginés de Sepúlveda, famosa por su estilo ciceroniano, donde critica la faceta bélica de Carlos V. La oda está escrita en metros horacianos, producto de las múltiples lecturas que

Garcilaso estaba teniendo en Italia, con interesantes reminiscencias de Virgilio y curiosamente también de Cátulo. La tercera oda es una sugestiva escena mitológica sobre el inmenso poder de Cupido.

En todas ellas se puede admirar el gran esfuerzo innovador del toledano en su recreación de autores clásicos, haciéndonos llegar imágenes llenas de fuerza y encanto, transmitiéndonos la cara más humanística de su estancia en Nápoles. En su mejor momento, lleno de efusión e inventiva, Garcilaso comparte su talento con los cultos miembros de la Academia. A través de su poesía neolatina logra congraciarse con los mayores líricos de Nápoles. Fruto de estas experiencias, así como de las animadas relaciones en la corte del Virrey, entra después en contacto con otros humanistas italianos.

El más destacado entre ellos será el famoso intelectual Pietro Bembo, encargado de las cartas papales y modelo estilístico del ciceronianismo europeo. A modo de presentación, Garcilaso le envía una colección de odas latinas, hoy pérdidas, siendo una de ellas un panegírico al propio Bembo. En una carta dirigida al monje Honorato Fascitel, el cardenal Bembo elogia a Garcilaso calificándolo como un agradable caballero y gentil poeta, manifestándole que sus obras le han complacido singularmente y que merecen una especial recomendación y alabanza. Además añade un cumplido increíble:

"Ha superado con su talento en gran manera a todos los de su nación, y podrá llegar a ser, si no abandona el estudio y la diligencia, superior a los de otras naciones que se tengan por maestros de la poesía".

Pero no quedó aquí el apoyo de Bembo al nuevo retoño, recién incorporado a los círculos humanistas italianos. El mismo Bembo dirigió una carta a Garcilaso desde Nápoles. En síntesis, en esta afectiva carta le transmite su entusiasmo por la valía de sus poesías líricas, ensalzando la amenidad y el ingenio que las caracteriza. En otro pasaje, dice sin tapujos:

¿Hay algo que pueda ser comparado con el cariño y la amistad de tan excelso poeta?

Para finalizar, bajo un aire paternalista de alegría y cariño, lo describe como insigne y grande, estimándolo inmortal, merecedor de una corona imperecedera de veneración y gloria (Altolaguirre, 1933).

Estas gozosas vivencias napolitanas tienen una interrupción cuando en abril de 1533 Garcilaso viaja a España. Viaja por orden del virrey de Nápoles que le envía a Génova con un mensaje para el César. Sin embargo, cuando llega, éste ya se ha marchado a Barcelona. Entonces, Garcilaso se embarca hacia la ciudad catalana en su busca. Llegado a Barcelona cumple con su misión pero también aprovecha la ocasión para visitar a su gran amigo Juan Boscán. La amistad con Boscán se remontaba a la adolescencia, cuando éste era ayo de don Fernando Álvarez de Toledo, futuro gran duque de Alba.

Desde esa época Boscán se convierte en el mejor amigo y confidente de Garcilaso. De noble familia barcelonesa, educado en el conocimiento de los clásicos, Boscán siguió en su primera juventud la carrera de las armas, abandonando luego en 1519 dicho oficio, viajando por Italia como criado de la casa real. El nombre de Boscán quedará a perpetuidad unido al de Garcilaso, no sólo por haber sido su *alter ego*, su emulo, sino también el receptor de algunos de su poemas y además el promotor de la difusión italianizante en España, cuyo mejor fruto fueron las poesías del joven toledano.

Cuando en junio de 1533 Garcilaso se encuentra en Barcelona con Juan Boscán, éste está ultimando la traducción de *El cortesano* de Baltasar de Cartiglione, obra por la que el toledano sentía predilección. Junto a Boscán, Garcilaso contribuirá a la postrera lima de la obra, escribiendo un texto en prosa de agradecimiento a Gerónima Palova, mujer de un primo hermano de Boscán que había promovido la idea de la traducción, texto que será incluido por Boscán como prólogo a la edición de su traducción.

En junio de 1533 Garcilaso se encuentra nuevamente en Italia, esta vez para quedarse durante nueve meses: desde el verano de 1533 hasta el fin de la primavera de 1534. Allí disfruta los mejores momentos de su vida. Días de fiestas palaciegas y amoríos se suceden. El prestigio de Garcilaso en los círculos humanistas napolitanos es enorme. Garcilaso se encuentra en un momento radiante, lleno de creatividad, colmado de adhesiones por doquier. Sigue escribiendo grandes obras como la *Egloga II*, elegías y otros poemas.

Tres amigos, Garcilaso, Julio Cesar Caracciolo y Mario Galeota deambulan por los barrios napolitanos, se enamoran de bellas italianas, comparten confidencias. Garcilaso alude a Catalina Sanseverino, su nuevo amor napolitano. A este tiempo corresponde la *Oda a la flor del Gnido*. El Gnido era un barrio napolitano donde vivía Violante Sanseverino, amor de Mario Galeota. Garcilaso compone esta bella oda para ayudar a su amigo a conquistarla. La estancia en Nápoles toca a su fin. Otras jornadas más funestas se suceden, como la terrible experiencia de Túnez o su muerte absurda en la campaña de Provenza.

Pero que mejor tributo a nuestro protagonista, que recordarlo por una vez boyante de alegría, dedicándose a lo que más deseaba hacer, componer versos, declamar poesía, compartir puntos de vista con humanistas, absorber la pródiga cultura italiana. Por una vez, hemos podido comprender bajo el parasol de la experiencia italiana, que la escritura garcilasiana llena de melancolía y tristeza, era en cierto grado una experiencia gozosa para el toledano, un tornasol plagado de destellos, que le permitió elevar su pasión hasta el *summum* del ideal estético del momento, un ideal que en la actualidad aún continúa vigente.

El cardenal Álvaro Cienfuegos en su biografía de San Francisco de Borja, definió a Garcilaso con palabras asombrosas. Lo describía como garboso cortesano, impregnado de una agradable majestad en el rostro que le hacía dueño de los corazones. Luego ensalzaba su elocuencia, su afabilidad, su gentileza, añadiendo que le adoraban el pueblo y sus iguales, sin que ningún hombre tuviera las prendas que él tenía para arrastrar las almas.

Hemos visto en las líneas que nos anteceden, en apasionada descripción, un tanto ensayística, apuntes de la vida y obra de estos grandes líricos que fueron el marqués de Santillana, Jorge Manrique y Garcilaso de la Vega. No sabemos si Pedro Lísperguer, en los diez años que pasó en el señorío tuvo o no conocimiento de estas resonantes figuras. En cualquier caso para nosotros son importantes pues constituyen un referente destacado de la trascendencia de la casa de Feria en el tiempo, casa en la que se educó el joven Lísperguer. Por otra parte hemos contemplado a estos grandes poetas tratando de visionar el mundo con sus propios ojos, despreciando el puntillismo de los acontecimientos históricos, haciendo prevalecer la sublime perspectiva de su mirada interior.

Varias páginas más arriba, habíamos visto como a la muerte de don Gómez Suárez de Figueroa y Mexía, I señor de Feria y Zafra, le había sucedido en el señorío su primogénito don Lorenzo "el Magnífico", I conde de Feria. Sin embargo, antes de entrar a relatar los avatares del I Conde, habíamos dedicado varias páginas a describir la vida de los hijos y descendientes de Gómez Suárez habidos con Elvira Laso de Mendoza, colaterales todos ellos de don Lorenzo. Así pues, vimos cómo entre los destacados descendientes de Pedro de Mendoza, hermano gemelo de don Lorenzo, se encontraba Garcilaso, así como otros entronques familiares nos aproximaban a la figura de Jorge Manrique y al marqués de Santillana.

Así pues continuando con la línea central del señorío de Feria, el primogénito y heredero del mismo fue, don Lorenzo "el Magnífico", I conde de Feria, el cual se unió a María Manuel, hija mayor y heredera de Pedro Manuel, y de doña Juana Manrique, señores de Montealegre y Meneses. A la hora de ponderar el papel protagónico de don Lorenzo, segundo señor de Feria, elevado en los últimos años de su vida por Enrique IV a la dignidad de I conde de Feria, es necesario ilustrar el contexto en que se desenvolvió su vida en aquel convulso periodo.

Al morir el rey castellano Enrique III "el Doliente", quedó un hijo llamado Juan, futuro Juan II, y dada la minoría de edad de éste, asumió la regencia del mismo Fernando de Antequera –hermano del Rey difunto– y Catalina de Lancaster su madre. Fernando de Antequera, se había casado en 1395 con Leonor Urraca de Castilla, condesa de Alburquerque, hija y heredera del conde Sancho, hermano de Enrique II de Trastámara. Por herencia poseía extensas posesiones en Castilla y gran influencia sobre los asuntos del reino.

De su matrimonio con Leonor de Castilla nacieron siete hijos: Alfonso, que sería Rey de Aragón (Alfonso V); Juan, que también reinaría en Aragón (Juan II); Leonor, que se casaría con el monarca portugués Duarte I; María, que lo haría con Juan II de Castilla; Enrique, que moriría en 1445 como consecuencia de las heridas sufridas en la batalla de Olmedo; Pedro, que murió durante el sitio de Nápoles; y Sancho. El periodo de la regencia se caracterizó por ser un tiempo convulso, en el que se llegó a decidir la repartición administrativa del reino en dos mitades.

Esta situación de tensión no sólo no se relajó sino que se agudizó cuando Juan II llegó a la mayoría de edad. Por lo tanto, el reinado de Juan II se caracterizó por constantes enfrentamientos con la nobleza, dividida en dos facciones: una encabezada por los infantes de Aragón –Enrique y Pedro– hijos de Fernando de Antequera, que aspiraban al poder de Castilla, y otra formada por los nobles de los grandes mayorazgos, propietarios de extensas tierras y numerosos privilegios.

Juan II apoyó su gobierno en la pequeña nobleza y en el sector comercial, dejando en manos de su valido, Álvaro de Luna –un hombre dotado de una fuerte personalidad y gran poder en Castilla– el ejercicio del poder efectivo. Don Álvaro, asumió demasiado protagonismo, razón por la cual sus enemigos calificaron su régimen de tiránico. Así pues, la lucha contra los infantes se presentó como una pugna de dos reinos.

El principal propósito por el que se caracterizó el reinado de Juan II, fue el de impulsar la candidatura de su hijo al trono de Castilla, reinando con el nombre de Enrique IV, y también la expulsión de los territorios castellanos de los terribles infantes de Aragón. Todo ello se consiguió pero no sin antes pagar un elevado precio, una Castilla devastada, la ejecución en el cadalso de Valladolid del tiránico valido, don Álvaro de Luna, y la muerte un año más tarde del propio Juan II sumido en terribles remordimientos.

El señorío de Feria, rodeado por posesiones del infante don Enrique –ya fueran patrimoniales, ya de la Orden de Santiago– se vio inmerso en esta vorágine, teniendo que hacer frente a la rebelión de los infantes de Aragón, que desde sus posesiones en Extremadura efectuaban continuas correrías por toda la zona pacense, provocando destrozos y alteraciones sin fin. Desde muy joven, siendo nombrado doncel del Rey, Lorenzo Suárez permaneció algunas temporadas en la corte donde conoció a Juan II y a don Álvaro de Luna, sintiéndose atraído por su fuerte personalidad.

Siendo muy joven, su padre le familiarizó con las acciones de armas, y le inculcó un afán de servicio a la monarquía aprendiendo los conocimientos necesarios para el gobierno de los estados que estaba llamado a heredar. Son numerosas las ocasiones en que el señor de Feria acudió al lado de Juan II y su condestable, apoyando la causa real con caballeros, escuderos y gente de armas. Una de esas ocasiones fue cuando acompaño al Rey al castillo de Alburquerque, donde los infantes don Enrique y don Pedro le esperaban, negándose éstos a recibir al Monarca, obligándole a retornar a Medina del Campo, no sin antes pregonar la sentencia de traición contra los dos hermanos y que ordenara confiscar sus bienes y rentas.

En otro momento de esta compleja pugna, vemos a don Lorenzo Suárez acudir en socorro de Alconchel, cercada por don Enrique, al que obligó a levantar precipitadamente el sitio y refugiarse en el vecino Reino de Portugal. Pero su actividad militar se centró sobre todo en la propia capital, Badajoz, a donde acudió por orden de Juan II en los primeros días de marzo de 1430 acompañado de 50 lanzas a fin de asegurar la defensa de la plaza frente a los infantes. Tras las treguas de

Manzano, parecía que los infantes abandonaban su beligerancia y se pudo respirar cierto aire de tranquilidad en Castilla.

Aprovechando esta tregua, el condestable decidió dirigir la guerra contra los musulmanes. El señor Feria, al igual que muchos otros nobles, fue convocado por Juan II para tomar parte en esta guerra y recibió órdenes de reunirse con el Monarca en Córdoba, para acompañarle en la entrada al Reino nazarita. La guerra contra los musulmanes era un escenario donde su padre y abuelo habían brillado en loables hazañas, por lo que Lorenzo acudió con gran ilusión a esta nueva empresa. Una cohorte de nobles, caballeros y vasallos se dirigieron a la frontera, teniendo una actuación legendaria en la batalla de la Higueruela.

Fue una batalla memorable que se llamó así por haber sido una higuera lo único que quedó vivo sobre el campo de batalla tras el feroz encuentro. En aquel enconado enfrentamiento perecieron la flor y nata de la caballería y nobleza granadina. Algunos aseguraron que los muertos y heridos sobrepasaban los 30.000. Esta batalla acaecida el 1 de julio de 1431 quedó inmortalizada en un bello fresco existente en el Monasterio de El Escorial, que da buena prueba de la dimensión y significado de la grandiosa empresa en la que participó don Lorenzo.

Aprovechando el relajamiento en el interior del reino, los infantes de Aragón, retoman la ofensiva en Badajoz. Por orden del señor Feria, se dirigen a Badajoz un total de 21 ballesteros, perfectamente equipados, que procedentes de las villas de Zafra, Feria, La Parra y Villalba se presentaron bajo las órdenes del corregidor Íñigo López en los primeros días de marzo de 1432. Otro momento fulgurante en la vida del Conde, es cuando Lorenzo Suárez y Pedro Manuel de Lando acuden a la defensa de la villa de Jerez de los Caballeros, por orden real, llevando consigo una nutrida tropa de 250 hombres, integrada por 138 lanzas, 3 ballesteros,104 ballesteros a pie, y 6 peones lanceros.

Desde allí escribió a todas las poblaciones de la zona sur de la provincia ordenándoles, bajo severas penas, que le enviaran un determinado número de soldados, que en conjunto sumaban la abultada cifra de cerca de 2.000 lanzas, 400 ballesteros y 50 escudados. En julio de ese mismo año el rebelde infante don Pedro cayó en poder del adelantado Pedro Manrique y del almirante de Castilla.

Don Enrique, gracias a la mediación del rey de Portugal, pudo negociar la libertad de su hermano a cambio de las fortalezas que aún tenía en su poder. Se restituían mutuamente los prisioneros y los rebeldes abandonaban el reino castellano. Durante algunos años se consigue la paz, sin embargo, la lucha por el poder continúa, ahora será la nobleza la que ocupe el espacio vacío dejado por los infantes de Aragón, que mantendrán una fuerte oposición al poder omnímodo detentado por Álvaro de Luna.

Merced a sus actuaciones el señor de Feria conseguirá que retorne a su familia la tenencia del castillo de Villanueva de Barcarrota que había perdido unos años antes. Al año siguiente de 1433, y como premio a los servicios prestados por su casa, Juan II concedía a Lorenzo Suárez el alguacilazgo de Villanueva de Barcarrota. Durante este periodo, la paz que gozaba Castilla, permitió una reactivación de las luchas contra los musulmanes. Las disensiones entre Muhammad IV y el futuro Yusuf IV posibilitaron a los castellanos realizar un progresivo avance hacia el interior del Reino Nazarí.

El señor Feria, enviará frecuentemente tropas a la frontera. En 1435, 20 lanzas de don Lorenzo participaron con el conde de Paredes en las terribles razias que asolaron durante el verano el territorio musulmán. Nuevamente esta participación del señor Feria será gratificada por el Monarca, esta vez por la donación de dos villas próximas, Morera y Alconera, que en 1439 eran entregadas por Juan II a don Lorenzo.

Aprovechando este sosiego de las actividades militares, Lorenzo Suárez contrajo matrimonio con doña María Manuel, primogénita de don Pedro Manuel, señor de Montealegre y Meneses. Cinco lustros más tarde las villas de Montealegre y Meneses pasaron a formar parte del patrimonio de los señores de Feria, al ser heredadas por doña María Manuel e incluidas en el mayorazgo de su hijo, Gómez Suárez II. En 1437 la situación política castellana vuelve a complicarse.

Esta vez un sector de la nobleza se muestra en franca rebeldía contra el condestable don Álvaro de Luna. Dicha sublevación tendrá como consecuencia una nueva intervención de los infantes de Aragón en Castilla. Esta vez el asunto era más espinoso para don Lorenzo, pues militaban en el bando rebelde muchas personas con las que mantenía lazos de familia y amistad. A pesar de ello, el señor de Feria se mantuvo fiel al partido real a lo largo de todo el periodo de la rebeldía.

En marzo de 1439 Lorenzo estaba junto al Monarca, formando parte de las 3.000 lanzas que el Condestable había logrado reunir en torno a él. El 25 de este mes el Rey lo nombraba miembro del Consejo Real. Tal y como había sucedido con su padre, el nombramiento se producía en momentos en los que las especiales circunstancias hacían aconsejable asegurar y premiar fidelidades. Los últimos días de marzo, Lorenzo Suárez fue enviado con 50 lanzas y 7 ballesteros a la ciudad de Segovia para reforzar su guarda y defensa.

La ciudad del Alcázar permaneció fiel al partido real, durante todo el tiempo que duraron los forcejeos entre el Condestable y los nobles rebeldes. Sin embargo, después del "Seguro de Tordesillas" y del "Acuerdo de Castronuño" el éxito en las disputas se inclinó hacia los insurgentes y Lorenzo Suárez por orden real abandonó Segovia y retornó hacia su señorío. Los infantes de Aragón, don Enrique y don Juan, volvían a recuperar todas las posesiones que tenían en 1425 y de nuevo controlaban el poder en Castilla.

A comienzo de 1441 una vez más el Rey y don Álvaro vuelven a la ofensiva para recuperar el poder. Lorenzo Suárez, con urgencia acude por orden del Rey a Badajoz para proceder a su protección ante la amenaza de asalto por parte de los rebeldes. Aunque el Rey también ordenó al señor de Feria que atacase las fortalezas que los infantes tenían en Badajoz, éste se limitó a llevar una actitud defensiva y evitó que la guerra que ardía en la meseta castellana se expandiera hasta las tierras pacenses.

Más adelante, el rey de Navarra al frente de la nobleza rebelde se apoderó de la villa y obligó a don Álvaro a huir precipitadamente a Escalona, mientras el Rey caía en poder de los vencedores. En todo este tiempo don Lorenzo permaneció cauto ostentando la jefatura militar de Badajoz, llegando a ser nombrado alcalde mayor de la ciudad. Tras el "Golpe de Rámaga" el 9 de julio de 1443 el Rey castellano quedaba preso por Juan de Navarra. Otra vez, don Álvaro de Luna, se alzó dispuesto a destruir a los infantes de Aragón y recobrar el poder perdido, encendiendo nuevamente la guerra civil en Castilla, situación que terminará con la batalla de Olmedo en 1445.

Navarros y aragoneses eran definitivamente derrotados. El propio infante de Aragón, don Enrique, perdía además la vida en la batalla. Este triunfo sitúa a la Monarquía castellana en su punto álgido, debilitando al mismo tiempo la disensión interna representada por el estamento nobiliario. Sin embargo, la nobleza castellana no dejará de enfrentarse al poder del valido. Don Álvaro de Luna, condestable y maestre de Santiago, quería representar un personaje que encarnara la fortaleza de la Corona frente a las pretensiones de la nobleza y la de los infantes de Aragón. No obstante, para la nobleza castellana, estaba claro que la política de don Álvaro no estaba motivada sólo por un afán de servicio a la Monarquía, sino que también guiada por una gran ambición personal, acumulando títulos, posesiones y rentas.

Así, en 1453, Álvaro de Luna es depuesto por el Rey, en una caída promovida por Enrique, príncipe de Asturias (futuro Enrique IV) y la segunda esposa del Rey, Isabel de Portugal. Preso don Álvaro, el señor Feria, se encarga por orden del Rey de controlar las posesiones de éste en Extremadura, Albuquerque, Azagala y las encomiendas de la Orden de Santiago. En la primavera de 1453 el Condestable es conducido al cadalso en Valladolid donde es decapitado. Un año más tarde el Monarca, abrumado por los remordimientos, fallece en la ciudad de Valladolid a la edad de 49 años.

Con el advenimiento de Enrique IV, un nuevo periodo se inicia en la vida del señor Feria. Fracasado el matrimonio del Rey con Blanca de Navarra, entablará éste conversaciones con el rey de Portugal, Alfonso V, para tratar de concertar un nuevo enlace con la hermana de éste, Juana, encargando al señor Feria la preparación de todo lo concerniente para la recepción de la princesa portuguesa en Badajoz en marzo de 1455.

También en torno a este periodo le llega a Lorenzo, la noticia de la muerte heroica de su hermano Garcí Laso, y de la actitud despiadada y humillante del Monarca hacia su apreciado congénere. Fueron momentos tristes para don Lorenzo, que se centró en el mantenimiento de sus estados y en la boda de su primogénito. Nuevas voces reticentes a la política de Enrique IV se alzan en Castilla. El señor de Feria, permanece en una prudente neutralidad en el interior de sus estados, reforzando las defensas militares del señorío. Construye el castillo de Nogales y comienza las obras de ampliación del de Feria.

Al final de la vida de don Lorenzo, tuvo la gran satisfacción de recibir del rey Enrique IV el título de conde de Feria, por real cédula dada en Valladolid el 17 de mayo de 1460. Ya fuera porque el monarca deseaba reparar el daño creado en la persona de su hermano, o porque las especiales circunstancias en el interior de Castilla aconsejaban conseguir la adhesión de don Lorenzo, lo cierto, es que el monarca venía a reconocer una realidad preexistente. El preponderante papel desempeñado en el Reino de Badajoz, la cohesión interna de sus estados, o los inmensos servicios prestados a la dinastía Trastámara habían situado de hecho al señor de Feria en el nivel de la alta nobleza.

Para la ceremonia de comunicación y aceptación oficial de esta merced regia, Lorenzo Suárez eligió el monasterio de Santa María del Valle, tan vinculado a su familia, como si quisiera ofrecer un postrer tributo a sus padres y hermano allí enterrado. Allí con inmensa dicha, rodeado de sus más fieles colaboradores –su primogénito, su maestresala, sus vasallos, el alcalde mayor y corregidor de sus estados y su secretario– escuchó atentamente la lectura del albalá de Enrique IV y aceptó el título condal para él y su descendencia.

El 16 de agosto de 1461, estando gravemente enfermo disponía su testamento. Tres días después fallecía y su cuerpo era enterrado en un bellísimo mausoleo en el monasterio que fundaran sus padres. A los pies, se colocó el lema que había guiado todas las acciones del primer conde de Feria: *"Elige bonum, reproba malum"*. En uno de los frontales del mausoleo se pueden contemplar dos preciosos leones encarados y en el medio el escudo heráldico de los Suárez de Figueroa con sus cincos hojas de Higuera.

En la parte superior del sepulcro las mayestáticas estatuas yacentes de los primeros condes de Feria, Lorenzo Suárez y María Manuel. Es más que seguro que Lísperguer debió de estar en numerosas ocasiones en este monasterio de Santa María del Valle en Zafra, centro de peregrinación y culto, hacia los legendarios antepasados de los señores de Feria (Mazo Romero, 1980). Si en la vida del señor Feria, constituyeron un hito sus operaciones militares, sus hazañas épicas siempre apoyando a su rey, no menos importantes fueron su labores como urbanista, sus iniciativas benéfico-asistenciales, la fundación de nuevos monasterios, y sus grandes dotes como administrador y rector de un vasto señorío, plagado de pueblos y habitantes con necesidades que suplir. Anteriormente los intereses de la familia se encontraban repartidos entre el señorío de Feria y las propiedades que tenían en Écija, Santaella, y Monturque. Hasta ahora había sido Villalba el lugar predilecto de residencia de la familia. Sin embargo, la nota más destacada del gobierno de Lorenzo Suárez fue la transformación de Zafra en el centro de sus estados.

Desde Villalba y su Alcázar los señores de Feria habían regido los destinos del señorío. Pero ahora a mediados del siglo XV se trasladaban a Zafra. Pero Zafra, situada en plena llanura, sin unas defensas naturales que le proporcionaran protección en caso de peligro, estaba expuesta a cualquier ataque, en un momento en que la situación castellana era un hervidero de conspiraciones y enfrentamientos por doquier. Por eso, una de las primeras iniciativas que llevó a cabo don Lorenzo Suárez fue la construcción de unas murallas que proporcionaran a la villa una sólida defensa en caso de que sufriera cualquier acometida.

Las obras comenzaron el 10 de mayo de 1426, prolongándose durante dieciséis años. Otra iniciativa importante de don Lorenzo fue la creación del monasterio de Santa María del Valle, observadora de la regla de Santa Clara. El monasterio venía a dar satisfacción a las vocaciones religiosas de sus vasallos, a la par que servía de panteón para su familia. Dentro de sus muros fue a descansar el glorioso guerrero Garcí Laso de la Vega, el mismo Lorenzo Suárez y su mujer, así como sus padres (Mazo Romero, 1980, págs. 205-207).

Pero si hubo una obra cumbre que ilustraba ante todos el poderío de los Feria, y era prueba permanente de su magnificencia y mecenazgo fue la construcción del majestuoso Alcázar, cuyas obras comenzaron en 1437. El imponente palacio –que aún hoy existe– venía a completar el cerco de toda la villa y se convertía en la piedra angular de sus defensas. La construcción fortificada es la más destacada de toda Extremadura. Antiguamente fue un soberbio castillo que se convirtió después en un suntuoso alcázar gótico, donde habitaron los condes y duques de Feria. Posee muros almenados con elevadísimos torreones, entre ellos, la grandiosa torre redonda "del Homenaje".

El suntuoso patio con claustro incluido, es de gran belleza, todo él de mármol blanco, finamente labrado, acompañado de encantadoras galerías, construido en el siglo XVI por el arquitecto de El Escorial, Juan de Herrera. Cámaras, salones, dependencias, una monumental chimenea, y ricos artesonados ilustran la gloriosa grandeza, el poderío de esta egregia familia. En la planta baja, las deslumbrantes estancias recuerdan a los alcázares sevillanos. Posee una capilla, con un maravilloso conjunto decorativo, con cúpula gótico-mudéjar. También la Sala Dorada, tiene un riquísimo artesonado en la que los adornos alternan con motivos heráldicos de los Figueroa.

Es tan sublime, tan evocador, el recinto en su conjunto, que casi se puede imaginar todo este mundo en movimiento y en el centro de él, el recuerdo de su glorioso mentor: don Lorenzo Suárez de Figueroa, no sin razón apodado "el Magnífico". El Alcázar fue la digna y prócer morada de condes y duques, que aquí recibieron a huéspedes tan ilustres como el cardenal de Mendoza, el marqués de Santillana y andando el tiempo a don Juan de Austria (Figueroa y Melgar, 1974, pág. 15).

También tuvo don Lorenzo pensamiento para con los desamparados y enfermos, convirtiendo las dependencias que poseía en Zafra en un hospital para subvenir a las carencias de los más necesitados. El hospital se puso bajo la advocación de Nuestra Señora de la Salutación, fundándose en torno a 1444. No fue un asunto baladí el hecho de que don Lorenzo escogiese a Zafra como capital de sus estados. Zafra contaba en su historia con una memoria legendaria. Ya desde mucho antes a la antigua *Restituta Julia* celebraba en el mes de junio su histórica feria y mercado semanal de los jueves, lo que la presentaba como plaza abastecedora de pueblos comarcanos y lugar predilecto de negociantes y mercaderes.

Los árabes, tan amigos de las ciencias, las artes y el comercio, debieron mirar a esta ciudad agradablemente y la llamaron Zafar, es decir, junio, cuyo pueblo quedó anejo al Gobierno de Mérida. Zafar fue cautiva del poderío musulmán hasta 1240, en que fue liberada por el glorioso conquistador de Sevilla y Córdoba, Fernando III el Santo. Con estos precedentes, y situada en el camino que unía Andalucía Occidental con Extremadura, y a través de ésta con el Reino de Portugal, no es de extrañar que adquiriera bajo el señorío de los Suárez de Figueroa una importante función mercantil, que irá en progresivo aumento a lo largo del siglo XV.

Dos ferias anuales impulsaban el auge de la ciudad: una concedida por Enrique III en 1395, cuya duración era de 15 días en torno a la festividad de San Juan, y otra que sólo duraba una semana y que fue otorgada por Juan II en 1453 y que se desarrollaba en torno a la festividad de San Miguel. Ambas ferias fueron confirmadas posteriormente por los Reyes Católicos. No es insólito que con éste hervor mercantil albergara Zafra una importante comunidad hebrea que habitó y prosperó ostensiblemente en el interior de sus muros.

Otro factor que influyó notablemente en este desarrollo mercantil fue el gran flujo de intercambios que se producía con Portugal. Algunas de las villas del señorío de Feria lindaban con el reino vecino y las relaciones entre los habitantes de uno y otro lado de la frontera eran frecuentes. Además, Lorenzo Suárez logró ganarse el favor del rey portugués Alfonso V, que en 1449 concedía protección a aquellos individuos que procedentes de sus estados entraran o salieran de Portugal con sus mercancías. Gran parte de esta actividad comercial fue centralizada desde Zafra.

Ello unido a que los condes de Feria la eligieron como corte señorial, no es de extrañar que Zafra actuara como un poderoso imán que ejercía su atracción sobre gentes de las más diversas condiciones. No causa perplejidad pues, que una quinta parte de los habitantes que moraban en el estado de Feria estuvieran residiendo en Zafra. Otras obras de urbanidad y progreso fueron también erigidas por iniciativa de don Lorenzo.

En Alconera construyó el convento de Santo Domingo. En 1447 fundó otro convento en Lapa, heredad próxima a Zafra, que puesto bajo la advocación de San Onofre, fue entregado a los padres franciscanos. Otro caso destacable fue el de Nogales, lugar insalubre, con malas condiciones higiénicas, que había provocado el abandono progresivo de la zona.

La necesidad de defender sus posesiones más septentrionales, llevó al señor Feria a la refundación de Nogales. Junto a la introducción de treinta viviendas, en 1456 comenzó la construcción de su imponente castillo. En la puerta de entrada una bella inscripción con los escudos heráldicos de los Figueroa y Manuel, las hojas de la higuera y el león rampante con la mano alada con espada, que reza: *"Mandola fazer aquí para salud del pueblo y de sus tierras y moradores"*. El castillo consta de un recinto cuadrangular con cuatro torres cilíndricas en los ángulos que encierran un hermoso y amplio torreón. También de esta época destaca la construcción de la iglesia de San Cristóbal, también en Nogales.

Así pues, la expansión del señorío era imparable. Ahora por virtud de donación de Juan II, hecha en 1441, dos nuevas villas se incorporaban al señorío: Morera y Alconera. Junto a ello, un importante número de adquisiciones de tierras y casas, se producían dentro de los límites del señorío o en zonas próximas a él. En la época del gobierno de Lorenzo Suárez el señorío llegó a poseer los términos y poblaciones de Nogales, Morera, La Parra, Villalba, Feria, Zafra, Alconera, Valencia de Mombuey y Oliva de la Frontera. Estos dos últimos términos lindaban con el Reino de Portugal (Mazo Romero, 1980, pág. 208).

Parece bastante probable que en los diez años que Lísperguer estuvo en el señorío, recorriera las diversas poblaciones, castillos, conventos, de los estados de Feria, incluso dada la extrema vecindad con el reino de Portugal, resulta bastante plausible pensar que el noble alemán haya visitado el reino luso.

Con la muerte de don Lorenzo Suárez de Figueroa, su hijo don Gómez Suárez, II conde de Feria, venía heredar un próspero señorío, a la par que una situación política marcada por la disensión y la guerra. Mientras vivió Enrique IV, Gómez Suárez se mantuvo fiel al monarca en un periodo lleno de anarquía, al tiempo que mantenía la supremacía de su familia en el Reino de Badajoz. Para entender la actuación de Gómez Suárez en aquellos días llenos de confusión y desgobierno, es necesario remontarse al complejo entramado sucesorio de Juan II, cuyas consecuencias padecerán los diversos barones del reino.

De su primer matrimonio con María de Aragón, Juan II procreó al futuro Enrique IV. De su segundo matrimonio con Isabel de Portugal, nacería el príncipe Alfonso e Isabel, la futura Reina Católica. En principio, la prevalencia de Enrique IV sobre sus hermanastros no dejaba lugar a dudas, sin embargo, un vasto sector de la nobleza consideraba a Enrique indigno, vertiéndose sobre su persona toda clase de calumnias, que minan el crédito del monarca. La situación va agravándose hasta que estalla en Castilla una abierta revuelta nobiliaria en contra del desventurado rey.

En un primer momento de la sublevación, Gómez Suárez maniobra con gran habilidad estableciendo pactos con algunos de los acólitos de Enrique IV y por tanto, como ya era tradicional en su casa, se mantendrá fiel al monarca. Sin embargo, el panorama político castellano cambia nuevamente en 1464. El monarca comprende que el arzobispo Carrillo y el marqués de Villena le han estado traicionando en las negociaciones mantenidas con Juan II de Aragón y Luis XI de Francia sobre la revuelta catalana y decide marginarlos y confiar el Gobierno a su favorito don Beltrán de la Cueva.

Los primeros reaccionan rápidamente consiguiendo que una liga nobiliaria haga causa común contra él. Ahora las escabrosas acusaciones lanzadas contra Enrique llegan a su vida personal. En las calles se hace mofa sobre la virilidad del Rey. Se cuentan chismes de cómo Enrique había abandonado a su primera esposa, Blanca de Navarra, tras confesar que "nunca la había conocido maritalmente". Ahora el tono de las injurias alcanzaba un nuevo cariz en la persona de su hija Juana. Se decía que ésta no era hija de Enrique IV, sino de su favorito Beltrán de la Cueva y de ahí provino el apodo: "Juana la Beltraneja".

El punto máximo de la conjura nobiliaria llega con la llamada "Farsa de Ávila" donde los enemigos de Enrique IV erigen un improvisado escenario y en imitación de las representaciones teatrales deponen a Enrique IV y entronizan como nuevo rey de Castilla al infante Alfonso, primer hijo del segundo matrimonio de Juan II con Isabel de Portugal y por tanto hermanastro de Enrique. No obstante, el hecho de que Alfonso –un muchacho de once años– fuera coronado rey de Castilla en vida de Enrique IV, sólo podía conducir a una situación paradójica, que además de irregular era ilegítima y por tanto, únicamente podía provocar una consecuencia: la abierta guerra civil en Castilla, como de hecho sucedió.

En todo este tiempo el conde de Feria se mantuvo en una neutralidad prudente, permaneciendo fiel a Enrique, pero sin llegar a un abierto enfrentamiento con el príncipe Alfonso y sus partidarios. Enrique IV en su afán por lograr el control político, concede una serie de mercedes a varios de sus seguidores. Entre ellos, Gómez Suarez, al que en 1465 le hace donación de las villas de Almendral y Torre de Miguel de Sexmero, con lo que venía a aumentar las posesiones del señorío. Además era congraciado con una nueva merced liberando a sus vasallos de pedidos y monedas, al tiempo que concedía una nueva feria de quince días a la villa de Zafra.

La complejidad del momento permitía que el conde de Feria atacase los intereses de los enemigos de Enrique IV en Extremadura, al tiempo que establecía pactos con algunos de los nobles rebeldes de la zona extremeña, asegurando así tanto la fidelidad al monarca como sus intereses en la zona. Para mayor desconcierto al ya turbio ambiente imperante en Castilla, el 5 de julio de 1468, el príncipe Alfonso, un muchacho que aún no había cumplido los quince años de edad, moría víctima de la peste, según unos, o envenenado por el maestre de Santiago, según otros. Con la muerte del príncipe ahora los partidarios de Alfonso lo serán de su hermana Isabel (futura Reina Católica).

La astuta Isabel en su camino inexorable hacía el trono de Castilla, entendió que no era el momento para disputar el cetro a su hermanastro Enrique. Tras el Acuerdo de Guisando, Isabel evitaba la guerra civil en Castilla, reconociendo a su hermanastro Enrique IV como rey y posponiendo sus derechos a la muerte del monarca, convirtiéndose en princesa heredera. La solución fue de agrado del monarca, a la par que –al menos por el momento– Isabel conseguía eliminar a Juana como candidata al trono de Castilla.

Por su parte, Gómez Suárez, apodera a su vasallo, Vasco Malaver, para que acuda en su nombre a jurar a Isabel como princesa heredera. Mientras la tregua calma los ánimos en Castilla, Extremadura se convierte en escenario de enconadas batallas, de abierta guerra civil regional, en la que se establecen y rompen alianzas con extraordinaria celeridad. El conde de Feria no fue ajeno a esta vorágine, consiguiendo que la ciudad de Badajoz quedara durante doce años bajo su control, o sea, fiel a la monarquía.

Según una de las cláusulas del Acuerdo de Guisando, Isabel se comprometía a seguir el parecer del monarca y de algunos señalados nobles, a la hora de elegir consorte. Es decir, Isabel podía elegir a su arbitrio pero dicha elección quedaba condicionada por la aprobación del monarca. Una prueba de que las intrigas políticas permanecían latentes y que la tregua era más aparente que real, lo confirma el hecho de que Isabel huyera a Ocaña y de allí a Ávila para conseguir más fácilmente la dispensa papal y poder celebrar su matrimonio con Fernando de Aragón.

El 18 de octubre de 1469 los audaces artífices de la unidad de España, contraían matrimonio desairando la autoridad de Enrique IV y en una clara contravención de los Acuerdos de Guisando. En esos críticos momentos, muchos nobles dan la espalda a Isabel apoyando la candidatura de Juana como princesa heredera. En este convulso período el conde de Feria se vinculará al partido de Enrique, encargándose incluso de la administración de la provincia de León por orden del monarca. La situación alcanza su cenit cuando el Rey, acompañado de su séquito llega a Valdelozoya, donde manifiesta públicamente que su hermana Isabel perdía la condición de primera heredera. Ahora su hija Juana era jurada como princesa heredera por nobles y prelados.

Pero aún no todo estaba perdido, las mudanzas de la fortuna iban a esclarecer el camino a los futuros Reyes Católicos. A finales de 1474, Enrique IV regresaba gravemente enfermo de Extremadura a Madrid. Después de sus cacerías en los bosques de El Pardo, se fue a descansar al alcázar de Madrid, falleciendo súbitamente en las noches del 11 al 12 de diciembre. No quiso el Rey pronunciarse antes de morir sobre la espinosa cuestión de su sucesión, siendo el trono vacante arduamente disputado por Isabel y Juana la Beltraneja, quedando el reino sumido en una sangrienta guerra civil que duraría cinco años (1474-1479).

El 13 de diciembre, Isabel fue proclamada reina en Segovia. Al pleito homenaje acudieron casi todos los sectores del país y entre ellos

Gómez Suárez, que tras la muerte de Enrique IV ya no estaba obligado a repartir su fidelidad. Aunque parecía que la sucesión se llevaría a cabo pacíficamente, la nueva independencia lograda por los monarcas encendía otra vez los ánimos en Castilla. El despechado arzobispo Carrillo se unía ahora al grupo de los Pacheco y Estúñiga, estableciendo una alianza con Alfonso V de Portugal.

Mientras Alfonso V cruzaba la frontera con un ejército de 5.000 jinetes y 15.000 peones, las tropas del conde de Feria se apoderaban de Nodar, atacando repetidamente las desguarnecidas plazas portuguesas. Después de Nodar, cayó Ogueda y Alegrete, penetrando el Conde con una nutrida tropa en tierras portuguesas, capturando un espectacular botín: 3.000 vacas, multitud de yeguas, 5.000 ovejas y gran cantidad de cerdos que fueron traídos desde los valles portugueses donde pastaban hasta las tierras de Badajoz.

Con la rendición de Toro en octubre de 1476 se ponía fin a la primera fase de la guerra. El Rey portugués atenazado y en maltrecha situación, abandonó Castilla adonde no regresaría jamás. En este periodo se percibe una estrecha colaboración entre los Reyes Católicos y Gómez Suárez, ya sea ordenando a los concejos extremeños que colaborasen con él proporcionándole provisiones alojamiento y hombres, o dándole plenos poderes para que fijara los términos de una tregua, o concediéndole amplias mercedes para ganar su voluntad en esa larga y tediosa contienda.

Una nueva invasión portuguesa se produjo en febrero de 1479 y en ella el conde de Feria actuó con diligencia conservando incólume Badajoz, y manteniendo en la retaguardia del invasor un importante número de fuerzas, que cortaban las comunicaciones del enemigo con sus bases lusitanas. Tras la derrota de Albuera los portugueses buscaron precipitadamente refugio tras los muros de Mérida, donde quedaron cercados por los castellanos. En septiembre de 1479 llegaba la rendición, terminando una larga contienda de más de cuatro años y medio de duración. Isabel resultaba vencedora, la reina indiscutible de

Castilla, mientras la desdichada Juana acababa lánguidamente sus días recluida en un convento.

Para Gómez Suárez el final de la confrontación tenía un resultado estremecedor, provocando la depauperación del señorío: 35 millones de maravedíes evaporados, un elevado número de vasallos y criados muertos, campos devastados, ganados robados y villas saqueadas. Tras la tormenta política viene la calma. Ahora existía un gobierno fuerte en Castilla que no permitía disensiones ni veleidades. También se iniciaba un nuevo periodo para Gómez Suárez que aprovecha para reconstruir sus estados, restaurar su maltrecha hacienda, pagar sus deudas. Pero mucho antes de que pudiera haber reparado todos los efectos de la guerra en sus estados, nuevamente se reclamaba su presencia.

La conquista de Zahara por los granadinos agitará otra vez los fantasmas de la guerra, esta vez contra la amenaza musulmana. Durante todo aquel tiempo, el Conde fue llamado por los Reyes Católicos y aquel participará activamente a lo largo de toda la guerra de Granada, proporcionando tropas al ejército real, colocándose en ocasiones al frente de las mismas. Gómez Suárez participó con audacia, valor y tenacidad en las principales acciones de la guerra: socorro de Alhama (1482 y 1483), cercos y conquista de Coín y Cartama (1484), Setenil, Alora y Ronda (1.485), Vélez Málaga y Málaga (1487), Baza (1489) y la legendaria toma de Granada (1491-92), ocupando en algunas de ellas puestos de especial responsabilidad.

Los Reyes Católicos no dejaron de reconocer el esfuerzo del conde de Feria en el transcurso de las operaciones bélicas, premiando la abnegada entrega del Conde con un juro de 100.000 maravedíes anuales, 40 esclavos musulmanes, la legitimación de una hija bastarda, doña María de Figueroa, habida en doña María de Robles, pues su esposa, doña Constanza Osorio, no dio nunca descendencia al Conde y era la única que podía heredarle. También le concedieron las villas de Benadalid y Banalauria, villas ganadas al Reino nazarita y que se encontraban en la Serranía de Ronda.

Pero quizás la más importante de las mercedes que los Reyes Católicos concedieron al Conde fue, una vez fallecida su esposa, concertarle un nuevo matrimonio con una hija del duque de Alba, doña María de Toledo, a la que la propia Reina se encargó de dotar con seis millones de maravedíes, celebrándose la boda en Zafra y actuando como madrina la propia princesa Isabel en tan singular evento. Con este matrimonio, el conde de Feria se unía a una de las familias más ricas y poderosas de todo el reino, al tiempo que le permitía tener una descendencia legítima varonil.

En los últimos años de su vida, nos encontramos con un hombre de más de cincuenta años, que llevaba más de treinta guerreando sin solución de continuidad. Ya cansado de la guerra Gómez Suárez se retirará a la tranquilidad de sus estados que no abandonará sino en contadas ocasiones. Ejemplos de esa tardía participación, son el envío de tropas a la frontera francesa por orden real en 1496 o también en 1498 cuando se le ordenó que acompañara a la primogénita de los Reyes Católicos, la princesa Isabel, desde Badajoz hasta Toledo, donde las Cortes debían jurarla como heredera de Castilla.

Otro de esos momentos fulgurantes fue cuando los Reyes lo nombraron, gobernador general de Castilla en 1499, pero ni siquiera en dicha ocasión abandonaría por largo tiempo sus estados. En los últimos años de su existencia, vemos a un conde de Feria afanado en la recuperación de sus estados, adquiriendo tierras en Barcarrota, Jerez, Villafranca y Ribera, no obstante el indudable golpe que significó para éste la expulsión de los judíos en 1492, con la desaparición de las pujantes comunidades hebreas radicadas en Zafra y La Parra.

El 12 de octubre de 1499 moría su segunda esposa, María de Toledo, en Valladolid, siendo posteriormente enterrada en el monasterio de Santa María del Valle en Zafra. Fueron momentos duros para el Conde que con más de sesenta años, viudo y con cuatro hijos menores, veía como se disipaba poco a poco su existencia. En agosto de 1505, habiendo sobrevivido a la reina Isabel, moría el conde de Feria, el hombre que fue capitán general de la frontera de Extremadura y alcaide de Badajoz; aquel que tuvo fama entre sus contemporáneos de ser la personalidad con más autoridad y virtud de su tiempo.

Fue asimismo el Conde gobernador de Castilla y León. Sirvió con valerosas mesnadas a los Reyes Católicos en Portugal y Granada. Además alhajó espléndidamente su castillo de Zafra, donde aún campean las cinco hojas de la higuera emblema de su linaje (Mazo Romero, 1980). Primogénito de don Gómez Suárez fue don Lorenzo Suárez de Figueroa y Toledo, III titular del condado de Feria. Aunque ya hemos hablado de él en páginas precedentes apuntaremos que fue señor de las villas de Zafra, Meneses, Villalba y otros muchos lugares.

Fue gentilhombre del emperador Carlos, desempeñando el cargo de gobernador de Valladolid y tuvo el gran honor de formar parte del Consejo Imperial. Casó don Lorenzo, como sabemos, con doña Catalina Fernández de Córdoba y Enríquez, II marquesa de Priego, XI señora de la casa de Córdoba, y VIII señora de Aguilar. De este enlace, como hemos ya reiterado, provienen los hermanos don Pedro Fernández de Córdoba y Gómez Suárez, ambos prestigiosos personajes del mundo carolino y filipino respectivamente, que patrocinaron activamente la carrera del joven alemán Pedro Lísperguer Wittemberg.

Aunque nos hemos dedicado con preferencia al estudio de la línea recta de la casa de Feria, hemos podido contemplar en ocasiones astros rutilantes en la línea colateral que nos han colmado de asombro y admiración. Otro de esos casos dignos de mención fue el hermano del III conde de Feria, llamado García de Toledo, natural de Zafra. Fue don García un encumbrado personaje de la corte de Felipe II, encargándole el monarca la nada agradable tarea de velar por el príncipe don Carlos, nombrándole su ayo. Se distinguió por su probidad y paciencia en ese difícil cometido.

Asimismo formó parte de los Consejos de Estado y Guerra siendo muy bien quisto por Su Majestad que lo colmó de mercedes. Poseyó el señorío de Benadalid y perteneció al Trecenazgo de la Orden de Santiago, siendo comendador de Bienvenida en ella en 1563. Hijo de éste fue don Gómez de Figueroa y Manrique de Benavides, natural de Zafra, Caballero del hábito de Alcántara. Fue íntimo amigo del tristemente célebre infante don Carlos. Siendo jóvenes de la misma edad, acompaño muchas veces al Príncipe intentando sacarle de su vida de crápula, sin conseguirlo (Figueroa y Melgar, 1965, pág. 259).

Así pues concluyen los hechos más notables y legendarios de los antepasados de la casa de Feria, aquellos hechos cuya resonancia tanto debieron impactar en la formación del joven Lísperguer cuando éste llegó a Extremadura. Por lo que, todos los hechos que ahora tendremos ocasión de conocer y las personas que en ellos participaron son contemporáneos al tiempo en que el joven alemán allí vivió. Como dijimos páginas más arriba, Lísperguer había estado con el séquito del conde de Feria, don Pedro Fernández de Córdoba, en el marquesado de Priego, abandonando Montilla en dirección a Zafra en 1547.

Por lo tanto, los condes viajaron a Zafra en la cuaresma de 1547 donde tuvieron la dicha de encontrarse con el afamado místico, el padre maestro Juan de Ávila. En 1548 se fueron a Constantina donde pasaron un verano. Allí la Condesa, el 25 de agosto, alumbró un hijo, hallándose presentes en el parto tanto fray Luis de Granada como el padre maestro Ávila, a quien bautizaron como don Lorenzo. Aquel niño que fue la gran alegría de sus padres, el primogénito y heredero de su nombre y estados, esperanza de su linaje, venía a enfermar al poco de nacer, muriendo después.

Se puede imaginar el gran dolor de los Condes ante la pérdida de su ilustre vástago, destinado a perpetuar las tradiciones de la casa. Pero el destino, juez irrevocable de los hombres, les habría de arrebatar aquel niño a sus insignes padres. Después retornaron a Zafra capital del condado de Feria. Ya sólo les quedaba a los Condes una niña heredera de su estado, llamada Catalina en honor a su abuela, que luego sería marquesa de Priego.

Esta niña siendo muy pequeña en una ocasión se arrimó demasiado a unas barandillas de un corredor deslizándose por una de ellas al suelo, en presencia de la Condesa. Esta vez tuvo más suerte la familia, ya que en el patio se encontraba en ese momento un criado, que viendo la escena se apresuró a recoger con sus brazos a la pequeña, cogiéndola en el aire y devolviéndosela a su agradecida madre, la Condesa (Roa M. , 1604, pág. 12).De todos estos acontecimientos tuvo conocimiento, sin duda, Lísperguer.

Ahora se encontraba el joven Lísperguer en Zafra, centro geopolítico del señorío de Feria. Como signo inconfundible del poderío de los Suárez de Figueroa se alzaba majestuoso su imponente palacio, denominado por algunos "faro de Extremadura". Nos podemos imaginar al joven alemán recorriendo sus estancias, admirando sus solemnes retratos, subiendo sus escaleras de alabastro, disfrutando de su biblioteca, o conociendo allí destacadas personalidades del reino. El colosal castillo venía a cercar las murallas de la ciudad.

Zafra en aquella época era un gran emporio comercial, una ciudad bendecida por sus periódicas ferias, entrecruce de caminos por dónde venían a vender sus productos comerciantes de Portugal, de Andalucía y de Castilla. Una villa en la que se localizaba la quinta parte de la población de los estados de Feria. Podemos recrear la visión de un joven Lísperguer paseando por sus iluminadas callejuelas, con sus casas blanquecinas, sus agradables gentes de todas las clases y condiciones. Sin duda le llamaría mucho la atención sus numerosos mercaderes, muchos de ellos de ascendencia morisca, que acudían a las plazas los días de mercado, resguardados del sol bajo las lonas, pregonando a gritos la mercancía que se exhibía sobre los puestos y bajo los tenderetes.

Los soportales de la plaza se hallaban atestados de vecinos ambulando, curiosos algunos, mientras otros comparaban precios y compraban artículos de su necesidad. Gentes diversas, ajetreo, algarabía, animación. Todo eso era Zafra. Caballeros e hidalgos elegantemente ataviados paseando con pompa y gracia; vasallos, labriegos y criados inmersos en sus rudos quehaceres; frailecillos sermoneando, astutos conversos allegando gentes a sus propósitos, portugueses comprando productos, humanistas intercambiando sus puntos de vista.

Abundaban en Zafra en tiempo de Lísperguer instituciones de la más diversa índole: monasterios, iglesias, hospitales, buenas escuelas de gramática, buenos artesanos. Destaca el gremio de curtidores y artesanos de la piel, uno de los oficios más representativos de la villa, por la existencia de varias tenerías establecidas y por el importante colectivo de curtidores, zapateros, talabarteros... Tampoco debemos olvidar la iglesia de Santa María del Valle, donde estaban enterrados los condes de Feria, verdadero relicario de la familia, lugar de veneración y respeto, foco de peregrinación de todo aquel que quisiera rendir homenaje y culto a los venerables señores y protectores de Zafra.

También debió encontrarse Lísperguer con las historias de Zafra, desde sus orígenes como población musulmana, cuyos vestigios quedaban aún latentes en su población, su arquitectura, sus tradiciones, así como esas otras más coetáneas a su tiempo. Dentro de esas historias que permanecen en el subconsciente popular, se encuentran las personalidades ilustres de Zafra. Entre ellas nos encontramos con Hernando de Zafra, que habiendo nacido en una familia plebeya, con ascendencia de judíos conversos, una barrera difícil de superar para la época, sin embargo, llego a ser un inteligente y sutil servidor de los Reyes Católicos ocupando el cargo de secretario real de cartas.

Fue Hernando junto con Fernández de Córdoba, el principal artífice de las negociaciones que se llevaron a cabo para conseguir la capitulación del Reino de Granada, último bastión musulmán en España. En muchas de las decisiones reales de gran trascendencia, la influencia de Hernando fue de capital importancia, ya que los monarcas se hubiesen vuelto atrás, sin obtener resultados, si no hubiese sido por su instancia y su consejo.

Asimismo, fue Zafra cantera de conquistadores, gentes que queriendo superar sus condiciones de vida, y con la ilusión de la aventura desconocida, partieron allende los mares a encontrarse con las tierras ignotas de América. Zafra fue una de las poblaciones de la región extremeña que aportó más esperanzados aventureros a la empresa de la colonización americana. Entre esos intrépidos capitanes que sin temor a la adversidad lo arriesgaban todo, se encontraba el jerezano Hernando de Soto. Fue éste una de esas personalidades que arrastraron tras de sí una cohorte de secuaces, seducidos por la fama y la fortuna.

Entre ellos una veintena de hombres le secundaron desde Zafra para ir a la conquista de la Florida en 1538. Hernando murió en la empresa, pero en su grupo iba un soldado culto, educado en Zafra, llamado Juan de Coles, que trasladó al papel los hechos de guerra y las diversas curiosidades de aquellas jornadas memorables. A su redacción historiada que se extendía a lo largo de diez pliegos le puso el título de *Breve relación de la conquista de la Florida y de las hazañas de Hernando de Soto y sus sesenta compañeros.*

Sin embargo, la relación de Coles no se llegó a publicar como una obra independiente, pero sí fue recogida por el Inca, Garcilaso de la Vega, siendo incorporada a su célebre obra: *La Florida del Inca. Historia del adelantado Hernando de Soto.* ¿Fue aquí donde surgió por primera vez en Lísperguer, entre comidillas de gentes humildes, el afán aventurero que le llevaría a la conquista de Chile? Seguramente.

Dentro de esas historias que circulan por la villa de Zafra, hay una que para él fue tan real y próxima como su misma existencia. Efectivamente, célebre vecino de Zafra y una de sus personalidades más interesantes, fue Rodrigo López de Segura, llamado comúnmente Ruy López. Fue Ruy López, como es universalmente conocido, el más brillante ajedrecista y teórico del juego que hubo en su tiempo. Su padre era un mercader notorio en la villa de Zafra. Desde niño el joven Rodrigo aprendió por las calles de Zafra los rudimentos de un juego de moros llamado Xatranch, que él supo con el tiempo agilizar, cambiando sus reglas y haciéndolo más interesante.

Ruy López encauzó sus primeros estudios hacia la vocación de clérigos, ya que existían en la población buenas escuelas especializadas en latín y gramática, entre los numerosos frailes y religiosos de los conventos de San Benito y de la Encarnación y Mina. Después de este periodo de formación Rodrigo recibió las órdenes sagradas, abandonando su ambiente familiar para introducirse en la corte a la busca de fama y fortuna. Ruy López era muy célebre entre los habitantes de Zafra con un conocido prestigio de jugador invicto del juego del ajedrez. Parece altamente presumible que Lísperguer conociera a Ruy López en Zafra, durante los diez años que permaneció bajo la protección de los condes de Feria.

Efectivamente, no se puede hablar de meras coincidencias, Ruy López era una figura muy conocida entre los habitantes de la villa. Además, había nacido en torno a 1530, es decir, tenía la misma edad que Lísperguer, por lo tanto pudo ser testigo de su evolución como destacado ajedrecista. Por si fuera poco, fue García de Toledo, hermano de Lorenzo Suárez de Figueroa, III conde de Feria y por tanto tío de Pedro Fernández de Córdoba (mentor de la carrera de Lísperguer), que en aquellos momentos ocupaba el cargo de ayo y mayordomo del príncipe don Carlos, quien lo introduce en la corte de Felipe II, gran admirador del juego.

Por lo tanto, parece que Ruy López era un gran allegado de los condes de Feria, que debieron de recibirlo en su palacio de Zafra y promovieron el éxito del joven zafrense. ¿Pudo darse un encuentro entre el genio ajedrecista y Lísperguer? Dada la coincidencia en edad, residencia y proximidad como servidores de los Condes ello parece bastante factible. De hecho, Ruy López más tarde declararía que fue criado y servidor de García de Toledo.

Después de que Lísperguer abandonara Zafra, cuando llevaba unos cinco años en América, el reconocimiento universal le llega a Ruy López con la divulgación de su célebre obra titulada *Libro de la Invención Liberal y Arte del Juego del Ajedrez,* publicada en Alcalá en 1561, en la que plasma las principales reglas del juego y sus más importantes estrategias y principios. El libro alcanzó enseguida un notable éxito traduciéndose al italiano, francés, portugués, inglés y alemán. Así comenta Ruy López en su innovador tratado como la gente principal se daba a este juego y había llegado el momento de presentar sus teorías y conocimientos sobre el arte liberal del ajedrez.

Subraya además el hecho de que el mismo príncipe don Carlos, a pesar de todas sus raras cualidades y excentricidades de las que dan cuenta sus biógrafos, igualmente se holgaba con este deporte de la inteligencia. Es asimismo destacable que la epístola nuncupatoria del libro; es decir, la carta o escrito en la que se dedica la obra, fue escrita por el propio García de Toledo, lo que da una buena idea del influjo de que gozó entre los condes y ante la corte de Felipe II. El libro está lleno de citas, desde Platón y Aristóteles, a Tulio, Salustio, Quintiliano, Prisciano, Casiodoro y la propia Biblia, entre otras.

También como humanista y hombre de su tiempo, no faltan alusiones a sus contemporáneos: Calepino, Filelfo y el propio Nebrija. Pero no fue Ruy López solamente un buen ajedrecista sino también un excelente gramático, como dejó evidenciado en sus *Grammaticae Instituciones* publicado en Lisboa en 1563, dedicado a Sebastián, rey de Portugal, donde nos da buena prueba de su talla como humanista. Pero sin duda, donde más destacó fue en el arte del ajedrez, donde sus continuas victorias sobre sus adversarios llegaron pronto a oídos de Felipe II, labrándose una merecida fama de jugador imbatible, incluso jugando a la ciega.

Dos veces estuvo en Italia en 1560 y en 1573, venciendo a los grandes maestros italianos, que poseían la merecida fama de ser los mejores del mundo. Con esos precedentes, García de Toledo lo puso en contacto con Felipe II que era un gran aficionado del tablero. Así surgió en el monarca la idea de organizar un gran campeonato de ajedrez, en el que participaran como contendientes los mejores jugadores del momento. A la corte de Madrid llegaron los más destacados ajedrecistas italianos para competir con Ruy López.

En esa exhibición de grandes maestros la victoria fue para el zafrense que obtuvo preciadas condecoraciones y privilegios, en una competición que con rigor se la puede calificar como el primer campeonato mundial de ajedrez. Como punto de cierre, decir que ha legado a la humanidad la famosa apertura llamada en su honor *"Apertura a la Española o Ruy López"*, que desde entonces se ha venido usando por los más prestigiosos jugadores de ajedrez. Y para mayor gloria del joven alemán objeto de nuestro estudio, todo ello ocurrió en Zafra cuando Lísperguer se encontraba allí presenciando muchos de esos acontecimientos (Croche de Acuña, 1991).

Pero frente al esplendor de aquellos años en los que Lísperguer abría ansiosas sus pupilas en esas desconocidas tierras andaluzas, aprendiendo nuevas formas de vida, entrando en contacto caluroso con sus afables gentes, el destino le haría también presenciar un suceso triste que vendría a ennegrecer su existencia, tiznando con sus perfiles sombríos el futuro del glorioso señorío de Feria. El acontecimiento funesto tuvo lugar cuando a principios de 1549 el conde don Pedro, con quien Lísperguer había venido de Alemania, cae enfermo, prolongándose su dolencia durante tres extenuantes años, guardando rigurosa cama.

No podríamos retrotraernos al siglo XVI para comprender que mal padecía el Conde, pero si ha trascendido para la historia el hecho de que sufría de ciertos malestares digestivos, que le impedían ingerir adecuadamente alimentos, provocándole fuertes dolores de estómago, acompañados de frecuentes vómitos. La enfermedad no sólo fue penosísima para el Conde sino también para toda su familia. La Condesa no se apartaba de su cama y le colmaba continuamente de atenciones intentando por todos los medios remediar su mal. Allí estaba, en continuos desvelos, pasando las noches sin descanso, pendiente a todas horas, satisfaciéndole en sus deseos y socorriéndole en sus necesidades.

La Condesa durante los tres años que duró el tormento del Conde, le asistió con una férrea abnegación, no permitiendo que ni quejas, ni ascos, ni antojos de enfermo la desanimaran. A todo respondió condescendiente con buen semblante, sintiendo una íntima pena por el sufrimiento de su amado marido. Eran aquellos momentos difíciles, corría la incertidumbre por el gobierno de la casa de Feria, había numerosos asuntos que atender, al tiempo que todos los cimientos del señorío y el porvenir del linaje se veían comprometidos ante la suerte que tuviera el Conde en aquel difícil trance.

A medida que la enfermedad se agravó y se vio que no se trataba de una dolencia pasajera, se trasladó al Conde a la villa de Priego, donde no ya sólo la Condesa atendía con tesón a su abatido marido, sino que ahora también le procuraban cuidados su madre, Catalina Fernández de Córdoba, II marquesa de Priego, el maestro de Ávila, que atendía al enfermo y a la familia con continuos consejos, y una cohorte de diligentes criados, prestos a cualquier ademán o necesidad del Conde. En estos duros momentos, la Condesa desplegaba una voluntad inquebrantable en pos de la sanación de su marido.

En el plano espiritual, se la podía ver continuamente postrada, orando, con lágrimas en los ojos, pidiendo al Señor por la curación del Conde. Don Pedro en su dolor y desesperación muchas veces perdía el arrojó y se sumía en estados de profunda melancolía, atrapado en una nebulosa sombría y gris, que lo abandonaba inerme frente a la adversidad. Pero allí nuevamente resurgía la Condesa desviviéndose en cuidados para el Conde, ahuyentando sus fantasmas con la dulzura y suavidad de sus palabras, alejando sus estados de ofuscación y quebranto, con una tibia sonrisa.

Pecho de mujer, sensibilidad femenina, amor inconmensurable, que viendo que el Conde avanzaba hacia un fin inevitable, quiso prepararle para el cruel trance de la muerte, hipócrita excavador, que no hace distingos entre alturas humanas, ni se aviene a buenas razones cuando ha de recoger su cosecha. Así la Condesa procedió a insuflar su ánima de luminosa esperanza, con sublimes palabras, que para dicha de la posteridad han sido recogidas por la crónica:

"Soldado sois y hecho estáis a las armas y con ellas al tributo de la paciencia en el rigor del hielo, y en el ardor del estío, sin buscar regalos, ni perdonar trabajo. No os acobarde en vuestra casa el temor de aquello cuyo desprecio hizo ser temido de vuestros enemigos en la campaña. Pues, ni aquí es la muerte más poderosa, ni allí menos terrible y la vida contra quien ella pelea, mucho más apetecible entonces que ahora, por la comodidad que la salud y el vigor de las fuerzas os daban para gozar de los bienes de ella.

De los cuales os ha privado la enfermedad, dejando en vuestra alma sólo el arrepentimiento de los tiempos pasados y en el cuerpo, el dolor de los tiempos presentes. Pareceros ha que han sido menores los encuentros de otros, también lo serán los galardones; pues los trabajos bien sufridos, son el precio con que se alcanzan de Dios las grandes mercedes. Y no es la menor de ellas, poner al hombre en ocasión apretada de merecerlas. La ocasión tenéis en la mano y pues la tribulación de tan larga y tan pesada enfermedad os representa batalla, haced como caballero cristiano y puesto en medio del peligro, aseguraros con el escudo de la fe, que bastante es, como dijo el apóstol, para rebatir todas las saetas del enemigo.

Mirad que el cielo está a la mira y el mundo, y los ángeles y los hombres a la vista de cómo os valéis de las armas de Jesucristo y el mismo Señor con su presencia os esfuerza y huelga mucho a ser testigo de vuestros hechos, porque ha de ser remunerador de vuestra victoria. Si recibe heridas el cuerpo, no son de muerte, sino de salud para el alma. Y si él siente menoscabadas las fuerzas y oprimido el aliento con el peso de la enfermedad, eso mismo es lo que todos pierden a mano de la vejez, sin esperanza de recobrarlo, cuando a pesar nuestro, como heno caemos, sin haber dado otro fruto de nuestra vida, que muchos años mal empleados, y por flores, canas sin honra.

Los que en la ociosidad y deleite han vivido afrentosamente, forzados de la necesidad, con deshonra mueren y sin premio; más vos Señor, que en tan honrosos ejercicios habéis empleado lo mejor de vuestra vida, haced del resto de ella agradable sacrificio a Dios, que sabrá premiarlo. Yo harto hago en veros padecer y acompañar vuestros dolores con el mío, que en parte es más fuerte, por padecerse en el alma, y ellos en el cuerpo. Si con mi vida pudiera rescatar la vuestra, ninguno más pródigo de su hacienda, que yo de ella. Y si mi sangre pudiera suplir la falta de vuestras venas, ninguna más liberales en darla. Siento vuestras penas y sobre todas, una que mucho me lastima, de no poder remediarlas.

A que el Señor de cuya mano os vienen, con el poder infinito de su brazo os defienda y os ampare debajo de su sombra, que sola permanece, porque él nunca se muda. Y si el mundo y sus cosas al mejor tiempo os huyen, y los vuestros no somos poderosos a detenerlas, dejarlas ir, que de los enemigos los menos, y asíos de las eternas, que solas pueden dar reposo a vuestro corazón y consuelo al mío en esta ocasión, donde perdiendo os a vos, todo lo pierdo, sino es lo que nadie puede quitarnos, sino lo dejamos, que son los bienes, que de Dios esperáis y yo os deseo.

Lo demás olas son de río caudal, que cuando con mayor avenida corren, más aprisa se van; y al mismo punto que parecen, se están desapareciendo sin dejarse ver de quien los mira. Poned los ojos en el puerto a que os acercáis de la bienaventuranza; y cuando los pensamientos y congojas de la muerte, como olas de mar inquieto, más combatieran a vuestra alma, no desmayéis, pues no es tempestad, la que os hecha a la orilla, ni muerte, la que os lleva a la vida" (Roa M., 1604, págs. 55-58).

Bellas palabras poéticas de mujer de su siglo, que venían a propiciar una dulce caricia al ánima de un hombre que veía por momentos como se disipaba su existencia. Estas palabras profundas y sinceras causaron una gran impresión en el Conde, que sentía gran pena con la idea de dejar a la Condesa viuda y desamparada en su soledad, a tan tierna edad. Sacando fuerzas de flaquezas, como si fuera el mismo poeta Eurípides, queriendo condescender a tan solícitas palabras, respondió a doña Ana con un tierno sentimiento de corazón, la voz quebrada y los ojos inundados de lágrimas:

"Hermana y señora mía, no me desmaya la enfermedad, aunque el peso de tan largo tiempo, fatiga estos miembros cansados de sustentarlo, antes la tengo por medicina de las llagas de mi ánima y en virtud de ella espero recibir de mi Señor la salud que me quitaron mis pecados. Bien sé que son continuas las tempestades de este siglo y que a la nave de nuestra vida, no hay cosa que así la maltrate como estar parada; porque los vientos de las tentaciones la ponen en peligro y no tiene seguridad hasta tomar el puerto de la muerte.

Ésta no me asombra, que acostumbrado estoy a romper muchas veces con sus amenazas, ofreciendo la vida en las guerras en defensa de mi fe y mi rey. Bien sé que el caballero cristiano en las adversidades se conoce y el que está hecho a probar fuerzas con los enemigos, mejor las muestra con los males que padece. Y cierta cosa es, que la hora de nuestra nobleza está en aprender cosas arduas y en sufrir con paciencia el castigo de las miserias de esta vida. Mas no soy para tanto, que hombre lo que sé cómo lo siento, deseo poder ejercitarlo como lo digo.

Mi Dios y mi redentor por cuya voluntad estoy puesto en este trance, me sacará de él con honra suya, y provecho mío. Abrazará la escoria de mis culpas con la virtud de su sangre y con el fuego de estas penas que padezco y del cautiverio de mis pecados sacará salud para mí ánima.

Recorro los pasos de mi niñez poco acertados, los caminos errados de mi juventud, los desvaríos de mis pensamientos, la perdición de mis obras y el mal empleo de mis años. Que aunque gasté los mejores en servicio de mi rey, debiera ocuparlos todos en el de mi Dios, a quien soy deudor de infinitos beneficios.

Cuento gran número de mercedes recibidas de su mano, sin descuento de servicios míos y hallo el recibo de los bienes que me ha hecho, muy largo, el retorno siquiera de agradecimiento tan corto, que la mayor partida que en mi descargo hallo, es un deseo, con que estoy muriendo, no por faltarme la vida con la enfermedad, sino porque no me sobran las fuerzas, para trabajar en su servicio. Mas ya que veo lo mucho en que Dios me alcanza, valerme me he del banco de los quebrados, y me hará suelta su misericordia, de los cargos que me hace su justicia.

Este sólo alivio tengo en mis dolores, con este pensamiento descanso y sosiego los alborotos del corazón, que como a mozo al fin, no dejan de sobresaltarme a ratos memorias tristes, esperanzas acabadas y temores de lo por venir. No querría despertar vuestro dolor con el mío, ni refrescar tantas veces las heridas de mi pecho, haciendo otras de nuevo en el vuestro, más la fuerza del sentimiento me obliga a daros pena y recibirla.

Mi partida se acerca y los correos de la muerte vecina, digo, los accidentes de mi mal, que cada día me aquejan más y los suspiros quebrantados ya, y faltos de aliento, por momentos os dan dolorosas nuevas de mi vida. Dejo os, porque Dios así lo quiere en la flor de vuestros años sin marido y con una hija niña y sin padre. Ésta os encomiendo y no digo más, porque la flaqueza y cansancio de la voz, no dan lugar a largas razones. De lo que he dicho, podréis entenderlo que quisiera deciros y el dolor que por ello aflige mi corazón" (Roa M. , 1604, págs. 59-62).

Estas son sin duda palabras graves de un hombre con las concepciones de su tiempo, que avanza desahuciado hacia el inexorable abismo de la muerte. Se puede entrever en ellas el gran sufrimiento que estaba soportando el Conde y como fueron proferidas en clave mística, de culpa y redención, de un hombre que quiere abandonar este mundo con la conciencia libre de cualquier afrenta. Son palabras elevadas, que poseen un gran valor, por ser de las últimas que la historia ha recogido del conde don Pedro.

Eran los últimos actos de una dolorosa escena. La Condesa vagaba por las estancias sumida en la aflicción y la tristeza. Fray Luis de Granada que por allí se encontraba asistía a doña Ana, dándole consuelo. La última vez que los condes estuvieron juntos, le dijo a doña Ana:

"Tan contento estoy con lo que Dios quiere hacer de mí, que con igual ánimo recibiré la vida, si me la diere, o se la daré si la pidiere" (Roa M., 1604, pág. 65).

En un último momento le preguntó la Condesa si partía de este mundo con alguna pena a lo que el Conde respondió:

"Con una sola que sólo Dios puede consolarme con su infinita misericordia, por no haber empleado los días de mi vida en su servicio y dejar en desamparo a mis criados que siempre he tratado más como padre que como señor" (Roa M. , 1604, pág. 66).

Allí en su lecho de muerte se encontraba doña Catalina, la madre del Conde, doña Ana, su mujer, y el maestro de Ávila, que haciendo la señal de la cruz sobre el cuerpo moribundo le dio la extremaunción.

En este momento la Condesa se retiró a su oratorio y desde allí pudo oír los sollozos de la madre de don Pedro, comprendiendo que había llegado el fin. Se apresuró para entrar en su cámara, pero en la puerta la atajó el maestro de Ávila, ya todo era inútil, don Pedro había muerto. Toda su casa, criados, su madre, su mujer, hermanos, se hundieron en hondos sollozos lamentando profundamente tan grave pérdida. La marquesa de Priego dijo que con la muerte del Conde había perdido el mayor y el mejor de todos sus hijos. El padre maestro fray Luis de Granada en la vida que escribió del maestro de Ávila dijo:

"Fue tan grande este dolor, cuanto yo nunca vi otro mayor, por ser tan grande la pérdida que se hizo en aquel señor de tanto valor, virtud y entendimiento, como a todo el mundo es notorio y querido de su madre sobre todos sus hermanos" (Granada, 1873, pág. 478).

Murió el Conde el sábado, 27 de agosto de 1552, víspera de San Agustín, encomendando su alma al padre maestro Ávila, estando la Marquesa su madre en la villa de Priego, desde la cual se trasladaron sus restos a su panteón del convento de San Lorenzo de la Orden de San Francisco de Montilla. Tenía sólo 36 años, dejando una mujer viuda de 25 años y una niña llamada Catalina en honor a su abuela, de unos cinco años. La condesa doña Ana Ponce de León, sufrió un duro golpe en pleno florecimiento de su juventud.

Sea por esta, o por otras razones, el caso es que tras la muerte de su marido se retiró al Monasterio de Santa Clara en la villa de Montilla, donde al año siguiente de 1553 tomó el hábito con el nombre de Sor Ana de la Cruz, a pesar de que la madre de don Pedro, Catalina, se oponía a esta idea. El Padre Ruano en su *Historia de los Cabreras de Córdoba*, nos habla de su vida ejemplar y sus probadas costumbres.

Estuvo muy ligada al maestro Ávila como también a fray Luis de Granada, quien en su libro *Adiciones al memorial de la vida cristiana*, en una *Epístola dedicatoria* fechada en Lisboa el 25 de junio de 1574 hablará con grandes palabras de elogio hacia la Condesa destacando la vida de perfección que había llevado, más todo lo que había tenido que dejar atrás para tomar el hábito.

También el mismo autor en el libro que escribió sobre la *Vida del padre maestro Ávila*, tuvo bellas palabras para la Condesa que agasajó con epítetos a su devoción cristiana. Así vivió la Condesa feliz recogida en su clausura, muriendo en dicho estado a los 74 años de edad el 26 de abril de 1601, habiendo ejercido sobre sus contemporáneos una gran opinión sobre su santidad, hasta el punto de haberse tratado sobre su beatificación. Su suegra doña Catalina, II marquesa de Priego, quedaría como tutora de su única hija, heredera del marquesado, también llamada Catalina.

Había muerto don Pedro Fernández de Córdoba, IV conde de Feria, uno de los mejores y más excelentes caballeros que conoció España en su tiempo. Poseía el Conde un temperamento afable en el que pronto se fijó el emperador Carlos V, que le tenía gran estima. No escogió el César al Conde por capitán de su ejército, sino por compañero de sus hazañas. Acompañó don Pedro al Emperador en todos sus viajes y campañas de Francia, Flandes y Alemania, valiéndose de sus armas en las batallas y de sus sabias deliberaciones en su Consejo.

En el memorable cerco de Duren, en Alemania, en el ducado de Juliers, fue el primero que se abalanzó a escalar sus muros, pese a todas las importunaciones de sus capitanes, demostrando gran valor y heroísmo, siendo calificado por sus capitanes como un insigne perpetuador de la memoria de su antepasado, el Gran Capitán. En fin, fue Caballero de la Orden del Toisón de Oro, elegido por Su Majestad para el difícil cargo de mayordomo de su hijo Felipe, dejando un gran recuerdo entre las gentes de su servicio por su gran magnanimidad, benevolencia, justicia, liberalidad… siendo su memoria evocada con gran estimación por sus deudos y criados.

Para Pedro Lísperguer, la muerte del conde don Pedro, significaba no sólo la muerte de un amigo, de aquel que todo se lo había enseñado, el que había procurado su bienestar acogiéndolo en su casa, sino, además, la ruptura con su pasado. Don Pedro, era el nexo de unión que le vinculaba a su ciudad natal, a sus padres, a su infancia, a su tierra de nacimiento: Alemania. Don Pedro, de alguna forma era un tutor, una prolongación de la figura de su padre, que prestó su confianza y consentimiento para que se llevara a su hijo en el cortejo del Emperador. Ahora ese vínculo quedaba roto. De alguna forma, la muerte del Conde era la expiración de su pasado.

Atrás quedaban los excitantes días de la primavera y el verano, en que los agentes imperiales intentaban negociar una solución al problema del protestantismo alemán. Los días en que una cohorte de representantes ya sea del papado, o de los príncipes alemanes, acudían raudos a Worms intentando aproximar posiciones, depurar cuestiones terminológicas y conceptuales, que en materia de fe permitieran reducir las tensiones de la vieja Europa. Todas esas negociaciones tuvieron lugar en Worms, cuando el Emperador, el conde de Feria, el padre de Lísperguer, cónsul de la ciudad, se encontraban allí y que posibilitaron el mayor encuentro de teólogos que haya registrado la historia: el Concilio de Trento.

Atrás quedaban las jornadas en los Países Bajos donde Lísperguer tan bien había aprendido las lecciones de cortesano, en esos admirables entornos palaciegos, cuya etiqueta y protocolo tenían justa fama de ser una de las más elegantes y exquisitas de todas las cortes europeas. De una forma simbólica, para Lísperguer llegaba de alguna manera la emancipación, la madurez, adquiría una nueva independencia, cumplía veintidós años, ganaba confianza, siendo más dueño que nunca de su destino.

Tras la muerte del conde don Pedro también quedaban pendientes otras cuestiones por dilucidar; esto es, la sucesión en el marquesado de Priego y el condado de Feria. En cuanto al condado de Feria, éste era de rigurosa agnación, por lo que sólo podían heredarlo hombres, estando excluidas las mujeres. Puesto que el heredero de don Pedro, Lorenzo, murió siendo niño, sólo quedó una niña, Catalina, que por estas razones no pudo recibir el condado.

Así que en 1552 fue su hermano don Gómez Suárez de Figueroa y Córdova, quien habiendo nacido segundón sucedió a su hermano como V conde de Feria, señor de las villas de Zafra, Villalba y la Parra, pariente mayor de la casa de Figueroa, grande de Castilla, comendador de Segura de la Sierra, trece de la Orden de Santiago, destacado miembro de la corte de Felipe II, que lo hizo miembro de sus Consejos de Estado y Guerra, capitán de su Guardia Española y su embajador en Inglaterra. Más adelante, en gratificación a sus muchos servicios elevó el monarca el condado a ducado por real cédula fechada en Madrid el 28 de septiembre de 1567.

En cuanto al marquesado de Priego, estaba el conde don Pedro destinado a heredarlo cuando muriese su madre, sin embargo, como hemos visto, no fue así, el Conde murió joven y su madre le sobrevivió por 17 años. Así pues con el tiempo el marquesado de Priego sería heredado por su única hija, Catalina, llamada desde entonces III marquesa de Priego, ya que esta casa, no seguía la regla agnaticia o de masculinidad, y por tanto, sí permitía la transmisión de su titularidad a través de mujeres.

El gran sueño y deseo de su abuela Catalina, gran matrona de la familia, II marquesa de Priego, era que su segundo hijo don Gómez, se casara con su nieta Catalina, hija de su primer hijo, don Pedro. De esta forma se podía unir el marquesado de Priego al condado de Feria. Sin embargo, es de estimar que dada la corta edad de Catalina, apenas una niña, esta unión repugnaba a don Gómez, que como más adelante tendremos ocasión de ver ampliamente, se enamorará locamente de una dama de la corte de María Tudor, llamada Jane Dormer, con la que se casaría posteriormente, con gran contrariedad de su madre que se oponía a esta unión.

Finalmente, Catalina a los trece años de edad se casó con su tío, y tercer hijo de la Marquesa llamado Alonso Fernández de Córdoba y Figueroa. Para poder efectuar esta unión fue necesaria la dispensa de la Santa Sede dado el estrecho parentesco que existía entre ambos. Desde ese momento la Marquesa renunció en su nieta ya desposada, el 25 de febrero de 1560, todos sus títulos, estados, dignidades y mayorazgos, que desde ese momento pasó a llamarse doña Catalina Fernández de Córdoba, II del nombre, desde entonces por su propio derecho III marquesa de Priego, XII señora de la casa y estado de Córdova, novena señora de la casa y Villa de Aguilar, de las de Montilla, Cañete, Puente don Gonzalo, Santa Cruz, Duernas y Castillo-Anzur, tercera señora de Montalbán, sexta señora de la casa de los Manueles y de las villas de Meneses y Montealegre, grande de España, etc.

Alonso y Catalina se desposaron por poderes, el día 6 de enero de 1560 en Toledo, estando allí la corte y en la cámara del Rey, con asistencia de Su Majestad y de muchos grandes y caballeros y luego en Montilla, el lunes 8 del mismo mes y año. Aun siendo tercer hijo, fue Alonso un personaje de altura. Por su matrimonio con su sobrina Catalina adquirió el título de marqués de Priego consorte, señor y pariente mayor de toda la casa de Córdova, señor de Montilla y de Aguilar y grande de Castilla.

Además, fue señor de las villas de Villafranca y Castro del Río, Caballero profeso de la Orden de Calatrava, comendador de Manzanares, gentilhombre de cámara del emperador Carlos V y posteriormente del rey Felipe II, así como capitán general de caballería ligera. Siendo muy joven y soltero, sirvió ardorosamente en compañía de sus dos hermanos mayores en el ejército del Emperador en jornadas tan memorables como la de Argel, después en la de Metz, y en las posteriores guerras de Alemania y Países Bajos. Por tanto, estuvo don Alonso también con su hermano don Pedro en Worms, siguiendo el cortejo imperial en dirección a Utrecht.

También estuvo en Flandes en compañía y al servicio del príncipe don Felipe, quien le nombró gentilhombre tras la renuncia del Emperador en 1555. También tuvo valerosa actuación en la batalla de San Quintín, sirviendo allí hasta 1559. A su vez, participó en la guerra de los moriscos de Granada y en la jornada de Portugal. En los postreros años de su vida don Alonso tuvo la gran satisfacción de ser honrado por Felipe II con el título de I marqués de Villafranca. Sobrevivió Alonso en 15 años a su esposa Catalina, dedicando su vida al servicio del aquel monarca, quedándose tullido en sus últimos días, muriendo en Madrid el 10 de marzo de 1589 (Fernández Bethencourt, 1897, pág. 196).

TERCERA PARTE

INGLATERRA

El futuro conquistador parte hacia la gran aventura inglesa

Por lo tanto, tras la muerte del conde don Pedro en el verano de 1552, su hermano don Gómez Suárez de Figueroa le sucedía en la dirección del condado. Lísperguer permanecería al menos un año más en el condado de Feria al servicio de don Gómez, siendo su caballerizo. Pero pronto, el sosiego de las lejanas tierras andaluzas, se vería profundamente alterado por los nuevos acontecimientos de política internacional, que estaban provocando un verdadero cambio en la dinámica de la corte.

Un año clave en el imperio fue el de 1552, ya que fue el año de la "gran crisis". Si resonante fue la victoriosa campaña de Mühlberg de 1547, que como el mejor de los heraldos pregonaba a los cuatro vientos la consolidación del poder del Emperador y la reducción de la herejía en Alemania, pronto se comprobaría como ese clamoroso éxito, no era más que una victoria pírrica, que arrastraba tras de sí más consecuencias adversas, que beneficios para el imperio. Pronto verificaría el César cuán cercado en realidad estaba, asediado por enemigos en todos los confines de sus estados, no sólo en el terreno militar, sino también en el político.

Cuando el príncipe Felipe hizo en 1548 su "felicísimo viaje" pasando por Italia, sur de Alemania, Países Bajos..., una de las cuestiones que se suscitaron fue su sucesión al imperio ante el inminente retiro del Emperador. Allí surgieron las primeras chispas, que venían a enfrentar a Fernando, Rey de los Romanos, hermano del Emperador, que pugnaba por la candidatura de su hijo Maximiliano y Carlos V que promovía la candidatura de su hijo Felipe. Aquellas dos ramas de la casa de Austria que tan bien habían cooperado durante años, veían por momentos como se resquebrajaba una amistad cimentada desde la infancia.

Aún se llega a una solución de compromiso y Carlos V, consigue de su hermano Fernando y sobrino Maximiliano, los acuerdos familiares de Augsburgo, que trataban de garantizar una sucesión alternada en el imperio, recayendo de forma rotatoria entre las casas de España y Austria. Era una solución temporal que abrigaba en su interior el germen de una desconfianza mutua, que siempre se intentaría disimular. En aquellos momentos Carlos V se encontraba en Innsbruck para impulsar las sesiones del Concilio de Trento.

En apariencia todo marchaba sin contratiempos, pero aquellos tratos de Augsburgo que podían convertir al príncipe Felipe en emperador de Alemania, no eran bien vistos por los electores alemanes. Se incubaba una crisis que amenazaba con destruir todo lo conseguido tras la guerra contra la Liga de Schmalkalden, conflicto alentado además por Enrique II, rey de Francia. La orgullosa oligarquía principesca alemana no ve en Carlos V más que un *primus inter pares*. El sentimiento protestante se alza vigoroso como un símbolo destacado de la identidad germana, de su independencia y nacionalismo.

El 26 de febrero de 1550 se firma la Liga de Könisberg, entre cuyos firmantes se encuentran varios príncipes alemanes, además de Guillermo de Hesse, hijo del Landgrave que se encontraba arrestado y humillado tras la derrota de Mühlberg y Mauricio de Sajonia, aquel duque que había cabalgado codo con codo con el Emperador en las jornadas de 1546, que se había mostrado ante todos abiertamente católico, ahora traicionaba al Emperador. Los coaligados, proclamaban su deseo de combatir por la libertad germana, la defensa del protestantismo, así como la liberación del Landgrave de Hesse.

La nación alemana se halla recelosa y desconfiada ante el poderío del Emperador y el descontento brota por doquier. Por si fuera poco se divulgó el deseo del Emperador de separar a los Países Bajos del imperio, incorporándolos a la monarquía católica. Agravaba la situación aquel fantasma de Felipe, erigiéndose como posible emperador de los alemanes. No es de extrañar que los príncipes rebeldes, acudieran raudos a negociar con Enrique II de Francia.

Producto de aquel complejo psicológico, de aquellas aguas turbulentas, surgía aquel personaje siniestro, Mauricio de Sajonia, campeón del catolicismo, después protestante, traidor inescrúpulo, *bête noire* que encabezaba ahora la rebelión de los príncipes, más por ambiciones políticas y económicas, que por motivos confesionales. A espaldas del Emperador, Mauricio organizaba su ejército personal, convirtiéndose en uno de los príncipes más poderosos de Alemania. En la primavera de 1552 los conjurados muestran sus planes y pasan a la acción. En marzo, Enrique II invade la Lorena, al frente de un ejército de 35.000 hombres, apoderándose de las plazas de Metz, Toul y Verdún.

A su vez, los príncipes alemanes agrupados en torno al duque Mauricio avanzan sobre Augsburgo con un ejército de 30.000 hombres. El Emperador se encuentra atrapado en Innsbruck sin saber a ciencia cierta a qué lugar seguro dirigirse. Se halla indeciso, enfermo, pensando que sus enemigos pretenden su propia captura o quizás avanzar sobre Flandes. A ello se unía la profunda decepción que le producía la sospecha de los tratos de su propio hermano Fernando con el duque Mauricio. ¿Cómo era posible que los príncipes alemanes facilitaran el ataque francés al imperio? Tales eran las amargas quejas del César.

La ciudad imperial de Augsburgo, la sede de los banqueros, había sido tomada. El duque Mauricio avanzaba imparable con su poderoso ejército sobre el Tirol. Por un momento cunde el pánico. Carlos V no tiene suficientes fuerzas para defender los pasos alpinos. La situación es desesperada. Pero pronto el genio político de Carlos V se pone en movimiento. El gran estratega envía emisarios y peticiones a su hijo Felipe haciéndole saber cuan delicada era la situación. Una ola de indignación recorre Castilla. Voces iracundas inundan las calles, plazas, campos y palacios. Una potente divisa aúna el sentir popular: ¡hay que salvar al Emperador!

Esa traición de un príncipe católico repugna a las gentes. Encima, la traición del hermano del Emperador, que se hallaba en connivencia con los planes del enemigo, producía una profunda decepción. ¡Ay si los turcos invadieran Hungría, o si los franceses penetraran en Italia o los Países Bajos! Herida la fibra sentimental se desencadena una potente reacción. Se llevan a cabo levas en masa, se embargan naves de particulares, se recauda dinero, varios nobles acuden a la llamada del Emperador y entre ellos el altivo duque de Alba acude presto a servir al César al frente de un nutrido ejército.

Fumarolas de entusiasmo que no llegan a tiempo para socorrer al César. El Emperador se halla atrapado en Innsbruck y el duque Mauricio le va pisando los talones al frente de un temible ejército. Carlos y toda la corte se ven obligados a huir en una estampida dramática, atravesando los pasos alpinos de Brenner y del Toblach en medio de una terrible tormenta de nieve, como si estuvieran en pleno invierno. Al fin consigue el César ponerse a salvo en la villa de Villach (Corintia), donde recupera las fuerzas.

Con el ánimo reposado prepara la gran contraofensiva contra Enrique II, rey de Francia. Llama a las guarniciones que se encuentran en los cuarteles de Alemania, Italia y España y logra reunir un vigoroso ejército de 64.000 infantes y 14.000 caballos. Para poder crear tal ejército Carlos se ve forzado a incurrir en cuantiosos gastos. Afortunadamente, Antonio Fugger le adelanta 400.000 ducados, el virrey de Nápoles, 200.000 y Manrique de Lara llegaba de Castilla con medio millón de ducados. Era un respiro, al menos transitorio, a la agobiante situación en la que se encontraba.

Al frente de estas fuerzas el duque de Alba planta el sitio sobre Metz en el otoño de 1552, donde se encontraba el duque de Guisa, el gran mariscal de los franceses, tío de la pequeña María Estuardo. A pesar de todos los esfuerzos el duque de Alba no consigue tomar Metz y acaba levantando el campamento abandonando el proyecto. El Emperador se dirige hacia Bruselas donde se teme un ataque de Mauricio, aliado del francés. El Emperador se encuentra achacoso, enfermo, sumido en sus melancolías, hastiado de los negocios de Estado.

Anhela el ansiado relevo en la cumbre, el traspaso de poder a su hijo Felipe, que le libere de las tediosas obligaciones que tan vastos señoríos le obligaban a mantener. Había que enviar nuevas tropas a Lorena, más tropas contra los protestantes, gastos y más gastos. España se hallaba depauperada de tanto subvenir a las múltiples necesidades bélicas del Emperador. Entonces, a Carlos se le ocurre una idea que liberara a su hacienda de sus continuas tensiones: una nueva boda para el Príncipe.

Hace siete años que Felipe había enviudado de María Manuela de Portugal y el César vuelve a poner los ojos en el que por entonces era uno de los reinos más ricos de la cristiandad. Ahora se halla casadera María, hija de Manuel "el Afortunado" y de Leonor de Austria (la hermana mayor del Emperador), prima carnal de Felipe. Raudo se dirige Ruy Gómez a Lisboa a pedir la mano de la Princesa en nombre del Príncipe. Allí en el tórrido mes de julio del año 1553, el hábil privado consigue del portugués nada menos que una dote de 400.000 ducados y joyas por valor de 45.000.

Todo parecía concertado y esclarecido, pero entonces dos muertes consecutivas venían a trastocar todos los planes que se habían llevado a cabo hasta aquel momento. El 6 de julio de 1553 fallece en Inglaterra el joven rey Eduardo VI. Cinco días más tarde y tras derrotar a su enemigo el marqués Alberto, muere en el mismo campo de batalla el príncipe Mauricio de Sajonia. Con la muerte de Mauricio desaparecía la vanguardia de la ofensiva alemana, y por tanto se disipaba el ímpetu de los príncipes alemanes contra el Emperador. Con la muerte de

Eduardo VI alcanza el trono en Inglaterra María Tudor y eso implicaba unas increíbles oportunidades para el imperio.

Tanto María Tudor, la hija de Catalina de Aragón, como Isabel Tudor, la hija de Ana Bolena, habían sido declaradas por Enrique VIII bastardas y por tanto sin derecho a sucesión. No olvidemos que el repudio de Catalina y posterior divorcio de Enrique VIII, había dado origen a la reforma de la Iglesia anglicana y a la ruptura con Roma. Por supuesto la Iglesia romana luchó con ardor contra tal situación y jamás reconoció la ilegitimidad del matrimonio de Catalina. Por tanto, María Tudor era católica en sus más íntimas convicciones, como no se podía esperar otra cosa de una nieta de Isabel de Castilla. Por supuesto, Isabel, la consecuencia o el fruto de dicho divorcio era vista con desprecio y desconfianza.

Inmediatamente tras conocer la noticia Ruy Gómez procede a romper las negociaciones matrimoniales con la corte portuguesa. Las increíbles expectativas que se abrían con este nuevo proyecto matrimonial inglés obligaban a esta descortesía con el reino luso. En palabras de Carlos V había que disimular. Acorralado como se encontraba por las continuas ofensivas francesas a los Países Bajos, con el prestigio imperial minado por la traición de su antiguo aliado el duque Mauricio y su fracaso en el intento de recuperar Metz, ve ahora en María Tudor una clara oportunidad de afianzar su posición estableciendo una sólida alianza con Inglaterra.

No fue fácil, sin duda. En primer lugar, María tuvo que vencer una revuelta interna. El Lord Protector Somerset intento poner en el trono a Juana Grey. Pero finalmente María con el apoyo del pueblo inglés consigue alcanzar el trono. Nada más conocerse la noticia, Carlos envía a toda celeridad a su embajador Simón Renard para que convenciera a la Reina de que el mejor partido era el de su hijo Felipe. No tardó mucho en estallar la tormenta política. Inmediatamente, Francia lanzo un verdadero grito de rabia contra el nuevo plan matrimonial de los Habsburgo.

Sentía un inmenso estupor al verse amenazada por el sur, este y norte, viéndose ahora en peligro desde Inglaterra. El embajador francés en la corte inglesa, Noailles, consignó una fuerte protesta frente a la Reina, adoptando un impulsivo tono amenazador. Por un lado, amenaza con ocupar Calais, la última posesión de los Tudor en Francia, si la Reina lleva a término sus planes matrimoniales. Por otro, estaba María Estuardo, la nieta de Margarita Tudor, hermana de Enrique VIII, que estando casada con el delfín Francisco, heredero del trono francés, haría valer sus derechos sobre el trono inglés con el apoyo de Francia, lanzando una invasión sobre la isla en caso de que la Reina continuara con su obstinación.

La hábil propaganda francesa presionaba fuertemente, aludiendo que Felipe era un fanático que iba a introducir la Inquisición en Inglaterra, que iba a involucrar a los ingleses en sus guerras con Francia, que traería la Contrarreforma a la isla, etc. A las intrigas de los franceses había que sumar la injerencia de la rama menor de los Austrias de Viena. El Rey de los Romanos también envía un emisario suyo para negociar la boda de María Tudor con uno de sus hijos, el archiduque Fernando. Por si fuera poco, también habría de encontrarse el Emperador con la oposición del partido nacionalista inglés.

En la corte inglesa, aquellos miembros del Privy Council que se habían beneficiado de las desamortizaciones de los bienes eclesiásticos llevadas a cabo por el depravado Enrique VIII, oponían una fuerte resistencia a ver a su Reina casada con un extranjero. Ello podía, además, suponer una pérdida de autonomía personal, viéndose Inglaterra con continuas intromisiones en sus asuntos internos llevadas a cabo por un poder extranjero. Pero finalmente, triunfó la diplomacia imperial, y la Reina aceptó de buen grado la candidatura del gallardo y apuesto príncipe español.

No importaba la diferencia de edad, María 38 y Felipe 27, ya que eran tantas las ventajas que podían aportarse de dicho matrimonio que cualquier obstáculo quedaba orillado. Con mayor entusiasmo aún es propulsada la propuesta española al conocerse la noticia del arribo de una flota de Indias que portaba más de 450.000 ducados. Felipe podía llevar a Inglaterra más de un millón de ducados (Fernández Álvarez, 1999, págs. 739-758).

Desde el punto de vista español aquella boda abría unas oportunidades increíbles para la monarquía católica. Por una parte para Felipe la única manera de gobernar estados tan diversos era mediante su unificación en la fe. La unidad e identidad religiosa se mostraba en la mente del monarca del Quinientos, como un instrumento fundamental de cohesión de sus dominios, como símbolo que facilitaba la sumisión de los súbditos a la Corona. Luchar por la unidad religiosa significaba garantizar la seguridad y los intereses de su vasta monarquía.

Ahora se abría una oportunidad única de atajar aquella diabólica herejía que dividía Europa y que mejor lugar que Inglaterra que tanto había sufrido con las salvajes persecuciones y atrocidades de Enrique VIII. Por otra parte, la piedra angular de los reinos filipinos era Flandes. Flandes constituía un territorio fundamental. Desde Flandes se podía mantener un control de Inglaterra y Francia y contacto con el imperio. Además, Flandes era básica por sus riquezas, su prosperidad, las verdaderas Indias del Rey Católico, de donde el César había podido obtener la mayoría de las sumas que le habían permitido sufragar las continuas guerras de su tiempo.

Sin Flandes, se temía la constitución de un fortísimo Imperio galo, por su unión con Escocia y sus pretensiones sobre Inglaterra. Pero ese dominio de Flandes, tan necesario para Felipe, no era posible, o resultaba muy difícil, sin la alianza de Inglaterra (Fernández Álvarez, 1949, pág. 19). No es de extrañar aquella orden imperial que en 1553 llevaba a Londres el embajador Renard en la que se decía:

"A toda costa es nuestro deseo que Inglaterra y los Países Bajos resulten aparejados, con el fin de que se proporcionen mutua ayuda contra sus enemigos" (Fernández Álvarez, 1949, pág. 21).

Esas eran las palabras del achacoso pero experimentado César que veía con los mejores augurios tal proyecto. En la mente de Carlos V podía imaginar el drástico cambio que se llevaría a cabo en la política internacional, si la pareja fuera capaz de engendrar un hijo. Este vástago vendría a heredar los Países Bajos, quizás el más poderoso y próspero estado de Europa, y sería, además, Rey de Inglaterra. Flandes e Inglaterra eran por entonces poderosos estados que pujaban por convertirse en los dominantes de Europa. Eran reinos cultos e industriosos que luchaban por controlar el comercio en ambas partes del canal, entre el Báltico y el Mediterráneo.

La perspicaz política del Emperador le permitía vislumbrar con nitidez las ventajas que se obtendrían si dos de los mayores estados marítimos del momento se unieran. Efectivamente, si Flandes e Inglaterra aunaran sus esfuerzos, en vez de competir como lo habían hecho hasta entonces, formarían un potentísimo bloque económico, político y militar. Tal formidable poder sin duda aterraba a los franceses, que ansiosamente buscarían un completo realineamiento de los reinos de Europa. Si se consumase tal matrimonio Francia se veía abocada a buscar una gran coalición internacional para poder hacer frente a esa gran presión bipolar Tudor-Habsburgo.

A todo ello hay que añadir la enorme trascendencia que podía provocar en el Nuevo Mundo, con su sur latino y su norte inglés. Eliminada la competencia se crearía un potentísimo continente americano, lleno de recursos, unificado bajo una sola Corona, norte y sur cooperando en sus intereses. Sin duda, un poder verdaderamente formidable. Desde 1554 hasta 1558 se lleva a cabo un colosal esfuerzo diplomático para conseguir esa gran alianza entre España e Inglaterra.

¿Y quién sería el gran personaje al que Felipe II le confiaría tan delicada tarea? Pues precisamente al conde de Feria, uno de los principales ministros de Felipe II y como sabemos al igual que su hermano el conde don Pedro, gran protector del futuro conquistador Pedro Lísperguer Wittemberg.

Felipe sabe que el esfuerzo que se le pide es enorme. Aquella mujer cuarentona no es precisamente el deleite de sus pasiones. Pero era un sacrificio que le pedía el Emperador. Allí entró en juego la educación del Príncipe, los consejos de sus ayos como Zúñiga, Siliceo... Felipe no desobedecería la orden paterna. Comprende el gallardo Príncipe las grandes ventajas de tal unión. Corren los diplomáticos de una corte a otra y se intercambian los retratos de rigor.

A Londres llega el retrato de Felipe pintado por Tiziano en 1551, en el que aparece armado y espada al cinto. Felipe recibe de la Reina inglesa el famoso cuadro de la mujer con la rosa roja pintado por Antonio Moro. Allí aparece María Tudor portando una rosa roja en su mano diestra, desbordante de joyas, acompañada de una preciosa diadema, así como de elaboradas pulseras y anillos. Del cuello le cuelga una soberbia perla, que bien pudiera ser la famosa perla peregrina ofrecida tiempo antes por Felipe, como un presente enviado a la corte de Londres a través de su emisario el marqués de las Navas.

Una preciosidad, verdadera rareza del tesoro real. Y como si Felipe no quisiera olvidarse de su amante Isabel de Osorio, se llevaría a Inglaterra aquellos retratos eróticos pintados por Tiziano, que bajo el ropaje mitológico pareciera albergar a sus dos protagonistas Felipe e Isabel. Este es el caso de *Danae recibiendo la lluvia de oro,* que junto a *Venus y Adonis*, son dos cuadros en los que podemos rastrear esos sentimientos, vislumbrando a los tiernos amantes, sumidos en su alegórico idilio.

Con estos precedentes comenzaba quizás el proyecto más grande, complejo y fastuoso que haya conocido la historia de España. La gran aventura inglesa se iniciaba. Toda la nobleza de Castilla acompañaba al Príncipe. Todos los grandes iban con su pequeña corte, todos queriendo competir en su opulencia y grandiosidad. Había que demostrar, aparentar la fuerza española. Según la consigna del Emperador los españoles debían ir a gastar y no a recibir. Los españoles acudían a la gran jornada con las manos llenas, con joyas para regalar a las damas y mercedes para conceder a los ingleses.

Y así se puso en movimiento toda esa inmensa escenificación, esa gran opereta de corte, con toda su parafernalia, y la pompa que el insigne evento merecía. El gran motor de la historia emprendía su marcha, empujando con sus poderosas poleas, toda la ambición humana que un propósito de Estado podía albergar. Ese era el sentir, esa la inercia del momento. El entusiasmo y la ilusión por la gran empresa no podían ser mayores.

Pronto se movilizaron los grandes personajes de la casa del Príncipe allegando voluntades, captando virtuosos, canalizando iniciativas, concretando objetivos. El duque de Alba, mayordomo mayor del Príncipe, comienza con todo entusiasmo a reclutar los hombres que iban a formar parte de la Real Cámara de Felipe, así como los gentiles hombres de boca. Se contratan oficios tales como contador, caballeriza, cava, panetería, estado, cerería, cocina... El conde de Feria como capitán de la Guardia Española, comenzó igualmente a alistar nuevos soldados: españoles, alemanes, arqueros, etc. Es verdaderamente increíble el nivel de sofisticación que alcanzaba la jornada.

No solamente se iba formando un grupo de hombres para atender las diversas necesidades del Príncipe; sino además, se disponía de diversos objetos y utensilios, atuendos, todos ellos de gran valor y suntuosidad. De la Armería Real salieron hermosos arneses, armas de caballería, jaeces labrados a la morisca y a la jineta, preciosos aderezos de la brida de diversos colores de sedas finísimas, con riquísimas bordaduras. También se llevaron magníficas vajillas de oro y plata, exquisitos candeleros. Asimismo, se enviaron a La Coruña –que era del puerto desde donde partiría el Príncipe– 1.500 caballos de todos los colores y tipos para el servicio de los caballeros de la corte, así como otras bestias de carga (Fernández Álvarez, 2004, págs. 741-748).

No menos lujosos eran los elegantes ropajes con que los nobles acudían a la jornada. Felipe llevaba refinadísimas ropas de terciopelo plagadas de riquísimos adornos. Otras de raso pardo con elaboradas bordaduras. También ropa galana de terciopelo negro, etc. Aparte de múltiples vestimentas, el conjunto incluía capote de camino, una capa de raja, preciosos sombreros, una cama especialmente mandada hacer por Felipe de terciopelo morado, llena de ricas bordaduras, así como un magnífico dosel de maravilloso brocado de oro y plata.

Son verdaderamente increíbles las descripciones hechas por Andrés Muñoz en su relato publicado en 1554, donde están consignados con todo lujo de detalles cada una de las ropas que llevaban para la ocasión los grandes que formaban parte del séquito del Príncipe. No podemos detenernos en describir todos los atuendos para la ocasión, pero a modo de ejemplo, podemos hacernos una idea entrando en el detalle de las ropas de uno de nuestros protagonistas, el conde de Feria. En palabras de Muñoz éste llevaba:

"Una ropa francesa de terciopelo negro aforrada en tela de plata, con una bordadura de oro de cañutillo, con unos troncos de tres en tres y unas hojas del romano revueltas por ellos y lo mesmo por dedentro; calzas y cuera de terciopelo y jubón de raso con la mesma bordadura" (1877, pág. 21).

También resulta ilustrativo las descripciones de las vestimentas de la Guardia Española, de la cual nuestro destacado Conde era su capitán:

"Cien alabarderos españoles muy bien dispuestos y en extremo gentiles hombres, entre los cuales hay su sargento y alférez, cabos de escuadra. Éstos llevan sus coletos guarnecidos de una faja de terciopelo carmesí, de una sesma en ancho, con otra del mesmo anchor de terciopelo blanco; la de carmesí dada sus golpes, que hacen a manera de unos cuadros, con unos cordones de seda gruesa asentados por orla de la guarnición, son tres de la color de la divisa de S.A., que es blanco y encarnado y amarillo. Jubones y calzas y gorras, con la mesma guarnición" (Muñoz, 1877, pág. 24).

Además de la Guardia Española, estaba la Guardia Alemana, así como la de arqueros a caballo, etc... Si todo ello lo exportamos a todos y cada uno de los nobles que acompañaban a Felipe, nos podemos imaginar el elevado grado de protocolo que había adquirido la insigne jornada. Por no mencionar más que unos pocos de aquellas cabezas principales de la nobleza castellana, traeremos a colación al almirante de Castilla, el duque de Medinaceli, los condes de Feria, Olivares, Fuensalida y Chinchón, los marqueses del Valle y de Pescara, don Antonio de Toledo, Gonzalo Pérez, el conde Egmont, don Diego Hurtado de Mendoza, el marqués de las Navas…

Felipe II (1527-1598)

Como mayordomo mayor de don Felipe, el altivo duque de Alba. Como camarero de su Real Cámara, su amigo de la infancia, Ruy Gómez de Silva. A ello había que añadir los ayudas de cámara, así como los oficiales de cámara, tales como guarda-joyas, guarda-reposte, huxeres de cámara, porteros de sala. Además, estaban los gentiles hombres de boca, como Garcilaso de la Vega, hijo del insigne poeta, que eran los encargados de llevar la vianda en la comida y en la cena.

También había reyes de armas, ballesteros de maza, caballerizos, cabalgadores. Destacada era asimismo la capilla, compuesta de capellán mayor, el obispo de Salamanca, sumiller del oratorio, limosnero mayor, doce capellanes, doce cantores, cuatro mozos de capilla, dos porteros y por supuesto un nutrido número de teólogos de todas las órdenes, muy doctos en las cuestiones del Evangelio, que venían con la elevada misión de restaurar la unidad de la Santa Iglesia en Inglaterra.

Pero no acababa aquí ni mucho menos la impresionante lista de oficios que acompañaban al Príncipe sino que además hay que añadir los siguientes: doradores, guarnicioneros, sastres, silleros, gorreros, calceteros, talabarteros, plumajeros, herradores, aposentador de palacio, huxer de la vianda, contralor, mayordomo de Estado, cuir de cocina, sumiller de la cava, sumiller de la panetería, salsier, guarda-menjer, cocinero mayor, tapicero mayor, cerero mayor, comprador de las viandas, comprador de leña, boticario... (Muñoz, 1877, págs. 27-31).

Estando todo apresto en La Coruña para realizar el gran viaje, Felipe salió de Valladolid el 14 de mayo de 1554 para encontrarse después con su hermana, la princesa Juana en Alcántara. Allí se abrazaron los hermanos, Juana enlutada, con el semblante cubierto por la reciente muerte del príncipe Juan. Juntos se dirigieron a ver a su abuela Juana; aquella pobre reina que desde hacía décadas se consumía de amor encerrada en las impenetrables paredes de Tordesillas. Pero el encuentro no contenía un propósito tan inocente como el de propiciar una agradable velada familiar entre nietos y abuela.

Detrás de la aparente informalidad de la visita, les animaba una intención mucho más trascendente. Se trataba de saber cuál era el estado de la vieja loca, ya que dada su avanzada edad, era de prever su inminente evasión de este mundo, y por lo tanto, era importante y mucho, saber cómo estaban las cosas, para poder proceder al relevo de poder, la transmisión de poder por la que tanto suspiraba Carlos V. No olvidemos que Carlos había sido entronizado de un modo atípico ante la vehemencia de su madre, pero volver a repetir la misma fórmula, cambiando al hijo por el nieto, no resultaba lo más conveniente.

Habiéndose despedido de su abuela, Juana partió para Valladolid donde estaba la corte, quedando como gobernadora de Castilla en lugar de Felipe. Bien es verdad, que el Emperador no tenía muy buen concepto de su hija pequeña, sin embargo, Felipe mediante su intercesión ante el padre consigue imponer su criterio, quedando Juana al frente del Gobierno en Castilla mientras durase su estancia en Inglaterra. Eso sí, tan importe comisión no le sería entregada sin antes prever ciertas cautelas.

Juana quedaría bajo un severo control de un equipo de gobierno, especialmente del secretario Juan Vázquez de Molina. De Tordesillas Felipe se dirigió a la villa de Benavente, donde fue agasajado con magníficas fiestas por el conde del mismo nombre. Allí según estaba previsto se despidió de su hijo, el infante don Carlos, aquel malogrado príncipe que en vez de reinos, su mala fortuna le había llevado a heredar las excentricidades de la pobre abuela, sino maldito de tanto enlace con primos portugueses.

Habiéndose despedido Felipe de su hijo, así como de grandes y caballeros que le habían recibido en Benavente, de allí partió el 9 de junio llegando a Santiago el día 22. Allí entre salvas de arcabucería, danzas y arcos triunfales fue recibido Felipe con gran regocijo por las autoridades de la ciudad. Los días subsiguientes se encontró con los embajadores que venían de Inglaterra, que eran Jhon Rusell, conde de Bedford y Thomas Fitz Walter, los cuales traían para firmar las capitulaciones matrimoniales. Éstas sujetaban seriamente la autonomía del Príncipe en la gobernación de Inglaterra, no pudiendo envolverla en las guerras que el Emperador libraba en el continente contra los franceses.

De aquéllas se deducía, además, que el hijo de Felipe y María heredaría Inglaterra y los Países Bajos e incluso en caso de fallecimiento del infante don Carlos, la propia España. Todo lo signó cumplidamente Felipe. En el plano formal Felipe aparecía ante la burocracia inglesa como un mero consorte de la Reina, sin poder alterar las cuestiones del reino. Sin embargo, en pacto secreto María aseguraba al Emperador que en Inglaterra y especialmente en cuestiones de religión se haría todo conforme a la voluntad de Felipe. Así lo creyó el Emperador. ¿Es qué no iba Felipe a poder influir sobre su esposa? Eso era lo que acertadamente se esperaba.

A los pocos días de haber recibido a los embajadores el príncipe Felipe se dirigió hacia La Coruña. Allí el recibimiento fue espectacular. Con gran solemnidad y pompa salieron a su encuentro más de catorce regidores que le pusieron al tanto de los preparativos para el viaje. Después se fueron a pasar revista a la armada que se encontraba atracada en el puerto. Allí avistaron una flamante escuadra de unas ciento cincuenta naves que acompañarían al Príncipe en su viaje. Entre calor de multitudes aparecieron a la vista del Príncipe más de seiscientos lanceros muy bien ataviados y en perfecta formación, enarbolando sus lanzas a par que ejecutaban graciosas marchas militares, acompañados de maravillosas melodías castrenses de flautines y tambores.

Después durante una hora se escuchó un estruendo ensordecedor de salvas de la armada y fogonazos desde el castillo, acompañados de tiros de arcabucería de la infantería, que causaron gran admiración entre los presentes. Al poco se levantó tal humareda que no se podía distinguir el cielo de la tierra. Entre las brumas aparecieron gran cantidad de pescadores ofreciendo mucha fruta y pescado fresco que fue un acontecimiento digno de ver por las gentes que allí estaban esperando al Príncipe.

Otro día Felipe inspeccionó personalmente la nave en la que él se iba a embarcar, que se llamaba "Martín de Bretandona". La decoración y ornamento de la nave, como capitana que era, fue realmente deslumbrante. Estaba de proa a popa guarnecida de grana de polvo colorada, con muchas cintas de seda de diversos colores fijadas con clavetes dorados. Los bordes de las partes delanteras del barco eran de damasco carmesí, salpicados de llamas de oro por todas partes. También el barco estaba hermosamente pintado con historias fulgurantes de la casa de Austria, así como otras antiguallas.

Los mástiles estaban asimismo decorados de graciosos colores y del principal pendía un estandarte real de damasco carmesí de treinta varas de largo, pintado con las armas reales. Del segundo mástil pendía un segundo estandarte también de damasco, todo él dorado, con las mismas armas y bravosas llamas de oro. En la proa ondeaban a la libertad del viento otras diez banderas con descollantes enseñas reales. Para el servicio de la nao disponía la embarcación de trescientos marineros, pajes, grumetes, todos vestidos de grana colorada.

Resultaba un verdadero deleite para los sentidos ver esa hermosa nave tan suntuosa, plagada de voluptuosa agitación, llena de vida, con su ajetreo de marineros recorriendo el barco, haciendo sus diversas labores, que podemos imaginar el impacto que debió causar cuando la nave arribó a las costas inglesas. Todos esos destellos de colores y efectos cromáticos debieron de deslumbrar a los ingleses hondamente, como si llegara a sus costas el monarca más poderoso del mundo.

Había costado al erario real la cantidad de cuatrocientos diez mil ducados el tiempo que la armada había estado atracada en puerto. Pero esa espera tocaba a su fin. El príncipe Felipe embarcaba en el Martín de Bretandona al tiempo que se despedía de los miembros de su séquito que a su vez se dividieron, embarcándose cada uno en su nave. Cada una de las naos iban a su vez graciosamente decoradas con cientos de banderas y estandartes, así como preciosas pinturas de Julio César y otros emperadores romanos.

En total irían a Inglaterra la exorbitante cantidad de unos tres mil nobles, de las familias más linajudas de España, cada uno con su pequeña corte y por lo menos seis mil soldados, algunos de ellos pasarían al servicio del Emperador en la guerra que este mantenía con Francia. Se iba a deslumbrar, a mostrar en toda su magnificencia la grandeza y el poderío de España. A todas luces nuestro protagonista, Pedro Lísperguer, embarcó en la embarcación del conde de Feria, navío que éste tenía suntuosamente preparado para su séquito.

Sin embargo, aunque muchos grandes se repartieron en sus respectivas naves, en el Martín de Bretandona, acompañando al príncipe Felipe, embarcaron los miembros más allegados de su cortejo. Entre ellos el conde de Feria, Ruy Gómez de Silva, su secretario Gonzalo Pérez, el conde de Egmont y Horn, el duque de Alba y su esposa y otras destacadas personalidades de la corte. Finalmente, estando todo ya preparado S.A. dio orden de partir y en medio de trompetas italianas y españolas, tambores, pífanos y salvas de artillería, partió la flamante escuadra, un viernes 13 de julio a las 11 de la mañana, con buen viento hacia su destino, Inglaterra (Muñoz, 1877, págs. 55-63).

Durante todo el fin de semana la majestuosa escuadra navegó con tal fuerza que pareciera empujada hacia su destino por el soplido atronador de un coloso. El ánimo encendido y la voluntad férrea de los hombres que comandaban el impresionante convoy, permitía a aquellas naves atravesar el Canal de la Mancha, en medio de furiosos vendavales y terribles tormentas. Surcando un mar espumeante, el lunes 16 fue avistado el Cabo de Ouessant, que es tierra de Francia. Al día siguiente, martes, y con no poco contentamiento fueron vistas por primera vez las costas de Inglaterra.

El miércoles salieron al encuentro de la escuadra del Príncipe, la flota de Flandes y la de Inglaterra, portando preciosos estandartes que ondeaban al viento mostrando las enseñas del Toisón de Oro y la rosa roja, haciendo un total de 38 galeones bien artillados, que aguardando a Felipe le dieron un imponente y caluroso recibimiento con numerosas salvas. A su vez S.A. ordenó a la flota española que respondiera con cuatro salvas por cada nave. Un aterrador estruendo se apoderó del ambiente causando una muy buena impresión en los presentes. Pasó después la armada enfrente de dos castillos que asimismo dispararon sus fogonazos y salutaciones, siendo vivamente respondidos por los barcos españoles.

La mañana del viernes 20 de julio partió de Southampton una gran barcaza muy bien adornada, en la que venían ocho caballeros ingleses, de los más principales del reino, que se dirigían al encuentro del barco del príncipe Felipe. Una vez tomado contacto con la embarcación, Felipe los recibió con gran entusiasmo y tras los saludos de rigor, S.A. procedió a desembarcar con ellos. Con el Príncipe desembarcaron algunos de sus colaboradores más allegados, el duque de Alba, Ruy Gómez de silva, el conde de Feria, y cuatro mayordomos más.

En ese momento S.A. dio orden de que los demás grandes y nobles que le acompañaban en las otras embarcaciones procedieran a desembarcar y así lo hicieron en pequeños botes. En un ambiente festivo de renovadas salvas y salutaciones, el Príncipe llegó a tierra inglesa. Por fin se establecía contacto entre dos poderosas naciones con costumbres y tradiciones muy diferentes. Una curiosidad contagiosa se expandía entre ambos grupos que acudían al encuentro. ¡Ah como sería aquella Inglaterra de celtas, dólmenes y druidas! Aquella isla inexpugnable, que sin embargo había sufrido invasiones vikingas, sajonas y normandas.

¡Ay, aquellas hordas invencibles del norte que habían logrado que todo un poderoso Imperio romano saliera de *Britania* con el rabo entre las piernas! Y después de tanto caos las maravillosas leyendas de Arturo, que emergían en una nebulosa de reflejos, a medio camino entre el mito y la verdad histórica. Aquel pueblo industrioso e innovador, con ideas muy distintas a la del resto de Europa, se venía a encontrar con el orgulloso vecino del sur, aquellos españoles remilgados, de vetustas costumbres, inamovibles en sus intransigentes creencias religiosas (Malfatti, 1956, pág. 139).

Más de treinta caballeros ingleses acudieron a besarle las manos al príncipe Felipe al embarcadero. Al frente de todos ellos, el conde de Arundel, camarero mayor de la Reina, que iba a su vez acompañado del caballerizo mayor y el mayordomo mayor. Con toda la solemnidad del momento procedió a poner en el cuello de Felipe una hermosa cadena de oro de la Orden de San Jorge, que es una rosa, así como a fijar en su pierna izquierda una cinta de oro que llaman de la Jarretera, que es la Orden de Caballería más importante de Inglaterra.

Posteriormente, Lord Browne, el caballerizo mayor, procedió a obsequiar al Príncipe con una preciosa jaca blanca que le había preparado la Reina para la ocasión. Inmerso en toda la aureola del momento, Felipe montó en su preciosa jaca ataviada con unas elegantes telas de terciopelo carmesí y engalanada con elaboradas bordaduras de oro y multitud de centelleantes perlas y otras piedras preciosas. Con todo un tropel de caballeros ingleses y españoles partió Felipe del embarcadero para dirigirse a la Iglesia Mayor.

Allí con gran alarde de fervor religioso, rezó S.A. sus oraciones. Acabadas sus plegarias, el Príncipe se dirigió a un hermoso palacio al lado de la iglesia, donde habían sido acondicionados unos lujosos aposentos suntuosamente decorados, para hacer confortable la estancia del distinguido huésped durante el tiempo que allí permaneciera. A pesar de tan calculado aparato, el pomposo recibimiento del ilustre vástago de la casa de Austria no fue completo, ya que lamentablemente cayó una recia lluvia, cogiendo Felipe un fuerte resfriado que lo dejó alterado varios días.

Al día siguiente desembarcó la bella y altanera duquesa de Alba, esperándola en el muelle varios caballeros españoles e ingleses. Y a propósito de las curiosidades de la corte, tuvo lugar una divertida escena cuando, estando el marqués de las Navas junto a ella presentándole a los caballeros ingleses, se le acercó el conde de Derby, que con toda naturalidad pretendía besarla en la boca –como es usual en la tierra– y entonces la altiva y displicente Condesa se retiró hacía atrás confusa, contentándose finalmente el Conde con besar la sonrojada mejilla de la recatada dama.

El lunes 23 de julio de 1554, S.A. abandonó Southampton para dirigirse a Winchester, que es donde la Reina esperaba impaciente a su gallardo príncipe español. Acompañando a Felipe por las húmedas y verdosas calzadas que conducían a Winchester, venía un impresionante cortejo de caballeros ingleses y españoles, compuesto de tres mil estrepitosos y relinchantes caballos, además de la airosa guardia personal formada por trescientos arqueros. Allí acudieron a recibirle ocho elegantes nobles de los de mayor rango del reino, siendo acompañados cada uno de doscientos garbosos caballeros, que escoltaron a S.A. hasta la urbe.

Una milla antes de llegar a Winchester, Felipe paró en una abadía para vestirse. De allí salió muy bien ataviado con un sayo de terciopelo negro con agraciadas bordaduras de oro, para ser recibido por las autoridades de la ciudad. Antes de llegar y continuando con el protocolo que se había fijado para el insigne momento, le salen al encuentro diez pajes vestidos con sayos de terciopelo carmesí, guarnecidos con unas fajas de tela de oro, llevando graciosamente unos caballos a la brida y un gentil hombre detrás montando un majestuoso corcel, que traía un mensaje de la Reina para Felipe, y es que podía disponer de todos aquellos caballos, de lo cual se holgó mucho S.A. recibiéndolos con gran contentamiento.

A continuación, pasando por las puertas de la ciudad, salieron a su encuentro veinte hombres vestidos de grana, que con gran acatamiento y compostura, rodillas en tierra, le entregaron las llaves de la ciudad y del castillo. Posteriormente llegó el Príncipe a la catedral, donde le esperaba con toda solemnidad el obispo de Winchester acompañado de cinco obispos más, todos ataviados con ropas pontificales, y muchos canónigos vestidos con sus capas con bordaduras de oro, con sus cruces delante.

Allí le recibieron cantando un magnífico *"Te deum laudamus"*, siendo acompañado al gran altar, donde Felipe rezó nuevamente sus oraciones. Los grandes que habían venido con Felipe, se quedaron un buen rato paseando embobados por la catedral, mirándola con detenimiento por todas partes, diciendo que era una de las iglesias más hermosas que habían visto jamás. Posteriormente, el Príncipe fue conducido a un palacio, que era una mansión contigua a la catedral.

Después de tanto preludio al fin el anhelado encuentro. Sobre las diez de la noche acude a los aposentos del Príncipe el mayordomo mayor y la camarera mayor de la Reina, para decirle que la soberana le está esperando y que vaya en secreto y con poca gente. Presto el Príncipe se acicala con una vistosa ropa francesa bordada de oro y plata y calzas de cuero blanco y coleto.

Sale de su palacio en mitad de la noche acompañado de cinco grandes ingleses, así como el grupo de cortesanos más allegados entre los que se encontraban: el duque el Alba, de Medinaceli, marqués de Pescara, de Aguilar, conde de Feria, Chinchón, Horn y Egmont así como otros miembros de su cámara. Así pues, la noche del 24 de julio, Felipe seguido por su pequeño séquito entra en al Palacio de Winchester. Acompañado por el chambelán de la Reina atraviesa a oscuras una huerta y jardines, entrando finalmente al edificio por una puerta falsa. Tras subir por una escalera de caracol llega a una estancia esplendorosamente iluminada. Allí se encontraba María Tudor paseando de un lado a otro con gran impaciencia.

Junto a la radiante soberana se encontraba el obispo de Winchester, que era el gran chanciller, y otros cinco señores principales de avanzada edad, así como cinco damas lujosamente ataviadas y dos gentiles hombres portando sendas antorchas en las manos. La Reina estaba exuberantemente vestida con una saya de terciopelo negro, con una delantera de plata escarchada y un chapirón de terciopelo negro, con sus piezas de oro de gran valor, graciosamente asentadas, así como una cinta angosta de piedras maravillosas, además de un soberbio collar.

Nada más entrar el grupo saluda al conde de Egmont, que ya lo conocía, ya que lo había recibido unos días antes. Posteriormente entra Felipe y la Reina se dirige a él con buen andar. Entonces, María le dio el galante beso en la mano a la cos-

María I de Inglaterra (1516-1558)

tumbre española y Felipe el beso en la boca al gusto inglés. Uno de los primeros problemas que surgen es la cuestión de la comunicación. ¿Cómo se hablarían? La Reina aunque había aprendido español con su madre Catalina de Aragón, no lo hablaba aunque sí lo entendía. Así pues la Reina procedió a hablar en francés y Felipe en español.

Sentados en dos sillas que estaban debajo de un dosel de brocado, estuvieron un buen rato cogido de las manos, de buena conversación y parece que se entendían bien. Aunque Felipe había solventado el problema del idioma, el resto del grupo de españoles vacilaba, resultando sus primeros saludos y cumplimientos un tanto nerviosos y cohibidos. Pero pronto los aristócratas en español y las jóvenes en inglés, ayudados de los gestos y de la mímica, establecieron una jovial y alegre inteligencia, que dio aún más aliciente a la entrevista protocolaria.

En pocos minutos en toda la sala había estallado una dichosa explosión de creatividad, que más parecía una improvisación de actores de teatro que el encuentro de reflexivos estadistas. Felipe muy observador mientras conversa con su futura esposa, se da cuenta que el conde de Feria reparte sonrisas y entretiene con asiduidad a una bella dama de honor de la Reina llamada Jane Dormer. Y es que tanto Feria como Ruy López además de ser unos excelentes diplomáticos reunían otra cualidad muy rara para la época que era la de saber inglés.

Después los futuros soberanos se levantaron y los caballeros españoles procedieron uno a uno a besarle las manos a María y ésta a su vez presentó a Felipe varias damas que se encontraban en una estancia contigua, que de dos en dos pasaron ante él haciéndole graciosas reverencias, el cual las beso en la boca al uso de la tierra. Después de un rato en el que siguieron intimando e intercambiando pareceres concluyó la plática, no sin que antes la Reina le enseñara al apuesto Príncipe como se decía buenas noches en inglés. Diciendo *"good night"* se despidió el Príncipe de los presentes, con lo que acabó la primera entrevista de Felipe con María.

Acerca de esta primera entrevista, Ruy Gómez de Silva, el privado que se encuentra al servicio del Príncipe en Inglaterra, informa a Eraso que se encuentra junto al Emperador en ese otro centro de poder que era Bruselas:

"Entretiene muy bien a la Reina y sabe muy bien pasar lo que no es bueno en ella para la sensibilidad de la carne y tiénela tan contenta que cierto, estando el otro día los dos a solas, casi le decía ella amores y él respondía por las consonantes..." (Fernández Navarrete, Salva, M., & Sainz de Baranda, P., 1843, pág. 531).

Un caballero español que se encuentra en Inglaterra escribe a otro que se halla en Salamanca y define el perfil de la Reina con las siguientes palabras:

"Aunque la Reina no es nada hermosa, pues es pequeña y más flaca que gorda, es muy blanca y rubia; no tiene cejas; es una santa; viste muy mal" (Muñoz, 1877, pág. 106).

Felipe desde el principio no se lleva ningún desengaño. Sabe muy bien el sacrificio que se le pide. María Tudor tiene al menos diez años más que él, una gran diferencia de edad. Mirada de cerca no ganaba en nada. Pero al fin y al cabo se lo había pedido el Emperador. Felipe comprende la gran importancia de ganar Inglaterra a la monarquía católica y en esa misión puede mirar a la Reina con la cabeza alta ya que el César le había cedido el virreinato de Nápoles y la gobernación del ducado de Milán.

No era Felipe sólo el heredero de un poderoso imperio sino que, además, era ya rey. Ambos soberanos se hallaban en un mismo plano y Felipe comprende la importancia que tiene ganarse la confianza de la Reina, para poder acometer esas trascendentales transformaciones que se tenían que llevar a cabo en la sociedad inglesa. Claro, en el aspecto sentimental esa igualdad se deshacía ante unos antecedentes, edad y móviles psicológicos muy diferentes. Hasta entonces la vida de María había sido un infierno.

Había tenido que sobrevivir en una corte altamente inestable, donde un pequeño mal paso te podía conducir a manos del verdugo en la Torre de Londres. La obsesión de Enrique VIII de tener un heredero varón le había llevado a desdeñar a esa agradable Catalina de Aragón, cuyo único pecado fue su incapacidad para darle un hijo. Sumido Enrique en un fuerte enfrentamiento conceptual con el Papa y el Emperador, acabó por tachar de ilegítimo su matrimonio con Catalina por no consumado.

Al no concederle el Papa el ansiado divorcio para poder contraer nuevo matrimonio, no dudó el soberano en romper con Roma y colocarse a la cabeza de la Iglesia anglicana. Una ruptura de la unidad católica que traería desastrosas consecuencias en Inglaterra en una era terrible de terror, miedo, duras persecuciones, rapiña y ejecuciones. Con el repudio de Catalina las vejaciones hacia ella y su hija María fueron constantes. La misma María tuvo que ponerse al servicio de Ana Bolena, la amante de su padre, sufriendo hostigaciones, menosprecios y humillaciones reiteradas.

En aquel terrible escenario, con un padre depravado y degenerado, una corte llena de traidores y tiranos, el veneno corría por doquier... Probablemente Catalina fue envenenada, como también pudo haberlo sido Eduardo. La propia Ana Bolena había acabado con su cabeza en el cadalso. Nadie estaba seguro. Incluso María tras la muerte de su padre tuvo que sobrevivir a una peligrosa insurrección y un intento de los nobles de colocar en el trono a una descendiente de una hermana de Enrique VIII, Jane Grey. Al final la suerte estuvo de su lado. El apoyo del pueblo de Londres, que la reconocía como la legítima heredera de Enrique VIII, fue fundamental.

Con estos antecedentes y en este contexto, es fácil comprender que la figura de María Tudor resultara patética. Famélica de amor toda su vida, con un espíritu reconcentrado, enfrentada a graves riesgos, su rostro ajado mostraba los estragos de una lucha despiadada. La continua opresión y el temor constante a perder la propia vida habían hecho de María una persona histérica. Cuando llega el joven y apuesto príncipe Felipe, María se entrega al amor apasionadamente. Desde el primer momento todo fue amor hacia el galán español. Amor sin reservas, amor incondicional. Aquella conocida predisposición erótica de los Tudor se desplegó hacía Felipe con toda su fuerza.

María le adoraba... Aquellas terribles pugnas de corte y por fin llegaba Felipe como un apoyo viril que daba sentido a toda una vida de infortunio... En el plano político era como cerrar el ciclo a una hábil maniobra diplomática dispuesta por los Reyes Católicos. En el sentimental, resarcir los graves agravios que recibiera su madre, ultrajada en su dignidad, abandonada miserablemente a un vergonzoso estado de penuria, repudiada de forma cruel alegando una supuesta ilegitimidad matrimonial, situación que la obstinada Catalina hasta el final de sus días jamás reconocería y mucho menos la santa Iglesia católica romana.

Amor, amor desenfrenado, pueril y puro, mujer madura profundamente enamorada... A pesar de todo el retrato de Moro la muestra casi animosa, altiva portando la rosa roja, símbolo del linaje de los Tudor, del que ella es heredera y se siente orgullosa. Tras esta primera entrevista se sucedieron otras recepciones en las que Felipe y María se fueron conociendo e intimando cada vez más, a la vez que iban avanzando los preparativos para la boda. Esos días Felipe dio gran acogida a los embajadores del Rey de los Romanos, así como a los del rey de Bohemia que en aquel momento llegaban a Winchester.

Posteriormente, también recibió con gran cortesía a los embajadores de Florencia, Venecia, Ferrara y Polonia. El día 25 de julio de 1554, día de St. James, santo patrón de España, llegaba la ansiada boda entre los católicos soberanos. Con este matrimonio real, acaecía uno de los acontecimientos de Estado de mayor relevancia que haya recogido la historia. Con dicho enlace se cumplía un sueño tantas veces acariciado por los monarcas, la unión de la Iglesia católica romana, la extirpación de la herejía en Inglaterra, con la creación de un poderoso bloque anglo-hispano.

Todo ello ocurría en la magnífica catedral de Winchester, que era una de las más grandiosas e importantes del reino, cuya construcción había comenzado en el año 1079, cuando Winchester y no Londres era la capital de Inglaterra. Sin embargo, el portentoso templo había sufrido grandes expolios en las jornadas de pillajes y saqueos llevados a cabo en el reinado de Enrique VIII. Se encontraba sin imágenes, sin esculturas, austera. Había que engalanarla para el trascendental evento. Doce enormes tapices se trajeron de los Países Bajos, llenos de color y bordados de oro. Maravillosa orgía de color, que supuso una de las mayores aportaciones españolas a Winchester.

En una esplendorosa mañana de verano, a las doce del mediodía, con toda la pompa del mundo, Felipe llegaba primero a la catedral, entrando con toda solemnidad en el grandioso edificio, acompañado de los embajadores, grandes, lores y caballeros del reino, todos ricamente vestidos. Felipe acudía al glorioso momento ataviado con una lujosa ropa francesa que le había preparado la Reina, plagada de brocados de oro, con muchas piedras y perlas graciosamente dispuestas, espada de oro al cinto, gorra de terciopelo negro aderezada con plumas blancas y un poderoso collar que le había enviado el Emperador, que pertenecía a la Corona de Castilla y estaba valorado en 250 mil ducados.

Con la serenidad y confianza de un gran soberano de la cristiandad, Felipe subía los escalones de una gran plataforma de madera, toda cubierta de finísimos tapices, que había sido construida en el interior de la catedral, desde la entrada hasta la nave central, donde acababa en un cuadrado con un estrado en forma de octógono. El interior del recinto estaba decorado con riquísimas telas de carmesí con preciosos brocados que colgaban de las paredes. La maravillosa vista se completaba con numerosas banderas y estandartes que pendían por todas partes. Hasta la llegada de los españoles a Winchester en las iglesias y catedrales inglesas sólo se escuchaba el órgano.

Ahora que Felipe hacía su magistral entrada en el sagrado recinto, se oía de fondo no sólo el órgano sino también los clamorosos sonidos provenientes de los trompeteros españoles. En medio de la gran resonancia y la excitación del momento, la música inglesa abandonaba su austeridad y se aproximaba a Monteverdi y la espléndida música italiana. Con paso seguro y sereno, Felipe recorre la elegante plataforma hasta llegar al final, tomando asiento en un rico dosel entoldado que se encontraba a la izquierda, rodeado de hieráticos embajadores y otros poderosos caballeros ingleses y españoles.

Con el mismo boato llegó luego la reina María, acompañada de dos jóvenes solteros, según la costumbre del reino, así como de un maravilloso séquito de damas, todas ellas exquisitamente ataviadas para el singular momento. La Reina iba vestida con un suntuoso sayo del mismo material que aquel que llevaba Felipe, con vistosos brocados de oro y plata, y una enorme cantidad de pedrería que cegaba a todo a aquel que la miraba. En medio del pecho, el hermoso diamante que le trajo a Inglaterra el marqués de las Navas, quizás la soberbia perla peregrina, verdadera rareza del tesoro real.

Recorrida la plataforma con igual ceremonia, y tras las salutaciones y cumplidos a Felipe, se despidió de las damas de su cortejo, tomando asiento en el dosel lujosamente entoldado que se encontraba en la parte derecha del cuadrado, justo debajo de la nave central. Entonces, aparecieron el obispo de Winchester, gran canciller del reino, acompañado de otros cinco obispos, todos ellos con ropas pontificales, así como el resto de la clerecía en perfecto orden, que procedieron a subir las escaleras que conducían a la plataforma erigida en medio de la catedral, donde se iba a realizar la ceremonia.

A continuación, con toda la gravedad y ceremonia del momento, el Rey y la Reina abandonaron sus doseles, acompañados de su majestuoso cortejo formado por los embajadores, grandes, lores y demás caballeros. El duque de Alba se quedó en la entrada de la plataforma, que tenía forma de teatro y todos alrededor tomaron asiento en su apropiado sitio: grandes, lores y caballeros, entre los que se encontraba nuestro ya familiar conde de Feria. Sólo los embajadores entraron dentro del estrado, que como sabemos tenía forma de octógono, donde finalmente entraron Felipe y María.

En ese momento apareció el regente Figueroa que procedió a anunciar como el Emperador sentía gran regocijo por este matrimonio y dada la gran estima que tenía a la Reina, renunciaba en favor del Príncipe el Reino de Nápoles así como el de Jerusalén, que estaba adherido al mismo, el cual fue aceptado por Felipe con gran contentamiento. Asimismo, traía el regente las intrincadas capitulaciones matrimoniales, que igualmente procedió a dar lectura. Con palabras solemnes que parecían dirigidas hacia la eternidad, el regente, con voz pausada y firme, bajo la bóveda resonante de la catedral y ante una audiencia silenciosa y expectante, comenzó a leer las cláusulas.

En las mismas se dejaba claro que el infante don Carlos, heredaría España, Nápoles, Sicilia, ducado de Milán, tierras y dominios de Lombardía y otras partes de Italia. Sin embargo, en caso de que el infante don Carlos muriera sin sucesión, el hijo que tuvieran Felipe y María tras el presente matrimonio, se subrogaría en la posesión de todos los dichos territorios, además de heredar las posesiones del Emperador en Burgundia, partes bajas de Alemania e Inglaterra. Por otra parte se ejercía un estrecho control sobre Felipe, en cuanto a la gobernación del Reino de Inglaterra, que como consorte de María debía seguir su criterio y respectar las leyes y costumbres del reino, dejando la gobernación a nativos del mismo.

Asimismo no podía Felipe despojar al Reino de Inglaterra de sus barcos, artillería y municiones, no pudiendo involucrarlo directa o indirectamente en las guerras que el Emperador mantenía en el continente con Enrique rey de Francia y por tanto, se le impedía efectuar levas de soldados ingleses para destinarlos a ese cometido. Por lo demás, se establecía una estrecha alianza y cooperación entre los reinos de España e Inglaterra.

Leídas las capitulaciones, el obispo de Winchester procedió a llevar a cabo la ceremonia. Acabada ésta, lores, caballeros, grandes y embajadores comenzaron a bajar, dirigiéndose con sus Majestades hacia la capilla mayor, donde los monarcas rezaron sus oraciones ante el gran altar. Allí los soberanos se separaron a sus respectivos doseles, donde recibieron misa, él en latín y ella en inglés. Acabada la misa, el Obispo los bendijo y éstos al tiempo que se daban la paz se besaron. Con gran regocijo de todos salieron los monarcas de la catedral convertidos en marido y mujer.

Miles de personas fueron testigos de aquel momento cenital de la historia universal. Grandes fuerzas que arrastraron las mayores voluntades en pos de un ideal se vieron allí consumadas. Diplomáticos de todas las naciones, embajadores, grandes y potentados, todos se dieron cita en Winchester, insuflando esperanza a un proyecto que pretendía transformar las bases morales e ideológicas de nuestro viejo mundo. Son hombres de su tiempo, con ideas de su tiempo. Aquel 25 de julio de 1554, entre todos ellos estuvo nuestro joven alemán, Pedro Lísperguer. No pudo ser mejor su aprendizaje, ni más elevadas sus relaciones.

En medio del boato y la pompa de un momento fulgurante, conoció a encumbradas personalidades de naciones extranjeras. Estuvo próximo a Felipe II como servidor de uno de sus ministros más allegados, el conde de Feria. Tuvo trato con todos los grandes de España, conoció a los duques de Alba, a Ruy Gómez, a los grandes caballeros del Reino de Inglaterra. No estuvo Pedro sólo en aquellos trascendentales hitos de la historia. Asimismo, estaban con él otros compañeros que con el tiempo también iban a ejercer un rol de primera magnitud en la historia de Chile.

Uno se llamaba Alonso de Ercilla, que fue quien puso ardor a aquellas estrofas de la Araucana, la narración épica más memorable de la literatura chilena. El otro, Francisco de Yrarrázaval, descendiente de un legendario linaje de vascongadas, que sería una pieza clave del engranaje real en el virreinato del Perú y que acabaría esparciendo su sangre por la sociedad chilena. Como Lísperguer, ambos cortesanos llevaban tiempo siguiendo el séquito de Carlos V y Felipe II. Fueron instruidos en las altas instancias de la política. Pulidos por los hombres de mayor entendimiento de su tiempo, se convertirían en los diamantes en bruto, que darían un nuevo sentido a la conquista americana.

Acabada la boda, los monarcas se fueron a cenar a una gran sala adornada con ricos tapices, acompañados de embajadores, grandes, caballeros y damas. Durante horas se sucedieron los festines, las risas, la algazara, la conversación franca y distendida, al abrigo de la buena música, buenas viandas, diversos manjares, bajo el influjo vaporoso y agradecido del noble Baco. Acabada la cena, Felipe y María bailaron una danza alemana, ya que ella no conocía la danza española, ni él la inglesa.

Tres horas duraron los saraos, donde caballeros y damas se abandonaron dulcemente al arte de la galantería, haciendo alarde de sus vistosas vestimentas, entregándose al refinado esparcimiento cortesano. Tras el banquete, Felipe y María se retiraron a su alcoba y lo que allí pasó queda bajo el dominio de la imaginación (Malfatti, 1956, págs. 79-89). El asunto no era gracioso, ni mucho menos baladí. Ciertamente, los placeres de alcoba comportaban una parte importantísima del negocio de Estado. Todo el magnífico despliegue políticodiplomático, todos esos grandiosos esfuerzos de corte, no eran más que una cortina de humo si Felipe y María no conseguían un objetivo primordial: engendrar un hijo.

Sin ese hijo, todo ese vínculo pacientemente elaborado se disipaba por falta de basamento. A lo más, Felipe tendría justificada su presencia en la isla mientras existiera la esperanza de tal hijo. Bajo el alero de ese ansiado anhelo, aún podía Felipe seguir intentando dirigir los asuntos ingleses, poniendo en orden los asuntos de religión y lo que era aún más importante, evitar que Francia lanzase sus garras sobre Escocia y apoyara a María Estuardo, apoderándose de Inglaterra. Por lo tanto, ya sea bajo una expectativa realista o con una ilusión fingida, esa idea de la concepción de un hijo, era un pretexto esencial, para poder seguir manteniendo un influjo sobre la política inglesa.

Entresijos del laberinto político inglés: el genio del conde de Feria

Ciertamente, desde que llegaron los españoles a Inglaterra todo fueron problemas. Numerosas dificultades venían a entorpecer la compleja labor política que Felipe debía emprender en la isla. Pero si contemplamos retrospectivamente el problema de Inglaterra, debemos remontarnos a un período en que, ya por entonces, el ambiente social, político y moral fue enormemente convulso. Hubo un tiempo, en que Enrique VIII estaba felizmente casado con Catalina. Había nacido su hija María y todos eran buenos augurios, nada hacía presagiar que el anhelado varón que Enrique tanto deseaba nunca llegaría.

En aquella época María estaba bajo su buena estrella y fue educada como una posible sucesora a la Corona siendo su mano pedida por los más grandes reyes de Europa. Pero con el repudio de su madre su fortuna cambió. Por determinación de su padre y sentencia de su Consejo, María fue privada de sus derechos de sucesión, siendo relegada a llevar a cabo bajas labores, humillada ante la amante de su padre: la intrigante Ana Bolena. Tras la muerte de Enrique VIII no fue mejor tratada por su hermano Eduardo que la marginó y despreció, manteniéndola alejada de la corte.

Fue aquel un tiempo turbulento, con un clima político de gran agitación. La tozudez del monarca barba azul, que ansiaba a toda costa tener un hijo varón, le había llevado a romper con Roma, negando la autoridad del papa, erigiéndose en la cabeza de la Iglesia anglicana, cambiando los asuntos de religión, expoliando los bienes y regalías de la Iglesia, repartiéndolos entre los nobles de la corte, cometiendo toda clase de aberraciones, ejecuciones y desmanes. Ello introdujo un aluvión de herejías que invadieron Inglaterra, acompañadas de sediciones y revueltas que manaron por doquier.

Su querido hijo Eduardo ha pasado a la historia como un joven de una extrema inteligencia, bien dotado para las letras, muy agudo y de una gran perspicacia. Además, tuvo la fortuna de poseer un carácter afable y un comportamiento digno de alabanza. Sin embargo, también se le acusa de haber sido mal guiado por sus tutores, especialmente en lo que atañe a los asuntos de religión. Un muchacho con una mente corrompida, educado en el falso credo, pronto se vería expuesto a las maquinaciones de los hombres fuertes de la corte. El adolescente congraciado con una excelencia intelectual era, sin embargo, muy débil de constitución física.

Sus últimos años los pasó con fuertes catarros que a menudo quebrantaban su ánimo y voluntad. En ese entorno, es fácil comprender, como el duque de Northumberland pudo alzarse como la primera voz del reino. Hombre poderoso, conducía los asuntos ingleses a su arbitrio, siendo obedecido como un rey. Según avanzaba la enfermedad de Eduardo, el Duque consiguió que el maltrecho joven declarara tanto a María como a Isabel bastardas, privando a ambas hermanas del derecho de sucesión, bajo el pretexto de que podrían introducir reyes extranjeros dentro del reino, con el peligro aparejado de aplicar nuevas leyes y formas de vida en la isla.

Ese pánico a la invasión de lo foráneo era aún mucho más patente en el caso de María, que al ser católica, podría verse abocada a introducir cambios mucho más radicales si cabe que su hermana Isabel. Siendo ambas hermanas apartadas de la Corona por acto de Parlamento, consiguió después el duque Northumberland que Eduardo dejara en su testamento a Jane Grey como heredera de la Corona de Inglaterra. Jane era la primera hija del duque de Suffolk, descendiente de la casa real por vía femenina, siendo su madre Frances la hija de una hermana de Enrique VIII.

El complot se cerraba con el matrimonio del tercer hijo del duque de Northumberland con Jane, lo que confería al ambicioso Duque acceso directo a un poder omnímodo en Inglaterra. Jane, protestante, era legitimada por la propia mano de Eduardo para alcanzar la más alta posición en el reino. De nada sirvieron sus protestas, y que dicha nominación le fuera otorgada en contra de sus propios deseos, ya que no se consideraba dotada de suficientes talentos para sobrellevar tan pesada carga. Presionada por sus deudos se vio forzada a aceptar. El 6 de julio de 1553 moría Eduardo a los dieciséis años de edad producto de sus múltiples dolencias y probablemente ayudado con un poco de veneno.

Tras la muerte de Eduardo, temiendo María por su propia vida huyó apresuradamente de Londres refugiándose en Norkfold, localidad cerca del mar. No se trataba de una elección hecha al azar sino que respondía a una doble intención estratégica. De una parte le proporcionaba una posible huida a Flandes en caso de inminente peligro; por otra le propiciaba una buena base en caso de que las cosas tomaran un cariz adverso y necesitara el auxilio de las tropas del Emperador. Entonces, el Consejo recibió carta de María requiriéndoles para que fuera reconocida como la legítima heredera a la Corona de Inglaterra.

El Consejo era un cuerpo formado por veinticinco miembros elegidos entre los nobles más destacados del reino, ejerciendo una suprema autoridad en todas las cuestiones atinentes al mismo, ni siquiera pudiendo el Rey substraerse a su deliberación en cuestiones de importancia. Jane fue llevada a la Torre de Londres siendo proclamada reina en cuatro lugares de la ciudad. El pueblo, descontento, acogió la noticia con notable irritación. Por su parte, María guarecida en el condado de Norkfold, comenzó a organizar su resistencia, proclamándose como la única, legítima y auténtica reina en todos los lugares a los que acudió.

Con un entusiasmo contagioso, gentes acaloradas comenzaron a salir de todas partes del condado, alzándose en armas en defensa de María. ¿Al fin y al cabo, no era ella hija de Enrique VIII? Según pasaban los días, ese examen de conciencia daba pábulo a que mucha más gente tomara las armas en defensa de la que consideraban la verdadera reina, una protección que no se limitaba al pueblo sino que, además, se extendía a numerosos nobles.

A su vez, el duque de Northumberland contemplando el vertiginoso ritmo con el que discurrían los acontecimientos y habiéndose
negado su aliado el duque de Suffolk a emprender ninguna acción
militar contra una Tudor, comprendiendo lo delicado de la situación,
se apresuró a tomar decisiones drásticas que le permitieran contrarrestar el avance de fervor que estaba experimentando su enemiga.
Decidido a llevar hasta último término sus malévolos planes, resuelve
comandar el mismo la operación, dando las órdenes que consideró
necesarias, así como las instrucciones al Consejo que estimó conve-
nientes, dejando a su hija Jane y al duque de Suffolk en la Torre de
Londres, abandonando Londres el 13 de Julio con cuatro de sus hijos.

Un nutrido ejército de más de 2.500 caballos y 8.000 infantes,
además de una larga provisión de artillería, municiones y pertrechos
de guerra, salió de la ciudad yendo al encuentro de María. Al frente de
él iban el duque de Northumberland, el conde de Warwick, el conde
de Grey, el marqués de Northampton, el conde de Huntingdon y otros
varios condes y marqueses del reino. Apostados en Cambridge, una
especie de remordimiento se expandió por el campo. A los soldados
les invadió una profunda repugnancia ante la idea de atacar a una mujer que, además, era la legítima heredera al trono de Inglaterra.

Pronto comenzaron a desbandarse, llenándose los caminos de fugitivos que huían del Duque y de sus viles propósitos. Como si hubiera
un principio rector que guiara las acciones de los hombres, pareciera
que hubiera un ojo de la verdad que fuera demasiado penetrante y
volara demasiado alto; un águila con una aguda visión que todo lo
viera y nada se le escapara, a la que no se la pudiera confundir con
mundanas miserias.

En nuestro contexto, ese sexto sentido lo tenía en Londres el Consejo, que se debatía en otra lucha muy distinta, aquella vieja pugna
entre el bien y el mal, el antiguo dilema de la prevalencia de la razón
de la fuerza o la fuerza de la razón, la opción entre dar crédito y vali-
dez a los argumentos sabios que son los abogados de la razón o
adherirse a la despiadada tiranía del acero, propugnador de la fuerza.

Esa era la ciega dama, balanza de la justicia humana, que en defensa de sus ideales, salía espada en mano, alzándose victoriosa por encima de las conciencias.

Y las conciencias se pusieron en movimiento. Varios caballeros miembros del Consejo, libremente discutiendo la materia objeto de controversia, llegaron a la conclusión de que era injusto y contrario a su deber permitir que a una legítima heredera, por ley de Dios y del reino, se la privara de la Corona, entregándosela a un tirano. Con excepción del duque de Suffolk, que se encontraba custodiando a su hija Jane, el resto de los miembros del Consejo abandonaron la Torre para dirigirse al Castillo de Baynard, mansión perteneciente al conde de Pembroke, donde nuevamente se reunieron en deliberación.

Allí el conde de Arundel, uno de los caballeros con más autoridad del reino, en una brillante e histórica alocución se dirigió a los presentes, haciéndoles partícipes de sinceras y convincentes verdades, razones de peso que conmovieron el ánimo y la voluntad de los contertulios. En su opinión, el duque de Northumberland, era un hombre que ejercía una suprema autoridad y que disponía de todas las armas, un hombre sin escrúpulos, deseoso de derramamiento de sangre, que pretendía usurpar los derechos de María, hija de Enrique VIII y legítima heredera al trono de Inglaterra.

Asimismo, aducía que su forma de actuar no era movida por celo hacia el bien público, ni tampoco la consolidación de la nueva religión, sino una ambición personal por gobernar, con el objeto de esclavizar un reino libre. En consecuencia, ceder a la presión de un tirano que pretendía de esta manera subyugar el reino a su capricho, solo podía subordinar la razón a la avaricia, persiguiendo a unos y favoreciendo a otros, originando injusticias, violencias, robos, sediciones, crueldades y toda clase de crímenes.

Como contrapartida, apoyar a María significaba impulsar a una soberana bendecida por muchas cualidades, de la que se podía esperar auténtica justicia, paz perpetua, misericordia duradera, ilimitada clemencia y excelencia en el gobierno. Oyendo los barones del reino estas profundas razones cargadas de sentimiento, no dudaron en firmar un nuevo instrumento por el que se entronizaba a María como la nueva reina de Inglaterra. Seguidamente, el conde de Suffolk, con gran pesar por el cambio de fortuna que experimentaba su hija Jane, fue obligado a salir de la Torre de Londres y firmar como los demás el instrumento de proclamación.

El día 19 de julio de 1553 el documento firmado fue publicado y dado a conocer al pueblo de Londres. El gentío congregado para escuchar la proclamación, rompió en un júbilo general al oír el nombre de María, lanzando al aire expresiones de alegría, mostrando un gran regocijo por el advenimiento de la nueva soberana. El entusiasmo se propagó enseguida por toda la ciudad. Las campanas no paraban de sonar y por las calles se encendían fuegos en señal de satisfacción. Después de la proclamación varios miembros del Consejo fueron a la catedral de San Pablo, donde se cantó un *"Te Deum Laudamus"*, tocando el órgano y dando gracias al Todopoderoso.

La vencedora María hacía su entrada en Londres montada a caballo, seguida de un largo cortejo de infantería y caballería, llegando a un número de 12.000 hombres. Llegada a la Torre, allí desmontó siendo recibida por salvos de artillería y sonidos de trompetas. Una vez entrada en la Torre fue recibida por el duque de Norfolk, de Somerset, el obispo de Winchester y Durham, que rodillas en el suelo acudieron prestos a brindarle homenaje. Por otra parte el altivo duque de Northumberland, aunque al principio reaccionó con ira, al final no le quedó más remedio que reconocer a la nueva Reina, siendo abandonado por todos sus soldados.

Los días pasaron y parecía que la vida en la corte se regularizaba. Acudían a ver a la nueva soberana numerosas damas, caballeros, mercantes y gente del pueblo, recibiendo a todos con gran contentamiento. A pesar del triunfo de María aún subsistían en el reino aquellos viejos recelos, que provenían de aquellos hombres que se habían enriquecido con los pillajes a la Iglesia llevados a cabo por Enrique VIII. Eran aquellos hombres los que aún mantenían un estrecho cerco en torno a la nueva Reina, tomando toda clase de medidas para impedir que ningún extranjero se entrevistase con María.

Especialmente sospechoso era cualquier emisario que proviniera del Emperador o del Papa. El temor era que el primero, negociara el matrimonio de la soberana y el segundo, pretendiera revivir la antigua religión y revertir la cuestión de las propiedades usurpadas a la Iglesia. A pesar de la gran dificultad para acceder a la Reina, Jhon Francis Commendone, legado papal, consigue atravesar Inglaterra disfrazado, ocultando su verdadera identidad, consiguiendo finalmente infiltrarse en la corte, obteniendo una entrevista con la Reina. María lo recibió muy calurosamente y durante el tiempo que duró su encuentro pasaron a revisión la compleja situación en la que había caído el reino. Entonces, Commendone la exhortó para que restaurara la vieja fe, reconciliando el reino con la antigua religión.

Paralelamente a estas entrevistas, la gente empezaba a comentar la necesidad de que la Reina se casara cuanto antes, ya que tenía alrededor de 38 años y las posibilidades de que tuviera sucesión disminuían día a día. Las opiniones en la materia diferían. Unos pensaban que el mejor candidato era Felipe, príncipe de España. Otros apoyaban al cardenal Pole y otros a Courtenay. Los que propugnaban que era mejor la opción de Felipe, opinaban que era necesario un rey lo suficientemente fuerte para poder hacer frente a las amenazas del rey de Francia, que ya había puesto un pie en Escocia y que nada podía garantizar que no quisiera después apoderarse de la misma Inglaterra.

Por otra parte se aducía que siendo ambos soberanos católicos dicha unión sería enormemente provechosa para el reino. Otros veían en Courtenay al consorte ideal. Decían que éste poseía sangre real, ya que descendía de una hermana de la madre de Enrique VIII, miembro del clan de la Rosa Blanca, educado en la religión protestante, que a su vez tenía suficiente capacidad y autoridad para preservar la unidad del reino, suprimiendo cualquier clase de divisiones en el interior.

Igualmente se esgrimía que de esta manera se evitaba que entraran extranjeros en la isla, impidiendo que se introdujeran costumbres distintas a las inglesas, con el temor de que postraran al reino a una perpetua servidumbre como ya había ocurrido en el Reino de Nápoles sujeto al Emperador. Otros en cambio favorecían al cardenal Pole, el cual también poseía una muy elevada ascendencia, contando entre sus antepasados con una hermana de la madre de Enrique VIII. Siendo el monseñor católico se esperaba de él igualmente caridad y buenas obras, a la par que la autoridad suficiente para defender al reino de cualquier ataque exterior o interior.

Por aquellos días los embajadores del Emperador se reunían con la Reina y día a día, se veía como la soberana se iba inclinando por la candidatura de Felipe. Nuevamente, María se vuelve a reunir con Commendone, al cual le informa de la decisión que ha tomado en cuestiones de religión, entregándole una carta autógrafa dirigida al papa Julio III. En ella prometía la sumisión del Reino de Inglaterra a la autoridad del Santo Padre y que a la brevedad posible derogaría los decretos de su padre y hermano en cuestiones de religión, así como inmediatamente enviaría embajadores a Roma para que profirieran lealtad y obediencia al Pontífice.

Poco a poco, todo volvía a su cauce, como si hubiera una gran contramarcha en la historia inglesa, que pusiera en orden todos los desmanes acaecidos en el régimen anterior. Antes de que partiera Commendone con sus novedosas instrucciones, la Reina lo retuvo unos días más en Londres. El motivo era que tras su derrota el duque de Northumberland había sido hecho prisionero y ahora se le estaba juzgando por sus execrables actos. Hallado culpable de alta traición sufrió públicamente la pena capital, no sin antes haberse arrepentido de sus actos habiendo repudiado ante todos su herejía, abogando por el retorno a la fe católica.

En el aspecto político muchas cosas comenzaron a cambiar en el reino. El Parlamento pasó nuevas leyes derogando aquellas que se habían creado en vida de Enrique y Eduardo. Una de esas leyes confirmaba que el matrimonio de Catalina y el rey Enrique había sido válido. Como producto de esa ley, María era proclamada legítima y verdadera sucesora al Reino de Inglaterra y en consecuencia todas las demás mujeres de Enrique VIII no eran más que concubinas y su descendencia, bastarda. Es increíble, cuán poco valen las leyes cuando no son apoyadas por el poder de quienes las promulgan.

El aspecto más polémico del reinado anterior que había llevado a profundas transformaciones en Inglaterra, ahora no representaba más que un conjunto de declamaciones disparatadas, papel mojado con que adornar los libros de historia. Otras de esas leyes abolían las creadas por Eduardo en materia de religión. Por ejemplo, una relativa al matrimonio de clérigos y las ceremonias religiosas, por la que se ordenaba a los sacerdotes que se hubieran casado a abandonar a sus mujeres, so pena de ser privados del derecho de administrar el divino culto.

Asimismo, se invalidaba otra ley por la cual se consideraba culpable de lesa majestad, a cualquiera que hablara sobre la reforma de la Iglesia o en contra de su rey, lo que afectaba especialmente a los clérigos, que a hasta entonces tenían prohibido predicar libremente o discutir muchas materias perniciosas a los ojos del Estado. Por último se anulaba el título por el cual se consideraba a la Reina como *"Supremum Caput Ecclesiae"*, y muchas familias principales que habían caído en desgracia en el anterior régimen ahora se las retornaba a su debido rango y privilegio.

Todo en apariencia marchaba bien. La Reina ganaba confianza aumentando día a día su poder. Había conseguido vencer a sus enemigos y había logrado hacerse reconocer como la soberana de Inglaterra. Comenzaba a rodearse de un equipo de colaboradores, depurando y rectificando las cuestiones de religión. Pero entonces, entró nuevamente a colación el tema de su boda con el príncipe español, esta vez reafirmándose en su decisión de casarse con Felipe. La voluntad de la soberana se hacía pública, a la par que se establecían las capitulaciones del matrimonio.

En ese momento, muchas voces se alzaron en generalizada protesta. En numerosas regiones estallaba una abierta insurrección, agolpándose por los caminos y villas un tropel de personas con los ánimos exaltados, protagonizando jornadas irracionales de ira e indignación, convencidos en su propósito de frustrar el proyecto de matrimonio. La turba enardecida justificaba sus actos bajo el pretexto de no pretender desobedecer a la Reina, sino de oponerse a la entrada de extranjeros en el reino, en defensa del bien público. Los líderes de la revuelta eran Peter Carew, Thomas Wyatt y el duque de Suffolk.

En cuanto al Duque, se encontraba prisionero en la Torre de Londres por orden de la Reina. Allí comenzó a ponerse enfermo y a empeorar en su salud, razón por la cual María accedió a liberarle con la condición de que permaneciera en arresto domiciliario. Pero el Duque, resentido, lejos de aquietarse y conformarse con su precaria situación, no queriendo aceptar el penoso estado en el que se encontraba su desdichada hija Jane, se avino a confabularse con los sublevados, aceptando su parte en la organización del motín, procediendo a reclutar soldados.

Peter Carew comenzó la sedición en Cornwall antes del día señalado (ya que el acuerdo consistía en esperar a que el príncipe español llegara a la isla) y la Reina envió un grupo de soldados para apresarlo, pero éste viéndose acorralado huyó a Francia. Recibiendo Wyatt noticias de la huida de su compañero, se apresuró a reunir hombres en Kent, preparándose para marchar sobre Londres. Por su parte el duque de Suffolk se encontraba por entonces con 200 caballos en el condado de Warwick, donde comenzó nuevamente a proclamar a su hija Jane como reina de Inglaterra.

Teniendo conocimiento María del levantamiento del Duque, envió para capturarlo al conde de Hundigton, al tiempo que lo declaraba traidor y un proscrito de la ley. Al saber que la Reina había enviado al Conde para apresarle, el duque de Suffolk se despidió de sus hombres y huyó a una granja donde es escondido por un labriego. Días más tarde el granjero le traiciona y lo entrega al Conde. En cuanto a Wyatt, la Reina envía al duque de Norfolk provisto de un buen ejército compuesto de infantería, artillería y municiones, al encuentro del sublevado. El Duque alcanza a Wyatt en Dorchester a 30 millas de Londres.

Estando éste apostado con sus hombres cerca de un puente y preparado para luchar, de repente se produce lo inesperado. Los soldados que venían con Norkfold abandonan en el campo la artillería y los pertrechos militares, uniéndose al ejército de Wyatt, siendo asimismo el propio Duque capturado. Dado que Wyatt sentía un especial afecto por el Duque al que consideraba como su padre, procedió a liberarlo con algunos de sus seguidores (ya que la mayoría permaneció con Wyatt).

Así el perplejo Duque que había salido de Londres con una formidable hueste de soldados con la intención de apresar al sublevado, volvía a la ciudad derrotado, sin sus armas y con unos pocos hombres, portando, además, un mensaje de Wyatt: él no alzaba sus armas en contra de la Reina, sino en contra de extranjeros y con el objeto de preservar la paz en el reino. Pocos días después Wyatt inicia una marcha hacia Londres con un poderoso ejército de unos 5.000 hombres. Una ola de pánico se expande por toda la ciudad, tomándose medidas urgentes para su defensa.

Aunque la Reina no disponía de ejército propio, consigue en medio de la agitación del momento, reunir unos 500 hombres en su mayoría extranjeros, así como varios caballos. A continuación congregó a los habitantes de Londres, dirigiéndoles un emotivo discurso en defensa de su causa. En el mismo, explicó las razones que le habían inducido a elegir a un marido extranjero y precisamente al príncipe español. En un tono enérgico y vibrante, les hizo entender la seguridad que Felipe representaba para el reino, ya que ninguna otra persona se encontraba en una posición tan aventajada como la suya para poder oponerse al Rey de Francia, que encarnaba una seria amenaza para la isla, toda vez que ya se había lanzado sobre Escocia y que nada garantizaba que un futuro no lo hiciera sobre Inglaterra.

Añadía, además, que esa no era sólo su opinión sino la de su Consejo, teniendo en mente solamente el bienestar y prosperidad del reino.

Con palabras palpitantes, María armada de valor exhortaba al pueblo de Londres a tomar las armas y luchar contra los rebeldes que se habían sublevado pretendiendo privarla de su autoridad. Asimismo, prevenía a los ingleses de que procedieran a defenderse, pues la horda enloquecida que se aproximaba a la ciudad no se detendría ante nada, ciegos de furor no dudarían en entregarse al pillaje, quitándoles sus pertenencias, la castidad de sus mujeres y hasta sus propias vidas.

Buena estrella la de María que con ardientes palabras había logrado convencer a los habitantes de la ciudad. Entendiendo éstos los buenos argumentos de su soberana comenzaron a gritar: ¡larga vida a la Reina y al Príncipe de España!, declarando estar preparados para vencer o morir. No había vía intermedia, o perdían sus vidas y propiedades o salvaban a su reina y a ellos mismos a un mismo tiempo. Pronto, se llevaron a cabo medidas urgentes para la defensa de la ciudad. Una de ellas fue cerrar la puerta del puente por el que Wyatt tenía que pasar, dejando allí para su protección a varios hombres bien pertrechados.

Como se sabe, para acceder a Londres es necesario franquear el Támesis, el cual en la época era atravesado por un impresionante puente conformado por 19 imponentes arcos de piedra. Obra portentosa que en su tiempo era calificada como una de las seis maravillas de Inglaterra, monumento grandioso que posibilitaba el paso de la región de Kent a la de Essex, donde se hallaba Londres. Cuando Wyatt se aproximó con su ejército al puente y comprobó que no podía cruzarlo, decidió atravesar el Támesis en un punto más alto, donde el cauce del río era más estrecho, a través de un puente de madera que se encontraba a 10 millas de Londres.

Finalmente, Wyatt consiguió entrar en la ciudad. Decidido a llevar hasta último término sus planes, dejó por el momento a la mayor parte de su ejército en una explanada en las afueras de Londres, dirigiéndose con un pequeño grupo a uno de los flancos de Westminster que es donde se encontraba la Reina. Habiendo alcanzado la puerta de una de las torres, se la encontró fuertemente custodiada con una guardia leal a la Reina que le impedía el acceso. A pesar de todos los argumentos esgrimidos por Wyatt no hubo manera que sus defensores cedieran a las pretensiones de su atacante.

Mientras que Wyatt intentaba persistentemente doblegar la voluntad de los guardianes de la torre, el conde de Pembroke había salido de la ciudad por otra puerta, acompañado de numerosa caballería e infantería. En una audaz maniobra logró sorprender al resto del ejército de Wyatt que se encontraba tranquilamente en la explanada, esperando instrucciones de su líder. Entonces, Pembroke cargó con un gran acopio de fuerza sobre sus enemigos, pillándolos desprevenidos, dispersando y matando a muchos rebeldes, hiriendo a otros y cogiendo un gran número de prisioneros con pocas bajas por su parte.

Wyatt, desconociendo los hechos aún se encontraba al frente de su pequeño grupo intentando traspasar la puerta. Detrás de la torre se encontraba Courtenay dirigiendo por orden de la Reina la defensa de la misma. Courtenay había sido uno de los pretendientes excluidos por la Reina, siendo postergado por el apuesto príncipe español. Se dice que el resentido inglés ambicionaba proclamarse rey el mismo tomando como esposa a Isabel. Siendo ambos protestantes sería fácil lograr el apoyo popular, alcanzando el trono. Sea por estas u otras razones, permitió que Wyatt atravesara las puertas, quedando él con su guardia detrás de él.

Pero teniendo conocimiento Courtenay del aplastamiento de la mayor parte del ejército de Wyatt, viendo que sus planes no podían ya tener éxito, dio una contraorden a sus guardias abalanzándose sobre sus oponentes, que atrapados entre los muros del palacio fueron pronto hechos prisioneros, siendo capturado el mismo Wyatt, siendo todos conducidos a la Torre de Londres. Con gran alarde de valor la reina María habiendo podido guarecerse en la Torre, había preferido permanecer en su Palacio de Westminster con su guardia de 500 hombres. Desde la ventana de palacio había seguido a menos de un tiro de arco toda la batalla, las maniobras, escaramuzas y finalmente el desmantelamiento de toda la ofensiva enemiga.

Habían sido momentos de gran nerviosismo, sufriendo la Reina una gran angustia personal ante el serio peligro en el que se encontraba. Pero ya todo había pasado. Armada de fuerza moral y con un pequeño contingente de 500 hombres había logrado desbaratar los planes de sus oponentes. Ahora era el momento de disfrutar del triunfo, celebrando su espléndida victoria, aplastando definitivamente a sus enemigos. Estando confinados en la Torre el duque de Suffolk, Wyatt y otros caballeros, la Reina los llevó a juicio. No hubo clemencia para los insurgentes.

Suffolk fue sentenciado a muerte y decapitado. Poco después Wyatt corría la misma suerte siendo descuartizado. En cuanto a Courtenay, Wyatt dijo que si lo había involucrado en sus primeras declaraciones, lo había hecho intentando salvar su vida. Pero posteriormente lo exculpó, diciendo que no había intervenido en nada en la conspiración. El atractivo Courtenay que otrora ejerciera un fuerte encanto sobre María e Isabel, aquel joven Plantagenet que se paseaba por la corte lleno de pompa y gracia, ante el que todo el mundo se inclinaba haciendo reverencias, era ahora enviado prisionero a la Torre de Londres. Hubo un tiempo en que María le profesó gran afecto llegando a considerarlo como un posible pretendiente.

Pero aquella fea traición, aun no siendo completamente probada alejaba completamente las miras de la Reina sobre su protegido. En mayo lo sacaron de la Torre trasladándolo a Fotheringay. En la primavera del año 1555 fue liberado obligándole a exiliarse. A pesar de sus persistentes peticiones de perdón a la corte, fue rechazado tanto por María como por Isabel que nada querían saber de aquel infeliz que había perdido el favor real. Vagabundeando por Europa, primero llegó a Bruselas, viajando después por Francia e Italia, llegando finalmente a Padua, donde murió desolado el 18 de septiembre de 1556.

En aquellos terribles momentos llenos de incertidumbre y peligro, la brumosa atmósfera de Londres expandía sus sombras fantasmagóricas por la ciudad. Sin dilación, ni piedad alguna, 200 prisioneros fueron colgados, resultando un espectáculo espeluznante contemplar las calles de Londres llenas de horcas y hombres muertos por todas partes. Algunos de los que sobrevivieron a la matanza fueron liberados y otros mantenidos en prisión. Ya sólo quedaba un escollo para hacer tabla rasa, allanando todos los obstáculos que impedían el retorno de la calma al Reino de Inglaterra. Ese impedimento tenía un nombre: Jane Gray.

La terquedad de su padre el duque de Suffolk, que se había obstinado en proclamarla reina una y otra vez, la había condenado a ella y a su marido a una sentencia de muerte. Quizá pudo haber sido perdonada, dada su inocencia, pero la persistencia de su padre a introducir innovaciones la había condenado irremisiblemente. Era una dura carga de conciencia abandonar a aquella joven mujer, engañada por sus parientes, a la fría hacha del verdugo. Ese remordimiento se apoderó del ánimo de María que pidió su indulto. Sin embargo, el Consejo, inflexible, concluyó que su perdón podría ser el origen de nuevas sublevaciones, sentenciándola implacablemente a la pena de muerte.

Un hálito de recogimiento, de contrición, se apodero de los miembros de la corte. La desdichada Jane, llena de vida y juventud se paseaba resignada, escondiendo su pena por las sombrías estancias de la Torre. Aquella mujer noble y altiva, aún le quedaba el suficiente coraje y aplomo, para alzar la cabeza con el arrojo, del que se sabe inocente y virtuoso, del que sabe que no importan los buenos razonamientos cuando se es un juguete en manos de sus verdugos. Se envía a su confinamiento a un teólogo para que corrija sus errores de fe. Jane, lo recibe con complacencia, pero firme en sus convicciones, no consigue más que distraerla de su destino inaplazable.

A la hora de disponer su defensa, Jane dijo verdades desgarradoras, palabras que iban a dejar su impronta, tiñendo de sangre la tinta de los libros de historia inglesa. Aludiendo a la simple realidad de los hechos, procedió a relatar unos sucesos que hablaban por sí mismos. Así comenzó a contar como el duque de Northumberland, por entonces presidente del Consejo, acompañado de otros destacados miembros del mismo, habían acudido a su presencia para comunicarle el fallecimiento del rey Eduardo, rindiéndole a continuación homenaje, arrodillándose ante ella, reconociéndola como la nueva Reina. Después se le explicó como Eduardo había luchado contra la tiranía papal, impulsando la nueva religión.

Por otra parte, se aducía como Enrique VIII había aprobado por acto de Parlamento una ley para que nadie reconociera ni a María, ni a Isabel como herederas a la Corona, so pena de alta traición, y que así lo había ordenado el Rey al Consejo antes de su muerte, por tanto ella no hacía más que obedecer la voluntad de tan insigne soberano. Asimismo, alegaba ella en su defensa, que como protestante que era, el Duque la había nominado para ser reina y que si no aceptaba sería preterida por sus hermanas. Aun así, ella arguyó que no se encontraba preparada para tan elevada comisión, siendo obligada por sus parientes a aceptar el real cargo.

De nada le valieron los juegos de palabras cuando lo que se hallaba comprometido eran las necesidades políticas. Habiendo sido fijado el día de la ejecución para ella y su marido, Jane hizo una última petición por la que solicitaba ver a su marido por postrera vez. Aceptada ésta, ambos cónyuges se encontraron, sucediéndose escenas cargadas de emotividad, abrazándose y besándose apasionadamente por última vez. Habiéndole llegado el turno a su marido éste fue conducido hacía el verdugo siendo decapitado públicamente. A continuación, con paso resuelto y sereno se dirigió Jane al cadalso. Allí le esperaba imperturbable el recio ejecutor.

Envuelta en un aura de serena dignidad, se dirigió a los presentes diciéndoles que tomaran su muerte como una prueba de su inocencia. Cubriendo sus ojos con su hermoso pelo suelto, como quien da la espalda a las ruines retorsiones de este mundo, procedió a inclinar suavemente su fino cuello en el bloque del verdugo. Impasible, el fornido hombre llevó a cabo su sórdido cometido. El hacha cayó implacable, llevándose con sus reflejos, la ingenuidad de una joven que en contra de su voluntad había sido enredada en los juegos perversos de la corte. Jane había muerto. Un gran pesar se apodero de los presentes, sintiendo gran compasión por el infortunio de la noble dama.

Inglaterra había sido pacificada. ¡Pero a qué coste! Se había llevado a cabo una increíble purga en el reino con el objeto de eliminar las disensiones internas, pudiendo preparar la adecuada plataforma política para recibir al príncipe español, permitiendo ahora con el apoyo de Felipe, lograr la seguridad exterior. Había corrido la sangre por el suelo inglés. Una catarsis despiadada pero necesaria, que había traído otra vez el anhelado sosiego para retomar los grandes proyectos del reino. Había llegado el momento de la boda.

Se había erigido todo ese escenario, ese teatro de Estado, esa grandiosa pantomima. Dos pueblos profundamente distintos habían allegado posiciones en busca de sus intereses comunes. Pero detrás de esta mascarada de afecciones fingidas, de amor simulado, de concertada y complaciente armonía, se ocultaba otra realidad mucho más perturbadora. Efectivamente, los cabecillas de las revueltas contra el poder real habían sido ejecutados. Sin embargo, esas tajantes medidas no habían logrado extirpar toda la crítica de un pueblo hacia sus mandatarios.

Aún quedaba latente en el corazón del pueblo esa animadversión hacia lo extranjero. Todavía palpitaba con fuerza por los caminos ingleses, esa idea de amor hacia lo patrio, con su consecuente malquerencia hacia lo foráneo. Se habían eliminado a los líderes de las insurrecciones, pero aún permanecían en la conciencia popular los faccionalismos, las divisiones internas, la disidencia... La muerte injusta de adversarios políticos había dejado un mal sabor de boca, una profunda conmoción moral, un remordimiento inextinguible... (Malfatti, 1956, págs. 3-40).

Estos son los abominables presupuestos, los inquietantes precedentes, a los que tienen que hacer frente los españoles cuando llegan a la isla en el verano de 1554. Entre ellos como sabemos iba Pedro Lísperguer, un joven alemán futura promesa en la conquista de Chile. Con estos sombríos antecedentes no es de extrañar que desde que pusieron un pie en tierra todo fueran problemas para los españoles. Una de las primeras barreras que se alzaron entre los dos pueblos fue la lingüística. Los españoles tenían grandes problemas para hacerse entender y eso en ocasiones era una gran fuente de contrariedad. Muy pocos españoles hablaban la lengua inglesa. Ya lo hemos mencionado.

Apenas la hablaban Ruy Gómez, el conde de Feria y marqués de las Navas. Es posible que Lísperguer, siendo alemán de origen haya tenido una cierta versatilidad lingüística, que le hubiera hecho posible absorber rápidamente la lengua en los siete meses que pasó en la isla. Pero esa no debió ser la tónica general. En el caso de Felipe se sabe que no hablaba en absoluto la lengua, como tampoco hay ninguna evidencia de que actuara ningún interprete. En ese contexto y dado el elevado rol que debía ejercer el monarca, es presumible que a menudo fuera el origen de numerosos contratiempos.

Por otra parte, ya entrado el verano se reveló imposible conseguir suficiente alojamiento para un grupo tan numeroso de españoles. Los choques y desórdenes eran continuos. No había bastantes plazas en las posadas. A su vez, algunos posaderos se negaban a dar cama a los españoles y si accedían a ello sólo era a cambio de un precio elevado, muy superior al normal. A la corte llegaban reportes constantes de altercados en hosterías entre españoles e ingleses. Por otro lado, el hispano consideraba a la mujer inglesa generalmente fea, mal vestida y de un humor demasiado arrogante y descarado.

Acostumbrados a la sumisa y tradicional mujer española, ello no debió ser un factor que les hiciera su estancia más agradable en la isla. Igualmente, les resultaba chocante ver a las resueltas mujeres inglesas cabalgando en sus caballos como expertas amazonas, con tanta destreza y seguridad como un hombre. Pronto se tuvo que poner remedio al problema del alojamiento. Reunido un comité conjunto de consejeros ingleses y españoles, incluido Ruy Gómez, determinaron alojar a una buena parte de los españoles en las afueras de la ciudad, en casas de campo, para protegerlos de la rapacidad de la gente.

Otro de esos problemas que perturbaban el ánimo de los españoles fue el tiempo atmosférico. El efecto repelente del mal tiempo inglés, con sus continuas lluvias, sus vendavales y sus cielos encapotados causaban un incesante malestar en los hispanos. Hechos éstos a los cielos límpidos y abiertos, al sol radiante y caluroso de España, el tiempo inglés era como una eterna espada de Damocles, que les afligía el ánimo y les sumía en la nostalgia e incertidumbre. A pesar de los esfuerzos de la Corona por aliviar la fricción, los cortesanos españoles se sentían muy incómodos. La hostilidad entre las dos naciones era mutua e implacable.

Muchos de los cortesanos españoles nunca habían querido venir a Inglaterra y algunos habían venido bajo un gran coste personal. Todo era carísimo en la isla. Los gastos de posada y establo eran elevadísimos y no poseían ninguna renta para sufragarlos. Otros se quejaban de que el agua inglesa no era buena y que muchos habían caído enfermos al ingerirla. Muchos vinieron en parte por lealtad hacia el Príncipe, en parte porque el matrimonio se les había presentado como un decisivo golpe al poderío francés. De hecho, pronto el excesivo grupo de españoles iba ser reducido.

Los continuos tropiezos que padecían los españoles, les hacía contemplar con benevolencia las campañas que el Emperador libraba en los Países Bajos, como el ansiado paraíso que podía sacarles de la comprometida situación en la que se encontraban. En el momento en que la corte había llegado a Londres, 80 españoles, varios italianos y flamencos habían pedido permiso a Felipe para abandonar Inglaterra. Entre ellos recibieron permiso para abandonar la isla: el duque de Medinaceli, el marqués de Pescara y de las Navas, así como el conde de Egmont. Para el 17 de agosto, sólo los servidores más allegados al Príncipe continuaron a su lado. Entre ellos, El duque de Alba, Ruy Gómez, el conde de Feria y Olivares, como figuras imprescindibles en el entorno de Felipe.

El primer mes en Inglaterra fue para el príncipe Felipe muy lejos de ser una apacible y feliz luna de miel. Uno de los primeros problemas con los que se encontró fue como organizar dos cortes, coordinando dos servicios domésticos. Los sirvientes ingleses siguiendo las instrucciones que habían recibido se pusieron inmediatamente a llevar a cabo sus cometidos. Felipe comprobaba perplejo como la comida le era servida por extraños con los que no podía ni conversar. Las protestas de los sirvientes españoles fueron inmediatas y amargas. Incluso el duque de Alba no podía llevar a cabo sus cometidos como mayordomo mayor.

A su llegada a Londres, Felipe intentó resolver el problema dividiendo el servicio en dos. Pero la solución resultó demasiado cara y no satisfizo a nadie. La queja continua era que el Príncipe se servía de los españoles para su servicio personal, mientras que las cuestiones de carácter gubernativo se dejaban a los ingleses. Los españoles se sentían desacreditados en público, a la par que la crónica recoge el caso del enojo de Lord Fitzwalter. Este caballero inglés que hablaba español y era miembro de la cámara privada de la Reina, se quejaba del poco acceso que tenía al príncipe Felipe y que en consecuencia no tenía ocasión de practicar la lengua.

Así pues, como puede observarse abundaban los malentendidos y los despropósitos por doquier. Otras crónicas señalan como los artesanos y vagabundos españoles que iban siguiendo la corte del Príncipe, actuaban como un grupo desbocado, generando conflictos, atrayendo violencia, cuando no eran responsables ellos mismos de incitarla. Otro motivo para el enfrentamiento fue el espíritu empresarial de algunos españoles, que se aventuraron a abrir algunas tiendas y otros negocios temporales en claro desafío a los privilegios de los comerciantes ingleses.

Otro asunto tiene que ver con el propio consejo que le había dado Carlos a su hijo, de no permitir que sus sirvientes se trajeran a sus esposas, por el peligro que representaban, ya que muy seguramente entrarían en conflicto con las damas de la cámara privada de la Reina. No estaba muy desencaminado el César a tenor de un caso que fue documentado. Efectivamente, la duquesa de Alba fue invitada a su palacio por la Reina. Allí se procedió a un intercambio de cortesías, aunque finalmente se sentaron ambas damas en el suelo.

Aunque parece que la velada fue en apariencia apacible, no fue repetida y según los observadores españoles la duquesa quedó profundamente insatisfecha con su recepción ante la soberana. Otros cortesanos dejaron testimonio en sus cartas a sus compatriotas en España, que *"los ingleses eran la gente más ingrata del mundo"* (Muñoz, 1877, pág. 107), pues no se habían dignado a ofrecer a los duques de Alba un aposento en el palacio de la Reina.

En otro orden de cosas ha quedado registrada la gran hostilidad hacia los clérigos, que se veían forzados a vivir recluidos en sus monasterios. Sólo salían de sus dependencias para dar misa, siempre acompañados de un nutrido número de españoles, ya que con frecuencia les tiraban piedras en las calles. Otros narran el caso de don Pedro de Córdoba y don Antonio, su sobrino, ambos comendadores, a los cuales les quisieron quitar a la fuerza sus hábitos, diciéndoles que para qué traían aquellas cruces, burlándose de ellos.

Asimismo, los españoles relatan como las iglesias y santuarios ingleses eran de los más bonitos que había en el mundo, pero que las estatuas de los santos y los crucifijos estaban acuchillados, las cruces rotas y muchas iglesias demolidas. No quedaba ni un solo fraile, ni monja en el reino y aunque había bellos monasterios, se encontraban en estado de ruina y abandono, convertidos en granjas. Otros consignaban el reproche de que los clérigos ingleses estaban casados e iban con sus mujeres a la iglesia a decir misa.

Añadían que trabajaban los días sagrados y que comían carne los viernes y los sábados. Otros informes aún más combativos señalan el convencimiento del español de que todo inglés era: *"gente bárbara y muy herética"* (Muñoz, 1877, pág. 120), que ejecutaban a monjes y monjas por diversión, no albergando ningún temor de Dios ni de sus santos. Esta leyenda negra se remontaba a los sufrimientos de Catalina de Aragón y la disolución de los monasterios. Si bien, ello hacía crecer la admiración hacía María no contribuía a suavizar las relaciones con sus súbditos.

No menos compulsivo resultaba oír hablar a los españoles de la poca autoridad que tenía la Reina. Según el sentir mayoritario, en Inglaterra mandaban tan poco los reyes que eran tratados como si fueran vasallos. Quienes en realidad ostentaban el mando y el gobierno de la isla eran los consejeros, que eran los señores del reino e incluso de los reyes. Para añadir más confusión, los ingleses a su vez proclamaban abiertamente que iban a ser esclavizados, por una Reina que era española en el corazón y que nada quería saber de ingleses, sino sólo de españoles y de obispos.

Todos estos factores condicionaron enormemente las relaciones entre dos naciones que no se soportaban. Convivencia difícil que es de un gran interés pues nos servirá más adelante para entender las razones que pudo tener Lísperguer para abandonar Londres lo más pronto posible, aunque su destino fuera mucho más recóndito que aquel paraíso de los Países Bajos y si cabe, aún mucho más incierto.

Contemplando el escenario global de la política, no podríamos decir que las tensiones de Inglaterra se redujeran a la gran hostilidad del medio externo. Había otras presiones que estaban condicionando el resultado de aquella delicada empresa. Se trata de aquellas divisiones que provenían del propio entorno del Príncipe, las querellas y pugnas por el poder cuyo origen estaba en los mismos españoles que acompañaban a Felipe. Muy importante será identificar a los personajes de la corte filipina, entender las relaciones que mantenían entre ellos, que como piezas de ajedrez en movimiento, desfilarán ante nosotros, mostrándonos sus debilidades y fortalezas, sus pasiones humanas, sus ideologías y sus bajezas.

Todo ello nos permitirá conocer la personalidad del conde de Feria, sus rasgos de carácter más acentuados. Ello nos conducirá igualmente a saber en qué partido militaba el Conde y por ende contribuirá a comprender el perfil de cortesano asignado a Lísperguer o dicho de otro modo, nos posibilitará encuadrar la figura del joven alemán dentro de la corte. Bien es cierto que cuando tratemos de adentrarnos en la figura de Lísperguer, hemos de tener en cuenta que el joven objeto de nuestro estudio no se encontraba en el mismo nivel jerárquico que otros pesos graves de la corte.

Pero ello no obsta a que habiendo sido claramente determinada la posición del Conde en ella, no podamos fijar la personalidad, el pensamiento y las cualidades de su subordinado, Lísperguer. Por otra parte, asistimos a un momento fulgurante, cenital, lleno de inquietud e intriga, que está definiendo la nueva relación de poder que se avecina. Habían tenido lugar los animosos sucesos del año 1554. El Príncipe se había casado. Hasta ahora había seguido las consignas de su padre, siguiendo los pasos marcados por el protocolo de la corte inglesa.

Luego las cosas se habían empezado a complicar, con esos problemas de convivencia que no ayudaban a una buena integración de los españoles en la isla. Al otro lado del Canal, en Bruselas un achacoso Emperador se empezaba a plantear el abandono del imperio. Se trata de ese ansiado traspaso del poder, el relevo en la cumbre por el que tanto suspiraba el César. La crisis del año 1552 había comenzado a marcar el camino hacia la sucesión. En aquella ocasión, con la vergonzosa huida del Emperador de Innsbruck por aquellas tempestivas y peligrosas montañas, había quedado cuestionado el prestigio y la autoridad imperial.

Felipe había acudido al socorro del Emperador enviándole tropas y recursos económicos. El Príncipe se mostraba más resuelto, mostrando una mayor firmeza. Había conseguido imponer su autoridad a la hora de dejar a su hermana Juana en el gobierno de España, en contra de la opinión del Emperador, que no confiaba plenamente en ella y por tanto, albergaba dudas razonables sobre las aptitudes de su hija para una comisión tan delicada. Felipe se había casado, aumentaba día a día su confianza, se acercaba el momento de la cesión del poder.

El Emperador en los últimos tiempos había estado enfermo, negándose a recibir a sus secretarios. Es un Emperador que está cansado, que ya no quiere implicarse en cuestiones de Estado. Las relaciones con su hermano Fernando se habían deteriorado ostensiblemente. La otra rama de los Austrias de Viena clama por su independencia y no reconoce a Felipe por nuevo Emperador. A su vez, la idea de la abdicación va cobrando vigor en la mente del César, como la solución lógica, de un mandato glorioso que tocaba a su fin.

Pero, ni Carlos estaba acabado, ni Felipe era aún rey. Sí, era Rey de Nápoles, duque de Milán y consorte de Inglaterra, pero todavía no había heredado los vastos dominios de su padre. Esos títulos sólo eran el anticipo en una época de transición. Felipe continuaba claramente subordinado a su padre. Estamos acostumbrados a vislumbrar a Felipe como el devoto "Rey Prudente", escondido en su estudio de El Escorial, dirigiendo fría y calculadamente su gran plan para hacer de España el moderador de la Contrarreforma, impulsando un renovado catolicismo hacía el herético norte de Europa.

Es la visión de un Felipe convertido en la "araña de El Escorial", un agresivo y firme monarca que envío contra Inglaterra su temible "Armada Invencible" y que expolió los cuantiosos recursos de su monarquía en un intento temerario de destruir el poderío francés. Ese era el Felipe intransigente, con una intolerancia absoluta en materia de religión, que no dudó en comisionar al despiadado duque de Alba a hacer limpieza en los Países Bajos, en un periodo de terribles persecuciones, ejecuciones masivas y arbitrarias, haciendo un uso brutal de la fuerza.

Ese era el perfil de un rey piadoso hasta la paranoia. Un monarca que sospechaba de todo el mundo, que no confiaba en nadie. Un soberano un tanto obtuso, paseando solitario por los pasillos de El Escorial, contemplando ensimismado por las vidrieras de su magnífica morada de piedra, las nubes cambiantes de la sierra madrileña. Esa es la percepción que se tiene de Felipe en el último periodo de su reinado. Pero ese enfoque contrasta enormemente con el joven e inexperto Príncipe que viajó a Inglaterra por orden de su padre.

Por entonces, Felipe sólo tenía unos veintisiete años de edad, estando claramente bajo la supervisión de su todopoderoso padre. Es un joven abrumado por el poder de su omnipotente progenitor, ¡nada menos que un emperador!; un muchacho que siente una cierta mitomanía, viéndose eclipsado por la aureola legendaria de su *alter ego*. Se trata de un Felipe un tanto tímido, de disposición flemática y melancólica, de una constitución extremamente delicada, físicamente débil, que necesitaba dormir mucho y que detestaba la actividad vigorosa. Aunque Felipe era inteligente y dotado de la habilidad suficiente para comprender complejas cuestiones, ese paroxismo moral, le inclinaba a la inacción, estando mejor predispuesto al reposo que al trabajo.

Le disgustaba ser visto en público y se sentía mucho más cómodo retirado en sus estancias discutiendo materias con unos pocos favoritos. Es un príncipe que cuando recibe a ministros y embajadores, se muestra impresionable, marcando las distancias con los presentes, alejado del tema en discusión, recluido en su carácter frío y reservado. Resulta paradójico contemplar al que luego sería uno de los reyes más tiránicos de Europa, conducirse en su primera juventud con indecisión, con poco dominio de sí mismo, actuando con gran cautela y tolerancia en los asuntos de religión atinentes al Reino de Inglaterra.

Es un príncipe que al contrario del Emperador le disgusta recurrir a la vía de la guerra como un medio para la expansión de sus Estados. En cambio, prefiere conservarlos a través de la paz. Vacilaciones aparte, el incontenible río de la vida discurría de forma vertiginosa e inexorable. El tiempo pasaba segando con su guadaña a los veteranos colaboradores de Carlos V. Hombres como el cardenal Tavera y don Álvaro de Córdoba que murieron en 1545, Zúñiga y García de Loaysa que lo hicieron en 1546, Francisco de los Cobos en 1547. La desaparición de estos graves personajes del entorno de poder de Carlos iba aumentando el protagonismo del Príncipe, alimentando día a día la idea de la sucesión.

Como resultado de todos estos fallecimientos, en 1548 se procedió a reorganizar la casa del Príncipe, emergiendo el duque de Alba por defecto, como el más joven y brillante de los hombres del Emperador.

Una imperiosa e imponente figura, que de ahora en adelante iba a observar todos los movimientos del Príncipe. Un verdadero caudillo, que había cabalgado triunfante junto al Emperador en Mühlberg, un soldado con una larga carrera política, nexo de las tres instituciones más importantes de la Monarquía: la Corte, el Ejército y la Iglesia. Como mayordomo mayor del Príncipe, el Emperador le había confiado la difícil tarea de mantener la disciplina entre los cortesanos españoles en Inglaterra:

> *"Te lo imploro —escribía el Emperador— que tomes las medidas que consideres necesarias para ganar la reputación y la buena opinión de la gente de Inglaterra" (Boyden, 1995, pág. 44).*

En particular, le encargaba al enérgico Duque que le echara un ojo a Felipe, para que se comportara de manera correcta. El altivo Duque fiel a su educación, poseía una avaricia de poder inconmensurable. No es extraño que el embajador veneciano lo describiera como presuntuoso, inflado de orgullo, consumido por la ambición, dado a la adulación y muy envidioso. Asimismo, alude a que la presencia de Alba en la corte resultaba desagradable, pues el Duque era descorazonado e imprudente. No era ajeno el Emperador a los defectos de su hombre de confianza, de hecho ya había advertido a Felipe con sus proféticas palabras consignadas en sus famosas *Instrucciones*:

> *"...Yo he conocido en él, después que le he allegado a mí, que él pretende grandes cosas y crecer todo lo que él pudiere, aunque entró santiguándose humilde y recogido. Mirad, hijo, que hará con vos que sois más mozo..." (Vaca de Osca, 1998, pág. 197).*

Además, añadía:

"De ponerle a él ni a otros grandes muy adentro en la gober-
nación os habéis de guardar, porque por vías que él y ellos
pudieren os ganarán la voluntad, que después os costará caro.
Y aunque sea por vía de mujeres creo que no lo dexará de ten-
tar..." (Fernández Álvarez, 1999, pág. 204).

Obviamente, un personaje como el arrogante Alba, que había sido
enviado a Inglaterra con la misión de recortar la autonomía de Felipe,
no dejaría de irritar al Príncipe des-
de su juventud. Al fin y al cabo, un
hombre del Emperador, una prolongación de la autoridad del César,
que frenaba los impulsos de un
joven deseoso de independencia. Es
lógico que Felipe juzgándose ya
maduro, se sintiera intimidado por
el soberbio Duque, ávido por conquistar su libertad, su dignidad y
sus prerrogativas. No crispaba menos el ánimo del joven que el
altanero Duque le llamase con el
apelativo de "hijo", lo cual le molestaba enormemente.

Fernando Álvarez de Toledo, III
duque de Alba (1507-1582)

Al fin y al cabo, todo era una cuestión de reconocimiento. El inse-
guro Felipe se sentía incómodo junto a alguien como el duque de
Alba, un hombre de alto estatus, primo de reyes, con una larga experiencia en el gobierno y en la guerra, con muchos años de servicio al
Emperador. Se sentía cohibido junto a todo un general del César, que
no le mostraba la debida deferencia y encima informaba de todas sus
acciones y decisiones al padre ausente.

Como resultado natural de la evolución en la política, Felipe se va
creando poco a poco su propio entorno de poder. Entre las primeras
figuras que emergen y que se van perfilando como los hombres de

confianza del Príncipe destacan personajes como el cortesano Ruy Gómez de Silva; un miembro de la alta nobleza como es el caso de don Gómez Suárez de Figueroa, conde de Feria, protector de Lísperguer, del que más adelante hablaremos extensamente y un secretario como Gonzalo Pérez, hombre culto, humanista, formado en la Universidad de Salamanca, que presumía nada menos que haber traducido la *Odisea* de Homero y que acompañaría al Príncipe en sus primeros viajes, tanto el de 1548 al imperio, como el de 1554 a Inglaterra.

En cuanto a Ruy Gómez, portugués de origen, será el hombre de mayor confianza del Príncipe, con el cual, pasando el tiempo forjará una amistad indestructible, llegando a convertirse en un verdadero privado que velará con ardor los intereses de Felipe, representando el ejemplo más extraordinario de movilidad social que jamás haya registrado la historia, en una época en que la permeabilidad entre estratos era simplemente inexistente. Ruy Gómez, fue un verdadero monstruo de la naturaleza, un prodigio incomparable, que consiguió con su propio talento ponerse por delante de todos los grandes de Castilla, logrando una inmensa estimación de su Príncipe, representando con habilidad todos los intereses de su soberano.

Fue íntimo amigo y consejero de Felipe, siendo bendecido por la fortuna con un genio increíble para maniobrar, intrigar y ejercer influencia en los resbaladizos corredores del poder próximos al rey. En palabras del cronista Luis Cabrera de Córdoba:

"la corte es un golfo tan peligroso que pocos consiguen atravesarlo sin adversidad... Ruy Gómez fue el primer piloto que en esa gran empresa consiguió vivir y morir seguro, siempre escogiendo el mejor puerto".

¿Pero cuándo se creó esa fusión de caracteres, ese tándem de personalidades, esa mutua adhesión inescindible, que cooperó tan eficazmente en la persecución de sus objetivos?

Nuestro relato se remonta a un tiempo, el primer cuarto del siglo XVI y a un lugar, el vecino Reino de Portugal. Allí nació alrededor en 1516, en la Chamusca, en el río Tajo, cerca de Santarém, nuestro portentoso personaje. Fue el segundo hijo de Francisco de Silva, señor del lugar y de su mujer, doña María de Noronha. Los Silva eran una antigua familia en la región, que podía presumir de contar entre sus antepasados con Diego Gómez de Silva, uno de los hombres más ricos de Portugal.

Aunque muchos de sus ascendientes destacaron como militares ilustres, que se labraron con éxito un lugar entre sus semejantes, cosechando logradas victorias para sus soberanos, no fue ese el caso de Francisco de Silva. El padre de Ruy Gómez vivió una vida tranquila como señor de la región, casándose en Lisboa alrededor de 1512 con María de Noronha. La novia era a la vez la segunda y tercera prima del padre del novio, Ruiz Téllez de Meneses, que era señor de Uñao y Comendador de Orique, prominente miembro de la poderosa familia de los Meneses.

Francisco de silva procreó con su mujer ocho hijos. Los dos hermanos mayores se llamaron Juan y Ruy Gómez. El mayorazgo de la noble y blasonada familia de Francisco se basaba en una estricta primogenitura, razón por la cual se tuvo que proveer un acomodamiento para el segundón, Ruy Gómez. Francisco de Silva era miembro del Consejo de Estado y pasó algún tiempo en la corte de Lisboa. Como consecuencia de sus vínculos matrimoniales, Francisco no dudó en recurrir a sus conexiones con la casa de Meneses, para buscar un destino apropiado para su segundo hijo.

La principal figura que emerge de esas relaciones fue Ruy Téllez de Meneses, abuelo de Ruy Gómez. Ruiz Téllez era una de las personas más ilustres del Reino de Portugal. Tenía nada menos que el prominente cargo de mayordomo mayor de la infanta Isabel, la hija del rey Manuel y de la hermana de Juan III, que había sido prometida en matrimonio a Carlos V. Así pues, Isabel fue conducida a Castilla en 1526 para casarse con el que sería uno de los hombres más singulares de la historia, el gran emperador de unos dominios donde jamás se ponía el sol.

Entre la cohorte de pajes que Isabel traía a España para su servicio personal –o *meninos* como se los llamaba en Portugal– se encontraba un chico de unos nueve años, Ruy Gómez de Silva. El chico avanzó rápidamente gracias al patronazgo ejercido por su abuelo, así como por sus muchos talentos, siendo la primera persona que fue asignada al servicio del príncipe Felipe, que había nacido en Valladolid el 21 de mayo de 1527. Pronto el joven fue asignado como *trinchante*, siendo uno de los encargados de servir al Príncipe en la mesa.

Pocos meses después de haber sido asignado como *trinchante* Ruy Gómez se vio envuelto en un incidente que bien pudo costarle su carrera en la corte. En diciembre de 1535 Ruy Gómez en una disputa palaciega, se vino a las manos con otro joven cortesano llamado Juan de Avellaneda. Los muchachos acalorados, en medio de la excitación del momento sacaron imprudentemente sus dagas. Menos mal que cerca estaba el duque de Sessa y otros dos caballeros que oyendo el tumulto acudieron a toda prisa a separar a los jóvenes exaltados. Pero lo más preocupante del asunto fue que, por accidente, el príncipe Felipe que se encontraba presenciando la refriega, recibió un pequeño rasguño debajo del ojo.

Inmediatamente, el presidente del Consejo Real fue notificado y éste alarmado por la gravedad del percance ordenó a Zúñiga investigar. Ambos jóvenes fueron confinados en sus estancias a guardar arresto. Entonces, el Príncipe, a la sazón un chico de unos ocho años se arrojó en sollozos a los pies de su madre implorando el perdón para su mejor amigo y su más estimado paje personal. La Emperatriz sin perder un minuto, impuso su autoridad, aplacando la severidad con la que el riguroso Consejo Real quería zanjar el asunto.

Isabel, dijo que puesto que se trataba de un altercado entre chicos, ella los castigaría como a tales, sin necesidad de que actuara la Justicia Real. En la intervención de la Emperatriz se percibe no sólo el gran afecto que le tenía a Ruy Gómez, sino además, el deseo de proteger a un compatriota, portugués de origen como ella, viéndose como quería mantener su presencia en la casa del Príncipe. En aquel mismo momento nació entre el Príncipe y su paje un asombroso pacto de voluntades, mediante el cual, Ruy Gómez dedicaría su vida a impulsar la trayectoria de su protector y Felipe consagraría la suya a asegurar el feliz desenvolvimiento de su protegido.

El tiempo pasó y el suceso se olvidó. A pesar de que el grave desacato pudo haber tenido serias consecuencias para la carrera del portugués, la buena estrella del joven favorito le había permitido vadear el obstáculo disfrutando nuevamente del favor real. En 1548, se procede a reorganizar la corte al estilo Burgundio, ocupando el duque de Alba el puesto de mayordomo mayor. Además, se eligieron cinco *sumillers de* corps, entre los jóvenes de mayor nobleza de Castilla. Entre ellos estaba el propio hijo mayor del Duque.

Como si hubiese sido bendecido por la divina providencia, otra vez vemos aparecer a un Ruy Gómez triunfante ocupando el puesto de segundo *sumillers de corps.* El cargo le ponía en la más inmediata proximidad a la persona del monarca. Dormía en su misma habitación. Tenía que seguirle a todas partes, incluso cuando el Rey entraba en los apartamentos de la Reina. Jamás podía perderlo de vista a no ser que el Rey así se lo indicara con una señal directa; en tal caso se retiraba a la habitación contigua.

Pronto Ruy Gómez consiguió aventajarse a todos sus compañeros siendo designado en 1551 con el cargo de *primer sumiller.* En esa ocupación tuvo constante acceso al Príncipe. Durante años el portugués estudió la personalidad de Felipe, sus inhibiciones, sus flaquezas, sus defectos y carencias, acomodándose de la forma más eficaz para a dar apoyo y asistencia a un carácter que por naturaleza era retraído. Aunque era once años mayor que Felipe, su temperamento afable, sus buenas maneras y sobre todo el tacto que demostraba en todo lo que hacía, pronto le convirtió en el favorito del Príncipe.

Algunos dicen, sin embargo, que la fortuna del portugués le vino por motivos mucho más oscuros. Corría el tiempo en que Felipe alcanzaba su primera juventud y como todo adolescente su ímpetu interior clamaba por tener una cita amorosa. Según esos rumores, en aquellos tiempos juveniles del Príncipe, el portugués hizo de Celestina concertando los primeros encuentros furtivos de Felipe, encubriendo sus salidas nocturnas, facilitando sus idas y venidas, posibilitando aquel primer gran amor del Príncipe, aquellos apasionados devaneos con Isabel Osorio, de los que tanto hablan las crónicas.

No cabe duda, que ya desde su más tierna adolescencia había factores que unían a Felipe con su *sumiller*. La madre del infante había muerto, su padre estaba siempre ausente, lo que obligaba al Príncipe a pasar largas temporadas solo en la corte, sin más compañía que sus austeros instructores como Zúñiga y Siliceo. En esas circunstancias no es de extrañar que viéndose el joven abandonado en medio de esos sobrios educadores, buscara una compañía más vívida y juvenil. Esa clase de amistad la encontró en el jovial portugués, que era el hombre más joven de la corte y que, además, había sido el favorito de su madre, lo que suponía una de sus mejores credenciales.

Es normal que un inhibido, joven e introvertido Príncipe buscara a alguien a quien emular. Quien mejor que Ruy Gómez, al que su madre le había profesado gran cariño, que probablemente recibió la misma educación que el Príncipe y con el que compartía también un factor de identidad, el hecho de ser portugués. Las cualidades de Ruy Gómez eran excelentes. Fue un magnífico jinete, que destacaba en los torneos y otros pasatiempos de corte como los juegos de cañas. Asimismo, fue un atractivo y fino joven de media estatura y cuerpo esbelto, estupendo bailarín, de muy buenos modales, lleno de gracia y elegancia en todos sus movimientos.

Es fácil comprender que bajo ese prisma, el retraído Felipe lo viera como un hermano mayor, un confidente, un compañero de juegos y el mejor modelo a seguir. A partir de aquí la ascensión del portugués fue meteórica. Habiendo sido caballero de Alcántara, consigue entrar en la Orden de Calatrava en 1540, con todas las implicaciones que ello suponía de acceso a esferas de influencia y clientela política. Acompaña al Príncipe en los momentos más importantes de su vida.

Lo veremos en la boda de Felipe con María Manuela de Portugal, así como en el gran viaje de 1548, en la aventura inglesa de 1554, en las jornadas de la abdicación de 1555 y en su regreso a España de 1559. En el momento más crítico de la guerra paulina, en la primavera de 1557, Felipe II envía a Ruy Gómez a Castilla, como su hombre de mayor confianza, a solicitar los recursos que urgentemente se necesitaban para hacer frente a la contienda que se avecinaba.

En circunstancias parecidas y a propósito de las negociaciones de paz con Francia de 1558, que luego se concretaron al año siguiente en Cateau-Cambrésis, Ruy Gómez será uno de los hombres, que junto a Granvela (gran conocedor de los recovecos de la política internacional) enviará Felipe a aquellas complejas jornadas. A su vez, ocuparía cargos de gran confianza como el de mayordomo mayor del príncipe don Carlos, siendo uno de los encargados junto con el conde de Feria de proceder en aquella delicada misión de llevar a cabo la prisión del infante, aquel inestable hijo de Felipe II cuyo perturbado carácter se estaba convirtiendo en un verdadero problema de Estado.

La carrera de Ruy Gómez fue sin duda fulgurante, pero no puede decirse que tan increíble proeza no estuviera ajena de graves problemas. Estamos hablando de un hombre hecho a sí mismo, un *"self made man"* que se presenta en la corte de Castilla sin ningún título, ni tierras, ni bienes pecuniarios que le avalen. Muchos ven en el portugués a un extranjero, un advenedizo que trata de desempeñar unos roles que no le corresponden por su nacimiento, su rango, sus ascendientes.

En este sentido el extraordinario afecto y favor que le profesaba Felipe era una fuente continua de fricciones en la corte, origen de reiteradas envidias y ataques hacía su valido. Ruy Gómez estaba muy lejos de ser un igual frente a las principales figuras de la corte. Aunque el portugués poseía cierta nobleza, no era ésta comparable a la de los grandes de Castilla. Incluso cuando él más tarde llegue a ser por su propio mérito grande, le será negado el título de cortesía de "don", solamente reservado a los hidalgos de castellano nacimiento.

En realidad, se trata del viejo dilema de la lucha entre la Corona y la aristocracia. El rey, en cierta manera, actúa en contra de sus propios intereses cuando otorga puestos gubernamentales a miembros de la aristocracia de la tierra. Un rey inteligente, por una parte, tiene que gobernar con la colaboración de sus aristócratas, acreedores del rango y el privilegio, y por otra, procurar rodearse de un eficiente equipo de secretarios de bajo nacimiento. Ya se lo había advertido Carlos V en sus famosas *Instrucciones* del peligro de meter a los grandes muy adentro en la gobernación del reino.

Por tanto, Felipe tiene necesidad de colocar una figura neutral, un talentoso ministro como Ruy Gómez, que fuera capaz de hacer frente a los poderosos grandes de Castilla. Un nuevo hombre del Rey, que tuviera la suficiente tenacidad para contrapesar a los graves hombres de la vieja guardia del Emperador. En especial aquel arrogante duque de Alba que con su experiencia, su nobleza de raza, su rango, no hacía más que irritarle continuamente, a la par que cuestionaba su aptitud para gobernar.

A lo largo de su reinado, Felipe II se afanará en encumbrar a Ruy Gómez hasta el punto de igualarlo con aquella altiva nobleza castellana. Se trata de legitimar la posición en la corte del portugués, de forma que nadie pudiera utilizar el argumento del "bajo origen" para debilitar la credibilidad del hábil cortesano y confidente del Rey. Una de las primeras mercedes que Felipe concede a su protegido será la encomienda de Argamasilla perteneciente a la Orden Militar de Calatrava.

Esta encomienda le producía en torno a los 2.000 ducados de beneficios al año. Unas rentas que debieron ser muy bien recibidas por Ruy Gómez ya que su prominente posición en la corte le obligaba a incurrir en permanentes gastos. Por otra parte, más allá de la importancia de la renta en sí, el verdadero significado de la concesión era que al convertirse en caballero y encomendero de una orden militar, certificaba a Ruy Gómez como un hombre de nobleza antigua y procedente de una reconocida familia cristiana.

Se había producido una mejora ostensible de su posición en la corte, pero aún no tenía lazos familiares en Castilla, ni título, ni fortuna personal alguna. Había que remediar esa situación. Pronto Felipe se pone a otear lo que había disponible en el mercado matrimonial. Por intervención directa del todavía Príncipe se concierta una boda entre Ruy Gómez de Silva y doña Ana de Mendoza y de la Cerda. El pedigrí de Ana no podía ser más prometedor. Era la hija del segundo conde de Mélito, Diego Hurtado de Mendoza y la condesa Catalina de Silva, la hermana del quinto conde de Cifuentes.

Doña Ana, dulce y de buen carácter podía, además, vanagloriarse de ser la tataranieta del poderosísimo Pedro de Mendoza, aquel cardenal de España del tiempo de los Reyes Católicos, a quien por su poder el pueblo le llamaba el Tercer Rey de Castilla. Las capitulaciones de la boda se firmaron en Madrid el 18 de abril de 1553. Con este magnífico enlace Ruy Gómez entraba a formar parte del prestigioso clan de los Mendoza. Además de la acrisolada belleza de doña Ana, la novia venía a engrosar su atractivo al ser la heredera de una cuantiosa fortuna, que permitía a su marido y sucesores ser los señores de una noble casa.

Si todos estos pasos habían sido importantes, no lo fueron menos las muchas concesiones que recibió en los años siguientes. En febrero de 1556 Felipe II le concedió la ciudad de Eboli, situada en el sur de Italia, cerca de Salerno, en el Reino de Nápoles, una localidad que junto a sus tierras circundantes tenía estatus de principado. Así el privado de Felipe, su hombre de mayor confianza, recibía el título de príncipe para sí mismo y su descendencia por primogenitura en perpetuidad. También es verdad que estos títulos no tenían la misma consideración que un duque o un grande de Castilla.

Un príncipe de una localidad del Reino de Nápoles podría apenas tener un valor equivalente a aquel de un marqués en Castilla. Quizá por ello prefirió ser llamado conde de Mélito, título que le había cedido su suegro en atención a sus muchas virtudes. Príncipe de Eboli o conde de Mélito, Ruy Gómez, el favorito del Rey, siguió acrecentando su posición en la corte con multitud de muestras del favor real. En Marzo de 1556 se le concedió la lucrativa encomienda de Herrera de la Orden de Alcántara.

Por estas fechas se procedió a formar el Consejo de Estado del que fue su principal coordinador y consejero. En enero de 1557 Felipe II le concedió el título de contador mayor de Castilla y de las Indias. Este cargo le permitía situarse en lo más alto de la administración financiera de Castilla dominando el Consejo de Hacienda y por lo tanto, ejerciendo gran influencia en la dirección de las políticas a seguir, así como, en el flujo de salarios, concesiones y mercedes a otorgar. Aquel *menino* que había venido de Portugal sin experiencia, ni fortuna, ni título alguno ahora era el que tenía la última palabra en cuestiones de honores, recompensas, favores y pagos.

Aquel portugués desconocido, un advenedizo para muchos, ahora era el *alma mater* del Consejo de Estado y Hacienda, se había enlazado con una de las familias más linajudas de España, nada menos que los Mendoza y había aglutinado en torno a sí títulos dignos de consideración. Con el paso de los años, todo ello le iba a permitir fundar su propia casa de Pastrana, una estirpe que se prolongará en el tiempo mucho más allá que la propia casa de Austria.

Los muchos servicios de Ruy Gómez, su versatilidad para entender y coordinar las distintas instituciones de la Corona, su capacidad para amasar egos, contrapesando las continuas fricciones de autoridad, hacen del portugués una personalidad excepcional. Valido o privado, no cabe duda que Ruy Gómez ejerció un magnetismo, un influjo en Felipe II que es difícilmente imitable en la historia de las cortes Europeas. Sabemos que al contrario del Emperador, Felipe detestaba la itinerancia. No era del agrado del Rey Prudente pasearse por sus dominios, como tampoco establecer un contacto directo con otras personalidades, diplomáticos o embajadores. Estas inclinaciones convirtieron a Felipe en el "rey del papel".

Desde su juventud mostró propensión a recluirse en la lectura y el estudio. Este aletargamiento le obligaba a utilizar las cartas como un medio de comunicación con los distintos dignatarios a cargo de sus dominios. Por lo tanto, al contrario que la imagen que nos ha legado la historia de un extravertido Carlos V, tenemos a su hijo Felipe II, que fue un hombre tímido, pasivo, y sedentario. En este contexto Ruy Gómez actuó como si se tratara de los ojos, oídos y voz del propio Rey.

Mientras Felipe se mostraba frío y reservado en sus contactos públicos, así como reticente a tomar la dirección personal de los asuntos del reino, su privado viajó por él, habló por él, y presidió los Consejos de Estado en su lugar. Cualquier persona que quisiera tener acceso al Rey tenía que vérselas primero con su privado, que era quien canalizaba y filtraba la información que llegaba a Felipe y a su vez retransmitía los deseos y la disposición del Rey en las materias objeto de debate. Ruy Gómez estaba dotado por naturaleza con una extraordinaria capacidad de persuasión, que le permitía salir airoso de las más complejas empresas.

Fue un maestro en el arte de salvar obstáculos burocráticos, manipulando el sistema en su propio beneficio, así como el de sus clientes y amigos. Ruy Gómez tenía una habilidad increíble para hacer de enemigos sus amigos, concediéndoles favores de modo que supieran todo lo grande que era su poder. En vez de enfrentarse directamente con sus competidores, los derrotaba cortésmente. Su técnica consistía en disminuir la tensión que la envidia producía hacía su persona, evitando involucrarse en disputas públicas con sus adversarios, desprendiendo un encanto, una seductora magnanimidad que lograba desarmar al más recalcitrante rival.

Fue un hombre astuto, que poseía un gran dominio de sí mismo, demostrando una gran habilidad para retener el favor del Felipe II. Disponía de diarias oportunidades para entablar conversación con el Rey, demostrando una milagrosa destreza en su conducta, un hombre inteligente que siempre supo adaptarse de la forma más conveniente a la disposición de ánimo de Felipe, sabiendo apartarse prudentemente cuando el monarca deseaba momentos de soledad.

En síntesis, podemos decir que Ruy Gómez fue un auténtico hombre del Renacimiento, un supremo oportunista, un monstruo de la naturaleza, que llevó a cabo un asombroso escalamiento entre castas, franqueando estamentos hasta entonces vedados a las personas que no pertenecieran al selecto grupo de la alta nobleza, representando un extraordinario ejemplo de movilidad social, en una época que no existía ninguna. Ruy Gómez estuvo dotado de alguna misteriosa cualidad innata, que le posibilitó oponerse a las fuerzas del destino con el ejercicio de la *virtú*. Al final, por una paradoja de ese mismo destino, tuvo éxito en parar y revertir la rueda de su propia fortuna (Boyden, 1995, págs. 7-38).

Retomando la cuestión de la estancia de Felipe en Inglaterra, ya vimos las numerosas dificultades que los españoles padecieron en la isla. También pudimos observar como muchos de esos problemas surgían del propio grupo de personas que acompañaron al Príncipe en su gran aventura. Príncipe era, pues aún no había heredado los vastos dominios de su padre. Existían por entonces, como ya sabemos, dos centros de poder. El primero estaba representado por Felipe con sus cortesanos en Inglaterra y el otro, el del Emperador en Bruselas. Como veíamos, el Emperador había estado enfermo y la idea de la sucesión se iba abriendo camino.

Felipe se había casado, se mostraba más resuelto e iba creándose su propio entorno de poder. Habíamos visto como Ruy Gómez había emergido como el hombre de mayor confianza de Felipe. Por otra parte el duque de Alba, lo era del Emperador. El choque era inevitable. Es evidente, que siendo Alba un consumado militar con gran experiencia en cuestiones de gobierno, Felipe no podía prescindir de él. Sin embargo, estaba claro que el soberbio general estaba coartando la independencia del Príncipe y por tanto, retrasando ese anhelado cambio de poder, el ansiado relevo en la cumbre.

Es lógico, que siendo Ruy Gómez el mayor confidente del Príncipe, Alba viera esa situación con profunda repugnancia. El vanidoso Duque había sido elegido por el Emperador para el cargo de mayordomo mayor del Príncipe y por tanto, consideraba que era él y no ningún otro el que debía tener acceso directo a Felipe. En su forma de ver las cosas, solo un grande de Castilla, una persona de noble nacimiento, poseía el rango suficiente para ejercer ese derecho. No podía concebir que un desconocido de bajas credenciales y encima extranjero, se pudiera delante de él en la gobernación del reino.

El engreído Duque rompía en frecuentes ataques de ira, al no poder desempeñar adecuadamente sus funciones en Inglaterra. Una persona de su perfil demandaba una constante adulación, un continuo reconocimiento a sus servicios. Viéndose ocioso y aburrido, en un lugar en el que no hablaba el idioma y en el que, además, se le negaba el favor real, los arrebatos en los que incurría eran frecuentes y cada vez indignaban más a Felipe. Siendo Ruy Gómez, ante todo, su mejor amigo y en segundo lugar, su mejor servidor, es obvio que la crisis entre Alba y el portugués sería persistente y duradera. Alba y Ruy Gómez poseían personalidades antitéticas y el antagonismo entre ellos era profundo y visceral.

Empezaron por entonces rumores sobre la cercana abdicación del Emperador, momento delicado que indujo a que los grupos de poder que se hallaban en torno a padre e hijo se pusieran en movimiento. ¿Quiénes serían los nuevos hombres de Felipe II? Esa era la espinosa cuestión. El duque de Alba en su tentativa de desplazar a Ruy Gómez, se alió con Antonio Perrenot de Granvela, obispo de Arras y servidor de Carlos V en Bruselas. A Felipe le disgustaba Arras y además, el arrogante Obispo había hecho muchos enemigos en su precoz carrera hacia el poder.

Uno de esos enemigos era Francisco Eraso, que era uno de sus principales rivales en la corte de Bruselas. Durante la severa enfermedad y depresión que sufrió Carlos por los años 1553, 1554, Eraso fue el único secretario que el César estuvo dispuesto a ver. Indiscutiblemente, ello derivaría en un distanciamiento entre Eraso y Arras. Por otra parte, Eraso cultivó una viva amistad con Ruy Gómez, un hombre que compartía con él sus mismas aspiraciones e intereses.

Secretario Craso, como lo llamaba el embajador veneciano Badoero, era el perfecto ejemplo de un burócrata de los Habsburgo, "predador, arrogante y avaricioso". Era un hombre que no estaba dispuesto a retirarse cuando se encontraba en lo más alto, simplemente porque Carlos V hubiera decidido abandonar el poder. Él aspiraba a ser uno de los hombres de confianza del nuevo monarca y por tanto, no pararía hasta que pudiese eliminar a figuras como Arras o Juan de Figueroa, personajes que durante años habían limitado sus habilidades y obstruido su carrera imparable hacia el poder.

El tándem Ruy Gómez-Eraso funcionó a la maravilla. Por aquel entonces, Ruy Gómez tenía poca experiencia en la Administración o en el Gobierno. Si quería ejercer un papel destacado en asuntos de Estado, necesitaba ser asesorado por alguien como Eraso, ampliamente versado en esas materias. A cambio, Eraso obtenía influencia sobre Felipe. Por lo tanto, los primeros partidos quedaron claramente definidos. Alba se alió con Arras y Ruy Gómez con Eraso. En un primer momento, Arras intentó ganarse el favor de Felipe, adaptándose a la conocida predilección del Príncipe por los intereses y modos hispanos.

Aislado entre sus compañeros burgundios, Arras empezó a exponer una visión hispano-céntrica del imperio, una visión similar a la que profesaba Alba. Sin embargo, este gesto no consiguió ganarse el afecto del Príncipe y sólo logró tensar aún más sus relaciones con los cortesanos burgundios y flamencos. En cualquier caso ni Arras, ni el duque de Alba, se encontraban tan bien situados como Ruy Gómez, que asistía a Felipe cuando éste se vestía y desvestía y que dormía en su antecámara. Tampoco estaban mejor situados que Eraso, que en los últimos años había sido el principal consejero del Emperador.

Aunque el retiro era inminente, el César aún albergaba dudas sobre la aptitud de su hijo y necesitaba pruebas para disiparlas. El hecho de que Carlos hubiese encargado al duque de Alba para que echase un ojo a Felipe en Inglaterra, demuestra sus incertidumbres acerca de la capacidad de su hijo para gobernar sobre ciudadanos del norte de Europa. El comportamiento de Felipe en Inglaterra sería cuidadosamente estudiado por su cansado padre, con el objeto de encontrar signos que le permitieran traspasar de una vez sus pesadas cargas. Desde uno y otro lado del canal y en pro de su objetivo, la maquina Ruy Gómez-Eraso se puso a trabajar con eficacia.

En claro contraste con los informes de Simón Renard, embajador imperial en Inglaterra, que transmitía noticias más bien pesimistas de Felipe, Ruy Gómez se esfuerza en proyectar una imagen positiva del comportamiento del Príncipe. En efecto, bajo la perspectiva del portugués, la Reina estaba enormemente contenta con Felipe y los lores ingleses decían que jamás hubo en Inglaterra un rey que se ganara tan rápidamente el corazón de todo el mundo. Por su parte, Eraso, hizo un viaje a la isla en noviembre de 1554 y de vuelta en Bruselas informó al Emperador sobre el hábil modo en que Felipe se conducía y manejaba todos los asuntos, así como la gran tenacidad que demostraba al negociar y la prudencia con que estaba llevando los asuntos de religión.

Por supuesto, se trataba de informes exagerados, inflados de luminosa confianza, que pretendían ganar el corazón de Carlos V. No le costó mucho al César dejarse llevar por esos reportes, cuando era eso lo que fervientemente deseaba oír. El cansancio del viejo estadista y el orgullo paternal que sentía por su hijo hizo el resto. La propaganda propulsada por Ruy Gómez y Eraso había triunfado. En septiembre de 1554 el Emperador urgía a su hijo para que viniera a los Países Bajos lo antes posible; una visita que juzgaba necesaria como antesala de la abdicación.

La gran era de un glorioso Emperador había pasado. Sin embargo, a pesar de los ruegos del César avivando la pronta partida de su hijo, las esperanzas alimentadas por el falso embarazo de María Tudor, hizo que el reencuentro de Felipe con su padre se retrasara hasta septiembre de 1555. Hasta ahora hemos descrito el gran antagonismo que existía entre Ruy Gómez y el duque de Alba. Hemos visto asimismo como esas pugnas por el poder se extendían a los hombres de la vieja guardia del Emperador que se hallaban en la corte de Bruselas.

Pero, ¿Qué ocurría con el conde de Feria? ¿Qué posición ocupaba el Conde en esas luchas intestinas? ¿Qué perfil, que carácter tenía el Conde? ¿A qué partido se hallaba adherido? Desde luego será enormemente importante adentrarnos en la personalidad del que fuera mentor, patrocinador y protector de Lísperguer. Con ello podremos saber en qué partido militaba el joven alemán y nos ayudará a concebir una idea de su temperamento, su modo de ser y sus afiliaciones de conciencia.

Don Gómez Suárez de Figueroa, nació en Badajoz en 1514. El insigne extremeño fue el prototipo de segundón que inicia su carrera en la diplomacia, ejerciendo de embajador en Génova desde 1529 hasta 1549. Tras la muerte de su hermano don Pedro IV conde de Feria, hereda el título de V conde de Feria. Sin embargo, don Gómez poseía un espíritu demasiado cosmopolita para permanecer inactivo en las tierras recién adquiridas de su señorío y al contrario que muchos otros miembros de la alta nobleza castellana, prefiere continuar al servicio de la monarquía, llevando a cabo destacadas comisiones en la corte.

En 1545 entró en la Orden de Santiago, de la que fue Trece. Fue comendador de Segura, el primero de éste título y tercero de los comendadores de la Orden de Alcántara. Cuando Felipe hizo su célebre viaje al imperio en 1548 se encontró en Génova con el afable embajador, naciendo entre ellos una mutua amistad que se prolongaría a lo largo de su reinado. De hecho don Gómez fue el hombre que más apreciaba Felipe II después de Ruy Gómez. No es de extrañar que con esos presupuestos su carrera fuera brillante.

Militar en su juventud, alcanza el puesto de capitán de la Guardia Española. Después entró a servir en los altos poderes del Estado, primero como gentilhombre de cámara, luego como consejero de Estado y Guerra. En innumerables ocasiones Felipe II siguió el parecer de su fiel consejero en materias de gran complejidad, siempre confiando en la extraordinaria pericia diplomática de Feria, gran conocedor del corazón humano, sus miserias y debilidades.

En 1554 fue uno de los nobles más destacados que acompañaron a Felipe en su aventura inglesa. Allí desarrolló una labor importantísima, allegando posiciones en materia de religión, manteniendo viva la esperanza en María Tudor durante el tiempo en que Felipe se ausentaba de la isla y finalmente, tras la muerte de ésta, intentando negociar el matrimonio de Felipe con Isabel, esquivando la amenaza gala sobre Escocia. Tuvo una cualidad extremadamente rara para la época que le fue de gran utilidad, la de saber inglés.

Don Gómez Suárez de Figueroa y Córdoba, V conde de Feria y I duque de Feria (1514-1571)

En 1555 durante algún tiempo fue gobernador de Milán sucediendo a Gonzaga, siendo enviado después como embajador de Inglaterra hasta 1559. Asimismo, tuvo el gran honor de firmar el Acta de Abdicación de Carlos V junto a otros prominentes personajes de la corte como los duques de Saboya y Alba, los marqueses de Aguilar y de las Navas, etc. En la jornada nocturna del 17 de enero de 1568 Felipe II demuestra la gran confianza que tiene en el Conde, al conferirle la delicada misión de proceder a la detención de su hijo, siendo desde entonces designado capitán de la guardia que vigila al Príncipe.

Por último, Feria fue uno de los más honrados ministros de Felipe II que al contrario de alguno de sus corruptos colegas, costeó a su cargo muchas de las misiones que llevó a cabo en servicio de su soberano. Ya sea por esta razón o en atención a sus muchos y acreditados servicios, Felipe II le concedió el 28 de septiembre de 1567 el título ducal con la aparejada grandeza de España.

Este es el perfil del hombre con el que cuenta Felipe a la hora de formar su Consejo de Estado en 1556. El Consejo se componía de doce miembros que incluía a los hombres de confianza del Emperador, aquella denominada "vieja guardia", así como las nuevas incorporaciones que se adhieren al mismo por decisión exclusiva de Felipe. Como los miembros más destacados del primer grupo hay que citar a Alba, Arras, el duque de Saboya y don Juan de Figueroa.

El segundo estaba integrado por Ruy Gómez de Silva, don Antonio de Toledo, el conde de Feria y Gutiérrez López de Padilla. Por lo tanto, este segundo grupo estaba formado por los hombres que Felipe había considerado que eran buenos administradores o diplomáticos. Sin lugar a dudas, las voces de mayor autoridad dentro del Consejo eran las de Ruy Gómez, el duque de Alba y el conde de Feria. En 1555 y gracias a una intriga palaciega que se atribuye a Ruy Gómez, Alba es destinado a Italia, un frente que se consideraba secundario, alejado del teatro principal de operaciones.

Ese destino ha sido analizado más bien como un descenso en la estrella del orgulloso general que en una recompensa. Sea como fuere, cuando Felipe II gobernó desde Bruselas entre 1556 y 1557 seis de esos hombres emergieron como las figuras más importantes del Consejo de Estado: Ruy Gómez de Silva, Bernardino de Mendoza (diestro en asuntos navales y financieros), el obispo de Arras, el conde de Feria, Juan Manrique de Lara (que había sido embajador en Roma) y don Antonio de Toledo.

El Consejo se reunía dos veces al día (todos los días) para debatir los principales asuntos del Estado. Se reunía en la mañana hasta el mediodía y otra vez después del almuerzo hasta la caída de la oscuridad. Ruy Gómez emergía en aquellos consejos como la voz de mayor autoridad y prestigio entre los congregados. El conde de Feria lo hacía como el segundo hombre de mayor confianza del Rey, hasta el punto de que presidió muchos de esos consejos en ausencia de Ruy Gómez.

Por otra parte el viejo escollo del duque de Alba subsistía. Ya sea durante su estancia en Inglaterra o reintegrado en la corte tras su permanencia en Italia, el Duque seguía siendo un hombre imponente, irritante para muchos, que durante muchos años constituyó un formidable obstáculo para el desarrollo de las ambiciones de hombres como Ruy Gómez y sus aliados. Sin embargo, esas chispas o descargas de fuerte antagonismo entre el portugués y el Duque no se reducían solo a una antipatía personal, sino que, además, albergaban un importante distanciamiento ideológico.

Alba tenía la inclinación aristocrática hacia el despotismo, que tuvo su proyección en la tendencia hacia la beligerancia, tantas veces puesta de manifiesto a lo largo del reinado de Felipe II. Por el contrario, Ruy Gómez era un hombre de tendencias pacifistas, más dado a la negociación que al enfrentamiento. Así pues, Alba era el líder de la casa de Toledo, un hombre poderoso con amplias conexiones familiares en la Corte, en el Ejército y en la Iglesia. Ruy Gómez lo era a su vez del clan de los Mendoza, también una familia con vastas ramificaciones, cargada de tradiciones y servicios a la Monarquía.

Aunque sería arriesgado establecer una generalización categórica, es comúnmente aceptado que el bando de Alba representaba una fuerza tradicionalista, con una adherencia total a la idea del poder absoluto, rígida, hostil a la idea del cambio y a cualquier influencia que proviniera del exterior. En cambio, el partido del príncipe de Eboli, representaba una fuerza abierta al progreso, revisionista, flexible y favorable a la moderación en el uso de la fuerza. Es lo que muchos han calificado como el partido de los halcones frente al de las palomas. Otros identifican a los albistas como un grupo cerrado en el nacionalismo castellano frente a los ebolistas representantes de la ideología de la España abierta.

Otros historiadores van aún más allá describiendo a los albistas como retrógrados castellanos partidarios del centralismo, frente a los ebolistas que rechazan el estrecho chauvinismo y que abogan en cambio por estructuras federalistas. Estas dos facciones hoy en día las podríamos definir en términos de conservadores y liberales, dos bandos que dividieron profundamente la forma de pensar de los hombres relevantes en la corte. En cualquier caso, a los Mendoza se les ha atribuido tradicionalmente la imagen de hombres cultos y cosmopolitas, amantes de la paz y una predilección por la España abierta.

Una verdadera colisión de mentalidades, facciones e ideologías emergían en torno a dos hombres cuyo resentimiento personal había dado lugar a una concepción opuesta de cómo debía ejercitarse el poder. Ambos abanderaban dos visiones distintas de cómo actuar en política, lo que a su vez redundaba en un conflicto de liderazgo, una pugna de protagonismo sobre quien debía considerarse el más cualificado socialmente para colaborar con Felipe II en el gobierno de la monarquía. La aversión personal que mutuamente se profesaban se proyectaba en la naturaleza de sus creencias forjando una distinta "ética del poder".

El presuntuoso Alba no podía aceptar una posición de paridad política con un hombre que era manifiestamente su inferior social. Celoso de sus tradiciones, creía fervientemente que los caballeros de la tierra nacían y no se hacían por voluntad de los reyes. El elevado pedigrí del Duque le hacía albergar un concepto exacerbado de lo que significaba ser aristocrático. Una estricta moral de servicio a la Corona, un modo de ser, de comportarse, que le hacía despiadado en la manera en que moldeaba el carácter de sus propios hijos. Alba era excesivamente sensible a su linaje y a la misión de la aristocracia, cuya selecta élite de notables, clamaba por prolongar más allá del tiempo y del espacio un sentido inmortal de su alcance.

Tanta excelencia no cabía en la cabeza de Ruy Gómez. No obstante, para Felipe la cuestión era bien distinta, ya que viéndose impelido a contener peligrosas agresiones exteriores, no podía permitirse el lujo de prescindir de los caballeros de la guerra, valiosos hombres como Alba, cuya formación y experiencia les hacía desenvolverse en esferas normalmente reservadas a esos grupos privilegiados. Felipe se veía obligado a involucrarse en cuestiones militares, teniendo necesidad de rodearse de generales aristocráticos infinitamente más cualificados que su privado, que poco consejo podía ofrecerle en esas materias.

Estaba claro que el talentoso portugués no se veía inclinado hacía la guerra ni por sus estudios ni por sus convicciones personales.

En ese sentido, es bien conocida la tendencia pacifista de Ruy Gómez. Un ejemplo paradigmático lo tenemos en el distinto tratamiento que ambos estadistas manifestaban en la cuestión de la sublevación de los Países Bajos. Como sabemos el recio Duque era partidario de la intervención directa, imponiendo el catolicismo por la fuerza de las armas, además de una represión salvaje a su población. Por el contrario, Ruy Gómez abogaba por una solución negociada, proponiendo un sistema federalista como el que existía en Aragón, basado en el respeto de las leyes y costumbres de cada uno de los reinos que componían la monarquía hispánica.

Con ello se garantizaba el mantenimiento del importante comercio de Castilla con los países del norte y la convivencia en todos los territorios de la monarquía. Para el sutil e inteligente privado, la revuelta era una amenaza menor que no requería la presencia del Rey, sugiriendo que se enviara al conde de Feria como gobernador a la zona para reconciliar, en lugar de castigar, a los rebeldes. Como era predecible, el duque de Alba reaccionó violentamente a esa sugerencia, esgrimiendo que el honor del monarca y la preservación de su autoridad requería su presencia personal al frente de un poderoso ejército que se enviara a los Países Bajos para castigar a los rebeldes.

Finalmente, Felipe rechazó la propuesta de Ruy Gómez y un mes más tarde Alba aceptaba comandar la proyectada expedición, con el desastroso resultado que era de esperar. En otras ocasiones también vemos a Ruy Gómez apoyar con ardor la idea de la paz con el papado, así como con Francia. Quizá actuaba así no sólo por convicciones personales sino también por otras motivaciones. ¿Qué mejor medio había de reducir el protagonismo de sus competidores que tratando de cortar el influjo de los hombres de la guerra, poniendo punto final a sus aventuras militares? Por tanto, no le animaba en su forma de proceder sólo móviles personales sino también una aguda astucia política.

Ruy Gómez fue un hombre avanzado para su época, defensor de la composición de un Estado que se estaba fraguando en una zona de Europa, más cercana al desarrollo del capitalismo y ciertamente alejada de la idea de la monarquía absoluta, aproximándose así a lo que eran las repúblicas y ducados ítalo-renacentistas. Como tantas veces en la historia, el talento de un genio fue ignorado y aunque la admiración de Felipe por su privado fue siempre muy grande, no lo fue lo suficiente como para frenar los impulsos de su propia intransigencia.

Durante y después de su estancia en Inglaterra Ruy Gómez tuvo que hacer frente a una creciente enemistad, envidia y resentimiento de los aristócratas reunidos en torno al nuevo Rey con el objeto de ganar su afecto y patronazgo, los cuales veían con consternación que su soberano estuviera bajo el influjo de un hombre de unos orígenes sociales muy inferiores a los suyos. En particular, los grandes de Castilla se mostraban muy altivos, displicentes y recelosos con el privado, el cual no era un aristócrata, ni un militar e incluso peor, no era castellano.

Aparte de desarrollar estrategias pacifistas Ruy Gómez se vio forzado a ganar aliados entre los miembros de la alta nobleza, como un medio para poder seguir manteniendo su posición en la corte. Durante su estancia en Inglaterra, el mayor confidente del Rey forjó una sólida amistad con don Gómez Suárez de Figueroa, V conde de Feria, con el que mantuvo estupendas relaciones. No perdió el tiempo Ruy Gómez y viendo el permanente apoyo que le podía brindar el Conde, se apresuró en cimentar aquel primer vínculo de amistad.

Habiéndose reencontrado en septiembre de 1557 con Felipe en Ham, inmediatamente solicitó al Rey que le concediera un favor a Feria. El marqués de Villanueva había muerto dejando vacante la encomienda de Segura perteneciente a la Orden Militar de Alcántara. En esta ocasión, las persuasivas sugerencias del portugués fueron escuchadas por el monarca, consiguiendo que el Rey llamara a Feria para reemplazar al fallecido Villanueva. El hábil privado logró su objetivo y Feria pasó así a convertirse en uno de sus mejores amigos y aliados en la corte.

Bajo la perspectiva del embajador veneciano Michele Suriano, las motivaciones que tenía el sagaz privado para querer promover una duradera amistad con don Gómez, obedecían a que cada vez se veía más cercado en la corte, llegando a albergar un fundado temor de verse imposibilitado a resistir con sus propias fuerzas el ingente número de nobles que le envidiaban, uniéndose así al Conde cuya reputación estaba aumentando diariamente. Añadía además Suriano, que Feria era "ordinario en inteligencia", estando dotado de una constitución física delicada. Sin embargo, Feria era popular por su calurosa disposición y sus maneras modestas.

También lo describe como un hombre comedido, impregnado de una agradecida gracia y cortesía, que despreciaba la intriga, aunque no era débil de carácter, siendo muy apreciado por Felipe II (Boyden, 1995, pág. 99). Para el embajador veneciano Badoaro que acompañó a la corte católica desde 1552 hasta 1557, Feria era calmado y amigable, no conocía la envidia y aunque era muy superior en linaje a Ruy Gómez, nunca dio ningún signo de sentirse celoso o resentido por su avance. Al contrario, existía tal entendimiento mutuo entre ellos, que Feria se sentía satisfecho al ver a Ruy Gómez empleándose en cuestiones secretas de Estado, incluso con preferencia a él mismo.

Por su parte, no preocupaba a Ruy Gómez que Feria mantuviera su cabeza cubierta en público, incluso ante la presencia del Rey, un privilegio que disfrutaba como grande de España, mientras que Ruy Gómez tenía que quitarse la gorra cuando el Rey estaba delante. Asimismo, hacia 1555 lo representa como un hombre maduro que rayaba los cuarenta años. Sufría palpitaciones de corazón, por lo que daba sensación de fatiga. Su atuendo personal era al estilo castellano, sencillo y sobrio; lo que no excluía una liberalidad de gran señor, que le llevó más de una vez a gastar buena parte de su hacienda en servicio del Rey. No manifestaba recelo alguno ante los favores concedidos por Felipe II a Ruy Gómez de nobleza inferior a la suya.

Muy amado por el Rey, era quien éste más apreciaba después del susodicho Ruy Gómez, hasta el punto de sustituirlo en sus ausencias. Añade que era de carácter benigno y liberal, si bien, a veces un tanto caprichoso y más tarde lo considera apacible y dulce, comportándose discretamente y procurando dar satisfacción a todos cuando le tocaba representar al Rey. Por último, consideraba el embajador veneciano, que no descollaba por su inteligencia y que tenía poca experiencia en materias de Estado, Guerra y Hacienda (Figueroa y Melgar, 1974, pág. 26).

De Estado, al menos, otra cosa parecen probar los diligentes despachos que Feria envió desde Inglaterra. Además, Badoaro se engañaba cuando consideraba a Feria como apacible de carácter. No hay más que ver las cartas del Conde, las cuales están escritas con tal fogosidad, que no lo podría creer el embajador veneciano. Igualmente, se equivocaba al confundir el comedimiento cortesano con la blandura, del mismo modo que tomó la carencia de ambición y el desprecio señorial, por falta de inteligencia. Para finalizar, Tiépolo, otro de los embajadores venecianos lo considera afable y cordial, de excelente carácter (Fernández Álvarez, 1949, pág. 24).

La actitud del conde de Feria, como grande que era, es digna de alabanza, ya que era muy distinta a otros hombres de su clase. Feria contemplaba con benevolencia la privanza de un hombre notoriamente inferior en rango que él. Esta actitud era una excepción más que una regla entre la fraternidad de la grandeza, aquella *crème de la crème* de la aristocracia castellana, cuyos miembros se jactaban con orgullo de los símbolos de su supremacía, como el derecho de dirigirse al rey como "primo", o permanecer con sus cabezas cubiertas delante del rey, además de tener una férrea convicción de poseer un derecho de nacimiento para monopolizar el favor real, así como los altos oficios de Estado.

Otros grandes eran mucho menos tolerantes ante la posición y las pretensiones del cortesano portugués que permanecía entre ellos, gorra en mano. De todo lo dicho, podemos extraer valiosas conclusiones para lograr comprender las relaciones que mantenían los dos aliados y por ende definir el espacio que ocupaba el protegido de Feria, Pedro Lísperguer. En cuanto a Feria, cabe entrever que se trata de un hombre que no encajaba con el resto de grandes. Probablemente, el hecho de haber nacido segundón era un factor que le unía a Ruy Gómez. Ambos hombres nacieron careciendo de la primogenitura y por un golpe de suerte se habían visto en lo más alto de la gobernación del reino.

En el caso de Ruy Gómez, ese formidable poder del que disfrutaba le ocasionaba constantes fricciones con otros destacados miembros de la corte. Por su parte, el conde de Feria había alcanzado repentinamente la grandeza, por lo que es presumible que ello le haya causado dificultades de adaptación y/o reconocimiento por parte del resto de los miembros del clan. En Feria podemos advertir a un afable cortesano, de buenos modales, dotado de una habilidad –más que una debilidad– para pasar inadvertido, ocupando un discreto segundo plano. Aunque el Conde era capitán de la Guardia Española, no era propiamente un militar.

Don Gómez poseía una inclinación hacia el pacifismo lo que no es más que una proyección de su educación cortesana. Más que militar, el noble andaluz fue un comprometido embajador, un diligente diplomático, un astuto negociador y un templado conciliador. Pruebas de ello las tenemos en la destacada gestión que llevó a cabo como embajador en Génova, la no menos importante labor que desarrollo en Inglaterra, o el hecho de que se le distinguiera con la delicada comisión de acompañar a la reina Isabel de Valois en su camino a España para casarse con Felipe II.

Otras pruebas que nos permiten esbozar el perfil de cortesano del Conde, es que se le haya ofrecido el virreinato de Nápoles que no aceptó, o que se haya pensado en él para que mediara en el convulso asunto de los Países Bajos, así como que se le haya propuesto como una de las personas más idóneas para llevar el pésame a la corte francesa por la trágica y repentina muerte de su soberano, Enrique II. No cabe la menor duda, de que los hombres más importantes de la corte de Felipe II fueron Ruy Gómez, el duque de Alba y el conde de Feria.

Sin embargo, si nos atenemos al hecho de que el duque de Alba, mantuvo continuas discrepancias con Felipe II, quejándose continuamente del poco acceso que tenía ante el monarca, que en más de una ocasión llegó a abandonar la corte al sentirse relegado por otros cortesanos, o que se le haya enviado en 1555 a un frente secundario de la guerra como era aquel de Italia, nos da una buena idea del grado de aceptación de que gozaba en la corte.

Felipe II recelaba de un General acreedor de tanto poder, como le irritaba percibir ese reducto de autoridad paternal con el que el Duque parecía desenvolverse. Sin dejar de reconocer la prominente posición que ocupaba el Duque en el reino, debemos cuestionar al menos la capacidad que disponía éste para extender su criterio en las delicadas materias de Estado. Aquello de que el Estado no se componía sólo de cuestiones militares, sino que era algo más, se revela como un verdadero truismo.

En Alba es dable reconocer al líder del partido de oposición que encabezaba. Por tanto, atendiendo a esas premisas y contemplando a Alba como una figura excepcional, podemos decir con toda rotundidad que el conde de Feria era la segunda persona más importante en la corte de Felipe II después de Ruy Gómez. Un hombre educado, elegante, provisto de buenas maneras, culto, formado en Italia, cosmopolita, en principio en contra de la beligerancia, que militaba en el partido de las palomas y por tanto adherido a todos aquellos valores que defendían los ebolistas.

En conclusión, podemos decir que Pedro Lísperguer era un cortesano que estaba al servicio de uno de los hombres que gozaba de mayor prestigio e influencia en la corte, estando adscrito al partido ganador. Se trata de un equipo joven que accede al poder. Pensemos que el conde de Feria tenía al llegar a Inglaterra unos cuarenta años, Ruy Gómez treinta y ocho, Felipe II veintisiete y Pedro Lísperguer como subordinado del Conde, veinticuatro.

Por otra parte, cabe preguntarse si Ruy Gómez conoció a Lísperguer. En mi opinión, todos los factores apuntados señalan que sin duda lo conoció. Pensemos que se trata de un fiel servidor del conde de Feria y que el encuentro en Inglaterra tuvo que ser inevitable. Y si así fue, ¿que clase de relación pudo tener Ruy Gómez con Lísperguer? Bien, se trata de dos segundones, dos extranjeros, que pudieron tener una cierta sensación de desarraigo en la corte.

Desde el punto de vista estamental pensemos que la nobleza de Ruy Gómez era menor y aunque se cree que Lísperguer desciende de una gran casa ducal, es presumible que lo hiciera por vía ilegítima, por lo tanto su aristocracia tampoco era comparable a la de un grande de Castilla. Por lo tanto, podemos reunir dos factores de identidad, el hecho de ser extranjeros, así como tener una misma paridad estamental. Siendo además Lísperguer el protegido de su mejor aliado, se puede especular que el cortesano alemán fue bienquisto por el privado portugués.

Es incluso posible, que en los varios viajes que Ruy Gómez realizó desde Inglaterra a la corte de Bruselas, haya hablado favorablemente de Lísperguer a Carlos V y en consecuencia haya portado la petición de salida de Lísperguer, siendo probable que haya influido en el beneplácito del fatigado Emperador. Como cláusula de cierre decir, que todas las características atribuibles a Ruy Gómez y al conde de Feria se pueden extender con pleno fundamento al joven alemán, futuro conquistador de Chile.

El cosmopolitismo de la ciudad de Londres

Al margen de esas tensiones en su propio entorno de poder, así como de las dificultades externas que tuvieron que soportar los españoles durante su larga estancia en Londres, la ciudad también apareció ante ellos como una realidad vibrante, llena de vitalidad y dinamismo. Un espacio para la curiosidad y la contemplación, que no pasaría inadvertido a los ojos de los hispanos. Londres era y es la ciudad universal y cosmopolita por excelencia. Así el Londres de principios de la Edad Moderna se manifiesta como un caleidoscopio que converge y diverge, mostrándonos todos sus matices, sus fenómenos, sus exuberancias.

Se ha dicho que Londres es un enorme palimpsesto de circunstancias y realidades diversas. Una ciudad en constante evolución, que alberga en su seno a todas las ciudades del mundo, a todas las culturas. Y así se debió alzar ante ellos, como una ciudad un tanto irreal, una urbe donde todavía se podían reconocer los vestigios de su pasado romano, sajón, danés y normando. Londres era en el siglo XVI una de las ciudades más grandes e importantes del norte de Europa, un increíble emporio comercial al que acudían barcos de todas las naciones.

Una ciudad en la que se congregaban personas de todas las razas, talentos y fortunas. Una amalgama de seres y energía que liberaba un aire cargado de expectación y alegría. Pero si hay algo que define propiamente el espíritu de Londres eso es el Támesis. El río era el alma de la ciudad, la vía por la que transitaban los barcos y por donde llegaban las mercancías de todas partes del mundo. La proximidad de Londres con el mar, dotaba a la urbe de un espacio estratégico ideal para el flujo de transacciones comerciales.

Además, en un tiempo en que las comunicaciones interiores eran difíciles, por caminos cenagosos y mal pavimentados, el río se tornaba como la vía más adecuada para acortar distancias con las ciudades del interior. ¡Londres es Inglaterra, Inglaterra es Londres!, se ha dicho.

Pero si el río era fuente de actividad, de trasiego, también lo era de estrés ya que dividía a la ciudad en dos: la ribera norte y la ribera sur. Resulta paradójico contemplar de un lado esa gran continuidad que otorga ese canal acuoso por el que transitaban libremente las embarcaciones y de otro la discontinuidad que producía ese mismo río al separar dos franjas de tierra.

Aunando esos dos mundos se alzaba el magnífico Puente de Londres, una de las construcciones más antiguas de Inglaterra, que dejaba maravillado a todos los extranjeros que acudían a la ciudad, sólo comparable en su grandiosidad al Puente Vecchio de la ciudad de Florencia. Hecho de piedra se convirtió en la vía pública del comercio y de las comunicaciones. A ambos lados de la entrada sur del puente asomaban dos grifos, el animal fabuloso medio águila medio león, embadurnados de color rojo y dorado. Eran los tótems mitológicos que aparecían en las entradas y umbrales de la capital protegiendo a la ciudad de Londres. Así podemos imaginar a Pedro Lísperguer paseando por el Puente de Londres, probablemente junto a sus compañeros Alonso de Ercilla y Francisco de Yrarrázaval, entre otros. El puente era en su tiempo motivo de curiosidad, ya que no sólo era ruta de paso de personas, animales y carruajes hacia la otra parte del río, sino que además poseía tiendas, viviendas y hasta lavabos públicos. La parte sur del puente servía de señal de advertencia para aquellos que estuvieran dispuestos a violentar el buen orden de la ciudad, ya que allí se exhibían las cabezas de los traidores empaladas en pinchos asomando por encima de sus puertas.

En algunos de sus arcos existían molinos de agua donde se molía el maíz. También los arcos eran motivo diario de destreza para aquellos que intentaban pasar por debajo de ellos con sus barcazas. Allí en mitad del puente podemos recrear la imagen de nuestro cortesano alemán apostado en algunas de sus barandas, contemplando maravillado el espectáculo excitante del río, mientras seguramente decidía si se dirigía hacia la ribera sur o la ribera norte. Desde ese punto neurálgico, entrecruce de comunicaciones fluviales y terrestres habrá tenido Lísperguer un avistamiento asombroso.

El viejo puente de Londres, por Claus Visscher, 1616

Ante sus ojos habrá aparecido un panorama sorprendente, reflejando el incesante movimiento del río, testimonio de la desbordante actividad comercial de la ciudad. El río parecía un bosque de mástiles, que cada día congregaba a dos mil barcos y botes sobre el agua, así como tres mil barqueros. Buques mercantes, galeras venecianas, barcos flamencos... todos competían en majestuosidad y esplendor, intentando hacerse un hueco en sus riberas para poder amarrar sus flamantes naves. El río era una verdadera colmena de transacciones comerciales. Los muelles y riberas estaban atestados de gente inmersos en una trepidante actividad.

Toda clase de negocios afloraban al río como la salida natural a sus intercambios. Talleres, almacenes, refinerías, cervecerías, cultivadores de berros, galleteros, armadores, cordeleros, estibadores descargando sus mercancías en los muelles, todos desarrollaban sus faenas con inusitado frenesí. No sólo había grandes barcos, sino también se podían ver cientos de embarcaciones surcando las aguas, desplegando su febril actividad. Así podían verse pesqueros, botes de recogida de minerales, pequeños transbordadores, gabarras. Los más característicos eran las pequeñas chalanas que transportaban pasajeros de un lado al otro del río bajo el reclamo de "¡Eastward ho, Westward ho!".

Había una verdadera hueste de trabajadores en el Támesis, desde conservadores que se encargaban de la seguridad del río, a los "hombres de las mareas", cuyo trabajo consistía en apuntalar o proteger parte de la ribera aprovechando las mareas. Había multitud de enganchadores y marineros, los que escoraban, rastreadores, operarios de reparaciones, vocingleros para casos de emergencia, alguaciles de mar y remeros. Había hombres que se dedicaban a la construcción de diques y barreras, plataformas para atracar y malecones, reparación de compuertas, pasos elevados, muelles y escalinatas.

También abundaban los barcos que lucían suntuosamente la insignia o distintivo de su oficio; buques que se protegían con toldos y tapicería de seda y a su alrededor las graciosas y ágiles chalanas, cargadas de pasajeros entre los que se incluía mercaderes, sacerdotes u hombres de palacio. También destacaban las magníficas mansiones de la nobleza, que se alineaban en perfecta armonía a lo largo del Támesis. Si había un lugar donde el trajín llegaba a su cenit era en el llamado "charco de Londres" que era la zona comprendida entre el Puente de Londres y la Torre, que estaba plagado de barcazas, gabarras y galeones. Los atracaderos tenían curiosos nombres: "El Muelle Paulus", La Reina", "Las Tres Grullas", "Balanza", "Puerto Code", "El Viejo Cisne", etc.

Londres era por encima de todo una ciudad mercantil, orgullosa de sus antiguos privilegios, una poderosa ciudad de negocios. La parte más importante de la urbe era la situada en la ribera norte, donde se localizaba La Torre de Londres y la Iglesia de Saint Paul. La actividad comercial de Londres era verdaderamente frenética. Por todas partes se podía ver a sus habitantes vendiendo mercancías, comerciando con productos llegados de todas partes del mundo y el río, siempre el pródigo río, hacía de cauce ideal para transportar bienes a otras naciones.

La jornada era dura y trepidante. El día empezaba a las cinco de la mañana y terminaba a las cinco de la tarde. El tiempo urgía y había que aprovechar la luz del sol, antes de que la oscuridad todo lo paralizase. Ese despertar de Londres era febril y ajetreado desde su mismo comienzo. Los mercados comenzaban con su alocada vorágine, recibiendo los productos que de madrugada empezaban a llegar en carros procedentes de los pueblos cercanos. Por las empedradas calles de Londres se podía hasta sentir el traqueteo de los coches y los relinchos de los caballos, que a golpe de fusta circulaban alterados transportando frutas y verduras al tiempo que despertaban a todo un irritado vecindario.

También resultaba excitante ver a los agricultores navegando raudos río abajo, llevando sus mercancías hasta los distintos mercados de la ciudad. El mercado más grande era Smithfield, una enorme explanada donde acudían presurosos comerciantes de todas partes del país en busca de la mejor oportunidad para comprar caballos, ovejas y ganado. También era un lugar célebre por su profusión de borrachos, foco de frecuentes altercados y violencia generalizada, que le hizo ganarse el apelativo de "la explanada de los rufianes".

En 1554 alrededor de ochenta mil personas vivían en Londres. Es imaginable la inmensa cacofonía que producía la ciudad en su actividad diaria. Toda una profusión de imágenes vívidas venía a excitar el ánimo del espectador desprevenido. En Londres se daba una verdadera concurrencia de energías, un estruendo de voluntades afanándose en lograr sus cometidos. La urbe parecía un organismo vivo que exhalara incesantemente su rugido monstruoso. Si hay algo que definía el Londres del siglo XVI eso era el ruido.

Clamor imperecedero, endémico, fruto natural del trabajo, consecuencia inevitable del poder y del dinero y señal inequívoca de la energía de la ciudad. Londres retumbaba por el martilleo de sus artesanos, los gritos de los comerciantes y había barrios en los que el clamor cadente de herreros y barrileros se hacía casi insoportable. Debió sentirse Lísperguer aturdido en esa atmósfera bulliciosa en la que el traqueteo de los distintos oficios era acompañado por el sonido incesante de campanas provenientes de iglesias, conventos, las del toque de queda y hasta la del sereno. Tampoco era ajeno a la esencia de Londres la explosión de cañones, ni el continuo repicar de tambores.

No había ciudad más ruidosa en el mundo entero. Una confusión de ruidos desordenados se apoderaba del ambiente. El golpe seco y agudo de los martillos, el repicar de cubas, el traqueteo de vasijas, el continuo gorgoteo del agua en el interior de sus tanques, todo contribuía a la estridencia. El ruido era algo inherente a profesiones como carpinteros, cobreros, herreros y armeros. Fundiciones de metal, artesanos entregados a sus labores a fuerza de bulliciosas herramientas y utensilios, el chirrido de carros y carruajes, murmullo de voces, caballos nerviosos, golpes secos de ventanas, portazos, comerciantes ofreciendo bebidas, carne, pescado fresco…, todos contribuían a la disonancia.

Un verdadero galimatías se apoderaba de Londres, haciendo sus casas de madera y yeso de caja de resonancia. La ciudad era un enjambre de intereses que producía su inevitable zumbido. El bullicio de las tabernas era parte de su encanto natural, el lugar adonde iban los hombres a divertirse. La agitación de los teatros, los griteríos de los vendedores ambulantes, el bramido de la multitud apiñada, el rechinar de los carros al pasar, los ladridos de perros, el golpeteo de los carteles de las tiendas zarandeándose con el viento, convertían la ciudad en un auténtico manicomio.

No menos impactante era contemplar el trajín de caballos, reses, gatos, perros, cerdos, ovejas, pollos y toda clase de hediondos animales transitando en plena libertad por las mugrientas y tortuosas calles de la ciudad. La zona de Cheapside era el barrio más importante donde se localizaban las tiendas. Los herreros ocupaban un largo bloque y eran una de las glorias de Londres. En sus puertas mostraban orgullosos sus escudos de armas, emblema de la compañía a la que pertenecían. Había otras calles en donde se concentraban los restaurantes, las carnicerías, las pescaderías, etcétera.

A mediodía la urbe llegaba al cenit de su actividad. Un dulce caos se apoderaba de la ciudad, un murmullo de voces crepitantes pugnaban por capturar al transeúnte distraído. El clamor de los comerciantes era ensordecedor y caía sobre Cheapside como una lluvia de reclamos a la caza del comprador. Por todas partes los vendedores gritaban ofreciendo sus productos. ¡Fresas maduras!, ¡cerezas del día!, ¡hilo de París señoras, el más fino del país!, ¡pies de cordero fresco, caballas, pasas verdes! Era habitual que los vendedores salieran de sus tiendas y fueran al encuentro del cliente con la consigna: ¿Qué le hace falta?, como indicando que la tienda podía abastecer de todo.

El vendedor ambulante vendía "Costards" que eran manzanas enormes o con su caballo y carro gritaba: "¡Lenguados oh!, ¡cerillas y cacharros!, ¡compre ceras o barquillos!, ¡compre conejos!, ¡tengo pollos cebados!, ¡utensilios de cocina! ¡Compre...!". Las mujeres también tenían su protagonismo e iban de un lado para otro, deambulando por las calles vendiendo bienes perecederos como la fruta o la verdura. Eran típicas las vendedoras de manzanas, la lechera alegre, la vendedora de caballas, la vendedora de cerezas, etc.

Pero ahí no quedaba todo. Había otro tumulto de notas, otra multiplicidad de gritos que aturdían la calle. Frente al grito de los vendedores ambulantes estaba el de los "gritadores de noticias" que anunciaban las noticias públicas. Londres era una ciudad que vivía de sus rumores. En una época en que la prensa escrita aún no era habitual, gritar las novedades, cantar baladas y compartir las alteraciones repentinas de sentimientos comunes, constituían la forma perfecta de comunicación. Con todo algunas imprentas habían comenzado a establecerse.

En el año 1500, Wynkyn de Worde abrió su imprenta frente a Shoe Lane, y en ese mismo año Richard Pynson se estableció como impresor y editor a unos cuantos metros, en la esquina de Fleet Street con Chancery Lane. Thomas Berthelet le sucedió en calidad de impresor de Enrique VIII, y montó su negocio junto al canal, frente a Shoe Lane; y en la década de 1530 William Restell abrió otra imprenta en el cementerio de Saint Bride.

Londres era por entonces la Roma del siglo XVI. Una ciudad cosmopolita, centrípeta y centrífuga; una urbe en la que entraban a raudales rumores y cotilleos de todas las regiones del mundo y a su vez eran devueltos en forma de ecos modificados a todos los rincones de Europa. También era Londres una ciudad que absorbía una cuantiosa población de emigrantes. A tropeles llegaban de todas partes de Inglaterra personas buscando una oportunidad. Pero no sólo llegaban personas del interior, sino también otras muchas del exterior. La cifra de inmigrantes extranjeros se incrementó a un ritmo vertiginoso, convirtiendo a Londres en una ciudad verdaderamente multicultural.

La mortalidad era tan elevada y el índice de natalidad tan bajo, que sin ese flujo de trabajadores y profesionales la población se habría reducido considerablemente. Había cerveceros y encuadernadores de países del Benelux, sastres y bordadores de Francia, fabricantes de armas y tinteros de Italia, tejedores de Holanda y otros lugares. Londres era el centro de la moda, tenía excelentes tiendas de tejidos que vendían toda clase de artículos: hilo de oro, medias de seda, capas, abrigos, chaquetas, pantalones y camisas... Por esa época se acuñaba el término *doche* que incluía a flamencos, daneses y alemanes, ya que de hecho más de la mitad de inmigrantes procedía de Holanda.

Los extranjeros tendían a dedicarse a oficios concretos como la orfebrería, la sastrería, la mercería, la producción de relojes o la cerveza. Asimismo, tenían buena fama de impresores. Otras profesiones abundaban en Londres como los ópticos, los prestamistas y los libreros. Además estaban los gremios de comerciantes. Los gremios de artesanos tendían a situarse en zonas específicas de la ciudad. Constituían una agrupación de personas que aunaban sus voces en defensa de sus intereses y como tales eran una fuerza más a considerar en el barullo de Londres.

Por otra parte la ciudad resultaba a veces un tanto inexacta, opresiva. Era como si el Támesis fuera un enorme látigo contorneándose en movimiento y la ciudad —especialmente la ribera norte— una franja de tierra contorsionándose a su eco. Parece que el resultado normal de esa inadecuación fueran calles tortuosas, angostas y estrechas. También era Londres una ciudad dividida. No sólo por su río principal el

Támesis, sino también por sus quince afluentes que en aquel tiempo afloraban a la superficie.

El más famoso de ellos era el río Fleet que constituía la frontera natural entre Westminster y la City y que se consideraba como el guardián de Londres. Debió resultar curioso transitar por una ciudad atravesada por tantos arroyos y ríos. El sonido del agua de los quince canales se mezclaba con el bisbiseo del Támesis y su chapoteo, audible en todas las calles y vías públicas que desembocaban al río. Debió Lísperguer contemplar con delectación esas enormes ruedas que bombeaban el agua del Támesis y la encauzaban a través de unos caños de madera, que con sus chirridos extraños añadían más perplejidad a la ciudad.

Sin embargo, si hubo algo que debió de estremecer al joven Lísperguer debió de ser los edificios ruinosos de Londres. La ciudad contenía más iglesias, conventos y abadías que ninguna otra ciudad de Europa, pero la Reforma religiosa impulsada por Enrique VIII, había dejado a la urbe con un aspecto irreconocible. Una profunda transformación de edificios y creencias se apoderó de la atmósfera de Londres. Todo aquel pasado romano con el que el londinense se sentía profundamente identificado fue desmantelado por un fanatismo emergente, que buscaba nuevas vías de renovación al espíritu de la ciudad. Por todas partes se podían contemplar monasterios y capillas saqueadas y destrozadas.

Por doquier se desintegraban abadías, iglesias y hospitales, lo cual supuso que la ciudad entera pasase por un vehemente período de demolición y construcción. Debió sentir el joven alemán una cierta sensación de desolación al contemplar una ciudad como si fuera un enorme terreno en obras, con unas zonas que quedarían abandonadas, permaneciendo otras gravemente deterioradas. Londres era una ciudad en profunda transformación. Las calles y edificios nuevos se levantaban continuamente fuera de los muros urbanos y dentro de la ciudad misma, la urbe crecía invadiendo sus calles, caminos y terrenos públicos.

También hay multitud de ejemplos de propiedades eclesiásticas que fueron reconvertidas, aprovechándose como una explotación alternativa. Por ejemplo, en un convento cisterciense se erigieron unos almacenes, viviendas y hornos para hacer galletas. El convento de los Pobres Clares se tiró abajo para construir unos almacenes. Una iglesia de los padres franciscanos se convirtió en una carpintería y en una pista de tenis; la iglesia de los frailes dominicos pasó a ser un garaje para carros y utensilios de las fiestas públicas.

Pero la gran ciudad no podía dejarse abatir por su alocado pasado. El espíritu vital de Londres resurgía con fuerza curando sus antiguas heridas. La ciudad crecía y crecía de forma incontrolada. Las carreteras principales que desembocaban a las puertas de la ciudad fueron mejoradas y pavimentadas, se construyeron tiendas, se repoblaron zonas con nuevos edificios y en otros lugares devastados se construyeron casas con jardines y pequeños *cottages*. Todas las casas de cierta distinción tenían jardines y dentro de la ciudad había muchos talleres de jardinería. Muchas zonas de Londres se encontraban ajardinadas. Era una ciudad encerrada entre árboles, praderas y colinas ondulantes.

A pesar de estas mejoras la calidad del transporte desde los barrios residenciales hasta la ciudad dejaba mucho que desear. Había avenidas llenas de hoyos y hendiduras que resultaban muy peligrosas para transitar, estando las personas que pasaban expuestas a un gran peligro. Las calles angostas y tortuosas se veían plagadas de carruajes, carros pesados y ligeros y carromatos. Los cocheros azuzaban a sus caballos sin comprobar lo que había detrás y era frecuente que los conductores ebrios se pelearan sobre quien tenía derecho preferente de paso. De tanto transitar por caminos en mal estado, los carros se destartalaban, las bisagras traqueteaban, se desbarataban y rompían.

Los dos edificios más representativos de la ciudad eran la Torre y la catedral de San Pablo. La Torre a pesar de su reputación siniestra tenía muchos usos. Era una ciudadela para defender la ciudad; un recinto real donde tenían lugar reuniones de Estado y donde se concluían acuerdos y tratados; asimismo era prisión para los traidores;

el único lugar donde se acuñaba moneda para toda Inglaterra; una armería que poseía una larga colección de pertrechos de guerra; el sitio donde se guardaban las joyas de la Corona; y en general, el emplazamiento donde se custodiaban los registros de las Cortes Reales de Justicia.

En cuanto a la catedral, Lísperguer tuvo oportunidad de conocer la antigua y magnífica iglesia que allí había antes de que fuera despojada de su aguja por un rayo en 1561 y lo que es peor, completamente destruida por el famoso incendio de Londres de 1666. Era sin duda un punto importante de la ciudad que irradiaba su poder en todo su entorno. Poseía una sala donde se intercambiaban las noticias procedentes de la corte y que se propagaban al gran público. Además, era un sitio donde se podía comprar cerveza o pan, contratar a un trabajador o a un abogado, incluso podías dejar tu caballo en un establo.

Alrededor de la catedral se habían instalado muchísimos libreros, donde existía un profuso intercambio de libros. Además, la cripta de la catedral era usada como depósito donde se almacenaban multitud de libros. Por otra parte, la fisonomía de la ciudad cobraba otro aspecto bajo la lente de sus perfiles humanos. La sociedad inglesa del siglo XVI se hallaba fuertemente estratificada. La gente poseía una gran concienciación de su estatus social y de su lugar en la jerarquía. No se concibe, por ejemplo, que un sirviente vista como un caballero, pudiendo ser incluso tal acción motivo de arresto.

Un noble no puede ser arrestado sino es por un motivo grave como la traición o el quebrantamiento de la paz. Un sirviente acepta de buen grado su condición e intenta sacar provecho de ello. El rico desprecia al pobre, el cortesano al ciudadano, el ciudadano al campesino, el mercader al comerciante, el comerciante al artesano, el fabricante de zapatos al zapatero. Había que luchar por conservar la propia nobleza, estando vigilante ante cualquier descrédito que pudiera debilitarla. Las disputas sobre precedencia en la corte eran frecuentes, como también surgían abiertas confrontaciones en el campo.

El orgullo familiar, la dignidad, el crédito, la estimación personal eran cuestiones de la más alta importancia. El modo en que un caballero gobernaba su hacienda y sus criados hablaba por sí solo de la grandeza del señor. Se esperaba de un señor que fuera magnánimo y liberal y de un sirviente que cumpliera con las tareas que se le encomendaban, así como en general que se comportase como se esperaba de él. Los niños eran frecuentemente enviados a la corte buscando una oportunidad de avance.

En cuanto a la mujer, es cierto que los españoles que residen en Londres cuando escriben a sus familiares en España las señalan como feas, mal vestidas y demasiado altivas. Sin embargo, los eruditos en la materia contemplan a las féminas desde muchos puntos de vista. Empezando por el matrimonio la institución es promovida por la Iglesia como un agente aleccionador que propicia una vida estable y productiva. Se pensaba en la mujer, en primer lugar, como el instrumento necesario para tener hijos, en segundo, como fuente generadora de placer y por último, como una compañera.

Aunque la belleza exterior era importante, se creía que podía ser motivo de conflictos más que de satisfacción, por ello se anhelaba la perfección interna, donde la virtud era más importante que la belleza. Cuando se buscaba una mujer se analizaba su reputación, su apariencia, como se expresaba, como vestía, las compañías que cultivaba y su educación. La riqueza era una deseable cualidad en una mujer, pero mucho más importante será que los matrimonios se lleven a cabo entre personas del mismo estatus social. Las muchachas se casaban jóvenes, ya que la esperanza de vida era corta y la mortalidad infantil elevada.

La mayor virtud en una mujer era la castidad. Como contrapartida, el adulterio era suficiente causa para el divorcio, aunque de hecho constituía un fenómeno muy inusual. La mujer era de naturaleza polifacética. Tenía que realizar numerosas tareas en la casa desarrollando cuantiosas habilidades para su ejecución. La talentosa mujer gobernaba su hogar, supervisando las ocupaciones de sus sirvientes. Era la primera que se levantaba en la casa, comprobaba que se sirvieran adecuadamente las comidas, vigilaba el desarrollo de ciertos procesos, como la producción de cerveza, pan y queso.

Se deshacía de los mendigos y los perros sin dueño, recogía plumas para hacer almohadas, elaboraba sus propias velas, así como verificaba el proceso de lavado y recogida de la ropa. La mujer era una excelente administradora, una cariñosa madre para sus hijos, una persona dotada de un temperamento dúctil hacía el esposo, buena amante y una activa impulsora de todas las actividades del hogar. En principio, se consideraba a la mujer sometida al hombre; se propugnaban las imágenes de orden y subordinación, decencia y corrección.

La reputación de la mujer era el más sagrado tesoro que el marido debía proteger a ultranza. La perfección de la mujer se alcanzaba en la medida en que sirvía y obedecía al hombre. Bajo esta doctrina, la mujer era claramente inferior al hombre, debiendo obedecer no sólo al marido sino también a los padres sin ninguna clase de reparos. La mujer tenía muy pocos derechos legales. La infidelidad no era tolerada y en caso de infidelidades reales ello podría dar lugar a la ejecución de la mujer.

Si la mujer simplemente dejaba de satisfacer los deseos su marido podía ser expulsada por éste de la casa. Pegar a la mujer era una práctica común y aceptada de buen grado. Castigar a la mujer que erraba, por ejemplo, metiéndole la cabeza en una pila de agua, era contemplado con buenos ojos. Mucha gente pensaba que la mujer no debía ser educada. Gracias a educacionistas como Juan Luis Vives o Tomás Moro, se empieza a perfilar la idea de una mujer educada y virtuosa. En cualquier caso la educación de las chicas era un privilegio de los nobles y ricos, siendo su principal objetivo el instruir a la futura esposa en preceptos religiosos y morales.

En ningún caso se pretendía con esa educación promover una mujer dotada de un espíritu crítico; es decir, un pensamiento libre, independiente o emancipado. La mujer se casaba a los catorce o quince años, ya que la esperanza de vida era muy corta y la mujer media no podía esperar vivir más allá de los treinta. El sexo antes del matrimonio estaba prohibido. Después del matrimonio la mujer era obligada a llevar el pelo recogido, protegido bajo un velo o una capucha. Las mangas debían llegar hasta las muñecas y los vestidos tenían que ser muy largos, colgando hasta el suelo.

Quedar embarazada o dar a luz era una verdadera odisea llena de peligros. La ausencia de un entendimiento respecto de la higiene mataba a muchas mujeres. La Iglesia católica forjó una imagen ambivalente de la mujer. La inferioridad de la mujer era patente. Adán fue creado primero y de su costilla surgió Eva. Ella había sido creada para confortar a Adán, debía obedecerle, quedando subordinada a él, aceptando su inferior estatus. Por lo tanto, en el Renacimiento la igualdad de la mujer era un concepto raro. Una mujer dominante era antinatural, un síntoma de desorden.

La Iglesia medieval había inculcado la visión de una mujer dividida en dos perfiles muy distintos. Por un lado, se exalta la idea de la mujer ideal, la virgen María, la mujer maternal, sensible, entregada a su marido, sus hijos y el matrimonio. Su contrafigura es Eva, la ramera de Babilonia. Bajo esta visión la mujer era un instrumento del diablo, una continua fuente de pecado, la lascivia misma personificada. Para el Derecho Canónico, la cópula sólo podía albergar un sentido si estaba orientada a la procreación.

Una vez consumado el matrimonio, se contemplaba a la pareja como una sola carne. Bajo el prisma de Moro, es como si Dios estuviera copulando con sus propias almas. Toda relación carnal tiene una base pecaminosa que sólo el sacramento del matrimonio podía transformar en algo puro y limpio. La literatura medieval y renacentista fue misógina, promoviendo una desconfianza general hacia la mujer. La mujer es perversa, una fornicadora impúdica, que corrompe la mente del hombre. Los antifeministas construyen la imagen de la mujer malévola. La mujer posee una fama de engañosa, de instigadora de tumultos, de someter a los hombres a su capricho.

Algunos no sólo niegan que la mujer tenga inteligencia sino que incluso llegan a decir que no posee alma. La palabra inglesa *"woman"* para estos autores tiene su origen en *"woe to man"*, o sea, la mujer es motivo de aflicción, de infortunio para el hombre. La mitología popular erigió la figura de la mujer harpía, mandona, criticona. La mujer era regañona, rezongona, tenía mal temperamento. Las mujeres hablaban demasiado y no se les podía confiar un secreto. Se las tacha de hipócritas, que pueden decir cualquier cosa con tal de sacar adelante sus intereses.

En una época en que no existían métodos eficaces de comunicación, el cotilleo de las mujeres podía ser una fuerza letal, capaz de propagar falsos rumores que en más de una ocasión podían llevar a la violencia, sino a la abierta insurrección. Los escritores anti-feministas proclamaban cínicamente que los dos hitos del matrimonio, eran la fiesta nupcial y el funeral de la mujer. La faceta romántica del amor, era sinónimo de estupidez. Pobre del hombre que después de un rápido cortejo descubría que el bonito pelo dorado de su mujer era en realidad una peluca.

El hombre del siglo XVI deseaba una mujer casta, modesta, humilde, recatada, prudente y dotada de un temperamento agradable. Sin embargo, hay multitud de ejemplos que ilustran a una mujer emancipada, independiente, cultivada, acreedora de un carácter fuerte, decidida y voluntariosa. Así pues, esta es la dualidad de efigies que se erige respecto a la mujer. Es una mentalidad castrada *"ab initio"*. Dentro de esta dicotomía la literatura eclesiástica inunda la mente popular de imágenes truncadas, ensalzando el culto a la mujer ideal, la mujer pura, maternal, inalcanzable…, y a un mismo tiempo condena a esa misma mujer por sus virtudes más excelsas, por su sensualidad, su erotismo, su capacidad de seducción.

Dentro de esta relación de amor-odio hacia la mujer, los escritores satíricos retratan a una mujer psíquicamente endeble, manifiestamente inferior al hombre y por otra parte intentan cohonestar dicho concepto con la visión de una mujer perversa, destructiva y maliciosa. Para añadir más confusión a la temática, surge un tercer tipo que rinde culto a la mujer fuerte, que posee determinación, integridad, que no retrocede ante las dificultades, resolutiva. Es precisamente en Londres donde esta teoría de la mujer enérgica cobra su sentido.

En Londres se daba un grado de igualdad no visto en ninguna otra ciudad del reino. Los observadores extranjeros que pasan por la ciudad se sienten abrumados ante una mujer resuelta, dinámica, persuasiva. Un duque alemán comenta que las mujeres de Londres tienen más libertad que en ningún otro país. Un diplomático holandés a su vez relata como las mujeres casadas poseen un elevado grado de libertad al contrario que las mujeres españolas, que no se encontraban precisamente en la cúspide de la emancipación femenina.

El inglés otorga el mayor grado de veneración hacia sus mujeres comparado con la situación en otros países. La mujer disfruta de un amplio margen de ejecución en la administración del hogar, disponiendo a su criterio la realización más conveniente de las tareas. Un refrán referido a Inglaterra que bien puede aplicarse a Londres habla de que la isla es un infierno para los caballos, un purgatorio para los criados y un paraíso para las mujeres. Aquí en Londres se percibe en la mujer una de sus grandes facetas, la de emprendedora.

Las mujeres regentan negocios de mercería, joyería, de especias y pastelería. Algunason eran vendedoras ambulantes de productos perecederos. Otro síntoma de este diferente tratamiento lo vemos en que, tras la muerte del esposo la viuda heredaba la mitad de todos los bienes y a diferencia de las leyes civiles en el resto del país, se le permitía vivir en la casa familiar hasta el día de su muerte. También se habla de la hermandad de las mujeres. Las mujeres tejen verdaderas redes de cooperación en la ciudad. Su capacidad para entablar contactos, transmitir noticias, alertar ante cualquier adversidad, las convertía en una potente fuerza de apoyo, capaces de hacer frente a cualquier situación y de levantar el espíritu de un pueblo frente a cualquier amenaza.

Se glorifica a la mujer heroica, se aviva el drama de Lucrecia. Las hijas de las familias ricas, así como algunas de la clase burguesa y mercantil, asisten a la escuela primaria; por lo que cabe suponer que muchas mujeres sabían leer y escribir, que poseían y que compartían con los hombres un cierto grado de igualdad. Las mujeres solían ir sin compañía a las tabernas y teatros, consideraban un honor que se las invitara a beber vino con azúcar. Mujeres libertarias, hembras libertinas, féminas licenciosas, mandonas, desorganizadas, cariñosas, anecdóticas, inteligentes, intuitivas, geniales…

Las mujeres rebosaban toda la energía, todo el empuje de la capital. Pero no todo eran alabanzas. Hay otro sector del mundo masculino que sentía un miedo irracional hacia las mujeres. Hay muchas harpías en Londres –comentan– que a menudo causan muchos problemas pudiendo llegar a provocar una verdadera tormenta. Algunos ingleses temían la compañía de las mujeres. Las féminas de Londres eran las más peligrosas del mundo.

La determinación de la mujer también era palmaria, cuando ésta salía al campo, montaba a caballo con soltura, le gustaba cazar, practicar la cetrería, realizar algunos deportes. Otro icono que subyace en la mitología urbana, es el de Moll-Purse, una mujer violenta y excéntrica que le gustaba vestirse de hombre con pipa y espada incluida. Son mujeres que se visten con ropas varoniles para enfrentarse a una ciudad dominaba por los hombres.

Disputas sexistas aparte, si había algo que definía el espíritu del londinense eso era su carácter turbulento y su afán por el espectáculo. En Smithfield era el lugar donde se celebraban mercados, pero también una enorme explanada donde se desarrollaba la célebre Feria de San Bartolomé. Aquí tuvieron lugar grandes justas y torneos, duelos y batallas, así como el emplazamiento predilecto para montar el patíbulo y la hoguera. También fue este el lugar elegido para quemar a los mártires católicos y protestantes, donde tenían lugar autos sacramentales como parte de la oferta de ocio, así como partidos de fútbol y torneos de lucha.

Muy cerca de allí en Cock Lane, pasado el campo abierto las prostitutas se alineaban insinuantes ejerciendo su oficio. Sin embargo, no fue aquí donde tuvieron lugar los torneos de diciembre del año 1554, sino en el patio del palacio de Whitehall, justas a las que asistieron toda la corte, y a las que debió acudir también Lísperguer, y donde el espléndido Ruy Gómez recibió un premio de la misma María Tudor. Fleet Street era otra de esas calles donde la pasión se exaltaba en representaciones públicas. Allí podías contemplar ese mundo excitante del teatro de títeres, inestables marionetas, desconcertantes monstruos y extrañas criaturas.

Era un lugar misterioso e intrigante, donde se podían ver actuaciones improvisadas de actores callejeros, insólitos engendros humanos, seres disolutos enfrascados en juegos de dados, carpas para beber y bailar, así como restaurantes especializados en tocino asado. Todas esas zonas eran lugares ideales para la farándula y la fanfarria. Cascabeles, tambores, violines, todo formaba parte del murmullo sensual de la Feria de San Bartolomé. En ese popurrí de escenas errabundas se podía contemplar al "gigante y la pequeña hada", osos y acróbatas, funambulistas, pájaros cantores y caballos a la venta; se cantaban baladas, se consumía cerveza a tropel, al tiempo que adivinadores leían las manos, vaticinando un próspero futuro o un dichoso nacimiento.

Grupos itinerantes de trovadores y actores, reñideros de gallos, ruedos donde se celebraban peleas de perros contra un oso enjaulado, ruidos de tambores, trompetas, gaitas, escenas de guiñol…, todo ello formaba parte de ese inframundo confuso y estimulante, donde coqueteaban la realidad y la ficción, la farsa se hermanaba con lo absurdo, lo libidinoso excitaba lo irracional, el alcohol y el sexo hacían surgir ideas descabelladas dando lugar a más de un altercado. En esa atmósfera turbia y alocada los carteristas hacían su agosto, hurtando a los transeúntes confiados que eran pillados desprevenidos.

Otro elemento importante del Londres de la época Tudor era la taberna. A diferencia de la posada que ofrecía alojamiento y bebida, la taberna sólo ofrecía refresco, aunque ambas disponían de establos donde guardar el caballo mientras se disfrutaba de un agradable momento de esparcimiento. Téngase en cuenta que el agua era considerada como portadora de enfermedades, por tanto, todo el que podía pagarla prefería consumir cerveza, usando el agua meramente para el baño. Por lo tanto, el potencial de la taberna era enorme. Se sabe que a principios del siglo XIV había 354 posadas y 1.334 tabernas en Londres y que a principios del siglo XV se registraron 269 tabernas más.

La taberna era un verdadero símbolo de la identidad londinense, que mostraba orgullosa su propio escudo de armas. En Londres el noble licor de los dioses, éter trashumante de los mortales, discurría a raudales por la ciudad. Se bebía en gran cantidad y sin moderación. Se consumían buenos vinos de la región del Rin y Gascuña, de Borgoña y Madeira, el vino blanco de España, el tinto de Portugal, vinos de Italia, de Grecia. Los más humildes se entregaban con profusión a la cerveza. La mayoría de las cervezas estaban sazonadas con pimientas en una mezcla conocida como "stingo".

Había otras cervezas que estaban condimentadas con elementos como la hiniesta, las bayas de laurel y de hiedra, así como la malta y la avena. Asimismo, la taberna era una parte integral del engranaje del comercio. En la taberna se concluían muchos acuerdos, constituyéndose en una auténtica agencia de contratación. La taberna también era el lugar de encuentro de los hombres de letras, que entre amenas conversaciones y bajo los efectos vaporosos del vino, afloraban las musas, dando rienda suelta a su imaginación, surgiendo en ocasiones obras maestras de la literatura.

Tanto en tabernas como posadas se registran, sin embargo, numerosos casos de fraude. En el siglo XVI estaba mal visto que el caballero se fijara excesivamente en la cuenta y esta falta de puntillismo era aprovechada por los taberneros y posaderos para cargar más de la cuenta al cliente. Los viajeros extranjeros estaban impresionados con las posadas londinenses, que tenían capacidad para hospedar hasta trescientas personas. En más de una ocasión el tabernero de turno, estaba en contacto con los desalmados del vecindario, que apostados en los caminos esperaban a los viajeros confiados para desvalijarlos.

Londres era una ciudad convulsa y los problemas asociados al alcohol eran numerosos. Se habían agudizado tanto los problemas

relacionados con la bebida que muchas tabernas tuvieron que ser ce-
rradas. Por las calles iban los borrachos tambaleándose, hipnotizados
detrás de los pechos de las mujeres. A su vez había borrachas violentas, mujeres que podían llegar a reñir por unas copas y que bebían
como demonios. Otro de los males de Londres era el juego. El alcohol
y el juego estaban profundamente arraigados en el tejido social. En la
taberna se jugaba a las cartas, así como a un deporte de dados llamado
Tablas.

Las copan corrían libremente y los hombres acalorados se entregaban a su pasión favorita. Poco a poco los ánimos se exaltaban. Junto
con la excitación del riesgo y la bravura que provocaba el alcohol, era
frecuente que un mal perder acabara en sangre, sino en la muerte del
ganador. Los fraudes, las trampas, las riñas por mujeres, todo era
fuente de continuos altercados. Los extranjeros no se llevaban la mejor parte, ya que a menudo eran engañados por timadores y
embaucadores. Había zonas de Londres que eran un refugio de vagabundos, holgazanes y viciosos. Zonas como Turnmill Street, cobijos
de delito y prostitución. Vías públicas oscuras, repugnantes y asquero-
sas, que eran refugio de hombres viciosos dedicados a hurtar y
delinquir.

Había barrios como los de Whitefriars o Alsatia en los que ningún
hombre se arriesgaba a entrar sin estar acompañado y mucho menos
de noche, ya que el lugar estaba plagado de criminales, carteristas,
borrachos y toda clase de depravados. En el Londres del XVI casi no
había seguridad en las calles. Los hombres tenían que pasear siempre
portando una daga o una espada al cinto para poder defenderse en caso
de ataque. Las calles estaban llenas de alborotadores que bebían, juga-
ban y pegaban a los transeúntes por cualquier causa.

Londres era un verdadero inframundo de canallas. Toda una galería de delincuentes operaban en la ciudad. Había falsificadores,
chantajistas, mancebías, carteristas, rateros y mujeres de mala fama.
También abundaban los impostores, los timadores, los estafadores, los
ladrones de caballos. Había una taberna conocida con el nombre del

León Rojo que poseía armarios ocultos, trampillas, paneles corredizos, rincones secretos y toda una increíble infraestructura al servicio del delito. Otras zonas eran famosas por su degradación moral, donde no había mes que no se cometiera un asesinato. El río Fleet estaba lleno de cadáveres de los incautos que después de haber sido asaltados habían sido arrojados a su cauce.

Había tabernas que eran célebres por ser escuela donde se enseñaba a los niños a robar bolsos. Se falsificaba moneda, se abordaban los carruajes, había que luchar por conservar la vida con las propias manos. Los realistas contemplaban Londres como el lugar donde se refugiaba la escoria de todos los profanos, los hombres más viles, los marginados de la sociedad, ciudadanos, artesanos y aprendices. La conciencia de la urbe se hallaba profundamente confusa, inmersa en una desconcertante controversia religiosa y política, que había sido causa de un continuo desgarro moral y dónde ningún modelo de educación cívica era capaz de traer sosiego a los ánimos soliviantados de la gente.

La muchedumbre londinense era altamente irritable, propensa a los cambios repentinos de humor, donde cualquier ligero motivo de disputa podía acabar en un tumulto. En ocasiones, la violencia se dirigía hacia los extranjeros; otras veces, contra los recaudadores de impuestos. Había algo impulsivo, irracional, congénito en el carácter del londinense, que le lleva a la violencia. Los robos, agresiones y homicidios eran el pan de cada día. Las peleas degeneraban rápidamente en reyertas fatales y las riñas callejeras se convertían fácilmente en motines en masa.

En tiempos de crisis política, el populacho recorría las calles enardecido al grito de "¡muerte, muerte!", arremetiendo con una ferocidad inusitada contra los que consideraban sus enemigos. La muchedumbre poseía una naturaleza brutal e insolente. Se trata de un gentío que le fascinaba los espectáculos de sangre y al que cualquier motivo le parecía bueno para acabar en una refriega. Era habitual ver a un par de muchachos pelearse en la calle. El gentío en lugar de separarlos, disfrutaba jocosamente de la escena, formando inmediatamente un corrillo alrededor de ellos, alentando y vitoreando a los combatientes con deleite y vehemencia.

Londres era una ciudad peligrosa, insegura, irreverente; donde a menudo se podía contemplar a hombres luchando cuerpo a cuerpo en las calles, cocheros discutiendo con el caballero acerca del precio, incluso mujeres revolcándose por los suelos, tirándose de los pelos y arañándose como gatas; eso sí, como parte de un espectáculo concertado que fascinaba a los londinenses. A veces la fiesta adquiría unos tonos mucho más macabros. El londinense de aquel tiempo se recreaba en la necrofilia. Es decir, sentía una atracción hacia la muerte. No sólo no la temía sino que se regocijaba en ella. Londres era la ciudad del patíbulo.

El ahorcamiento se concebía como un ritual de muerte, un espectáculo público que se ofrecía al populacho y se exhibía con todo júbilo por las calles de Londres. El ritual comenzaba en la prisión de Newgate. Desde allí salían los condenados en un carro abierto, bien afeitados y ataviados con sus galas de luto o vestidos de novio. Después se conducía al pobre desgraciado hacia el lugar señalado donde le esperaba el frío patíbulo. El gentío se agolpaba enardecido, en torno al desahuciado.

El morbo ante el inminente final del sentenciado atraía a toda clase de curiosos, entre los que se encontraban mujeres y niños, que sin ningún reparo y con toda naturalidad se apilaban allí, encaramándose unos encima de los otros, intentando abrirse paso para contemplar la horrenda escena. Entre berridos, chiflidos y sonidos guturales, el público contemplaba gozoso como le colocaban al condenado la soga alrededor del cuello . Entonces, el cochero azuzaba a los caballos y el malhechor quedaba suspendido en el aire. Tras una breve tiritera, el cuerpo quedaba inmóvil balanceándose al capricho del viento.

Ese era el momento en que la muchedumbre jocosa y eufórica se precipitaba sobre el cadáver, ya que creían que los cuerpos de los ahorcados eran eficaces para la cura de enfermedades. Al menos sí tenían una utilidad real, ya que habitualmente los cuerpos de los desdichados eran aprovechados por los cirujanos, sirviéndoles de frescas muestras anatómicas. Otras veces, ese sadismo popular se manifestaba de otras maneras. Quemados en la hoguera, lapidados, decapitados, cualquier forma era buena para conseguir el fin. Sólo María Tudor ejecutó alrededor de trescientos disidentes, aunque primordialmente por motivos políticos y religiosos. Tampoco faltaban las penas infamantes, que buscaban la humillación, el dolor y la vergüenza, como era el caso de la picota para los que incurrían en prácticas comerciales deshonestas o ilícitas.

En ocasiones, al infractor se le lanzaba fruta podrida, pescado o excrementos y a veces eran bombardeados con palos y piedras hasta causarles la muerte. Era un ambiente irracional, donde el populacho ignorante e irascible, reaccionaba de un modo visceral ante la más mínima afrenta. Cualquier cosa podía encender los ánimos de un gentío desbocado, que parecía disfrutar con las situaciones grotescas. Grosero, extravagante y de mal gusto era contemplar las cabezas abiertas de los traidores clavadas en unos pinchos de hierro por encima de la entrada principal del Puente de Londres. Pero para el londinense eso era una situación normal y hasta deleitosa.

Otro de los fantasmas de Londres era Newgate, su prisión ancestral. Construcción emblemática de la ciudad que se la asocia a la punición, al dolor y la muerte. Lugar horrible que evoca el mismo infierno y que se la ha denominado la Bastilla inglesa. También Newgate era el baluarte de la opresión estatal, del despotismo regio, símbolo central de autoridad y en numerosas ocasiones ha sido el primer objetivo de los amotinados de Londres, ansiosos por destruir el orden de la ciudad. A menudo la prisión ha sido foco de violencias cuando una muchedumbre alocada se ha abalanzado sobre el edificio con la intención de incendiarlo.

Allí, encerrados en sus sótanos se hallaban matones, falsificadores, asesinos y toda la chusma de la ciudad, donde llevaban una existencia agónica, encadenados a grilletes o atrapados con unos cepos. La tradición nos ha transmitido la visión de Newgate como un lugar infernal. Especialmente horroroso era un calabozo subterráneo al que llamaban "Limbo". Era un recinto escalofriante, sin luz, tenebroso, lúgubre, donde las paredes rezumaban humedad por todas partes y los insectos, los bichos y las ratas campeaban a sus anchas de un lado para otro. Allí se encontraban los condenados apilados como cerdos, arrastrándose por el suelo, chillando, delirando, empujándose, amontonados con sus ropas raídas, sudorosos y malolientes, conformando una especie de piara humana.

Era un lugar aterrador, abominable, fantasmagórico. Era tanto el sufrimiento y la desesperanza de los que permanecían allí confinados, que la locura era el único remedio para poder sobrellevar semejante padecimiento. Era un recinto nauseabundo que desprendía un hedor repugnante que impregnaba las calles y las casas colindantes. Cualquiera que paseara por sus proximidades podía escuchar los aullidos provenientes de la cárcel, el bullicio de sus revueltas, sus tumultos y desórdenes interiores; las súplicas de los que se consideraban inocentes, los golpes y las fustas acallando a los revoltosos.

Otro de los semblantes de Londres eran, sin duda, sus mendigos. Es estremecedor pensar que en 1554 de una población de alrededor de 80.000 personas, 10.000 eran mendigos. Londres, la capital del dinero, del tráfico comercial, era el emplazamiento ideal para los vagabundos que intentaban allegar algún dinero. Y allí se dirigían a tropeles. Hombres que habían perdido sus trabajos en el campo, tullidos que regresaban de las guerras extranjeras, aprendices que habían perdido a sus maestros, lacayos sin señor a quien servir, niños pobres sin otro horizonte ni ventura, todos acudían a Londres como la tierra de promisión.

El ensueño de Londres escondía tras sus destellos una realidad mucho más opaca. Mendigos religiosos musitando bajo las cavidades de piedra junto a las puertas principales de acceso a la ciudad, ermitaños ensimismados en sus soliloquios o reconcentrados en sus visiones, cojos y tullidos pidiendo en las esquinas de las calles, mendigos de prisiones afanándose por obtener un aguinaldo desde sus celdas, ancianos decrépitos abordando a los feligreses a la entrada de las iglesias, niños suplicando por las calles mugrientas.

Todo ello conformaba la ciénaga miserable de Londres, su aspecto más corrosivo. Los pordioseros eran la otra realidad de la gran ciudad comercial, la contrafigura del ídolo viviente, sus deplorables heces. Ya Tomás Moro se había preguntado si la ciudad no era en realidad un inmenso manicomio, dada la gran cantidad de afligidos y enajenados que vagaban sin rumbo por las calles. Trotamundos deambulando por las vías enfangadas, pobres irlandeses despojados contemplado el cielo, holgazanes convencidos incitando despropósitos, alborotadores buscando pendencias, personajes disolutos y depravados a la caza del desprevenido, ebrios envalentonados lanzando sus sarcasmos, pillos y pícaros planeando sus engaños, falsos mendigos fingiendo alguna enfermedad o deformidad, timadores llevando a cabo sus estafas, todo ello formaba parte de la truculencia de la ciudad, su faceta más perpleja.

La ciudad tenía sus barrios de miserables. Áreas concretas como East Smithfield, Saint Catherine junto a la Torre, alrededor de la Casa de la Moneda, en Southwark; allí se apiñaban los desheredados siguiendo un proceso instintivo. También las puertas de los monasterios estaban repletas de menesterosos buscando algún sustento. La parroquia de Saint Giles era sinónimo de suciedad y miseria. Sus habitaciones subterráneas eran repulsivas, húmedas e insalubres. La zona de Drury Lane era conocida como repugnante y peligrosa para cualquiera que la transitara.

Era además un entorno asqueroso, lleno de pantanales, conductos y fosos abiertos. Otros indigentes se congregaban a las puertas de Westminster esperando la generosidad de sus monjes. Era un lugar anegado, cenagoso, lleno de hedor, humedad y miseria. La vagancia se estaba convirtiendo en un cáncer que amenazaba con engangrenar la vitalidad de la ciudad. No es extraño que multitud de proclamas intentaran expulsar a los pordioseros de las zonas prosperas de la ciudad.

También había personas que montaban guardia a las puertas de la urbe para impedir que penetraran indigentes en la misma.

Mayor tolerancia había hacia los niños. No todos eran mendigos. Como en toda gran ciudad se podía percibir esa gran energía y vivacidad de los menores. Se los podía contemplar jugando al *foot-ball*, correteando por las calles, entusiasmados con las peleas de gallos, absortos con los juegos de canicas, entretenidos con sus inocentes travesuras. En todas partes se podía escuchar esa ilusionante algarabía de las voces entrecruzadas de los niños inundando las travesías. Pero en el siglo XVI la niñez duraba muy poco y pronto los chavales tenían que aprender un oficio.

La imagen del aprendiz rebelde invade las leyendas urbanas. El aprendiz estaba obligado a obedecer y a ello se dirigieron una serie de reglamentos de las autoridades municipales. A los aprendices se les prohibía reunirse en las calles, beber en las tabernas, vestir ropa llamativa, teniendo además que llevar el pelo muy corto. Por otra parte, la obediencia al padre era total. La costumbre les imponía arrodillarse frente al padre para que éste le diera sus bendiciones antes de empezar la jornada. Pero el icono más representativo de Londres eran sus pedigüeños.

Hordas de niños harapientos rastreaban las calles en busca de unas moneditas. En los puertos, bajo los tenderetes de las carnicerías y pescaderías, a la puerta de las panaderías, confundidos entre la mercancía, vagabundeando por los ambientes sórdidos de la gran ciudad, mezclados con los indeseables, por todas partes se podía ver a los pequeños miserables. Ladronzuelos internándose entre la muchedumbre, abordando en grupo a los transeúntes, jóvenes pescadores birlando por las noches, cuadrillas de niños escudriñando las riberas del Támesis en busca de trozos de carbón, madera o metal para poder venderlos en las calles; todo eso era el cuadro inquietante de Londres.

A la podredumbre humana había que añadir el enorme deterioro del entorno físico. Se trataba de una ciudad que crecía a gran celeridad a la par de la bonanza comercial, pero que aún no había encontrado una solución eficaz al problema de los desechos. Así Londres se podía contemplar como un gigantesco estercolero. Un miasma de desperdicios, malos olores y ciénagas inundaban muchos barrios de la ciudad. Por ejemplo, los vertidos de excrementos al río Fleet, que quedaban estancados en ciertos tramos, liberando al ambiente un hedor insoportable. Habitual era ver apilados al frente de muchos establecimientos montones de basura y estiércol, desprendiendo su pestilencia por todo el vecindario.

Práctica común, era la de los taberneros, que tenían por costumbre arrojar sus barriles vacíos con sus posos de líquidos malolientes, dejando aturdido a todo el que pasara por allí. Más impactante aún era el hábito de lanzar excrementos y orines desde las ventanas de las casas. Un reguero de excrementos, agua y porquería bajaba por calles como Trinity Lane, pasando delante de varios comercios antes de desembocar en el Támesis. Pozos negros, cloacas abiertas, bestias hediondas transitando libremente, perros sin dueño copulando en plena calle, orines de gatos estancados en las esquinas. En otras zonas se llevaba a cabo la matanza de animales. Todo ello era un verdadero hervidero de infecciones, germen de enfermedades, perenne cultivo de miseria.

La época dorada, la gran era Tudor con sus magníficas realizaciones, sus grandes avances, escondía bajo sus atalayas aristocráticas una realidad bien distinta. Calles enlodadas, húmedas e insalubres. Travesías bloqueadas, pestilentes, tortuosas y oscuras. Áreas peligrosas e inseguras, llenas de borrachos, gente disipada merodeando en pos de propósitos oscuros, ambientes lóbregos donde yacían en los suelos los enfermos, los pobres, los tullidos y taciturnos. Verdadera caldereta de desperdicios humanos, seres disolutos imbuidos en sus lejanías, prostitutas trastornadas que han perdido la noción del tiempo, abatidos mendigos intentando ahuyentar su desesperanza con unas monedas, individuos depravados buscando el oro con la violencia. Imágenes llenas de patetismo, dolor, aflicción. Supervivencia animal en un entorno salvaje, mísero y cruel.

El gran éxito comercial de Londres tenía como contrapartida una profusa bacanal de olores. El mercado de víveres en el extremo este de Cheapside expelía un intenso olor a verduras podridas. Otras fetideces procedían del pescado rancio y ostras en descomposición. También era típico el nauseabundo hedor del sebo que competía con los aromas de los excrementos de caballo y otras reses. Más aprehensibles eran los tufos procedentes del asado de carne, el pegamento hirviendo, la cerveza fermentando o la elaboración del vinagre. Asimismo estaba omnipresente el intenso olor del carbón que desprendían las fundiciones.

Luego estaban las repulsivas emanaciones del cementerio de Saint Paul que aturdían a todo el vecindario. Como colofón destaca el olor y la inmundicia inconfundible de la muchedumbre londinense. Se concibe a la ciudad como un inmenso invernadero, que pareciera cocer en su interior a todos sus miserables. Las pestilencias invadían todos los ambientes. Transpiración de cocineros grasientos, pies sudorosos, camisas sucias, cabellos apelotonados, rígidos, atiborrados de piojos, barbas roñosas y descuidadas, caras embadurnadas de suciedad, ropas raídas, mugrientas, repletas de chinches, bocas apestosas y sin dientes, constituían alientos nefastos que lo invadían todo.

No es de extrañar que con estas condiciones de vida la mortalidad fuera superior a la de cualquier parte del país. Las principales causas de muerte eran la peste y la fiebre inflamatoria. En las parroquias más pobres, la esperanza de vida era sólo de entre veinte y veinticinco años, mientras que en las más prosperas era de treinta a treinta y cinco años. Estas infecciones mortales evidencian que Londres era una ciudad de jóvenes. Podemos imaginar la sensación de pavor de Pedro Lísperguer y sus amigos, paseando por la ciudad, pensando que realmente se encontraban al límite de su existencia.

Por otra parte, todo ello confirma la gran vitalidad de la ciudad. La enfermedad y la muerte atacaban con virulencia en la urbe. Ya en su historia Londres había registrado casos de pestes que habían devastado a la población. Esta la "Muerte Negra" de 1348 que mató alrededor del cuarenta por ciento de los habitantes de la ciudad. En los siglos XV y XVI, la epidemia de "fiebre de hinchazón" se cernió sobre la capital al menos en seis ocasiones; la de 1528 fue de tal violencia que se llevó a miles de personas en cinco o seis horas.

Las alcantarillas abiertas de la ciudad se convirtieron en un paraíso para los mosquitos, causando la fiebre que en la actualidad se conoce como malaria. También Londres ha registrado en su historia numerosos casos de pestes segando miles de vidas en poco tiempo. La rata negra era una de las principales causantes de la propagación de la enfermedad. Para añadir más calamidad hay que decir que en el tiempo que Lísperguer estuvo allí, Londres ya se había incendiado más de diez veces. Luego estaban las enfermedades asociadas al sexo y a los burdeles.

Las calles estaban infestadas de furcias, mujeres descarriadas, homosexuales, que transmitían de forma endémica enfermedades venéreas y la terrible sífilis, objeto de indignación entre los moralistas y causa de la parodia burlona de los escritores satíricos. Además estaba el macabro río Fleet, el río de la muerte. En uno de sus recodos pasaba por West Street, refugio de delincuentes y asesinos durante siglos. Allí el río se convertía en un vertedero de víctimas y de borrachos atracados. Era una zona llena de hedor y pestilencia, foco de enfermedades, donde moría la mayor parte de la población de Londres, contagiándose mucho más rápido que en otras áreas.

Con ese escenario es normal que la población de Londres estuviera aterrorizada. Pensemos que el siglo XVI fue una época de fuertes supersticiones, alegorías, malos presagios. Londres era la ciudad de los muertos, y sus habitantes vivían sumidos en el pánico, obsesionados con las plagas letales, los desastres de todo tipo. A la par que la urbe bullía con su éxito comercial muchos ciudadanos cavaban apresurados tumbas por las calles. Era tal la escalada de defunciones que los nuevos nacimientos no llegaban a suplir las perdidas. Sólo la constante afluencia de inmigrantes permitía a la ciudad seguir con su nivel de actividad.

Nadie estaba a salvo en Londres. Las calles estaban atestadas de personas afligidas. La gente moría profusamente. Hombres con los cuerpos hinchados, agonizando sudorosos presos de altísimas fiebres, consumiéndose lentamente por la tisis, extenuados por la tuberculosis acompañada de fuertes ataques de tos, vomitando sangre, pereciendo víctimas de la viruela, gangrenados por heridas mal curadas llenas de pus, cuerpos contusionados, personas famélicas expirando de hambre, otras arrojadas por los suelos exhaustas de agotamiento... todos acababan en el negro y hondo foso de la muerte.

El londinense siente un miedo nervioso, irracional, que muchas veces deriva en histeria colectiva. Por todas partes abundaban los rostros vacíos, los semblantes llenos de ansiedad, las caras incrédulas, los ojos asustadizos, las miradas perdidas. Había mendigos apoyados en las paredes, con los ojos congelados, glaciales, a veces llenos de misterio, siderales. La ciudad estaba llena de almas en pena que vagaban sin rumbo presas de ese terror contagioso, que provocaba una incesante angustia. El ruido, el incesante tumulto, la violencia del populacho, todo contribuía a alimentar la ansiedad. Luego estaba la melancolía inglesa, ese rasgo tan acusado de su carácter, que en Londres todavía se acentuaba más.

A continuación llegaba el invierno, con sus terribles neblinas que sumían a la ciudad en una completa penumbra. Noviembre era el mes de los suicidios en Londres. La niebla era tan densa y frondosa, que excitaba los sentimientos irracionales. La gente experimentaba el fenómeno como si el mundo tocara a su fin. Ese era el momento en que los desesperados se arrojaban desde la Galería Whispering de la catedral de Saint Paul, o se envenenaban encerrados en sus casas, o se lanzaban a las aguas muriendo ahogados. El londinense sentía un desprecio por la muerte y una repugnancia por la vida. El inglés formaba parte de una raza muy triste y Londres fue la capital del suicidio.

Londres era una ciudad llena de evocaciones, rumores preocupantes, chismes maliciosos, historias que circulaban sin freno por las calles, reminiscencias de su pasado atormentando a sus habitantes. No faltaba quien aseguraba haber contemplado avistamientos. Hay quien decía que en la Torre de Londres aún se paseaba envuelto en un halo voluptuoso el espíritu atormentado de Ana Bolena. Otros exaltaban el remordimiento. Las imágenes de los judíos ahogados y asesinados cuando fueron expulsados en 1290, inundaban la imaginería popular.

Alusiones a cometas y eclipses, espectros, ciclos lunares, perros aullando, efectos ocultistas, la magia telúrica practicada por las tribus celtas de la región, todo evocaba el talante misterioso, incongruente, numinoso, que invadía la ciudad. Por las calles deambulaban toda clase de locos, falsos profetas, intérpretes de sueños, adivinos y astrólogos. La superchería hacía su aparición, engañando a una copiosa hueste de abatidos con sus bulos. De todos los rincones surgían magos, brujas y curanderos ofreciendo brebajes contra las fiebres y curaciones milagrosas. Asimismo estaban los sanadores, médicos, cirujanos, magnetizadores, personas que trazaban cartas astrológicas, o que se ofrecían para disipar la melancolía.

Hace millones de años el emplazamiento actual de Londres se encontraba sumergido bajo el mar. Esa vocación marítima de la ciudad parecía retornar de forma recurrente. La niebla invadía la capital y la convertía en una urbe de fantasmas. Las típicas brumas de Londres invadían la ciudad sin previo aviso encerrándola en una completa oscuridad. Las personas transitaban por las calles pañuelo en mano aguantando la tos. Seres alterados por esa atmósfera hermética, apresurados en encontrar una salida, un recinto donde guarecerse del medio hostil.

Londres con sus cielos encapotados daba la sensación de ser una ciudad burbuja, un invernadero viviente donde residían encapsulados sus habitantes. En este ambiente tenebroso el polvo, el lodo y hollín lo inundaban todo. La combustión de carbones marítimos así como las numerosas chimeneas de la ciudad expelían a la atmósfera un humo negro que se extendía por todas partes. En las calles el polvo obstruía la respiración y embotaba los sentidos. En el interior de las casas el hollín se esparcía como una fina capa que tiznaba los muebles de suciedad.

Se concebía la ciudad como un gran volcán que liberaba al ambiente una cortina de humo pestilente, que corría el acero, ennegrecía la piedra de los edificios y anulaba a los seres vivos. Frente a ese confinamiento físico la ciudad se alzaba como un perímetro sin acotaciones, lleno de representaciones irreales. Una espacio para la introspección, para la meditación, una presencia espectral, un señuelo para las visiones fantasmagóricas. Se puede pensar en Londres como un reino flotante de la imaginación, invadido por bandadas de estorninos, grajos, palomas y otras aves...

Giordano Bruno afirmó en una ocasión que el clima de Londres era más templado que en otros parajes a este y al otro lado del equinoccio y la nieve y el calor se desvanecían del terreno, así como también el excesivo calor del sol, lo que producía un suelo florido y permanentemente verde. Esa era la faceta positiva de Londres, gozar de un clima que era una eterna primavera. La benignidad del clima proporciona unos veranos agradables y unos inviernos que no se caracterizan por el rigor de las regiones del interior.

También es verdad que no se puede concebir un clima sin sus transformaciones. Cuando arreciaba la lluvia en Londres era origen de inundaciones, destrozos y estragos. La lluvia provocaba un efecto repelente, un malestar continuo, que afectaba a sus habitantes. En ocasiones fue causa de desbordamientos y torrentes impetuosos que destruyeron casas, géneros e infraestructuras. Igualmente han atacado a Londres grandes vendavales. Vientos furiosos, tornadizos, enojados, que hacían gemir a los edificios y crujir a las estructuras. Vientos que silbaban entre las casas, liberaban terribles descargas eléctricas, bramidos atronadores que destrozaban muchos lugares.

Otras veces caían horribles tormentas de lluvia y granizo, con enormes truenos ensordecedores y relámpagos cegadores. Pelotas de hielo que derriban muros, atraviesan techos y dejan la ciudad convertida en un barrizal. Chimeneas enteras, techos, puertas, casas han volado presas del viento y la lluvia. Pero si algo define Londres eso es su bonito cielo. A veces crepuscular, otras impregnado de sutiles tonalidades azul y violeta. Siempre su masa voluble de nubes grises y blancas. Nada es estable en Londres, todo puede cambiar en cualquier momento. Pero sobre todo, la urbe es un espacio abovedado, íntimo, infinitamente remoto, amigo de la reflexión.

Habíamos iniciado este relato sobre Londres con un supuesto ficticio. Habíamos imaginado a Lísperguer y a sus compañeros apoyados en las barandas del Puente de Londres avistando un espectáculo asombroso, mientras decidían si iban a la ribera sur o a la ribera norte. Bien es cierto, que la mayor parte de la actividad de la ciudad se localizaba en la ribera norte, aunque también muchas de sus peculiaridades se pueden atribuir a la ribera sur. Como rasgos distintivos que se atribuyen a la ribera sur baste decir que era el emplazamiento tradicional de los teatros londinenses. También allí se localizaba el estadio de Bankside, donde se organizaban peleas de perros contra un oso enjaulado.

Por otra parte también fue una zona famosa por sus prostíbulos. Eran entornos que se caracterizaban por su miseria, sus espacios degradados y su delincuencia. También era una zona donde había estanques, molinos de agua, industrias y jardines. Y allí estuvieron en Londres, no cabe duda, por espacio de siete meses Pedro Lísperguer y sus compañeros. ¿Y quiénes eran esos compañeros? ¿Cuáles eran sus rasgos de carácter? No podríamos citarlos a todos, ya que fueron miles los que acudieron a la jornada de Inglaterra. Pero sí podemos describir aquel círculo estrecho de conocidos que decidieron abandonar Londres por la excitante empresa de la conquista de Chile (Ackroyd, 2002).

Retrato de algunos compañeros
de Lísperguer en la corte inglesa

Junto a Pedro Lísperguer se encontraban Francisco Yrarrázaval; Domenjón González de Andía Yrarrázaval, hermano mayor del anterior; Alonso de Ercilla; García Hurtado de Mendoza, hijo del marqués de Cañete y futuro virrey del Perú don Andrés Hurtado de Mendoza; su hermano mayor don Diego, y su hermano natural don Felipe, así como el lusitano Simón Pereira. Excepto don Diego y don Domenjón todos los aquí mencionados pasaron a la conquista de Chile. Pero ciñámonos a los más destacados: Francisco de Yrarrázaval, Alonso de Ercilla y García Hurtado de Mendoza.

En cuanto al primero, Francisco de Yrarrázaval, fue caballero notable, heredero de las casas de Andía e Yrarrázaval por muerte de su hermano Domenjón González de Andía, caballero valeroso asistente a la batalla de San Quintín, que murió posteriormente en las guerras de Portugal. Francisco venía a heredar una ilustre y gloriosa casa infanzona, que traía su origen de la villa de Tolosa en Guipúzcoa, donde radicaba su casa, torre, solar y capilla y cuyas tradiciones atestiguan como los antepasados de esta noble casa lucharon con ardor contra los moros en la célebre batalla de las Navas de Tolosa en el año 1212. Andía en vascuence significa "grande" y grande era no cabe duda.

Su Bisabuelo fue Domenjón Gonzalez de Andía, nacido en Tolosa en el año 1410, señor de la torre de Andía, de las casas del barrio de Arosteguieta, del caserío de Picoaga, de los campos de Lescuraín, de los castañares de Quesuaga, de la huerta del Vergel, detrás de los muros de Tolosa, de las tierras del término de Orialdes, de los montes de Yturraín y del molino de Yerachulo. Fue Domenjón alcalde de las Sacas de Tolosa por merced de don Juan II en 1456, así como Fiel de Juntas del rey Enrique IV.

Domenjón fue un hombre de peso en la región llegando a ser coronel de la provincia de Guipúzcoa, adquiriendo una valerosa estimación en tiempos de bandos y desafíos en dicha provincia, obteniendo multitud de privilegios y exenciones y confirmaciones de sus reyes. Pero lo más épico de su carrera tuvo lugar cuando acudió a la jornada contra el rey Luis XI de Francia al mando de las tropas guipuzcoanas en socorro del rey Eduardo IV de Inglaterra, quien en premio de estos servicios le concedió el privilegio de usar, para él y sus sucesores legítimos en perpetuidad , la librea de su collar de la casa real e insignia de Jarretier, por título firmado en el castillo de Winsor el 20 de agosto de 1471; así como una renta de 20 libras al año sobre los derechos del puerto de Bristol. No es de extrañar que las coplas populares proclamaran a los cuatro vientos aquellos versos tan evocadores:

> *"La manzana dulce y hermosa,*
> *la espada en la cinta,*
> *don Menjón de Andía Rey de Guipúzcoa"*
> (Lana, 1620, pág. 2).

Más adelante, en 1482, fue Domenjón comisionado para celebrar un tratado de comercio con Inglaterra. Asimismo, fue nombrado corregidor de Guipúzcoa por los Reyes Católicos, y fue fundador de una capellanía en la capilla de San Antón de Cizurquil, dotada con 3.000 maravedíes en juros viejos de Tolosa. Falleció en Tolosa en 1489. Hijo de éste y abuelo de Francisco fue Antón González de Andía nacido en Tolosa, señor de las casas, y campos que le legó su padre. Casó con Teresa Ruíz de Olaso Yrarrázaval, heredera de la casa, con lo que se vinieron a juntar las dos casas de Andía e Yrarrázaval.

Ésta última estaba situada en la villa y puerto de Deva, cuyos muros batía el mar, hoy en día uno de los balnearios preferidos del Golfo de Gascuña. El rey de Castilla don Alfonso XI concedió en la primera mitad del siglo XIV a don Miguel Ibáñez de Yrarrázaval –antepasado materno de Teresa Ruíz– el prebostazgo de la villa de Deva en premio a sus servicios de guerra, cargo en el que le sucedieron sus hijos y nietos.

A su vez, con fecha 21 de mayo de 1421, por cédula dada en Aguilar del Campo, el rey Juan II confirmó en el prebostazgo a Fernán Ruiz y le hizo merced del oficio a perpetuidad a sus hijos y nietos, por haberle ayudado en la guerra de Bayona con cincuenta hombres de armas. Numerosos fueron los privilegios y mercedes que los reyes de Castilla concedieron a diferentes individuos de esta familia, hasta que en 1491 el rey Fernando de Aragón, en la Vega de Granada, tomó en su amparo y protección la casa y solar de Yrarrázaval, que por haber muerto el señor de ella, había quedado en mujer.

Otros de esos memorables momentos que se atribuyen a la casa, fue con motivo de un combate contra los franceses, en el que el jefe español, que llevaba el apellido Yrarrázaval, abandonó la nave de su mando, subió a un esquife con su maza de hierro, para echarlo a pique y obligar así a los suyos a que siguieran su ejemplo. Como ascendiente paterno de la dicha doña Teresa Ruíz de Yrarrázaval destaca don Martín Ruíz de Gamboa, señor de Olaso, caballero de gran valor, jefe y cabeza del bando gamboíno, muy citado en las crónicas de su tiempo.

Como es bien conocido, en aquella época toda la región de vascongadas se hallaba dividida en dos poderosos clanes o bandos, los gamboínos y los oñacinos, protagonizando encarnizadas guerras de banderías que tenían aterrorizado a todo el territorio y que habían sembrado el pánico entre los campesinos. El padre de Francisco Yrarrázaval se llamó Antón González de Andía Yrarrázaval, caballero notorio que se distinguió en la defensa de San Sebastián en 1512, así como en el cerco de Fuenterrabía, 1523-1524, cuando ambas plazas habían sido tomadas por los franceses acudiendo con valentía a su socorro, con gran riesgo de su persona, criados, aliados, así como detrimento de su hacienda, hasta su total recuperación.

Fue comisionado por la reina doña Juana, para hacer entrega de los príncipes cautivos de Francia en 1530, cesión que se efectuó en el Bidasoa en compañía del condestable de Castilla (Amunátegui Solar, 1901, pág. 271). En cuanto a Francisco de Yrarrázaval compañero de

Lísperguer en Londres fue también un personaje destacado. Ostentó el cargo de paje del príncipe Felipe, luego Felipe II, ascendiendo después a gentil hombre de boca, también denominado gentil hombre costiller. Era un cargo que procedía de la casa real de Borgoña y que consistía en acompañar al Príncipe cuando salía de capilla, seguirle en público, así como asistir a la entrada de los embajadores en la primera audiencia, acompañándolos.

Además tenía la obligación si salía el Rey en campaña de servirle con dos caballos a su costa. Pasó a Perú y a Chile con una carta personal de la reina Juana, que gobernaba en aquellos momentos España en sustitución de su hermano Felipe, dirigida a los gobernadores y demás autoridades de aquellas provincias, para que tuvieran a don Francisco Yrarrázaval por muy encomendado y que se le proveyese de oficios y encomiendas conforme a la calidad de su persona. Don Francisco destacó enormemente en la conquista de Chile a la que pasó con el hijo del virrey, don García Hurtado de Mendoza en 1557.

Estuvo presente en la defensa de Concepción, batallas de Millarapue y Bio-Bio, construcción del fuerte de Tucapel, en la jornada de Cañete en compañía de Ercilla, siendo muy nombrado por éste en las estrofas de su célebre obra *La Araucana*. Asimismo, participó en el descubrimiento de Los Coronados y en la fundación de Osorno en 1558. Volvió después a España, regresando en 1561 nuevamente a América. Otra vez en Chile ocupó destacados cargos como regidor, alcalde, tenedor de bienes, etc...

Francisco de Yrarrázaval participó en las principales operaciones militares de su tiempo, obteniendo importantes comisiones en el Chile colonial. Yrarrázaval, el protegido de reyes y gobernadores, acabó mezclando su sangre con las familias más prominentes de la colonia. Entre ellas destacan los Bravo de Saravia, marqueses de la Pica, señores de Almenar, familia que se podía vanagloriar de tener entre sus antepasados a Bernardo de Iturrisara, virrey del Perú. También es interesante reseñar que en esta pujanza de familias que se dio en el Chile de los primeros tiempos de la conquista, los descendientes de

Lísperguer y los de Yrarrázaval acabaron entroncándose, algo que quizás no pudieron llegar a imaginar los dos cortesanos cuando residían en Londres.

Buen ejemplo del rango alcanzado por esta familia es la cadena de méritos y preeminencias alcanzada por uno de sus hijos, también llamado Francisco de Yrarrázaval, que nos da una buena idea de la fuerza de este linaje procedente de vascongadas. Francisco fue el prototipo de caballero militar y político que se forjó una trayectoria brillante. Fue un hombre versátil que acumuló en su persona todos los resortes del poder.

En síntesis cabe resaltar que Francisco fue soldado de las guerras de Flandes de 1599 a 1609, teniendo actuación preponderante especialmente en las jornadas de Frisia con el marqués de Spínola; consejero de guerra, 1607; comisionado general de la expulsión de los moriscos de Granada, 1611; veedor general del ejercito de Flandes, 1615; comisionado para prender al famoso valido marqués de Siete Iglesias, 1619; I conde de Santa Clara de Avedillo, 1628; I marqués de Valparaíso, 1632; consejero de guerra del rey Felipe IV; gobernador de Mencía, Gibraltar, Canarias y Oran; virrey de Navarra, 1636 y de Sicilia; gobernador de Galicia en 1639 (Espejo, 1967, pág. 870).

Otro de los compañeros de Pedro Lísperguer que se encontraba también en Londres y que pasaría como él a la conquista americana fue don Alonso de Ercilla y Zúñiga. Constituye Ercilla, una figura absolutamente capital en la historia de Chile, siendo el célebre autor de *La Araucana*, obra que ha tenido una enorme repercusión en la lírica universal, rebosando los límites de cualquier historia, para revestirse de una aureola mítica, que otorgó a su autor el reconocimiento de sus contemporáneos y le permitió entrar triunfante dentro de los prestigiosos corredores del parnaso español.

El linaje de don Alonso, procedía de la villa de Bermeo en la bahía de Vizcaya, donde tenía su torre y solar, a orillas del bravío mar Cantábrico. Sin embargo, no estaba destinado Ercilla a criarse en aquella tierra, naciendo accidentalmente en Madrid hijo de don Fortún García de Ercilla y de doña Leonor de Zúñiga, señores de Bobadilla. Su padre fue un célebre jurisconsulto que comenzó sus estudios en el famoso colegio de Bolonia, donde progresó rápidamente en sus estudios de Derecho.

Recorre y ejerce en las ciudades italianas, imprimiendo sus opúsculos legales, siendo recibido por los más altos mandatarios y encontrándose con el papa León X en Roma, que quería que fijara en dicha ciudad su residencia. Enterado Carlos V de sus méritos quiso llamarle a su servicio, haciéndole miembro de su Consejo Real. Durante catorce años se desempeñó como consejero y camarista, habiendo sido designado para confiarle la educación del príncipe Felipe. Sin embargo, no tuvo tiempo de acometer tan insigne tarea, muriendo repentinamente en Dueñas, víctima de la peste, el 29 de Septiembre de 1534, a los cuarenta años de edad de su breve y bien empleada vida.

Don Alonso de Ercilla y Zúñiga
(1533-1594)

De esta manera cruel y expeditiva, quedaba don Alonso huérfano cuando contaba apenas un año de edad. Una temprana orfandad que marcaría para siempre los rasgos de su carácter, alimentaría su sensibilidad, dejando una impronta indeleble en su espíritu. Gracias a la gran confianza y consideración que Carlos V dispensó a Fontún García de Ercilla, Leonor de Zúñiga logró entrar como guardadama de la infanta María, hermana de Felipe, cuando ésta se casó en Valladolid a mediados de 1548 con Maximiliano, rey que fue de Hungría y de Bohemia y más tarde emperador.

Merced a estas conexiones doña Leonor consiguió colocar a su hijo menor, don Alonso, como paje del príncipe Felipe. Junto a su madre aprendió las primeras letras y algo de latín. En la corte tuvo como preceptor a Cristóbal Calvete de la Estrella, renombrado latinista, humanista de gran erudición, así como cronista real. Recibió una depurada formación renacentista, continuando con sus estudios de latín y aprendiendo italiano, francés y alemán. A pesar de ello, la instrucción de Ercilla no fue muy extensa, de tal manera que Saavedra Fajardo llegó a calificarle de inerudito.

Pocas fueron sus lecturas clásicas y aun así tuvo el talento de conformar una obra imperecedera, original, no adulterada por influencias extrañas, ni abultada por un engreído pedantismo. En su juventud Ercilla leyó a Virgilio, a Lucano, la Biblia y tampoco le eran extrañas algunas nociones de filosofía natural. Asimismo tenía conocimientos de astrología y astronomía. Por aquella época en España se admiraba notablemente la poesía italiana, y nuestro Ercilla era un gran entusiasta de Ariosto, cuya obra se sabía de memoria. Igualmente se cree que tuvo noticia del *Infierno* de Dante, así como el *Laberinto de amor* de Boccaccio.

También conoció *La Arcadia* de Sannazzaro y seguramente a Petrarca. De los poetas españoles le era familiar Garcilaso, así como *La Carolea* de Jerónimo Sempere y el *Carlo Famoso* de don Luis Zapata. A pesar de que su educación fue escasa, pudo acrecentar sus conocimientos gracias a sus innumerables viajes. Su espíritu observador y su gran deseo de inquirir, permitieron a don Alonso acumular a lo largo de sus peregrinaciones un gran cúmulo de valiosas experiencias, que le serían de gran utilidad en su vida posterior.

En 1548 el príncipe Felipe comenzaba su viaje a Flandes para reunirse con el Emperador, completando así su formación. *El felicísimo viaje* como lo denominó el cronista real Juan Cristóbal Calvete de la Estrella comenzó el 1 de octubre. Iba el Príncipe acompañado de un florido séquito de pajes y otros destacados miembros de la corte. Entre esos pajes iría un muchacho por entonces de quince años, don Alonso de Ercilla. Llegaron a Barcelona donde embarcaron en la escuadra del veterano marino Andrea Doria. Después de 25 días de navegación llegaron a Génova.

Posteriormente entraron en Milán, una de las ciudades más bellas y desarrolladas de Italia. Allí pudo Ercilla admirar la gran magnificencia de sus edificios, la industria de sus habitantes y el esplendor de su nobleza. Recepciones, fiestas fastuosas y grandiosos torneos se suceden, tomando parte en ellos los principales acompañantes de Felipe. De Milán partió a Mantua y de esta ciudad a Trento; a continuación Innsbruck, Munich, Heidelberg, Lutzelburg y finalmente llegó a Bruselas el 23 marzo donde el príncipe Felipe fue recibido con grandes agasajos pudiendo al fin abrazar a un anheloso Emperador.

Después el séquito regresaría España sin detenerse a recibir homenajes en las ciudades que iba atravesando con excepción de Trento, donde estaba reunido el célebre y trascendental concilio. En Trento Ercilla tuvo la oportunidad de contemplar diversas mascaradas así como representaciones teatrales basadas en escenas de Ariosto. De allí tomaron la posta hacia Génova, donde se encontraba esperando la escuadra de Andrea Doria, embarcando hacia Barcelona donde llegaron el 12 de julio de 1551. Siguió el Príncipe sin detenerse hacia Valladolid, donde volvió a tomar las riendas del Gobierno, que habían quedado en manos de su hermana María y su marido Maximiliano.

Pero el afán aventurero de Ercilla no acabó allí. Tan pronto como llegó a España, la infanta María y su marido emprendían viaje a Viena y en el séquito iban doña Leonor de Zúñiga, madre de Ercilla. Queriendo don Alonso acompañar a su madre en dicho nuevo viaje, solicitó y obtuvo del príncipe Felipe licencia para adherirse a esta nueva jornada. Nuevas experiencias, renovadas ilusiones jalonaron la vida del joven. Pasa otra vez por Italia, recorre el archiducado de Austria, los reinos de Bohemia, Hungría y algunas provincias de Alemania para retornar finalmente a España.

Estando en Valladolid a principios de mayo de 1554, Ercilla tiene conocimiento de los planes de matrimonio de Felipe con María Tudor.

Así pues, el 13 de julio embarca en el lujoso convoy que se dirige a Inglaterra, llegando al Puerto de Antona, hoy Southampton, cuatro días más tarde. Es del todo seguro que Ercilla y Lísperguer se conocieron en Londres. Piénsese que Lísperguer tenía por entonces veinticuatro años y Ercilla veintiuno. Después de una década sin recibir noticias de Alemania, es muy posible que Ercilla le haya relatado sus viajes, trayéndole noticias frescas de sus tierras natales.

Si hemos de creer a Garibay parece que el espíritu intrépido de Ercilla le llevó a pasar de Londres a Flandes, para acudir al socorro de la plaza de Rentín, donde se encontraba el Emperador librando una batalla contra Enrique II de Francia, para regresar a Inglaterra pasada la batalla que tuvo lugar en el Bosque. Llegado nuevamente a la isla tendría conocimiento de la sublevación de Hernández Girón en el Perú, así como de la muerte de Pedro de Valdivia a manos de los feroces araucanos, pidiendo licencia para pasar al Perú con el recién nombrado virrey del Perú, don Andrés Hurtado de Mendoza (Medina J., 1917, págs. 19-39).

Una vez llegado al Perú en el séquito del Virrey, pediría permiso para pasar a Chile con su hijo don García Hurtado de Mendoza con el objeto de pacificar la región, donde se encontraban los indios más exaltados que nunca. Tras una breve parada en La Serena llega navegando hasta la bahía de Concepción, sufriendo la nave en que viajaban terribles tormentas. Concepción era una ciudad que tuvo que ser abandonada ante el empuje feroz de los araucanos. Ahora don García venía a enmendar esa pérdida iniciando la repoblación de la ciudad.

Ordena que 130 jóvenes de los más intrépidos y robustos fuesen a tierra firme para levantar un fuerte junto a la costa, yendo entre ellos Ercilla. El fuerte luego llamado Penco, fue atacado el 10 de agosto de 1557 por 8.000 iracundos araucanos, distinguiéndose Ercilla en aquella dramática defensa que duró seis horas y donde murieron 2.000 indios, despedazados bajo la potente y continuada descarga de la artillería y rematados bajo el fuego de los arcabuces. En otra escena de la campaña, corriendo ya el mes de octubre, las huestes de don García cruzarían el caudaloso río Biobío, encontrándose en la otra orilla con un poderoso ejército de aborígenes, al frente del cual se hallaba el famoso Caupolicán.

En una sangrienta y despiadada lucha que duró cinco horas, los españoles y sus indios amigos lucharon con ardor contra los bárbaros, que habían escogido una ciénaga para librar la batalla. A pesar de ello, el poder de la caballería y la eficacia de las armas de fuego decidieron la contienda. El 30 de noviembre, en Millarapue tendría lugar otro enfrentamiento con los indígenas, donde los naturales volvieron a luchar con un tesón inquebrantable, en defensa de su tierra, sus hogares y su libertad. Nuevamente en esta ocasión, don Alonso de Ercilla se batiría contra el enemigo con gallarda valentía, conduciendo a feliz término tan dura jornada.

Ganada la batalla contribuye a establecer los cimientos de la ciudad de Cañete de la Frontera, realizando por Arauco numerosas incursiones. Más adelante, llevando provisiones desde La Imperial hacia Cañete fue víctima de una emboscada, siendo atacado por sorpresa en el desfiladero de Cayupil por un nutrido grupo de furiosos araucanos. En medio del ímpetu de un ataque arrollador y viendo lo inminente de la derrota, Ercilla se arma de valor, consigue llegar hasta una cueva en un montículo donde se encuentran ocultos diez camaradas. Les increpa, les eleva la moral, consiguen con grandes esfuerzos trepar a la cumbre de una loma y desde allí comienzan a arrojar piedras y disparar sus arcabuces, logrando atemorizar a los indios que huyeron despavoridos.

En otro momento de esta campaña, yendo hacia La Imperial con don García, fue Ercilla enviado por éste, junto a otros 30 soldados al socorro de Cañete, prestando excelentes servicios, contribuyendo a la derrota total del enemigo. Como producto de esta jornada, Caupolicán, el mítico líder de los araucanos, tuvo que ocultarse, siendo posteriormente traicionado por un indio, hecho prisionero y ejecutado. Más adelante y sorteando toda clase de obstáculos se reunió con el grueso de don García que en la segunda mitad de febrero se dirigía hacia el estrecho de Magallanes, por caminos que no había pisado jamás ningún europeo.

Fueron momentos llenos de inquietud y emoción, teniendo que pasar inimaginables peligros y padecimientos de todo tipo. Siempre bajo la antecámara de la conciencia subyacía la amenaza de un ataque de los bárbaros. Siempre la mirada atenta y preparados ante una posible embestida. Cómo podría imaginar en Londres, cuando se encontraba allí con Lísperguer, en medio del lujoso esplendor de la corte, con todas las comodidades que la vida palaciega podía ofrecer a los hombres, el rigor de esos parajes tan indómitos como sus mismos naturales. Nada de eso había ocurrido entonces.

Ercilla, era como muchos cortesanos de su época, un hombre que exaltaba hasta lo sublime el valor, el ardor guerrero, cultivando el genio caballeresco, la virtud, el servicio abnegado a su rey, con una adherencia inquebrantable a sus creencias religiosas. Al joven soldado y poeta, le gustaba burlarse de la Fortuna, diosa del paganismo. Era inútil resistirse a los designios del destino, "el hado", las fuerzas sobrenaturales que irreductiblemente conducen a los hombres. Todo estaba escrito, extemporáneamente como la misma providencia.

A la velocidad del pensamiento, parece que pudiera entremezclar las imágenes de su vida, cuando se encontraba en el legendario Arauco, palpitando apasionadamente con esas vivencias estremecedoras; hechos que aún no habían ocurrido cuando se encontraba en Londres y que sin embargo, no podían obviarse por las fuerzas del hado, y que darían lugar a aquella genial creación, *La Araucana*, que a la postre le daría fama universal.

Sin saberlo entonces… ¿cuántas adversidades tendría que pasar? Cielos tempestivos plagados de densas nubes, bosques impenetrables, árboles centenarios impidiendo el avance. Ríos caudalosos, pantanos infranqueables, zarzas y arbustos cortando el paso. Como poder imaginar entonces que los elegantes atavíos de la corte se trocarían ahora en ropajes raídos, y que se tendrían que abrirse paso a golpe de machete y azadones a través de una maleza impenetrable, cubiertos de sangre, sudor y lodo, avanzando con una fe cegadora, muertos de hambre, sin tener siquiera un lugar donde reclinar los cuerpos agotados después de durísimas jornadas.

Otro episodio en la vida de Ercilla tendría lugar cuando el joven español llegara al archipiélago de Chonos, poblado de innumerables islas deleitosas. Tres de ellas visitaría Ercilla, para cruzar finalmente el mar, alejándose del continente y llegando a la isla de Chiloé. Allí se interno media milla más que sus compañeros, donde grabaría en la corteza de un árbol con cortes de cuchillo, una estrofa de su poema. Resulta fascinante, casi una fábula sino supiéramos que eso ocurrió realmente, esa obsesión de Ercilla por dejar un testimonio de lo que estaba presenciando.

Pareciera que por el fin de los tiempos nos hubiésemos quedado buscando ese árbol, esa estrofa originaria de un pueblo, adornada por los destellos cegadores de una metáfora, que pareciera brotar de la misma tierra. Sí, esos trazos escritos en la corteza herida del árbol poderoso. El árbol, símbolo de vida, transformó la savia de un pueblo en generaciones. Y seguimos buscando nuestra identidad, esas ideas volátiles impresas en la materia mutante. Ideas irreales y audaces que nos ilustran la persistencia de un español en domeñar una naturaleza indómita y transmitirnos su legado. Aquellos trazos de inteligencia incrustados en la corteza de un árbol recóndito. Retazos cronológicos, que venían a desmemoriar el tiempo en una exploración inagotable: el alma de Ercilla.

El capítulo más angustioso de su existencia y que le dejaría hondas huellas en su disposición ulterior, ocurría a su regreso a La Imperial. Allí se celebrarían unas justas para conmemorar la batalla de San Quintín, o según otro parecer, por haber llegado la noticia de la abdicación de Carlos V en su hijo Felipe. Con motivo de un mayor lucimiento en las suertes, Juan de Pineda trabó su caballo entre Ercilla y el gobernador don García. Se intercambiaron algunas palabras y Ercilla sacó su espada. Pineda hizo lo mismo y se originó un tumulto.

Viéndose agraviado Don García arremetió contra Ercilla derribándolo de un mazo. Posteriormente, juzgando un gravísimo desacato el hecho de trabarse una disputa ante el gobernador y capitán general, que quizás él creyó sublevación, ordenaría que ambos capitanes fuesen hechos prisioneros, sentenciándolos a muerte al amanecer. Después de lo sucedido, se encerró en sus habitaciones sin que hubiera manera de hacerle variar de opinión por más que le importunaran sus capitanes, que intentaban interceder desesperadamente por la vida de Ercilla y Pineda.

Como último recurso introducirían en su casa por una ventana, ayudados de una escalera, a una joven india acompañada de otra indígena, la cual era muy apreciada por don García. Después de una terrible noche en que Ercilla y Pineda se creyeron perdidos, el gobernador conmutaría en el último momento la sentencia de muerte por otra de destierro. Tres meses más estaría Ercilla preso en La Imperial, siendo al fin liberado –siempre en calidad de reo– obligándole a participar en el resto de las operaciones militares contra los araucanos.

Humillado en lo más profundo en su dignidad de caballero, aún destacó en la batalla de Quipeo y posteriormente dirigiría una operación a orillas del Maule, comandando un grupo de veinte españoles contra un número mucho mayor de indios, donde tendría un singular combate contra el cacique Elicura, al que mataría en la jornada de Quipeo el 13 de diciembre de 1558. Embarca después hacia el Callao y tras un paréntesis en el Perú y en Panamá, regresaría a España llegando a su patria en 1563 cargado de recuerdos, y el gran proyecto de escribir su inmortal obra poética.

Sin embargo, nada más pisar el suelo patrio le llega la triste noticia de la muerte de su madre en el palacio de Viena. En España se desempeñaría como gentil hombre de Su Majestad, contraería un matrimonio conveniente con doña María de Bazán, cumpliendo con misiones de carácter diplomático y militar, continuando con sus viajes, estando en varias ocasiones en Italia, Alemania y Austria, radicándose finalmente en Madrid, donde disfrutaría de una envidiable situación económica y social, siendo ordenado Caballero de Santiago (Medina J. , 1917, págs. 77-81).

Ya en la tranquilidad de su estudio, va eslabonando aquella obra ciclópea que ya había comenzado a escribir en América. *La Araucana* se escribirá en verso, en octavas reales al uso renacentista de la época, compuesta de treinta y siete cantos, que se publicaron en tres partes, en Madrid, sucesivamente en 1569, 1578 y 1589. Algunos ven en la obra claras influencias de Tasso y Homero, evocando ese gusto por lo inmenso, lo grandioso de las grandes tragedias griegas. Otros ven reminiscencias de clásicos como Virgilio y Lucano, así como de Ariosto y Séneca.

Como veíamos, empezaría a escribirlo cuando se encontraba en medio del fragor de las épicas campañas contra los araucanos. Don Alonso tiene la fijeza de dejar testimonio de la gran guerra de Arauco, afanándose en escribir entre una batalla y otra, quitándose tiempo de descanso, inmerso en el escenario mismo de los acontecimientos, siendo uno de sus principales protagonistas. No tiene papel. Aun así nada le detiene a la consecución de su objetivo. Escribe en pequeños trozos de cartas ya usadas, que según su propio testimonio apenas cabían seis versos.

En carencia de estos se vale del cuero y hasta de las mismas cortezas. Es de notar, que los líderes conquistadores siempre habían llevado consigo cronistas que dejaran testimonio de sus grandes gestas. Pensemos en Fernando el Santo, Alejandro Magno o el mismo Fernando el Católico. Sin embargo, aquí nos encontramos ante el hecho extraordinario, de que un capitán por su propia iniciativa decide cantar la historia de Arauco en beneficio de la grandeza de España.

El género de la obra es confuso, ya que mientras unos lo califican de poema épico, otros lo llaman epopeya, y hay quien lo tacha de simple gaceta en verso. No obstante, la épica inventa lo verosímil, así como la epopeya se auxilia de elementos sobrenaturales, nada de lo cual se da de forma nítida en La Araucana. Voces autorizadas la estiman historia, en la cual el autor relata simplemente los hechos tal cual ocurrieron.

Pero, ¡ay…! si no supiéramos que los araucanos fueron personajes reales bien los podríamos apreciar como mitológicos, como legendarias y plagadas de ecos clamorosos fueron las pinceladas que brotaron de la imaginación de nuestro artista. Otro sector, la tilda de género híbrido entre el testimonio, la autobiografía y la novela. Por otra parte, más allá de acotaciones terminológicas, Ercilla se revela como un notable observador de la naturaleza, que sabe ahondar en las emociones y los anhelos humanos.

En don Alonso confluye la feliz alianza del poeta, el guerrero y el filósofo. Su insaciable curiosidad le dota de una disposición irrefrenable para adentrarse en las pasiones y los vicios humanos, realizando un viaje insondable hacia el corazón del hombre. Desde esta perspectiva, no podríamos calificar a la Araucana como simple historia, sino que además es una epopeya filosófica, que prohíja en su interior tanto el verso sublime, lenguaje de los dioses, como los razonamientos morales, más apegados a las realidades terrenales que a las visiones célicas.

Fue Ercilla un joven de gentil rostro y apostura, que habitualmente le invadía un raro silencio y modestia. Era tan comedido y respetuoso que cuando debía hablar con Felipe II era incapaz de esbozar palabra y eso que se había criado con él desde niño. Entonces, el monarca exasperaba y le decía: *"Don Alonso por favor habladme por escrito"* (Vargas Ponce, 1886-1926, pág. 52). Y por escrito habló. Tal fue su sinceridad, tal su elocuencia, que no podemos dejar de admirar la obra y preguntarnos cuál fue la postración de su autor para producir esos versos de tan límpida y sencilla belleza.

Habíamos visto como su temprana orfandad le había dejado hondas huellas en su carácter. Se habla asimismo de cómo un desengaño amoroso en el brotar de su primera juventud había sido el factor determinante, que le había impulsado a abandonar el lujo de la corte, jugándose la vida, luchando despechado contra los fieros araucanos.

Es comprensible que el alma impresionable de Ercilla, aquel corazón atormentado que había sufrido un precoz engaño amoroso, produjera, sin embargo, una visión enamorada de Chile.

Si la vida es un sofisma he ahí la etimología de su ingenio. Su genuina ingenuidad en el estilo, su sencillez en la forma, su capacidad para describir los rasgos más excelsos del pueblo araucano, la belleza de sus palabras resonantes, carentes de todo gongorismo, de ideas oscuras, nos ilustra la nobleza de su espíritu. Tímido y modesto, valeroso en el combate, a todos elogió y para él, sin embargo, no encontró palabras.

Otro de los rasgos que definen la personalidad de Ercilla es su acentuado humanismo. En multitud de ocasiones condenó la inhumanidad de la guerra. Una contienda que se justificaba a tenor del derecho de gentes y que sin embargo se libraba de una manera brutal. En una época en la que se consideraba que el indio no poseía alma, él fue capaz de erigir un enorme panegírico en defensa del pueblo araucano.

Si bien no le faltaron tampoco palabras para enaltecer el espíritu de sacrificio del español y su determinación a permanecer en esas tierras, fue aún mucho más profundo a la hora de glorificar las acciones heroicas del araucano, el pueblo vejado en una guerra injusta. Quizás el incidente con don García en La Imperial le hirió en su fibra sentimental más honda, la de su virtud como caballero en el servicio abnegado de su rey. Eso explica como el poema con el correr de las estrofas va basculando desde un heroísmo inicial a un tono mucho más trágico.

Así se entiende como pudo ver las virtudes más excelentes en el pueblo indígena y condenara la codicia de la guerra del español. A pesar de que no escatimó palabras de elogio hacia el gobierno de don García, no pudo substraerse a un una pequeña venganza literaria, el de tildarle de *"mozo capitán acelerado"* (Ercilla, 1866, pág. 403). Y así quedó inmortalizado en la historia, como un joven arrogante e impulsivo, que no supo ver las cualidades más excelsas de algunos de sus colaboradores y que llevó a Chile una guerra despiadada y brutal.

Debió ser difícil para un español de su tiempo comprender la idiosincrasia de un pueblo milenario como el araucano, con una mentalidad muy diferente a la hispana. El gran valor de Ercilla es haber sabido inventar una nueva estética que posibilitó comprender el *ethos* de unos aborígenes hasta entonces desconocidos para la cultura occidental. Sus famosas arengas, su descripción del senado araucano, su capacidad para poner en las palabras del indio pensamientos sobre el español, revierten las relaciones de poder y transforman al supuesto salvaje en un ser inteligente capaz de transmitir pensamientos elevados sobre el modo de concebir al pueblo invasor.

Rasgo fundamental del poema épico es relatar los hechos heroicos de un pueblo acompañado de la alabanza generosa hacia su líder. Sin embargo, el elemento más peculiar de *La Araucana* es que es un poema épico sin héroe. En ello se ve, claro está, las desavenencias de Ercilla con don García. Pero más allá de las rencillas personales es muy posible que Ercilla haya construido una idea mucho más trascendente, el elogio de un héroe comunitario, el pueblo araucano en su conjunto.

Son apologías colectivas hacía todos los protagonistas: gobernadores, soldados e indígenas. No hubo distinciones de grado entre los actores de su relato, todos tienen su importancia, un mismo valor humano. Especial consideración tuvo hacia el pueblo araucano por la gran nobleza de su corazón, y el fin altruista que le animaba en sus acciones, luchando hasta el delirio con tal de conservar su modo de vida, sus tierras y costumbres.

Si Pedro Oña en su *Arauco domado* describió el valor heroico del español, no reservó apenas alguna palabra compasiva hacia el pueblo sometido. Se ve en Oña a un cronista con una conciencia sobornada al servicio de su jefe, don García. Por lo tanto, su obra no sería más que una apología hacía el Gobernador, una versión espuria de su original al que plagia, *La Araucana*. En cambio, la obra de Ercilla es un manifiesto apasionado, una oda que rezuma sinceridad por todas partes, sin falsos triunfalismos o encumbramientos de un líder egotista, sino que constituye un relato franco y espontáneo del pueblo al que describe.

Otro tanto lo vemos en el caso del Dr. Cristóbal Suárez de Figueroa, con sus *Hechos de don García Hurtado de Mendoza*. El Dr. Suárez es un panegirista que escribe a sueldo en la frialdad de su despacho, sin haber presenciado los acontecimientos que describe, en un texto lleno de inexactitudes y con la sola intención de alabar a su mentor, el hijo de don García. Llegó a decir el Dr. Suárez que Ercilla había escrito un cuerpo sin cabeza, un ejército sin memoria de general.

El que eso decía no podía comprender desde el embalsamado ambiente de su gabinete, a un joven que había estado en la primera línea de acción, luchando con ardor para poder conservar la vida, conociendo de primera mano los hechos de lo que acontecía, viviendo exaltadamente cada momento de su existencia. Actuando así tanto Oña como Suárez de Figueroa, produjeron una obra banal y mundana, un pacto transitorio con el oro. En cambio, Ercilla desde la simple reverberación de la verdad, engendró una obra enamorada y universal, capaz de situarse en el pináculo más glorioso de la inmortalidad.

Se ha dicho que Ercilla fue un amigo de sus enemigos y por contra un enemigo de sus amigos. Así entramos en las contradicciones de Ercilla. Aquel joven ardoroso que tanto clamaría por la nobleza del pueblo araucano y que sin embargo los combatió hasta la muerte. ¿Pero qué otra cosa podía hacer, sino defender su vida en el escenario en el que se encontraba? No tenía elección. Por otra parte Ercilla criticó la codicia del español en la conquista, pero en los últimos momentos de su vida hizo ciertas especulaciones que desdicen el espíritu altruista de su primera juventud, la humanidad en la guerra por la que tanto abogaba.

Resulta irónico contemplar como en la positura del héroe coexiste también un anti-héroe. En Ercilla se dan una serie de planos existenciales alternados, ideas opuestas que compiten entre sí, lidiando por apoderarse de la personalidad del soldado-poeta. El valor guerrero se traiciona en las concesiones que se hacen al enemigo, el desapego y la generosidad caballeresca sucumben ante la codicia senil, Ercilla mue-re en Ercilla. Quizás Don Alonso no fue más que un hombre, la fusión de sus pasiones y miserias.

Un hombre sí, pero con la gran virtud de legar a la posteridad unos fragmentos hermosos, un trozo de verdad que canta a la eterna juventud del corazón humano. Su pincel de fuego, fue capaz de llegar hasta nuestras emociones más profundas, con unos versos depurados, bellas eufonías de las cuales emanan sublimes sonoridades acústicas, que nos conmocionan con sus realidades sobrecogedoras. Asimismo, se ha polemizado sobre el origen de la palabra *Araucana*. ¿Por qué puso don Alonso ese título a su obra? Unos aluden a una región montañosa del sur de Chile llamada *Araucana* y de ahí la procedencia de la palabra. Otros arguyen que la palabra *Arauco* o *araucano* no existía en el lenguaje mapuche.

Por tanto, se cree que el nombre proviene de la palabra *rauco* que significa *"agua de greda"*. La *"a"* antepuesta al nombre no sería más que la castellanización del nombre indígena, que devino así en la palabra *Arauco*, nombre que los españoles pusieron a un fuerte por ellos construido. Así sencillamente se piensa que Ercilla inventó la palabra *araucano*, derivándola del nombre de dicho fuerte. Por supuesto son interpretaciones sujetas a interpretaciones. Otros piensan que cuando Ercilla estuvo preso en La Imperial esperando su sentencia de muerte al amanecer, fue una doncella india a la que don García le profesaba mucha simpatía, la que consiguió con sus súplicas femeninas lo que los capitanes desesperados no obtenían de ninguna manera.

Gracias a esta india la severa sentencia de muerte se transformó en una pena de destierro. Parece ser que esta india innominada era una araucana y en gratitud a su intercesión ante el Gobernador, Ercilla habría puesto dicho nombre a su obra. En cualquier caso, parece desprenderse de ese nombre tan singularmente escogido, que *La Araucana* posee un alma femenina, que por un lado condena la violencia en la guerra, por otro aboga por la vida. Desde esta visión *La Araucana* se alzaría como la maternidad de un pueblo, un puente de realidades, que hermana a dos culturas profundamente distintas que vinieron a colisionar en esos parajes inhóspitos de Chile. Representa, por lo tanto, el nacimiento de un pueblo, parto feliz, que abraza por primera vez a dos mundos en pugna, reduciendo sus diferencias y potenciando sus virtudes. Se trata de un crisol que aúna a dos grupos enfrentados, dando paso al surgimiento de una nueva nacionalidad, que toma de la fiereza del araucano, de su amor por la patria, el símbolo fundamental del valor y la independencia de la raza chilena.

Por supuesto, una obra de tanta trascendencia universal no podía dejar de ser controvertida. Sus detractores no dejan de señalar sus defectos, que como ojos empastados a la belleza del mundo, sólo llegan a vislumbrar sus deficiencias técnicas. Sus exégetas esgrimen que *La Araucana* es un poema sin principio poético y sin un fin determinado. Se aduce también que no posee unidad geográfica, pues se habla tanto de Londres como de Chiloé. Además abundan los anacronismos pues se describen acontecimientos que rebasan los treinta años de distancia.

Se le acusa igualmente de no haber sabido describir el paisaje de Chile. También parece problemático que el poema carezca de héroe, y sean todos sus personajes los que compitan de una forma desordenada por el liderazgo. Afloran en *La Araucana* reminiscencias de la epopeya, que sin embargo, carece de agentes sobrenaturales, de ese maravilloso que le es consustancial. Igualmente, se dice que no tiene un nudo principal, donde la argumentación del relato se vea sobresaltada por episodios que dificulten y acerquen el desenlace. Un poema además inconcluso, lo cual va en contra de las reglas del arte.

Un poema épico dividido en partes, en las que se intercala prólogos en prosa. Asimismo, se critica que la referencia hecha a la batalla de San Quintín o la de Lepanto, nada tienen que ver con la historia de Arauco. Por otra parte, es cierto que el fragmento dedicado a Fitón y su laboratorio mágico, es ingenioso y hermoso, pero mucho más valor tendría *La Araucana* sin esa romería. El episodio de Dido siempre será encomiado por lo bien construido que está y repudiado porque dilata la historia, con razonamientos ajenos a las guerras de Arauco. Parece que *La Araucana* es tan salvaje como los naturales a los que pretendió describir.

Pero, ¿qué nos importan sus defectos si logra conmovernos? ¿Qué nos importan sus carencias si logra envolvernos con la riqueza de sus timbres, con los acentos maravillosos que provienen del arca diamantina, de la sonrisa iluminada, de su autor? ¿Cómo podríamos olvidar el tono delicado y sentimental en las palabras de Glaura, el patetismo de Tegualda, o el entusiasmo y la sensibilidad de Guacolda? ¿Cómo podríamos permanecer impasibles ante los graves y persuasivos discursos de Colocolo, alocuciones convincentes que nos desbordan con su sensatez y su razón de Estado?

¡Cómo se enfrenta a la tragedia de Caupolicán, el líder altivo, poderoso, henchido de triunfante heroísmo en sus primeras victorias, para verlo luego derrotado, encadenado suplicando clemencia! ¡Cómo retrata a Gambarino soberbio y desesperado, con todo el fuego del amor a la patria, el odio a sus tiranos y una ciega resolución a no sobrevivir sin libertad! Tras su publicación *La Araucana* cosechó el aplauso general de todos sus contemporáneos. De todas las naciones llegaban elogios, todos querían saber de esos araucanos, e incluso desde Alemania se pidió el retrato de Ercilla.

Los célebres personajes de *La Araucana* fueron representados en el teatro en multitud de ocasiones tanto en España como en América. Ercilla, en el cenit de su éxito alterna con los más grandes escritores de su época. Cristóbal Mosquera de Figueroa, Fernando de Herrera, Cristóbal de Mesa, Gabriel Laso de la Vega y según se cree hasta el propio don Miguel de Cervantes Saavedra. Lope de Vega en su obra *La Dragontea* dijo que:

> *"Don Alonso de Ercilla, tan ricas Indias en su ingenio tiene, que desde Chile vino a enriquecer la musa de Castilla"* (Vega, 2007).

Cervantes en una escena de su universal *Quijote*, en la que el cura y el barbero realizan un escrutinio de los libros de D. Alfonso Quijano para entregarlos al fuego, escribe que:

> "sólo se salvan "La Araucana" de Ercilla, "La Austriaca" de Juan Rufo y "El Montserrate" de Cristóbal de Virués". "Estos tres libros – dice Cervantes a través del inquisidor– son los mejores que en verso heroico en lengua castellana están escritos y pueden competir con los más famosos de Italia; guárdense como las más ricas preseas de poesía que tiene España" (Cervantes Saavedra & Ochoa y Ronna, E., 1861, pág. 24).

Alabanza increíble si pensamos que proviene de uno de los mayores genios literarios de la historia universal. En cualquier caso, si somos ecuánimes en nuestras valoraciones, hay que decir que no debemos deformar la realidad con la ampulosidad de los juicios históricos. Quizás su lisonja hacia Ercilla fue sincera, quizás interesada, quizás ambas cosas a la vez. Pensemos que por entonces Cervantes aún no había alcanzado el pináculo de su carrera, por lo que su elogio hacia Ercilla calificando su obra como un tesoro de la poesía española, bien pudo ser un apoyo a la dramaturgia hispana, como una vía para propulsar su propia trayectoria literaria.

Pero seamos positivos y concedamos a Cervantes el beneficio de la duda. Bien pudo el célebre escritor profesar un elogio sincero hacia un compatriota, sin tener por ello que renunciar a adherirse a los logros de las letras patrias. Desde todas las vertientes se han dicho multitud de cosas sobre Ercilla. Tantas, que interpretarlas es perderse en un intrincado laberinto de lecturas. Habría que escribir un libro de libros para llegar a conocer a Ercilla y nunca sabríamos desentramar con plena seguridad la maraña de paradojas que emanan de la personalidad del autor y su obra.

Lo dicho desdice lo dicho, sin que lleguemos a saber cuál es el rasgo que prevalece, cuál es el perfil humano que se adapta al misterioso coloso. Don Alonso representa la razón multifacética, el poliedro hecho hombre. Dejémoslo así. Pensemos en Ercilla como el eterno viajero a la caza de semblanzas humanas por las vetustas ciudades de

Europa. Un ansia febril por conocer que le llevó hasta las remotas latitudes australes. Pero la auténtica trashumancia tuvo lugar en su interior, alzándose como un hombre con una visión superior que hizo de la verdad su trono, su altar y su único horizonte.

Ya lo dijo San Agustín: *"in interiore homini habitat veritas"* (Muñoz Vega, 1981, pág. 284). Y que bien supo expresar esa verdad... Para siempre quedaran impresas en nuestros corazones esas visiones de los araucanos, al quedarse sorprendidos al ver criaturas parecidas a los hombres llevando fuego en las manos y montados en monstruos que luchaban debajo de ellos. Al principio los tomaron por dioses descendidos del cielo, armados de truenos, provocando una inusitada destrucción. Mitología indígena hecha realidad. Pronto descubrieron su error, desenmascararon al hombre de su aura celestial, quedando sólo su pelaje humano. Avergonzados juraron vengarse, y terrible fue la embestida.

Hay que concluir diciendo que *La Araucana* es uno de los mayores poemas épicos que jamás se hayan concebido, el que mejor canta la epopeya castellana en las tierras lejanas de América, el primero que supo captar lo mejor y más noble de las razas que conforman la nacionalidad chilena, el primero también que supo definir de forma sencilla y elocuente el espíritu de Chile y sus habitantes:

Chile, fértil provincia y señalada
en la región antártica famosa.
De remotas naciones respetada
por fuerte, principal y poderosa.
La gente que produce es tan granada
tan soberbia, gallarda y belicosa,
que no ha sido jamás por rey regida
ni a extranjero dominio sometida
(Ercilla, 1866, pág. 2).

Junto a Yrarrázaval y Ercilla, también se encontraba en Londres en aquel año de 1554, el ya aludido don García Hurtado de Mendoza, por entonces un joven de diecinueve años que ya se empezaba a forjar una trayectoria brillante en las armas y en la política. Don García pertenecía al clan de los Mendoza, familia poderosísima que se vanagloriaba de descender de los compañeros de don Pelayo y que se juzgaba emparentada con el mismo Cid. Los Mendoza eran una familia altiva y prominente, que reunía veintidós ramas diversas, formando una potente red aristocrática que englobaba más de treinta títulos de Castilla.

Era tan elevado el linaje de esta familia que la sangre real discurría a manantiales por sus venas, recibiendo de sus reyes el tratamiento de "pariente", habiendo producido para la historia centenares de hombres ilustres en las armas, en la diplomacia y en las letras. En concreto, la línea de los Hurtado de Mendoza, descendía de la rama segundogénita del clan, la cual traía su origen en Juan Hurtado de Mendoza, señor de Mendívil. El abuelo de don García, I marqués de Cañete, ya ocupaba una posición elevadísima en los engranajes de la corte.

Guarda mayor de Cuenca, montero mayor del Rey, consejero del emperador Carlos V, virrey y capitán general de Navarra, fue un varón valiente y esforzado, que murió mientras iba al socorro de Perpiñán, siendo cercado por los franceses. El Padre de don García, don Andrés Hurtado de Mendoza, II marqués de Cañete, sucede a su progenitor tanto en las posesiones como en su influencia en la ciudad de Cuenca, siendo igual que él, guarda mayor y montero mayor de Castilla. Don Andrés fue un hombre talentoso que comenzó su trayectoria militar participando en las guerras de Granada.

Acompaño al Emperador en todas las jornadas de Alemania y Flandes, siendo muy apreciado por el César, que viendo su valentía y destreza en las cuestiones atinentes a la guerra, lo consultaba continuamente. También en Argel, fue impulsor de la campaña estando siempre dispuesto a llevar a cabo cuantos objetivos se le encomendaron. No es de extrañar que con la buena estima que le tenía el

Emperador lo acabaría nombrando en 1556 virrey del Perú, así como capitán general de sus ejércitos de tierra y mar.

Fue un hombre disciplinado, que supo atajar con mano dura el estado de anarquía que reinaba en Perú. Como reflejo de ello, los enemigos de don Andrés acabarían por achacarle su extrema dureza y rigor en su forma de ejercer el gobierno. Las mismas notas de severidad y despotismo le fueron también atribuidas a su hijo don García, que andando el tiempo se convertiría en célebre conquistador de Chile y como el padre, virrey del Perú. Como todos los hombres de su linaje y de su siglo, tanto don Andrés como don García, pensaban que la gobernación de los pueblos, no podía ser respetable, ni ser respetada, si se dejaba al arbitrio de hombres de modesta alcurnia.

No es de extrañar pues, que los Hurtado de Mendoza tuvieran un sentido trascendente de la misión de la nobleza en el tiempo, y consecuencia lógica de ello, era su desprecio hacia los hombres de baja condición como pecheros y plebeyos. Don García personificaba la autoridad real, la preeminencia de la estirpe, la representación del Estado a través del liderazgo de sus élites y bajo este prisma se obtuvo de él lo que se esperaba. Es verdad que el ejercicio del poder siempre arrostra una faceta perversa. El poder oprime y por más que un gobernante trate de ser ecuánime, su ejercicio desgasta y siempre hay quien inevitablemente se considera perjudicado.

En el caso de Ercilla, la sensibilidad del poeta vendría a estrellarse con la frialdad de ejecución con que el gobernante llevaba a cabo sus decisiones. El corazón apasionado del hombre de letras, que se afanaba en la exploración de los grandes sentimientos humanos, se vería irremediablemente perturbado ante el talante impasible, y a veces, caprichoso del estadista, que despreciaba los accidentes aislados –por muy humanos que fueran– interesándose sólo por el escenario global de la política. Ante este desgaste y el perjuicio sufrido por Ercilla, es consecuente que lo acabara calificando de *"mozo capitán acelerado"*.

Por otra parte, también es cierto que tuvo palabras de elogio para don García y en logradas estrofas reconoció el mérito y la industriosidad del personaje en pos de la conquista. Por lo tanto, a pesar de todas las reticencias que se han erigido en torno a la gestión de los Hurtado de Mendoza en América, resulta necesario ensalzar la grandiosa labor civilizadora llevada a cabo por estos hombres, en buena parte del continente. Una empresa sin duda compleja que difícilmente se podría haber acometido sin soportar la crítica de los sectores menos favorecidos.

Asimismo, hay que añadir por una parte, que paralelamente al ímpetu juvenil de Ercilla, no podemos sino maldecir su mala suerte en su lance con don García, pero por otra, también debemos alabar la prudencia y fortuna de Lísperguer, ya que –como veremos– sería uno de los cuatro consejeros que don Andrés Hurtado de Mendoza confiara a su hijo para llevar a cabo la ardua empresa de la conquista de Chile. Analizando la trayectoria de don García hasta el momento de hallarse en Inglaterra, puede desprenderse que nos encontramos ante un joven intrépido, dotado de un espíritu audaz, conocido por su carácter dinámico e impulsivo, investido de un deseo innato e irrefrenable de destacar entre sus congéneres.

Hijo de don Andrés Hurtado de Mendoza, II marqués de Cañete y de María Manrique, hija del conde de Osorno, las expectativas del joven eran, sin duda, muy prometedoras. Nació don García en Cuenca el 21 de julio de 1535, el mismo día que el Emperador emprendía la gloriosa jornada de Túnez, habiendo muchos que consideraron el suceso como un buen augurio de su nacimiento. Recibió en el castillo de su padre la educación típica que solía darse a los nobles de su casta; es decir, poca ciencia, y mucha exaltación a los sentimientos caballerescos de la época, forjando una férrea lealtad al Rey, arropada de un profundo fanatismo religioso, así como una arraigada conciencia de clase.

Tras esta primera instrucción en la casa paterna y la edad de catorce años sirvió durante dos años como menino de la princesa María. Aburrido le debió parecer el puesto al arrojado joven, ya que pronto daría su primer golpe de audacia, pues en la más tierna adolescencia, huyó de la casa paterna para dirigirse a Málaga, incorporándose a una escuadra de galeras con dirección a Italia. Allí sirvió a su Rey con valentía y brioso ardor juvenil, en una expedición que se preparaba contra la isla de Córcega, por entonces levantada en armas por los franceses con el objeto de substraerla al dominio de Génova.

En esta primera ocasión dio muestras de su enérgica bravura combatiendo y matando cuerpo a cuerpo a dos franceses que le salían al paso. Tras esta ardua primera experiencia en la milicia, pasó un tiempo en Milán, holgándose maravillado con la suntuosidad de sus edificios públicos y privados, acrecentando más aún sus conocimientos en la gloriosa ciudad italiana. A continuación, siguió desplegando su extraordinario valor acudiendo al sitio de la ciudad de Siena, en Toscana, que pretendía desprenderse del protectorado español.

Tras los primeros combates, don García recibió el honroso encargo de llevar a Carlos V, por entonces establecido en Bruselas, una relación pormenorizada de aquella jornada. Sin vacilar y a toda prisa cogió la posta atravesando Alemania con grave peligro para su vida, o al menos de su libertad, debido a las sangrientas guerras religiosas en que estaba dividida, llegando finalmente a la corte imperial, donde fue recibido con gran regocijo por el César, siendo agasajado con dos mil escudos por sus importantes servicios. Después pasó un tiempo en Róterdam visitando a su tío el célebre cardenal Mendoza, que tuvo gran contentamiento con la visita de su pariente.

Llegando a don García la noticia de que sus hermanos Diego y Felipe se hallaban en Londres con ocasión de la magnificente boda entre Felipe y Maria, partió presto presentándose de inmediato en el Támesis para estar presente en tan singular momento. En agosto de 1554 llegan a la corte inglesa noticias sobre la inminente batalla que iba a tener lugar en Rentín entre las tropas del rey de Francia y las del Emperador. Raudo acudió con sus hermanos al socorro del César en la batalla del Bosque, actual Bélgica, dando renovadas muestras de su bizarría y abnegada presteza en el servicio de su Rey.

Tras concluir con éxito dicha jornada regresó nuevamente a Londres con sólo diecinueve años. Sin duda, eran aquellas unas proezas increíbles en un joven que apenas empezaba a serlo. Enterado el marqués de Cañete y lleno de orgullo por los heroicos servicios de su hijo le perdonó aquel prístino desacato a la autoridad paterna, aquella inoportuna deserción de su casa, que ahora se compensaba con creces ante la notoriedad alcanzada por su joven hijo.

Esa era hasta entonces la brillante trayectoria que se había labrado don García, que con el tiempo sería como poseer la llave del mundo, que le abriría las puertas de la conquista de Chile y posteriormente, ya en años maduros, el virreinato del Perú. Por caprichos del destino, la prematura muerte de su hermano don Diego, el primogénito, le conllevaría heredar el título de IV marqués de Cañete, un hecho que añadiría una mayor trascendencia de su figura en la historia (Barros Arana, 2000, pág. 82). El doctor Cristóbal Suárez de Figueroa elogió con palabras elocuentes la figura de don García, voces dignas de consideración y que consignaron lo siguiente:

> *"...heroico en armas, ínclito por obras, insigne por valor, adornado de prudencia, lleno de veneración, espejo de perfección en la juventud, oráculo de sentencias en la ancianidad, cuyas palabras fueron documentos, cuyas acciones fueron virtudes, que casi nació combatiendo, que siempre vivió gobernando y gobernando siempre a satisfacción..." (Suárez de Figueroa, 1613, pág. 1).*

Se agudiza la tensión política en Inglaterra

Desde aquel verano de 1554, el ambiente en Londres se tornaba día a día más enrarecido. Las fricciones políticas, los problemas de adaptación de los españoles, todo ello contribuía a que la misión de la embajada filipina se volviese cada vez más difícil. Y es justo en medio de esta cacofonía de desencuentros y despropósitos donde brotó el amor con una fuerza inusitada. Desde aquel aparatoso encuentro de julio de 1554 en el que el equipo diplomático de Felipe entra en contacto con la corte de María en el Palacio de Winchester, muchas cosas habían comenzado a cambiar.

En aquel cómico encuentro lleno de mímica e improvisación, el afable y apacible conde de Feria, con esas buenas maneras de que estaba tan bien dotado, había conocido a una dama de María llamaba Jane Dormer. Mientras sus compañeros de legación se hallaban cohibidos y sin poder expresarse, con caras llenas de contrariedad, el conde de Feria, con su gracia y naturalidad, con su cortesía y su modestia, lucía un semblante de confianza y entusiasmo, mientras se dirigía en un buen inglés a la joven inglesa. Desde el primer momento surgió un entendimiento inmediato entre la joven de apenas dieciséis años y el agraciado Feria que ya entraba en la cuarentena.

La velada pasó, pero las risas y la buena química de aquel primer encuentro no se olvidaron. Aquella relación de Feria con Jane Dormer era algo más que un simple flirteo y poco a poco se iba convirtiendo en algo muy serio y formal. El galanteo sentimental entre el noble andaluz y la elegante dama inglesa había continuado y se iba afianzando cada vez más. Las dieciséis primaveras de Jane habían enamorado a Feria, y con el asiduo trato, el amor se convirtió en loca pasión, correspondido no menos volcánicamente por la bella inglesa.

Jane pertenecía a una de las familias más nobles y destacadas de Inglaterra y además algo muy importante, era aferradamente católica. Jane Dormer fue hija de William Dormer, señor de Ethrop y de María

Sidney de Pens Hurto. William Dormer era además señor de Tamey y Senescal de Anfill y su mujer, María Sidney, era prima de Lord Dudley, el favorito de Isabel de Inglaterra. Es de notar que además María había sido antigua dama de Catalina de Aragón, habiendo dado manifiestas pruebas de su celo y lealtad a la religión católica (Figueroa y Melgar, 1974, pág. 24).

Su abuelo, Robert Dormer fue un hombre prominente en el reino, ya que fue miembro del Parlamento, así como tesorero del ejército en tiempos de Enrique VIII. Sin embargo, las numerosas convulsiones y persecuciones de la época, así como el obstinamiento de Enrique VIII en cuestionar el legítimo matrimonio con Catalina de Aragón, hicieron que Robert Dormer renunciara a intervenir en política, retirándose a sus estados. Robert se había casado con Jane, descendiente de la casa de Westmoreland. Jane era a su vez nieta de John Nevill descendiente de la casa Lancaster.

También es destacable como la madre de la bella novia del conde de Feria fue hija de William Sidney, camarero y mayordomo mayor del príncipe Eduardo, también en los tiempos de Enrique VIII. Jane Dormer nació el 6 de enero de 1538 en Ethrop, en la casa de su abuelo Robert, no lejos de Aylesbury en el condado de Buckingham. Con apenas cuatro años perdió a su madre, habiendo perdido a su abuelo Robert con anterioridad, por lo que su cuidado quedó a cargo de su abuela Jane.

Sus biógrafos nos la describen como una niña disciplinada, dotada de multitud de aptitudes, obediente, humilde, generosa... También relatan que era dulce, virtuosa, dotada de un semblante lleno de gracia y finura, con una buena disposición hacia la gente, y fiel observadora de sus prácticas religiosas. Ya en la edad madura muchas voces nos las representan como una persona agradable, apacible y de buen carácter (Clifford & Cannon, E., 1887, pág. 6). Don Álvaro de la Cuadra, obispo de Aquila, que había sido su huésped en Londres durante medio año declaró que Jane era: *"...gentil señora y de muy santas costumbres..."* (Fernández Álvarez, 1949, pág. 258).

Prueba del encanto y hermosura de esta joven mujer es el cuadro pintado por Antonio Moro y que se conserva en el Museo del Prado. En él se la retrata de cuerpo y mangas blancas y de oro, jubón negro con lacitos color de rosa, a juego con el tocado. Además el cuello y los puños son de puntas; posee una ajorca de flores naturales en el brazo izquierdo, el cual se apoya sobre una mesa con tapete verde.

Jane Dormer, duquesa de Feria (1538-1612)

Sin embargo, en las lejanas tierras de España esta relación no se veía con tan buenos ojos. En Montilla llegan noticias de cómo el conde de Feria cortejaba a una joven inglesa. A su madre doña Catalina Fernández de Córdoba, le invadía una honda preocupación. Las nuevas que llegaban a España de aquella corte llena de protestantes, sumía a la marquesa de Priego en un estado de profundo temor por la integridad religiosa de su hijo. Llena de ansiedad, la vieja Marquesa, aferrada a sus tradiciones ancestrales, no se resignaba a abandonar a su hijo en aquel avispero de herejes. Todos los contemporáneos de esta gran señora, madre del conde de Feria, coinciden en resaltar su profunda piedad religiosa.

El testimonio de varones tan célebres como: el beato Ávila, san Ignacio de Loyola, san Francisco de Borja, fray Luis de Granada, el padre Diego Laínez y muchos más, así lo acreditan. Consecuencia natural de ese fervor religioso que envuelve la vida de la noble andaluza, es la correspondencia que le envía a san Ignacio, en aquellos primeros años de residencia de su hijo en Londres, haciéndole partícipe de su inquietud por el porvenir religioso y moral de su hijo, que después de la muerte del conde don Pedro era ahora la esperanza de su linaje.

Años más tarde, en 1558, la situación adquiriría mayor dramatismo cuando Feria anunciara su matrimonio con Jane Dormer. Nadie se atrevía a darle la noticia a la cansada Marquesa, ni siquiera su mismo hermano, el jesuita Antonio de Córdoba. El Padre Rivadeneira, que había pasado a Londres con el Conde en calidad de asesor religioso, con la intención de introducir en Inglaterra la Compañía de Jesús, escribía el contratiempo familiar al padre Laínez rogándole que consolase a la madre del Conde en Montilla.

Así surge un epistolario notable entre el padre Laínez y la Marquesa. El Padre alabó las virtudes de Jane y salió en su defensa argumentando que una inglesa podía ser tan buena católica como una española. Además, aquel proyecto matrimonial encontró el satisfactorio apoyo de la reina María Tudor, gozosa de que su dama preferida desposase con el noble castellano. Asimismo, se puede colegir, que aquel compromiso implicaba aún más a Feria en los complicados asuntos ingleses, cuestión que iba en interés de la soberana.

Frente a la dicha de María, la simple idea del matrimonio causaría un profundo rechazo en la Marquesa, ya que esa unión desbarataba completamente sus planes de desposar a la única hija del conde don Pedro, doña Catalina, heredera del marquesado de Priego, con don Gómez, uniendo de esta forma la casa de Priego a la de Feria. De hecho, las capitulaciones de aquel primer proyecto matrimonial ya se habían firmado en Montilla el 19 de abril de 1553, para cuando Catalina tuviese la edad competente, con dispensa de la Silla Apostólica y licencia del Emperador.

Pero don Gómez estaba profundamente enamorado de la inglesa y le repugnaba la idea de continuar con esos proyectos matrimoniales con una niña que apenas tenía seis años de edad. La Marquesa estaba disgustadísima. Aquel matrimonio no sólo podría llegar a comprometer la firmeza religiosa de su hijo, sino que impedía la unión de los estados de Feria y Priego, introduciendo un elemento foráneo que desvirtuaba la política de alianzas locales labrada con tanto esfuerzo durante generaciones. En mente la Marquesa albergaba la idea de constituir un poderoso señorío que continuara con la expansión de sus estados. Ahora la unión con la inglesa asestaba un golpe mortal a sus estados, alejando su centro de gravedad, fragmentando los señoríos, debilitándolos a perpetuidad.

Pero el amor tiene sus imperativos y aquí el conde de Feria dio muestras de su talante liberal. El Conde no encajaba del todo con el resto de los grandes. Ya nos habíamos referido al cosmopolitismo de don Gómez. Feria fue capaz de romper con los severos moldes de su educación, enriqueciéndose con un proyecto lleno de modernidad que le llegaba de aquellas lejanas tierras de Inglaterra. De alguna forma, no sólo el amor vencía frente a la conveniencia, sino que el noble andaluz anteponía los dictados de su corazón frente al inmovilismo arcaico producto de tradiciones ancestrales, que tenían su origen en aquella España hermética a cualquier influjo que proviniera del exterior.

Don Gómez Suárez de Figueroa se reveló, como en tantas facetas de su vida, como un hombre caballeroso, desinteresado, generoso. A pesar de todos los factores apuntados, no vaciló a la hora de apartarse de su sobrina que era riquísima, desposándose en cambio con Jane Dormer, que aunque de noble cuna, era pobre. Por una vez triunfo el amor frente al interés, algo que no dejaba de alabar el padre Laínez. La marquesa de Priego, jamás pudo digerir esa deslealtad en un hijo en el que había puesto todas sus esperanzas después de la penosa muerte de su primogénito don Pedro.

Nunca pudo metabolizar ese truncamiento a sus planes, y en venganza casó a su nieta Catalina con su tercer hijo don Alonso, marques de Villafranca y lo que es peor, enfrentó a los hermanos que pleitearon durante años por la posesión del marquesado de Priego. La vieja Marquesa, matrona de Andalucía, no se serenó jamás y con esta pena por su hijo descendió a la tumba. Al menos un consuelo queda para la historia, o así lo acreditan documentos posteriores, los cuales evidencian como Jane Dormer hizo profundamente feliz a su marido con el que se trasladó a España en 1559, estando siempre a la altura, por su piedad, sus buenas maneras, su corrección, en aquella corte ceremoniosa y complicada de Felipe II.

Así es como todas estas ilusiones y desventuras se estaban ya gestando en Londres por los años de 1554 y 1555, momentos llenos de excitación e intriga, en los que partían y venían cartas cruzadas desde la lejana España, mientras Inglaterra bullía en una conmoción moral y política de una magnitud inimaginable (Cereceda, 1948, págs. 12-16).

Paulatinamente, la tensión política, la crispación social, el desgarro moral, iban *in crescendo* aproximándose a su cenit. El pasado turbulento de Londres, la herencia terrorífica de Enrique VIII, la ruptura de la unidad ideológica, los desórdenes continuos, los pillajes a la propiedad privada, el hostigamiento a clérigos, las ejecuciones arbitrarias, el asesinato de cortesanos, todo ello había contribuido a generar una profunda conmoción social, provocando una convivencia caótica entre sus habitantes.

A ello había que añadir los gravísimos problemas de adaptación que sufrían los españoles. Todo favorecía a la retroalimentación del fenómeno, un ciclo cerrado, sin principio ni final, que estaba minando la capacidad de aguante de los hispanos. La barrera lingüística, cotidianamente convertía la comunicación en una tarea complicada, factor que contribuía a su aislamiento, sin que la hosquedad de trato que les prodigaba el inglés, ayudara a aliviar ese estado de aflicción. A medida que pasaba el tiempo, Londres se asemejaba más y más a un *pandemonium,* una capital infernal imaginaria, llena de ruido y confusión.

Generaciones de personas ajetreadas, inmersas en una supervivencia cruel y despiadada, habían crecido a la par de sus grandes inercias, de sus poderosas fuerzas motrices, pero también habían sucumbido ante sus aterradoras energías destructivas. El Leviatán de Londres, su monstruo viviente, era su continua incertidumbre alimentada por sus numerosos antagonismos, que producían inevitablemente un perpetuo estado de malsana confusión. La ciudad era así concebida como un organismo irracional, cuyo desorden metabólico, se apoderaba del sentir de sus habitantes, sumiéndolos en una ansiedad nerviosa, que en muchas ocasiones degeneraba en histeria colectiva.

El bullicio ensordecedor de Londres, el tráfico caótico de sus carros, el espectáculo tétrico de sus edificios ruinosos, sus hordas de dementes, sus borrachos desorientados, sus mujeres descarriadas, todo conducía al desgobierno de la gran urbe. La pujanza comercial de Londres, su gran éxito financiero, su flujo de intercambios y su afluencia de capitales, habían hecho de la ciudad una metrópolis vanguardista, un proyecto de modernidad, modelo a seguir por numerosas capitales europeas. Pero también su crecimiento acelerado y poco organizado había generado multitud de consecuencias adversas.

Las bandas de mendigos deambulando sin rumbo, los barrios miserables, con el aparejado deterioro del espacio físico, eran un buen ejemplo de ese fenómeno. Frente al auge y prosperidad de los establecimientos mercantiles, la ciudad producía sus ciénagas de desechos, sus miasmas apestosos, sus entornos deplorables, donde se amontonaban sin control las pilas de basuras. Consecuencia obvia de ello era la aparición endémica de enfermedades, las terribles pandemias colectivas, así como las temidas plagas letales.

Todos esos padecimientos unidos a la falta de higiene provocaban una altísima mortandad, que causaban a su vez un verdadero pavor entre sus habitantes, constituyendo un factor de inseguridad e inestabilidad en la urbe. Luego estaba el clima mortificante de Londres, con sus densas neblinas asfixiantes, sus abundantes aguaceros que caían sin parar, su humedad recurrente que penetraba hasta en los huesos. Así como el cuerpo perdía su vigor frente a multitud de agentes que lo menoscababan, la desidia llegaba al espíritu, haciendo su aparición la angustiosa y a veces inspiradora, melancolía inglesa.

Londres era una ciudad a la que llegaban los emigrantes a tropeles. Como una forma vehemente de preservación de la idiosincrasia inglesa, el londinense sentía un odio irracional hacia los extranjeros, un desprecio desmesurado hacia lo foráneo. Los ciudadanos de a pie, eran grotescos e ignorantes y creían que el mundo que se alzaba más allá de Inglaterra no valía nada. La violencia y xenofobia constituían un rasgo innato en el carácter inglés. La crónica está plagada de incidentes en los que ha quedado constancia de peleas y reyertas, en las que las víctimas más comunes eran los extranjeros.

En una fecha tan remota como 1517, mucho antes de que llegaran los españoles, ya se había registrado el suceso conocido como "el mayo maldito", en el que una turba de jóvenes exaltados se había lanzado al pillaje y saqueo de las casas de los extranjeros. Un médico francés que visitó la urbe entre 1552 y 1553 comentaba que:

"la gente común es orgullosa y sediciosa, estos villanos odian a todo tipo de extranjeros e incluso les escupen a la cara" (Ackroyd, 2002, pág. 147).

Las cuadrillas de aprendices solían agredir a los extranjeros por la calle, y un viajero fue testigo de cómo un español perseguido por una multitud, se vio obligado a refugiarse en una tienda porque se atrevió a vestirse con su traje típico nacional. Desde el momento en que la flamante corte filipina hizo su aparición en Londres, en aquel verano de 1554, la repulsión del populacho inglés hacia los españoles no pudo ser más patente. Al principio, tuvieron un problema de alojamiento, cuando las posadas se negaron a darles hospedaje.

Eso generó un gran problema de organización, ya que encontrar alojamiento para más de 2000 personas no fue en absoluto una tarea sencilla. Además los taberneros abusaban con asiduidad del desconocimiento de los españoles, sobrecargándoles el precio de sus servicios, lo que con frecuencia creaba disputas por el importe real. Las peleas y altercados en tabernas y hosterías ocurrían con frecuencia, sin que hubiera día en el que no hubiera reportes de incidentes y heridos. Tanto era el odio que los ingleses sentían hacia los españoles que por todas partes les escupían y les tiraban piedras, sin hacer distinciones entre señores y lacayos.

Pero la hostilidad más manifiesta se daba en el número y ferocidad de sus ladrones. Londres era la ciudad de los rateros. A diario se tiraban los ingleses como animales de presa sobre los desprevenidos españoles, despojándoles de sus pertenencias, haciendo peligrar su integridad física. La muchedumbre desbocada, ávidos de rapiña, había tenido incluso la osadía de asaltar los abastos y bagajes reales. Tal era el estado de pánico en que vivían los hispanos, que cuando escriben a casa lo hacen en términos de indignación ante el bochornoso ultraje al que estaban siendo sometidos.

> *"... Los ingleses — escribe un español— no nos pueden ver más que al diablo y así nos tratan. Nos roban en poblado y en camino nadie se atreve a alejarse dos millas sin ser asaltado"* (Muñoz, 1877, pág. 108).

Más adelante en la misma carta el español describía irritado como más de cincuenta españoles habían sido abordados y apaleados por ciertas bandas de ingleses. A su vez, se quejaba de que los consejeros lo sabían y lo disimulaban. De veinte en veinte, iban por los caminos cuadrillas de envalentonados ingleses a la caza de los incautos españoles, sin que hasta ese momento la justicia hiciera nada al respecto. En otra misiva, otro compatriota crispado, exclamaba que:

> *"...estamos entre la más mala gente de nación que hay en el mundo y así son estos ingleses muy enemigos de la nación española"* (Muñoz, 1877, pág. 118).

Los hispanos se veían obligados a recogerse antes de que cayera la noche, siempre con la mirada atenta y la mano preparada en la daga. Otros informes fueron aún mucho más dramáticos. Así se narra como un miembro del séquito filipino llamado Antonio Cuevas mientras se dirigía hacia Londres para buscar alojamiento, fue agredido por ocho ingleses, dos a caballo y el resto a pie. A continuación le golpearon con un palo hasta dejarlo inconsciente. De allí se lo llevaron a la fuerza hasta un bosque, donde siguieron propinándole golpes, quitándole todo lo que llevaba de valor.

Finalmente lo dejaron en calzones abandonado en medio de la floresta, atado de pies y manos. Así estuvo moribundo durante seis horas hasta que una niña que pasaba por allí con su rebaño lo vio y acudió a su socorro. En parecidas circunstancias, tenemos noticias de como a otro cortesano español que había llegado en un momento posterior al arribo del Príncipe, le ocurrió un percance similar. Fue asaltado en el camino, quitándole todo lo que llevaba, incluso las botas y el sombrero, dejándole en calzones, y así en tal vergonzoso estado se las tuvo que apañar para recorrer veinte leguas antes de llegar a Londres, donde finalmente llegó, exhausto, muerto de hambre y extremadamente conmocionado por el suceso.

Tal era la alarma y preocupación por la seguridad de los españoles, que la reina María viendo el maltrato y rapacidad de que eran asiduo objeto los cortesanos de su marido, promulgó severos edictos para cualquiera que causara algún perjuicio a un español. Como producto de esas leyes algunos ladrones ingleses fueron ahorcados. Si es cierta aquella idea de que la propia existencia de la Ley es una prueba de la trasgresión de la misma, nada pudo ser más evidente que aquello que a diario se manifestaba en el escenario londinense.

Las reyertas y pendencias no sólo continuaron, sino que cada vez lo hacían con mayor intensidad y virulencia. A menudo llegaban a la corte informes de trifulcas entre españoles e ingleses, llegando en muchas ocasiones a las manos, y a veces a desenvainar sus espadas. Tan grave se había tornado la situación que los señores se veían compelidos a dirigirse al palacio donde residían los monarcas, siempre acompañados de un nutrido número de sirvientes, protegidos de armaduras y portando espadas y dagas. Tal era el mutuo aborrecimiento de las dos culturas, que hasta en el propio palacio se registraron casos de escaramuzas entre los dos grupos, repartiéndose cuchilladas, y habiendo muertes en ambos bandos.

Como resultado de uno de aquellos serios sucesos se ahorcaron a tres ingleses y a un español, ya que no siempre eran los anglosajones los que originaban los conflictos. El caso más sorprendente y escalofriante del profundo aborrecimiento que sentían los ingleses hacia los españoles, tuvo lugar cuando se descubrió un complot dirigido por un duque, cuyas proporciones sobrepasaba con creces la imaginación más aguda y fantasiosa. Este despiadado duque, había ideado una traición insólita, un magnicidio monstruoso, que dejaría atónitos a los observadores más recios.

Este atroz noble inglés, cuyo nombre no ha llegado hasta nosotros, ya había comenzado a reunir la increíble cantidad de 10.000 soldados, habiendo enviado 6.000 a Londres y 4.000 a la casa donde residían el Rey y la Reina, planeando asesinar en una noche a ambos monarcas, así como a todos los cortesanos españoles. Por fortuna para la vulnerable legación española, al capitán general que había sido designado para acometer tan horrendo crimen, le entraron reparos de conciencia, abandonando secretamente una noche el campamento en el que se encontraba, dirigiéndose a toda velocidad en una carroza hasta donde se hallaban los soberanos, presentándose ante ellos y revelándoles la perversa traición que se había proyectado contra sus majestades, rogándoles se pusieran en guardia de inmediato.

Rápidamente una señal de alarma se hizo pasar a todos los cortesanos españoles habidos en Londres, los cuales llenos de espanto no podían dar crédito ante la súbita escalada de los acontecimientos, ni tampoco podían concebir como los ingleses habían sido capaces de tramar una conspiración tan monstruosa (Malfatti, 1956, págs. 91-95). Este fue el caso más estremecedor que sufrieron los españoles de amenaza contra su integridad física. Pero no solamente su seguridad personal estaba en juego, sino que también había otros factores que estaban complicando bastante la estancia de los hispanos. Unos de los principales, era la falta de autoridad de que disponía el príncipe Felipe.

Las cláusulas del tratado matrimonial le impedían designar a sus hombres para puestos oficiales ingleses. Bajo ese panorama sólo se le permitía otorgar mercedes, y entregar sumas de dinero, para lo que los ingleses tenían un apetito insaciable. Tampoco se le había cedido ningún patrimonio inglés y carecía de renta alguna con que sufragar sus numerosas deudas. El mantenimiento de la embajada filipina en Inglaterra estaba resultando carísima, sin que nadie fuese capaz de parar el ritmo vertiginoso con que se producían los numerosos gastos. A lo largo de esos años, era una realidad incuestionable, que las obligaciones reales estaban excediendo ampliamente la capacidad del Tesoro. Tan desesperada era la situación, que Ruy Gómez contemplando el colapso financiero, llegó a exclamar en diciembre de 1554:

"necesitamos más dinero aunque eso nos cueste la misma sangre de nuestras venas" (Boyden, 1995, pág. 56).

Era ésta una aserción onerosa, sin duda. Por otra parte, a pesar de que la reina María profesaba un caluroso afecto y obediencia a su marido, y no obstante los muchos halagos que hacía sobre sus virtudes y cualidades cuando escribía al Emperador, no hizo nada para otorgarle una autoridad efectiva. La disuadían tanto la hostilidad de su propio pueblo, como el recelo de sus consejeros, a los que nunca llegó a controlar.

Reflejo de lo anterior, es el descaro con que se desenvolvían los grandes ingleses, que se negaban a reconocer al Príncipe por superior y peor aún no lo querían coronar, dejando a Felipe en una situación sumamente delicada en Inglaterra. Incluso tenían la desfachatez de murmurar que había venido por gobernador del reino y a embarazar a la Reina, y que habiendo hijos con ella debía de regresar a España. En el fondo, el comportamiento de los grandes encubría una inquietud mucho más recóndita.

Habiendo estos usurpado tanto la propiedad, como las rentas de los monasterios, temían que si la coronación se llevaba a cabo, Felipe una vez rey, les obligaría a devolver el patrimonio y rentas ilícitamente despojadas a la Iglesia. Desde el otro lado del canal, el Emperador estaba indignado. Desde Flandes enviaba emisarios a Londres como Fernando de Gonzaga, capitán general de sus ejércitos y a Eraso, su secretario, para mediar en los asuntos ingleses. Por la corte circulaba la creencia de que si la coronación no seguía adelante, el Emperador junto al rey de Hungría invadirían la isla para llevarla a cabo por la fuerza si fuese necesario.

Ante el cariz que habían tomado los acontecimientos, los españoles pensaban que los ingleses eran capaces de los actos más brutales, esperando constantemente lo peor, teniendo que estar continuamente en guardia. Como vía política para contrarrestar la posición enormemente incómoda en que se encontraba Felipe en Inglaterra, se expandía el convencimiento de que la Reina estaba embarazada, una creencia que compartían sus médicos. En el invierno de 1554, el Príncipe no podía hacer otra cosa más que adoptar una política de espera, haciendo circular deliberadamente el aparente engendramiento de la Reina, como la manera más eficaz para conseguir lealtad y afecto del pueblo, así como seguir justificando su presencia en la isla.

También se lograba con ello crear una distracción, alejando los rumores de una supuesta invasión del reino, a cargo de ejércitos españoles y apoyados por clérigos papales. Todo parecía volverse en contra de la legación filipina, los cortesanos españoles comenzaban a arrepentirse de haber venido a Inglaterra y Felipe el primero entre ellos. Todos los actos políticos efectuados hasta el momento, sólo perseguían un claro objetivo, la reforma de la Iglesia de Inglaterra. Antes de acudir a la isla, Felipe había declarado que acudía a Inglaterra como el que parte a una gran cruzada.

Era un gran sacrificio el que se le pedía a Felipe al unirse a aquella mujer amargada y cuarentona. Por tanto, toda esa gran escenificación de corte que acabaría en la fastuosa boda de julio de 1554, aquella majestuosa unión que perseguía una gran alianza Habsburgo-Tudor, de cuyo resultado se esperaba un niño que sellara todo ese grandioso pacto de Estado, sólo conducía a una finalidad; esto es, la erradicación de la herejía en Inglaterra, la vuelta a la ortodoxia católica, con la consecuente sumisión a la autoridad papal.

En ese empeño algunos éxitos se habían conseguido. Se habían construido algunos altares, removido a clérigos casados, celebradas misas solemnes, nuevos obispos fueron consagrados y lo más importante, María había renunciado a ostentar el título de Cabeza Suprema de la Iglesia. Sin embargo, el problema esencial seguía estando allí. Toda la convulsión del reinado anterior seguía latente en la conciencia popular y peor aún, sus más relevantes herejes a ojos de los católicos, como Cranmer, Ridley, Coverdale, Hooper, antiguos obispos de Enrique, responsables del estado de terror de la era precedente y de la apropiación de los bienes monacales, aún continuaban en el poder.

Poco a poco la situación comienza a cambiar. Los antiguos obispos católicos del reinado de Enrique como Bonner, Tunstall y Gardiner, fueron reinstalados en sus sedes, mientras que los obispos intrusos fueron depuestos. Aun así la situación continuaba siendo sumamente delicada. El 3 de noviembre de 1554, el Consejo de la Reina, tras haber mantenido laboriosas deliberaciones con Felipe, accede a permitir el retorno del cardenal Pole a Inglaterra, pero sólo como un enviado papal y no como un legado, como pretendía la curia romana.

Además ese retorno estaba sujeto a condición. La Santa Sede no molestaría a los actuales ocupantes de las propiedades de la Iglesia. El regreso de Pole a Inglaterra no dejaba de ser polémico, ya que el Cardenal se hallaba desterrado del reino desde los tiempos de Enrique VIII. Además se le había privado de su rango aristocrático, calificándolo de traidor y condenándolo a muerte. Pole, aunque había estado exiliado de Inglaterra por más de veinte años, se consideraba un buen conocedor de los asuntos ingleses y el único capaz de llevar a cabo la profunda transformación religiosa que necesitaba la isla.

Así pues, se presentó el Cardenal en Dover con su séquito de pajes italianos y desde allí fue escoltado hasta el palacio de Whitehall, donde se encontraban residiendo los reyes desde septiembre. En sus escaleras fue recibido con entusiasmo por los soberanos, hasta el punto que María declaró que el bebé se había movido en el vientre. Tras los saludos y actos protocolarios de rigor, pronto comenzaron las negociaciones para el retorno de la verdadera religión, haciéndoles partícipes de las instrucciones que traía de Roma para acometer tan ardua empresa.

El 28 de noviembre tuvo lugar un solemne encuentro con ambas cámaras del Parlamento en Westminster. En él estuvieron presentes el Rey y la Reina, los miembros del Parlamento, así como varios nobles españoles, entre ellos el conde de Feria. En un histórico y emotivo discurso, el cardenal Pole se dirigió a una audiencia expectante, a la que supo llegar transmitiéndoles palabras comedidas, explicándoles el motivo de su venida, persuadiéndoles de la necesidad de la obediencia a la Santa Iglesia y de lo conveniente que resultaba una pronta reconciliación.

El Cardenal, muy prudente, centró toda su alocución en los aspectos espirituales y pastorales de la reconciliación. En ningún momento hizo alusión a procesos técnicos y legales, ni mencionó cuestiones relativas a la soberanía papal, rentas o gravámenes, ni se refirió al actual estado de las tierras secularizadas. Al día siguiente ocurre algo sorprendente. Los miembros de la Cámara Alta y Baja, se reúnen en el Parlamento. Comienza un cruce de acusaciones mutuas, con fuertes descargas de emotividad. Facciones encontradas se imputan recíprocamente la culpabilidad por la desobediencia hacia el Papa operada en la era precedente.

Se cuestiona el proceder de Enrique VIII en su repudio de Catalina de Aragón. Dos décadas de desolación, como por arte de magia, parecen desvanecerse de la historia inglesa. Todos los parlamentarios acuerdan revocar todas las leyes y ordenanzas que se habían promulgado en el reinado de Enrique y Eduardo en contra de la autoridad papal. Asimismo se condena la herejía de Lutero, al tiempo que se resuelve el retorno a la antigua religión. Y más asombroso aún, los miembros de ambas cámaras se presentan en el Palacio de Whitehall, reconociendo ser personas corrompidas por la herejía y el cisma, suplicando que los monarcas intercedieran ante el Cardenal para que les concediera la absolución.

En un acto subsiguiente el Canciller hablando en nombre de los reyes, hizo una pública declaración de arrepentimiento, rogando fueran acogidos nuevamente en el seno de la Iglesia. Como colofón a todas esas manifestaciones, en un momento cargado de significación histórica, el cardenal Pole pronunció la absolución al reino, puestos de rodillas los reyes y todo el Parlamento ante él. María estaba pletórica. Después de toda una vida de privaciones, incertidumbres, humillaciones, veinte años de cisma llegaban a su fin.

María estaba exultante disfrutando uno de sus mejores momentos de su vida. Quinientos parlamentarios en representación de toda Inglaterra, habían acudido en plena sumisión a la llamada de la Reina y por fin el ansiado retorno a la religión católica se había hecho posible. Muchos observadores se quedaron perplejos ante la gran mutación operada en el reino, una metamorfosis que muchos juzgaban imposible, ya que en la época de Enrique las leyes eran tan rigurosas, que con tan sólo mencionar el nombre del Papa se podía perder la hacienda y hasta la cabeza.

La principal recompensa de Felipe provino del exterior en escritos apologéticos como: *"Il felicissimo ritorno del regno d'Inghilterra alla católica unione"*. Como consecuencia, el prestigio de los Habsburgo se incrementó considerablemente, así como su influencia en Roma. El domingo 2 de diciembre el Rey y todo su séquito (presumiblemente Lísperguer también) fueron a una misa en San Pablo, la mayor iglesia de Londres. Allí el obispo de la ciudad celebró una misa del Espíritu Santo. El Gran Canciller subió al púlpito haciendo un espléndido sermón en inglés, el cual comenzaba con las siguientes palabras: *"Hora est iam de somno surgere; hora es ya de despertar del sueño..."* (Muñoz, 1877, pág. 137).

Por un momento parece que la tensión se relajaba. Un espíritu de hermandad reinaba en la corte. Por fin se había conseguido la reforma de Inglaterra, ese anhelo que tantos deseaban. Esa misma tarde tuvo lugar un juego de cañas en la plaza del Palacio de Whitehall. Toda la corte acudió a contemplar el grandioso espectáculo. Más de doce mil personas se congregaron en la plaza para ver las maravillosas justas. Unos entretenimientos que no se habían visto en Londres desde los tiempos de Eduardo VI.

Allí estaba la Reina, acompañada de muchos caballeros y sus mujeres, todos engalanados con ropas muy ostentosas, en las que abundaban las telas de plata y oro, así como los tocados de oro de martillo, todo costeado por el Rey. María estaba radiante, con elaborados brocados en el pelo, vestida con un precioso terciopelo carmesí morado, portando gran cantidad de pedrerías, perlas, un collar de diamantes y un tocado con diamantes y rubíes. Con gran pompa y aparato, en medio de un estruendo de trompetas y tambores entraron los jugadores por su orden.

Iban de diez en diez, todos ataviados con lujosos uniformes o libreas, cada uno con el distintivo de su equipo. Los participantes que acompañaban a Juan de Benavides vestían terciopelo blanco; los de Luis de Venegas iban de verde con brocados de seda y oro; la cuadrilla de Diego de Córdoba en la que iba el Rey acudían vestidos de recamado y oro; Ruy Gómez participó con sus diez jugadores vestidos de azul y oro, entre los que iba el conde de Feria; en el grupo del duque de Medinaceli iban sus diez de amarillo y oro; Diego de Acevedo acudió con los suyos de negro y plata, así hasta ochenta caballeros.

A todas luces, estaría allí Lísperguer animando al equipo de su protector el conde de Feria. Así fueron entrando las cuadrillas a caballo, con sus escudos de cuero y sus petos. Comenzó el juego y duró un buen rato. Ruy Gómez obtuvo un premio en la competición que le fue entregado de las mismas manos de María. Fueron momentos de gran júbilo, en los que Lísperguer debió de sentir un gran regocijo, al contemplar como el premio quedaba en el equipo en el que participaba el conde de Feria. Tras los juegos hubo una magnífica cena con la que se cerraba el magnífico evento.

Aquellos torneos y diversiones fueron como una bocanada de aire en una atmósfera irrespirable, pero la situación política continuaba siendo altamente volátil. Las fiestas pasaron y pronto la realidad de los acontecimientos se encargaría de demostrar cuán cambiante era la dirección del viento. Los problemas continuaron, esta vez afincados en la persona de María. Después de la boda, se tenía la convicción de que la Reina estaba embarazada. Tanto es así, que se esperaba el parto para abril de 1555, llegándose incluso a repartir las invitaciones del bautizo. Sin embargo, el alumbramiento no llegaba, mientras la salud de María se deterioraba progresivamente.

Ya en agosto de 1554 hubo reportes sobre el frágil estado de María. Se hablaba de cómo padecía dolores de cabeza y palpitaciones y que su constitución era débil. Poco a poco, la soberana comienza a entrar en un ciclo cerrado. Su fijación por tener un hijo a toda costa la había llevado a un estado de neurosis, acompañado de frecuentes melancolías. María se encuentra deprimida ante la expectativa de la pronta partida de Felipe a los Países Bajos para acudir a la ceremonia de abdicación del Emperador. Además la Reina estaba profundamente enamorada de Felipe y no podía soportar que éste no la correspondiera ni que la tratara con desdén.

Toda la vida de María, sus traumas infantiles, los sufrimientos de su madre, el repudio de su padre, eran como una amalgama de imágenes que se cernían angustiosamente sobre ella atormentándola sin cesar. Cada día que pasa, la Reina se muestra más y más obsesiva. Pasa las horas recluida, apegada a su libro de oraciones, pidiendo insistentemente un parto feliz, así como la unidad de la fe católica. Llegado el invierno, los médicos se muestran más escépticos y ya hablan abiertamente de que la inflamación del vientre no es otra cosa que una hidropesía, es decir, una vulgar retención de líquidos.

María, avejentada y patética, da señales de histeria y se revela propensa a las auto-ilusiones, dando por realidades sus deseos de perpetuarse en un heredero, lo que no eran más que obcecaciones, producto de una mente abatida y un cuerpo que se desmoronaba por momentos. La depresión psíquica de la Reina era aprovechada para instigar una abierta campaña difamatoria contra ella y por ende, contra todo lo español, llevada a cabo por aquel núcleo de nuevos ricos nacidos de la desamortización y la rapiña de los bienes de la Iglesia. En respuesta, a medida que avanzaba la caída de María, con su consiguiente fracaso orgánico, también iba aumentando su fanatismo religioso.

A partir de enero de 1555 se retoman las negociaciones en el Parlamento. Son muchas las cuestiones aún pendientes de dilucidar. Las diferencias entre reformadores y reformados se hacen cada día más insalvables y aquel éxito inicial, no hace sino agitar aún más a los espíritus revoltosos, contrarios a cualquier tipo de entendimiento. De hecho entre bastidores se comenta que la herejía era sólo una parte del problema y que en realidad la hostilidad hacia el papado era más política que teológica, de ahí la dificultad de alcanzar una concordia definitiva en Inglaterra.

A Felipe se le sigue considerando como un simple consorte y no consigue superar ese estatus de un extranjero insertado en una corte inglesa. Ante el progresivo deterioro de la salud de la Reina, Felipe se muestra preocupado por su incierta posición en la isla ante una eventual desaparición de la soberana. Felipe se considera legitimado para ejercer la regencia y llegado el caso, la misma sucesión a la Corona de Inglaterra. En el Parlamento tienen lugar espinosas negociaciones para aprobar una ley de limitación de las traiciones, para proteger a Felipe ante cualquier intriga interna, ley que no se promulgará hasta el 16 de enero.

Como producto de esa ley se confiere a Felipe la custodia, no sólo del heredero sino también del reino, hasta los quince años de una hembra y los dieciocho de un varón. Sin embargo, Felipe no se encuentra satisfecho, ya que los términos del tratado matrimonial se seguirían aplicando durante la regencia y las leyes contra la traición sólo lo protegían mientras durase el matrimonio. Todo el debate en torno a los diversos aspectos de la ley fue muy controvertido y cuando alguien sugirió que a Felipe se le podría otorgar el completo derecho a la sucesión en caso de la muerte de María, entonces la propuesta fue rechazada de plano. No es de extrañar que por entonces, Felipe comenzara a sentir que ya había cumplido con sus obligaciones en Inglaterra.

La salida del laberinto político inglés se tornaba cada vez más incierta. Pronto se evidenció como la absolución no había erradicado el cisma, sino que sólo lo había moderado en su aspecto más superficial. El propio papa Julio III, así como el mismo Emperador y en fin, el entorno castellano, aconsejaban la mesura en las actuaciones a seguir, sino se quería comprometer lo ganado. La situación continuaba siendo muy tornadiza y hasta que Felipe no fuese instalado definitivamente en el trono había que evitar cualquier riesgo innecesario. Sin embargo, paulatinamente el cardenal Pole, iba obteniendo la autoridad suficiente para resolver la cuestión del estado de los bienes abaciales ilícitamente usurpados a la Iglesia.

¿Ahora que los "poseedores"–como Pole los llamaba– habían sido absueltos de sus culpas eclesiásticas, cuál era su estatus espiritual y en qué posición quedaban sus tierras fraudulentamente concedidas? En otras palabras, el orden jurídico creado por Enrique VIII aún no había sido erradicado y la dispensa no absolvía de la culpa de la ofensa. Es decir, la conciencia cristiana sólo podría ser redimida devolviendo lo que, de hecho, era propiedad robada. Asimismo, Pole argumentaba que la disolución de los monasterios se había amparado en un acto ilegítimo, por tanto la Corona no podía ostentar ningún título válido para transmitir esas propiedades a los compradores y concesionarios.

Para más agravamiento de la situación, tras la muerte de Julio III, Pablo IV revocó todas las dispensas, transformando el escenario político en una guerra abierta e irreversible. Una fuerte disputa se mantuvo en el Consejo cuando un anteproyecto de ley para remover el estatus de las propiedades usurpadas se sometió a deliberación antes de llevarlo al Parlamento. Pole esgrimía que ningún poder temporal tenía jurisdicción sobre la propiedad eclesiástica y a su vez, los abogados de la Cámara Baja, argüían que la propiedad estaba sujeta sólo a la autoridad de la Corona en el Parlamento. El fuego de la polémica se había encendido con una inusitada virulencia.

Cada facción se encerraba en sus posiciones y el tono de la dialéctica era intenso. Pole se aferraba insistentemente a los principios mientras los abogados, intransigentes, se basaban en los precedentes. En una descarga de emotividad la reina María llega a decir que si los abogados pretendían basarse en los precedentes del reinado de su padre o su hermano, entonces, abdicaría. Además anunció que en términos generales sufragaba la posición del Cardenal sin reservas. Por un momento, sus consejeros se quedaron altamente consternados. Al día siguiente, el ambiente del debate se serenó, se examinó nuevamente el borrador cláusula por cláusula. Al final, la voluntad de los abogados consiguió prevalecer en los puntos más relevantes.

El Parlamento finalmente se disolvió el 16 de enero de 1555. La vieja guardia de Enrique había logrado retener las propiedades confiscadas, pero María había conseguido el retorno a la religión Católica, así como la restauración de las leyes medievales contra la herejía. Las semanas pasaron. A medida que María perdía su integridad física, su intolerancia y fanatismo se volvía más brutal. La soberana, deprimida y angustiada, se vio en su última etapa, influida por la actitud agresiva y revanchista de los obispos católicos.

El obispo Bonner le envenenaba la mente, diciéndole que la culpa de no quedarse en encinta la tenía la escasa persecución de los herejes. A principios de febrero, ya sea por su propia iniciativa o por incitación del cardenal Pole y sus acólitos, comenzaron las persecuciones, y los primeros condenados ardieron en la hoguera. Fue en medio de esta desgarradora convulsión política, cultural y humana, justo cuando parecía que la ciudad de Londres estuviera a punto de estallar, cuando se presentó Jerónimo de Alderete, el hombre de confianza de Pedro de Valdivia, célebre conquistador de Chile.

La misión de Alderete se remontaba a octubre de 1552, fecha en la que había partido de Chile, comisionado por el gobernador Pedro de Valdivia para pedir al Rey de España las gracias y mercedes que se creía merecedor, por la gran audacia y entrega con la que había emprendido la conquista del país austral, hasta entonces improductivo a los ojos de la Corona. Por más prisa que se dio, debido al sistema de flotas que había adoptado la metrópoli para comunicarse con sus colonias, Alderete tardó un año en llegar a España, donde llegaría al fin en octubre de 1553.

Nada más poner pie en suelo español, se trasladó sin demora hasta Valladolid, residencia entonces de la corte de España. Allí fue recibido favorablemente por el príncipe Felipe, ya que había contribuido a afianzar el dominio de la Corona, luchando contra Gonzalo Pizarro, que por entonces asolaba la tierra con su hueste de desalmados, desafiando la autoridad real y comprometiendo la paciente labor emprendida en pos de la conquista. Además, traía una remesa de sesenta mil pesos en oro, lo que le granjeo la simpatía de la corte, siempre ávida del preciado metal para financiar sus interminables guerras europeas.

El Príncipe regente había sido revestido por el Emperador de autoridad soberana, para otorgar mercedes, proveer oficios, dignidades, tratar paces y treguas sin limitación. Así pues, comenzaron las negociaciones con toda actividad. Alderete presentó en representación de Valdivia y de los cabildos de Chile, una serie de memoriales que concretaban las numerosas peticiones que tenía encargado hacer. Se debatía con intensidad varias cuestiones administrativas y económicas, a la par que se informaba al regente del estado de la conquista de Chile.

Asimismo, Felipe acogió de buen grado la sugerencia de crear un obispado en Chile, al tiempo que elogiaba la gestión y los méritos de Pedro de Valdivia, al que ofrecía el hábito de Santiago, así como un título de Castilla, con el vasallaje de parte del territorio que había conquistado. Todo se estaba ultimando con apremio, cuando las negociaciones sufrieron una interrupción. Otras urgencias llamaban a la corte, más importantes que los asuntos tocantes a aquella remota región austral. La diplomacia carolina había preparado la boda de Felipe con María Tudor y el Príncipe se vio impelido a partir de inmediato hacia Inglaterra con su nutrido séquito de nobles que lo acompañaban.

Alderete estaba en la península cuando llegó la noticia de la muerte de Valdivia a manos de los indomables araucanos. Eso cambiaba completamente la perspectiva de su misión en España. Su jefe había muerto y él se consideraba el más apto para suceder al extremeño en la gobernación. Pero por entonces, el Gobierno de España estaba confiado a la princesa doña Juana, hermana de Felipe, que tenía muy limitados poderes en sus atribuciones, debiendo consultar todo asunto administrativo de importancia con sus consejeros o el mismo Príncipe regente. Sin vacilar, decidió Alderete partir hacia Inglaterra para presentarse ante el Príncipe y solicitar la gobernación que había quedado vacante tras la desaparición de Valdivia.

Llegó a Londres a mediados de enero y sin dilación inició nuevas negociaciones con el príncipe Felipe. Sus honrosos antecedentes, los excelentes servicios prestados en la ardua conquista, su lealtad como soldado del Rey en las revueltas del Perú, las propias recomendaciones que hacían sobre él tanto Valdivia, como los cabildos de Chile, posibilitaron que las pretensiones de Alderete fueran bien acogidas por el Príncipe. A principios de marzo de 1555, el regente ordenaba a sus delegados de Valladolid que extendiesen en favor del esforzado capitán el título de gobernador de Chile. A su vez, el Príncipe reconocía su inmejorable trayectoria concediéndole el hábito de la Orden de Santiago (Barros Arana, 2000, pág. 63).

Durante su estancia en Londres, Alderete pasa las horas narrando sus experiencias de aquel remoto confín del globo. Un corrillo de cortesanos españoles se aproxima escuchándole con atención. Con voz temblorosa, apasionada, les relata sus peripecias en aquellas lejanas tierras de América. Les describe con detenimiento aquellos parajes salvajes, sus ríos caudalosos, sus bosques densos e impenetrables, aquellos paisajes maravillosos. Les refiere sobre sus poderosas tormentas, sus fieros vendavales, su mar embravecido, así como las innumerables penalidades de la conquista. Llegan a sus oídos noticias de culturas desconocidas, de ciudades míticas, regiones fabulosas. Conocen acerca de la audacia del araucano, de su indomable fiereza, de la pugna del español en su afán por someter al indio.

Un campo abierto a la gloria, al heroísmo, a las mil aventuras, se despliega ante ellos. Después de meses atrapados en el tedio de la corte, confinados en aquella monotonía ceremoniosa de los actos que se repiten día tras día, ahora les llegaban nuevas de ese mundo sublime que se les representa como un lugar paradisíaco, un campo abonado a la imaginación, siempre ávida de sueños. Los españoles en su hirviente juventud se ven reverdecer por momentos. Uno a uno van cayendo cautivados bajo el influjo del hipnotizador. Después de tanta refriega palaciega, aquellas palabras vibrantes de Jerónimo de Alderete sonaban como un canto de sirenas, que invadía su espíritu de ilusión y los llenaba de optimismo.

Asimismo, Alderete les refería acerca de la complicada situación en el Perú, cuya problemática se remontaba a los tiempos de los levantamientos de Gonzalo Pizarro. Los hombres enviados por la corte de España, llevaban una década intentando consolidar un virreinato cuyo poder no descansara en los hombros de los conquistadores, sino en una aristocracia encomendera, así como en un aparato estatal cada vez más fuerte y articulado. Sin embargo, la última distribución de las encomiendas, había sembrado nuevamente el descontento en la zona, provocando otra insurrección que estalló en el Cuzco la noche del doce de noviembre de 1553.

Al frente de la misma se hallaba Francisco Hernández Girón que había conseguido reunir un ejército de 700 soldados. Entre ellos iban un buen número de negros esclavos, que junto a los demás corrían exaltados asolando la tierra, incendiando las aldeas, asesinando y causando mil desmanes y atrocidades. Hernández Girón era un ser alucinado, que se creía un hombre superior, instrumento de la providencia, guiado por el bien común, protector de pobres y desvalidos. Bajo estos pretextos, el fanático soldado capitaneaba a su ejército de desalmados, robando la tierra y cometiendo mil desafueros. Los cortesanos españoles que estaban en Londres, enterados de la sublevación de Hernández Girón, se hallaban enardecidos, indignados ante el desacato a la autoridad real y ardían en deseos de ir a sofocarla.

Igualmente les contaba Alderete el desastroso resultado de la primera campaña de Arauco emprendida por Valdivia. Con denodado tesón y sacrificio había comenzado Pedro de Valdivia la conquista del sur de Chile, en un territorio que luego llamarían los españoles Arauco. Pacientemente se habían construido balsas, vadeados ríos, se había fundado Concepción, la primera ciudad española cerca de la costa. Habían partido por orden del maduro gobernador las primeras expediciones marítimas para reconocer el litoral hasta el estrecho de Magallanes. Con mucho esfuerzo y empleando meses, se habían cavado fosos, levantado empalizadas, comenzado las primeras explotaciones de los lavaderos de oro, sembrado la tierra.

Poco a poco, Valdivia se había internado en el territorio, fundando nuevas ciudades como La Imperial, repartiendo guarniciones, construyendo fuertes como los de Arauco y Tucapel. Pero entonces vino el desastre. El recio Gobernador, quizás en un acto de altanería, había subestimado el poder del indio, diseminando peligrosamente sus destacamentos en un territorio demasiado extenso. Hasta ese momento los indios se habían mostrado desunidos, carentes de sentimiento de nacionalidad. La superioridad de las armas del español les había dado la fácil victoria en las primeras escaramuzas que habían sostenido. Deseando liberarse de la opresión de los hispanos, un joven indio que había estado al servicio de Valdivia como cuidador de caballos, se pasó al bando de los suyos.

Aquel inteligente joven de dieciocho años que se convirtió en el líder de los indios de la zona, pasaría a la historia con el nombre de Lautaro. Este joven lleno de ímpetu y audacia, exhortó a sus compatriotas a estar unidos frente al invasor, explicándoles que nada tenían que temer del español. Que aunque sus armas eran superiores, ellos no eran seres enviados por los dioses, sino tan sólo humanos. Asimismo, les refería como aquellos caballos, no eran criaturas monstruosas, sino tan sólo animales y por tanto, expuestos a la fatiga.

En la comarca llamada Tucapel, el choque entre españoles e indígenas iba ser inevitable. Unos cincuenta envalentonados españoles, convencidos de su superioridad militar, se enfrentaron al ingenioso dispositivo que les había preparado Lautaro. El intrépido y sutil general de los araucanos había dispuesto un ataque sucesivo, por divisiones, cortando todas las vías de escape del enemigo. Nada pudieron hacer las corazas de hierro, las espadas y arcabuces, contra esta estratagema. Los españoles fueron cayendo uno a uno agotados, frente al fiero empuje de los naturales, en una embestida que se prolongó durante horas.

Todos murieron. Valdivia fue capturado, humillado y torturado. Todas las súplicas del Gobernador no sirvieron de nada. En un acto brutal los indios le cortaron los brazos y se los comieron en su presencia, hasta que exhausto después de tres días de tormentos murió. Su cabeza fue clavada en una pica, y paseada por todo el territorio, como un claro símbolo de llamada a la sublevación general contra los españoles. Otras crónicas, seguramente fabulosas, refieren como a Valdivia le hicieron tragar oro derretido y hasta dicen que con sus huesos hicieron flautas.

Los cortesanos españoles que se hallaban en Londres, escuchaban absortos los relatos de Alderete. Ajenos a todo, ya sólo pensaban en aquellas fantásticas y lejanas tierras de América. Jóvenes animosos que les bullía la sangre por servir a su rey, engrandecer los horizontes de España, ver brillar el arco iris glorioso de la hispanidad extendido por las diversas tierras del mundo. Noticias pintorescas van fluyendo de los labios del forastero. Los jóvenes encendidos de entusiasmo, recrean esas tierras desconocidas como un espacio lleno de inesperadas sorpresas, gratificantes recompensas, lances y hazañas sin límite. Ya no se pertenecen. Del resurgir de una conciencia adormecida comienza a adivinarse el despertar de una vocación.

Todos van cayendo bajo el embrujo de Alderete. Don García Hurtado de Mendoza, hijo del Virrey, los vascos Francisco Irarrázaval y Alonso de Ercilla, el alemán Pedro Lísperguer y el lusitano Simón Pereira, entre otros, todos deciden acompañar al recién designado Gobernador en la nueva expedición que se avecina. Ya es hora de abandonar esa corte embalsamada y dejar atrás a ese díscolo pueblo inglés. Casi inadvertidamente, estaban ya inmersos en la vorágine de los preparativos del gran viaje, enredados en la febril premura de los acontecimientos que discurren con inusitado frenesí. En el umbral más precioso de sus existencias, comenzaba la mayor y definitiva empresa de sus vidas.

Los primeros conquistadores, habían acudido a la conquista de América, huyendo quizás de algún pasado turbio, del fantasma de la penuria, del cruel anonimato. Se trataba de una soldadesca desheredada, ruda, malograda, que tuvo no obstante, la virtud de abrir la senda de la conquista en beneficio de España. Fueron hombres recios, valerosos, pioneros en una tierra indómita, virgen e inexplorada. Seres curtidos, capaces de soportar los rigores más extremos, que hicieron de antesala a la verdadera conquista. A pesar de ello, también en muchas ocasiones esta hueste esforzada dio muestras de indisciplina, careciendo de la suficiente unidad y cohesión.

El resplandor del oro los cegó, la obtención de riquezas rápidas los envileció. Perdieron así el sentido, la grandeza visionaria de su misión, transformando su sacrificio en caos, entregándose sin mesura al expolio devastador, protagonizando jornadas de dolor, muerte y destrucción. Sin embargo, aquellos jóvenes que se apresuraban ahora a partir hacia Perú y Chile, representaban un grupo inquieto, impulsivo, ambicioso. Pero su ambición no estaba forjada en la búsqueda del áureo metal, ni ansiaban halagos, ni se afanaban en encontrar el aplauso. No era el mito de El Dorado lo que deslumbraba a los jóvenes españoles residentes en Londres.

Lo que movía el ánima de aquellos jóvenes era la persecución del ideal, la avidez de sueños de gloria, la exaltación del espíritu caballeresco, el servicio abnegado de sus reyes. Aquellos bisoños todo lo tenían. Hasta ahora sus vidas habían sido lujosas fiestas, animadas justas, elegantes recepciones, un interminable recreo palaciego. Viajes y más viajes jalonaban su existencia. Habían tenido contacto con las personalidades más insignes de las monarquías europeas. Reyes, emperadores, embajadores, artistas. Habían conocido ciudades industriosas, urbes avanzadas, metrópolis en las que se gestaban las nuevas formas de entendimiento de un cercano futuro.

Se habían instruido con provecho, siempre rodeados de la comodidad cortesana, en una serie de éxitos que prometían seguir eslabonándose indefinidamente. En el caso de Ercilla, además, comenzaba una prometedora carrera literaria que haría perder la cabeza a cualquiera. En esos momentos cruciales, aquellos bizarros se encontraban en la encrucijada más comprometida de sus vidas. Impacientes y resueltos, supieron dejar atrás todo el cúmulo de sus comodidades palaciegas, para trocarlas por un sin fin de adversidades, combates inciertos, peligros acechando en cada recodo del camino. Su altruismo les hizo olvidar el refinamiento aterciopelado de las templadas estancias de la corte, para ir ahora a arrastrarse por la frondosidad de las selvas inaccesibles, no teniendo otra techumbre que una evocadora bóveda de estrellas.

Mudaron los climas apacibles de la vieja Europa, por los hielos cortantes de lo más remoto de las regiones australes. Cambiaron el sosiego cortesano, los ambientes pulidos y educados, por el perenne sacrificio y las interminables penalidades. Pero así era el español de entonces. Ser español era crear, actuar, resurgir, descubrir, conquistar, alcanzar el despliegue total de la personalidad. Ser español era anhelar la inmortalidad. Así eran aquellos galanes heroicos de esos días, que como veloces ícaros recorrían las nuevas extensiones de sus soberanos, dando unidad a la floreciente conquista. Representaban el ojo avizor, el semblante condescendiente, sobre el que se relajaba la incipiente actividad de la Corona.

Así pues llegó el momento de la partida. En el caso de Lísperguer, el conde de Feria intercedió por su protegido ante Felipe II, pidiéndole accediese a concederle la necesaria cédula de salida hacia Perú y Chile. Así se desprende de la documentación que portaba Lísperguer a su llegada al Perú, la cual nos relata lo siguiente:

Cédula del Rey Príncipe:

El Rey Príncipe: Marqués primo, del Consejo de Estado de S.M., su presidente del Consejo de Indias. El conde de Feria me ha informado que Pedro Lísperguer, alemán, natural de Bormes, se ha criado en su casa y es hijo de personas honradas y de buena parte, y que siempre se ha conocido de él ser bien inclinado, suplicándome que por que desea pasar a las provincias del Perú y Chile, darle licencia para que libremente lo pudiese hacer y porque por hacer merced al dicho Conde y la buena relación que me ha hecho de la persona y costumbres del dicho Pedro Lísperguer holgaría de ello os ruego y encargo ordenéis como se le dé la cédula necesaria para que pueda pasar libremente a las dichas provincias, no embargante que sea alemán, que en ello seré servido. De Londres a cuatro de noviembre de mil quinientos cincuenta y cuatro años. El Rey Príncipe. Por mandato de Su Majestad. Pedro de Hoyo (De Hoyo, 1555, pág. 576)[3].

No cabe duda de que se trata de Felipe II, aún Príncipe, el que está otorgando a Lísperguer, no obstante que por entonces habían leyes que impedían el paso de extranjeros a las Indias, la licencia necesaria para partir, que le había solicitado uno de sus hombres de mayor confianza y estima: el conde de Feria. Por lo tanto, es importante subrayar que uno de los hombres con mayor poder dentro de la monarquía, intercedió en favor de Lísperguer ante el entonces Príncipe, futuro Felipe II. Seguidamente, la cédula concedida en Londres, que ya había sido anteriormente otorgada por el Emperador en Bruselas, fue finalmente ejecutada en Valladolid.

---

[3] *Observe el lector que el documento se refiere al Rey Príncipe, ya que el futuro Felipe II era por entonces Rey de Nápoles, pero aún príncipe del imperio.*

Real cédula de licencia:

"Por el Rey Príncipe al marqués de Modéjar su primo del Consejo de Estado de Su Majestad y su presidente del Consejo de Indias. El Rey. Nuestros oficiales que residís en la ciudad de Sevilla en la Casa de Contratación de las Indias yo os mando que dejéis y consintáis pasar a las provincias del Perú y Chile a Pedro Lísperguer, alemán, no embargante que es alemán y cualquier provisión que haya en contrario, por cuanto, sin embargo de ello le damos licencia para que pase y le dejéis y consintáis llevar consigo para su servicio dos criados españoles llevando ante vosotros información hecha en su tierra , ante la justicia de ella y con aprobación de la dicha justicia, de cómo los dichos criados no son casados ni de los prohibidos a pasar a aquellas partes y de las señas de sus personas, lo cual así haced y cumplid sin que en ello les pongáis impedimento alguno. Fecha en la villa de Valladolid a catorce días del mes de enero de mil y quinientos cincuenta y cinco años. Por mandato de Su Majestad, Su Alteza en su nombre. Francisco de Ledesma. Cumplido en todo. Cumplida por él y por un criado y también en el otro" (De Hoyo, 1555, pág. 576).

"Valladolid, enero 14 de 1554. El Rey da licencia a Pedro Lísperguer, alemán, para que pase al Perú y a Chile, y para que lleve para servicio de su persona y criados seis cotas de malla con sus mangas y caraqueses y morriones y guantes, y seis coseletes, y quince arcabuces, y treinta hierros de lanzas con sus astas, y diez ballestas, y doce hierros de templones y partesanas con sus astas y cuatro docenas de espadas, y seis rodelas y dos adargas y seis sillas jinetas, y cuatro de la brida, sin que en ello os sea puesto impedimento alguno" (Barros Arana, 2000, pág. 89).

Como puede verificarse, Lísperguer iba muy bien preparado para la guerra. En cuanto a las cronologías de estas cédulas, hay un interrogante que aflora inmediatamente. ¿Cómo es posible que la primera de estas cédulas haya sido expedida en Londres el 4 de noviembre de 1554, si Alderete llegó a Inglaterra a mediados de enero de 1555? La explicación es sencilla. Piénsese que como refiere Toribio Medina en su obra *Vida de Ercilla*, Alderete había llegado a Valladolid en octubre de 1553, donde puso al día al Príncipe y a toda la corte de los asuntos tocantes a Chile (1917).

En esa corte estaban Ercilla, el conde de Feria y con toda probabilidad también Lísperguer, además de muchos otros cortesanos. El cortejo real partió de Valladolid el 14 de mayo de 1554, entró en Santiago el 22 de junio, dirigiéndose después a La Coruña, ciudad a la que llegó el 12 de julio, embarcándose al día siguiente 13 de julio, rumbo a Inglaterra. Por lo tanto, en todo ese tiempo los españoles que se hallaban en Valladolid habían sido ilustrados de los asuntos tocantes a Chile. Aunque en los libros de historia abundan las crónicas que señalan como Alderete llegó a Londres y transmitió a sus compatriotas sus relatos apasionados de América, no cabe duda, que los cortesanos españoles habían recibido, cuanto menos, un esbozo de todo ello en Valladolid.

Eso explica como en Londres ya se preparaba una gran expedición a Perú y Chile, muchos antes de conocerse en la isla la noticia de la muerte de Pedro de Valdivia. Eso se comprueba fácilmente, además, al constatar que al día siguiente de conceder la cédula a Lísperguer, es decir; el 5 de noviembre de 1554, fue nombrado también en Londres, don Andrés Hurtado de Mendoza como nuevo virrey del Perú, cédula que a su vez fue secundada en Valladolid, al igual que la de Lísperguer, el 14 de enero de 1555.

Por otra parte, para tener pleno conocimiento de cómo se distribuían las diversas peticiones, e instrucciones administrativas, entre los diferentes centros de decisión, es necesario adentrarse en la maquinaria de la corte, para poder entender su funcionamiento. Pensemos que tradicionalmente existían dos centros de poder, Valladolid y Bruselas. En aquella monarquía autoritaria no se aprobaba nada sin el visto bueno del Rey, lo que obligaba a un continuo ir y venir de papeles, incluso para el caso mínimo de las mercedes que se habían de dar.

Cuando Felipe II se hallaba residiendo en Flandes en 1558, multitud de memoriales se informaban en el Gobierno de Valladolid, de donde pasaban a Bruselas para que el Rey decidiese, devolviéndolo todo de nuevo a Valladolid, donde se anotaba la fecha de su recepción, que cerraba la cuestión (Fernández Álvarez, 2004, pág. 345). Es de suponer que a finales de 1554, principios de 1555, el mecanismo debió ser similar, pero con una particularidad; la de que no había dos centros de poder sino tres: Londres, Bruselas y Valladolid. Se puede presumir que las noticias sobre Perú y Chile, debieron circular en todas las direcciones, distribuyéndose entre las diferentes cortes.

Nótese que Ruy Gómez hizo tres viajes de Londres a Bruselas entre diciembre de 1554 y agosto de 1555. Durante el mismo periodo, Eraso –Secretario del Emperador– hizo el viaje opuesto al menos en dos ocasiones. Por lo tanto, puesto que en aquel momento los centros de poder más importantes eran Londres y Bruselas, donde radicaban respectivamente Felipe y el Emperador, lo más lógico es pensar que los preparativos de la nueva expedición que se proyectaba hacía Perú y Chile, se debieron diseñar entre estas dos capitales. En definitiva, es dable creer que varios jóvenes cortesanos ansiosos por abandonar la capital inglesa solicitaron acompañar a Alderete en su destino hacia las Indias.

Por lo tanto, las peticiones de salida habrían sido cursadas desde Londres y llevadas a Bruselas por algún secretario del Emperador. Allí dio el Emperador su Real Licencia a Lísperguer el 14 de enero de 1554. Posteriormente la orden de salida fue secundada por el príncipe Felipe en Londres el 4 de noviembre de 1554. Finalmente todo ello fue ratificado en Valladolid el 14 de enero de 1555. Por otra parte no está de más señalar que las cédulas de Lísperguer y las del virrey don Andrés Hurtado de Mendoza fueron cursadas en las mismas fechas (Corte de Valladolid, 1555).

La estancia en Inglaterra tocaba a su fin. Habiéndose enterado don García Hurtado de Mendoza del nombramiento de su padre como nuevo virrey del Perú, estaba impaciente por dirigirse cuanto antes a España para encontrarse con su progenitor y unirse a la expedición. Todo estaba ultimado a finales de enero de 1555, fecha aproximada en la que Jerónimo de Alderete, Pedro Lísperguer, Alonso de Ercilla y el resto de su séquito abandonaron definitivamente la brumosa atmósfera de Londres y toda su turbia contingencia política, para dirigirse a las cálidas y afables tierras de España. Siete meses habían permanecido los españoles en Inglaterra.

Habían conocido a lo más granado de las personalidades europeas. Entraron en contacto directo con una de las culturas más emblemáticas y avanzadas de Europa. Completaron su aprendizaje cortesano en una de las ciudades más fascinantes del orbe antiguo. Animosas controversias, retórica erudita, encendidas polémicas, todo ello ayudo a forjar el espíritu crítico de aquellos jóvenes talentosos y capaces. Fueron muchas sus experiencias. Sinsabores y humor, miel y ceniza, renovación interior. Jamás podría olvidar esas formidables vivencias en aquella corte sofisticada como pocas había en el mundo. A nuestros jóvenes les invadía un sentimiento de nostalgia ante el inminente adiós. Congruencia o inconsistencia, ya no quedaba tiempo para mirar atrás. Era hora de partir.

Lísperguer abandona Inglaterra
con destino hacia España y las Indias

Como epílogo a la situación política inglesa, cabe destacar que durante el transcurso del año 1555 las cosas no sólo no mejoraron, sino que continuaron empeorando progresivamente. La reina María Tudor continuaba recluida en sus aposentos, sumida en sus melancolías, obsesionada por tener un hijo que no llegaba nunca. En junio, Ruy Gómez escribía a Eraso en un tono sarcástico, impropio del usual comedimiento con que solía desenvolverse el portugués, dirigiéndole las siguientes palabras:

"aunque el vientre de la Reina abulta ya tanto como el de Gutiérrez López, todavía sigo en mis dudas de que esté en cinta" (Cereceda, 1948, pág. 18).

Por otra parte, el estatus de Felipe en Inglaterra aún seguía siendo inestable, sin que se viera una solución viable a la gran crispación político-moral existente en la isla. En este clima de incertidumbre, el 29 de agosto, tras trece meses de estancia en la isla, Felipe decide abandonar Inglaterra en dirección a Flandes, para acudir en Bruselas a la jornada de abdicación del Emperador. El gran relevo en la cumbre, el trascendente evento con el que se consumaba el ansiado traspaso de poder entre padre e hijo, tenía lugar el 25 de octubre de 1555, siendo el conde de Feria uno de los insignes personajes que firmaron el acta de abdicación.

Allí en Flandes permaneció el ya rey Felipe II, en un compás de espera, durante un año y medio, enredado en sus tensiones con Francia, mientras el que fuera Emperador del todo poderoso Sacro Imperio Romano Germánico, se dirigía hacia su último retiro en el monasterio de Yuste. Entretanto, al romper Enrique II la tregua de Vaucelles, el comienzo de las hostilidades con el país galo era inminente, razón que indujo a Felipe a viajar por última vez a Inglaterra, en ésta ocasión durante sólo cien días.

Dos motivos fundamentales movían a Felipe a volver a la isla: conseguir el apoyo de María en sus guerras con Francia y llevar a cabo su último y desesperado intento de tener sucesión con la soberana inglesa. María Tudor se resistía a sufragar las necesidades militares de su marido, ya que sabía que esa idea causaba enorme repugnancia entre sus súbditos, además dicho auxilio militar estaba expresamente vetado en los términos del contrato matrimonial. Sin embargo, estando María profundamente enamorada de Felipe cedió ante sus insistencias.

El improvisado socorro de María fue insuficiente para frenar el ataque francés, con el desastroso resultado de que en enero de 1558 cayó Calais a manos del duque de Guisa, último bastión inglés en el continente, recuerdo de sus gloriosas gestas en la guerra de los Cien Años. La caída de la última plaza inglesa en territorio galo hizo de Felipe II un rey sumamente impopular en Inglaterra. Por su parte, los nuevos ricos, que desde el verano de 1554 tenían pánico a que la alianza Habsburgo-Tudor se afianzase, aprovecharon la ocasión para lanzar sobre el soberano español toda clase de injurias y agravios.

En consecuencia, los antipapistas y el partido hispanófobo en la corte pusieron en marcha una dañina campaña de propaganda contra todo lo español, lo cual exaltó los ánimos de las clases populares, que indignados culpaban a los católicos de la sensible derrota. Incómodo ante esta borrasca política, Felipe resuelve abandonar Inglaterra para no volver jamás, determinando enviar al conde de Feria en su lugar, el cual hizo su entrada en Londres el 26 del mismo mes, con la difícil misión de llevar sosiego a la isla y mediar diligentemente en los complicados asuntos ingleses.

Nada más llegar Feria a la ciudad, se encuentra con los rumores del nuevo embarazo de la Reina. Pronto comprobó el Conde como aquella nueva concepción no era más que una vana ilusión de María. En esa difícil situación el conde de Feria actuó con habilidad llevando serenidad y esperanza a un espíritu agotado, que se desplomaba por momentos. Ante la patente esterilidad de María y la posibilidad cada vez más cercana de su muerte, la política española puso sus ojos en Isabel. Descartar a Isabel sólo beneficiaba a María Estuardo y a la pujanza francesa.

Por lo tanto, se trataba a toda costa de que María Estuardo, heredera de Escocia y prometida del delfín de Francia, no alcanzara el trono inglés, lo cual iba en contra de los intereses de España. Para ello era necesario eliminar la resistencia de María, que se negaba a reconocer a su odiada hermana como legítima heredera al trono de Inglaterra. La diplomacia española intentó casar a Isabel con Manuel Filiberto de Saboya, católico y persona de confianza de Felipe, pero la astuta hija de Ana Bolena consiguió escabullirse de la proposición matrimonial.

Entonces, en mayo de 1558 llega a Londres una embajada sueca con un nuevo proyecto matrimonial para Isabel, a lo que la reina María reacciona violentamente, mostrándose muy susceptible frente a cualquier proposición que supusiera el engrandecimiento de su odiada hermanastra. Isabel recula afirmando que no se quiere casar y por momentos parece que María se calma. En julio de ese mismo año, el conde de Feria se marcha a Flandes donde permanece tres meses. Ya entrado el mes de octubre llega a Bruselas la triste noticia de la muerte del Emperador, acaecida el 21 de septiembre en Yuste. Es imaginable el hondo impacto que debió de causarle a Felipe.

Había muerto su *alter ego*, aquel que todo se lo había enseñado. Aún era joven e inexperto y ahora además estaba solo, debiendo hacer frente a las presiones de las guerras europeas. Para mayor remate, también a finales de octubre llegó a la corte de Felipe II la noticia de la grave enfermedad de María. Así pues, con toda urgencia volvía apresuradamente Feria a Londres, llevando a la moribunda soberana inglesa un precioso anillo como presente del Rey y una carta afectuosa de su mano.

El nueve de noviembre Feria se entrevistaba por última vez con María a la que encontró medio inconsciente y agonizante, leyéndole la carta de su señor, al tiempo que le entregaba el presente, mientras

María se deshacía en resignados sollozos. El embarazo al que tan fervientemente se aferraba resultó ser un tumor fatal. Al verificar como sus planes de llevar la restauración del catolicismo a la isla fracasaban y que tras su muerte toda su obra se arruinaría, se decidió por emprender una represión brutal contra sus conciudadanos. Alrededor de 277 personas fueron quemadas en la hoguera en menos de cuatro años, una persecución bestial que le valió el apelativo de María la Sanguinaria (Bloody Mary).

Toda su acción represiva contra los herejes, sólo sirvió para que los protestantes exiliados robustecieran en Europa el espíritu reformador. Avejentada, vencida y profundamente enamorada de Felipe, no pudo soportar el desdén con que éste la trataba al comprobar que no le daba el ansiado heredero. Por Londres circulaban baladas que airaban la ausencia del monarca español, al tiempo que le achacaban el mal incurable que padecía la Reina. Deprimida por el amor no correspondido de su marido, abandonada, violentada en su voluntad de no declarar como heredera a Isabel, María se disipaba en medio de una congoja inconmensurable.

El 17 de noviembre de 1558 moría María Tudor, a los 42 años de edad, en su Palacio de Saint James. Poco antes de morir María declaró que uno de los motivos de su tristeza era la ausencia de Felipe, aunque al final lo que más la atormentaba era que cuando muriera encontrarían Calais sepultado en su corazón. Hasta nueve meses antes de morir jamás abandonó la posibilidad de concebir un hijo. Hasta en sus últimos momentos, sumida en delirios, tuvo visiones de coros de niños que le cantaban dulces melodías.

Niños angelicales que le tendían sus manos, arropándola con su tierno afecto, llevándosela serena hasta las ignotas regiones del cielo. Curiosamente, como si hubiera un gran cataclismo que todo se lo tragara, el cardenal Pole moría catorce horas después de expirar la Reina, agotado por sus dolencias y hundido en pesadumbres al verse procesado como sospechoso en la fe por el papa Paulo IV. Antes de morir María, el conde de Feria consiguió de la soberana que designará como heredera a Isabel. Pensó el noble andaluz que con este gesto conseguiría adelantar posiciones en la transición que se avecinaba, pero se equivocaba. En su primera entrevista con Isabel, recibe el español el primer desplante de la nueva soberana.

Le dice ésta lisa y llanamente, que su posición de futura Reina no se la debe al apoyo español, sino al pueblo inglés. Feria ya no era el representante del consorte de la Reina, sino un mero embajador, pero ello no restó mérito a la importante labor que el Conde desempeño en Inglaterra, intentando durante año y medio mantener la alianza inglesa en esos difíciles momentos. Tras la muerte de María, el hasta entonces reprimido partido protestante se quita la careta. Londres estaba atestado de herejes, cismáticos y traidores, y poco a poco se van dando los pasos necesarios para la vuelta al protestantismo en Inglaterra.

Sin embargo, por entonces la situación de la joven Isabel era muy comprometida, ya que en el reino abundaba el descontento social, los odios religiosos y una economía en bancarrota. Por si fuera poco, en el exterior Francia se había apoderado de Calais, y siendo aliada de Escocia, amenazaba con invadir Inglaterra por el norte, reclamando los mejores derechos de María Estuardo. Así asistimos a una época de transición en la que la astuta hija de Ana Bolena, se mueve con cautela, realizando progresivamente las reformas en materia de religión, pero manteniendo la alianza con España.

Realmente era una alianza asentada sobre unos cimientos de arena, pues la sagaz pelirroja de preciosos ojos verdes y manos bellísimas, quizás la mayor embaucadora de Europa, iba consiguiendo con esta dilación que Inglaterra se liberase de la odiosa tutela española, mientras se desvanecía el fantasma de la invasión francesa. Inglaterra era por entonces un reino codiciado por dos potencias, España y Francia. Las dos poderosas naciones, enemigas y antagónicas desde tiempos inmemoriales, recelaban la una de la otra, y ninguna quería ver como su oponente se apoderaba de la isla.

Así asistimos a un periodo lleno de dobleces, en el que se practica el doble juego político, la sucia intriga, donde todo vale para conseguir los fines propuestos. A pesar de que Isabel manifestaba de forma cada vez más clara su adhesión al protestantismo, España la sostenía mientras con tal política contuviera a María Estuardo, rival de Isabel apoyada por Francia. De esta forma Felipe se inclinó por Isabel, contraponiendo los intereses políticos a sus ideas religiosas.

De otro lado, el monarca francés, durante todo el reinado de María la combatió clandestinamente, manteniendo encendida la oposición protestante; es decir, igualmente antepuso la política a sus creencias religiosas. Gracias a estas maquinaciones y al gran antagonismo que se procesaban esos dos grandes rivales, pudo Isabel escalar el camino hacia el trono sin encontrar mayor oposición. Luego estaba la minoría reformista inglesa, los nuevos ricos que contribuyeron a afianzar la corona sobre la testa de Isabel, viendo en ella el adalid ideal con el que no peligrarían los fértiles latifundios y las productivas temporalidades sustraídas al clero.

El conde de Feria advirtió desde el primer momento, el juego subterráneo de insidia y dobles intenciones con el que se procedía. Por entonces se tanteaba el posible matrimonio de Felipe con Isabel, asunto sobre el cual la soberana evitaba pronunciarse, dilatando su respuesta, mientras iba asegurando su posición y emprendiendo paulatinamente las reformas. Entre ellos se levantaba como un obstáculo insalvable el Privy Council, cuyos componentes eran todos puritanos renegados, que odiaban tanto al Rey de España como a la religión de Cristo.

En especial, sobresalía William Cecil, factótum peligrosísimo, dotado de la soberbia vanidosa del nuevo rico, impasible, calculador, dedicado por entero a los principios maquiavélicos, paradigma de aquellos hombres despiadados del Renacimiento, es decir, amoral y cínico en el empleo de los medios. Su fuerte radicaba en un conocimiento diabólico de la naturaleza humana y de los pecados y secretos de cada ciudadano. Detrás de la acción de este hombre tan enérgico, como insensible, estuvo todo lo perverso que ocurrió por aquellos días.

Su contrafigura fue precisamente el conde de Feria, que mantuvo una actuación decisiva y continuada a favor de los asuntos de España, rogando a la nueva Reina que no siguiera por ese camino o si no se perdería, haciéndole ver lo delicado de su situación y lo importante de la conservación de la alianza con España, tratando de disuadirla de la idea de erigirse en cabeza de la Iglesia anglicana. En una audiencia para tratar estos asuntos la soberana le dijo que quería poner la religión como la dejó su padre.

Difícil situación la de Feria, intentando parar un arroyo incontenible de reformas, soportando la actitud esquiva de los consejeros, llegando a un punto en que su tarea se le revela imposible de llevar, ya que como él mismo exclamó: *"todos huyen de mí como el diablo"* (Cereceda, 1948, pág. 33). Debió de ser duro para Feria cuando la soberana inglesa le manifestó en las navidades de 1558 su deseo de verle fuera de Londres. Pero lo que no cabe duda, es que gracias a la tenaz actuación del Conde el Parlamento fue más moderado en sus reformas.

Frente a la difícil situación, un acontecimiento dichoso tenía lugar en la vida de Feria, ya que éste se casaba el 29 de diciembre en Londres con Jane Dormer. Dos meses después de la muerte de María, Feria llevaba en nombre de Felipe una proposición matrimonial a Isabel. Entonces aflora su instinto agudo de mujer astuta, así como genial estadista. La última Tudor coquetea con Felipe, se deja acariciar por la idea del proyecto, al tiempo que se deshace en zalemas para el monarca español. Flirtea y seduce, se acerca y se aleja, va dando largas y retrasando la respuesta, pone excusas, se escuda en supuestos escrúpulos de religión y en temores a irritar el amor propio del pueblo inglés.

Algunos historiadores hablan de amor soterrado entre Felipe e Isabel. Si esa teoría fuera cierta, entonces serían válidos los argumentos que sitúan a Isabel entre dos opciones; esto es, seguir los dictados de su corazón, o someterse a la voluntad de aquel poderoso Privy Council, consiguiendo además una libertad de maniobra, fundada en su independencia respecto de cualquier potencia extranjera. Si en aquel teatro de la política esas conjeturas fueron reales, entonces el drama escénico fue representar lo real como falso y hasta quien sabe, quizás lo meramente figurado como real.

Siguiendo el curso de las suposiciones, a diferencia de Feria que renunció a un estado por el amor verdadero, Isabel renunciaría al amor puro por un reino adulterado. Presionada responde que no quiere casarse con un monarca que luego abandone la isla y la deje sola. El 20 de febrero de 1559 transmite Feria la negativa de Isabel a la proposición de don Felipe. Posteriormente, se muestra aún más taxativa al confesar a Feria que no es católica y que por eso no puede casarse con el soberano español.

Detrás de este rechazo estaba, entre otras consideraciones, según dijeron los espías y la historia constata, que Isabel no podía concebir ya que tenía un problema genital que la imposibilitaba para tener descendencia. En todo este tiempo de dobleces e intrigas, embustes y turbios manejos, el espíritu bondadoso y caballeresco del conde de Feria, tan alejado de esos malabarismos maquiavélicos, le llevarían a multiplicar sus entrevistas con la Reina, a suplicarle diariamente que se condujera juiciosamente, haciéndole continuos llamamientos a la reflexión. Siempre la misma respuesta, la sonrisa socarrona, las difusas esperanzas, las pícaras evasivas.

De nada sirvieron las idas y venidas, el parlamento de Feria con personas clave en el reino, los continuos reportes que enviaba a Felipe II informándole de la situación. Pero si Feria se dejó engañar es porque quiso. Dicho de otro modo, nunca creyó en las falsas maniobras, ni en las palabras huecas de Isabel a la que conocía muy bien. Ante tanto desaire, a pesar de que Feria siempre fue en líneas generales un pacifista, en esta ocasión perdió los nervios. Llega un momento en el que Feria percibe inviable la misión que se le ha encomendado.

Concibe Inglaterra como un reino lleno de farsantes, traidores e hipócritas herejes. Divisa el reino como al borde de la guerra civil entre católicos y anglicanos. Las reformas del Parlamento estaban dirigiendo a la nación hacia un punto irrecuperable. Su idea es intervenir de forma directa en los asuntos ingleses, antes de que la excomunión pontificia dejara la isla a merced de la codicia franco-escocesa. Suplica así al Rey que tenga a punto la Armada, así como la infantería y caballería y el dinero necesario ante cualquier eventualidad, sugiriendo que estén prestos para partir desde Flandes en caso necesario.

Sin embargo, no era esta la opinión del Rey, que prefirió una política de apaciguamiento, manteniéndose a la expectativa. Ante la negativa de Isabel, a Felipe II no le quedó más remedio para detenerla que establecer una alianza con Francia, la enemiga. El 10 de abril de 1559 se firmaba la paz de Chateau-Cambresis, Felipe renunciaba al sueño inglés acariciado por su padre y se decidía a tomar en matrimonio a la encantadora Isabel de Valois.

Esa alianza franco-española produjo un efecto aterrador en Inglaterra, moderando las reformas, consiguiendo que el Consejo se mostrara preocupado ante la posibilidad de la invasión francesa, provocando que Isabel se quejara al conde de Feria, recriminando a Felipe que no debía de estar tan enamorado de ella cuando no tuvo paciencia para aguantar cuatro meses. ¿Pudo estar detrás de la lucha a muerte contra el poderío español el resentimiento de una mujer desdeñada, que vencida en las batallas del amor ahogó los gritos de su corazón con el estruendo de la guerra?

¿Pudo Felipe enviar su terrible Armada Invencible por motivaciones meramente personales al sentirse humillado y despreciado por Isabel? Esos son los elementos que la historia debe considerar. A pesar de todo, la diplomacia española no se resigna a la pérdida de Inglaterra y aún intenta casar a Isabel con el archiduque Fernando, unas pláticas en las que nuevamente tiene activa participación el conde de Feria. Una vez más Isabel juega con su pretendiente y hasta coquetea con su hermano, el archiduque Carlos. Todo para el mismo objetivo, desligarse del poderío español y asentarse sólidamente en el trono inglés.

El ocho de mayo de 1559 Felipe II ordenaba a Feria que terminase su misión en la corte isabelina, abandonando la isla a mediados del mismo mes. En opinión de la soberana inglesa, Feria sabía demasiado de los asuntos de su corte y era muy altivo, siendo hora de sustituirlo. Jane Dormer se quedó durante algún tiempo en Londres sufriendo la persecución de Isabel. Al principio fue muy visitada, llegando la Reina a decir que Feria era el español que más apreciaba. No obstante, ello no impidió que recibiera avisos de correr grave peligro en Londres de sufrir cualquier acto hostil de Isabel.

La Reina obstaculizó la salida de la condesa de Feria, teniendo Felipe que interceder personalmente con la soberana, para que la dejara partir a ella y a su familia. El 24 de julio Jane se despidió de Isabel y poco después estando embarazada de siete meses partió de Dover con su abuela y un nutrido cortejo de clérigos y otros miembros de la embajada. Llegando al continente recorrió varias ciudades holandesas, permaneciendo con el conde de Feria hasta 1560 en Flandes.

Después desembarcó en Dukerque, de ahí paso a Newport, luego a Brujas, donde se encontró con el Conde, siguiendo por Gante, Amberes, Lieja, Malinas hasta que muy avanzada en su embarazo se hospedó en la residencia del arzobispo de Malinas para dar a luz. El feliz acontecimiento tuvo lugar el 28 de septiembre de 1559, naciendo un precioso niño que fue llamado don Lorenzo de Figueroa y Córdoba. Con motivo del alumbramiento tuvieron lugar esplendorosos festejos, animadas justas y entretenidas mascaradas con las que los cortesanos españoles e italianos daban la bienvenida al nuevo retoño.

Habiendo el Conde solicitado un préstamo de un mercante en Amberes, partieron de Bruselas en abril de 1560 con dirección a España, contando el niño ya seis meses de edad. Atravesaron Francia, llegando finalmente a Segovia en Junio y de ahí a Toledo y por fin a Zafra. Debido a la embajada inglesa, Feria había incurrido en un enorme gasto, contrayendo numerosas deudas, por lo que cuando llega a España se refugia en su señorío extremeño tratando de restablecer su dañada hacienda.

Del último periodo no se conoce demasiado. Se sabe que en julio de 1559 era propuesto por Alba y Éboli como una de las personas más idóneas para conducir la embajada de pésame a la corte francesa por la muerte de Enrique II. Era designado entonces como persona de "calidad y autoridad". En 1564 Feria escribe a Felipe II desde Zafra, diciéndole:

> "V.M. sea muy bienvenido a Castilla, y para tanto descanso suyo y de la cristiandad, como yo deseo. Quisiera ir a besar los pies de V.M.; y porque tengo en menos mi contento que pagar mis deudas, me dejo estar en mi casa hasta tener mejor disposición para continuar el servicio de V.M..." (Fernández Álvarez, 2004, pág. 817).

A raíz de esta carta el Rey le llama de nuevo a la corte, haciéndole miembro de su Consejo de Estado, y nombrándole el 28 de septiembre de 1567 duque de Feria, con la grandeza de España. Prueba de la enorme confianza que Felipe II había depositado en Feria, es que será uno de los hombres que junto a Ruy Gómez, acompañará al monarca a detener a su hijo don Carlos en la jornada nocturna del 17 de enero de 1568. A partir de ese momento le será asignada la delicada misión de ser el capitán de la guardia que custodia al Príncipe.

También en 1568 encontramos a Feria en Lisboa. Debía realizar allí un difícil cometido: conseguir la avenencia de los miembros de la familia real portuguesa, que se encontraban en discordia. No se olvidaría el Rey de recompensar al que le había servido a lo largo de los años con tanta dedicación. No sólo le concedió el título de grandeza sino además ese mismo año le otorgó una merced de 30.000 escudos y una pensión vitalicia de 6.000 para cada uno de sus hijos. Poco después, el 7 de septiembre de 1571, moría Feria, al filo de la media noche, en la villa de San Lorenzo de El Escorial.

Es de señalar que según Henry Clifford, el Rey sintió hondamente la pérdida de su cortesano, tanto es así que el adusto soberano vertió copiosas lágrimas, cosa que sólo había hecho cuando murió su propio hijo (Clifford & Cannon, E., 1887, pág. 135). Este es el perfil del hombre que amparó y propulsó la carrera de Lísperguer. Un hombre dotado de una extraordinaria pericia diplomática, que ocupó los cargos de mayor responsabilidad en la corte de Felipe II, sin que por ello perdiera jamás su gracia y cortesía, su modestia y liberalidad. Fue un gran conocedor del corazón humano, de sus miserias y debilidades, un astuto negociador que especialmente en Inglaterra desempeñó una labor importantísima en aras de los intereses de la monarquía.

Volviendo a nuestro grupo de cortesanos españoles, veíamos como a finales de enero de 1555, cuatro años antes de que Inglaterra se perdiera definitivamente al catolicismo, habían partido de Londres aventurándose a seguir a Jerónimo de Alderete en su nueva empresa americana. Habiendo cruzado el canal, atravesaron Francia, llegando finalmente a su cálida y querida España. En España iban a estar aún ocho meses realizando las diversas gestiones administrativas y así como los preparativos necesarios antes de zarpar hacia América.

Poco sabemos de Lísperguer en este período. Apenas afloran algunos datos de los documentos jurídicos en los que participó siguiendo las previsiones que le habían sido encomendadas en la cédula de salida. Lo que sí sabemos es que estuvo en Andalucía y concretamente el 4 de febrero de 1555, lunes, se encontraba en Mérida realizando una probanza de limpieza sangre, tan comunes en la época, en este caso, para poder viajar a Perú y Chile. En dicha ocasión testificó en su favor Juan de Vera y Monroy, un miembro del grupo de cortesanos que acompañaron al conde de Feria, cuando estuvo junto al Emperador en Worms en la primavera de 1545.

En síntesis, Vera y Monroy acreditó como Lísperguer había partido de Worms en el séquito de Pedro Fernández de Córdoba, el cual lo había acogido en su casa, habiendo estado a su servicio hasta su muerte en 1552, siguiendo en su casa después con su hermano Gómez Suárez de Figueroa, con el que había ido a Inglaterra. Asimismo testificaba como había estado en la casa del padre de Pedro Lísperguer, y que éste era caballero principal de Alemania, que poseía escudo y armas, y en definitiva que era deudo de gente noble y limpia, caballero hijodalgo.

A finales de marzo de 1555 Alderete se encontraba otra vez en Valladolid. Oído el parecer del Consejo de Indias, la Princesa gobernadora le otorgó el 31 de ese mes el título de adelantado de la provincia de Chile. Expidió, además, en su favor otras provisiones por las cuales le autorizaba para traer a Chile a su esposa, doña Esperanza de Rueda, las personas de su familia que quisieran acompañarlo, así como varias mujeres para su servicio y veinte criados o compañeros. Se le permitió igualmente sacar armas, joyas y demás cosas que pudiera necesitar.

Es de destacar que Alderete protestó por la cuestión de la extensión de la gobernación, consiguiendo que el 29 de mayo revisaran su caso, ampliando y extendiendo la gobernación de Chile hasta el estrecho de Magallanes. En ese mismo lugar de Valladolid, el 5 de marzo, Alonso de Ercilla y Zúñiga obtenía licencia para pasar a Indias, y su compañero la conseguía dos días más tarde, el 7 de marzo de 1555. En parecidas fechas, el 30 de marzo de 1555 se encontraba Pedro Lísperguer en Antequera, ciudad en la que realizó una nueva certificación de nobleza.

Allí con las previsiones jurídicas y los juramentos necesarios declaró otro testigo, Gonzalo de Saintiesteban, vecino de dicha ciudad, el cual acreditó como él, Juan de Vera y Monroy y Garcí Mendez de Sotomayor, los tres criados del conde de Feria, estuvieron con su señor en Worms, habiendo visitado la casa paterna de Pedro Lísperguer. Los tres, por tanto, pudieron verificar como el padre del conquistador de Chile, fue un caballero principal de Alemania, noble notorio de aquel reino, dotado de escudo, armas y criados, siendo además uno de los trece que gobernaban la ciudad de Worms.

Mención importantísima de este testigo es la de aseverar como se había informado certificadamente que Pedro Lísperguer era deudo del duque de Sajonia. Asimismo, confirmaba Gonzalo de Santiesteban, como Pedro Lísperguer había partido de su ciudad natal como paje de

Pedro Fernández de Córdoba, IV conde de Feria, habiéndose criado en su casa en España, hasta su muerte en 1552. A partir de esa fecha, había continuado como caballerizo en su casa al servicio de su hermano, Gómez Suárez de Figueroa, V conde de Feria, con el que había partido hacia Inglaterra para acudir al casamiento de Felipe II.

El diez y nueve de abril del mismo año se encontraba Lísperguer en Montilla, obispado de Córdoba, y como sabemos centro de los estados de la marquesa de Priego, madre del conde de Feria. Todo hace pensar que Lísperguer debió de entrevistarse con la Marquesa en su palacio de Montilla, llevándole noticias frescas de su hijo que por entonces se encontraba junto a Felipe II en Inglaterra. La Marquesa ya conocía a Lísperguer desde hace una década, por lo que debió de recibirle con gran entusiasmo y satisfacción, ansiosa como siempre estaba por tener nuevas de su hijo al que tanto apreciaba.

Es de notar, como la Marquesa, puso a su disposición sus jueces y justicias, para que Lísperguer pudiera llevar a cabo con pleno éxito su certificación, y en ella testificó acreditando sobre su persona Garcí Méndez de Sotomayor, otro cortesano que había estado junto al IV conde de Feria, don Pedro Fernández de Córdoba, en Worms. Éste se expresó en términos parecidos al anterior, reafirmando como su padre era caballero principal, hijodalgo destacado de aquellas tierras, noble de reputada fama y generación, dotado de escudo y armas.

Cabe asimismo destacar que Garcí Méndez de Sotomayor es un personaje plenamente identificado dentro de las más prestigiosas genealogías de familias españolas, perteneciente a la poderosa familia cordobesa de los Méndez de Sotomayor, marqueses del Carpio, de los cuales aún se conservan edificaciones y numerosos vestigios documentales en Andalucía. El 1 de agosto, se encontraba Lísperguer en Sevilla, realizando sus últimas gestiones dentro de la Casa de Contratación, la cual verificada la cédula que el joven portaba, le otorgó el requerido pase a las provincias de Perú y Chile. Es el siguiente:

Pase de la Casa de la Contratación de las Indias:

"Bernardo de Andino, maestre, recibid en vuestra nao por pasajero a Pedro Lísperguer, natural de Worms que es en Alemania, dásele licencia por virtud de la cédula de Su Majestad de esto otra parte contenida, no embargante que es alemán, porque así lo manda Su Majestad y dio información que es el contenido en la dicha cédula, el cual es de edad de veinticinco años poco más o menos y es de buen cuerpo y los ojos zarcos, el rostro blanco y la barba rubia, esta licencia lleva el susodicho para que por virtud de ella el gobernador y oficiales de Tierra Firme, que por Su Majestad reciben en el Nombre de Dios, le dejen pasar a las provincias del Perú y Chile, libremente sin ponerle impedimento alguno. Hecho en Sevilla dentro de la Casa de la Contratación a primero de Agosto de mil y quinientos cincuenta y cinco. Pedro Lísperguer. Francisco Tello. Diego de Zárate. Francisco Duarte" (De Hoyo, 1555).

Es necesario resaltar como en aquella época tenían prohibido el acceso a las Indias los extranjeros, judíos, moros, gitanos, etc., en aras a la preservación cultural, lingüística, así como a la necesidad de impedir que el luteranismo se expandiese por las nuevas tierras recién conquistadas. La legislación que regulaba el paso de extranjeros era muy rígida, teniendo éstos vedado el paso a las Indias a no ser que obtuvieran una licencia expresa del Emperador. Tampoco se daban en Lísperguer las condiciones de la naturalización, que las regulaciones más comunes exigían haber residido en España durante diez años y estar casado con mujer española.

Por lo tanto, Lísperguer era a todos los efectos extranjero, ya que cumplía sólo con el primer requisito. Se sabe como con Carlos V se abre una fuerte brecha en el monopolio comercial que los españoles tenían en las Indias. El Emperador se había formado en tierras flamencas, algo de su sangre no era española y tenía que regir estados muy diversos, cuyas aspiraciones particulares debía conciliar. Los banqueros alemanes que le prestaban dinero para sus guerras le pedían a cambio autorizaciones para poder comerciar. Caso típico es la permisión del César para la colonización alemana de Venezuela. Como vemos se trata de permisos aislados y siempre por razones comerciales. El caso de Lísperguer fue bien distinto.

Oriundo de Alemania, era nativo de un país septentrional altamente conflictivo desde un punto de vista ideológico, foco de herejías, nación en la que había nacido el mismo Lutero. En este caso se hizo una excepción y el gran obstáculo se venció por voluntad expresa del Emperador. Hay que resaltar que Carlos V permitió el pase de Lísperguer no por razones comerciales, sino puramente sentimentales, en atención al trato y amistad que habían tenido en Worms, así como el apego personal atesorado durante sus viajes por Flandes, acrecentado por la manifestación de una trayectoria intachable, habiéndose educado el cortesano alemán por espacio de diez años dentro de la prestigiosa casa de Feria, en España, siendo en este tiempo fiel observador de las prácticas religiosas católicas.

Hay que subrayar como en este pase se refiere a que Lísperguer tenía aproximadamente unos veinticinco años, mención que es absolutamente esencial para determinar su edad, y en consecuencia despejar todos los equívocos que se han erigido en torno a esta cuestión. Aunque no ha llegado ningún retrato de Lísperguer hasta nosotros, es interesante tener su descripción física. Por tanto, al menos sabemos que era típicamente germánico: de buen cuerpo, blanco, rubio, ojos azules y algo común en la época, tenía barba. Por otra parte, como consta también en los documentos de la Biblioteca Nacional del Perú, Pedro Lísperguer estuvo el 1 de agosto de 1555 en la Casa de Contratación de Sevilla y allí se generó el siguiente asiento de pasajeros:

"Pedro Lísperguer, alemán, vecino y natural de Bormes, hijo de Pedro Birlinguer y de Catalina Lísperguer, se despachó al Perú y Chile por cédula de Su Majestad en la nao del maestre Bernaldo de Andino" (1555).

Asimismo, consta que la nao de Bernaldo (o Bernardo) de Andino en la que embarcó Lísperguer se llamaba "Santa María de los Remedios" (ca 1555). La expedición del recién nombrado virrey del Perú, don Andrés Hurtado de Mendoza, iba sin duda con la intención de echar raíces. Eso se comprueba en el número de mujeres que acompañaban al Virrey. El adelantado Jerónimo de Alderete, gobernador y capitán general de Chile, iba acompañado de su mujer, Esperanza Rueda, la sobrina de ésta del mismo nombre, y una veintena de mujeres.

También iba acompañado de un nutrido número de criados hombres, alrededor de la cincuentena, muchos de ellos en compañía de sus mujeres e hijos. Don Alonso de Ercilla y Zúñiga, gentilhombre de S.A., natural de Valladolid, hijo del Dr. Ercilla, Oidor que fue del Consejo Real y de su mujer Leonor de Zúñiga, destinado a ser un mítico guerrero y sublime poeta, iba acompañado de siete criados. Don Francisco de Yrarrázaval, gentilhombre costiller del príncipe Felipe, hijo de Antonio González de Yrarrázaval y de doña María de Aguirre, vecino y natural de Deva, iba acompañado de cuatro criados.

Yrarrázaval iba bien provisto de armas y caballos y traía a sus expensas, dos soldados españoles. Además, la princesa Juana, en nombre del Rey de España, le dio una carta de recomendación, para que el gobernador de Chile le favoreciera con los aprovechamientos de esta tierra. También se encontraba en el grupo el lusitano don Simón Pereira, vecino y natural del puerto de Portugal, hijo de Fernando de Miranda y de doña Antona de Silva. Llevaba Pereira cuatro criados, entre ellos un Licenciado.

También iba con ellos, Pedro Lísperguer, alemán, vecino y natural de Worms, hijo de pedro Birlinguer y de Catalina Lísperguer. Traía Lísperguer dos criados: Diego de Robles, vecino y natural de Vegas (León), hijo de Pedro de Robles y de Inés de Villasana; y Diego de Amezcua, vecino y natural de Ocaña, hijo de Sebastián de Amezcua y de María de Catalayud (Archivo General de Indias, 1930-1987, pág. 90). Por supuesto, esto no es más que una pequeña muestra de un séquito enorme que llenaba varios barcos de una escuadra. Puede decirse que es la muestra más representativa.

Si comparamos a los distintos personajes en atención a su número de criados podríamos pensar ciertamente que Lísperguer se relacionaba con potentados. En cualquier caso, no todas las personas que partieron en la expedición llevaban criados, ni éste dato es el único a tener en cuenta para calibrar la importancia del personaje. No cabe duda, que las realizaciones de Lísperguer en Chile, así como la trascendencia de la familia en el tiempo, nos dan una buena idea del porte y las acreditaciones que Lísperguer llevaba a la conquista del país austral.

Por fin, después de tantos trámites burocráticos el séquito del Virrey se encontraba en Sanlúcar de Barrameda listo para embarcar. Era Sanlúcar un ajetreado puerto marítimo, unido a Sevilla por el tramo fluvial del Guadalquivir. Al igual que su famosa vecina, mostraba su faz de metrópoli flamante y cosmopolita a la que arribaban viajeros de todas partes del mundo. Inmersa en ese ambiente exuberante que proporciona el aire marino, era entrecruce entusiasta de pasajeros animados que acababan de llegar y otros que aguardaban expectantes el momento de partir. Choque de miradas, exploración de fisonomías, intercambio de información, una frenética actividad humana se desarrollaba en los aledaños del puerto.

Centro receptivo, lleno de bullicio y agitación, a él concurrían todas las noticias e influencias venidas del extranjero. También era residencia obligada para un gran número de banqueros, mercaderes, constructores de naves, cosmólogos, exploradores, marineros y artesanos. En sus calles abigarradas se rozaban prestamistas y mercaderes genoveses, venecianos y florentinos, marineros sicilianos y griegos, pilotos vizcaínos y portugueses, así como un gentío variopinto compuesto de mulatos presos de curiosidad, esclavos negros e indios sumidos en el desconcierto, clérigos meditabundos abrumados ante el alocado desorden mundano, soldados audaces buscando destinos, apasionados aventureros recreando historias y mundos imaginarios, personas todas que afluían de todas partes del orbe.

Calor y color de multitudes, razas, nacionalidades y profesiones diversas irrumpían en sus calles atestadas, imprimiendo al ambiente un cariz de confusa excitación. De su puerto partía una corriente continua de hombres, barcos y materiales para la colonización de las tierras americanas y llegaban las naves que volvían de las Indias con sus cargamentos de oro, perlas, especias, y otras mercancías exóticas. Sanlúcar era la última oportunidad de proveerse de lo necesario para el viaje, estando los lugareños bien experimentados en proporcionar a sus clientes las provisiones y avíos necesarios para el trayecto.

Habiendo realizado todas las gestiones y trámites previos, así como las previsiones recomendadas, entre las que se encontraba confesarse, comulgar y encomendarse a Dios pidiendo por la seguridad de la travesía, la flamante escuadra partió del puerto de Sanlúcar de Barrameda, Cádiz, el 15 de octubre de 1555, diez días antes de la abdicación del Emperador en Bruselas. Los convoyes o galeones escoltados por buques de guerra, fue el sistema que se ideó en la época para proteger a los barcos de la rapacidad de los piratas y otros enemigos de la Corona de España.

El maestre que gobernaba la nave de Jerónimo de Alderete se llamaba Diego Martín, mientras Pedro Lísperguer navegaba con el maestre Bernardo de Andino; todos ellos, como era obligado en aquel tiempo, examinados e instruidos por la Cátedra de Arte de la Navegación y Cosmografía, perteneciente a la Casa de la Contratación de las Indias, en Sevilla. Superando el balanceo inicial del barco, así como los primeros mareos, el viaje en sus primeros momentos, les debió parecer a los pasajeros agradable y hasta pintoresco.

Teniendo abundante comida y bebida, los viajeros iban contemplando con deleite el perfil de la costa africana, hasta que después de unos siete días de navegación el barco llegaba hasta las islas Canarias. Allí aguardaba un buen baño, muda de ropa, fruta fresca y un tiempo para pasear un poco. Una anécdota curiosa es que habiendo don García pasado a España, albergando grandísimos deseos de acompañar a su padre en su misión americana, no pudo hacerlo ya que cuatro días antes de la partida, cayó gravemente enfermo, quedando postrado en cama atacado de fuertes fiebres.

Su padre, don Andrés Hurtado de Mendoza, se quedó muy afligido al no poder ser acompañado por el hijo que tanto apreciaba, pero para mayor seguridad prefirió dejarlo en tierra sanando su enfermedad, embarcando finalmente sólo con su otro hijo natural, don Felipe. Mientras don García se debatía en delirios, no hacía más que preguntar por su padre, por los detalles del embarco, si ya habían partido todos los galeones y cosas así. Al día siguiente, desafiando el parecer de los médicos, se encontró con suficiente fuerza para tenerse en pie y sin dudarlo, y con grave peligro de su vida, se las ingenió para embarcarse en una rápida chalupa acompañado de tres criados, yendo en persecución de la escuadra.

Finalmente, gracias a que los barcos no se habían alejado demasiado, logró toparse con la armada. Creyendo ésta que se trataba de un despacho urgente aminoró la marcha. Cuando la fisonomía de la chalupa se hizo reconocible a la capitana, recibió su tripulación un avistamiento asombroso, ¡era don García el que se aproximaba al barco! Una oleada de júbilo recorrió toda la cubierta. Especialmente feliz estaba don Andrés, que abrazó a su hijo con gran alegría (Suárez de Figueroa, 1613, pág. 15).

Hecha la parada en Canarias y avitualladas las naves, se daban otra vez a la mar. Esta vez les esperaba un dilatado viaje de unos tres meses, un lance increíble que iba a poner a prueba a los espíritus más recios. Sin embargo, nada más empezar la gran empresa iba a ser castigada por un suceso de tintes funestos. Llevando la armada ya varios días de navegación fue asaltada por una violentísima tormenta, que obligó a varias naves, entre ellas la de Alderete, a regresar a Cádiz para reparar sus averías, operación que duró tanto, que sólo pudieron hacerse de nuevo a la mar en los primeros días de diciembre.

Probablemente, en esa situación se encontró Lísperguer ya que se tiene constancia de que no llegó a Panamá hasta el 4 de marzo, lo que supone un viaje muy largo. Siguiendo los estándares y las crónicas de viajes similares de la época, es muy posible que el viaje se haya convertido en una verdadera odisea, digna de los relatos homéricos.

Tras la excitación de la partida y satisfecha la primera curiosidad ante la experiencia marina, el viaje se iba transformando en una vivencia muy distinta. Dejando atrás las islas Canarias, sólo se podía contemplar un océano inmenso e insondable y un tiempo que pareciera ilimitado para cavilar sobre todas las cuestiones imaginables y más allá, vuelta a empezar, una y otra vez.

Todo el éxito de la navegación se basaba en saber interpretar los vientos marinos, componer la combinación de velas necesarias para aprovechar esos beneficiosos alisios que permitían agilizar la navegación, encontrar las corrientes adecuadas para apresurar la marcha. En ese afán, los pilotos del mar y aire, experimentaban una dificultad extrema para encontrar una ruta segura en un espacio desconocido, con el mejor aprovechamiento de los fenómenos atmosféricos, en la aparente uniformidad de las aguas, o del cielo; contando para ello con una referencia incierta de los astros, asistidos de aparatos rudimentarios para medir y conocer los vientos, las distancias, las posiciones, el tiempo, las profundidades o la inminencia de los peligros.

Todos los habitantes del barco se iban sintiendo, poco a poco, inmersos en una dura cadencia, que ponía a prueba la capacidad del cuerpo y la resistencia del espíritu. Día tras día, los viajeros poco acostumbrados a estos periplos, se veían sumidos en una agotadora monotonía, siempre divisando el mismo dilatado horizonte, contemplando reiteradamente aquel azul intenso y obsesionante, una y otra vez los mismos destellos cegadores, el mismo sol implacable y la noche solitaria y despiadada.

En esa situación los hombres sentían una sensación de horrible desamparo, hallándose confinados en un ensimismamiento angustioso, encontrándose desorientados, perdiendo el sentido de toda magnitud o dimensión, cual si fueran parte de un barquito de papel que navegara errático, perdido en la inmensidad infinita de un océano inabordable. Cada pasajero disponía de un pequeño habitáculo en el barco y si pensamos que cada hombre debía proveerse del equivalente a una tonelada de peso en comida para su sustento durante la travesía, es imaginable la sensación de claustrofobia que se debía sentir.

Así pues una suerte de cajas, jarras, botas de vino, cestos, sacos, atados diversos, cosas y cacharros sueltos, y hasta gallinas vivas competían por el reducido espacio en el que debía habitar el viajero. Las incomodidades eran continuas, debiendo el pasajero dormir en el suelo, encima de un colchoncillo, arropado con una pequeña manta y una almohada. Luego estaba el problema de los productos perecederos. Las comidas que se llevaban eran aquellas capaces de soportar el transcurso del tiempo sin descomponerse. Así se consumía bizcocho, galletas, vino, cecinas o carnes y pescados salados, habas, guisantes, garbanzos, lentejas, almendras, arroces, queso, corderos, cerdos, gallinas, etcétera. Mientras los alimentos sólidos eran de propiedad individual, el agua era comunitaria, proveída por el barco y racionada.

La convivencia en el barco era difícil, los espacios estrechos y reducidos, había poca extensión donde estirar las piernas y si se accedía a la cubierta para pasear un poco, se estorbaba las maniobras de la marinería. No todos los pasajeros tenían el mismo trato. Quizás Lísperguer siendo un caballero principal, que viajaba con feudo del Emperador, pudo gozar de cierta deferencia, aunque es dudoso que pudiera esquivar las molestias del viaje. Al llevar criados, al menos no se tenía que preocupar de hacerse la comida, lo que ya era una ventaja.

Una vez al día se encendía el fogón, y los hombres arrimaban las ollas a la lumbre para hacerse la única comida caliente del día. Sí caía una tormenta, esa posibilidad se disipaba y se comía algo improvisado bajo la cubierta. Reunidos los pasajeros normalmente en la cubierta, la coexistencia era complicada. El barco se balanceaba, unos vomitaban, otros soltaban los vientos, algunos purgaban el vientre y los demás – siempre a la vista de todos– comían como podían. Con el estómago revuelto, siempre sorteando la estrechez y suciedad del barco, había que soportar las pestilencias que lo invadían todo. Los malos olores de pasajeros y tripulación se iban acumulando.

Los hombres no tenían posibilidad de bañarse en tres meses, y la ropa no podía lavarse ya que el agua salada cortaba y destruía los tejidos. De la sentina provenían los terribles olores del agua estancada que se extraía con las bombas. Debajo de las pequeñas estancias, se hallaba la bodega donde se encontraban hacinados un gran número de animales, como caballos que llevaban los señores u otros de corral que llevaban para su sustento, tales como gallinas, puercos y hasta vacas. Todo ello generaba una masa de heces y orines hediondos que se expandían por todo el barco, convirtiendo la existencia en una vivencia inaguantable.

Con tesón podías adaptarte a estas condiciones, y aún podías encontrar algún divertimento con que pasar el tiempo. Pasear era riesgoso y el ajetreo de la tripulación dejaba a los pasajeros con muy poca libertad de movimientos. En esta situación cuando no se comía, se hablaba, se jugaba o se leía. Los juegos más habituales eran los de naipes, aunque a veces se hacían pequeñas representaciones teatrales, certámenes poéticos y en el candor de la noche, amparados por la liviandad de un buen vino, alguien tocaba la guitarra y hasta se cantaban romances.

Los más osados sacaban durante el día sus aparejos de pesca, e intentaban pescar algún pez con el que mejorar su exigua dieta. Eran vanos y escasos momentos con los que se intentaba huir del terrible tedio en el que se encontraban enclaustrados. A medida que las provisiones escaseaban, la sensación de desconfianza era creciente, entonces surgía la necesidad de defender y cuidar, de noche y de día, las propias provisiones y pertenencias, así como el lugar ganado. Surgían disputas e incidentes, cuando aún faltaban meses para llegar al destino.

La sensación de agobio iba paulatinamente en aumento. La dieta diaria era poco equilibrada e insuficiente, con una ausencia total de verduras y frutas frescas, siempre con el temor a contraer enfermedades como el escorbuto. El hecho de comer frecuentemente pescados y carnes salados provocaba una sed insufrible, entonces el único remedio era beber agua, pero ésta estaba racionada y además hedionda y corrompida. Por muy resistentes que fueran los alimentos, después de un mes de navegación todo se iba descomponiendo. En esa situación, la sensación de desesperación llegaba a unos límites intolerables.

Había enemigos menores y mayores. Entre los más invisibles se encontraban los piojos, liendres, chinches y cucarachas. Entre los más grandes se encontraban las ratas. Hombres y ratas se veían forzados a competir en un ecosistema cerrado y con unos recursos limitados. Los roedores eran ciertamente feroces, mordían a los pasajeros mientras dormían, en las orejas o en las manos, rompían con virulencia cualquier recipiente o envoltura que pudiera contener comida, penetraban dentro de las vasijas para beberse el agua, cayendo a veces ahogadas en ellas, se encaraban a las personas y hasta a los gatos, saltaban sobre las gallinas y les daban muerte.

Sin poder escapar a ningún sitio, comiendo alimento putrefacto, afrontando verdaderas plagas de ratas que luchaban como panteras por sus vidas, aguantando estrecheces, horribles pestilencias, falta de intimidad, la percepción de claustrofobia era incalificable. Cuando el barco se aproximaba al Caribe, la temperatura aumentaba y los pasajeros se cocían como langostas bajo la cubierta. Luego estaba el peligro de huracanes, que podían romper mástiles o peor aún provocar naufragios. El piloto tenía que tener mucho cuidado con la ruta a elegir porque si erraba podía dar con arrecifes y quedar encallado.

Para más añadidura el siempre presente peligro de un abordaje pirata, no hacía sino aumentar el sentimiento de pánico entre los viajeros. Este era el panorama desolador que tenían que hacer frente los pasajeros, pero así era el siglo XVI y todo valía la pena para alcanzar el fin propuesto. Después de tres meses de convivencia caótica algún vigía gritaba ¡tierra, tierra!, un optimismo incendiario se apoderaba de toda la nave y todos corrían desesperados a cubierta a contemplar el asombroso avistamiento. No era aún el continente, sino Santo Domingo a donde llegaban.

Apresuradamente se vestían con sus mejores ropas, se acicalaban elegantemente y desembarcaban fascinados ante la idea de tocar tierra, conocer a nuevas personas, acariciar el principio de una vida mejor. Por fin podían tomar un buen baño, lavar sus ropas y probar los frutos de la nueva tierra como: las piñas, los plátanos, las guayabas, las batatas, el cazabe, el ají, etc... (Martínez, 1983). Así, soportando al menos algunas de estas terribles experiencias, la formidable escuadra en la que iba Lísperguer, Ercilla, Yrarrázaval y el resto de sus compañeros, llegó a Nombre de Dios, atravesando desde este punto el istmo.

¡Atravesar el istmo!, pequeño infierno en el paraíso terrenal, escasa lengua de tierra que separa dos océanos, atrapando en su interior a los hombres incautos, que caían como mariposas en las telas de araña, de una naturaleza indómita y salvaje. Según el séquito del Virrey se va adentrando en la selva tropical, un universo vegetal los iba cercando cada vez más. El verde se extendía por todas partes como un tapiz de esmeraldas, enredado e impenetrable. Bajo un cielo abochornado los hombres avanzaban, empapados de sudor, aturdidos en esa especie de borrachera arbórea.

Pasos lentos y penosos, enlodados en los densos barrizales de los pantanos infranqueables, superando las mortificantes emanaciones de vapor que los asfixiaban y sobre todo un calor insoportable que lo invadía todo. A medio día caía una lluvia torrencial, que como un benéfico bálsamo, pareciera por un momento conceder una tregua a los hombres fatigados. Espejismo de selva, ilusión transitoria, ya que nuevamente aparecía el calor con una fuerza apabullante. Toda suerte de animales peligrosos, perfectamente camuflados, aparecían fortalecidos desde marañas recónditas e inalcanzables.

Las ciénagas estaban plagadas de culebras venenosas, caimanes amenazantes que les observaban con su mirada primitiva, peces fosforescentes coleteaban en los charcos hipnotizando a los hombres, así como toda clase de seres que parecieran venir de otro mundo, sumergían a los españoles en una atmósfera irreal. Anonadados, los hombres seguían avanzando, ya sea a pie o montados en mulas. La exuberancia era inmensa, el cielo permanentemente encapotado, fundidos en brumas que llegaban de todas partes y el aire pasaba cargado, preñado de rumores, lleno de ruidos exóticos e inescrutables que se esparcían por el ambiente.

Aves curiosas emitían graznidos embriagadoramente extraños, loros multicolores pululaban resueltos por el aire, sonidos guturales estremecían los sentidos, ruidos desconocidos abrumaban a los hombres dejándolos con una sensación desconcertante. Imaginamos el asombro de Lísperguer que proveniente de los fríos rigores de los países del norte, debió sentir una enorme estupefacción ante este nuevo clima extraño. El istmo era la prueba final, el último filtro que separaba a los conquistadores arrojados de los endebles. Nuestro grupo seguía andando con tesón, aguantando los efluvios malsanos que provenían de las ciénagas estancadas, seducidos por las hermosas flores silvestres, que les sonrían como sensuales bocas de mujeres, atontándolos con sus gamas de colores vivos y sedantes.

Ahora son los insectos los que acechaban por todas partes a los hombres. Millones de coleópteros inundaban la tierra y el aire, torbellinos de mosquitos les atacaban aturdiéndolos con su zumbido aplacador, transmitiéndoles enfermedades letales para las que no había solución. Bichos y más bichos, raras alimañas, extravagantes criaturas acuáticas, estilizadas aves zancudas desplegando sus vistosos plumajes, ágiles primates deslizándose entre los árboles, todo les resultaba a los hispanos aterrante y cautivador a la vez.

Seguían y seguían avanzando, sumidos en fiebres, intentando domeñar a golpe de machete una naturaleza promiscua, que proliferaba a cada recodo, invadiéndolo todo. Por si fuera poco, feroces forajidos aguardaban agazapados en la espesura y los remeros negros que realizaban la travesía del Lago de los Lagartos y sus afluentes, eran terriblemente conocidos por su crueldad. Cuando la horrenda pesadilla surgida de lo más irracional del subconsciente del hombre, estaba a punto de abatirlos por completo, la caravana consiguía dejar atrás los pantanos, encumbrándose en las elevadas montañas, desde las que lograban divisar, el precioso océano, el tranquilo y dilatado mar del Sur.

Por fin, después de muchas penalidades, el séquito del Virrey conseguía llegar a Panamá. Centro neurálgico de la colonización, por su puerto transitaba un flujo continuo y tumultuoso de bergantines, carabelas y galeones que transportaban el codiciado oro procedente del Perú, que la corte de España reclamaba con avidez. Panamá era una ciudad cosmopolita, en la que abundaban las iglesias, los templos, los bellos edificios oficiales, asiento de la Real Audiencia, donde se ventilaban sentencias judiciales y se desarrollaba la ingente actividad administrativa que generaba la conquista.

Su mercado asombraba por la variedad y calidad de sus productos y frutos tropicales, donde se podían encontrar laboriosas figuras artesanales realizadas por las gentes del lugar, así como ricas telas bordadas de vivos colores. El calor también aquí es sofocante, pero ahora es aliviado por una suave brisa que proviene del apacible mar. Había buenas pescaderías, repleta de pescados frescos, que desprendían intensos aromas por los barrios colindantes. Las calles se hallaban abigarradas de gentes diversas, donde se daba la mixtura de razas, cuerpos musculosos y sudados, caras azabaches que impresionaban al paseante con sus líneas marcadas y prominentes.

Un sabor sensual impregnaba el ambiente, las mulatas se contorneaban con blandura y gracia, mientras los hombres las seguían en su vaivén, desnudándolas con sus miradas libidinosas. A través de ese emporio voluptuoso, el aire pasaba perfumado dulcificando los sentidos. Reflejo de la explotación colonial, se podían ver largas hileras de indios, marchando de dos en dos, yendo como mansas reses al ritmo de sus pisadas isócronas, brutalmente despojados de su soberbia, aceptando resignados la condena de su estirpe. Junto a ellos iban los sufridos negros, peor tratados que éstos, avanzando encadenados al son del látigo del despiadado capataz, para ser luego vendidos en subasta pública, o miserablemente hacinados en galpones improvisados.

Allí en Panamá Pedro Lísperguer se reunió con el gobernador de la ciudad, el cual le extendió el último pase que necesitaba para acceder al Perú. Veámoslo:

Pase del Gobernador del Reino de Tierra Firme:

"Yo Álvaro de Sosa, gobernador y capitán general y justicia mayor en este Reino de Tierra Firme por Su Majestad. Por la presente doy licencia y facultad a vos, Pedro Lísperguer para que libremente paséis a las provincias del Perú, la cual dicha licencia os doy por virtud de esta cédula de Su Majestad y certificación de los oficiales de la Contratación de la ciudad de Sevilla, que comprobadas las señas, sois el mismo en ella contenido y mando a cualquier maestre de navío de esta mar del Sur que os reciba y pase llevando certificación. Hecho en Panamá a cuatro de marzo de mil quinientos y cincuenta y seis años. Álvaro de Sosa. Por mandato del dicho señor gobernador. Francisco de Mena, escribano público" (De Hoyo, 1555).

Con la llegada del nuevo virrey del Perú a Panamá las cosas empezaban a funcionar. Don Andrés Hurtado de Mendoza, marqués de Cañete, era el nuevo hombre designado por la Corona, para hacerse cargo de la situación. Ya estaba bien de recrearse con los tipismos locales, era hora ya de administrar la nueva tierra. Allí estaba en su austero y severo despacho provisional, sentado en amplio sillón de cuero, en cuyo respaldo campeaban las armas de España, los símbolos del poder, que amplificaban la grandeza de sus reyes, a los cuales representaba.

Era don Andrés alto y gallardo, de majestuosa y elegante presencia, de portentosa apariencia aristocrática. Perfil de estadista, altivez varonil, frente despejada, sus ojos traspasaban con su mirada penetrante e inteligente. Sus finos labios dibujaban a veces una leve sonrisa, que endulzaba el severo y noble rostro del hombre que el Emperador enviaba como Virrey. Allí en aquel despacho comenzó a realizar juicios de residencia a algunos oficiales reales y ministros de justicia, encargándose también de someter y castigar a algunos negros

cimarrones. En aquel momento, todo el territorio de Panamá se hallaba en completo desorden.

Los negros habían huido a la desbandada de las poblaciones de
istmo y traían aterrorizada a la gente pacífica, que no se atrevía a salir
de sus comunidades. Era peligroso el paso por cualquier camino, aún
en pleno día. Cuadrillas de negros envalentonados asaltaban a los viajeros, robándoles cuanto llevaban, e incluso matándolos si se resistían.
Con este escenario, el comercio estaba paralizado y la industria arrui-
nada. Sin perder tiempo, don Andrés se entrevista con don Pedro de
Uzúa, hombre sereno y juicioso, que ya había participado en operaciones de conquista y que tenía en su haber el poblamiento de
Pamplona, poseyendo un honroso historial de valentía y lealtad.

A este hombre le mandará reclutar un buen ejército de veteranos
conquistadores, bien armados y disciplinados, mandados por expertos
capitanes, para hacer una batida por todo Panamá. Se fijan bandos
advirtiendo a los negros que si no cesan en breve plazo en sus actividades ilegales, caerá sobre ellos todo el peso de la Justicia. Se ordenó
que los prófugos volvieran a sus pacíficos trabajos, al tiempo que se
disponía que los amos que maltratasen a sus esclavos, no podrían ne-
garles su libertad, cuando la solicitasen, mediante una cantidad que
fuera justa. Así, con estas medidas equilibradas y el despliegue de
fuerzas, concluyeron los disturbios en Panamá.

Habiendo efectuado las medidas más importantes de gobierno, el
cortejo del Virrey se embarcó de nuevo en el puerto de Panamá, pero
al poco de partir, Jerónimo de Alderete cayó enfermo de calenturas.
Ante la emergencia de la situación, se le transportó a la isla de Taboga, allí cercana, donde no pudiendo sobreponerse a sus dolencias,
falleció en abril de 1556. Continuando con su viaje, recorrieron el
perfil de la costa americana hasta llegar a localidades como Paita,
Piura; donde don Andrés tomó importantes decisiones para la prosperidad de aquellos territorios. Llegando hasta Trujillo, desde allí el
cortejo continuó su marcha por tierra hasta Lima, ciudad en la que
hicieron solemne entrada el 29 de junio de 1556.

La entrada en Lima no pudo ser más triunfal. Vestida con sus mejores galas, la ciudad aguardaba expectante la llegada del nuevo Virrey. Las bandas de música recorrían con alegres dianas las plazas y calles por donde se habían levantado arcos de triunfo y en ellos ondeaban airosas al viento, las banderas con las armas imperiales de España. Una ola de excitación y júbilo se apoderaba de la urbe. La muchedumbre engalanada con sus mejores vestidos de fiesta, se agolpaba por los lugares donde pasaría el nuevo Virrey.

Las madres cogían nerviosas de las manos a sus hijos intentando hacerse con el mejor hueco. Un contagioso entusiasmo se expandía entre la multitud exaltada, que fundida en un orgásmico bullicio, lanzaba estentóreos vítores de acogida, griteríos y aclamaciones por doquier. El cortejo ya había hecho su entrada por las principales calles. A la cabeza, en tono sobrio y solemne, símbolo de la nueva autoridad, iba don Andrés Hurtado de Mendoza. Detrás de él le seguían sus cortesanos más destacados. Don García, su hermano Felipe, Ercilla, Yrrarázaval, Lísperguer, Simón Pereira, no podían dar crédito a sus ojos.

El gentío se les abalanzaba por las calles dándoles la bienvenida. Nunca antes la ciudad de Lima había presenciado la llegada de una representación real tan lucida y organizada como aquella. A Ercilla, a Lísperguer, nos los imaginamos, desbordados de ideas. Habrían oído tantas historias de aquella Lima. Próxima al Cuzco, ciudad sagrada de los incas, ombligo del Imperio incaico, casi podrían percibir la fuerza telúrica del lugar según se adentraban en sus calles. Tantos relatos de viejos conquistadores que cegados por la codicia del oro y la sed de poder, habían acabado sucumbiendo a su fatal destino.

Ahora el Reino de España, extendía su férvido y fornido brazo, hasta aquel confín del orbe, para imponer su autoridad por encima de desórdenes y desmanes. Lima, ciudad próxima al puerto del Callao y del Cuzco, era la urbe ideal para ser la capital del virreinato, verdadera capital del Nuevo Mundo. Mientras el cortejo avanzaba por las calles, nuestros jóvenes sumidos en la grandeza del momento, iban zafándose de los espectros del pasado, al tiempo que se forjaban una nueva vocación de futuro. Perplejos, contemplaron la cabeza de Hernández Girón puesta dentro de una jaula de hierro en la plaza principal de la ciudad.

Así saldaba sus cuentas España contra sus hijos necios, que levantaban la mano contra la poderosa Corona. Patrullas de soldados con sus bellos uniformes de gala, daban guardia y recorrían los sitios marcados por el itinerario. Las autoridades eclesiásticas, llenas de pompa y aparato, se disponían a recibir al marqués de Cañete con los honores debidos a su alta jerarquía. Bajo el palio entró don Andrés con semblante de satisfacción y expresión complaciente, atemperada por una recta displicencia aristocrática, mientras una muchedumbre conocedora de su valía, le abordaba profiriendo vivas y aclamaciones, esperando grandes mejoras de él.

A los ocho días de su llegada, tomaba solemnemente posesión del mando. Espectaculares fiestas de todas clases siguieron a este fausto acontecimiento, siendo notables las danzas, juegos de cañas y lanzas. Fue precisamente al servicio de este hombre poderoso, con el que Pedro Lísperguer se desempeñaría como maestresala durante ocho meses. Es de señalar como el grupo más destacado de nobles que acompañaban al Virrey se hospedó en su palacio en Lima, mientras permanecieron allí a la espera de nuevos destinos. Aquí don Andrés desarrollaría una importante labor civilizadora. Con mano dura dirigió severas disposiciones de rectitud a todas las provincias, corregidores y ministros de justicia.

Desarmó y deportó a más de 3.000 soldados que habían participado de alguna manera en las perturbaciones e intrigas de la era precedente, a los que embarcó rumbo a España. Reforzando esas medidas y con la intención de erradicar por completo los pasados desmanes, mandó al corregidor del Cuzco, que hiciera ahorcar a los diez y siete que en 1553, habían conspirado contra Gil Dávalos y lo atacaron. Con ello consiguió que reinara la paz, introduciendo el orden y la disciplina militar en la soldadesca y extinguiendo la anarquía que reinaba en todo el país.

Trajo a Lima al último descendiente del Imperio incaico, el príncipe Layri Tupac, poniendo a su disposición una gran residencia y criados, así como concediéndole una renta y otorgándole el título de señor de Incaz. Con ello logró que el Príncipe renunciara sus derechos al trono, y por tanto, evitó nuevos derramamientos de sangre entre españoles e indígenas. Para reforzar su seguridad, creó tres compañías de fuerzas veteranas permanentes, que tituló "Gentiles Hombres de Lanzas", con una dotación de mil ducados, siendo la primera fuerza permanente que hubo en Lima.

Realizó importantes esfuerzos para apoyar a las congregaciones religiosas, otorgando destacadas concesiones económicas a los Augustinos, Franciscanos y Dominicos, sabiendo que todo el progreso del indio dependía de éstas congregaciones. Asimismo, protegió la navegación, haciendo construir una importante flota de galeras, imprescindibles entonces para navegar con asiduidad y presteza hasta Chile. También fue obra de don Andrés su impulso a la beneficencia, creando una Hermandad de Beneficencia para socorrer a las familias necesitadas de Lima. En materia de enseñanza creó colegios, especialmente en Trujillo y Lima, donde se formarán adecuadamente la niñez y la juventud.

En todos los pueblos se crearon escuelas primarias donde se enseñaban la fe, las buenas costumbres, leer, escribir y contar, así como el castellano. Aunando esfuerzos en esa labor civilizadora, intensificó la labor de reunir indios y formar poblados donde pudieran españolizarse. Dictó numerosas disposiciones de protección a los aborígenes, así como providencias para corregir y prevenir los abusos de los caciques. Miró por la salud de los indios impidiendo que los aborígenes de tierras frías se trasladaran a las cálidas y viceversa. Queriendo erradicar los males de la población indígena, prohibió hacer y vender chicha, persiguió la idolatría, se opuso a la poligamia, factores que consideró llevaban al desorden y destruían la integridad del indio.

Asimismo, ordenó realizar un censo comprendiendo tanto a los naturales del país, como a los españoles residentes, insertando un sinfín de detalles interesantes. Guiado por su pasión a la cultura, realizó importantes dotaciones a la Universidad de Lima, recién fundada, proveyéndola de valiosos elementos culturales, así como de una renta sobre un repartimiento de Jauja. Además construyó el primer puente de ladrillo de Lima, como también la Iglesia, participando en la mayor parte de la erección del convento de San Francisco. En materias agrícolas realizó importantes esfuerzos, mandando traer de España olivos, vid y esquejes de toda clase de plantas, frutas y verduras que iban a ser ensayados en el Nuevo Mundo.

También trajo toda clase de instrumentos de labranza y cultivo de huertas, animales domésticos, semillas, etc. Obra cumbre del Marqués fue la fundación de pueblos y ciudades, donde fuera posible la vida en común y pudiera florecer la agricultura y la civilización. En este empeño y queriendo perpetuar el nombre de su linaje, fundó la ciudad de Cañete, después la villa de Lonja o Santa María de la Parrilla, y por último la de Cuenca. Dando sentido a su labor humanitaria, fundó el Hospital de San Andrés de Lima, hermoso edificio, amplio e higiénico, que lo surtió de elementos sanitarios, así como de buenos médicos.

Por orden del Virrey, los restos de los emperadores incas, fueron enterrados en el patio del hospital, como un tributo a su honra y su memoria. Sus propios contemporáneos juzgaron demasiado duro a don Andrés, y no cabe duda, que dependiendo desde la ideología que hoy se lo contemple, el Virrey fue enérgico o demasiado inhumano, destruyendo quizás las culturas indias. Pensemos, que don Andrés fue un hombre con las concepciones de su tiempo, hijo del siglo XVI, y que para nosotros resulta difícil interpretar cuestiones pasadas con planteamientos presentes.

Hizo en ese momento lo necesario, actuando de manera inflexible para extirpar la anarquía, y desarrollando una buena base sobre la que asentar el progreso y la civilización. Durante varios meses Pedro Lísperguer fue maestresala de este poderoso hombre, un cargo que podría ser hoy equivalente a un secretario personal, allegándole despachos, facilitándole cometidos, controlando el acceso al Virrey de las personalidades que solicitaban una entrevista y en fin, auxiliándole en cuanta materia don Andrés requirió. Estando Lísperguer en Lima llegaron emisarios provenientes del sur del virreinato, revelando al Virrey su imposibilidad de hacer frente a la revuelta araucana, pidiendo socorro urgente para proteger la conquista en aquella apartada región.

Siendo éstos informados que Alderete había muerto, instaron al Virrey para que enviara a su hijo don García a socorrer a las poblaciones del sur. Una ola de entusiasmo se propagó en los círculos castrenses de Lima. Todos los soldados, aun los más viejos, renacían con verdadero ardor juvenil. Se trabajaba activamente para poner en marcha la nueva expedición. Se repararon y fabricaron armas, pertrechos, se acopiaban provisiones, se refinaba la pólvora, se adecuaban naves, compraron caballos. Ciento cincuenta hombres a caballo partieron por tierra.

Otro buen número de soldados, de los más granados que se habían enviado a Chile, entre los que se encontraban Ercilla, Lísperguer y otros muchos, se embarcaron en el Callao el 2 de febrero de 1557 (Lavalle, 1909). Lísperguer fue uno de los cuatro consejeros que llevaría don García a la conquista de Chile, lo que nos da una buena idea del buen concepto que el Virrey tenía de él. Con el traslado de Lísperguer a aquellas lejanas tierras australes, empezaba una saga floreciente de héroes, hombres aguerridos que iban a luchar con valor a favor de los intereses de España.

Una familia poderosa con influyentes entronques familiares, que dominaría todos los resortes del Estado, expandiéndose con notable éxito durante todo el siglo XVI y XVII. Finalmente, los descendientes de Lísperguer se iban a extinguir por varonía, pero su sangre se mezclaría por vía femenina en grandes capas de la sociedad chilena. La leyenda de los Lísperguer, aún perdura en los latidos más recónditos de la tierra chilena, un mito que transporta un gran número de enigmas

y paradojas, que han hecho de esta familia una de las más controvertidas de la historia de América.

Así pues, todo empezó aquel día de primavera de 1545, en el que el
Emperador hacía su fastuosa entrada en la ciudad de Worms. Muchas
cosas pasaron por entonces. Fruto de una amistad nacida de aquellas
experiencias, un buen día de agosto, un joven de apenas quince años,
Pedro Lísperguer Wittemberg, se unía al cortejo de Carlos V, cambiando con ello nuestro destino para siempre.

DOCUMENTOS ANEXOS

Pases y licencias de Pedro Lísperguer para Perú y Chile

<u>Cédula del Rey Príncipe</u>

El Rey Príncipe: Marqués primo, del Consejo de Estado de S.M., su presidente del Consejo de Indias. El conde de Feria me ha informado que Pedro Lísperguer, alemán, natural de Bormes (Worms), se ha criado en su casa y es hijo de personas honradas y de buena parte y que siempre se ha conocido de él, ser bien inclinado, suplicándome que por que desea pasar a las provincias del Perú y Chile, darle licencia para que libremente lo pudiese hacer y porque por hacer merced al dicho Conde y la buena relación que me ha hecho de la persona y costumbres del dicho Pedro Lísperguer holgaría de ello, os ruego y encargo ordenéis como se le dé la cédula necesaria para que pueda pasar libremente a las dichas provincias, no embargante que sea alemán, que en ello seré servido. <u>De Londres a cuatro de noviembre de mil quinientos cincuenta y cuatro años.</u> El Rey Príncipe. Por mandato de Su Majestad. Pedro de Hoyo.

<u>Real cédula de licencia</u>

Por el Rey Príncipe al marqués de Mondéjar su primo del Consejo de Estado de Su Majestad y su presidente del Consejo de Indias. El Rey. Nuestros oficiales que residís en la ciudad de Sevilla en la Casa de Contratación de las Indias yo os mando que dejéis y consintáis pasar a las provincias del Perú y Chile a Pedro Lísperguer alemán, no embargante que es alemán y cualquier provisión que haya en contrario, por cuanto, sin embargo de ello le damos licencia para que pase y le dejéis y consintáis llevar consigo para su servicio dos criados españoles llevando ante vosotros información hecha en su tierra, ante la justicia de ella y con aprobación de la dicha justicia, de cómo los di-

549

chos criados no son casados ni de los prohibidos a pasar a aquellas partes y de las señas de sus personas, lo cual así haced y cumplid sin que en ello les pongáis impedimento alguno. Fecha en la villa de Valladolid a catorce días del mes de enero de mil y quinientos cincuenta y cinco años. Por mandato de Su Majestad, Su Alteza en su nombre. Francisco de Ledesma. Cumplido en todo, cumplida por él y por un criado y también en el otro.

A los oficiales de Sevilla que dejen pasar al Perú y Chile a Pedro Lísperguer, alemán y llevar consigo dos criados españoles no siendo casados ni de los prohibidos, en forma.

Pase de la Casa de la Contratación de las Indias

Bernardo de Andino, maestre, recibid en vuestra nao por pasajero a Pedro Lísperguer, natural de Bormes (Worms) que es en Alemania, dásele licencia por virtud de la cédula de Su Majestad de esto otra parte contenida, no embargante que es alemán porque así lo manda Su Majestad y dio información que es el contenido en la dicha cédula, el cual es de edad de veinticinco años poco más o menos y es de buen cuerpo y los ojos sarcos, el rostro blanco y la barba rubia. Esta licencia lleva el susodicho para que por virtud de ella el gobernador y oficiales de Tierra Firme, que por Su Majestad reciben en el Nombre de Dios le dejen pasar a las provincias del Perú y Chile, libremente sin ponerle impedimento alguno. Hecho en Sevilla dentro de la Casa de la Contratación a primero de agosto de mil y quinientos cincuenta y cinco. Pedro Lísperguer. Francisco Tello. Diego de Zarate. Francisco Duarte.

Pase del Gobernador del Reino de Tierra Firme

Yo Álvaro de Sosa, gobernador y capitán general y justicia mayor en este Reino de Tierra Firme por Su Majestad. Por la presente doy licencia y facultad a vos, Pedro Lísperguer, para que libremente paséis a las provincias del Perú, la cual dicha licencia os doy por virtud de esta cédula de Su Majestad y certificación de los oficiales de la Contratación de la ciudad de Sevilla, que comprobadas las señas, sois el mismo en ella contenido y mando a cualquier maestre de navío de esta mar del Sur que os reciba y pase llevando certificación. Hecho en Panamá a cuatro de marzo de mil quinientos y cincuenta y seis años. Álvaro de Sosa. Por mandato del dicho señor Gobernador. Francisco de Mena, escribano público.

Probanza pedimento en la ciudad de Mérida

En la ciudad de Mérida, lunes cuatro días del mes de febrero año del nacimiento de Nuestro Salvador Jesucristo de mil quinientos y cincuenta y cinco años. Ante el magnífico señor licenciado Juan de Molina, alcalde mayor de la dicha ciudad de Mérida, y su partido, por el muy ilustre señor don Gastón de Peralta, marqués de Falces, conde de Santiesteban, gobernador y justicia mayor en la provincia de León con la dicha ciudad de Mérida y su partido y en presencia de mí el escribano infrascrito pareció presente Pedro Lísperguer, natural de la ciudad de Bormes (Worms) en el Reino de Alemania y dijo que años que él ha estado hasta ahora en servicio del conde de Feria, capitán de la guardia de Su Majestad, que de presente está en el Reino de Inglaterra en servicio del Rey Príncipe nuestro señor y ahora ha sido su voluntad de pasar en Indias para lo cual Su Alteza le dio su cédula firmada de su real nombre, la cual tiene en su poder de certificación de la calidad de su persona y porque aunque la dicha certificación que Su Alteza da, basta para que por ella se dé crédito de su persona donde quiera que parecido, pero que para que en todo tiempo parezca más claramente de cómo es caballero hijodalgo de limpia sangre y generación, sin tener parte en raza de villano, ni confeso, tiene necesidad de hacer información en este Reino de España donde al presente se halla de las personas que lo han conocido y conocen y se han hallado en la dicha ciudad de Bormes donde han sabido y conocido quien es él el dicho Pedro de Lísperguer y su padre y deudos porque por no se hallar de presente en el dicho Reino de Alemania no puede hacer la dicha probanza e información en la dicha ciudad de Worms y porque en esta ciudad está y vive un caballero hijodalgo que se dice Juan de Vera de Mendoza y Monroy, del dicho del cual para el dicho efecto tiene necesidad, pide a su merced reciba del juramento en forma de derecho so cargo del cual declare por el tenor de este pedimento lo que de ello sabe y alcanza que lo que dijere y depusiere se lo manda dar sacado en limpio signada y de manera que haga fe interponiendo en ello su autoridad y decreto judicial para que valga y haga fe donde quiera que pareciere, así en Indias como en España y pidió justicia, de lo cual fueron testigos Juan de Silva y Benito Rodríguez, vecinos de la dicha ciudad de Mérida.

Auto.- El señor alcalde mayor dijo, que oye el dicho pedimento y que traiga y presente el testigo que dice, de cuyo dicho se entiende aprovechar, y que está presta de recibir de él juramento, que declare lo que sabe y en todo hacer justicia. Testigos los dichos. Luego el dicho Pedro Lísperguer dijo que porque el dicho Juan de Vera es caballero y persona principal, pide a su merced cometa a mí el escribano el juramento y declaración del dicho Juan de Vera. Testigos los dichos. El señor alcalde mayor asentó que el dicho Juan de Vera es caballero (...) y cometió a mí el escribano su juramento y declaración para que ante mí fuese y declarase y firmado de su nombre. Testigos los dichos. El licenciado Molina.

Testigo Juan de Vera de Mendoza y Monrroy: En la dicha ciudad de Mérida este dicho día mes y año, dicho ante mí el dicho escribano, el dicho Pedro Lísperguer presentó por testigo a Juan de Vera de Mendoza y Monrroy, vecino de la ciudad de Mérida, del cual se recibió juramento en forma de derecho so cargo de lo cual prometió de decir verdad y siendo preguntado por el tenor del pedimento dijo que lo que de ello sabe, es que hacía diez años poco más o menos que el conde de Feria don Pedro Hernández de Córdoba y Figueroa (Pedro Fernández de Córdoba), que sea en gloria, pasó de España en el Reino de Alemania en servicio del Emperador nuestro señor y este testigo fue con él con otros caballeros que con el dicho Conde vivían y estando en el dicho Reino de Alemania el dicho conde de Feria vino en la dicha ciudad de Bormes y estando en ella el dicho Pedro de Lísperguer, le dio voluntad de pasar en España con el dicho conde de Feria y así el dicho Conde lo recibió en su casa y servicio y después comunicándose el dicho Pedro de Lísperguer con este testigo y con otros de la casa del dicho conde de Feria, les dijo: "señores quiero que pues he de pasar en reino extraño, sepáis quien soy y de que parte es mi generación y que vais a casa de mi padre y sepáis su casa y que es caballero hijodalgo" y así este testigo y Garcí Méndez vecino de Córdoba y Gonzalo de Santiesteban vecino de Antequera que andaban en la casa del dicho Conde fueron con el dicho Pedro de Lísperguer a casa de su padre y anduvieron mirándola y holgándose, allí en que conoció y vio este testigo que la casa de su padre del dicho Pedro Lísperguer era casa principal de caballero hijodalgo y así en ella tenía sus escudos y armas y así de otras personas de la dicha ciudad de Bormes supieron como el dicho Pedro de Lísperguer y sus padres y deudos eran de gente limpia, noble, caballero hijodalgo, tenidos y reputados por tales, y nunca supieron, vieron, ni oyeron otra cosa y que al fuero y orden de aquella tierra ninguno que no fuere noble de sangre, caballero hijodalgo de limpia generación no puede traer armas, ni escudo, sino son aquellos que son caballeros hijodalgo de limpia y noble sangre y generación y que así por lo que este testigo vio, supo y entendió en la dicha ciudad de Bormes ha tenido y tiene al dicho Pedro de Lísperguer y a sus padres y deudos por caballeros hijodalgo de limpia sangre y generación sin que tengan ninguna raza de villano, ni confeso; porque si la tuviera luego se dijera y manifestara o se hubiera sabido y manifestado de los dichos diez años de esta parte y que así después que el dicho conde de Feria, se vino de Alemania, trajo consigo al dicho Pedro de Lísperguer y lo tuvo en su casa hasta que murió, que habrá cuatro años poco más o menos y el dicho Pedro Lísperguer se quedó en su casa y ha estado hasta ahora con el conde de Feria, que sucedía en lugar del dicho su hermano, que es capitán de la guardia del Rey Príncipe nuestro señor y así el dicho Pedro de Lísperguer ha estado hasta ahora en servicio del dicho conde de Feria capitán de la guardia de Su Majestad y que en todo este tiempo que este testigo ha conocido al dicho Pedro Lísperguer tratando y comunicando con él, ha conocido de él que es persona noble, caballero hijodalgo y por tal lo ha tenido y tiene este testigo y nunca ha conocido, sabido ni entendido ni oído otra cosa de él y que esto es la verdad para el juramento que hizo y fírmalo de su nombre. Juan de Vera.

Y así tomado el dicho testigo el dicho Pedro Lísperguer pidió al señor alcalde mayor le mande dar lo dicho y de precisión sacado en limpio signado y de manera que haga fe como lo tiene pedido y así lo pidió y justicia de lo cual fueron testigos Juan de Silva y Gonzalo de Aresilla vecinos de esta ciudad.

Auto.- El Sr. alcalde mayor se lo mando dar de la forma que lo pide en lo cual para su validación y firmeza dijo que interponía e interpuso su autoridad y decreto judicial para que valga y haga fe en juicio y fuera de él y donde quiera que pareciere y firmolo de su nombre. Testigos los dichos. El licenciado Molina.

Yo Cristóbal de Silva escribano de Su Majestad y su notario público en la su corte, reinos y señoríos fui presente a lo que dicho es, junto con los dichos testigos y de ello doy fe. Y en testimonio de verdad hice aquí un signo acostumbrado. Cristóbal de Silva escribano de Su Majestad.

Comprobación: Yo Juan de Silva , vecino de la ciudad de Mérida, escribano de Sus Majestades y su notario público en la su corte y en todos los de sus reinos y señoríos, doy fe y verdadero testimonio que Cristóbal de Silva escribano de quien esta probanía e información va escrita y signada ha sido y es escribano de Su Majestad y como tal ha usado y usa el dicho oficio y a sus escrituras se ha dado y se da entera fe y crédito y es escribano fiel y legal y tenido por tal y para comprobación de ello di este testimonio en la dicha ciudad de Mérida, a cuatro días del mes de Febrero, año del nacimiento de Nuestro Señor

Jesucristo de mil y quinientos y cincuenta y cinco años y en testimonio de verdad hice aquí un signo   acostumbrado. Juan de Silva, escribano de Su Majestad.

Otra.- Yo Juan Ortiz escribano de Su Majestad, vecino de esta ciudad de Mérida, doy fe y testimonio que Cristóbal de Silva y Juan de Silva de quien este recaudo y certificación de esta otra parte contenido está signados y firmados, son escribanos reales de Su Majestad que he visto los títulos de su oficio y como tales escribanos reales se da y ha dado entera fe y crédito a sus escrituras y en fe de ello, di la presente fecha en Mérida a cuatro de febrero de mil y quinientos y cincuenta y cinco años y por ende, en testimonio de verdad hice aquí este mi signo acostumbrado. Juan Astur, escribano.

Pedimento en la villa de Montilla

En la villa de Montilla que es en el de Andalucía, en el obispado de la ciudad de Córdoba, diez y nueve días del mes de abril año del nacimiento de Nuestro Salvador Jesucristo de mil y quinientos y cincuenta y cinco años, ante el muy magnífico señor el bachiller Gonzalo Cabrera, juez de la marquesa de Priego mi señora y de mi Rodrigo Páez escribano de Sus Majestades y público en esta dicha villa de Montilla pareció presente Pedro de Lísperguer, natural que dijo ser de la ciudad de Bormes en el Reino de Alemania y dijo que él ha estado hasta ahora en servicio del muy ilustre señor conde de Feria, capitán de la guardia de Su Majestad, que de por presente está en el Reino de Inglaterra en servicio del Rey Príncipe nuestro señor y ahora ha sido su voluntad de pasar en Indias para lo cual Su Alteza le da cédula firmada de su real nombre, la cual tiene en su poder y para certificación de la salida de su persona, porque aunque la dicha certificación que Su Alteza da, basta para que por ella se dé crédito de su persona donde quiera que pareciere y porque para en todo tiempo parezca más claramente de como él es caballero hijodalgo y de limpia sangre y generación sin tener ni raza de villano ni confeso, tiene necesidad de hacer información en este Reino de España donde al presente se halla de las personas que lo han conocido y conocen y se han hallado en la dicha ciudad de Bormes, donde han sabido y conocido quien es el dicho Pedro de Lísperguer y su padre y deudos porque por no se hallar de presente en el dicho Reino de Alemania, no puede hacer la dicha probanza e información en la dicha ciudad de Bormes y porque en esta villa vive Garci Méndez de Sotomayor que es caballero hijodalgo y para el dicho efecto tiene necesidad que el dicho Garci Méndez diga su dicho y disposición mediante juramento por tanto que pide al dicho señor juez de su señoría reciba del juramento en forma de decreto so cargo del cual declare por el tenor de este pedimento y lo que él y otra cualquier persona que presentare dijeren y dispusiesen se la mande dar por testimonio en pública forma interponiendo en ello su autoridad y decreto judicial para que valga y haga fe donde quiera que pareciere así en Indias como en España y pidió justicia.

Auto.-El señor juez dijo de testigos de lo que dice en su pedimento que los examinará por el tenor de él y sus dichos, mandará y mando dar por testimonio.

Testigo Garci Méndez de Sotomayor.- En este dicho día mes y año dicho ante el dicho señor juez el dicho Pedro de Lísperguer presentó por testigo a Garci Méndez de Sotomayor, que recibe en esta villa de Montilla, del cual el señor Juez recibió juramento solemnemente por Dios y por Santa María sobre la señal de la cruz, so cargo del cual siendo preguntado por el tenor del dicho pedimento dijo: que habrá más de diez años que este testigo pasó en el Reino de Alemania con el señor conde de Feria que sea en gloria, y estuvo en la ciudad de Bormes, que es en el dicho reino donde vivía su padre del dicho Pedro de Lísperguer, el cual dicho Pedro de Lísperguer tuvo voluntad de pasar en este reino y venirse con el dicho señor Conde y estando en esta voluntad de venirse a este Reino de España el dicho Pedro Lísperguer rogó a este testigo y a Gonzalo Santiesteban y a Juan de Vera criados de su señoría del señor Conde, que viesen y entrasen en la casa de su padre para que viesen su apariencia y servicio, para que viesen que no le compelía salir de su casa y reino, necesidad ni otra causa, sino deseo de venir a España y saber la lengua de ella y este testigo y los susodichos que tiene nombrados fueron a casa del dicho Pedro Lísperguer y entraron dentro y vieron al dicho su padre el cual y su servicio y apariencia de su casa demostraba ser caballero y persona noble por que oyó decir, que tenía sus armas y escudos pintados en su casa que es cosa que en aquel reino no las pueden tener sino las personas calificadas caballeros hijodalgo y así supo este testigo que lo era el padre del dicho Pedro de Lísperguer sin oír ni saber cosa en contrario estando en la dicha ciudad ni después acá y cree que si otra cosa fuera que este testigo la supiera y oyera y no pasara menos por que el dicho Pedro Lísperguer se vino a este Reino de España con el señor Conde y estuvo en su casa hasta que su señoría murió y siempre lo trató como a caballero hijodalgo, como a los otros caballeros hijodalgo de su casa, por lo cual si otra cosa fuera este testigo lo hubiera oído y sabido y por los buenos propios y respetos del dicho Pedro Lísperguer da a entender ser caballero y tal persona como tiene dicho y esto sabe y pasa y es verdad y fírmolo de su nombre. Garcí Méndez de Sotomayor.

Auto.-El dicho Pedro de Lísperguer pidió a su merced del dicho juez le mande dar por testimonio lo susodicho, para que lo presente y se vea donde le convenga así en Indias como en otras partes y su merced se lo mando dar autorizado en el cual traslado dijo que ponía e interponía e interpuso su autoridad y decreto judicial, tanto cuanto puede y con derecho debe para que valga y haga fe y firmolo de su nombre. El Bachiller Cabrera. Rodrigo Páez, escribano de Su Majestad y su notario público en todos los sus reinos con el señor Juez fui presente y doy fe de ello e hice está mi señal. Rodrigo Páez escribano público.

Comprobación.-Yo Antonio Gutiérrez, escribano público en esta villa de Montilla, por la ilustrísima señora mi señora la marquesa de Priego, condesa de Feria, señora de la casa de Aguilar, etcétera, doy fe a los señores que la presente vieren como Rodrigo Páez, escribano de sus Majestades, es escribano público en esta villa de Montilla, fiel y legal y a sus escrituras se da entera fe y crédito como a tal escribano público de lo cual da la presente, que es hecho en la dicha villa de Montilla a veintidós días del mes de abril de mil quinientos y cincuenta y cinco años. Yo Antonio Gutiérrez escribano público de la villa de Montilla doy fe de lo susodicho y fue aquí mi signo. En testimonio de Verdad Antonio Gutiérrez escribano público.

Otra.- Yo Juan Rodríguez escribano de Sus Majestades y público en Montilla, por la marquesa de Priego mi señora doy fe como Rodrigo Páez, escribano de Sus Majestades, es escribano público en esta villa fiel y legal a sus escribanos y a lo que ante él pasa, se da toda fe y crédito como escrituras y autos, hechas ante tal escribano real y público. Hecha en Montilla, en veintidós de abril de mil y quinientos y cincuenta y cinco años. Yo el dicho Juan Rodríguez, escribano susodicho, doy fe de lo susodicho e hice aquí este mi signo. En testimonio de verdad. Juan Rodríguez escribano público.

Pedimento en la ciudad de Antequera

En la muy noble ciudad de Antequera treinta días del mes de marzo del año del nacimiento de Nuestro Salvador Jesucristo de mil quinientos y cincuenta y cinco años, ante el magnífico señor doctor Cristóbal Pizarro, alcalde mayor en esta dicha ciudad, por el muy magnífico señor Jerónimo Briceño de Mendoza, corregidor en ella por Sus Majestades y en presencia de mi, Francisco de Priego, escribano público del número de esta dicha ciudad por Su Majestad, pareció presente Pedro Lísperguer natural que dijo ser de la ciudad de Bormes, en el Reino de Alemania y dijo que él ha estado hasta ahora en servicio del conde de Feria, capitán de la guardia de Su Majestad, que de presente está en el Reino de Inglaterra en servicio del Rey Príncipe nuestro señor y ahora ha sido su voluntad de pasar en Indias, para lo cual Su Alteza le dio cédula firmada de su real nombre, la cual tiene en su poder y para certificación de la calidad de su persona, porque aunque la dicha certificación que Su Alteza da basta para que por ella se dé crédito de su persona donde quiera que pareciera y para que en todo tiempo parezca más claramente de como él es caballero hijodalgo, de limpia sangre y generación, sin tener parte ni raza de villano ni confeso, tiene necesidad de hacer información en este Reino de España donde al presente se halla, de las personas que lo han conocido y conocen y se han hallado en la dicha ciudad de Bormes, donde han sabido y conocido quien es el dicho Pedro de Lísperguer y su padre y deudos porque por no se hallar de presente en el dicho Reino de Alemania, no puede hacer la dicha probanza e información en la dicha ciudad de Bormes y porque en esta ciudad vive Gonzalo de Santiesteban, que es caballero hijodalgo y para el dicho efecto tiene necesidad que el dicho Gonzalo de Santiesteban diga su dicho y deposición mediante juramento, por tanto que pide al dicho señor alcalde mayor reciba del juramento en forma de derecho so cargo del cual declare por el tenor de este su pedimento y lo que él y otra cualquier persona que presentare dijeren y depusieren, se lo mande dar por testimonio en pública forma, interponiendo en ello su autoridad y decreto judicial que valga y haga fe donde quiera que pareciere así en Indias como en España y pidió justicia.

Auto.-El dicho señor alcalde mayor dijo que lo oye y que presente los testigos de que se entiende aprovechar o que está presto de los recibir y hacer lo que fuere justicia.

Testigo Gonzalo de Santiesteban.-Luego el dicho Pedro de Lísperguer presentó por testigo al dicho Gonzalo de Santiesteban, vecino de esta ciudad, del cual fue recibido juramento en forma de derecho sobe la señal de la cruz y habiendo jurado y siendo preguntado por el tenor del dicho pedimento, dijo que lo que de ello sabe es que había diez años poco más o menos que el conde Feria don Pedro Hernández de Córdoba y Figueroa, que sea en gloria, pasó de España en el Reino de Alemania en servicio del Emperador nuestro señor y este testigo fue con él con otros caballeros que con el dicho Conde vivían y estando en el dicho Reino de Alemania el dicho conde de Feria vino en la dicha ciudad de Bormes y estando en ella el dicho Pedro de Lispergue, le dio voluntad de pasar en España con el dicho conde de Feria y así el dicho Conde lo recibió en su casa por paje, como a hijo de caballero y después el dicho Pedro de Lísperguer comunicándose con este testigo y otros de la casa del dicho conde de Feria les dijo: "señores quiero que pues he de pasar en reino extraño sepan quién soy y de qué parte es mi generación y que vais a casa de mi padre y sepáis su casa y cómo es caballero" y así este testigo y García Méndez vecino de la ciudad de Córdoba y Juan de Vera criado del dicho conde de Feria fueron a casa de su padre del dicho Pedro de Lísperguer y anduvieron mirándola y holgándose allí en que conoció y vio este testigo que la casa de su padre del dicho Pedro de Lísperguer era casa principal de caballero y así parecía por el trato que en casa del dicho su padre había, que se trataba como caballero principal, alemán a uso de Alemania y tenía sus escudos, armas y criados conforme a la costumbre de caballero de Alemania y de las personas principales de la ciudad de Bormes y este testigo supo de personas, vecinos de la dicha ciudad de Bormes como su padre del dicho Pedro de Lispergue era caballero principal y uno de los trece que gobiernan la dicha ciudad de Bormes y asimismo supo que los deudos del dicho Pedro de Lispergue eran asimismo caballeros y personas principales y tenidos y reputados por tales y nunca este testigo supo ni oyó otra cosa en contrario y que según el fuero y orden de aquella tierra, ninguno que no fuere de noble sangre caballero y de limpia generación no puede traer armas, ni escudo, sino son aquellos que son caballeros y de limpia y noble sangre y generación y que así por lo que este testigo vio, supo y entendió en la dicha ciudad de Bormes ha tenido y tiene el dicho Pedro de Lispergue por caballero y a su padre y deudos y este testigo supo y se informó certificadamente que el dicho Pedro de Lispergue era y es **deudo del duque de Sajonia** y que no tiene raza de villano ni confeso, porque si otra cosa fuera de lo que tiene dicho este testigo, cree que lo supiera y no pudiera ser menos porque estuvo muchas veces en la dicha ciudad de Bormes y siempre procuró de saber y entender la calidad y generación de los padres del dicho Pedro de Lispergue y supo que (...) tales como dicho tiene y asimismo sabe este testigo que después que el dicho conde de Feria se vino de Alemania, trajo consigo al dicho Pedro de Lispergue y que lo tuvo en su casa en lugar de caballero y como a tal le trataba como a otros caballeros que en su casa tenía y que después de muerto el dicho conde de Feria, el dicho Pedro de Lispergue se quedó en casa de don Gómez de Figueroa, conde de Feria, que al presente es que sucedió en el dicho estado que capitán de la guardia del real Príncipe nuestro señor y así el dicho Pedro de Lispergue ha estado hasta ahora en servicio del dicho conde de Feria en lugar de caballero y como tal caballero ha tenido oficios que en su casa suelen tener los caballeros y que en todo este tiempo que este testigo tiene dicho que ha conocido al dicho Pedro Lispergue y tratado y comunicado con él ha conocido del que es persona noble, caballero y por tal lo ha tenido y tiene este testigo y nunca ha conocido ni sabido ni oído ni entendido otra cosa de él y que esto sabe de este caso y es la verdad por el juramento que hizo y firmado de su nombre. Gonzalo de Santiesteban. Francisco de Priego. Escribano público.

Auto.-Así examinado el dicho Gonzalo de Santiesteban, el dicho Pedro Lispergue pidió al dicho señor alcalde mayor le mande dar susodicho por testimonio en pública forma, en manera que haga fe como lo tiene pedido y pidió justicia, y el dicho señor alcalde mayor se lo mandó dar según que lo pide, a lo cual dijo, que interponía e interpuso su autoridad y decreto judicial en cuanto puede y de derecho debe para que valga, le haga fe en juicio y fuerza del doquier que pareciere y lo firmó de su nombre, siendo presentes por testigos Juan de Carvajal, escribano público y Francisco de Braga, vecinos de esta dicha ciudad. El doctor Pizarro. Francisco de Priego, escribano público. El doctor Pizarro. Yo Francisco de Priego, escribano público, uno de los del número de la muy noble ciudad de Antequera por Su Majestad presente, fui a los que dicho es y lo hice escribir y por ende hice aquí este mío signo a tal. En testimonio de verdad. Francisco de Priego. Escribano público.

Comprobación.-Yo Alonso Nieto, escribano público del número de esta muy noble ciudad de Antequera por Sus Majestades, doy fe que Francisco de Priego de quien va firmada y signada esta probanza de suso contenida, es escribano del número de esta ciudad, fiel y legal y que a sus escrituras y probanzas y autos firmados y signados de su firma y signo, a tal como el susodicho se les da entera fe y crédito en juicio y fuera de él y en fe y testimonio de ello hice aquí este mío signo. En testimonio de verdad. Alonso Nieto, escribano público.

Otra.-Yo Alonso de Jaén, escribano público del número de esta ciudad de Antequera por sus Majestades, doy fe que Francisco de Priego, del quien va firmada y signada esta probanza de suso contenida, es escribano público del número de esta ciudad, fiel y legal y que a sus escrituras y autos y probanzas firmadas y signadas de su firma y sino, a tal como el susodicho se les da entera fe y crédito en juicio y fuera de él, en fe de lo cual la escribí y fue este mi signo. En testimonio de verdad. Alonso de Jaén, escribano público (De Hoyo, 1555).

Cronología del célebre conquistador alemán

Primero decir, que ante la polémica cuestión del nacimiento, no sólo en cuanto a la fecha sino también a la ascendencia de Pedro Lísperguer, nos limitaremos aquí a exponer lo que se ha establecido al respecto por diversos historiadores y genealogistas.

1517. Según Juan Luis del Espejo en su obra *Nobiliario de la Capitanía General de Chile* Pedro Lísperguer nació en Worms, Alemania en 1517, hijo de Pedro Bislemberg y Catalina Lísperguer, de los nobles de Alemania, vecinos de Worms, basándose según él dice, en sus propias declaraciones y pasaporte a indias (1967).

1529. Claudio Gay dice que fue natural de Worms, Alemania, donde nació en 1529, descendiente del duque de Sajonia e hijo de Pedro Weislemberg, preboste de la ciudad de Worms y de Catalina Lísperguer, por lo que se advierte que antepuso el apellido materno al paterno (García Carraffa, 1953).

1530. Tomás Thayer Ojeda afirma en su obra *Formación de la sociedad chilena*, que Pedro Lísperguer es caballero notorio de los nobles de Alemania, según su propio testimonio, hijo de Pedro Bizlenguer y de Isabel Lísperguer, nacido en Worms en 1517. Añade el Sr. Thayer Ojeda que en marzo de 1603 declaró ser de sesenta y dos años poco más o menos, pero en otras declaraciones dijo ser de sesenta años en 1590 y de setenta y seis en 1593, las que retrotraen su nacimiento a los años de 1530 y 1517 respectivamente. Dice optar por ésta ya que no es probable que don García confiara la custodia de los gobernadores de Villagra y Aguirre a un mozo de 17 años. Nótese que aquí hay un error de cálculo que el Sr. Thayer traslado a su publicación, ya que eso ocurrió en 1557 lo que significa que si Lísperguer hubiera nacido en 1530, lo que en mi opinión es lo más probable, habría tenido en dicho suceso unos 27 años de edad lo cual es perfectamente creíble (1939-1943).

Benjamín Vicuña Mackenna, relata en su célebre trabajo *Los Lísperguer y la Quintrala*, que Pedro Lísperguer sería un joven de unos quince años cuando se adhirió al cortejo del Emperador en 1545, luego ello nos daría una fecha aproximada de su nacimiento en 1530 (1944).

Die Neu Deutsche Biographie revela que Pedro Lísperguer nació en Worms en 1530, hijo de Peter Birling muerto en 1587 (Andreas & Von Scholtz, W., 1943).

1535. Luis de Roa y Ursúa constata en su trabajo *El Reyno de Chile* que Pedro Lísperguer nace en Worms, Alemania, en 1535, hijo de Peter Birling nacido en Worms en 1503 y de Catalina Lissperg que casó con éste en 1532 (1945). Es interesante notar como en una carta que dirigió el 8 de mayo de 1540 al Archivo Municipal de Worms revela que Peter Liesperg y Birlinger nació entre 1535 y 1538, hijo de Peter Birlinger nacido en 1503 y Catherina Liesberg nacida entre 1510-1512 y casado con éste en 1532. Aquí en realidad sólo hay diferencias en cuanto a las desinencias de algunas vocales y terminaciones de los apellidos (Illert & Städtische Kulturinstitute, ca 1950).

En los asientos de la Casa de Contratación de Indias, se establece que Pedro Lísperguer es alemán, vecino y natural de Worms, hijo de Pedro Birlinguer y de Catalina Lísperguer, sin constatar ninguna fecha de nacimiento (Casa de Contratación, 1555).

Cuadra Gormaz, en su obra *Familias chilenas*, reitera esta misma idea sin mención de fechas (1982).

Según un expediente encontrado por el investigador Juan Mújica de la Fuente en la Biblioteca Nacional de España, Pedro Lísperguer sería hijo de Pedro Lísperguer Wittemberg, cónsul de Worms en 1540 y de Catalina Lísperguer. Aunque no menciona fechas esta relación es muy interesante ya que asegura que Pedro Lísperguer es descendiente de los duques de Sajonia (Guerra y Sandoval, ca.1740).

En mi opinión, lo que se puede deducir de la diversa e importante documentación que Pedro Lísperguer traía a su arribo al Perú, entre las que se encuentran las cédulas de Carlos V y Felipe II permitiendo su pase a Indias, así como el pase de la Casa de Contratación de Indias y otros documentos, todos ellos custodiados en la Biblioteca Nacional del Perú, en éste último mencionado se relata como Pedro Lísperguer sería de unos veinticinco años el 1 de agosto de 1555, lo que nos da una fecha de nacimiento aproximada de 1530, que creo que es lo que más se ajusta a la realidad de todas las informaciones periféricas, como por ejemplo el hecho de ser paje de Carlos V a los quince años de edad, o haber sido compañero de Ercilla en la corte Inglesa y en las guerras de Chile, compartiendo un rango y unas experiencias similares dadas las edades parecidas que ambos tenían (De Hoyo, 1555).

Nuevos documentos procedentes de Worms permiten establecer lo siguiente:

Pedro Lísperguer n. en Worms, Alemania, alrededor de 1530, m. según se cree en Panamá hacia 1604 ó 1605, conquistador de Chile, maestresala del virrey del Perú, Andrés Hurtado de Mendoza en 1556, c. con Águeda Flores en 1583, con sucesión en Chile. Hijo de Peter Birling, n. alrededor de 1500, m. el 24 de julio 1567, consejero municipal de Worms en 1533, miembro del Consejo de los Trece el 12 de mayo de 1541, luego stattmeister y de Catalina Lissperg, casados antes de 1530. Nieto de Padre de Peter Birling, consejero municipal de Worms en 1503 y 1513. Posibles bisabuelos por la parte paterna serían Hans Birling, consejero en 1468, o Jacob Birling, consejero en 1475. Nieto de madre de Hans Lisperg, n. alrededor de 1475, estudiante de la Universidad de Heidelberg en 1493, consejero municipal de Worms en 1504. Bisnieto de madre de Rudolph Liesperg, n. alrededor de 1446, matriculado en la Universidad de Heidelberg en 1464, consejero municipal de Worms en 1511.

Hermano de Pedro Lísperguer fue Hans Birling, n. en 1540, m. 29 de diciembre de 1597, miembro del Consejo Municipal de Worms en 1570 y del Consejo de los Trece el 18 de abril de 1588. Su primo sería Stephan Birling, procedente de Germersheim, el cual ingresa en el Consejo Municipal de Worms en 1588 y luego en el de los Trece el 2 de febrero de 1598, el cual muere en 1618. Otros miembros de esta familia serían Peter Bayer nombrado como Lissperg, burgomaestre en 1473, Johann Lissperg, ciudadano de Worms en 1483; Hamman Rebstock nombrado como Lissperg, consejero municipal en 1474, burgomaestre de Worms, diputado de Worms para asuntos políticos, dirigente de la ciudad libre en periodos importantes de su historia, representante varias veces cerca de la corte imperial por los años 1483 a 1509. Johannes Rebstock alias Lissperg, burgomaestre de la ciudad de Worms en 1425, 1426, 1439. Este junto a su mujer Elizabeth fueron nombrados como bienhechores del monasterio de Kirschgarten de Worms en 1415 (Schwarz, 1999) (Kraus, 1926-33).

1545. Tras haber convivido con el Emperador en Worms desde el 16 de mayo hasta el 7 de agosto del mismo año abandona su ciudad natal siguiendo el cortejo del César, junto al conde de Feria, con el que recorre algunas ciudades del sur de Alemania y especialmente los Países Bajos hasta llegar a Utrecht, ciudad en la que S.M. celebró un capítulo del Toisón de Oro, concediendo al Conde dicha condecoración junto a otros príncipes y señores. Acabadas dichas reuniones y actos, aproximadamente en los últimos días del mes de enero de 1546 o los primeros de febrero, el conde de Feria, don Pedro Fernández de Córdova, pidió permiso al Emperador para regresar a España para consumar su matrimonio, permiso que le fue concedido. Por lo tanto en torno a dicha fecha el Conde abandonó Utrecht con su paje Pedro Lísperguer. Existe la posibilidad de que se hayan dirigido a España en barco desde algún puerto holandés, pero en mi opinión dadas las fechas en que llegaron a las tierras del condado de Feria, lo más probable es que hayan atravesado la península a través de Francia (De Hoyo, 1555) (Foronda, 1914).

1546. Se sabe que el Conde llegando a España se veló con la Condesa su mujer en Osuna y que a los pocos días el 12 de marzo de 1546, se trasladaron con su cortejo en el que viajaba Pedro Lísperguer a Montilla en tierras de la marquesa de Priego su madre (Roa M. , 1604).

1547. El grupo se traslada a Zafra donde enfermó el Conde, siendo posteriormente trasladado a Priego, donde permaneció Pedro Lísperguer según sus propias declaraciones hasta la muerte del mismo acaecida el 27 de agosto de 1552 (Roa M., 1604) (De Hoyo, 1555).

1552. Tras la muerte del Conde en 1552, le sucedió en el condado don Gómez Suárez de Figueroa y Córdova, quinto conde de Feria, señor de las Villas de Zafra, Villalba y Parra, pariente mayor de la casa de Figueroa, después en 1567 primer duque de Feria, grande de Castilla, comendador de Segura de la Sierra y Trece de la Orden de Santiago, de los Consejos de Estado y Guerra de Felipe II, capitán de su Guardia Española y su embajador en Inglaterra. Pues bien, según las propias declaraciones de Pedro Lísperguer ampliamente constatadas y respaldadas, tras la muerte de IV conde de Feria don Pedro Fernández de Córdova, Pedro Lísperguer continuó en la casa Córdova-Figueroa al servicio de su hermano don Gómez Suárez de Figueroa y Córdova, ascendiendo de paje a caballerizo y viajando posteriormente con éste a Inglaterra con motivo del casamiento de Felipe II con María Tudor (De Hoyo, 1555).

1554. Felipe II se embarcó en el puerto de La Coruña el 13 de julio de 1554, llegando al puerto de Southampton en Inglaterra el 19 de julio. Se componía su flota de 125 naves en las que viajaban junto al monarca, el conde de Feria, Pedro Lísperguer y lo más florido de la corte. Asistió a la boda de Felipe II con María Tudor el 25 de julio de 1554, residiendo en Londres por espacio de siete meses (Muñoz, 1877).

En el año 1554 Jerónimo de Alderete viaja a Inglaterra para pedir la gobernación de Chile tras la muerte de Pedro de Valdivia, donde hace amistad con los jóvenes Francisco Yrarrázaval, Alonso de Ercilla y Pedro Lísperguer, que quedan deslumbrados por las historias y hazañas de la conquista de las Indias. Pedro Lísperguer obtiene cédula para pasar a Indias del Rey Príncipe, futuro Felipe II (por mandato del Emperador), en Londres a cuatro de noviembre de 1554 (Medina J., 1917) (De Hoyo, 1555).

1555. En algún momento a finales de enero de 1555 Lísperguer vuelve a España junto a Jerónimo de Alderete, Alonso de Ercilla, don García Hurtado de Mendoza y el resto de cortesanos (De Hoyo, 1555). Pedro Lísperguer obtiene real cédula de licencia para pasar a las Indias en la villa de Valladolid el 14 de enero de 1555. Esta cédula fue emitida directamente desde Flandes por el Emperador y ratificada en Valladolid (Corte de Valladolid, 1555).

El cuatro de febrero de 1555 Pedro Lísperguer se encuentra en Mérida donde realiza una probanza de limpieza de sangre (De Hoyo, 1555).

El 30 de marzo de 1555 Pedro Lísperguer se halla en Antequera dónde realiza un nuevo expediente de nobleza (De Hoyo, 1555).

El 19 de abril de 1555 Pedro Lísperguer está en Montilla, Córdoba, en tierras de la marquesa de Priego, madre del conde de Feria, donde efectúa un nuevo protocolo notarial o probanza de nobleza (De Hoyo, 1555).

El 1 de agosto de 1555 se encuentra en Sevilla, dónde la Casa de Contratación de las Indias le expide el pase a Indias (Casa de Contratación, 1555).

El 15 de octubre de 1555 sale de Sanlúcar de Barrameda, Cádiz, un convoy de varios barcos con destino al Perú. En uno de ellos va Jerónimo de Alderete y su familia. En otro va don Andrés Hurtado de Mendoza, tercer marqués de Cañete, caballero de alta posición que venía a América con el rango de virrey del Perú. Junto a él venían Alonso de Ercilla y Zúñiga, Francisco Yrarrázaval y Pedro Lísperguer Wittemberg (Archivo General de Indias, 1930-1987).

1556. El 4 de marzo de 1556 Pedro Lísperguer se encuentra en Panamá pues allí obtiene el pase del gobernador, capitán general y justicia mayor de Tierra Firme don Álvaro de Sosa (De Hoyo, 1555).

En abril de 1556 frente a la isla de Taboga muere Jerónimo de Alderete de unas altas fiebres llegando el virrey Andrés Hurtado de Mendoza con su comitiva, en la que se encontraba Pedro Lísperguer, a

Lima el 29 de junio de 1556. Allí ocupa el cargo de maestresala del virrey o jefe del servicio de pajes (Lavalle, 1909).

1557. El 22 de febrero de 1557, en pleno invierno austral, Pedro Lísperguer sigue a don García Hurtado de Mendoza, hijo del Virrey y nuevo Gobernador de Chile. Desde La Serena por encargo de don García, se dirige a Valparaíso con parte de la expedición y una de las naves de éste, con la comisión de prender al ex gobernador Villagra, cosa que hizo regresando a La Serena. Una vez en La Serena don García le confió el traslado del mariscal Villagra junto a su rival el capitán Aguirre al Perú, dándole mil pesos oro de las Arcas Fiscales para este viaje, lo que hizo, regresando enseguida a Chile. Por este tiempo ya se le considera un personaje político de nota pues es uno de los cuatro consejeros que el virrey del Perú don Andrés Hurtado de Mendoza confiara a su hijo don García (Vicuña Mackenna, 1944).

1558. Desde La Imperial vino con don García Hurtado de Mendoza al socorro de la ciudad de Cañete en enero de 1558 (Vicuña Mackenna, 1944).

1559. A principios de 1559 participó con don García en el ataque al fuerte de Quiapo, donde se habían reunido gran cantidad de araucanos. Posteriormente en el mismo año fue Pedro Lísperguer con don García a reconstruir el fuerte de Arauco, donde permaneció por espacio de diez meses. Pasó el invierno de 1559 junto a don García en La Concepción, regresando luego a Santiago donde se incorporó con los vecinos encomenderos.

1563. Después del desastre de Catiray, Francisco Villagrán que se encontraba en La Concepción envía a Juan Jofré a pedir socorro a la ciudad de Santiago viniendo en 1563 a la guerra del sur dos vecinos encomenderos, siendo uno de ellos Pedro Lísperguer, acudiendo con pertrechos de guerra, armas, caballos y criados. En el invierno de 1563 regresa a Santiago.

1564. Nuevamente se solicita ayuda a la capital Santiago por Pedro Villagrán desde La Concepción, acudiendo a la guerra del sur en febrero de 1564 Pedro Lísperguer con una compañía, caballos y pertrechos de guerra, donde peleó valerosamente en la defensa del fuerte. Participó en el desbarate y destrucción del fuerte indio de Lebocatal. El 20 de febrero de 1564 Pedro Villagrán le nombra capitán de Caballos Ligeros.

Más adelante hallándose Pedro Villagrán en Concepción, ciudad situada en la bahía de Talcahuana fue sitiado por veinte mil indios. Recogido en un fuerte de madera y construidas empalizadas y puestas sólidas estacas donde colocar la artillería, Lísperguer fue el encargado de uno de los frentes del fuerte, luchando con valentía en esa difícil semana hasta que se levantó el sitio el 1 de abril de 1564. Vuelve Lísperguer a Santiago.

1565. En julio de 1565, con ocasión de las tropas que enviaba el presidente y gobernador del Perú, licenciado García de Castro, sustentó Lísperguer a Rodrigo Quiroga gobernador de Chile, hospedando a una decena de hombres de dicho socorro, partiendo en noviembre hacia el sur para proceder a la reconstrucción de Cañete, llevando una gran cantidad de mantenimientos, vacas, carneros y otros víveres.

1566. El 28 de enero de 1566 se halló en la batalla que tuvo lugar en las montañas de Talcamávida, peleando con mucho valor en el desbarate y derrota de los indios. Rodrigo Quiroga le dejó a principios de febrero de 1566 en el recién reedificado fuerte de Cañete, en la desembocadura del río Lebú. Lísperguer con sus criados junto a Alonso de Córdova, construyeron una de las torres del fuerte, sirviendo en las correrías y velas que se hicieron en dicha jornada, sustentando y acogiendo en su mesa a varios soldados hasta la llegada del invierno, en que regreso nuevamente a Santiago. De vuelta nuevamente en Santiago es designado regidor de la ciudad en 1566, no pudiendo ejercer el cargo por hallarse pendiente de juicio eclesiástico, siendo confirmado en el cargo a finales de año (Vicuña Mackenna, 1944).

Pedro Lísperguer es encausado por el provisor del obispado de Santiago por haber proferido las siguientes palabras: *"Nuestra Señora* (la Virgen) *no había parido por el vaso natural sino por el ombligo"*. Lísperguer no negó el hecho pero sí la contextualidad de la afirmación, siendo en octubre de 1566 penitenciado en abjuración *de vehementi* a que oyese una misa en forma de penitente y que pagase dos arrobas de aceite lo cual fue fielmente cumplido por el reo (Medina J. T., 1890).

1568. En septiembre de 1568 apeló la sentencia ante el arzobispo de los Reyes. Hallándose en Lima conociendo su caso, llegó el Santo Oficio de la Inquisición el cual pasó su causa al conocimiento del Tribunal la que, después de sustanciada, se votó que se revocase la sentencia del provisor y la abjuración de *vehementi*, y que fuese restituido en su honra y fama, siendo leída esta nueva sentencia y los méritos de ella en la iglesia de Santiago de Chile (Medina J. T., 1890).

A finales de 1568 parte nuevamente Pedro Lísperguer a la guerra del sur, con el recién designado, gobernador de Chile, el Dr. Bravo de Saravia, llevando tiendas, armas, esclavos y criados, caballos, diversos bastimentos, vacas, carneros y otros ganados (Vicuña Mackenna, 1944).

1569. Tras el completo descalabro de los conquistadores el 7 de enero de 1569 en la funesta jornada de Catiray, el gobernador Bravo de Saravia envío el 10 de enero de 1569 a socorrer la ciudad de Cañete, entonces en grave peligro, al mariscal Martín Ruiz de Gamboa al frente de ciento diez hombres, entre los que se encontraba Pedro Lísperguer, teniendo que pasar por territorio sublevado y hostil, llegando justo a tiempo a dicho socorro, con grave peligro para su vida.

A mediados de enero de 1569 partió de Cañete el mariscal Martín Ruiz de Gamboa con los ciento diez hombres entre los que se encontraba Lísperguer, a socorrer la plaza de Arauco, siendo atajados en el dificultoso paso de Quiapo por los indios de guerra, sosteniendo un encarnizado combate en el que murieron muchos hombres, peleando Pedro Lísperguer con gran valor, sin que el grupo pudiese lograr su objetivo de socorrer Arauco, teniendo que regresar a Cañete.

Hallándose el mariscal Martín Ruiz de Gamboa protegiendo Cañete, decidió el 1 de febrero de 1569 salir a campo enemigo a un valle llamado Parillataru, con setenta hombres entre los que se encontraba

Pedro Lísperguer, con el objeto de realizar algunas talas y recoger varias mieses del campo. Saliendo gran número de indios al encuentro de los españoles se desató un rudo combate en el que murieron siete hombres, entre los que se encontraban los capitanes Juan de Alvarado y Sebastián Gárnica, soldados de mucho prestigio, luchando en dicha batalla el capitán Pedro Lísperguer con grandísimo valor. Siéndoles desfavorable dicho combate hubieron de regresar apresuradamente a Cañete.

Estando recluidos en Cañete en medio de una tierra hostil y sublevada los generales Martín Ruiz de Gamboa y su primo Miguel de Velasco, surgieron graves diferencias entre ellos, por lo que Gamboa envió en marzo de 1569 a Pedro Lísperguer a La Concepción para informar al gobernador Bravo de Saravia y a la Real Audiencia del estado de la guerra. Por hallarse toda la tierra tomada por el enemigo tuvo que ir Lísperguer a la ciudad de La Concepción por mar, en un pequeño barco pesquero, llegando con graves dificultades ya entrando el invierno. Allí determinó Bravo de Saravia la evacuación de Cañete. En el camino de vuelta de Lísperguer hacia Cañete se hundió la barca, ahogándose el marinero y salvando el alemán su vida con graves peligros. Llegando una fragata a evacuar los soldados, mujeres y niños que se encontraban amenazados en Cañete lograron llegar a La Concepción el 24 de marzo de 1569 con Lísperguer a bordo (Vicuña Mackenna, 1944).

1570. Según Benjamín Vicuña Mackenna, en su obra *Los Lísperguer y la Quintrala* Pedro Lísperguer se casa con Águeda Flores antes de 1570 (1944). Según Domingo Amunátegui Solar en su libro *Las encomiendas en Chile* se casa aproximadamente cuando tuvo lugar el juicio eclesiástico. Águeda Flores era hija de Bartolomé Blumen o Blumenthal según escriben algunos, alemán nacido en Nüremberg, latinizando su apellido por Flores, célebre conquistador que acompañó a Pedro de Valdivia y de Elvira, princesa india, cacica de Talagante (1909).

1572. Vuelto a Santiago por orden de Rodrigo de Quiroga, es designado alcalde ordinario de la ciudad en 1572.

1574. En 1574 Lísperguer es designado regidor de la ciudad de Santiago.

1576. El 23 de enero de 1576 Lísperguer es designado por el gobernador Rodrigo de Quiroga Juez de hechicerías, llegando en su comisión hasta más allá del Maule. Consistía el cargo en recorrer el territorio en persecución de ladrones y brujas y saetearlos con flechas. Este honorífico cargo lo había tenido desde 1575 el célebre cronista Alonso Góngora Marmolejo. Por lo tanto Lísperguer detuvo, interrogó y castigó a hechiceros y ladrones y apartó –según el entendimiento de la época– el alma del indígena de su completa destrucción. A principios de 1576 había sido designado procurador, representante o plenipotenciario de la ciudad de Santiago ante la corte de Lima, viaje que no realizó debido a la designación hecha por Quiroga como juez de hechicerías.

A mediados de 1576, llegaron a Chile soldados desde España con el capitán Juan de Losada, de los cuales diez de ellos se hospedaron en casa del capitán Lísperguer, yendo a por ellos por mar y tras desembarcar, les proveyó de caballos y mantenimientos para el camino y los sustentó en su casa durante siete meses.

1577. Habiendo salido Rodrigo Quiroga el 8 de enero de 1577 de la ciudad de Santiago con 300 soldados de gala, nombró a Pedro Lísperguer como capitán de 100 de ellos, que llevó en buena disciplina hasta la ribera del río Maule. Aquí fue un activo intérprete del ejército, dirigiendo la distribución de alimentos entre la tropa y los indios amigos.

Habiendo Quiroga liberado el territorio del Maule, marchó él a una rápida batalla en Hualquí, en la orilla norte del Bío-Bío, que tuvo lugar el 8 de marzo de 1577. En dicha batalla se encontró Lísperguer que con el oficio de capitán de caballos, avanzó hasta el antiguo fuerte de Arauco donde procedió a su reconstrucción, permaneciendo allí todo el lluvioso invierno, sustentando bajo sus tiendas y rancho a diez soldados que hospedó en la ciudad de Santiago, para lo cual llevó gran cantidad de vacas, carneros y otros ganados. Saliendo Lísperguer de Arauco participó en la expedición de Rodrigo Quiroga por Tucapel el 14 de octubre de 1577.

1578. Regresando a Arauco soportó allí seis meses de aislamiento en el invierno lluvioso de 1578.

1580. En 1580 es nombrado procurador y mayordomo de la ciudad de Santiago. Habiéndose extendido la guerra a Valdivia y Villarrica y hallándose Gamboa en el verano de 1580 y en el fuerte invierno lluvioso de 1581 en Valdivia y Osorno, allí se encontró junto a él Lísperguer, siendo el primer alemán en llegar a estos territorios de la frontera.

1581. En 1581 es designado regidor de Santiago.

1583. Antes de la llegada del nuevo gobernador Sotomayor, habiendo sido detenido en Mendoza debido a la mala estación, eligió éste el 26 de junio de 1583 para el Gobierno y Consejo de su compañero Saravia hasta su arribo a: *"cinco personas apropiadas, oficiales reales, los cuales hasta mi llegada el gobierno de la colonia y la administración de la justicia deben surtir"*. En palabras del cronista: *"la flor y nata de la colonia, las más experimentadas, notables y consideradas personas principales en la guerra"*. Estas cinco personas eran: Pedro Lísperguer Wittemberg, Lorenzo Bernal del Mercado, Gaspar de la Barrera, Diego García de Cáceres y el capitán Ordóñez Delgadillo. Gobierno que ejercieron desde el 18 de julio hasta el 19 de septiembre de 1583.

En 1583 es nombrado regidor de Santiago y fiel ejecutor por el Cabildo. Representante del Cabildo de Santiago en Lima. Por lo tanto por orden de Sotomayor realizó un viaje a Lima como su plenipotenciario, llevando poderes del Cabildo de Santiago, para requerir allí tropas, material de guerra y dinero. Teniendo lugar allí un gran Concilio sudamericano, bajo la presidencia del arzobispo del sagrado Toribio, acudió Lísperguer como consejero y representante de la ciudad de Santiago ante el Concilio, en una disputa legal con el Obispo con motivo del diezmo.

1585. En 1585 volviendo de vuelta a Santiago procedente de Lima, uno de los barcos que traía con tropas y municiones voló por los aires frente a Valparaíso, con su completa carga, debido a una explosión de pólvora. A pesar del incidente trajo en esta comisión doscientos hombres de guerra y treinta mil pesos en pertrechos. Este mismo año es nombrado regidor de Santiago y fiel ejecutor por el Cabildo.

1588. En 1588 es designado regidor de Santiago.

1589. En 1589 viajando a Lima, es procurador del Cabildo ante el virrey del Perú, encontrándose Lísperguer con García Hurtado de Mendoza en el Callao el 2 de diciembre de 1589.

1590. Habiendo ese año llegado a Lima don García Hurtado de Mendoza como nuevo virrey del Perú, calificado en su tiempo como el más alto funcionario real de Hispanoamérica, nombró a Lísperguer como mayordomo mayor de palacio. El Consejo le dio a él su permanente representación, manteniendo una elevada posición social en Lima, actuando como la cabeza visible de los encomenderos y de la ciudad militar de Santiago.

1595. En 1595 su mujer Águeda Flores parte en su busca a Lima, donde Pedro Lísperguer continúa con su espléndida vida, no pensando al parecer en regresar a Santiago.

1603. De vuelta a Santiago, su familia que había tenido magníficas relaciones con el gobernador Alonso de Ribera, rompió con él en 1603 siendo hostilizada y perseguida con encarnizamiento. Su mujer y algunos de sus hijos fueron llevados a la cárcel pública, su primogénito, quien felizmente logró huir, fue sentenciado a muerte. Dos de sus hijas se vieron obligadas a refugiarse en conventos para escapar a la ira del gobernador.

1604. Don Luis de Velasco virrey del Perú le hizo merced del título de gentil hombre de la Compañía de Lanzas de su Guardia, fechada en la ciudad de los Reyes el 22 de marzo de 1604.

En 1604 Pedro Lísperguer, el patriarca de la tribu, con más de setenta años, intentando verse libre de la autoridad del Gobernador, buscó un medio seguro que no le pudiera obligar ir a la guerra, que como vecino encomendero se veía obligado. Así urdió una farsa presentándose el 30 de marzo de 1604 ante el Cabildo de Santiago con hábito de fraile agustino y entregó un título de tonsura y nombramiento de acólito, extendido por el obispo Pérez de Espinosa. Inmediatamente dejó el hábito, por lo que tal título no podía conmover a la corporación edilicia, que se negó de plano a reconocer los documentos exhibidos.

1605. En torno a 1604/1605 el espíritu inquieto de Pedro Lísperguer Wittemberg le lleva a realizar un nuevo viaje, quizás huyendo de los escándalos de su familia, algunos especulan que a España o lo que parece más probable intentando regresar a Worms, muriendo según se cree en Panamá en fecha exacta desconocida. Los descendientes de Lísperguer tuvieron brillante y acrecentada actuación tanto en Chile como en Perú (Vicuña Mackenna, 1944)[4].

---

[4] *Para construir esta cronología aparte de las fuentes mencionadas se ha consultado en la Biblioteca Nacional de España el ABEPI (Archivo Biográfico Español, Portugués e Iberoamericano).*

Procedencia de las imágenes

Su origen de la antigua ciudad alemana de Worms

1) Worms, Alemania. Stadtarchiv Worms. Abt. 217 Kasten 3 Nr. 17, um 1690 (Reproduktion M07341).

2) Fernando, Rey de los Romanos, hermano del Emperador. Por Hans Bocksberger el Viejo [dominio público], vía Wikimedia Commons. PD-Art (PD-old-100). Museo de la Historia del Arte de Viena.

Viajando junto al Emperador por el sur de Alemania y los Países Bajos

3) El emperador Carlos V, por Peter Paul Rubens, [public domain], via Wikimedia Commons). Courtauld Institute of Art, Princes Gate Collection, Londres, Inglaterra. PD-Art (PD-old-100-1923).

4) Palacio de Coudenberg. Por autor desconocido [Public domain], vía Wikimedia Commons. Atlas van Loon, 1649. PD-Art (PD-old-100).

El marquesado de Priego: principales hechos y personajes destacados

5) Gonzalo Fernández de Cordova, "el Gran Capitán", Por Nicolo Nelli (own possession) [Public domain], Wikimedia Commons. (PD-old-100).

6) El gran capitán ante el papa alejandro VI. Zacarías González Velázquez [Public domain], undefined, Wikimedia Commons. PD-Art (PD-old-100). 1778, Zacarías González Velázquez. Museo de la Real Academia de Bellas Artes de San Fernando. Madrid.

7) Los dos caudillos o el Gran Capitán contemplando el cadaver del duque de Nemours. José Casado del Alisal [Public domain], unde-

577

fined. Wikimedia Commons. Museo del Prado, Madrid. PD-Art (PD-old-100).

Lísperguer en Montilla centro geopolítico
del marquesado de Priego

8) Maestro Juan de Ávila, por Pierre Subleyras, 1746. [Public domain], via Wikimedia Commons. PD-Art (PD-old-100).

9) Detalle del retrato de Fray Luis de Granada en Francisco Pacheco, (1564-1644) El libro de descripción de verdaderos retratos, ilustres y memorables varones, [Sevilla, s.n., s.a.]- Real Academia de la Historia (Madrid). Signatura: 1/736. Francisco Pacheco [Public domain], via Wikimedia Commons. PD-Art (PD-old-100).

Lisperguer en Zafra capital del condado de Feria

10) Retrato de Garcilaso de la Vega por José Maea y Bartolomé Vázquez, Madrid, Imprenta Real, 1791. Dibujo: José Maea (1760 - 1826), grabado: Bartolomé Vázquez (1749 - 1802) [Public domain], via Wikimedia Commons. PD-Art (PD-old-100).

El futuro conquistador parte hacia la gran aventura inglesa

11) Felipe II (1527-1598). Obra de Tiziano, 1551. Museo del Prado. Titian [Public domain], via Wikimedia Commons. PD-Art (PD-old-100).

12) Retrato de la reina María I de Inglaterra (1516-1558), más conocida como María Tudor. Obra Antonio Moro, 1554. Museo del Prado. Antonis Mor [Public domain], via Wikimedia Commons. PD-Art (PD-old-100).

Entresijos del laberinto político inglés:
el genio del conde de Feria

13) Fernando álvarez de Toledo, tercer duque de Alba. Por Antonio Moro, [Public domain] via Wikimedia commons. PD-Art (PD-old-100).

14) Carta di tavola p. 351 in: Leti Gregorio, Historia overo Vita di Elisabetta Regina d'Inghilterra detta per sopranome la Comediante Politica scritta da Gregorio Leti, Arricchita di molte figure, Amsterdamo, appresso Abramo Wolfgang, 1693. Roma, Fondazione Marco Besso, Biblioteca. Collocazione: G8.A.5. Mejorada digitalmente por Daniel Piedrabuena Ruiz-Tagle.

El cosmopolitismo de la ciudad de Londres

15) El viejo puente de Londres, por Visscher, C J, 1616. [Public domain], via Wikimedia Commons. CC-PD-Mark. Author died more than 100 years ago public domain images.

Retrato de algunos compañeros de
Lísperguer en la corte inglesa

16) Alonso de Ercilla y Zúñiga (1533-1594). Grabado por Juan Moreno Tejada, [Public domain], undefined, via Wikimedia Commons. Author died more than 100 years ago public domain images.

Se agudiza la tensión política en Inglaterra

17) Posible retrato Jane Dormer (1538-1612), que fue dama de honor de la reina María Tudor y esposa del aristócrata castellano Gómez III Suárez de Figueroa y Córdoba, primer duque de Feria. Por Antonio Moro. Circa 1558. Museo del Prado. [Public domain], via Wikimedia Commons. PD-Art (PD-old-100).

Bibliografía

Ackroyd, P. (2002). *Londres: una biografía* (1 ed.). (C. Font Paz, Trad.) Barcelona: Edhasa.

Algaba, A., & Jiménez Martín, J.A. (1995). *Vida del marqués de Priego.* Montilla, Córdoba, España: Graf Munda.

Altolaguirre, M. (1933). *Garcilaso de la Vega* (1 ed.). Madrid: Espasa Calpe.

Amunátegui Solar, D. (1901). *La sociedad chilena en el siglo XVIII: mayorazgos y títulos de Castilla, memoria histórica presentada en la Universidad de Chile* (Vol. I). Santiago de Chile, Chile: Imprenta Barcelona.

Amunátegui Solar, D. (1909). *Las encomiendas indígenas en Chile* (Vol. 1). Santiago de Chile: Imprenta Cervantes.

Andreas, W., & Von Scholtz, W. (1943). *Die Grossen Deutschen. Neue deutsche Biographie* . Berlín: Propyläen : ["Deutschen Verlag"].

Archivo General de Indias. (1930-1987). *Catálogo de pasajeros a Indias durante los siglos XVI, XVII, XVIII* (Vols. III (1539-1559)). Madrid: España Calpe.

Arnold, R. F. (1936). *Cultura del Renacimiento* (3 ed.). (S. Minguijón y Adrián, Trad.) Barcelona, España: Labor.

Aston, M. (1996). *The Panorama of the Renaissance.* Nueva York: Harry N.Abrams, Inc. Publishers.

Azcárraga, P. (1579). Recopilación general de linajes de España. Mss. 11766. p. 366 vuelta. (B. N. España, Recopilador) Madrid, España.

Balbín, R., & Garcilaso de la Vega. (2005). *Garcilaso de la Vega y otros poetas cortesanos.* Madrid: Castalia.

Barros Arana, D. (2000). *Historia general de Chile* (2 ed., Vol. II). Santiago de Chile: Editorial Universitaria. Centro de Investigaciones Barros Arana.

Boyden, J. M. (1995). *The courtier and the king: Ruy Gómez da Silva, Philip II and the court of Spain.* Berkeley: University of California Press cop.

Cabezón, M. (6 de junio de 1807). Testimonio en que se relacionan los méritos y servicios del capitán Pedro de Lísperguer y Witemberg natural de la antiquísima ciudad de Wormes, en Alemania, conquistador y pacificador de Chile y Arauco, encomendero en dicho reyno. Código z282. p. 367. (B. Nacional[Perú], Recopilador) Santiago, Chile.

Carrasco Martínez, A. (2000). *Sangre, honor y privilegio: la nobleza española bajo los Austrias* (1 ed.). Barcelona, España: Ariel.

Casa de Contratación. (1555). Asiento de pajajero de Pedro Lísperguer, alemán, vecino y natural de Bormes, hijo de Pedro Birlinguer y de Catalina Lísperguer, se despachó al Perú y Chile por cédula de Su Majestad en la nao del maestre Bernaldo de Andino. *5537, L.1,* f.90v. (A. G. Indias[Sevilla], Recopilador) Sevilla, España.

Casa de Contratación. (ca 1555). Embarcación de Pedro Lísperguer en la nao del maestre Bernardo de Andino llamada "Santa María de los Remedios". *2998, L.1,* f.190v. (A. G. Indias[Sevilla], Recopilador) Sevilla, España.

Cereceda, F. (1948). *El conde de Feria y su embajada en Londres en 1558: conferencia pronunciada por el Rvdo. Padre Feliciano Cereceda, S.J.* Madrid: Escuela Diplomática.

Cervantes Saavedra, M., & Ochoa y Ronna, E. (1861). *En ingenioso hidalgo de don Quijote de la Mancha* (Vol. I). París: Baudry.

Clifford, H., & Cannon, E. (1887). *The life of Jane Dormer Duchess of Feria.* (J. Stevenson, Ed.) Londres: Burns and Oates.

Corte de Valladolid. (14 de enero de 1555). Licencia de pasajero a Pedro Lísperguer. *Indiferente, 1965, L.12*, f. 297 r. (A. G. Indias[Sevilla], Recopilador) Valladolid, España.

Croche de Acuña, F. (1991). *Sucedió en Zafra: Anécdotas de su Historia.* Zafra, Badajoz, España: Banesto.

Cuadra Gormaz, G. (1982). *Familias chilenas* (3 ed., Vol. 1). Santiago de Chile: Zamorano y Caperán.

Cuadra, I. (1999). *La Quintrala en la Literatura Chilena.* Madrid: Pliegos.

De Castro, A. (1854). *Poetas líricos de los siglos XVI y XVII* (Vol. 1). Madrid: M. Rivadeneyra.

De Hoyo, P. (4 de noviembre de 1555). Lísperguer Pedro, testimonio de la licencia y otros trámites realizados por Pedro Lísperguer, natural de Alemania, para pasar a América. *Cod. z285*, pp. 577-583. (Biblioteca Nacional del Perú [Lima, Rep. Perú], Recopilador) Londres, Inglaterra.

Ercilla, A. (1866). *La Araucana* (Vol. II). (R. A. Española, Ed.) Madrid: Imprenta Nacional.

Espejo, J. (1967). *Nobiliario de la Antigua Capitanía General de Chile.* Santiago de Chile: Andrés Bello.

Fernández Álvarez, M. (1949). *Tres embajadores de Felipe II en Inglaterra.* Madrid: J. Sánchez Ocaña. Instituto Jerónimo Zurita.

Fernández Álvarez, M. (1960). *Carlos V, Memorias*. Madrid: Cultura Hispánica.

Fernández Álvarez, M. (1966). *Política Mundial de Carlos V y Felipe II*. Madrid: Consejo Superior de Investigaciones Científicas. Escuela de Historia Moderna.

Fernández Álvarez, M. (1999). *Carlos V, El César y el hombre*. Madrid: Espasa Calpe.

Fernández Álvarez, M. (2003). *Corpus documental de Carlos V* (Vol. II). Madrid: Espasa Calpe.

Fernández Álvarez, M. (2004). *Felipe II y su tiempo* (1 ed.). Madrid: España Calpe S.A.

Fernández Bethencourt, F. (1897). *Historia genealógica y heráldica de la Casa Real Española y Grandes de España*. Madrid, España: Establecimiento Tipográfico de Enrique Teodoro.

Fernández Navarrete, M., Salva, M. , & Sainz de Baranda, P. . (1843). *Colección de documentos inéditos para la historia de España* (Vol. 3). Madrid: Imprenta de la viuda de Calero.

Figueroa y Melgar, A. (1965). *Estudio histórico sobre algunas familias españolas*. Madrid: Dawson&Fry.

Figueroa y Melgar, A. (1974). Los Suarez de Figueroa de Feria y Zafra. *Revista de Estudios Extremeños, 30*(3), p.501.

Figueroa y Melgar, A. (1974). *Los Suárez de Figueroa de Feria y Zafra*. Badajoz: Diputación Provincial de Badajoz. Institución de Servicios Culturales.

Foronda, M. (1914). *Estancias y viajes del Emperador Carlos V*. Madrid: Suc. de Rivadeneira.

García Arenal, M. (1996). *Los moriscos* . Granada: Servicio de Publicaciones de la Universidad de Granada.

García Cárcel, R. (1999). Los contrastes de Carlos V y Felipe II en la política cultural. *1ª ed. seminario "Dos monarcas y una historia en común: España y Flandes bajo los reinados de Carlos V y Felipe II"* (págs. 49-51). En Instituto Cervantes (Bruselas, Bélgica): Sociedad Estatal para la Conmemoración de los Centenarios de Felipe II y Carlos V.

García Carraffa, A. (1953). *Diccionario heráldico y genealógico de apellidos españoles y americanos* (Vol. 48). Madrid: Imp. Antonio Marzo.

Geirtnaert, N., & Vandamme, L. (1966). *Bruges, two thousand years of history.* (T. Alkins, Trad.) Bruges: Stichting Kunstboek.

Granada, L. (1873). *Obras del V.P. M Fray Luis de Granada* (Vol. III). Madrid: M.Rivadeneira.

Guerra y Sandoval, J. A. (ca.1740). Minutas de linajes de España. *8, Mss.11801, cuaderno 48*, p. 1532. (B. Nacional[España], Recopilador) Madrid, España.

Guerra y Sandoval, J. A. (ca.1740). Minutas de linajes de España. *8,* Mss.11801, cuaderno 48, p. 1532. (B. N. España, Recopilador) Madrid, España.

Guicciardini, F. (1952). *Viaje a España.* (J. Alonso Gamo, Trad.) Valencia: Castalia.

Henne, A., & Wauters, A. (1968). *Histoire de la ville de Bruxelles* (Vol. I). Bruxelles, Bélgica: Culture et Civilisation.

Illert, F., & Städtische Kulturinstitute. (ca 1950). Materialsammlung und Recherchen Stadtarchiv bzw. Dr. Illert zu Pedro/ Peter

Lisperger/Lisberger (getauft). *Abteilung 20 Nr. 645.* (Stadtarchiv[Worms], Recopilador) Worms, Alemania.

Janer, F. (1857). *Condición social de los moriscos en España: causas de su expulsión y consecuencias que esta produjo en el orden económico y político* . Madrid: Imp. de la Real Academia de la Historia.

Kraus, J. (1926-33). Neue Quellen zur Wormser Ratsgeschichte I-Liste der Mitglieder des Dreizehner Rates in den Jahren 1557-1609. *Der Wormsgau 1*, pp. 89-92.

Lana, B. (1620). *Descripción de las Casas y Solares de Andia, Irarrazaval, Zarate, Recalde y Rivero* . Burgos: [s.n.].

Lavalle, J. (1909). *Galería de retratos de los gobernadores y virreyes del Perú (1532-1824).* Barcelona: Domingo Vivero.

Lojendio, L. (1965). *Gónzalo de Córdoba, el Gran Capitán* (3 ed.). Madrid, España: Espasa Calpe.

Malfatti, C. (1956). *The accession, coronation and marriage of Mary Tudor, as related in four manuscripts of the Escorial.* Barcelona: Sociedad Alianza de Artes Gráficas.

Mariana, J. (1854). *Obras de Juan de Mariana* (Vol. 2). Madrid, España: M. Rivadeneyra.

Martínez, J. (1983). *Viajes transatlánticos en el siglo XVI.* Madrid: Alianza Editorial.

Mazo Romero, F. (1980). *El condado de Feria (1394-1505): contribución al estudio del proceso señorializador en Extremadura durante la baja Edad Media.* Badajoz, España: Institución Cultural Pedro de Valencia.

Medina, J. (1917). *Vida de Ercilla.* Santiago, Chile: Imprenta Elzeviriana.

Medina, J. T. (1890). *Historia del Santo Oficio del Tribunal de la Inquisición en Chile* (Vol. 1). Santiago, Chile: Imprenta Ercilla .

Morales Melgarejo, J. (3 de marzo de 1691). Confirmación de encomienda a Catalina Irarrázaval. Leg.52. Nº 15. (A. G. Indias, Recopilador) Santiago, Chile.

Muñoz Vega, P. (1981). *Introducción a la síntesis de San Agustín.* Quito, Ecuador: Pontificia Universidad Católica de Ecuador.

Muñoz, A. (1877). *Viaje de Felipe Segundo a Inglaterra.* Madrid: Sociedad de Bibliófilos Españoles.

Orobitg, C. (1997). *Garcilaso et la mélancolie.* Toulouse, Francia: Presses Universitaires du Mirail,cop.

Orti Belmonte, M. (1915). La vida del Gran Capitán según una historia de Córdoba, inédita del siglo XVIII del P. Jesuíta Alonso García Morales. *Revista del Centro de Estudios Históricos de Granada y su Reino. Universidad de Granada, 3*, p.195.

Piedrabuena Ruiz-Tagle, D. (2015). Los Lisperguer Wittemberg: Luces y sombras de una singular familia alemana presente en la historia de España y Chile. *Atenea*(512), 171-187.

Reuss, H. (1936). Don Pedro Lísperguer aus Worms. *Volk und Scholle*, pp. 145-148.

Roa, L., & Instituto de Historia Jerónimo Zurita. (1945). *El Reyno de Chile 1535-1810: estudio histórico, genealógico y biográfico.* Valladolid: Talls.Tip. Cuesta.

Roa, M. (1604). *Vida de doña Ana Ponce de León, condesa de Feria y después monja en el Monasterio de Santa Clara de Montilla.* Córdoba: Andrés de Barrera.

Rodríguez Villa, A. (1908). *Crónicas del Gran Capitán.* Madrid, España : Librería Editorial de Bailly-Baillière e Hijos.

Sancha, J. (1855). *Romancero y cancionero sagrados: colección de poesías cristianas, morales y divinas, sacadas de las obras de los mejores ingenieros españoles .* Madrid: M. Rivadeneyra.

Sandoval, P., & Seco, C. (1956). *Historia del Emperador Carlos V* (Vol. 3). Madrid: Biblioteca de Autores Españoles.

Santa Cruz, A. (1920). *Crónica del emperador Carlos V.* Madrid, España: Blázquez y Beltrán.

Schwarz, A. (1999). Die Wormser Familie Birling. *Pfälzisch-Rheinische Familiekunde, Band 14, Heft 4*, pp.153-157.

Serrano de Haro, A. (1966). *Personalidad y destino de Jorge Manrique.* Madrid: Gredos.

Suárez de Figueroa, C. (1613). *Hechos de don García Hurtado de Mendoza, quarto marqués de Cañete.* Madrid: Imprenta Real.

Thayer Ojeda, T. (1939-1943). *Formación de la sociedad chilena* (Vol. III). Santiago de Chile: Prensas de la Universidad de Chile.

Trelles Villademoros, J. (1980). *Asturias ilustrada* (Vols. III, parte 2ª). Salinas, Asturias, España: Ayalga.

Vaca de Osca, J. (1998). *Carlos I y Felipe II frente a frente: glorias, mitos y fracasos de dos grandes reinados* (2 ed.). Madrid: Ediciones Rialp.

Vaquero Serrano, M. (2002). *Garcilaso, poeta del amor, caballero de la guerra.* Madrid: Espasa Calpe.

Vargas Ponce, J. (1886-1926). *Memorias de la Real Academia Española* (Vol. III). Madrid: RAE Imprenta de los hijos de M.G. Hernández.

Vázquez de Acuña, I. (2013). Una carrera hacia la cúspide: Los Lísperguer Wittemberg, una familia alemana en el corazón de la Monarquía Española. (I. C. Genealógicas, Ed.) *Revista de Estudios Históricos, Órgano Oficial del Instituto Chileno de Investigaciones Genealógicas y de la Sección de Genealogía y Heráldica de la Sociedad Chilena de Historia y Geografía*(55), pp.411-415.

Vega, L. (2007). *La Dragontea* (1 ed.). (A. Sánchez Jiménez, Ed.) Madrid: Cátedra.

Vicuña Mackenna, B. (1944). *Los Lísperguer y la Quintrala.* (J. E. Eyzaguirre, Ed.) Santiago de Chile: Zig-Zag.

Wrede, A. (1896). *Deutsche Reichstagsakten unter Kaiser Karl V* (Vol. II). Göttingen: Vandenhoeck & Ruprecht.

Wunder, G. (1934). *Die Familie Lísperguer in Chile.* Santiago de Chile: Deutschen Wissenschtlichen Vereins zu Santiago.

Wunder, G. (1991). *Peter Lisperger ein deutscher Konquistador* (2 ed.). Thorbecke: Kuno Ulshöf.

Zevallos, J. (1954). Los Lísperguer en el Perú. *Revista del Instituto Peruano de Investigaciones Genealógicas*(7).

Zurita, J. (1989). *Historia del rey don Hernando el Católico: de las empresas y ligas de Italia* (Vol. I). (A. Canellas López, Ed.) Zaragoza: Diputación General de Aragón. Departamento de Cultura y Educación.

Acerca del autor

Daniel Piedrabuena Ruiz-Tagle (1964). Nació y vivió sus primeros nueve años de vida en Santiago de Chile. Lleva residiendo cuarenta y uno en España, fundamentalmente en Madrid. Licenciado en Derecho (Uned), Diplomado en Empresas y Actividades Turísticas (Uned), Técnico Publicitario (Centro Español de Nuevas Profesiones). Ha sido durante diecisiete años (1994-2012) investigador de la Biblioteca Nacional de España, Real Academia de la Historia, Archivo Histórico Nacional, Archivo del Ejército, de la Marina, de la Biblioteca Hispánica, Fundación Tavera, Fundación alemana Göerres y otros muchos archivos y bibliotecas.

Asimismo ha investigado en diversos archivos regionales, realizando un total de seis viajes por España: tres a Málaga, donde he investigado en el Archivo Histórico Provincial, en el Archivo Municipal y en el Archivo Catedralicio; dos a Sevilla, donde ha investigado en el Archivo General de Indias y en la Casa de Pilatos; uno a Granada, donde ha investigado en la Real Chancillería. Fruto de esta ingente labor investigadora ha escrito la serie titulada *Los protegidos del César*, la cual se subdivide en dos tomos; el primero, *El conquistador alemán Pedro Lísperguer Wittemberg;* y el segundo, *Los Lísperguer Wittemberg: una familia alemana en el corazón de la cultura chilena*

Gran admirador de la obra de su abuela, también el autor ha escrito otra obra titulada *Impresiones de Lucía Richard*, en la que no sólo se consagra como investigador, sino que relata con maestría los principales movimientos literarios y feministas de la década de los 40 y 50.

La vocación intelectual del autor y su amor a la tierra americana que le vio nacer, le ha llevado a seguir estudiando y en la actualidad está cursando un máster de la Facultad de Filología titulado "Máster Universitario en Formación e Investigación Literaria y Teatral en el Contexto Europeo", dependiente del Departamento de Literatura Española y Teoría (Uned), que contiene muchos presupuestos americanistas y que pronto le abrirá las puertas a un doctorado en literatura.

Autor del libro: *Los Lisperguer Wittemberg: una familia alemana en el corazón de la cultura chilena*

Autor del Libro: *Impresiones de Lucía Richard*

Autor del artículo: *Los Lísperguer Wittemberg: Luces y sombras de una singular familia alemana presente en la historia de España y Chile*

Administrador del Blog: El conquistador Pedro Lísperguer y la Quintrala https://www.lisperguerwittemberg.blogspot.com.es

Su página en Facebook: El conquistador alemán Pedro Lísperguer Wittemberg https://www.facebook.com/LisperguerWittemberg/

Su página en Twitter: https://twitter.com/danielpiedrab10

Su página en Wordpress: https://booksideals.wordpress.com/

Si esta investigación te ha cautivado, interesado, si consideras que ha avanzado esta importante temática, o si simplemente te ha sido útil, puedes también comentarlo en en la plataforma donde hayas adquirido el libro.